Charles Berlitz, 1913 in New York geboren, ist ein Enkel des Begründers der Berlitz School of Languages, der 1872 aus Württemberg in die USA auswanderte. Charles Berlitz selbst spricht mehr als 25 Sprachen. Er studierte Geschichte und Sprachwissenschaften an der Yale University und promovierte dort 1936. Lange Zeit war er in leitenden Stellungen an verschiedenen Berlitz-Schulen und als Verleger von Sprachführern tätig, bevor er sich 1967 vom Familienunternehmen zurückzog und freier Schriftsteller wurde. Seit vielen Jahren beschäftigt er sich mit dem Rätsel Atlantis, mit Unterwasser-Archäologie, Weltraumforschung und dem UFO-Phänomen. Als passionierter Taucher hat er Expeditionen in das Gebiet des »Bermuda-Dreiecks« unternommen, wo er die Landmassen des versunkenen Atlantis vermutete und bei seinen Erkundungen mit faszinierenden Phänomenen konfrontiert wurde. Für seine fesselnden und aufsehenerregenden Berichte erhielt er 1976 den Prix International Dag Hammarskjöld.

W0047893

Von Charles Berlitz sind außerdem erschienen:

Weltuntergang (Band 3703)
Ungelöste Geheimnisse (Band 3760)
Die Suche nach der Arche Noah (Band 3891)
Die größten Rätsel (Band 3955)
Unglaublich (Band 3957)
Die Welt des Unbegreiflichen (Band 4024)
Das Drachen-Dreieck (Band 4048)
Das Atlantis-Rätsel (Band 77156-X)
Das Philadelphia-Experiment (Band 77157,
zus. mit William L. Moore)
Der 8. Kontinent (Band 77158)

Dieses Buch wurde auf chlor- und säurefreiem Papier
gedruckt.

Vollständige Sonderausgabe Februar 1995
Droemersche Verlagsanstalt Th. Knaur Nachf., München
Umschlaggestaltung Adolf Bachmann, Reischach
Umschlagfoto Carry J. Pièrce / TIB, München
Druck und Bindung Ebner Ulm
Printed in Germany
ISBN 3-426-77149-7

5 4 3 2 1

Charles Berlitz

In Zusammenarbeit
mit J. Manson Valentine

Das Bermuda-Dreieck

Fenster zum Kosmos?

Spurlos

Neues aus dem Bermuda-Dreieck

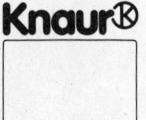

Charles Berlitz

Das Bermuda-Dreieck

Mit 53 Abbildungen

Dem Meer und seinen Geheimnissen –
deren Lösung zu unserem Wissen über uns selbst
beitragen könnte

Inhalt

1

Das Bermuda-Dreieck:
Mysteriöse Unfälle auf dem Meer und in der Luft

Im westlichen Atlantik vor der Südostküste der Vereinigten Staaten liegt ein Gebiet, das gewöhnlich als »Bermuda-Dreieck« bezeichnet wird. Es erstreckt sich von den Bermuda-Inseln im Norden bis Südflorida, von dort nach Osten bis zu einem Punkt, der ungefähr am vierzigsten westlichen Längengrad jenseits der Bahamas und Puerto Ricos liegt, und von dort zurück zu den Bermudas. Dieses Gebiet nimmt unter den ungeklärten Rätseln unserer Erde einen besonderen Rang ein. Hier sind mehr als hundert Schiffe und Flugzeuge spurlos verschwunden – die meisten von ihnen nach 1945 –, und hier haben während der letzten sechsundzwanzig Jahre mehr als tausend Menschen das Leben verloren. Man fand weder eine einzige Leiche noch ein Wrackteil eines der verunglückten Flugzeuge oder Schiffe. In jüngster Zeit kommt es mit zunehmender Häufigkeit zu Ereignissen dieser Art, obwohl der Luftraum und die Wasserstraßen stärker befahren werden, die Suchaktionen gründlicher und die Berichte und Aufzeichnungen über solche Vorkommnisse genauer sind als in früheren Jahren.

Einige der Flugzeuge hatten bis zum Zeitpunkt ihres Verschwindens normalen Funkkontakt mit ihrem Stützpunkt oder ihrem Zielflughafen, während andere die seltsamsten Meldungen durchgaben – ihre Instrumente funktionierten nicht mehr, die Kompasse drehten sich wie Kreisel, der Himmel sei gelb und neblig (bei klarem Wetter) und das Meer (das ganz in der Nähe ruhig war) sehe »ungewöhnlich aus« –, ohne weiter zu erklären, was nicht stimmte.

Am 5. Dezember 1945 brach ein Schwarm von fünf Flugzeugen der amerikanischen Marine vom Typ TBM Avenger zu einer Mission vom Stützpunkt Fort Lauderdale auf. Als er verschwand und ein als Suchflugzeug eingesetzter Martin Mariner ebenfalls nicht mehr auftauchte, wurde eine großangelegte Rettungsaktion zur See und in der Luft gestartet, die gründlichste, die jemals durchgeführt wurde. Die Mannschaften sichteten weder Rettungsflöße noch Wrackteile oder Ölflecken. Andere Flugzeuge, auch Passagiermaschinen, verschwanden, während sie ihre Landeinstruktionen erhielten, fast als ob sie

»durch ein Loch in der Atmosphäre geflogen seien«, wie es in einem Untersuchungsbericht der Marine heißt. Schiffe jeder Größe verschwinden spurlos, als seien sie und ihre Besatzung in eine andere Dimension eingegangen. So große Schiffe wie die *Marine Sulphur Queen*, ein 129 Meter langer Frachter, und die U.S.S. *Cyclops*, ein 19 000-Tonner mit 309 Menschen an Bord, wurden nie mehr gesehen. Andere wieder wurden im Dreieck treibend aufgefunden, manchmal mit einem Tier als Überlebenden, einem Kanarienvogel oder einem Hund, die natürlich nicht sagen konnten, was geschehen war – allerdings verschwand in einem Fall ein sprechender Papagei zusammen mit der Besatzung.

Auch heute noch kommt es im Bermuda-Dreieck zu unerklärlichen Zwischenfällen. Jedesmal wenn ein Schiff oder Flugzeug bei der Küstenwache als überfällig gemeldet wird und es schließlich »Suche abgebrochen« heißt, herrscht bei den Rettungsmannschaften und der Allgemeinheit die Meinung vor, daß hier ein Zusammenhang mit einem von alters her bekannten Phänomen besteht. Der Öffentlichkeit wird in zunehmendem Maße bewußt, daß in diesem Gebiet etwas Seltsames vorgeht. Dazu tragen vor allem die Berichte jener Flugzeug- und Schiffsbesatzungen bei, die im Dreieck unglaubliche Erlebnisse hatten und mit dem Leben davonkamen. So bildet sich hier ein neuer Legendenkreis, denn die Ursache der unbekannten Gefahr in diesem Meeresgebiet ist immer noch ein Rätsel.

Man versuchte eine Erklärung für die seltsamen Unfälle und vermutlichen Verluste von Menschenleben zu finden (»vermutlich« deshalb, weil keine Leichen entdeckt werden konnten). Die verschiedenartigsten und phantasievollsten Hypothesen wurden aufgestellt und einer ernsthaften Prüfung unterzogen. Dazu zählen unter anderem: durch Erdbeben ausgelöste Flutwellen, Meteore, Angriffe von Seeungeheuern, aber auch eine Raum-Zeit-Verschiebung, die zu einer anderen Dimension überleitet, sowie Wirbel im elektromagnetischen oder Schwerkraftfeld, die Flugzeuge zum Abstürzen und Schiffe zum Versinken bringen. Ferner die Eroberung und Gefangennahme durch fliegende oder unterseeische UFOs, bemannt mit Wesen von überlebenden Kulturen der Antike, des Weltraums oder der Zukunft, die nach Exemplaren der gegenwärtigen Erdbewohner suchen. Eine der überraschendsten Vermutungen wurde von Edgar Cayce angestellt, dem »schlafenden Propheten«, einem im Jahre 1944 verstorbenen Spiritisten und Wunderheiler. Jahrzehnte bevor man etwas von der Möglichkeit der Laserstrahlen ahnte, behauptete Cayce, daß die Bewohner der alten Atlantis im Gebiet von Bimini Kristalle als Energiequellen benutzt hätten. Diese seien später wahrscheinlich in der Tongue of Ocean versunken, einem Graben in der Nähe der Insel Andros in der Bahama-Gruppe, wo es zu zahlreichen Unglücksfällen kam. Cayce vertrat die Ansicht, daß es in eineinhalb Kilometer Tiefe am Meeresgrund eine unbekannte Energiequelle gibt, die heute noch die Kompasse und Elektronik moderner Schiffe und Flugzeuge beeinflußt.

In jedem Fall ist die Lösung oder Erklärung dieses Rätsels mit dem Meer verbunden, das selbst das letzte große Rätsel der Menschheit ist. Obwohl wir darangehen, den Weltraum zu erobern, und glauben, daß die so gründlich erforschte Erde uns keine Geheimnisse mehr zu bieten hat, ist die Tatsache unbestreitbar, daß wir über die Tiefen des Meeres, die drei Fünftel der Erdoberfläche ausmachen, weniger wissen als über die Krater des Mondes. Die Geographie des Meeresbodens haben wir allerdings schon seit langem aufgezeichnet, zunächst durch mechanische Lotungen, in neuerer Zeit mittels Echolot und Untersuchungen durch U-Boote und Tiefseetaucherkugeln. Der Verlauf der verschiedenen Meeresströmungen an der Oberfläche und tiefer unter dem Meeresspiegel wurde mit Tiefseekameras festgehalten, und zur Zeit suchen wir auf den Kontinentalsockeln und bald vielleicht in der Tiefsee nach Öl.

Im Zeitalter des kalten Krieges gewannen die U-Boot-Flotten stark an Bedeutung, trotz der unterseeischen Gefahren, denen die französische Flotte im Mittelmeer und die amerikanische im Atlantik begegnete. Wenn das von ihnen gesammelte Material veröffentlicht wird, kann es viel zu unserem Wissen über die Tiefsee beitragen. Dennoch bergen die tiefsten Teile des Meeres wahrscheinlich noch einige Überraschungen für uns. Der Meeresgrund und die ihn durchfurchenden Gräben und Tiefen sind möglicherweise Lebensraum einer uns völlig fremden Tierwelt. So wurde der »ausgestorbene« Coelacanth, ein als prähistorisch angesehener Fisch mit Gliederstummeln, 1938 frisch und munter im Indischen Ozean entdeckt. Dieser vierbeinige Blaufisch lebte vor ungefähr 60 Millionen Jahren. Das zuletzt entdeckte Fossil, bevor der lebende Fisch gefangen wurde, datierte man auf 18 Millionen Jahre v. Chr.

Viele verläßliche Beobachter, die durch Erzählungen über »Seeschlan-

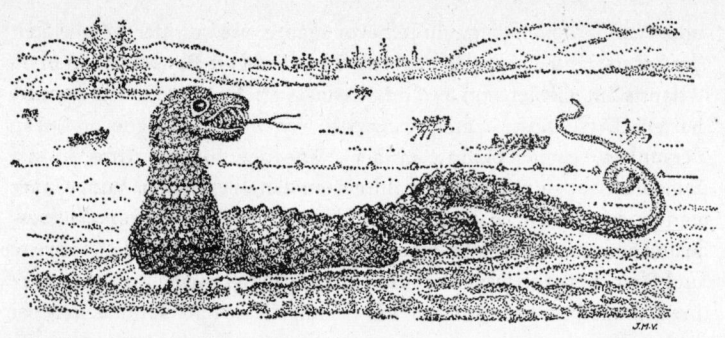

Kopie einer zeitgenössischen Zeichnung der Seeschlange von Gloucester, eine der authentischsten und am besten bezeugten Entdeckungen von »Seeschlangen« im Lauf der Jahrhunderte. Im August 1917 soll sie von so vielen Menschen in der Nähe von Cape Ann in Massachusetts gesehen worden sein, daß die Bostoner *Society of Naturalists* eine Untersuchung vornahm. Vertreter der Gesellschaft kamen nach eigener Aussage ungefähr 140 Meter an das Ungeheuer heran, schätzten es auf 30 Meter Länge und maßen seine Schwimmgeschwindigkeit mit 45 Kilometer in der Stunde. Bald nach dem Besuch der Naturforscher verschwand das Tier aus der Gegend.

gen« nichts zu gewinnen, aber viel zu verlieren haben, beschrieben oder zeichneten genau und mit allen Einzelheiten Seegeschöpfe, die in ihrem Körperbau stark dem Monosaurus oder Ichthyosaurus des Pliozän ähneln und die sich offenbar noch lebend in der Tiefe des Meeres aufhalten. Diese Lebewesen wurden des öfteren von Hunderten Zuschauern gesehen, als sie sich Stränden oder Häfen näherten, und zwar an verschiedenen Punkten der Erde, von Tasmanien bis Massachusetts. Das Ungeheuer von Loch Ness, von den Schotten zärtlich »Nessie« genannt und regelmäßig, wenn auch verschwommen fotografiert, ist möglicherweise eine kleinere Form dieser riesigen »Fischeidechsen«, wie die Übersetzung des griechischen Namens »Ichthyosaurus« lautet.

Der dänische Ozeanograph Anton Bruun beobachtete einmal eine 18 Meter lange aalartige Kaulquappe, die einem Trawler ins Netz gegangen war, sowie die Larvenform derselben Spezies, die ausgewachsen eine Länge von 22 Metern erreichen würde.

Obwohl noch kein Exemplar des Riesentintenfisches gefunden wurde, gibt es Anzeichen, daß er ebenso groß werden kann wie manche der sagenhaften »Seeschlangen« und daß er mit diesen oft beobachteten Ungeheuern identisch ist. Man kann die Größe dieser Tintenfische

12

berechnen, und zwar aufgrund von Skelettfunden und anhand der Spuren am Rücken von Walen, denen die Tintenfische beim Kampf in der Tiefe des Meeres mit ihren Tentakeln das Pigment zerstört haben, so daß scheibenförmige Umrisse zurückgeblieben sind.

Obwohl wir immer mehr über das Leben in der Tiefsee lernen, sind unsere Beobachtungen und die Entdeckungen von Tierarten unzusammenhängend und bruchstückhaft, so ähnlich, als hätten Forscher aus dem Weltraum an verschiedenen Punkten der Erde Netze aus ihrem Flugobjekt herabgelassen und dann aufgesammelt, was sich zufällig an dieser Stelle befand.

Selbst die uns bekannten Meerestiere geben uns mit ihren Wanderungen und Brutgewohnheiten Rätsel auf: die Aale aus Europa und Amerika, die sich zur Fortpflanzung in der Sargasso-See treffen, von wo nur die Jungen die Lebensräume der Eltern wieder erreichen; die Thunfische, die von der Küste Brasiliens nach Nova Scotia und später nach Nordeuropa ziehen, von wo aus manche – aber nur manche – ins Mittelmeer weiterziehen; die Langusten, die am Meeresgrund den Abhang des Kontinentalsockels hinunterwandern, zu einem unbekannten Ziel in der Tiefsee.

Ein weiteres Rätsel sind die Gräben auf dem Meeresgrund, die seltsamerweise alle ungefähr dieselbe Tiefe haben – 11 Kilometer –, und die Lebewesen, die hier unter einem so unglaublichen Druck existieren können. Auch die Meeresströmungen, die sich wie große Flüsse im Meer teilweise an der Oberfläche und teilweise Tausende von Metern in der Tiefe bewegen, sind noch nicht völlig erforscht. Da gibt es beispielsweise das Rätsel der Cromwell-Strömung im Pazifik, die vor ein paar Jahren zur Oberfläche stieg und später wieder zu ihrer gewohnten Tiefe absank. Fast alle Meeresströmungen drehen sich, diejenigen auf der nördlichen Hemisphäre im Uhrzeigersinn, die auf der südlichen Hemisphäre im Gegensinn. Aber warum bildet der sich nicht drehende Benguela-Strom eine Ausnahme?

Der Wind und die Wellen bergen andere Geheimnisse: Die heftigsten und am wenigsten vorhersehbaren Stürme treten nur an zwei Stellen auf: die Hurrikane in der Karibik und die Taifune im Südchinesischen Meer. Dennoch bilden sich manchmal bei völlig ruhiger See riesige Wogen, die sogenannten Seiches oder Schaukelwellen. Man nimmt an, daß sie von unterseeischen Erdrutschen oder Erdbeben hervorgerufen werden.

Der Reichtum an Bodenschätzen auf dem Grund der Ozeane ist bis jetzt nicht abzuschätzen, und die Ausnutzung dieser Lager, zusätzlich zur Ölgewinnung, wird möglicherweise einen wichtigen Einfluß auf die Weltfinanz der Zukunft haben. Das schützende Meer bedeckt auch Schätze und Spuren verschwundener Zivilisationen. Viele davon sind in den seichten Küstengewässern des Mittelmeeres und des vom Atlantik bespülten Kontinentalsockels erkennbar, andere liegen möglicherweise in Tiefen von mehr als tausend Metern. An der peruanischen Küste wurden beispielsweise Säulen zwischen versunkenen Gebäuderesten fotografiert, was auf ein starkes Absinken des Landes in historischer Zeit hinweist. In vielen Weltmeeren halten sich Sagen von versunkenen Kulturen – von der untergegangenen Atlantis in der Mitte des Atlantischen Ozeans, bei den Bahamas oder im östlichen Mittelmeer, über die Geheimnisse der Osterinsel und anderer verschwundener Kulturen im Südpazifik bis zu einer hypothetischen Kultur unter dem antarktischen Eis, die ihre Blütezeit vor der Polverschiebung erlebte.

Einzelne Gebiete des Meeresgrundes scheinen ständig in Bewegung zu sein; im Mai 1973 hoben sich Teile des Bonin-Grabens bei Japan um fast zweitausend Meter. Der größte Teil der rund hunderttausend Erdbeben pro Jahr ereignet sich am Mittelatlantischen Rücken, wo seit alters die legendäre Atlantis vermutet wird. Dann gibt es das Rätsel des »falschen Meeresgrundes«, ein Phänomen bei Messungen mit dem Echolot, wo bei einer Versuchsreihe plötzlich eine geringere Tiefe gemessen wird und spätere Messungen wieder das ursprüngliche Ergebnis zeigen. Es wird angenommen, daß dieser »falsche Grund« von gelegentlich auftretenden Fischbänken oder von anderen organischen Schichten gebildet wird, die so dicht sind, daß der Schall zurückgeworfen wird und sich auf diese Weise falsche Meßwerte ergeben. Ein ebenso verblüffendes Rätsel sind die seltsam leuchtenden Streifen von »weißem Wasser« im Golfstrom. Man nimmt an, daß es sich dabei entweder um Schwärme von kleinen phosphoreszierenden Fischen, um von Fischen aufgewirbelten Mergel oder um Radioaktivität im Wasser handelt. Kolumbus beobachtete dieses Phänomen vor fünf Jahrhunderten, und für die Astronauten auf ihrem Weg in den Weltraum war es das letzte Licht von der Erde. Schließlich gibt es noch die Theorie von der Kontinentaldrift, die besagt, daß die Kontinente von ihrer ursprünglichen Lage als zusammenhängender »Superkontinent« auseinandertreiben. Diese Theorie wurde erst in letzter Zeit allgemein anerkannt

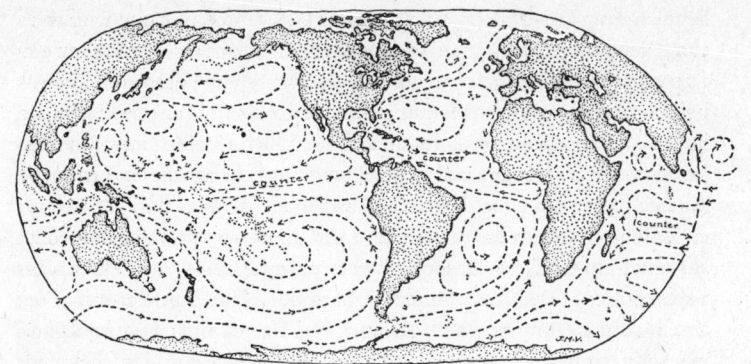

Die Hauptmeeresströmungen der Welt. Es ist auffällig, daß die Strömungen auf der Nordhalbkugel sich im Uhrzeigersinn drehen, während sich jene auf der Südhalbkugel im Gegensinn drehen, ein Phänomen, das mit der Erdrotation zusammenhängt.

und kann möglicherweise Bezug auf die Rotation, Struktur und das Verhalten der Erde selbst haben.

Es besteht jedoch ein Unterschied zwischen diesen Rätseln, die mit der Zeit wahrscheinlich gelöst werden (und bis dahin zum Nachdenken anregen), und demjenigen des Bermuda-Dreiecks, bei dem das Element der Gefahr für Reisende hinzukommt. Es stimmt natürlich, daß Flugzeuge Tag für Tag das Dreieck überfliegen, daß kleine und große Schiffe seine Gewässer befahren und zahllose Reisende Jahr für Jahr dieses Gebiet ohne Zwischenfall besuchen. Außerdem verunglücken auf allen Meeren der Welt Schiffe und Flugzeuge aus den verschiedensten Gründen (und wir müssen zwischen »verunglückt«, wobei Treibgut oder Wrackteile gefunden wurden, und »verschwunden«, wo nichts dergleichen auftauchte, gut unterscheiden), aber in keinem anderen Gebiet waren diese Vorkommnisse so zahlreich, so gut bezeugt, so plötzlich und erfolgten unter solch seltsamen Umständen, die manchmal den Zufall bis an die Grenze des Unglaublichen treiben.

Natürlich werden Luftfahrt- und Marinebehörde feststellen, daß es ganz natürlich ist, wenn Flugzeuge, Schiffe oder Jachten in einem Gebiet verlorengehen, wo der Verkehr in der Luft und auf dem Wasser so dicht ist und wo außerdem plötzliche Stürme und Fehler in der Navigation auftreten können. Dieselben Behörden werden wahrscheinlich behaupten, daß es das Bermuda-Dreieck überhaupt nicht gibt, die

Bezeichnung irrtümlich und das ganze Geheimnis nur zur Unterhaltung neugieriger und phantasievoller Leser fabriziert worden sei. Die Luftverkehrsgesellschaften, auf deren Route das Bermuda-Dreieck liegt, stimmen dieser Meinung mit begreiflicher Begeisterung zu, obwohl viele erfahrene Piloten von der Nichtexistenz des Dreiecks keineswegs überzeugt sind. In gewissem Sinne haben diejenigen recht, die behaupten, es gäbe das Dreieck gar nicht, denn es handelt sich bei dem Gebiet, in dem die rätselhaften Unfälle passieren, möglicherweise gar nicht um ein Dreieck, sondern eher um eine Ellipse oder ein riesiges Kreissegment. Der Mittelpunkt liegt in der Nähe von Bermuda, der geschwungene untere Rand verläuft von Florida über Puerto Rico in einer Kurve nach Südosten, durch die Sargasso-See und zurück nach Bermuda.

Der Personenkreis, der sich mit dem Phänomen dieses Gebietes beschäftigt hat, stimmt im allgemeinen – wenn auch nicht in allen Einzelheiten – hinsichtlich seiner Lokalisierung überein. Ivan Sanderson, der sich in *Invisible Residents* und zahlreichen Artikeln mit diesem Gegenstand auseinandersetzt, behauptet, daß das Dreieck in Wirklichkeit eher eine Ellipse oder ein Rhombus sei und daß es noch zwölf andere solcher Gebiete in regelmäßigen Abständen auf der ganzen Erde verteilt gäbe, darunter Japans berüchtigtes »Teufelsmeer«. John Spencer meint, daß das Gefahrengebiet der Linie des Kontinentalsockels folge, beginnend bei einem Punkt an der Küste Virginias, entlang dem amerikanischen Festland nach Süden, an Florida vorbei und rund um den Golf von Mexiko, einschließlich der Landsockel der Karibischen Inseln und der Bermudas. Vincent Gaddis, der Autor von *Invisible Horizons* und des Artikels in der Zeitschrift *Argosy*, der möglicherweise dem Dreieck seinen Namen gab, fixierte dessen Grenzen innerhalb »einer Linie von Florida nach den Bermudas, einer anderen von den Bermudas nach Puerto Rico und einer dritten zurück nach Florida über die Bahamas«, während John Goodwin, in *This Baffling World*, annimmt, daß das »Geistermeer« ein »unregelmäßiges Rechteck sei, das sich zwischen den Bermudas und der Küste von Virginia erstreckt« und dessen südliche Grenze »von den Inseln Kuba, Haiti und Puerto Rico gebildet wird«. Selbst die Küstenwache der Vereinigten Staaten, die nicht an die Existenz des Dreiecks glaubt, gibt freundlicherweise in einem Formularbrief – Akte 5720 – des Siebenten Küstenwachendistrikts eine Ortsbestimmung bekannt. Der Brief beginnt folgendermaßen:

Das Bermuda- oder Teufelsdreieck ist ein imaginäres Gebiet in der Nähe der südöstlichen Atlantikküste der Vereinigten Staaten, das wegen der hohen Zahl ungeklärter Verluste von Schiffen, kleinen Booten und Flugzeugen bekannt ist. Die Eckpunkte des Dreiecks sollen, wie allgemein angenommen wird, die Bermuda-Inseln, Miami in Florida und San Juan in Puerto Rico sein.

Meteorologen erwähnen das »Teufelsdreieck« häufig als ein Gebiet, dessen Grenzen von den Bermuda-Inseln nach Norden bis New York und nach Süden bis zu den Jungferninseln verlaufen und das sich fächerförmig nach Westen bis zum 75. nördlichen Breitengrad erstreckt.

Anhand der Karte auf Seite 39, welche die wichtigsten Punkte zeigt, an denen Schiffe und Flugzeuge verschwunden sind, kann der Leser selbst die Gestalt des »Bermuda-Dreiecks« bestimmen: Ob es ein Dreieck ist oder nicht, ob es sich vielleicht um ein kleines Dreieck innerhalb eines größeren handelt, um eine große Ellipse, ein Rechteck, oder ob das Gebiet mit den Umrißlinien des Festlandsockels identisch ist.

Unter Seeleuten war es schon seit langem bekannt, daß in diesem Teil des Ozeans zahlreiche Schiffe verschwanden, und manche jener Vorfälle haben vielleicht zur Legende des »Meeres der verlorenen Schiffe« oder des »Schiffsfriedhofs« beigetragen, wie die Sargasso-See bezeichnet wird, die zum Teil im Dreieck liegt. Seit 1830 häufen sich hier die Berichte über verschwundene Schiffe, möglicherweise wegen der genaueren Aufzeichnung in neuerer Zeit. Die ersten Schiffe verschwanden nach dem Sezessionskrieg, zu einem Zeitpunkt also, wo sie nicht mehr den Angriffen der Konföderierten zum Opfer gefallen sein konnten. Etwa hundert Jahre später, einige Monate nach Ende des Zweiten Weltkriegs, zeigte sich, daß auch Flugzeuge, die dieses Gebiet überflogen, ebenso spurlos und vielleicht aus denselben Gründen vom Himmel verschwanden, wie Schiffe vom Meer verschwunden waren. Dieses Ereignis gab dann dem Bermuda-Dreieck seinen Namen.

2

Das Dreieck der verschwundenen Flugzeuge

Das Bermuda-Dreieck erhielt seinen Namen, als am 5. Dezember 1945 sechs Flugzeuge der amerikanischen Marine mit ihren Mannschaften verschwanden. Die ersten fünf Flugzeuge, die offenbar gleichzeitig verunglückten, waren auf einem routinemäßigen Trainingsflug unterwegs. Ihr Flugplan sah einen dreieckigen Kurs vor: vom Marinestützpunkt Fort Lauderdale in Florida 160 Meilen nach Osten, 40 Meilen nach Norden und dann in südwestlicher Richtung zurück zum Stützpunkt. Das Gebiet, das sie überflogen, wurde früher »Teufelsdreieck«, »Todesdreieck«, »Geistersee« oder »Friedhof des Atlantik« genannt. Die Bermuda-Inseln gaben ihm ihren Namen, weil man damals bemerkte, daß der höchste Punkt der Flugroute von Fort Lauderdale in einer Ebene mit den Bermudas lag, und zum Teil auch deswegen, weil die Bermuda-Inseln der nördlichste Punkt des Gebietes zu sein scheinen, in welchem vor und nach 1945 Flugzeuge und Schiffe unter außergewöhnlichen Umständen verschwanden. Aber keines dieser Ereignisse zu früherer oder späterer Zeit war so merkwürdig wie das völlige Verschwinden einer ganzen Gruppe von Flugzeugen und eines zur Rettung eingesetzten Martin Mariner mit dreizehn Mann Besatzung, der auf rätselhafte Weise während der Rettungsaktion verschwand.

Flight 19 war die Bezeichnung jener schicksalhaften fünf Flugzeuge, die am Nachmittag des 5. Dezember Fort Lauderdale verließen. Ihre Besatzung bestand üblicherweise aus fünf Offizieren und zehn Mann, von denen je zwei auf die Flugzeuge verteilt waren. An diesem Tag fehlte jedoch ein Mann. Er hatte wegen einer Vorahnung gebeten, vom Flugdienst abgelöst zu werden, und war nicht ersetzt worden. Die Flugzeuge waren Torpedobomber der amerikanischen Marine vom Typ TBM 3 Avenger. Jede Maschine hatte genug Treibstoff für mehr als 1000 Meilen an Bord. Das Thermometer zeigte 29 Grad, die Sonne schien, einzelne Wolken waren zu sehen, und ein leichter Nordostwind wehte. Piloten, die an diesem Tag früher aufgebrochen waren, meldeten ideales Flugwetter. Die Flugzeit für die Mission sollte zwei Stunden betragen. Die Flugzeuge rollten um 14 Uhr auf die Piste und starteten um 14 Uhr 10. Der Kommandant, Lieutenant Charles Taylor, ein Mann mit mehr als 2500 Stunden Flugerfahrung, führte den Schwarm zu den Chicken Shoals nördlich der Insel Bimini, wo er Übungsangriffe auf einen Schiffsrumpf als Ziel durchführen sollte. Sowohl die Piloten wie auch die Besatzung waren erfahrene Flieger, und es bestand kein Grund, auf dieser Routinemission etwas Außergewöhnliches zu erwarten.

Es ereignete sich jedoch etwas Außergewöhnliches, etwas, wovon man nicht einmal zu träumen gewagt hätte. Um etwa 15 Uhr 15, als die Übung beendet war und der Schwarm weiterflog, bekam der Funker am Kontrollturm des Flughafens von Fort Lauderdale, der auf eine Meldung der Formation betreffs der geschätzten Ankunftszeit und der Landeinstruktion gewartet hatte, eine seltsame Nachricht vom Schwarmführer. Das Gespräch verlief nach der Tonbandaufzeichnung wie folgt:

Schwarmführer (Lieutenant Charles Taylor): Wir rufen den Turm . . . Eine Notsituation. Wir scheinen vom Kurs abgekommen zu sein. Wir können kein Land sehen . . . Wiederhole . . . Wir können kein Land sehen.
Turm: Wie ist Ihre Position?
Kommandant: Wir sind uns bezüglich der Position nicht sicher. Wir sind nicht einmal sicher, wo wir sind . . . Es sieht aus, als hätten wir uns verirrt.
Turm: Drehen Sie nach Westen ab.
Kommandant: Wir wissen nicht, in welcher Richtung Westen ist. Alles ist falsch . . . Seltsam . . . Wir können keine Richtung feststellen – sogar das Meer sieht nicht so aus, wie es sollte . . .

Etwa um 15 Uhr 30 fing der leitende Fluglehrer auf seinem Gerät einen Funkspruch auf und hörte, wie jemand Powers, einen Flugschüler, rief und nach seinen Kompaßablesungen fragte. Der Fluglehrer hörte Powers sagen: »Ich weiß nicht, wo wir sind. Wir müssen uns nach der letzten Kurve verirrt haben.« Es gelang dem Fluglehrer, mit dem Ausbilder von Flight 19 Kontakt zu bekommen. Dieser sagte ihm: »Meine Kompasse sind beide ausgefallen. Ich versuche, Fort Lauderdale zu finden . . . Ich bin sicher, daß wir über den Keys sind, weiß aber nicht, wie weit südlich . . .« Der leitende Fluglehrer riet ihm daraufhin, nach Norden zu fliegen – mit der Sonne an der Backbordseite –, bis er Fort Lauderdale sehen könne. Aber später hörte er: »Wir sind gerade über eine kleine Insel geflogen . . . Sonst kein Land in Sicht . . .« – ein Zeichen dafür, daß das Flugzeug des Ausbilders nicht über den Keys war und der ganze Schwarm sich verirrt hatte, da er sonst beim Weiterfliegen Land in Sicht bekommen hätte.

Wegen atmosphärischer Störungen wurde es immer schwieriger, Meldungen von Flight 19 zu empfangen. Der Schwarm konnte die Funksprüche vom Turm offenbar nicht mehr hören, aber der Turm hörte Gespräche zwischen den einzelnen Flugzeugen. Manche dieser Funksprüche bezogen sich auf drohenden Treibstoffmangel – daß nur noch Treibstoff für 114 Kilometer vorhanden sei, Bemerkungen über einen Wind von 100 km/h und die beunruhigende Beobachtung, daß alle Kreiselkompasse und magnetischen Kompasse in den Flugzeugen außer Betrieb seien – »verrückt spielten«, wie man die Besatzung sagen hörte –, jeder zeigte eine andere Richtung an. Während dieser ganzen Zeit konnte der starke Sender von Fort Lauderdale keinen Kontakt zu den Flugzeugen herstellen, obwohl die Gespräche zwischen den Flugzeugen ziemlich gut hörbar waren.

Als sich die Meldung verbreitete, daß Flight 19 in Schwierigkeiten sei, geriet das Personal des Stützpunktes begreiflicherweise in große Erregung. Alle möglichen Vermutungen über feindliche Angriffe (obwohl der Zweite Weltkrieg seit einigen Monaten beendet war) oder sogar über Angriffe seitens neuer Feinde tauchten auf. Suchflugzeuge wurden ausgeschickt, darunter vom Marineflughafen Banana River ein zweimotoriges Martin-Mariner-Flugboot mit 13 Mann Besatzung.

Um 16 Uhr hörte der Turm plötzlich, daß Lieutenant Taylor einem anderen Piloten, Captain Stiver, das Kommando übergeben hatte. Eine Meldung von diesem konnte aufgefangen werden, obwohl sie wegen der Sendestörung und der erregten, undeutlichen Stimme des Sprechers kaum verständlich war: »Wir wissen nicht genau, wo wir sind . . . Möglicherweise befinden wir uns 225 Meilen nordöstlich vom Stützpunkt . . . Wir müssen über Florida hinausgeflogen sein und uns jetzt im Golf von Mexiko befinden . . .« Der Kommandant entschloß sich dann wahrscheinlich zu einer Wendung um 180 Grad, um über Florida zurückzufliegen, aber während dieses Manövers wurde die Funkverbindung schwächer, was anzeigte, daß der Schwarm eine falsche Wendung vollzogen hatte und von der Küste Floridas weg nach Osten ins offene

Meer hinausflog. Einigen Berichten zufolge hätten die letzten Worte von Flight 19 gelautet: ». . . Es sieht aus, als wären wir . . .« Andere Zeugen erinnern sich, mehr gehört zu haben, wie zum Beispiel: ». . . Wir kommen in weißes Wasser . . . Wir haben uns völlig verirrt . . .« Inzwischen erhielt der Turm kurz nach dem Start eine Meldung von Lieutenant Come, einem der Offiziere des Martin Mariner, jenes Suchflugzeugs, welches in das Gebiet entsandt worden war, in dem man den Schwarm vermutete. Come sagte, daß in einer Höhe von 1800 Meter starker Wind aufgetreten sei. Das war die letzte Nachricht, die man vom Suchflugzeug empfing. Kurz danach wurde allen anderen Suchmannschaften die Alarmnachricht übermittelt, daß jetzt sechs statt fünf Flugzeuge vermißt würden. Das Suchflugzeug mit seinen 13 Mann Besatzung war ebenfalls verschwunden.

Weder von Flight 19 noch vom Martin Mariner kam eine weitere Meldung. Irgendwann nach 19 Uhr empfing der Opa-Locka-Marineflughafen bei Miami einen schwachen Funkspruch, der aus den Buchstaben ». . . FT . . . FT . . .« bestand. Das war ein Teil der Kennbuchstaben des Schwarms, da das Flugzeug des Ausbilders das Kennzeichen FT-28 hatte. Falls dies wirklich eine Meldung von den Vermißten war, so mußte man nach der abgelaufenen Zeitspanne annehmen, daß sie zwei Stunden nach Versiegen der Treibstoffvorräte durchgegeben wurde.

Die erste Suche am Tag des Verschwindens wurde wegen Dunkelheit abgebrochen, obwohl Küstenwachschiffe auch während der Nacht nach Überlebenden Ausschau hielten. Am nächsten Tag, einem Donnerstag, setzten bei Tagesanbruch umfangreiche Suchmaßnahmen ein. Aber trotz einer der intensivsten Suchaktionen in der Geschichte, mit 240 Flugzeugen, 67 zusätzlichen Maschinen des Flugzeugträgers *Solomons*, vier Zerstörern, mehreren U-Booten, achtzehn Schiffen der Küstenwache, Such- und Rettungskuttern, Hunderten von privaten Flugzeugen, Jachten und Booten, zusätzlichen Maschinen vom Marineflughafen Banana River und Hilfe von Einheiten der britischen Flotte und Luftwaffe auf den Bahamas, wurde nichts gefunden.

Ein Tagesdurchschnitt von 167 Flügen, vom Morgen bis zum Abend, zirka 90 Meter über dem Wasserspiegel durchgeführt, eine genaue Überprüfung von 100 000 Quadratkilometern Land und Meer, über dem Atlantik, der Karibik, dem Golf von Mexiko, dem Festland von Florida und der benachbarten Inseln, eine Suchzeit von 4100 Stunden, alle diese Anstrengungen brachten keine Ergebnisse – weder Überlebende noch Rettungsflöße, Wrackteile oder Ölflecken. Die Strände von Florida und der Bahamas wurden mehrere Wochen hindurch täglich nach identifizierbarem Treibgut, das von den verschwundenen Flugzeugen stammen konnte, abgesucht, jedoch ohne Ergebnis.

Man verfolgte alle möglichen Spuren. Die Besatzung eines Frachtflugzeugs berichtete, sie hätte am Tag des Verschwindens der Flugzeuge einen roten Feuerschein über dem Festland gesehen. Zuerst nahm man an, er hätte von der Explosion des Martin Mariner hergerührt, später wurde die Meldung jedoch dementiert. Noch später meldete ein Handelsschiff, an diesem Tag um 19 Uhr 30 eine Explosion am Himmel beobachtet zu haben. Falls dies das Ende der fünf Avenger gewesen sein sollte, müßten sie Stunden nach Versiegen ihrer Treibstoffreserven noch in der Luft gewesen sein. Wenn man außerdem das Verschwinden aller fünf Flugzeuge auf diese Weise erklären wollte, müßte man annehmen, daß sie zusammenstießen und auf einmal explodierten. Es ist ferner bemerkenswert, daß weder von Flight 19 noch vom Suchflugzeug eine SOS-Meldung durchgegeben wurde. Was eine Notlandung im Meer betraf, so konnten die Avenger auf dem Wasser eine reguläre Landung durchführen und 90 Sekunden auf der Oberfläche bleiben. Die Besatzung war darauf trainiert, das Flugzeug in 60 Sekunden zu verlassen. Rettungsflöße waren an der Außenseite des Flugzeugs angebracht. Sie würden also bei fast jeder Art von Notlandung auf dem Wasser treiben und später gefunden werden. Während der ersten Stunden der Suchaktion sah man von den Flugzeugen aus hohe Wellen, aber die Täler dazwischen waren so breit, daß die Bomber im Notfall hätten landen können. Die seltsame Erwähnung von »weißem Wasser« in der letzten Meldung von Flight 19 kann mit dem verwirrenden dichten weißen Nebel zusammenhängen, der in dieser Gegend oft auftritt. Mit diesem Nebel könnten die mangelnde Sicht sowie die Worte des Funkers, daß »die Sonne nicht richtig aussehe«, erklärt werden, aber er würde die Kompasse und Kreisel nicht beeinflussen. Es gibt allerdings einen Punkt zwischen Florida und den Bahamas, von dem aus kein Funkkontakt möglich ist, aber die Schwierigkeiten des Flugzeugs hatten schon begonnen, ehe der Funkkontakt abbrach.

Nachdem eine Untersuchungskommission der Marine alles vorhandene Beweismaterial überprüft und außerdem ein Kriegsgerichtsverfahren gegen den für die Instrumentenkontrolle verantwortlichen Offizier in Betracht gezogen hatte (er wurde später von aller Schuld freigesprochen, als sich zeigte, daß die Instrumente sämtlicher Flugzeuge vor dem Start überprüft wurden), war sie am Ende ebenso im unklaren über die ganze Angelegenheit wie vor Beginn der Untersuchung. In ihrem Schlußbericht heißt es: »Aus den Funkmeldungen ist zu entnehmen, daß die Flugzeuge sich verirrt hatten und ihre Kompasse versagten.« Captain W. C. Wingard drückte sich in einem Presseinterview später etwas deutlicher aus: ». . . Die Mitglieder der Untersuchungskommission konnten nicht einmal eine halbwegs annehmbare Vermutung über den Vorfall äußern.« Ein anderes Mitglied der Kommission stellte etwas dramatisch fest: »Sie verschwanden so spurlos, als seien sie zum Mars geflogen.« Damit brachte er das faszinierende Element der Weltraumfahrt und möglicher Angriffe der UFOs ins Gespräch, das inzwischen zu einem festen Bestandteil der Legende um das Bermuda-Dreieck geworden ist. Ernstzunehmende Forscher und Ozeanographen haben verschiedene Hypothesen erarbeitet, wie diese und viele andere Flugzeuge und Schiffe mitsamt Besatzung und Passagieren so spurlos und vollständig verschwinden konnten. Lieutenant Commander R. H. Wirshing, der zur Zeit des Vorfalls Ausbilder in Fort Lauderdale war und sich lange Jahre mit dieser Frage beschäftigt hat, ist der Meinung, daß der Begriff »verschwinden« ein wichtiger Faktor bei Vermutungen über das Schicksal der Mannschaft von Flight 19 ist, da noch kein Beweis für ihren Tod gefunden wurde. (Die Mutter eines der vermißten Piloten sagte damals, daß sie den Eindruck habe, »ihr Sohn sei irgendwo im Weltraum noch am Leben«.) In ähnlichem Sinn wurde Dr. Manson Valentine, der das Gebiet von Miami aus viele Jahre beobachtet hat, in den *Miami News* zitiert: »Sie sind noch da, aber in einer anderen Dimension eines magnetischen Phänomens, das von einem UFO verursacht worden sein könnte.« Ein Offizier der Küstenwache, Mitglied der Untersuchungskommission, drückte sich mit erfrischender Ehrlichkeit aus, als er einfach sagte: »Wir haben nicht den Schimmer einer Ahnung, was dort draußen vor sich geht.« Und eine etwas formellere, abschließende Feststellung eines anderen Offiziers stellt die übereinstimmende Meinung der Kommission dar: ». . . dieses noch nie dagewesene Ereignis, der Verlust eines Bomberschwarms in Friedenszeit, scheint ein unlösbares Rätsel zu sein, das seltsamste, das von der Marine jemals untersucht wurde.«

Bei Katastrophen gibt es oft unglaubliche Zufälle, vor allem auf See. (Beim Zusammenstoß des Frachters *Stockholm* mit dem Passagierdampfer *Andrea Doria* wurde ein junges Mädchen, das nur spanisch sprach, vom Bug der *Stockholm* aus ihrer Kabine auf der *Andrea Doria* gerissen und mit Teilen der Kabine in ein Schott der *Stockholm* geschleudert, neben die Kajüte eines Matrosen, der als einziger auf seinem Schiff spanisch sprach.) Dieses Element des Zufalls könnte auch beim Verschwinden von Flight 19 eine Rolle spielen.

Commander R. H. Wirshing, zu dieser Zeit noch Lieutenant, der uns wertvolle Informationen über den Fall geben konnte, erinnert sich, daß am Morgen desselben Tages ein Trainingsflug durchgeführt wurde, bei dem sich ebenfalls ungewöhnliche Vorkommnisse ereignet hatten. Während dieses Fluges, der wesentlich weniger sensationell war und in den Presseberichten über die Katastrophe meist übersehen wurde, funktionierten die Kompasse ebenfalls nicht, und die Landung erfolgte nicht am Stützpunkt, sondern 76 Kilometer weiter nördlich.

Mindestens zwei Mitglieder der Mannschaft von Flight 19 scheinen eine Vorahnung der Gefahr empfunden zu haben. Einer davon war der Fluglehrer selbst. Um 13 Uhr 15 kam er verspätet zur Flugbesprechung und bat den Offizier vom Dienst, von diesem Einsatz abgelöst zu werden. Er gab keine Erklärung zu diesem Ansuchen, sondern sagte nur, daß er an der Mission nicht teilnehmen wolle. Da kein Ersatz vorhanden war, wurde das Ansuchen abgelehnt.

Ein zweiter Fall, bei dem Lieutenant Wirshing Zeuge war, wurde damals viel besprochen. Er betraf den Korporal Allan Kosnar, der mit Flight 19 fliegen sollte, sich aber nicht zum Abflug meldete. Die Presse zitierte ihn: »Ich kann nicht sagen, warum, aber aus irgendeinem Grund wollte ich an diesem Tag nicht am Flug teilnehmen.« Nach Lieutenant Wirshing hatte der Korporal, ein Guadalcanal-Veteran, nur noch vier Monate Dienstzeit bis zu seiner Abrüstung abzuleisten und schon vor einigen Monaten angesucht, nicht mehr als Pilot eingesetzt zu werden. Am Tag des Flugs war die Angelegenheit wieder zur Sprache gekommen, und Lieutenant Wirshing hatte Kosnar gesagt, er solle sich beim Truppenarzt melden und um seine Ablösung vom Flugdienst ansuchen. Das tat Kosnar, und der Schwarm startete mit einem Mann weniger. Als sich die ersten Anzeichen von Schwierigkeiten bei Flight 19 zeigten, ging Lieutenant Wirshing in die Unterkunft der Soldaten, um Freiwillige für die Suchaktion auszuwählen. Als ersten traf er dort den kurz vorher zum Bodendienst versetzten Kosnar, der sagte: »Erinnern Sie sich, wie Sie mir befahlen, zum Arzt zu gehen. Ich bin gegangen, und er hat mich von der Pilotenliste gestrichen. Das ist mein Schwarm, der da vermißt wird.«

In einer Meldung vom Flughafen hieß es jedoch, daß der Schwarm mit vollzähliger Mannschaft gestartet sei, als hätte jemand anders in letzter Minute den offenen Platz eingenommen. Auf dem Stützpunkt fanden daraufhin stündlich Appelle statt, um herauszufinden, ob noch jemand abgängig sei. Als sich herausstellte, daß kein weiteres Mitglied der Mannschaft fehlte, gesellte sich die Meldung über die »vollzählige Besatzung« zu den übrigen unerklärlichen Begleitumständen dieses Unglücks.

Ein anderer rätselhafter Vorfall im Zusammenhang mit dem Verschwinden von Flight 19 wurde neunundzwanzig Jahre nach dem Ereignis bekannt, als Art Ford, ein Reporter und Schriftsteller, der den Fall seit 1945 verfolgte, im Jahr 1974 im amerikanischen Fernsehen eine überraschende Enthüllung machte. Lieutenant Taylor sollte über Funk gesagt haben: »Kommt mir nicht nach . . . Sie sehen aus, als ob sie aus dem Weltraum wären . . .« Ford erklärte, daß er die Information ursprünglich zum Zeitpunkt des Unfalls von einem Funkamateur erhalten habe. Er habe sie aber nicht besonders beachtet, weil es für einen Amateurfunker schwierig ist, von einem Flugzeug in der Luft Meldungen aufzufangen, und auch wegen der damals herrschenden Aufregung und der vielen Gerüchte.

Bei seinen späteren Nachforschungen fand Ford jedoch eine unerwartete Bestätigung in einem Protokoll der Gespräche zwischen dem Kontrollturm und den Flugzeugen. Ford verwendete dieses Material in einem Bericht, der unter dem Druck der Verwandten der verschwundenen Männer zustande kam. Das offizielle und früher geheimgehaltene Gesprächsprotokoll, das Ford, seinen Worten zufolge, nur teilweise lesen durfte, enthielt mindestens einen Satz, der mit dem Funkspruch des Kurzwellenamateurs übereinstimmte – »Kommt mir nicht nach.« Dieser Satz war früher niemals offiziell publiziert worden. Aber auch in anderen Fällen, bei denen Schiffe oder Flugzeuge in diesem Gebiet verschwunden waren, zeigt sich dasselbe rätselhafte Phänomen, diese Andeutung vom Eingreifen außerirdischer Mächte.

Während Dutzende von Schiffen und Jachten im Bermuda-Dreieck vor und nach dem Zwischenfall mit Flight 19 verlorengegangen sind, ist es doch bemerkenswert, daß das Verschwinden der fünf Avenger und des Martin Mariner der erste Fall ist, in den Flugzeuge verwickelt waren und wo es genügend leistungsfähige Suchmannschaften in der Luft, auf See und an Land gab, um eine derart umfassende und gründliche, wenn auch letztlich erfolglose Suche durchzuführen. Dieser Vorfall bewirkte, daß auch bei anderen Flugzeugunfällen die Suchaktionen noch intensiver durchgeführt wurden, nicht nur mit dem Ziel, die Überlebenden zu finden, sondern auch herauszufinden, was ihnen zugestoßen war.

Zusätzlich zu dem seit Jahrzehnten »gewohnten« Verlorengehen von großen und kleinen Schiffen kam es nach dem Unglück von Flight 19 mit erschreckender Regelmäßigkeit zu einem unerklärlichen Verschwinden von privaten, militärischen und Handelsflugzeugen. Jetzt allerdings, mit Rettungsteams in der Luft und auf See, mit Funkkontakt, empfindlicheren und leistungsstärkeren Instrumenten und besser entwickelten Suchmethoden, wurde jeder dieser Fälle weitaus gründlicher untersucht.

Am 3. Juli 1947 verschwand eine C-54 der amerikanischen Armee mit sechs Mann Besatzung auf einem Routineflug von den Bermuda-Inseln zum Militärflughafen Morrison bei Palm Beach. Die letzte bekannte Position des Flugzeuges war etwa 100 Meilen von den Bermudas entfernt. Eine sofort eingeleitete Suchaktion von Armee, Marine und Küstenwache auf See und in der Luft erstreckte sich über 100 000 Quadratmeilen Meeresoberfläche. Es wurden weder Ölflecken noch Wrackteile gesichtet (außer einigen Sitzkissen und einer Sauerstoffflasche, die nicht als Ausrüstungsgegenstände des verschwundenen Flugzeugs identifiziert werden konnten).

Als Fälle dieser Art sich häuften, wurde man auf einen weiteren alarmierenden Umstand aufmerksam. Die Mehrzahl der Unglücksfälle im Bermuda-Dreieck ereignete sich während der Touristen-Hochsaison, zwischen November und Februar. Es war auch auffallend, daß zahlreiche Verluste in die Wochen vor und nach Weihnachten fielen. Die *Star Tiger*, ein viermotoriges Passagierflugzeug der British South American Airways vom Typ Tudor IV, ein umgebauter Lancaster-Bomber, verschwand am 29. Januar 1948 auf einem Flug von den Azoren nach den Bermuda-Inseln. An Bord der Maschine waren eine sechsköpfige Besatzung und fünfundzwanzig Passagiere, darunter Sir Arthur Cunningham, Generalleutnant der britischen Luftwaffe im Zweiten Weltkrieg und früherer Befehlshaber der Zweiten Taktischen Luftflotte. Die *Star Tiger* sollte am Flughafen Kinley auf den Bermudas landen. Kurz vor ETA *(estimated time of arrival,* erwartete Ankunftszeit) um 22 Uhr 30 gab der Pilot dem Kontrollturm eine Meldung durch, die die Sätze enthielt »Wetter und Flugbedingungen ausgezeichnet« und »Erwarte planmäßige Landung«. Die Position des Flugzeuges wurde mit 380 Meilen nordöstlich der Bermudas angegeben.

Es erfolgte keine weitere Meldung, aber die *Star Tiger* erreichte ihr Ziel nicht. Es gab kein SOS, keinen Notruf, kein Anzeichen dafür, daß der Flug nicht unter den besten Bedingungen verlaufe. Um Mitternacht wurde die *Star Tiger* als überfällig gemeldet, und am nächsten Tag, dem 30. Januar, lief eine umfassende Hilfsaktion an. Dreißig Flugzeuge und zehn Schiffe suchten mehrere Tage lang erfolglos das Gebiet ab. Am 31. Januar wurden nordwestlich der Bermudas einige Kisten und leere Ölfässer gesichtet. Falls diese von der *Star Tiger* stammten, würde es bedeuten, daß das Flugzeug Hunderte von Meilen vom Kurs abgekommen war, als es zu dem rätselhaften Unfall kam. Man muß dabei bedenken, daß der Pilot bei seinem letzten Kontakt mit dem Kontrollturm nichts Außergewöhnliches über seinen Kurs oder das Funktionieren der Maschine gemeldet hatte.

Während die erfolglose Suche weiterging, fingen zahlreiche Amateurfunker an der Atlantikküste der USA und auch weiter im Inland eine verwirrte, bruchstückhafte Meldung auf, wobei es schien, als ob jemand den Sender verwende, ohne morsen zu können – es wurden nur Punkte verwendet. Die Punkte bildeten das Wort »Tiger«. Noch seltsamer war eine Nachricht von einer Küstenwachstation in Neufundland. Als die Morsezeichen aufhörten, hatte jemand offenbar eine verbale Botschaft übermittelt – er hatte einfach die Buchstaben G-A-H-N-P ausgesprochen. Das waren die Kennbuchstaben der verschwundenen *Star Tiger*. Es wurde angenommen, daß diese Funkmeldungen ein schlechter Witz seien, vor allem, wenn man das eigenartige Verhalten gewisser Individuen in Betracht zog, die spektakuläre Unglücksfälle genießen. Dennoch gibt es eine beunruhigende Parallele zu dem Verschwinden von Flight 19, wenn man sich an die schwache Funkmeldung erinnert, die in Miami Stunden nach dem Verschwinden aufgefangen wurde und ebenfalls aus den Kennbuchstaben des Schwarms bestand, beinahe, als werde aus einer ungeheuren Entfernung in Zeit und Raum eine letzte Nachricht durchgegeben.

Der britische Minister für Zivilluftfahrt ließ das Verschwinden der *Star*

Tiger von einer Kommission unter dem Vorsitz von Lord Macmillan untersuchen. Der Bericht der Kommission wurde acht Monate nach dem Verschwinden des Flugzeugs veröffentlicht. Er stellte fest, daß kein Grund zu der Annahme bestehe, die *Star Tiger* sei wegen Versagens der Funkgeräte oder Motoren, wegen Treibstoffmangels, Abkommens vom Kurs, Schlechtwetters oder Fehler in der Höhenmessung ins Meer abgestürzt, um nur einige Möglichkeiten zu nennen. Konstruktion und Ausführung der Tudor IV wurden überprüft, und es gab nach den Worten der Kommission keinen Grund, zu vermuten . . . »daß es in der Konstruktion der Flugzeuge vom Typ Tudor IV oder im Bau dieses speziellen Flugzeuges, der *Star Tiger*, technische Irrtümer oder Fehlerquellen gebe, wenn man den allgemeinen Standard in Betracht zieht . . .«

Die abschließenden Bemerkungen der Kommission könnte man genausogut auch auf andere Flugzeuge anwenden, die sowohl vor als auch nach der *Star Tiger* im Dreieck verschwunden sind.

> Man kann sagen, daß noch nie ein so unglaubliches Rätsel untersucht wurde . . . Da jeder verläßliche Hinweis auf Art und Ursache des Unglücks der *Star Tiger* fehlt, konnte die Kommission nichts als mögliche Lösungen vorschlagen, von denen keine auch nur in die Nähe der Wahrscheinlichkeit kommt. Bei allen Tätigkeiten, die eine Zusammenarbeit von Mensch und Maschine erfordern, verbinden sich zwei Elemente von sehr verschiedenem Charakter. Da ist einerseits das nicht berechenbare Element der menschlichen Reaktion, die von nur unvollständig bekannten Faktoren abhängt, andererseits das ganz anderen Gesetzen unterworfene mechanische Element. Eine Störung kann bei jedem der beiden Elemente einzeln oder bei beiden zugleich auftreten. Oder Mensch wie Maschine wurden von etwas betroffen, das von außen einwirkte. Was in diesem Fall geschah, wird nie bekanntwerden.

Es war ein außergewöhnlicher und eher beunruhigender Zufall, als zwölf Tage vor dem ersten Jahrestag des Verschwindens der *Star Tiger*, am 17. Januar 1949, ihre Schwestermaschine, die *Star Ariel*, mit sieben Besatzungsmitgliedern und dreizehn Passagieren an Bord auf einem Flug zwischen den Bermuda-Inseln und Jamaika ebenfalls verschwand. Die *Star Ariel* war von London nach Santiago de Chile unterwegs, und der Aufenthalt auf den Bermudas diente zum Tanken von Treibstoff für die nächsten zehn Flugstunden. Als die *Star Ariel* Bermuda um 7 Uhr 45 verließ, war die See ruhig und das Wetter gut. 35 Minuten nach dem Start funkte der Captain folgende Routinemeldung nach den Bermudas:

Hier Captain McPhee an Bord der *Ariel* unterwegs von den Bermudas nach Kingston, Jamaika. Wir haben Normalflughöhe erreicht. Schönes Wetter. Geschätzte Ankunftszeit in Kingston wie vorausgesehen . . . Ich wechsle die Frequenz, um mit Kingston Kontakt aufzunehmen.

Man hörte jedoch nie wieder eine Meldung von der *Star Ariel*.

Als die Suche nach der *Star Ariel* begann, hielt ein Kampfverband der amerikanischen Marine in diesem Gebiet Manöver ab. Zwei Flugzeugträger entsandten ihre Maschinen zur Rettungsaktion, der sich die Suchmannschaften der Küstenwache, jene der Luftwaffe von zahlreichen Stützpunkten entlang der Atlantikküste und britische Flugzeuge anschlossen, die auf den Bermudas und auf Jamaika stationiert waren. An der Suche beteiligten sich auch Kreuzer, Zerstörer und das amerikanische Schlachtschiff *Missouri*, gemeinsam mit Schiffen der britischen Marine und zufällig in diesen Gewässern befindlichen Handelsschiffen. Eine Funkmeldung an alle Schiffe im Suchgebiet lautete wie folgt:

Der letzte Funkkontakt mit dem viermotorigen Flugzeug *Star Ariel*/Gagre der British South American Airways, das am 17. Januar 1242 GMT von den Bermudas nach Jamaika aufbrach, auf Kurs zwei eins sechs Grad, erfolgte zuletzt um 1337 GMT am 17. Januar ungefähr 15 Meilen südlich der Bermudas.

Alle Schiffe werden gebeten, dieser Station die Sichtung von Treibgut zu melden, vor allem von Polstern, Flugzeugsitzen und Kissen in blauer Farbe, Rettungsbooten in gelber Farbe, aufblasbaren Schwimmwesten in dunkelbrauner Farbe. Diese Gegenstände müßten die Markierung BSSA tragen. Zu melden sei auch das Vorhandensein von treibenden Kleidungsstücken.

Zweiundsiebzig Suchflugzeuge in dichter Formation, manchmal fast »Flügel an Flügel«, kontrollierten 150 000 Quardratmeilen Meeresoberfläche. Sie begannen mit der Suche in der Nähe des Punkts, von dem aus man den letzten Funkspruch empfangen hatte, und stießen in südwestlicher Richtung nach Jamaika vor. Sie fanden keinen einzigen Gegenstand, der als Bestandteil des verschwundenen Flugzeugs identifiziert werden konnte. Ein amerikanisches und ein britisches Flugzeug meldeten am 18. Januar ein »seltsames Licht« auf dem Wasser, aber die an diese Stelle entsandte Suchmannschaft fand nichts, und die Luftwaffe brach die Suche am 22. Januar ab.

Da nun fast genau in Jahresfrist zwei britische Passagiermaschinen derselben Luftlinie verschwunden waren, dachte man an einen Sabotageakt. Heute würde man eher eine Entführung in Betracht ziehen. Eine Kommission, das »Brabazon Committee«, untersuchte die Möglichkeit der Sabotage gemeinsam mit allen anderen Umständen des Flugs: der Ausbildung von Pilot und Besatzung, dem Funktionieren der Instrumente und dem Wetter. Es fanden sich jedoch weder Unzukömmlichkeiten noch Anhaltspunkte: ». . . da keine Wrackteile gefunden wurden, ist die Ursache des Unfalls der *Star Ariel* wegen mangelnder Beweise nicht zu klären«, hieß es abschließend.

Es gab damals eine Theorie, daß das Methylbromid aus den Feuerlöschern in das Drucksystem des Flugzeugs gelangt sei und eine Explosion ausgelöst hätte. Für dieses eine rätselhafte Flugzeugunglück wäre das vielleicht eine Erklärung, aber kaum für die vielen anderen, die sich in diesem Gebiet ereignet haben.

Einer der Gründe für die umfassenden Suchaktionen nach der *Star Ariel* war der Verlust einer anderen Passagiermaschine, einer gecharterten DC-3 auf dem Weg von San Juan nach Miami, die am frühen Morgen des 28. Dezember 1948 mit 36 Passagieren und Besatzung ins Nichts verschwunden war. Die erfolglose Suche nach dieser Maschine, die von über vierzig Militärflugzeugen und zahlreichen Schiffen in einem fast 300 000 Quadratmeilen umfassenden Gebiet – Meer und Küste – durchgeführt wurde, war erst eine Woche vor dem Verschwinden der *Star Ariel* aufgegeben worden. Die Umstände beim Verschwinden der DC-3 waren noch seltsamer als in ähnlichen Fällen. Wie bei anderen Flügen war das Wetter ausgezeichnet und der Nachthimmel klar. Die Maschine startete am 27. Dezember um 22 Uhr 30. Irgendwann während des Nachtflugs hatte Robert Lindquist, der Flugkapitän, über Funk gesagt: »Wißt ihr was? . . . Wir singen alle Weihnachtslieder!« (Hier fällt wieder auf, daß die meisten Unfälle im gleichen Zeitraum stattfanden.)

Um 4 Uhr 30 empfing der Kontrollturm in Miami einen weiteren Funkspruch von der DC-3. Er lautete: »Wir nähern uns dem Flughafen . . . Nur noch 50 Meilen südlich . . . Wir können die Lichter von Miami schon sehen. An Bord alles in Ordnung. Wir melden uns später für die Landeinstruktionen.« Man hörte jedoch nie wieder etwas von dem Flugzeug, und eine Suche zu Wasser und Land brachte keine identifizierbaren Wrackteile zutage. Natürlich gab es keine Überlebenden und kein Anzeichen, was den Passagieren und der Mannschaft zugestoßen sein könnte. Der Captain hatte seine Position mit 50 Meilen südlich von Miami angegeben, um so seltsamer erscheint es, daß man keine Explosion, keinen Feuerschein sah, daß man keine SOS- oder MAYDAY-Meldung empfing. Das Flugzeug verschwand, noch dazu über den Florida Keys, wo das klare Wasser nur sieben Meter tief ist und ein abgestürztes Wrack leicht gefunden und identifiziert werden kann. Das war einer der Fälle, wo sich ein Flugzeug samt Passagieren fast in Sichtweite des Flughafens »dematerialisierte«. Wie wir im nächsten Kapitel lesen werden, gab es auch Schiffe, die in Sichtweite ihres Heimathafens verschwanden.

Bei anderen größeren Flugzeugen, die nach der *Star Ariel* verschwanden, zeigte sich immer wieder derselbe Ablauf der Ereignisse: zuerst normaler Flugverlauf, dann – nichts – und später keine Spur von Wracktrümmern, Ölflecken, Treibgut oder selbst verdächtigen Ansammlungen von Haien.

Auch kleinere Maschinen wurden immer wieder vermißt. Im Dezember 1949 verschwanden nicht weniger als neun kleine Flugzeuge in der Nähe der Küste von Florida, was die Annahme berechtigt erscheinen läßt, daß es sich hier um eine besondere Gefahrenzone handelt, selbst wenn die Parallelen zwischen den einzelnen Unfällen weniger deutlich gewesen wären.

Diese Vorfälle setzten sich in den fünfziger Jahren fort. Im März 1950 verschwand ein U.S.-Globemaster am nördlichen Ende des Dreiecks während eines Flugs nach Irland. Am 2. Februar 1952 verschwand ein Transportflugzeug vom Typ British York mit 33 Passagieren und Besatzung im Norden des Dreiecks auf dem Weg nach Jamaika. Schwache SOS-Signale wurden empfangen, die aber fast sofort abbrachen.

Am 30. Oktober 1954 verschwand eine Super Constellation der amerikanischen Marine mit 42 Passagieren und Besatzung bei schönem

Wetter auf einem Flug vom Marinestützpunkt Patuxent River in Maryland zu den Azoren. Mehr als zweihundert Flugzeuge und mehrere Schiffe suchten einige hundert Quadratmeilen Meeresoberfläche ab, ohne etwas zu finden. Wie bei anderen ähnlichen Fällen wurde kurz nach Verschwinden des Flugzeugs von einer Station ein schwaches SOS empfangen.

Am 5. April 1956 verschwand eine zum Frachtflugzeug umgebaute B-25 mit drei Mann Besatzung in der Nähe der Tongue of Ocean, einem unterseeischen, 1500 Meter tiefen Graben östlich der Insel Andros in den Bahamas.

Ein Martin-Marlin-P5M-Patrouillenflugboot der amerikanischen Marine verschwand am 9. November 1956 mit zehn Mann Besatzung auf einer Patrouille über den Bermudas.

Ein KB-50-Tankflugzeug der amerikanischen Luftwaffe, unterwegs vom Luftwaffenstützpunkt Langley in Virginia zu den Azoren, verschwand am 8. Januar 1962 auf ähnliche Weise wie die Super Constellation im Jahr 1954. Wie bei der Super Constellation hörte man einen undeutlichen Funkspruch, der eine nicht näher definierte Störung anzeigte, dann herrschte Stille – und nach dem bekannten Muster gab es keine Wrackteile und kein Anzeichen, was geschehen war. Es muß bei jedem dieser Fälle bedacht werden, daß die Besatzung für den Fall einer Notwasserung über umfangreiche Rettungsausrüstungen verfügte. Was auch immer mit den Flugzeugen geschehen war, mußte sie also völlig unerwartet und sehr rasch getroffen haben.

Einer der Unfälle erinnerte an die verwirrenden Meldungen der Piloten von Flight 19. Es handelte sich um das SOS eines Privatflugzeugs, das nach Nassau auf den Bahamas unterwegs war, sich jedoch in der Nähe der Insel Great Abaco zu befinden schien. Obwohl prächtiges Morgenwetter herrschte, sagte der Pilot, er fliege durch Nebel und könne selbst die Inseln unter sich nicht erkennen, obwohl andere Beobachter in demselben Gebiet tadellose Sicht meldeten. In diesem Fall verschwand das Flugzeug nicht vollständig. Teile eines Flügels wurden später im Meer treibend aufgefunden.

Als am 28. August 1963 zwei Maschinen als vermißt gemeldet wurden, nahm man an, sie seien ebenfalls verschwunden. Als jedoch später Wrackteile identifiziert werden konnten, erleichterte das die Lösung des Rätsels keineswegs. Zwei KC-135, vierstrahlige Düsen-Stratotanker (die ersten Düsenmaschinen, die im Dreieck verlorengingen), waren vom Luftwaffenstützpunkt Homestead in Florida aus in einer Lufttank-Mission unterwegs und verschwanden, kurz nachdem sie ihre Position angegeben hatten: 300 Meilen südwestlich der Bermudas. Nach einer gründlichen Suche fand man 260 Meilen südwestlich der Bermudas Wrackteile, die wahrscheinlich von den vermißten Flugzeugen stammten, und nahm an, sie seien kollidiert. Mehrere Tage später wurden jedoch Teile eines der Flugzeuge in 160 Meilen Entfernung gefunden. Ein offizielles Statement der Luftwaffe besagte, daß sie nicht in dichter Formation flogen. Wenn sie also trotzdem kollidierten, dann mußte etwas die Wrackteile auseinandergetragen haben, und zwar viel schneller, als die Meeresströmung es vermochte. Und wenn beide gleichzeitig abgestürzt waren, wie vielleicht auch die fünf Avenger, was war dann daran schuld, daß ihre Motoren oder Instrumente zum selben Zeitpunkt versagten?

Im folgenden Monat, am 22. September, verschwand ein C-23 Cargomaster zwischen Delaware und seinem Zielflughafen in den Azoren. Der letzte Funkspruch des Piloten lautete: »Alles in Ordnung.« Er gab seine Position mit etwa 80 Meilen vor der Südküste von Jersey an. Eine intensive Suche durch Flugzeuge, Schiffe der Küstenwache und der Marine dauerte bis zum 25. September, brachte aber nichts zutage, was einen Hinweis auf das vermißte Flugzeug gegeben hätte.

Am 5. Juni 1965 verschwand eine C-119 »Flying Boxcar« mit 10 Mann Besatzung während einer Routinemission zwischen dem Stützpunkt Homestead und der Insel Grand Turk in der Nähe der Bahamas. Im letzten Funkspruch meldete der Pilot, die Position sei 100 Meilen vom Zielort, die Landung werde in etwa einer Stunde erfolgen. Dann riß der Kontakt ab. Nach einer fünf Tage und Nächte dauernden Suche meldete die Küstenwache: »Resultat negativ« mit dem vertrauten Zusatz: »Keine Anhaltspunkte.« Wie im Fall von Flight 19 und anderer verschwundener Flugzeuge wurden schwache, unverständliche Funksprüche aufgefangen, deren Lautstärke rasch nachließ, als ob etwas die Übertragung blockiere oder als ob das Flugzeug weiter und weiter in Raum und Zeit verschwinde. Es ist bemerkenswert, daß ein anderes Flugzeug, das auf der Route der vermißten C-119 in entgegengesetzter Richtung unterwegs war, klaren Himmel und gute Sicht meldete.

Im Zeitraum von 1945 bis 1965 verschwanden in diesem Gebiet vierzehn Linienflugzeuge und zahlreiche Militär- und Privatmaschinen. Und es scheint, als ob das Phänomen weiterbestehen würde.

Einige seltsame Umstände begleiteten das Verschwinden von Carolyn Cascio, einer erfahrenen Pilotin, die am 7. Juni 1964 in einem kleinen Flugzeug mit einem Passagier von Nassau zur Insel Grand Turk in den Bahamas flog. Als sie zu jener Stelle kam, wo nach ihrer Berechnung Grand Turk liegen mußte, funkte sie, daß sie die Orientierung verloren habe und über zwei unbekannten Inseln kreise. Sie fügte hinzu: »Ich kann nichts sehen«, und später: »Wie sollen wir da herauskommen?« Seltsamerweise bemerkten Personen auf Grand Turk zu dieser Zeit, daß ein leichtes Flugzeug eine halbe Stunde um die Insel kreise und dann verschwand. Aber wie kam es, daß man auf Grand Turk das Flugzeug deutlich beobachten konnte, die Pilotin jedoch die Gebäude auf der Insel nicht sah?

Eine Chase YC-122 mit vier Personen an Bord, von Palm Beach in Florida unterwegs nach Grand Bahama, verschwand am 11. Januar 1967 irgendwo nordwestlich von Bimini.

Am 1. Juni 1973 kam es auf dem verhältnismäßig kurzen Flug von Fort Lauderdale nach Freeport zu einem unerklärlichen Zwischenfall. In einer Cessna 180 verschwanden Reno Rigoni und sein Copilot Bob Corner. Im Verlauf einer Suchaktion, die auch die Everglades einschloß, wurden auf der geplanten Route keinerlei Wrackteile gefunden. Rigoni und Corner funkten auch kein Notsignal.

Während die amerikanische Ausgabe dieses Buches vorbereitet wurde, fand ein weiterer seltsamer Unfall statt. Thomas Gatch, der den Atlantik mit einem Ballon überqueren wollte, wurde am 17. Februar 1974 etwa 900 Meilen südwestlich der Azoren zum letztenmal gesehen. Flugzeuge der amerikanischen Marine durchsuchten ein 223 000 Quadratmeilen großes Gebiet – ohne Resultat. Das Verschwinden des Ballons läßt sich durch die großen Entfernungen und plötzlich auftretenden Winde leicht erklären, aber es ist bemerkenswert, daß das Unglück wieder in demselben Gebiet stattfand.

Bei jedem einzelnen dieser ungeklärten Zwischenfälle wurden spezielle Gründe und Ursachen angeführt, es gibt jedoch bestimmte Erklärungsversuche, die in offiziellen Berichten ebenso wie in Büchern und Artikeln immer wieder aufscheinen. Dazu zählen CAT (clear air turbulence, Luftwirbel bei klarem Himmel), »Windschere«, »atmosphärische Aberration«, »Unregelmäßigkeiten im Magnetfeld« und »elektromagnetische Störungen«. Mit diesen Phänomenen können einige der Flugzeugunglücke erklärt werden, keineswegs aber alle.

Obwohl die Marine und die Küstenwache Kompaßabweichungen und einen »toten Punkt« für den Funk innerhalb dieses Gebiets als Tatsache bestätigen, läßt sich der offizielle Standpunkt noch immer am besten mit den Worten von Captain W. S. Humphrey ausdrücken:

> Es ist nicht festzustellen, daß in diesem Gebiet eine atmosphärische Aberration existiert oder jemals existiert hat. Patrouillenflüge und Operationen von Luftflotten werden hier regelmäßig und ohne Zwischenfälle durchgeführt.

Die gegenteilige Meinung vertritt der verstorbene Ivan Sanderson, der das Bermuda-Dreieck und mehrere andere Gebiete mit ähnlichen Eigenschaften viele Jahre hindurch beobachtete. Er betont vor allem die große Häufigkeit der rätselhaften Unglücksfälle im unteren Teil des Dreiecks, bei den Bahamas, der Ostküste von Florida und den Florida Keys.

> Die Anzahl der verschwundenen Flugzeuge steht in keinem Verhältnis zur Anzahl der verzeichneten Verluste auf irgendeinem anderen Punkt der Erde.

Dale Titler bemerkte in seinem Buch *Wings of Mystery*, daß nun schon »eine ziemlich große Luftflotte« in diesem kleinen Gebiet spurlos verschwunden ist.

> Alle diese Maschinen wurden von erfahrenen Piloten geflogen, denen gut ausgebildete Navigatoren zur Seite standen. Alle hatten Funk und Rettungsausrüstungen, und alle verschwanden bei gutem Wetter.

Er fügt die interessante Beobachtung hinzu, »daß fast alle Maschinen bei Tageslicht verschwanden«.

Robert Burgess, ein weiterer Autor, der sich mit Phänomenen des Meeres beschäftigt, schreibt in seinem Buch *Sinkings, Salvages and Shipwrecks*:

> Es besteht Grund zur Annahme, daß bei diesen geheimnisvollen Unfällen ein weit bedeutenderer Faktor mit einzuberechnen ist als bloßer Zufall.

Er fügt hinzu, daß, wie immer man das Phänomen auch nennt, »ob atmosphärische Aberration oder anders, es jedenfalls mit beunruhigender Plötzlichkeit und Häufigkeit auftritt«.

Wie wir schon erwähnten, sind die Grenzen des Bermuda-Dreiecks ebenso umstritten wie seine Existenz. Es wird als Dreieck bezeichnet, mit den Bermudas als nördlichstem Punkt, als große Ellipse im westlichen Teil des Nordatlantik, als ein Gebiet, das entlang des Kontinentalsockels im Süden der Vereinigten Staaten, im Golf von Mexiko und in den Antillen verläuft, oder als Gefahrenzone ohne feste Grenze zwischen den Bahamas, Florida und dem Golf von Mexiko. Neben der Diskussion über die Grenzen sind jedenfalls eine Menge phantastischer Erzählungen über dieses Gebiet im Umlauf, Geschichten über verschwundene Flugzeuge, Dampfer, Jachten, Segelboote oder auch über verlassene Schiffe, deren Besatzung verschwand. Der Glaube an geheimnisvolle Kräfte im Bermuda-Dreieck hat sich derart verbreitet, daß jedes Verschwinden und jeder rätselhafte Unfall neue Mutmaßungen über die anderen ungelösten Rätsel in diesem Gebiet auslöst.

Wenn im Radio oder Fernsehen Berichte über diese Vorfälle gebracht werden, kommen oft besorgte Anfragen aus dem Publikum, von Leuten, die dieses Gebiet im Flugzeug besuchen wollen. Man versichert den ängstlichen Fragestellern, daß die Reise ohne Gefahr sei, da das Dreieck unzählige Male ohne Zwischenfall überflogen wurde und wird. Reisebüroangestellte werden von Reisenden mit Zielen jenseits des Dreiecks oft zögernd gefragt: »Fliegen Sie über das Bermuda-Dreieck?« – eine Frage, die leicht zu verneinen ist, da die Grenzen des Dreiecks nicht feststehen. Einem wegen einer Flugverspätung beunruhigten Passagier wurde folgende Erklärung zuteil: »Wir mußten um das Bermuda-Dreieck herumfliegen.«

Ein weiterer Grund zur Beruhigung ist die Tatsache, daß die modernen Flugzeuge über wesentlich mehr Sicherheitsvorkehrungen verfügen als einige der in den vergangenen Jahren verschwundenen. Manche dieser Vorrichtungen waren zur Zeit der sensationellsten Fälle noch nicht in Gebrauch. Dazu gehören Transistoren und Fernbereichs-Navigationssysteme (die allerdings an Bord der *Star Ariel* in Gebrauch waren). Außerdem verwenden auch kleine Flugzeuge heute »omni«, ein Radarzielflugsystem, das es Flugzeugen erlaubt, selbst durch die dichteste Wolkendecke ihren Zielflughafen zu finden.

Trotz all dieser modernen Geräte setzen sich die seltsamen Unfälle im Dreieck und den umliegenden Küstengebieten fort. So verschwanden innerhalb der letzten Jahre auf geheimnisvolle Weise einige Flugzeuge über dem Festland, in der Nähe des Flughafens von Miami, wie etwa am 29. Dezember 1972 eine Lockheed L-1011 der Eastern Airlines (Flug 401) mit über hundert Passagieren und Besatzung. Eine nähere Untersuchung der Umstände ihres Verschwindens bringt vielleicht etwas Licht in das Schicksal der Maschinen, die plötzlich über dem Meer verlorengingen. Dr. Manson Valentine schreibt über diesen Fall:

Bei Prüfung aller vorhandenen Unterlagen zeigt sich, daß die Maschine während der letzten sieben oder acht Minuten des Flugs so rasch an Höhe verlor, daß weder die Flugkontrolle in Miami noch die Piloten Zeit zum Eingreifen hatten; alle Höhenmesser funktionierten, so daß der Pilot unter normalen Umständen genügend Zeit für Korrekturen gehabt hätte. Der Absturz erfolgte so schnell (in den Berichten wurde nicht darauf hingewiesen, wie ungewöhnlich schnell), daß die Kontrollstation in Miami nur einen einzigen Radar-Ausschlag lang – 40 Sekunden – Zeit hatte, ihn zu verfolgen; beim zweiten Ausschlag war das Flugzeug aus einer Höhe von 270 Meter (wo zuerst bemerkt wurde, daß es nicht die vorgeschriebene Flughöhe von 600 Meter einhielt) auf weniger als 90 Meter abgesunken. Wahrscheinlich war es bereits zerstört. Eine derartige Absturzgeschwindigkeit kann nicht durch das Versagen der automatischen Steuerung, durch Abrutschen aus überzogener Fluglage oder Unerfahrenheit des Piloten erklärt werden. Auch die Tatsache, daß die Motoren halb gedrosselt waren, ist kein ausreichender Grund. Die Ursache muß atmosphärisch bedingt sein und liegt wahrscheinlich in irgendeiner Anomalie des Magnetfeldes.

Die unerklärlichen Unfälle in diesem Gebiet häufen sich, und immer mehr Beobachter sind nicht sicher, ob sie durch normale Umstände hervorgerufen wurden, das heißt durch ungewöhnliche Wetterlage, Versagen oder Übermüdung des Piloten, Versagen des Motors, fehlerhafte Konstruktion des Flugzeugs und dergleichen, oder ob hier eine unerklärliche Kraft in Aktion tritt, die Schiffe und Flugzeuge zerstört. John Goodwin (Autor von *This Baffling World*) meint, daß die Öffentlichkeit mehr und mehr geneigt sei, der letzteren Hypothese zuzustimmen, und stellt in diesem Zusammenhang auch fest, daß die amerikanischen und britischen Behörden das Dreieck nie offiziell als »Gefahrenzone« deklariert haben. Er setzt hinzu: »Privat haben jedoch sowohl Fachleute der Marine als auch der Luftfahrt zugegeben, daß sie sich hier möglicherweise eher einer Eigentümlichkeit dieses bestimmten Gebietes gegenübersehen als einer Serie von technischem Versagen.« Er meint, daß dieses wie auch immer geartete Phänomen den Menschen heute vielleicht ebenso unerklärlich sei wie den Alchimisten des 15. Jahrhunderts die Kraft des Radiums. Er sagt weiterhin, daß »man zwar keinen sicheren Zusammenhang zwischen den verschwundenen Schiffen und Flugzeugen herstellen kann . . . daß aber sie alle in einem geographisch engbegrenzten Gebiet verlorengingen«.

Lange vor den Flugzeugunfällen in den vierziger Jahren und auch nachher war das Meer innerhalb des Bermuda-Dreiecks, einschließlich Kap Hatteras, der Küste von Carolina und der Florida-Straße als »Schiffsfriedhof« bekannt. Die Schiffbrüche in diesem Gebiet wurden meist durch schwere Seen und plötzliche Stürme verursacht. Die Sargasso-See wird ebenfalls »Schiffsfriedhof« oder »Meer der verlorenen Schiffe« genannt, aber aus dem entgegengesetzten Grund: Hier versanken die Schiffe nicht im Sturm, sondern wegen der Flauten. In diesem Gebiet wurden im Laufe der Zeit schon einige mysteriöse Fälle registriert, wo große Schiffe verschwanden, ohne SOS zu funken und ohne daß man später Treibgut gefunden hätte. Aber erst seit im Jahr 1945 und in den darauffolgenden Jahren derart viele Flugzeuge und auch Schiffe jeder Größe verlorengingen, begannen Forscher, sich mit der Regelmäßigkeit dieses Phänomens auseinanderzusetzen. Eine Schlagzeile im *Manchester Guardian* anläßlich des Verschwindens von Flight 19 ist für diese Reaktion typisch. Sie lautet: »Der Friedhof der Sargasso-See verschlingt jetzt nicht nur Schiffe, sondern auch Flugzeuge.«

Die verschwundenen Flugzeuge brachten dem Bermuda-Dreieck weltweite Aufmerksamkeit. Allerdings verschwanden schon seit mehr als 170 Jahren – vielleicht auch seit Jahrhunderten, nur besitzen wir darüber keine Aufzeichnungen mehr – in diesem Gebiet Schiffe mitsamt der Mannschaft (manchmal verschwand auch nur die Mannschaft). Einige Umstände bei diesen Schiffsunglücken erinnern stark an die rätselhaften Unfälle in der Luft, während andere überraschende Eigentümlichkeiten zeigen.

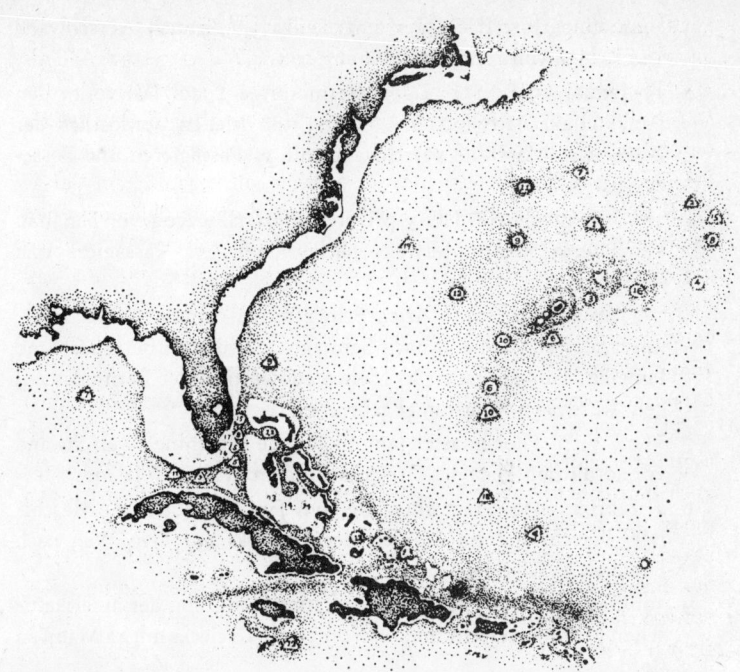

Annähernde Positionen der wichtigsten im Bermuda-Dreieck verschwundenen Flugzeuge und Schiffe zum Zeitpunkt ihres Verschwindens. Die Flugzeuge sind mit Ziffern in Kreisen bezeichnet, die Schiffe mit Ziffern in Dreiecken.

Die wichtigsten im Bermuda-Dreieck verschwundenen Flugzeuge

(Auf der Karte: Ziffern in Kreisen)

1. 5. Dezember 1945: Fünf TBM-Avenger-Bomber der amerikanischen Marine auf einem Trainingsflug von Fort Lauderdale, Florida; Besatzung: vierzehn Mann; zwei Stunden normaler Flug; verschwanden ungefähr 225 Meilen nordöstlich ihres Stützpunktes.
2. 5. Dezember 1945: PBM-Martin-Mariner-Bomber, mit dreizehn Mann Besatzung auf die Suche nach den fünf TBM Avenger entsandt; zwanzig Minuten später Funkkontakt unterbrochen und Flugzeug verschwunden.

3. 1947: Superfort (C-54 der amerikanischen Armee); verschwand 100 Meilen von den Bermudas entfernt.

4. 29. Januar 1948: *Star Tiger*, viermotorige Tudor IV; verlor den Funkkontakt nach letzter Meldung 380 Meilen nordöstlich der Bermudas; Maschine verschwand mit 31 Passagieren und Besatzung.

5. 28. Dezember 1948: DC-3, privates Charterflugzeug, von San Juan auf Puerto Rico unterwegs nach Miami; 32 Passagiere und Besatzung.

6. 17. Januar 1949: *Star Ariel*, Schwestermaschine der *Star Tiger*; unterwegs von London nach Santiago de Chile via Bermudas und Jamaika; Funkkontakt 380 Meilen südwestlich der Bermudas auf dem Kurs nach Kingston abgebrochen.

7. März 1950: Globemaster (amerikanische Maschine); verschwand am nördlichen Ende des Dreiecks auf dem Weg nach Irland.

8. 2. Februar 1952: Frachtflugzeug vom Typ York (britische Maschine); verschwand im Norden des Dreiecks auf dem Weg nach Jamaika; 33 Mann an Bord.

9. 30. Oktober 1954: Super Constellation (Flugzeug der amerikanischen Marine) verschwand im Norden des Dreiecks mit 42 Mann an Bord.

10. 9. November 1956: P5M-Patrouillenflugboot der amerikanischen Marine; verschwand mit zehn Mann Besatzung in der Nähe der Bermudas.

11. 8. Januar 1962: KB-15-Tankflugzeug der amerikanischen Luftwaffe; unterwegs vom Stützpunkt Langley Field in Virginia zu den Azoren.

12. 28. August 1963: zwei neue vierstrahlige Stratotanker vom Typ KC-13 der amerikanischen Luftwaffe; unterwegs vom Luftwaffenstützpunkt Homestead, Florida, zu geheimer Lufttank-Position im Atlantik; verschwanden 300 Meilen südwestlich der Bermuda-Inseln.

13. 5. Juni 1965: C-119 Flying Boxcar; zehn Personen an Bord; in den südöstlichen Bahamas verschwunden.

14. 5. April 1965: zu ziviler Frachtmaschine umgebauter B-25-Bomber; südöstlich der Tongue of Ocean verschwunden; drei Mann Besatzung.

15. 11. Januar 1967: Chase YC-22, zu Frachtmaschine umgebaut; vier Personen an Bord; im Golfstrom zwischen Palm Beach und Grand Bahama verlorengegangen.

16. 22. September 1963: C-132 Cargomaster verschwand auf dem Weg zu den Azoren.

Größere Schiffe, die im Bermuda-Dreieck verschwanden oder verlassen aufgefunden wurden

(Auf der Karte: Ziffern in Dreiecken)

1. 1840: *Rosalie*, ein französisches Schiff; auf dem Weg von Havanna nach Europa im Gebiet des Dreiecks verlassen aufgefunden; Segel gesetzt, Ladung intakt, die Besatzung verschwunden.

2. Januar 1880: die britische Fregatte *Atalanta*; verließ mit 290 Personen an Bord die Bermudas mit dem Ziel England; verschwand vermutlich nicht weit von den Bermudas.

3. Oktober 1902: Die deutsche Bark *Freya*; wurde bald nach Verlassen des Hafens Manzanillo auf Kuba gefunden, mit starker Schlagseite, Masten teilweise fehlend, der Anker nachschleifend; der Kalender in der Kabine des Kapitäns zeigte den 4. Oktober, den Tag nach der Abfahrt.

4. März 1918: Versorgungsschiff der amerikanischen Marine U.S.S. *Cyclops*; 152 Meter lang, 19 000 Tonnen; fuhr am 4. März mit 309 Personen an Bord von Barbados nach Norfolk; kein Schlechtwetter, keine Funkmeldungen; Wrack nicht gefunden.

5. 1925: S.S. *Cotopaxi*; verschwand auf dem Weg von Charleston nach Havanna.

6. April 1932: Zweimaster *John and Mary*; registriert in New York; wurde leer 50 Meilen südlich der Bermudas treibend gefunden; Segel eingerollt, Schiffsrumpf frisch gestrichen.

7. Februar 1940: Jacht *Gloria Colite*; aus St. Vincent, Britisch Westindien; wurde 200 Meilen südlich von Mobile in Alabama verlassen aufgefunden; alles an Bord in Ordnung.

8. 22. Oktober 1944: der kubanische Frachter *Rubicon*; wurde von der Küstenwache im Golfstrom in der Nähe Floridas treibend gefunden; bis auf einen Hund kein Lebewesen an Bord.

9. Juni 1950: S.S. *Sandra*, Frachter von 108 Meter Länge; unterwegs von Savannah, Georgia, nach Puerto Cabello in Venezuela; Ladung 300 Tonnen Insektenvertilgungsmittel; passierte St. Augustine, Florida, und verschwand dann spurlos.

10. September 1955: Jacht *Connemara IV*; wurde verlassen 400 Meilen südwestlich der Bermudas aufgefunden.

11. 2. Februar 1963: *Marine Sulphur Queen*; Frachter von 129 Meter Länge; verschwand samt Mannschaft; keinerlei Funksprüche, Wrackteile oder Anhaltspunkte irgendwelcher Art; war auf dem Weg von Beaumont, Texas, nach Norfolk in Virginia; letzte Meldung von einer Position in der Nähe der Dry Tortugas.

12. 1. Juli 1963: *Sno'Boy*; Fischkutter von 20 Meter Länge; 40 Mann Besatzung; auf dem Weg von Kingston, Jamaika, nach Northeast Cay; verschwand mit der gesamten Besatzung.

13. 1924: *Raifuku Maru*; japanischer Frachter; funkte zwischen den Bahamas und Kuba um Hilfe und verschwand anschließend.

14. 1931: *Stavanger*; Frachter mit 43 Mann Besatzung; letzte Meldung aus der Nähe von Cat Island in den Bahamas.

15. März 1938: *Anglo-Australian*; Frachter mit 39 Mann Besatzung; letzte Meldung von einem Punkt westlich der Azoren: »Alles in Ordnung.«

16. Dezember 1967: *Revonco*; 14 Meter lange Rennjacht mit Hochseeausrüstung; verschwand in Sichtweite der Küste.

17. 24. Dezember 1967: *Witchcraft*; Kabinenkreuzer; Passagier und Besitzer verschwanden, während das Schiff an einer Hafenboje 1 Meile vor Miami befestigt war.

18. April 1970: *Milton Iatrides*; Frachter auf dem Weg von New Orleans nach Kapstadt.

19. März 1973: *Anita*; 20 000-Tonnen-Frachter mit 32 Mann Besatzung, auf dem Weg von Newport News nach Deutschland.

3

Das Meer der verlorenen Schiffe

Die meisten ungeklärten Schiffsunglücke im Bermuda-Dreieck fanden in der Sargasso-See statt, einem großen, unbewegten Meeresgebiet im westlichen Atlantik. Wenn irgend etwas das Rätsel noch unlösbarer machen kann, dann die Sargasso-See, die selbst immer wieder Rätsel aufgibt, seit sie vor fünfhundert Jahren von spanischen und portugiesischen Seeleuten erstmals befahren wurde. Wenn wir die Überquerung der Sargasso-See durch phönizische und karthagische Seefahrer dazuzählen – die heute als wahrscheinlich angenommen wird –, so ist man diesem Rätsel schon seit Jahrtausenden gegenübergestanden.

Die Sargasso-See ist also ein riesiges Gebiet im Nordwestatlantischen Becken und hat ihren Namen von der Meeresalge Sargassum. Diese Algen, die entweder einzeln oder in großen Mengen im Wasser treiben, markieren die Grenzen des Gebiets. Als Kolumbus auf seiner ersten Reise in dieses Meer kam und so viele Algen sah, nahm er fälschlich an, daß Land in der Nähe sei. Sein Mut hob sich – ein Gefühl, das von seiner Mannschaft nicht eben geteilt wurde.

Dieses Algenmeer wird im Norden vom Golfstrom begrenzt, der sich zuerst nach Nordost und dann nach Osten bewegt. Die südliche Grenze bilden der zurückkehrende Golfstrom und der nördliche Äquatorialstrom. Die Umrisse dieses Meeres sind nicht genau festgelegt. Es erstreckt sich in der Hauptsache vom 37. nördlichen zum 27. nördlichen Breitengrad und vom 75. zum 40. westlichen Längengrad. Unter der Sargasso-See liegen das Hatteras- und Nares-Tief, die steile Bermuda-Schwelle, zahlreiche »seamounts« (unterseeische Berge), die nicht ganz bis zur Wasseroberfläche reichen und flache Plateaus bilden, als seien sie einst Inseln gewesen) sowie an der Ostgrenze ein Teil des Nordatlantischen Rückens, einer riesigen, in Nord-Süd-Richtung verlaufenden unterseeischen Gebirgskette, deren höchste Gipfel über die Meeresoberfläche ragen und die Azoren bilden. Die Sargasso-See ist ein stagnierendes Meer, in dem es außer in den Randgebieten fast keine Strömungen gibt. Sie erstreckt sich etwa 200 Meilen nördlich der Großen Antillen und etwa 260 Meilen vom Festland Floridas und der

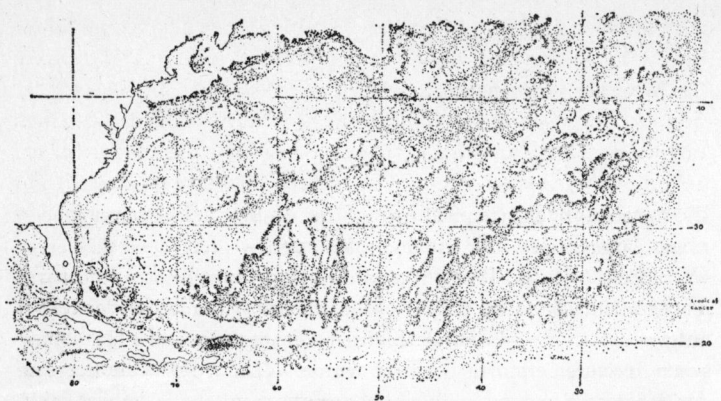

Das Gebiet der Sargasso-See im Atlantischen Ozean. Die Pfeile zeigen die Richtung des Golfstroms und des nördlichen Äquatorialstroms an, die dieses algenbewachsene und unbewegte Meeresgebiet begrenzen, das durch tödliche Flauten charakterisiert ist. Tiefgelegene Teile des Meeresbodens sind auf der Karte dunkel eingezeichnet, die kleinen Inseln, wie die Azoren und die Bermuda-Inseln, dagegen schwarz. In den höhergelegenen Gebieten des Meeresbodens, vor allem zwischen dreißig und vierzig Grad nördlicher Breite, befinden sich die geheimnisvollen »Seamounts«, abgeflachte unterseeische Berge, die möglicherweise früher Inseln waren. Die seichten Gebiete um die Azoren und die Bahamas sind auch ein Zeichen, daß die Inseln wesentlich größer waren, bis das Schmelzen des Inlandeises nach der letzten Eiszeit den Meeresspiegel ansteigen ließ.

Atlantikküste entfernt bis in die Nähe von Kap Hatteras, von dort weiter in den Atlantik in Richtung Iberische Halbinsel und Afrika bis zum Nordatlantischen Rücken.

Die Sargasso-See wird nicht nur von ihren allgegenwärtigen Algen, sondern auch von ihren tödlichen Flauten charakterisiert, die wahrscheinlich zu den pittoresken, aber furchterregenden Legenden vom »Meer der verlorenen Schiffe«, vom »Schiffsfriedhof« oder vom »Meer der Angst« geführt haben. Diese Seemannssage erzählt von einem großen Friedhof an der Oberfläche des Atlantik, wo Schiffe aus allen Zeitaltern der Seefahrt liegen, gefangen und umklammert von Algenfeldern, langsam verrottend, aber noch immer mit »Mannschaften« besetzt, den Skeletten der Unglücklichen, die sich nicht retten konnten und das Schicksal ihrer Schiffe teilten. In diesem Meer des Todes sollen Jachten zu finden sein, Walfangschiffe, Klipper, Packboote, Brigantinen, Piratenschiffe und, um die Geschichte spannender zu machen, spanische Schatzgaleonen. Je öfter die Geschichte erzählt wurde, von

44

desto mehr Schiffen berichtete sie, Schiffen, die zum Zeitpunkt der Erzählung schon lange verfault und versunken sein mußten, wie die Drachenschiffe der Wikinger, an deren Rudern noch die Skelette der Seefahrer zu sehen waren, arabische Segelgaleeren, römische Triremen mit ihren großen Ruderbänken, phönizische Handelsschiffe mit Silberankern, und selbst die riesigen Schiffe der versunkenen Atlantis mit goldbeschlagenem Bug – alle dazu verdammt, jahrhundertelang in einem bewegungslosen Meer zu verrotten.

Die ersten Legenden über die Sargasso-See stammen vielleicht von den Phöniziern und Karthagern, die dieses Gebiet vor Tausenden von Jahren befuhren und in Amerika landeten, wie man aufgrund von phönizischen Inschriften in Brasilien, Funden von phönizischen Münzen auf den Azoren, karthagischen Münzen in Venezuela und an der Südostküste der Vereinigten Staaten und bildlichen Darstellungen wahrscheinlich semitischer Besucher in Mexiko annehmen kann. Der folgende Bericht des Karthagers Himilkon aus dem Jahr 500 v. Chr. hat in Hinblick auf die Flauten und die Algenfelder der Sargasso-See einen recht vertrauten Klang.

> Kein Wind treibt das Schiff vorwärts, so still ist die dicke Luft dieses bewegungslosen Meeres . . . viele Algen treiben auf den Wellen und halten das Schiff wie Gestrüpp zurück . . . das Meer ist nicht sehr tief, die Oberfläche der Erde ist nur von wenig Wasser bedeckt . . . die Ungeheuer der See schwimmen herum, und gewaltige Monstren bewegen sich zwischen den langsam und träge dahintreibenden Schiffen . . .

Man muß Himilkon über die Jahrtausende hinweg eine gewisse verständliche Übertreibung verzeihen. Die phönizisch-karthagischen Seefahrer waren sehr darauf bedacht, andere Reisende davon abzuhalten, an den Säulen des Herakles (Gibraltar) vorbei in den offenen Ozean hinauszusegeln. Dies geschah hauptsächlich, um den vorteilhaften Handel mit den Kulturen der europäischen Atlantikküste, mit Afrika und vielleicht noch weiter entfernten Ländern nicht zu verlieren. Die Karthager verhängten sogar die Todesstrafe über Kapitäne, die ihre Routen oder auch nur ihren Aufenthalt im Atlantik verrieten. Das erklärt die Gewohnheit der Karthager, alle fremden Schiffe in der Nähe Gibraltars zu versenken, oder, wenn das unmöglich war, aus der Sicht zu verschwinden, selbst wenn das eigene Schiff dabei versenkt werden mußte.

Andere Autoren der Antike haben diese frühen Berichte ausgeschmückt. Sie erzählten von den Sandbänken und seichten Stellen im Atlantik, die Reste des versunkenen Kontinents Atlantis, wie auch über die Algen, die sich um die Ruder schlingen und die Fahrt der Galeeren behindern.

Wie viele Legenden kann auch die vom »Meer der verlorenen Schiffe« eine reale Ursache haben, die allerdings von Phantasievorstellungen überwuchert ist. Der Australier Alan Villiers, der die Sargasso-See mit einem Segelboot überquerte und tatsächlich ein verlassenes Schiff in den Algen bemerkte, notierte (in *Wild Ocean*, 1957): »Ein Schiff, das so lange durch Windstille aufgehalten wird, bis alle Vorräte aufgebraucht sind . . . würde wahrscheinlich von Seepflanzen und Entenmuscheln überwachsen werden, bis es tatsächlich manövrierunfähig ist . . . Die tropischen Bohrwürmer würden die Planken des Schiffs anbohren, bis . . . eine verrottende, faulende Masse, bemannt von Skeletten . . . unter die glatte Oberfläche des Meeres sinkt.«

Unter den zahlreichen Wracks, die in neuerer Zeit in der Sargasso-See gesichtet wurden, befinden sich einige, die zwar nicht in den Algen hängengeblieben, aber von einer Flaute heimgesucht und von der Mannschaft verlassen wurden.

Selbst der Name »Roßbreiten« für den Hochdruckgürtel über der Sargasso-See ist ein Hinweis auf die Bewegungslosigkeit dieses Meeresgebietes: Wenn spanische Galeonen durch Flauten behindert wurden und das Trinkwasser knapp zu werden begann, waren die Spanier gezwungen, ihre Schlachtrosse zu töten und über Bord zu werfen, um Wasser zu sparen.

Moderne Motorschiffe können durch eine Flaute nicht mehr in Gefahr geraten, eine Tatsache, die das häufige Verschwinden von Schiffen in diesem Gebiet noch rätselhafter erscheinen läßt. In gewissem Sinn sind natürlich alle Schiffbrüche rätselhaft, da ja kein Kapitän die Absicht hat, sein Schiff zu verlieren. Wenn das Schicksal eines Schiffes geklärt ist oder es zumindest Hinweise dazu gibt, endet das Rätsel. Bei den vielen Schiffen, die in der Sargasso-See verschwanden, war das jedoch nicht der Fall.

In den ersten Jahren, als Berichte über das Verschwinden von Schiffen in der Sargasso-See und den benachbarten Teilen des Golfstroms auftauchten, gab man zumeist dem Wetter oder den Piraten die Schuld, obwohl die Aufzeichnungen der Spanier überraschend gut geführt wurden, zweifellos wegen des hohen Werts der Ladungen, die die jährlichen Schatzflotten nach Spanien brachten. Diese Schiffe kamen aus Mexiko, Panama und dem heutigen Kolumbien, trafen einander in Havanna und segelten durch die Keys und die Straße von Florida, wo viele von ihnen dem Hurrikan zum Opfer fielen. Ihre Schätze lagen auf dem Grund des Meeres und wurden in späteren Jahrhunderten von Tauchern gefunden. Andere Schiffe wurden von Freibeutern oder Piraten versenkt.

Lange nachdem die Piraterie aufgehört hatte, ein erfolgversprechendes Geschäft zu sein, verschwanden weiterhin regelmäßig Schiffe in diesem Gebiet, selbst bei gutem Wetter. In späteren Jahren zeigte sich immer häufiger, daß weder Wrackteile noch Leichen an den Küsten und Inseln des westlichen Atlantik angetrieben wurden.

Viele der verlorengegangenen Schiffe gehörten zur Kriegsmarine der USA oder anderer Staaten. Die Serie der Verluste begann im August 1800 mit dem Verschwinden der U.S.S. *Insurgent*, mit 340 Mann an Bord, und setzte sich fort bis zu dem ungeklärten Unfall, der im Mai 1968 dem U-Boot *Scorpion* mit 99 Mann Besatzung zustieß. Die *Scorpion* blieb jedoch nicht verschwunden, sie konnte schließlich 460 Meilen südöstlich der Azoren in einer Tiefe von 3000 Metern unter dem Meeresspiegel gefunden werden.

In demselben Gebiet sind folgende Schiffe auf unerklärliche Weise verschwunden:

U.S.S. *Pickering*; am 20. August 1800, mit 90 Mann Besatzung auf dem Weg von Newcastle, Delaware, nach Guadeloupe in Westindien.
U.S.S. *Wasp*; am 9. Oktober 1814 in der Karibik, 140 Mann Besatzung.
U.S.S. *Wildcat*; am 28. Oktober 1824, mit 14 Mann Besatzung auf dem Weg von Kuba nach Thompson's Island.
H.M.S. *Atalanta*; Januar 1880, unterwegs von den Bermudas nach England, mit 290 Personen, meist Seekadetten, an Bord. Das Verschwinden der *Atalanta* war Anlaß für eine ausgedehnte Suchaktion der britischen Marine. Sechs Schiffe der Kanalflotte wurden entsandt und durchsuchten in einigen Meilen Abstand voneinander das Gebiet, in dem die verunglückte *Atalanta* vermutet wurde. Diese Art der Suche sollte sich in der Zukunft noch oft wiederholen, wenn Flugzeuge »Flügel

an Flügel« das Gebiet durchkämmten. Die Suche nach der *Atalanta* wurde bis Anfang Mai erfolglos fortgesetzt.

U.S.S. *Cyclops*; am 4. März 1918, auf dem Weg von Barbados nach Norfolk in Virginia, mit 309 Personen an Bord. Unter den Verlusten der amerikanischen Marine ist jener der *Cyclops* der am besten dokumentierte und auch seltsamste, wenn man die Kommunikationsmöglichkeiten von Land zu Meer und von Schiff zu Schiff zur Zeit des Ersten Weltkriegs bedenkt. Es traten zusätzlich noch weitere unglaubliche Zufälle auf. Da der Erste Weltkrieg tobte, glaubte man, die *Cyclops* (ein Kohlenschiff und Schwesterschiff der U.S.S. *Langley*, die später in einen Flugzeugträger umgewandelt wurde) könne auf eine Mine gelaufen oder einem deutschen Unterseeboot oder Zerstörer begegnet sein. Auch eine Meuterei vom Typ der »Meuterei auf der Bounty« gegen den despotischen Kapitän schien möglich. Es wurde auch vermutet, daß die *Cyclops* ganz einfach von ihrem deutschstämmigen Kapitän, der seinen Namen vom deutschen Wichmann zum weniger auffallenden Worley geändert hatte, an den Feind verraten worden war. Es gab tatsächlich für jede dieser Vermutungen einige Hinweise, vor allem weil die *Cyclops* sich nach der Ausfahrt aus dem Hafen von Barbados plötzlich nach Süden gewandt hatte, statt auf ihrem vorgeschriebenen nördlichen Kurs zu bleiben, und dann ebenso plötzlich verschwand. Aber eine spätere Durchsicht der Aufzeichnungen der deutschen Marine zeigte, daß es zu dieser Zeit weder deutsche U-Boote noch Minen in diesem Gebiet gab. Ein britisches Schiff, das seltsamerweise auch *Cyclops* hieß, verschwand während des Zweiten Weltkriegs im Nordatlantik. Die U.S.S. *Cyclops* hatte eine Ladung Manganerz an Bord, und nach Kriegsende rühmten sich deutsche Agenten, Zeitbomben in die Ladung praktiziert zu haben (ein Vorgehen, das in Geheimdienstkreisen nach einer erfolgreichen Aktion nicht selten ist).

Auf jeden Fall hatte das Verschwinden der *Cyclops* alle Elemente einer geheimnisvollen, abenteuerlichen Geschichte: der deutsche Kapitän eines amerikanischen Schiffes, der möglicherweise auch geistesgestört war, da er in langer Unterwäsche und Zylinder auf der Brücke spazierenzugehen pflegte; Passagiere, unter denen sich der frühere amerikanische Generalkonsul in Brasilien befand; drei gefangene Seeleute, die des Mordes angeklagt waren, und ein paar Matrosen, die sich ohne Urlaub von der Truppe entfernt hatten.

Der amerikanische Vizeadmiral M. S. Tisdall stellte eine Theorie über das Verschwinden der *Cyclops* auf, die möglicherweise die Idee für einen 1973 gedrehten Film, »Die Höllenfahrt der Poseidon«, geliefert hat. Der Admiral publizierte einen Artikel mit dem Titel »Ist die *Cyclops* gekentert?«, in dem er das starke Rollen des Schiffes erwähnte. Im Film kentert ein Passagierschiff wegen zu hoher Geschwindigkeit und schlechter Verteilung der Ladung, als es von einer Flutwelle getroffen wird. Soweit man es überprüfen kann, geriet die *Cyclops* in keinen Hurrikan, aber eine plötzliche Flutwelle kann sie getroffen und zum Kentern gebracht haben, so daß sie blitzschnell sank und Besatzung und Passagiere in den Strudel mitzog.

Sicher weiß man von der *Cyclops* jedoch nur, daß sie verschwand – wie so viele andere große und kleine Schiffe im Bermuda-Dreieck. In einem Bericht der Marine über diesen Vorfall heißt es:

. . . Seit ihrem Auslaufen aus Barbados zeigte sich keine Spur mehr. Das Verschwinden der *Cyclops* ist eines der verwirrendsten Rätsel in den Annalen der Marine. Alle Versuche, das Schiff zu finden, blieben ohne Ergebnis . . . Es gab zahlreiche Theorien, aber keine erklärt das Verschwinden befriedigend.

Das rätselhafte Verschwinden der *Cyclops* hatte später auch politische Folgen. Während einer Debatte im Kongreß über die Notwendigkeit von Staatsvorräten wurde auf die *Cyclops* verwiesen, deren Ladung für die Stahlproduktion und Waffenherstellung von Bedeutung war. Ihr Beispiel zeigte, daß die Vereinigten Staaten während internationaler Konflikte nicht auf den Seeweg zur Beschaffung strategisch wichtigen Materials bauen konnten.

Unter jenen Fällen, die sich nach Ende des Zweiten Weltkrieges im Bermuda-Dreieck ereigneten, ist der Verlust des brasilianischen Kriegsschiffes *Sao Paulo* besonders merkwürdig. Die zum Verschrotten bestimmte *Sao Paulo*, die nur eine Aufsichtsmannschaft von acht Mann an Bord hatte, war an zwei Hochseeschleppern vertäut. Der Verband befand sich südwestlich der Azoren. In der Nacht vom 3. zum 4. Oktober 1951 verschwand das geschleppte Schiff plötzlich. Wegen unruhiger See hatte einer der Schlepper in der Nacht des 3. Oktober die Trossen gelöst. Am Morgen zum 4. Oktober war die See wieder ruhig. Da bemerkte man, daß die Kabel zum zweiten Schlepper zerrissen waren und die *Sao Paulo* fehlte. Während Flugzeuge und Schiffe nach ihr suchten, traten seltsame Phänomene auf: Unerklärliche Lichter wurden in der Nacht und am frühen Morgen gesichtet, und am nächsten Tag meldeten die Schiffe und Flugzeuge das Auftauchen von dunklen Gestalten oder Umrissen auf der Meeresoberfläche, die aber bald verschwanden. Von der *Sao Paulo* und ihrer Mannschaft fand man keine Spur.

Die meisten Kommentare zu den Ereignissen im Bermuda-Dreieck begnügen sich damit, diese als unlösbare Rätsel hinzustellen. Andere aber, und zwar jene, die sich am eingehendsten mit diesem Phänomen befaßt haben, sprechen die Vermutung aus, daß das unerklärliche Verschwinden von Schiffen, Flugzeugen und Menschen in Zusammenhang mit vernunftbegabten irdischen oder außerirdischen Wesen steht. Diese Ansicht wird von einer wachsenden Zahl von Personen geteilt, vielleicht weil es sonst keine logische Erklärung des Phänomens gibt.

Ivan Sanderson und Dr. Manson Valentine stellten die Theorie auf, daß intelligente Wesen unter der Wasseroberfläche existieren, während eine andere populäre Theorie hauptsächlich von John Spencer vertreten wird, der zehn Jahre bei der amerikanischen Luftwaffe diente. Spencer nimmt an, daß außerirdische Wesen periodisch die Erde besuchen und Menschen und technisches Material »kidnappen« oder »spacenappen«, um den Stand unserer technologischen Entwicklung festzustellen. Sie tun das nicht, um zu sehen, ob wir schon weit genug gekommen sind, sondern um festzustellen, wann wir in Gefahr sind, zu weit zu kommen. Diese Theorien werden im folgenden noch ausführlich behandelt. Es ist jedoch interessant, die Hypothese eines möglichen inner- oder außerirdischen Forschungslaboratoriums mit dem fortgesetzten Verschwinden von Schiffen und in der Folge auch Flugzeugen in Bezug zu bringen. Die Zeiträume zwischen den einzelnen rätselhaften Unfällen, der Wechsel von Schiffen zu Flugzeugen, wie auch die Verschiedenartigkeit der verschwundenen Schiffe und Jachten, von denen manche nur Passagiere mitführten, andere besondere Ladungen, und auch einige seltsame Umstände, die mit diesen »Unfällen« verbunden sind, geben zu beunruhigenden Überlegungen Anlaß, wenn man sie im Licht dieser Theorie betrachtet.

Einer der ersten unerklärbaren Unfälle, in die ein Handelsschiff verwickelt war, stieß der *Rosalie* zu, einem französischen Frachter, der 1840 nach Havanna unterwegs war. Allerdings verschwand nicht das

Schiff, sondern die Mannschaft und mit ihr die Passagiere. Das Schiff wurde mit gesetzten Segeln und intakter Ladung leer aufgefunden. Außer einem Kanarienvogel war kein Lebewesen an Bord. Wenn es sich um Piraterie handelte, hatte der Pirat offenbar größeres Interesse an den Menschen, die an Bord waren, als am Schiff selbst und der Ladung. Wenn eine plötzlich ausgebrochene Krankheit den Tod der Mannschaft und der Passagiere verursacht hätte, wären Spuren zu finden gewesen. (Als Beispiel, wie ein plötzlicher Krankheitsausbruch ein Schiff veröden kann, erwähne ich einen Vorfall, der sich zur Zeit des Sklavenhandels in der Sargasso-See abspielte. Ein Schoner beobachtete ein Sklavenschiff, das ziellos dahintrieb. Als man es anrief, bat der Kapitän um Hilfe. Alle Sklaven und die Mannschaft wären von einer schweren Krankheit befallen worden, die zu Erblindung führte. Der Schoner beantwortete den Hilferuf nicht, sondern machte sich so schnell wie möglich davon und überließ das Sklavenschiff, die Sklaven und die Mannschaft ihrem Schicksal.)

Am 26. Februar 1855 fand die *Marathon* den Dreimaster *James B. Chester*, der ziellos, ohne Mannschaft, aber mit gesetzten Segeln in der Sargasso-See trieb. Bei der Durchsuchung fand man in den Kabinen Tische und Stühle umgeworfen und die persönliche Habe der Mannschaft verstreut. Die Ladung war intakt; die Rettungsboote befanden sich an ihrem Platz. Es gab keinerlei Anzeichen dafür, daß ein Kampf oder Überfall stattgefunden hatte. Die Mannschaft war einfach verschwunden, entweder vom Schiff entführt oder, was sehr unwahrscheinlich war, über Bord gesprungen. Die Besatzung der *Marathon* bemerkte allerdings, daß die Schiffspapiere und der Kompaß der *James B. Chester* fehlten.

Ein fast unglaublicher Vorfall ereignete sich im Jahr 1881 mit dem amerikanischen Schoner *Ellen Austin*. Der Schoner begegnete westlich der Azoren einem anderen, verlassenen Schoner. Als Leute von der *Ellen Austin* an Bord des anderen Schiffes gingen, fanden sie es in tadellosem Zustand, mit festgezurrten Segeln und intakter Takelage. Der Kapitän der *Ellen Austin* nutzte den glücklichen Zufall und schickte eine Prisenmannschaft an Bord des verlassenen Schiffes. Bevor die Mannschaft das Schiff noch segelfertig machen konnte, trieb es ein plötzlicher Windstoß davon, und es vergingen 2 Tage, bevor es wieder gesichtet wurde. Als Matrosen an Bord gingen, sahen sie, daß die Prisenmannschaft verschwunden war. Es gab aber keine Hinweise darauf, wie und warum sie von Bord gegangen waren. Der Kapitän der *Ellen Austin* war jedoch hartnäckig; nach langen Bemühungen gelang es ihm, einige zögernde Freiwillige zu überreden, und eine zweite Prisenmannschaft ging an Bord. Kurz darauf erhob sich ein plötzlicher Sturm; die beiden Schiffe verloren zum zweiten Mal den Kontakt, und weder das fremde Schiff noch die Prisenmannschaft wurden je wieder gesehen. Wenn die ganze Idee nicht so phantastisch wäre, könnte man annehmen, daß das verlorene Schiff als Falle diente.

Zu den Schiffen, die leer im Bermuda-Dreieck trieben, gehört auch die deutsche Bark *Freya*, die im Oktober 1902 von Manzanillo auf Kuba zu chilenischen Häfen unterwegs war und mit schwerer Schlagseite verlassen aufgefunden wurde. Das oberste Blatt des Abreißkalenders zeigte den 4. Oktober.

Um diese Zeit hatte sich in Mexiko ein heftiges Erdbeben ereignet, und man vermutete, daß durch die seismischen Verschiebungen eine riesige Flutwelle entstanden sei, welche die Mannschaft der *Freya* über Bord gespült oder die Bark teilweise zum Kentern gebracht habe, und daß das Schiff sich später, als die See wieder ruhig wurde, von selbst aufrichtete.

Wenn von leeren Schiffen erzählt wird, die in der Sargasso-See oder benachbarten Teilen des Atlantischen Ozeans gefunden wurden, wird fast ausnahmslos auch die *Mary Celeste* angeführt, das berühmteste verlassene Schiff in der Geschichte der Seefahrt. Der Fall der *Mary Celeste* ereignete sich nicht in der Sargasso-See, obwohl das Schiff auf seiner Fahrt zu jenem Punkt nördlich der Azoren, wo es im November 1872 von der britischen Brigg *Dei Gratia* gefunden wurde, das nördliche Ende der Sargasso-See berührte. Auf der *Dei Gratia* bemerkte man das ziellose Dahintreiben der *Mary Celeste* und rief sie an. Da keine Antwort erfolgte, gingen Männer an Bord, und die *Mary Celeste* wurde später als Prise übernommen. Die Mannschaft, die an Bord ging, fand die Segel gesetzt und die Alkoholladung sicher verstaut. Es gab ausreichende Vorräte an Wasser und Lebensmitteln, aber die zehn Personen an Bord, einschließlich des Kapitäns, seiner Frau und seiner kleinen Tochter, waren verschwunden. Geld, Pfeifen, persönliche Gebrauchsgegenstände und sogar das Logbuch des Schiffes waren noch an Bord, allerdings fehlte der Sextant. Die größte Kabine war mit Brettern verschlagen, als hätte sich hier jemand gegen einen Angriff verbarrikadiert.

Diese geheimnisvolle Geschichte wurde wieder und wieder erzählt und ausgeschmückt, war der Gegenstand von Untersuchungen und Gerichtsverhandlungen, aber das Rätsel der *Mary Celeste* blieb ungelöst. Das Verschwinden der Mannschaft wurde mit Piraterie erklärt, beziehungsweise mit einer Meuterei, bei der die Mannschaft geflüchtet sei, nachdem sie den Kapitän getötet hatte; es wurde angenommen, die Matrosen hätten eine unmittelbar bevorstehende Explosion der Ladung befürchtet, eine ansteckende Krankheit sei ausgebrochen oder die Mannschaft sei entführt worden. Die Versicherungsgesellschaft Lloyds, welche die Prämie zahlte, neigte zu der Theorie, daß ein plötzliches Feuer in der Alkoholladung die Mannschaft so in Panik versetzt habe, daß sie das Schiff verließ. Später sei das Feuer erloschen. Es ist tatsächlich eine Eigenschaft des Alkohols, plötzlich aufzuflammen, mit blauer Flamme zu brennen und dann von selbst zu erlöschen. Die Mannschaft konnte aus den Rettungsbooten vielleicht nicht mehr zum Schiff zurückkehren, als der kurze Brand vorbei war. Eine andere mögliche Erklärung für das seltsame Verhalten der Schiffsbesatzung wäre das Vorhandensein von Mutterkorn im Brotvorrat. Mit Mutterkorn gemischtes Brot hatte schon des öfteren das Verhalten von Schiffsbesatzungen verändert und Geistesstörungen, irrationale Handlungen und schließlich den Tod hervorgerufen. Ein solches kollektives Irresein könnte der Grund sein, warum die Mannschaft in einer Panik das Schiff verlassen hatte, und ist vielleicht auch die Ursache, warum die Mannschaften anderer »Geisterschiffe« auf den verschiedenen Meeren der Welt verschwunden sind.

In seinem Buch *Strange Mysteries of Time and Space* stellte Harold Wilkins die glaubhafte Hypothese auf, daß das Schiff von Personen, die der Besatzung bekannt waren, geentert und übernommen wurde. Die Mannschaft sei dann getötet und das leere Schiff auf dem Meer »wiedergefunden« und als Prise genommen worden.

Bei der Entwicklung dieser Theorie weist Wilkins auf viele nicht übereinstimmende Aussagen von Kapitän und Mannschaft der *Dei Gratia* hin und auf die Tatsache, daß die *Dei Gratia* neben der *Mary Celeste* geankert hätte und kurz nach deren Aufbruch ebenfalls abgesegelt war.

Nach der Prisenverhandlung wurde die *Mary Celeste* instand gesetzt und fuhr wieder zur See, aber sie hatte bald den Ruf eines »Unglücksschiffs«, das seiner Mannschaft Gefahr und Tod bringt. Ihr letzter Kapitän, Gilman Parker, ließ das Schiff, nachdem er der ganzen

Mannschaft und auch sich selbst äußerst großzügige Alkoholrationen bewilligt hatte, schließlich absichtlich, wie es heißt, auf ein Felsenriff bei Haiti auflaufen und beendete so die unglückliche Karriere der *Mary Celeste*.

Bei anderen verlassenen Schiffen finden sich weniger Anhaltspunkte, was ihrer Mannschaft zugestoßen sein könnte. Zu ihnen zählt die *Carol Deering*, die im Februar 1921 an der Küste von Nordcarolina strandete. Es gab keine Anzeichen, was aus der Besatzung geworden war, außer daß sie das Schiff freiwillig oder unfreiwillig verlassen haben mußte, als gerade das Essen auf dem Tisch stand. Im April 1932 wurde die *John and Mary* 50 Meilen südlich der Bermudas verlassen aufgefunden; am 3. Februar 1940 die *Gloria Colite*, ein 38 Meter langer Schoner. Die *Rubicon*, ein kubanisches Schiff, wurde am 22. Oktober 1944 in der Gegend von Key Largo bei Florida entdeckt, leer, bis auf einen halbverhungerten Hund. Die letzte Eintragung im Logbuch war vom 26. September und besagte, daß das Schiff zu dieser Zeit im Hafen von Havanna lag. Die Rettungsboote fehlten, als hätte die Mannschaft das Schiff überstürzt verlassen. Ivan Sanderson machte darauf aufmerksam, daß es höchst ungewöhnlich ist, daß eine Mannschaft das Schiffsmaskottchen oder ihre eigenen Haustiere zurückläßt, wenn sie von Bord geht. Die Vermutung liegt nahe, daß die Mannschaft gewaltsam entführt wurde, vielleicht von Wesen, die nur der Sprache mächtige Individuen brauchen konnten. Sanderson meint, es sei eigenartig, daß Katzen, Hunde und Kanarienvögel auf Schiffen gefunden wurden, deren Mannschaft verschwunden war, während . . . »Papageien offensichtlich gemeinsam mit der Besatzung verschwinden . . .«, vielleicht, weil zusammenhängende (oder unzusammenhängende) Sprache ein Merkmal der dominanten Spezies des Planeten Erde ist.

Mannschaft und Passagiere verschwanden auch von vielen kleineren Schiffen und Booten, die später leer treibend aufgefunden wurden, wie die Jacht *Connemara IV* im September 1955, 400 Meilen südwestlich der Bermudas; die 18 Meter lange *Maple Bank*, die am 30. Juni 1960 nördlich der Bermudas ohne Besatzung treibend angetroffen wurde; *The Vagabond*, eine 12 Meter lange, von ihrem Besitzer gesteuerte Jacht, die am 9. Juli 1969 leer treibend, aber in tadellosem Zustand westlich der Azoren gefunden wurde, ohne eine Spur der Mannschaft und des Besitzers, Wallace P. Williams. Manche Boote verschwanden auf ganz kurzen Fahrten, wie zum Beispiel der Kabinenkreuzer des bekannten Jockeis Al Snyder. Der Jockei hatte Miami am 5. März 1948 in Begleitung mehrerer Freunde verlassen, um bei Sandy Key zu fischen. Die Jacht wurde später gefunden, die Passagiere waren verschwunden.

Einige kleine verlassene Boote, die nach der Revolution in Kuba auf hoher See gefunden wurden, stammten wahrscheinlich von kubanischen Flüchtlingen, die von ihren Verfolgern eingeholt worden waren, ein sensationeller Fall in diesem Gebiet hatte jedoch nichts mit der Situation in Kuba zu tun.

Der Vorfall mit der *Witchcraft* ist ein ausgezeichnetes Beispiel für das blitzartige Verschwinden eines kleinen Schiffs, das nicht nur in Sichtweite des Hafens lag, sondern sogar an einer Hafenboje ankerte. Dan Burack, der Besitzer der *Witchcraft*, die übrigens als unsinkbar galt, hatte am Heiligen Abend einen Geistlichen, Father Pat Hogan, eingeladen, sich die Weihnachtsbeleuchtung Miamis vom Meer aus anzusehen. Sie fuhren bei ruhiger See ungefähr eine Meile vor die Küste hinaus und hielten in der Nähe der Boje Nr. 7 an, um die Lichter zu bewundern. Von diesem Punkt aus richtete Burack plötzlich einen Hilferuf an die Küstenwache und gab seine genaue Position an. Es dauerte nur zwanzig Minuten, bis ein Boot der Küstenwache zur Boje Nr. 7 kam, aber von der *Witchcraft* war nichts mehr zu sehen. Als die Suche schließlich abgebrochen wurde, stellte ein Sprecher der Küstenwache paradoxerweise fest: »Sie werden vermißt, aber wir glauben nicht, daß sie einen Schiffbruch erlitten haben.«

Die Liste der Frachtschiffe, Fischerboote und Jachten, die mit ihren Mannschaften verlorengingen, ist eindrucksvoll. Die meisten Schiffe verschwanden bei gutem Wetter und hinterließen keine treibenden Wrackteile, Ölflecke, Rettungsboote, Schwimmwesten (mit einer bemerkenswerten Ausnahme) oder Leichen, weder auf dem Meer noch an den benachbarten Stränden. So wie die verschwundenen Flugzeuge gaben die Schiffe keine SOS-Meldung und funkten, an Bord sei alles in Ordnung. Zu diesen Schiffen gehören die *Cotopaxi*, ein Frachter, der 1925 von Havanna nach Charleston unterwegs war; die *Suduffco*, ebenfalls ein Frachter, der 1926 von Port Newark nach Süden fuhr; die *Stavenger*, die mit 43 Personen an Bord im Jahr 1931 verschwand und zuletzt südlich von Cat Island gesichtet worden war; und der Frachter *Anglo-Australian*, mit einer Besatzung von 39 Mann, der im März 1938

»alles in Ordnung« funkte, als er auf seinem Weg nach Westen die Azoren passierte.

Im Winter 1924 funkte der japanische Frachter *Raifuku Maru* eine dramatische letzte Meldung, bevor er zwischen den Bahamas und Kuba verschwand. Die Funkmeldung enthielt einen ungewöhnlichen Hilferuf: ». . . Gefahr wie ein Dolch . . . Kommt schnell . . . wir können nicht fliehen . . .«, ohne jedoch näher zu definieren, um welche Art von Gefahr es sich handelte. Falls es ein plötzlich ausgebrochener Sturm oder eine Wasserhose war, würde man von einem Funker normalerweise präzise Informationen erwarten, die später der Rettungsaktion dienlich sein konnten, und nicht phantasievolle Vergleiche.

Das Verschwinden von Schiffen im Atlantik während der Kriegsjahre hatte die verschiedenartigsten Gründe, darunter Angriffe von U-Booten, Minen, Bomben, Sabotage – aber im Bermuda-Dreieck verschwanden noch lange nach Kriegsende größere Schiffe. Der Frachter *Sandra*, der im Juni 1950 mit einer Ladung Insektenvertilgungsmittel von Puerto Cabello nach Savannah unterwegs war, passierte St. Augustine in Florida bei gutem Wetter. Danach wurde der Funkkontakt unterbrochen und nie wieder aufgenommen. Es ist bemerkenswert, daß die S.S. *Sandra*, wie fast alle amerikanischen Schiffe in diesem Gebiet, in Sichtweite des Landes verschwand.

Weiter südlich, zwischen Jamaika und Northeast Cey, verschwand im Jahr 1963 die *Sno'Boy*, ein Fischerboot mit 40 Personen an Bord.

Unter den vielen Jachten und Segelbooten, die in diesem Gebiet als vermißt gemeldet wurden (ungefähr ein Schiff pro Monat), erregte der Fall der *Revonoc*, einer 14 Meter langen Rennjacht, die beim Newport-Bermuda-Rennen Preise gewonnen hatte, besonderes Aufsehen. Sie verschwand während einer kurzen Kreuzfahrt zwischen Key West und Fort Lauderdale in der Zeit zwischen Weihnachten und Neujahr 1967 (eine gefährliche Zeit in diesem Gebiet, wie wir schon früher bemerkt haben). Das Aufsehen wurde durch einige seltsame Umstände noch verstärkt. Zunächst war die Jacht so entworfen, daß sie für alle Wetterbedingungen geeignet war. Zweitens war Kapitän Conover (*Revonoc* ist eine Umkehrung des Namens des Besitzers), der Skipper und Eigentümer, ein ausgezeichneter Seemann und Präsident des *Cruising Club of America*. Er hatte zuviel Erfahrung, um auf einer so kurzen Kreuzfahrt einen Unfall zu riskieren. Er segelte jedenfalls nahe an der Küste entlang, und Wrackteile der Jacht hätten am Strand gefunden werden müssen, wenn sie auf ein Riff aufgelaufen wäre. Um das Verschwinden der *Revonoc* irgendwie zu erklären, behauptete der damalige Redakteur der Segelfahrtsabteilung der *New York Herald Tribune*, daß ein Frachter, der sich zu dieser Zeit in der Gegend aufhielt, die Jacht in der Dunkelheit einfach überfahren und auf diese Weise spurlos versenkt habe.

Mehr als ein halbes Jahrhundert vor dem Verschwinden Conovers, im Jahr 1909, unternahm ein anderer berühmter Segler, Joshua Slocum, der zum erstenmal allein eine Weltumseglung durchgeführt hatte, mit seiner 11 Meter langen Jolle *Spray* eine Fahrt in dieses Gebiet. Es wurde gemeldet, er sei von Miami aus nach Süden in das Dreieck gesegelt und kurz darauf mit seinem Schiff verschwunden.

Das Verschwinden kleiner und mittelgroßer Schiffe innterhalb des Dreiecks ist zweifellos in vielen Fällen durch die Wetterbedingungen erklärbar, vor allem im Winter, weil dann die kalten arktischen Luftmassen auf die warme Luftströmung aus den Tropen treffen und das Wetter noch unberechenbarer wird. Das kann die Ursache für den Untergang folgender kleiner Schiffe sein: des Schoners *Windfall* (17 Meter lang, verschwand im Jahr 1962 in der Nähe der Bermudas), der 17 Meter langen *Evangeline* (unterwegs von Miami zu den Bahamas, 1962), der 18 Meter langen *Enchantress* (verschwand 1946 auf dem Weg von Charleston nach St. Thomas) und des 11 Meter langen Küstenschiffs *Dancing Feather* (verschwand 1964 zwischen Nassau und Nordcarolina). Alle diese Vorfälle ereigneten sich in den Wintermonaten, wenn von plötzlichen Sturmböen aufgetürmte hohe Wellen ein kleines Boot zum Kentern bringen können, bevor man noch einen Funkspruch durchgeben kann. Das Verschwinden von Schiffen bei ruhiger See wäre dadurch natürlich nicht erklärt, ebensowenig die Fälle, wo große Frachter oder Kriegsschiffe spurlos verschwanden.

Der Verlust eines 129 Meter langen Frachters mit 39 Mann Besatzung, der *Marine Sulphur Queen*, am 2. Februar 1963, ist wegen der Größe des Schiffes besonders auffällig. Der Frachter war mit einer Ladung von 15 000 Tonnen geschmolzenem Schwefel in Stahltanks von Beaumont in Texas nach Norfolk in Virginia unterwegs. Das Wetter war günstig. Die letzte Meldung des Schiffs kam von einem Punkt in der Nähe der Dry Tortugas im Golf von Mexiko, ein Gebiet innerhalb des Dreiecks oder in seiner Nähe, je nachdem, wie man seine eher fluktuierenden Grenzen festlegt.

Seltsamerweise wurde das Schiff als erstes nicht von seinen Besitzern vermißt, sondern von einer Börsenmaklerfirma, und zwar aufgrund einer Serie ungewöhnlicher Zufälle. Einer der Matrosen auf der *Marine Sulphur Queen* hatte an der Börse in Weizen spekuliert, ein Zeitvertreib, der engen Kontakt mit dem jeweiligen Makler verlangt. Bevor das Schiff den Hafen verließ, hatte er einen Kaufantrag hinterlassen. Die Maklerfirma führte die Order aus und drahtete eine Bestätigung. Als keine Antwort kam, benachrichtigte die Firma die Schiffseigentümer, daß sie die *Marine Sulphur Queen* nicht erreichen konnte: ein erstes Anzeichen dafür, daß etwas nicht stimmte, und der Ausgangspunkt für die erfolglose Suche nach der *Marine Sulphur Queen*, die am 6. Februar von der Küstenwache aufgenommen wurde. Flugzeuge und Schiffe durchkämmten das Gebiet von der Küste Virginias bis zum östlichen Teil des Golfs von Mexiko. Am 15. Februar wurde die Suche abgebrochen, aber fünf Tage später berichtete die Marine, ein Schiff hätte in der offenen See 15 Meilen südlich von Key West eine Schwimmweste der *Marine Sulphur Queen* gefunden. Das löste eine weitere Suche aus, die aber nur eine zweite Schwimmweste zutage brachte. Bei einer darauffolgenden Untersuchung wurden alle möglichen Ursachen für den Unfall in Betracht gezogen: Explosion des Schwefels, Kentern, Auflaufen auf eine Mine, sogar die Kaperung und Entführung durch Kubaner oder ihre Sympathisanten wurde vermutet. Die Untersuchungskommission der Marine bemerkte, »daß die *Marine Sulphur Queen* auf offener See verschwand, ohne SOS zu funken«, bot aber keine stichhaltige Hypothese oder Lösung des Rätsels.

Die Geschichten über das Bermuda-Dreieck waren wieder in aller Munde, als das Atomunterseeboot U.S.S. *Scorpion* am 28. Mai 1966 mit 99 Mann Besatzung nicht zu seinem Heimathafen Norfolk, Virginia, zurückkehrte. Die letzte Routinemeldung war am 21. Mai von einem Punkt 250 Meilen westlich der Azoren an den Stützpunkt gerichtet worden. Am 5. Juni wurde das U-Boot als vermißt aufgegeben, aber mehrere Monate später entdeckte ein ozeanographisches Forschungsschiff der Marine 460 Meilen südlich der Azoren einzelne Wrackteile in einer Tiefe von mehr als 3000 Meter. Unterwasserfotos haben gezeigt, daß sie von der *Scorpion* stammen, man kann hier also nicht von einem Verschwinden sprechen, obwohl die Ursache des Unfalls nicht geklärt werden konnte. Wenn, wie einige der mit dem Phänomen des Bermuda-Dreiecks Befaßten annehmen, eine intelligenzgesteuerte zentrale Kraft die Ursache für das Verschwinden oder Beinahe-Verschwinden ist, so läßt der Verlust einiger Atomuntersee-boote im westlichen Atlantik ernstere Gründe als das Versagen von Instrumenten vermuten.

Falls man, wie John Spencer vorschlug, den Golf von Mexiko zu dem Gebiet zählt, in dem Schiffe verlorengehen, dann muß auch das Verschwinden eines Schiffes im Jahr 1966 mit einbezogen werden. Vor allem dann, wenn man untersuchen will, welche Möglichkeiten es gibt, den ungeklärten Gefahren des Dreiecks zu entrinnen, wie es in einem späteren Kapitel geschehen soll. Bei diesem Schiff handelt es sich um den 20 Meter langen Schlepper *Southern Cities*, der am 29. Oktober 1966 mit einem 64 Meter langen Schleppkahn Freeport in Texas verließ. Als die *Southern Cities* ihre tägliche Funkmeldung unterließ, wurde eine Suche eingeleitet und der Schleppkahn gefunden. Er war unbeschä-digt, die Ladung von Chemikalien intakt, das Schleppkabel war bis zur Befestigungskette in tadellosem Zustand – aber der Schlepper und seine Mannschaft waren verschwunden.

Ein Auszug des Untersuchungsberichts der Küstenwache trifft auch auf alle anderen verschwundenen Schiffe und Flugzeuge zu: ». . . da das Schiff keinen Hilferuf durchgab, ist die Vermutung berechtigt, der Schiffbruch wäre so rasch erfolgt, daß eine derartige Meldung nicht mehr zustande kommen konnte.«

In jüngster Zeit verschwanden die *Ithaca Island*, im November 1968 mit einer Weizenladung unterwegs von Norfolk nach Manchester; die *Milton Iatrides*, mit einer Ladung Pflanzenöl und Soda auf dem Weg von New Orleans nach Kapstadt; die *Anita*, ein 20 000-Tonnen-Frach-ter mit 32 Mann Besatzung, die im März 1973 von Newport News mit einer Ladung Kohlen nach Deutschland fuhr und nie mehr gesehen wurde. Nachdem die üblichen gründlichen Suchaktionen durchgeführt worden waren und das Verschwinden der *Anita* endgültig feststand, zahlte Lloyds in London den Besitzern 3 Millionen Dollar aus.

Das Schwesterschiff der *Anita*, die *Norse Variant*, die zwei Stunden vor ihr den Hafen verließ, funkte, daß sie 150 Meilen südöstlich von Cape May im Sinken sei. Zuerst glaubte man, daß alle Besatzungsmitglieder den Tod gefunden hätten, aber einer der Männer kam davon, indem er sich an einen hölzernen Lukendeckel klammerte. Er erzählte, daß das Schiff innerhalb von Minuten gesunken sei. Ein ungewöhnlich heftiger Sturm fegte plötzlich alle beweglichen Gegenstände über Bord.

Schwere Seen überschwemmten das Schiff, füllten die Laderäume und brachten es innerhalb von fünf Minuten zum Sinken.

Wenn man bedenkt, daß die Ladungen der verschwundenen Handelsschiffe äußerst vielfältig waren, scheint es nichts zu geben, was auf einen Zusammenhang zwischen der Natur der Ladung und der Art des Verschwindens hinweist, etwa Piraterie, Explosionsgefahr, Meuterei oder ähnliches.

Im Verlauf eines Gesprächs über das Verschwinden von Schiffen und Flugzeugen im Bermuda-Dreieck äußerte ein Offizier des Dritten U.S.-Marineabschnitts eine weitverbreitete, aber sicher unoffizielle Meinung: »Es ist ein echtes Geheimnis. Niemand in der Marine lacht über diese Sache. Wir haben immer gewußt, daß mit dem Bermuda-Dreieck irgend etwas los ist. Aber niemand konnte herausfinden, was. Anscheinend gibt es keine physikalische oder logische Ursache. Es ist fast, als hätte man die Schiffe plötzlich mit irgendeiner Art von elektronischem Tarnnetz bedeckt.«

Mit wenigen Ausnahmen haben sich fast alle Vorfälle mit Schiffen und Flugzeugen in der Sargasso-See oder den angrenzenden Küstengewässern abgespielt. Ivan Sanderson warnte davor, die Untersuchung auf einen einzelnen »sensationellen Fall« zu konzentrieren, er erwähnt aber den »ernsten Aspekt« der Tatsache, daß die Lage der Sargasso-See mit dem geheimnisvollen rhombenförmigen Gebiet übereinstimmt, in dem ». . . die meisten Flugzeuge und seit alters eine große Menge an Schiffen . . . verschwunden sind«.

Es ist ein ironischer Zufall, daß dieses Gebiet, seit Urzeiten in Legenden berühmt und berüchtigt, die schon vor seiner offiziellen Entdeckung im Umlauf waren, und später jahrhundertelang als »Meer des Todes« gefürchtet, seine unheimliche Aura und viel von seinen Geheimnissen bis ins Zeitalter der Weltraumfahrt bewahren sollte. Das Staunen über diese Rätsel vereint Personen, die man als die entgegengesetzten Pole eines Spektrums der Entdecker bezeichnen könnte – Christoph Kolumbus und die Astronauten von Apollo 12.

Kolumbus war der erste Beobachter, der von diesem unerklärlichen Leuchten im Meer berichtete, dem glänzenden, phosphoreszierenden weißen Wasser der Bahama-Inseln, nahe der Westgrenze der Sargasso-See. Er entdeckte es am 11. Oktober 1492, zwei Stunden nach Sonnenuntergang, von Bord der *Santa Maria* aus. Die Astronauten konnten dieselben leuchtenden Streifen oder Kanäle im Wasser als die letzten von der Erde sichtbaren Lichter erkennen. Man nahm an, daß dieses Phänomen von Mergel herrührte, den Fische aufwirbelten, vielleicht auch von Fischbänken oder anderen Formen organischen Lebens. Jedenfalls ist das seltsame Leuchten vom Wasser her und vor allem aus der Luft deutlich erkennbar. Während der ersten Reise Christoph Kolumbus' zeigten sich auch andere geheimnisvolle Phänomene, die heute noch im Gebiet des Dreiecks auftreten und Gegenstand verschiedener Spekulationen und Vermutungen sind. Am. 15. September 1492 beobachteten er und seine verängstigte Mannschaft im westlichen Teil der Sargasso-See einen riesigen Feuerstrahl, der über den Himmel fuhr und im Meer verschwand. Einige Tage später waren die Männer der Besatzung wieder von Schreck gebannt, als der Schiffskompaß eigenartige Unregelmäßigkeiten zeigte – am Vorabend der Entdeckung der Neuen Welt eine seltsame Vorhersage jener elektromagnetischen Störungen, die im Bermuda-Dreieck noch heute die Navigation in der Luft und auf See beeinträchtigen.

Ein weiteres Geheimnis der Sargasso-See, das die Aufmerksamkeit früherer wie heutiger Beobachter auf sich gezogen hat, ist die Fortpflanzung der Aale. Aristoteles (384 – 322 v. Chr.) war der erste, der die Frage nach den Brutplätzen der europäischen Aale stellte. Man wußte nur, daß die Aale ihre Lebensräume verließen und in den großen Strömen zum Meer wanderten. Für weitere 2500 Jahre war das alles, was über die Brutplätze der Aale bekannt war. Dann entdeckte der dänische Wissenschaftler Dr. Johannes Schmidt, wohin die Aale in all den Jahrhunderten gezogen waren, seit die Frage zum erstenmal gestellt worden war.

Die ausgewachsenen europäischen Aale folgen den Wasserstraßen, die zum Atlantik führen. Dort vereinigen sie sich und schwimmen in einem großen Schwarm langsam nach Westen, verfolgt von Scharen von Möwen und Rudeln von Haien, bis sie einen Punkt in der Sargasso-See erreichen, wo sie sich in großer Tiefe fortpflanzen. Die ausgewachsenen Tiere sterben dort, und die neugeborenen Aale machen sich auf ihren langen Heimweg, mit dem Golfstrom zurück nach Europa, eine Reise, die ungefähr zwei Jahre dauert.

Das Verhalten der amerikanischen Aale zeigte dasselbe Muster in umgekehrter Richtung. Diese Aale schwimmen nach Osten, treffen ihre europäischen Artgenossen in der Sargasso-See, und die jungen Aale wandern zu ihren Heimatplätzen in den USA zurück. Dieses bemerkenswerte Verhalten der Aale und ihre vererbte Nostophylie (Erinnerung an einen Heimatort bzw. an Brutplätze) führten zu einigen interessanten Theorien. Eine dieser Theorien behauptet, daß der ursprüngliche Brutplatz ein großer Fluß auf einem früheren Kontinent gewesen sei, der einmal im Atlantik in der Nähe der Sargasso-See existiert habe, und daß die Aale noch immer diesen alten Brutplatz aufsuchen, den verschwundenen Fluß, der einmal einen Kontinent durchquerte, der heute Tausende von Metern unter dem Meeresspiegel liegt. Man vermutete sogar, daß die Algen der Sargasso-See dem Unterwasserleben angepaßte Reste der Vegetation des früheren atlantischen Kontinents seien, der nach der historischen Sage mit großer Geschwindigkeit versank und seine üppigen Wälder und Pflanzen mit sich riß.

Unter den verschiedenen Rätseln der Sargasso-See und ihrer Randgebiete ist das der verlorenen Schiffe und Flugzeuge und ihres möglichen Schicksals das erregendste, vor allem weil es sich um ein Gebiet handelt, das jeden Tag von so vielen Schiffen befahren und von so vielen Flugzeugen überquert wird. Es kann natürlich zutreffen, daß es für jeden Fall eine logische Erklärung gibt und daß Termini wie »atmosphärische Aberration«, »Löcher in der Atmosphäre«, »Desintegration durch ungeklärte Luftwirbel«, »Himmelsfallen«, »Aussetzen des Gravitationsfeldes« und die Hypothese, daß Flugzeuge und Schiffe von unbekannten Wesen erobert und entführt wurden, nur Versuche darstellen, das Unerklärbare zu erklären.

Es gibt aber noch ein anderes Element bei diesen rätselhaften Vorfällen – einen recht unerwarteten Umstand, der sich erst in letzter Zeit gezeigt hat. In der Vergangenheit wurden, wenn Schiffe und Flugzeuge im Bermuda-Dreieck verschwanden, meist nicht nur keine Überlebenden, sondern auch keine Leichen gefunden. Als jedoch in den letzten Jahren die Gerüchte um das Bermuda-Dreieck zunahmen, begannen einzelne Piloten und Seeleute ihre begreifliche Scheu zu verlieren, über ungewöhnliche Ereignisse zu sprechen. Sie erzählen ihre persönlichen Erlebnisse, wie es ihnen gelang, den Kräften, die im Bermuda-Dreieck wirksam sind, zu entkommen. Wenn man diese Berichte vergleicht, zeigen sich gewisse Parallelen, ein Muster bildet sich, das erklären kann, wie (aber nicht warum) es zu manchen der Unfälle kam.

4

Noch einmal davongekommen

In seinem Buch *Invisible Horizons*, einem Kompendium der Geheimnisse des Meeres, erzählt Vincent Gaddis in einem speziell dem Bermuda-Dreieck gewidmeten Kapitel (»Das Dreieck des Todes«), daß er bald nach Publikation seines ersten Artikels über das Bermuda-Dreieck, der diesem Gebiet wahrscheinlich den Namen gab, von einem ehemaligen Flieger namens Dick Stern einen Brief mit wichtigen und überraschenden Informationen erhalten habe. Stern schrieb, daß er Ende 1944 mit einem Schwarm von sieben Bombern nach Italien flog. Ungefähr 300 Meilen von den Bermudas entfernt kam seine Maschine plötzlich in eine so heftige Turbulenz, daß er in die Vereinigten Staaten zurückkehren mußte. Der Zwischenfall ereignete sich bei klarem Wetter – die Sterne waren zu sehen –, aber die Turbulenz zwang das Flugzeug, umzukehren und so plötzlich zu fallen, daß die Besatzung an die Decke geschleudert wurde. Die Maschine verlor dadurch derart an Höhe, daß sie fast ins Meer stürzte. Als Stern zum Stützpunkt kam, hörte er, daß außer seinem Flugzeug nur ein einziges des Schwarms zurückgekehrt war. Mit den anderen Maschinen hatte man keinen Funkkontakt mehr, und es wurden später weder Überlebende noch Wrackteile gefunden.

Diesem Zwischenfall, der sich ein Jahr vor dem Verschwinden von Flight 19 ebenfalls im Dezember ereignete, wurde keine besondere Bedeutung zugemessen, da man sich im Krieg befand, und es gelangte auch nichts darüber an die Öffentlichkeit.

Einige Jahre nach dem Krieg waren Stern und seine Frau in einer Bristol Britannia bei Tageslicht von den Bermudas nach Nassau unterwegs, als sich etwas Ähnliches ereignete. Mrs. Stern sprach gerade über den ersten Vorfall. Plötzlich sackte das Flugzeug ab, das Essen der Passagiere flog an die Decke, und die Maschine begann heftig zu vibrieren. Die Vibrationen hielten eine Viertelstunde an, und das Flugzeug stieg und fiel.

Dieses Vorkommnis ist vielleicht ein Beispiel für CAT (*clear air turbulence* = Turbulenz bei klarem Himmel), die bei längerer Dauer und großer Heftigkeit Flugzeuge zum Absturz bringen kann. Jedenfalls war Dick Stern zweimal derselben unbekannten Gefahr an fast demselben Punkt im Dreieck begegnet – und davongekommen.

Joe Talley, der Kapitän des Fischkutters *Wild Goose*, erlebte eine andere Art von Abenteuer im Dreieck, das ebenfalls glimpflich ausging. Es passierte mit seinem eigenen Boot, das von einem anderen geschleppt wurde. Der Vorfall ereignete sich bei der Tongue of Ocean, einem tiefen Graben in der Bahamagruppe, der nicht zur Bahama-Bank gehört. Auf diesem verhältnismäßig kleinen Gebiet senkt sich der Meeresboden zu einer Tiefe von mehreren tausend Metern; der Graben bildet einen steilen Abfall direkt östlich der Insel Andros, wo schon viele Schiffe verschwunden sind.

Kapitän Talleys 20 Meter langes Haifangboot sollte von der 317 Meter langen *Caicos Trader* nach Süden zur Tongue of Ocean geschleppt werden. Das Wetter war gut, mit einem auffrischenden Passat von Südwesten. Die zwei Schiffe näherten sich dem südlichen Teil der Tongue of Ocean, wo dieser unterseeische Graben in ein großes kraterähnliches Loch von 60 Kilometern Durchmesser mündet. Riffe und die Exuma-Islands im Osten beschützen die Tongue of Ocean an diesem Punkt vor hohen Flutwellen, die von den Passatwinden aus dem Südosten hervorgerufen werden können. Es war Nacht, und Kapitän Talley schlief in seiner Kabine unter Deck. Er wachte plötzlich auf, als ein Schwall Wasser sich über ihn ergoß. Mechanisch packte er seine Schwimmweste und kämpfte sich zu einer offenen Luke. Als er sich hinauszwängte, sah er, daß er sich unter Wasser befand. Er packte ein Seil und kletterte daran 15 bis 20 Meter empor an die Oberfläche. Als er aus seiner Koje entkam, befand sich das Schiff offenbar 13 bis 15 Meter unter Wasser.

Als Talley an die Oberfläche kam, sah er, daß die *Caicos Trader* ohne die *Wild Goose* weitergefahren war. Geschehen war folgendes: Die plötzliche Kraft, die die *Wild Goose* mit Kapitän Talley unter Wasser drückte, drohte auch die mit dem Fischkutter durch ein Schleppseil verbundene *Caicos Trader* zum Kentern zu bringen. Die Mannschaft des Schleppers durchschnitt das Kabel, fuhr weiter und kam später zurück, um nachzuforschen, ob es Talley durch irgendein Wunder gelungen war, aus der Kabine seines sinkenden Schiffes zu entkommen. Auf der *Caicos Trader* hatte man beobachtet, daß die *Wild Goose* blitzschnell sank, »wie in einem Strudel«.

TBM Avengers. Fünf Maschinen dieser Type verschwanden am 5. Dezember 1945 während eines Übungsflugs (Flight 19) mit fünf Offizieren und neun Besatzungsmitgliedern an Bord. Trotz einer intensiven Suchaktion fand man keine Spur von Flugzeugen und Mannschaft.
Foto: National Archives

Grumman-Avenger-Bomber. Die Bomber von Flight 19 waren mit Rettungsflößen ausgestattet und konnten im Fall einer Notlandung im Wasser eineinhalb Minuten treiben. Das, sowie die verhältnismäßige Nähe zum Stützpunkt, macht das völlige Verschwinden aller fünf Flugzeuge noch rätselhafter.
Foto: Mit freundlicher Genehmigung von Grumman Aircraft

Notwasserung eines TBM-Avenger-Bombers. Maschinen, die ins Meer stürzen, hinterlassen gewöhnlich einen Ölfleck oder Wrackreste. Im Fall von Flight 19 fand man keinerlei Spuren dieser Art.

Foto: National Archives

Die U.S.S. *Cyclops*, die am 4. Mai 1918 verlorenging. Das unerklärliche Verschwinden der *Cyclops* mit 390 Personen an Bord wurde »eines der verblüffendsten Rätsel in den Annalen der Marine« genannt. Zum Zeitpunkt des Verschwindens waren keine deutschen U-Boote im Unfallgebiet.

Foto: Offizielles Foto der amerikanischen Marine

Ein britisches Schiff, gleichfalls mit dem Namen *Cyclops,* verschwand während des Zweiten Weltkriegs im Nordatlantik. Auch hier waren keine feindlichen U-Boote in der Nähe.

Foto: National Archives

Martin-Mariner-Flugboot vom gleichen Typ wie jenes, das auf der Suche nach Flight 19 mit 13 Mann Besatzung verschwand.

Foto: National Archives

Die M.S. *Marine Sulphur Queen,* ein 129 Meter langer Frachter mit 39 Mann Besatzung, verschwand am 2. Februar 1963 bei den Dry Tortugas. Bis auf eine Schwimmweste, die 15 Meilen südlich von Key West im Meer trieb, fand man keine Spur.

Foto: National Archives

C-119. Ein Flugzeug dieses Typs verschwand im Juni 1965 mit 10 Personen an Bord 100 Meilen von Grand Turk auf den Bahamas entfernt.

KC-135 Stratotanker. Zwei Flugzeuge dieses Typs verschwanden im August 1963 etwa 300 Meilen südwestlich der Bermudas.

Foto: Mit freundlicher Genehmigung der Boeing Company

Von einer Erdumlaufbahn aufgenommenes Foto, das die südliche Hälfte Floridas, die Bahamas (Andros, Grand Bahama und Bimini) und Teile Kubas zeigt. Die dunklen Meeresteile sind die tiefen Gräben zwischen Florida und den Bahamas, wo viele der unerklärlichen Unfälle stattgefunden haben. Die versunkenen Bahama-Bänke sieht man als hellere Meeresgebiete in der Nähe der Inseln.

Foto: National Aeronautics and Space Administration (NASA)

Taucher an der Kante der Bahama-Bänke, eines riesigen unterseeischen Plateaus, dessen höchste Erhebungen die Bahamas sind. Dieses Plateau unter der Wasseroberfläche enthält große Kalksteinhöhlen, die manchmal mit Seen im Innern der Inseln in Verbindung stehen.

Foto: Paul Tzimoulis, mit freundlicher Genehmigung des »Skin Diver Magazine«

Taucher mit Atemgerät am Kontinentalsockel bei den Bahamas.

Foto: Paul Tzimoulis, mit freundlicher Genehmigung des »Skin Diver Magazine«

Innenansicht eines »blauen Lochs«, einer der Unterwasserhöhlen in den Bahama-Bänken. Stalaktiten und Stalagmiten zeigen an, daß sich die »blauen Löcher« lange Zeit hindurch über dem Wasserspiegel befunden haben müssen.

Foto: Paul Tzimoulis, mit freundlicher Genehmigung des
»Skin Diver Magazine«

Nach ungefähr einer halben Stunde, als Talley schon fast am Ertrinken war, hörte er zu seiner Überraschung, daß man ihn von der zurückgekehrten *Caicos Trader* aus anrief. Da die meisten Kapitäne über die zahlreichen ungeklärten Unfälle in diesem Gebiet, die oft mit Kompaß- und Funkversagen einhergehen, informiert sind, fragte man, wie der Kompaß des Schleppers vor dem Unfall funktioniert habe. Es stellte sich jedoch heraus, daß der Steuermann den Kurs gesetzt und das Ruder dann verlassen hatte, so daß man im nachhinein nicht mehr feststellen konnte, ob zum Zeitpunkt des Unfalls die Instrumente versagt hatten.

Andere Boote verloren ebenfalls ihre Schleppkähne, manchmal verschwand auch die Mannschaft des geschleppten Schiffs. In einigen Fällen bedeckte eine Art Nebel das zweite Schiff, während man auf dem ersten Schiff ein Versagen der Kompasse und elektronischen Einrichtungen beobachten konnte. Man fragt sich, warum Berichte über solche Vorfälle fast ausschließlich von Schleppern vorliegen und nicht von allein fahrenden Schiffen. Der Grund liegt vielleicht darin, daß einzelne Schiffe einfach verschwinden – ohne Zeugen –, während die Schlepper am Ende des Kabels nahe genug sind, um den Vorfall beobachten zu können.

Ein Erlebnis, das Kapitän Don Henry im Jahre 1966 hatte, gibt ein lebhaftes Bild vom »Tauziehen« zwischen einem Schlepper und einer unidentifizierbaren Kraft, die bewußt oder unbewußt versuchte, den Schlepper zurückzuhalten.

Kapitän Henry ist Eigentümer einer Bergungsgesellschaft in Miami, der »Sea Phantom Exploration Company«, und hat große Erfahrung als Seemann, Navigator und Taucher. Er ist ungefähr 55 Jahre alt, mit einer mächtigen Brust und starken Armen, wie es für einen langjährigen Taucher charakteristisch ist. Er macht einen äußerst kräftigen und muskulösen Eindruck und bewegt sich für einen so großen Mann mit überraschender Leichtigkeit und Agilität. Um einen Satz zu unterstreichen, schlägt er mit der geballten Faust in die Handfläche oder macht eine beschreibende Geste, wobei man den Eindruck hat, es sei nicht gut, mit dieser Faust in Berührung zu kommen. Seine Augen, die gewohnt sind, die See zu beobachten, blicken offen und scharf. Die Sicherheit seiner Ausdrucksweise und sein gutes Gedächtnis für Einzelheiten machen es möglich, ihn sein Erlebnis selbst erzählen zu lassen, nach Notizen, die während eines Gesprächs gemacht wurden.

. . . Wir waren auf dem Rückweg von Puerto Rico nach Fort Lauderdale. Wir waren drei Tage unterwegs und schleppten einen leeren Kahn, der Petroleumnitrat enthalten hatte. Ich befand mich an Bord der *Good News*, einem 50 Meter langen Schlepper mit 2000 PS. Der Schleppkahn wog 2500 Tonnen und war an einem 300 Meter langen Schleppseil befestigt. Wir hatten die Exumas hinter uns gelassen und die Tongue of Ocean erreicht. Die Wassertiefe betrug ungefähr 600 Faden.

Das Wetter war gut, der Himmel klar. Am Nachmittag ging ich ein paar Minuten lang in die Kabine hinter der Brücke, als ich ein großes Geschrei hörte. Ich kam auf die Brücke und rief: »Was ist denn los?« Als erstes schaute ich auf den Kompaß. Die Nadel drehte sich wie ein Kreisel im Uhrzeigersinn. Es gab keinen Grund dafür – der einzige Ort, von dem ich je gehört hatte, daß so etwas schon einmal geschehen war, befand sich im St. Lawrence River in Kingston, wo ein großes Eisenlager oder vielleicht ein Meteorit am Grund die Kompasse durcheinanderbringt. Ich wußte nicht, was los war, aber irgend etwas stimmte nicht, da war ich ganz sicher. Das Wasser schien aus allen Richtungen zu kommen. Der Horizont verschwand – wir konnten nicht sehen, wo er war –, Wasser, Himmel, alles verschwamm. Wir konnten nicht erkennen, wo wir waren. Was auch immer da vorging, es stahl oder verbrauchte die ganze Energie aus unseren Generatoren. Die elektrischen Einrichtungen produzierten keine Energie mehr. Die Generatoren liefen noch, aber wir bekamen keine Elektrizität. Der Ingenieur versuchte, einen Hilfsgenerator in Gang zu bringen, aber er kriegte keinen Funken heraus.

Ich sorgte mich um den Schleppkahn. Er war in der Nähe, aber ich konnte ihn nicht erkennen. Es sah aus, als sei er von einer Wolke bedeckt, und rund um ihn herum waren die Wellen höher als in den anderen Richtungen.

Ich drückte den Gashebel voll durch. Ich konnte nicht sehen, wohin wir fuhren, aber ich wollte um alles in der Welt nur schnell dort heraus. Es schien, als ob jemand versuchte, uns zurückzuziehen, ohne es ganz zu schaffen.

Es war wie das Herauskommen aus einer Nebelbank. Das Schleppseil war gespannt – wie beim indischen Seiltrick –, aber man konnte am anderen Ende nichts erkennen, alles war von dickem Nebel bedeckt. Ich rannte auf das Hauptdeck und zog am Seil. Der verflixte

Schleppkahn kam aus dem Nebel heraus, aber sonst gab es nirgends Nebel. Ich konnte sogar elf Meilen weit sehen. Im nebligen Gebiet, wo der Schleppkahn stecken sollte, war das Wasser aufgewühlt, obwohl die Wellen nicht hoch waren. Nennen Sie mich, was Sie wollen – ich fuhr jedenfalls nicht zurück, um nachzusehen, was los war.

Haben Sie je gespürt, wie es ist, wenn zwei Leute in entgegengesetzter Richtung an ihren Armen ziehen? Es fühlte sich an, als wären wir an einem Ort, den jemand oder etwas beanspruchte, und jemand oder etwas wollte uns hindern, dahin zu fahren, wohin wir wollten.

Frage: War der Horizont grünlich gefärbt?

Nein, er war milchig. Das ist alles, was ich sagen kann. Ich kümmerte mich nicht um Farben. Als wir herauskamen, mußten die Batterien neu aufgeladen werden. Ich verbrauchte fünfzig Taschenlampenbatterien.

Frage: Dachten Sie an das Bermuda-Dreieck?

Ja, das war das einzige, an was ich damals denken konnte. Ich dachte – mein Gott, ich bin die nächste Nummer in der Statistik!

Frage: Hatten Sie jemals ein ähnliches Erlebnis?

Nein. Ich habe gehört, daß anderen Leuten so etwas passiert ist, daß ein Schleppkahn samt Mannschaft verschwand und das Schleppkabel abgerissen war. Ich hatte jedenfalls nur das eine Erlebnis. Und es reichte völlig!

Jim Richardson, ein ehemaliger Pilot der amerikanischen Marine, ist jetzt Präsident des Chalk Air Ferry Service zwischen dem Flughafen Opa-Locka bei Miami und Bimini und anderen Orten auf den Bahamas. Als Präsident des wichtigsten Passagierdienstes in diesem Gebiet und als Fremdenverkehrsmanager für Bimini nimmt er eine neutrale Haltung zu den möglichen Gefahren des Bermuda-Dreiecks ein. Was die Ortsansässigen zu der Legendenbildung sagen, drückt er mit der energischen Direktheit eines Piloten aus.

Das ist eine Sache, über die die Leute nicht gern reden. Sie sagen, man spinnt.

Trotzdem hat er auf seinen zahlreichen Flügen zu den Bahamas ebenfalls elektronische und magnetische Störungen erlebt. Als er eines frühen Morgens mit seinem Sohn von Florida zu den Turk Islands unterwegs war, begann die Kompaßnadel des Flugzeugs plötzlich von rechts nach links zu kreisen. Er fragte seinen Sohn: »Was ist mit dem Kompaß los?« Sein Sohn erwiderte, als sei es eine ganz natürliche Erklärung: »Wir sind über Andros.« Richardson machte diese Beobachtung öfter, ». . . immer, wenn wir über das tiefe Wasser vor dem Moselle-Riff flogen«. Auf diesem Riff wurde übrigens bei Nacht häufig ein geheimnisvolles Licht gesehen, und die Fischer von Bimini behaupten, »dort geht es um«. Die Lichter am Riff wurden von Jim Richardson und anderen Piloten und Schiffsführern ebenfalls bemerkt. Von einem anderen seltsamen Zwischenfall mit der Elektronik berichtete Chuck Wakeley. Eine elektronische Kraftquelle oder unsichtbare Gewalt schien zeitweise die Herrschaft über das Flugzeug zu übernehmen, mit dem er zwischen Nassau und Fort Lauderdale unterwegs war. Chuck Wakeley ist über Dreißig und übt seit zehn Jahren den Beruf eines Flugzeug- und Helikopterpiloten aus. Er verfügt über eine reiche Erfahrung und unternahm zahlreiche Alleinflüge über den Dschungeln von Panama und Südamerika, wo ein gutes Gedächtnis für Einzelheiten und eine überlegte Reaktion in Notsituationen oft die einzigen Garanten für das Überleben sind.
Er ist ein geübter Beobachter, hat bereits mit Geheimmaterial zu tun gehabt und wurde von der amerikanischen Regierung als äußerst zuverlässig eingestuft. Wenn man mit ihm spricht, ist man beeindruckt von seiner Aufrichtigkeit und dem Bemühen, sein Erlebnis genauso wiederzugeben, wie es sich ereignet hat. Er ist ein sehr guter Erzähler, und es ist interessant, daß er vor seinem Erlebnis nichts vom Bermuda-Dreieck gehört hat.

Im November 1964 war ich Pilot der Sunline Aviation in Miami. Ich flog damals mit einer Chartermaschine nach Nassau, um ein paar Passagiere hinzubringen, und wollte dann zurückkommen. Ich setzte die Passagiere ab und verließ den Flughafen von Nassau kurz nach dem Dunkelwerden. Der Himmel war ganz klar, die Sterne leuchteten. Während meines Abflugs folgte ich dem VOR (*variable omnirange* = Drehfunkfeuer) von Nassau, auf dem Weg wollte ich das VOR von Bimini auffangen. Um etwa 21 Uhr überflog ich das Nordende von Andros und konnte die Lichter der Siedlungen sehen. Meine Flughöhe betrug etwa 2400 Meter, und ich dachte, ich hätte einen normalen Routineflug vor mir, aber 30 bis 50 Meilen nach Andros, als ich direkt auf Bimini zuflog, bemerkte ich etwas Seltsames: Die Flügel begannen ganz schwach zu leuchten. Zuerst glaubte ich, es sei eine optische Täuschung, die durch das Licht im Cockpit und die gefärbten Plexiglasscheiben hervorgerufen wurde. Die Flügel sahen nämlich durchscheinend aus, blaugrün, obwohl sie in Wirklichkeit weiß gestrichen waren.

Innerhalb von fünf Minuten verstärkte sich dieses Leuchten derart, daß ich Schwierigkeiten hatte, meine Instrumente abzulesen. Die Nadel des magnetischen Kompasses begann langsam, aber gleichmäßig zu kreisen; der Kraftstoffanzeiger, der beim Start auf halbvoll gestanden war, stieg auf voll; meine automatische Steuervorrichtung zwang die Maschine plötzlich in eine scharfe Rechtskurve. Ich mußte sie abstellen und von Hand steuern. Ich konnte mich auf keines der elektronisch gesteuerten Instrumente verlassen, weil sie entweder überhaupt nicht funktionierten oder gestört waren. Bald glühte das ganze Flugzeug, es war aber kein reflektiertes Leuchten, denn es ging von der Maschine selbst aus. Ich erinnere mich, daß ich aus dem Fenster auf die Flügel schaute und bemerkte, daß sie nicht nur blaugrün leuchteten, sondern auch irgendwie flockig aussahen.

Zu diesem Zeitpunkt konnte ich mich weder auf meinen Kreiselkompaß noch auf den Horizont oder den Höhenmesser verlassen. Ich konnte mich nicht nach dem Horizont orientieren, weil es Nacht war und ich mit einem künstlichen Horizont flog. Das Leuchten war so stark, daß ich die Sterne nicht mehr sah. Ich tat dann das einzige, was mir übrigblieb – ich versuchte nicht mehr zu steuern und ließ das Flugzeug fliegen, wohin es wollte. Das Leuchten steigerte sich zu einem blendenden, hellen Licht, das ungefähr fünf Minuten lang anhielt und dann langsam abnahm.

Als das Glühen nachließ, begannen alle Instrumente sofort normal zu funktionieren. Ich überprüfte die Überspannungsschalter, und keiner war herausgesprungen. Es waren auch keine Sicherungen durchgebrannt, und mir war endgültig klar, daß das Flugzeug wieder normal funktionierte, als der Kraftstoffanzeiger auf halbvoll sank. Der magnetische Kompaß beruhigte sich, und ich sah, daß ich nur um ein paar Grad vom Kurs abgekommen war. Ich stellte die automatische Steuervorrichtung an, und sie funktionierte wie immer. Vor dem Landen überprüfte ich alle Teile der Maschine – Landevorrichtung, Klappen und so fort. Es war alles in Ordnung. Das Flugzeug hatte eigentlich Aufziehleinen, die alle statische Elektrizität ableiten sollten.

Frage: Nahmen Sie an, daß Ihr Erlebnis mit dem Bermuda-Dreieck zusammenhing?

Bis zu diesem Vorfall wußte ich nichts vom Bermuda-Dreieck. Ich dachte, es sei ein Sankt-Elms-Feuer gewesen, obwohl so etwas gewöhnlich anders aussieht.

Frage: Wann hörten Sie vom Bermuda-Dreieck?

Ich hörte davon, als ich mit Kollegen über mein Erlebnis sprach. Solche Sachen sind auch anderen Piloten zugestoßen, aber sie reden nicht gern darüber. Wenn man nach Puerto Rico will, kann man das Dreieck sowieso nicht umgehen, außer man fliegt weit nach Norden und um die Bermudas herum. In letzter Zeit hört man viel mehr über das Dreieck, vor allem, wenn wieder einmal ein Flugzeug auf völlig unlogische Art verschwindet.

Die Vierteljahrsschrift *Pursuit* der »Society for the Investigation of the Unexplained« (Gesellschaft zur Erforschung des Unerklärlichen) brachte einen Augenzeugenbericht über die Auswirkung einer destruktiven Gewalt im Bermuda-Dreieck. Robert Durand, der Autor des Berichts, erzählt von einer Beobachtung aus dem Cockpit einer Boeing 707 auf dem Flug von San Juan nach New York am 11. April 1963. Die Beobachtung wurde an einem Punkt 19 Grad 54′ nördlicher Breite und 66 Grad 47′ westlicher Länge gemacht, der innerhalb des Dreiecks über dem Puerto-Rico-Graben liegt, einem der tiefsten Cañons im Meeresboden, wo das Meer eine Tiefe von 8400 Metern erreicht.
Der ungewöhnliche Anblick fiel zuerst dem Kopiloten auf (auf eigenen Wunsch ungenannt), und zwar zwanzig Minuten nach dem Start, als

der Jet eine Höhe von 9500 Metern erreicht hatte. Der Kopilot bemerkte plötzlich, daß sich das Meer ungefähr 5 Meilen rechts von ihrer Route zu einem riesigen runden Kegel erhob, der »wie ein großer Blumenkohl« aussah, als habe unter Wasser eine Atomexplosion stattgefunden. Der Kopilot machte sofort den Flugkapitän und den Bordmechaniker darauf aufmerksam, und sie beobachteten die Erhebung etwa dreißig Sekunden lang genau, lösten dann ihre Sicherheitsgurte und kletterten zur Steuerbordseite des Cockpits, um das Phänomen besser zu sehen. Nach ihrer Schätzung hatte der riesige aufgewühlte Wasserberg einen Durchmesser von einer halben bis zu einer Meile und war ungefähr halb so hoch wie breit. Verständlicherweise brachte der Kapitän das Flugzeug nicht näher an den Ort des Geschehens, sondern hielt sich an seinen vorgeschriebenen Kurs. Als das Flugzeug das Gebiet verließ, begann der ungeheure wirbelnde Kegel niedriger zu werden. Der Kopilot wandte sich nachher an verschiedene offizielle Stellen, unter anderem an die Küstenwache, das FBI und einen Erdbeben-Fachmann, aber es gab in dieser Zeit keine Meldungen über irgendwelche außergewöhnlichen Vorkommnisse wie Erdbeben, Flutwellen oder große Wasserhosen, die seine Beobachtung bestätigt hätten.

Es wurde verschiedentlich vermutet, daß diese scheinbare Atomexplosion mit dem am Vortag gesunkenen Atomunterseeboot *Tresher* oder seinen Atomsprengköpfen in Zusammenhang stand, obwohl die *Tresher* Tausende von Meilen entfernt Schiffbruch erlitten hatte. Diese Theorie hätte natürlich nur dann Gültigkeit, wenn wichtige Umstände beim Schiffbruch der *Tresher* geheimgehalten worden wären (was sehr gut möglich ist), oder, wie von privater Seite auch schon angenommen wurde, wenn ein U-Boot eines potentiellen Feindes als Erwiderung auf die Versenkung der *Tresher* angegriffen oder versenkt worden wäre. Auch wenn man von den militärischen Komponenten absieht, weist der Punkt, an dem sich der Vorfall ereignete, wieder einmal auf die im Bermuda-Dreieck wirksamen Kräfte hin.

Augenzeugen berichteten in jüngster Zeit dem Erfinder und Elektroingenieur Norbert Bean von einem Vorfall, der möglicherweise besagt, daß ein Schiff den Gefahren des Dreiecks entkommen ist. Norbert Bean lebt in Miami, erfand unter anderem eine Unterwasserkamera für Kabelfernsehen und ein Abschreckmittel gegen Haie, hält Vorträge über UFOs und ist ein engagierter Beobachter der Vorgänge im Bermuda-Dreieck. Der erwähnte Vorfall ereignete sich eines Abends im

September 1972 zwischen Featherbed Banks und Matheson Hammock in der Biscayne Bay und betraf ein dieselbetriebenes Boot mit dem ominösen Namen *Nightmare* (Alptraum). Die *Nightmare* kehrte passenderweise bei Nacht mit drei Passagieren vom Fischfang in der Biscayne Bay zu ihrem Hafen zurück. Als sie das Gebiet der Featherbed Banks erreichte, bemerkte man, daß der Kompaß um 90 Grad abwich. Man konnte die Lichter des Hafens von Coconut Grove sehen und so die Abweichung berechnen. Die Beleuchtung an Bord nahm ab und erlosch, als wären die Batterien überbeansprucht. Der Steuermann verließ sich also nicht mehr auf den Kompaß, sondern orientierte sich nach den Lichtern an der Küste und fuhr mit voller Kraft nach Westen. Aber das Schiff bewegte sich nach Norden, und man konnte sehen, wie die Lichter der Küste in südlicher Richtung davonglitten. Zwei Stunden lang fuhr das Boot auf die Küste zu, aber es kam nicht weiter und schien eher nach rückwärts zu laufen.

Während dieser Zeit bemerkten die Personen an Bord einen großen dunklen Fleck am Himmel, der zwischen dem Boot und dem ein oder zwei Meilen westlich liegenden Ort Matheson Hammock die Sterne verdeckte. Als sie ihn beobachteten, stellten sie fest, daß ein bewegliches Licht in den dunklen Fleck eindrang, ein paar Sekunden verharrte und dann verschwand. Kurz darauf verschwand der dunkle Umriß ebenfalls. Der Kompaß funktionierte daraufhin wie gewöhnlich, der Generator lud die Batterien auf, und das Schiff konnte weiterfahren.

Einige Jahre vor dem Zwischenfall mit der *Nightmare* hatte man Bean eine fast gleichlautende Geschichte erzählt, und zwar nach einem seiner Vorträge. Ein pensionierter Kapitän der amerikanischen Marine, der Zuhörer war und während des Vortrags nicht über sein Erlebnis sprechen wollte, berichtete Bean jedoch später privat darüber. Wie so viele Zeugen von »unerklärlichen« Phänomenen war er nicht bereit, seinen Ruf als wahrheitsgetreuer, aufmerksamer Beobachter aufs Spiel zu setzen.

Der Zwischenfall ereignete sich eine Woche vor Weihnachten 1957. Ein zehn Meter langes, dieselbetriebenes Fischerboot, das dem Kapitän gehörte und von ihm selbst gesteuert wurde, kam während einer Fahrt nach Freeport auf den Bahamas mehrere Stunden lang nicht von der Stelle und wurde sogar ein Stück zurückgeschoben. Licht und Funk wie auch der Generator versagten, und die Kompaßnadel drehte sich wie ein Kreisel. Obwohl der Dieselmotor lief, kam das Schiff nicht von der

Stelle. Wie bei der *Nightmare* bemerkte die Mannschaft genau auf ihrem Kurs einen sternlosen schwarzen Fleck mit regelmäßigen Umrissen, obwohl überall sonst das Wasser ruhig und die Sterne sichtbar waren. Nach einiger Zeit sahen sie drei Lichter hintereinander in diesen dunklen Fleck eindringen und anschließend verschwinden. Kurz darauf löste sich der schwarze Fleck auf, und das Boot konnte weiterfahren. Die Beleuchtung sowie der batteriebetriebene Sender funktionierten wieder, und der Kompaß verhielt sich normal. Der Kapitän und seine vier Passagiere erfuhren später, daß in derselben Nacht ein Frachter, der in 40 Meilen Entfernung im Golfstrom navigierte, an einer Sandbank westlich von Fort Lauderdale angetrieben wurde, weil seine Steuerung eine Abweichung von 90 Grad aufwies.

Am 15. November 1972 ereignete sich mit einer zweimotorigen Beechcraft auf dem Weg von George Town in Westindien nach Great Exuma auf den Bahamas ein Zwischenfall, der die Unberechenbarkeit der in diesem Gebiet wirksamen Kräfte zeigt. Diesmal schienen sie dem Flugzeug gegenüber eher hilfreich als feindselig eingestellt zu sein, wenn man ihnen schon Motivierung und Absicht zuschreiben will. Dr. S. F. Jablonsky, ein Psychologe aus Fort Lauderdale, übermittelte Dr. Manson Valentine den folgenden Bericht.

Das Flugzeug verließ George Town in der Abenddämmerung mit neun Personen an Bord, darunter fünf Piloten. Das Wetter war gut, die See ruhig und die Sicht ausgezeichnet. Eine leichte Brise wehte von Südosten.

Ungefähr zehn Minuten nach dem Start, als sich die Maschine nordwestlich von Exuma über der Tongue of Ocean befand, versagten plötzlich alle elektrisch betriebenen Geräte, Kompaß, Funk, Beleuchtung, sogar die Hydraulik, und alle Batterien waren völlig leer.

Der Pilot wollte zuerst in New Providence landen (ungefähr 60 Meilen im Norden), weil er sich da nach der untergehenden Sonne richten konnte, bis er die Lichter Nassaus sah. Er überlegte sich dann aber, daß das Funkgerät nicht arbeitete und daß er am Flughafen seine Ankunft nicht ankündigen konnte, nicht einmal durch Lichtsignale. Daher entschloß er sich, direkt zur nächsten Landepiste auf Andros zu fliegen, und bald sahen die Passagiere den kleinen Flugplatz an der Südspitze der Insel. Um unter diesen Umständen eine Landung zustande zu bringen, zog der Kapitän rechts von der Piste eine Kurve und setzte dann zum Gleitflug an, um sicherzugehen, daß sich keine Hindernisse im Weg befanden und um so genau wie möglich mit dem Wind im Rücken auf dem Landestreifen aufzusetzen. Da das hydraulische System nicht arbeitete, konnte das Fahrgestell nicht ausgefahren werden, und wir hatten natürlich keine Landescheinwerfer. Dr. Jablonsky meinte später: »Das Flugzeug landete, als schwebe es auf einem Luftkissen.« Die Spitzen der Propeller berührten als erstes den Boden und erzeugten einen Funkenstrahl, aber das Flugzeug schlug nicht auf, sondern glitt über die Piste. Der Rumpf des Flugzeugs war nicht beschädigt, und selbst die tiefhängenden Luftansaugstutzen blieben intakt.

Am nächsten Tag wurden zwei neue Propeller nach Andros gebracht und montiert. Man lud die Batterie des Flugzeugs wieder auf, aber das Drucksystem funktionierte schon vorher. Die Maschine startete von neuem und erreichte Fort Lauderdale ohne weitere Zwischenfälle.

Während die amerikanische Ausgabe dieses Buches in Vorbereitung war, entging der Cunard-Ozeandampfer *Queen Elizabeth II* nur mit Mühe einem schweren Unfall im oberen Teil des Bermuda-Dreiecks. Am 3. April 1973 kam es zu einem Ausfall dreier Dampfkessel (Öl sickerte aus), die elektrische Versorgung, Klimaanlage usw., fiel aus, und das modernste der großen Passagierschiffe lag wie seine Vorgänger aus fernen Jahrhunderten in der Sargasso-See fest, während sich die Passagiere mit kostenlosen, wenn auch ungekühlten Drinks trösteten und auf Hilfe warteten.

In einem der ersten Radiointerviews von Bord des Schiffes sagte ein Passagier, von Beruf Football-Profi: »Der Kapitän erzählt mir gerade, daß wir hier mitten im Bermuda-Dreieck sitzen.« In weiteren Berichten wurde jede Anspielung auf dieses unheimliche Gebiet peinlichst vermieden.

Als Anmerkung zu diesem Zwischenfall ist interessant, daß ein Besatzungsmitglied eines Kutters der Küstenwache, der hinter der *Queen Elizabeth II* fuhr, einige Male bemerkte, daß sie auf dem Radarschirm nicht mehr zu sehen war. Als die *Queen Elizabeth II* mit einer Geschwindigkeit von 35 Knoten in das Dreieck einfuhr, konnte sie vom Kutter aus nicht mehr am Radar verfolgt werden, obwohl sie mit freiem Auge noch sichtbar war und erst kurz darauf am Horizont verschwand. Von dem Moment an, als die *Queen Elizabeth II* in das Dreieck einfuhr, waren die Kommunikation mit dem Kutter und der Radarkontakt gestört. Es wurde noch nicht gesagt, daß die geheimnisvollen Kräfte des Bermuda-Dreiecks möglicherweise etwas mit dem Unfall der *Queen Elizabeth II* zu tun haben könnten, aber es ist möglich, daß die Radarverbindung zum Kutter durch die üblichen funktechnischen und elektromagnetischen Anomalien behindert wurde.

Wenn wir die Gesamtzahl der verschwundenen Flugzeuge und Schiffe in Betracht ziehen und die Fälle, wo Menschen offenbar den in diesem Gebiet drohenden Gefahren entkommen konnten, müssen wir auch die Möglichkeit bedenken, daß es eine oder eine Vielzahl logischer Erklärungen für diese Ereignisse gibt. Je mehr wir uns aber in dieses Problem vertiefen, desto eher beginnen wir uns zu fragen, ob es in dem uns bekannten Rahmen wissenschaftlicher Erkenntnis so etwas wie eine logische Erklärung überhaupt gibt.

5

Gibt es eine logische Erklärung?

Immer wenn man die Bedeutung oder selbst die Existenz des Bermuda-Dreiecks ableugnen wollte, wurde behauptet, daß daran gar nichts Rätselhaftes sei, denn auf der ganzen Welt gingen Schiffe und Flugzeuge verloren, und jedes beliebige Dreieck, das wichtige Wasserstraßen einschließt, würde eine hohe Anzahl von Verlusten zeigen, wenn man seine Grenzen nur genügend erweiterte. Außerdem sind Schiffe und Flugzeuge im Vergleich zur Ausdehnung des Ozeans winzig, und dieser ist zudem ständig in Bewegung, sowohl an der Oberfläche als auch in der Tiefe. Flugzeuge und kleinere Schiffe, die zwischen den Bahamas und Florida verunglückten, wo der Golfstrom mit einer Geschwindigkeit von mehr als vier Knoten nach Norden fließt, können so weit vom Unfallort entfernt wieder auftauchen, daß es wirklich aussieht, als seien sie verschwunden. Dieser Umstand ist der Küstenwache jedoch gut bekannt, und bei Rettungsaktionen bezieht sie die Abweichung durch Wind und Strömung im Unfallgebiet in ihre Berechnungen mit ein. Nach einem größeren Schiff wird sofort in einem Umkreis von 5 Meilen gesucht, nach einem Flugzeug in einem Umkreis von 10 Meilen, und für ein kleines Boot beträgt der Radius 15 Meilen. Die Suche wird dann entlang der Radien fortgesetzt, je nach der Strömung, dem Wind und der Drift.
Manche Schiffe versanken sogar und tauchten später woanders wieder auf, wie beispielsweise die *A. Ernest Miles*, die mit einer Salzladung vor der Küste von Carolina unterging. Als das Salz schmolz, kam das Geisterschiff wieder an die Oberfläche. Ein anderes verlassenes Schiff, das aus dem Meer auftauchte, ist die *La Dahama*. Sie sank im April 1935, und ihre Passagiere wurden von der S.S. *Rex* an Bord genommen. Etwas später fand jedoch die *Aztec* bei den Bermudas die *La Dahama* treibend. Die Mannschaft der *Aztec* wußte nicht, daß das Schiff bereits einmal gesunken und die Passagiere gerettet waren, und hielt die *La Dahama* für ein verlassenes Geisterschiff, bis Nachricht von der *Rex* kam, die inzwischen ihren Heimathafen in Italien erreicht hatte. Warum das Schiff allerdings wieder auftauchte, blieb ein Rätsel.

Wracks von verunglückten Flugzeugen und Schiffen können auch leicht am Meeresgrund im Treibsand versinken oder durch Stürme zugedeckt und später vielleicht wieder freigelegt werden, wenn Taucher oder U-Boote sie finden. Mel Fisher, ein Mann, der seit langem als Taucher tätig und mit der Bergung von Schiffen und Schiffsladungen vertraut ist, hat einige Jahre den Kontinentalsockel im Atlantik und in der Karibik innerhalb des Dreiecks erforscht. Auf seiner Suche nach spanischem Gold, von dem er schon große Mengen gefunden hat, machte er noch andere überraschende Entdeckungen auf dem Meeresgrund: Schiffe, nach denen zum Zeitpunkt ihres Verschwindens lange gesucht wurde, die aber jetzt vergessen sind. Sie werden mit einem Magnetometer gesucht, einem tausendfach verstärkten Kompaß, der Metall unter dem Meeresspiegel anzeigt. Dieses Gerät führte Fisher auch zu anderen Wracks als den spanischen Schatzschiffen, nach denen er gewöhnlich sucht. (Es muß angemerkt werden, daß zum Zeitpunkt vieler Zwischenfälle im Bermuda-Dreieck der verbesserte Magnetometer noch nicht in Gebrauch war.) Wenn Taucher, den Angaben des Magnetometers folgend, zum Meeresboden absteigen, finden sie oft statt spanischer Galeonen abgestürzte Militär- oder Privatflugzeuge und die verschiedensten Arten von Schiffen. Einmal fand Fisher sogar mehrere Meilen von der Küste entfernt eine Eisenbahnlokomotive, die er für zukünftige Unterwasserarchäologen auf dem Meeresgrund zurückließ.

Mel Fisher ist der Meinung, daß viele der ungeklärten Unfälle im Gebiet zwischen Florida und den Bahamas von Blindgängern – Bomben der Luftwaffe und Torpedos – oder treibenden Minen verursacht wurden, die aus vergangenen Kriegen oder von Gefechtsübungen der Jetztzeit zurückblieben. Einmal tauchte er in der Nähe eines spanischen Schatzschiffes und brachte einen Gegenstand zur Oberfläche, den er für eine alte spanische Kanone hielt. Plötzlich merkte er, daß das von Muscheln überkrustete Metallstück ein spitz zulaufendes Ende hatte und daß es sich um eine Bombe handelte – und zwar um eine scharfe! Fisher schließt aus der großen Anzahl der nicht identifizierten Wracks, die er auf der Suche nach zwei bestimmten Schatzschiffen auf dem Meeresgrund bemerkte (es handelt sich um die spanischen Schatzgaleonen *La Margarita* und *Santa María de Atocha*, die Gold im Schätzwert von vier bis sechs Millionen Dollar enthalten), daß Hunderte von Schiffen in Stürmen an den Riffen gescheitert sein müssen und viele in

Sandbänken bei der Küste vergraben sind. Selbst um einige der bereits gefundenen Schatzschiffe zu erreichen, war es notwendig, sie aus dem Meeresboden zu graben, nachdem der Magnetometer Metall angezeigt hatte. Fisher bemerkte, daß es an der Stelle, wo der Golfstrom um die Spitze Floridas herumfließt, viele Sandbänke gibt, und daß dieser Treibsand schon ziemlich große Boote verschluckt hat, die dort am Meeresgrund steckenblieben.

Die unberechenbaren Strömungen und Verschiebungen am Meeresboden können also zum Teil für die fruchtlose Suche nach Schiffen und Flugzeugen verantwortlich sein. Aber es gibt noch andere unterseeische Phänomene in diesem Gebiet, die ebenfalls in unsere Erwähnungen mit einbezogen werden müssen.

Es handelt sich dabei um die seltsamen Blauen Löcher in den Kalkklippen und anderen unterseeischen Kalkformationen der Bahamas, wo sich große Steilabfälle und Gräben befinden. Vor Tausenden von Jahren waren diese Löcher Kalksteinhöhlen über der Wasseroberfläche, aber als der Meeresspiegel nach der dritten Eiszeit – vor etwa 12 000 bis 15 000 Jahren – anstieg, wurden die Höhlen zu Blauen Löchern, einem bevorzugten Aufenthaltsort für Fische und, in letzter Zeit, für abenteuerlustige Taucher mit Atemgeräten. Die Kammern und Gänge durchziehen den Kontinentalsockel, und manche führen weiter durch die ganze Kalksteinformation bis zu einer Tiefe von 450 Meter. Andere sind durch unterseeische Gänge und Grotten mit Seen und Teichen auf den größeren Inseln der Bahamas verbunden. Obwohl diese kleinen Wasserflächen viele Kilometer vom Ozean entfernt sind, hebt und senkt sich ihr Wasserspiegel mit den Gezeiten. Durch unterseeische Strömungen in diesem Höhlensystem werden oft Meeresfische mitgetragen und tauchen dann plötzlich weit im Landesinneren auf. In einem dieser ruhigen Seen, 30 Kilometer von der Küste entfernt, zeigte sich einmal zur allgemeinen Verwunderung ein Hai und erregte großen Schrecken bei den Bewohnern, die wie gewohnt in ihrem friedlichen See badeten.

Die Blauen Löcher liegen in verschiedener Tiefe unter dem Meeresspiegel. Taucher, die in diese Unterwasserlöcher eindrangen, bemerkten, daß von den Gängen Höhlenkammern abzweigen, genau wie bei den Höhlenformationen an Land. Die Gänge verlaufen in alle Richtungen, und manchmal finden sich darin nicht einmal Fische zurecht, die man dort schon verkehrt schwimmend gefunden hat. Manche der Gänge zwischen den Höhlen sind so regelmäßig geformt, daß Taucher nach Meißelspuren suchten, weil sie glaubten, sie seien von Menschenhand geschaffen, als die Kalkklippen noch über das Wasser ragten. Die Taucher bemerkten auch gefährlich starke Strömungen in den Blauen Löchern. Diese rühren von den Gezeiten her, die große Wassermassen in die Höhlen pressen, wodurch ein Trichtereffekt mit starken Strudeln an der Oberfläche entsteht. Ein solcher Strudel könnte ein kleines Schiff mit seiner Besatzung in eine Höhle hinunterziehen. Diese Annahme bestätigte sich, als der Ozeanograph Jim Thorne auf einer Tauchexpedition in einer Tiefe von 24 Meter ein Fischerboot in eines der Blauen Löcher gerammt fand. Auch Dingis und kleinere Boote wurden von Tauchern in bis zu 20 Meter tiefen Höhlen gefunden. Aber obwohl es möglich ist, daß solche Boote und vielleicht Wrackteile größerer Schiffe in Blaue Löcher gezogen wurden und möglicherweise noch dort stecken, kann die Existenz dieser Strudel das Verschwinden von Schiffen nicht erklären und erst recht nicht das von Flugzeugen.

Auf allen Weltmeeren und vor allem im Bahamagebiet des Bermuda-Dreiecks treten zu verschiedenen Zeitpunkten Strudel auf, aber keines dieser Phänomene kann mit dem großen Strudel bei der norwegischen Küste verglichen werden, den E. A. Poe in seiner Erzählung »Im Strudel des Maelstroms« beschreibt.* Von einem Punkt auf der riesigen geneigten Wand des Trichters berichtet der Erzähler:

Niemals werde ich das Gefühl der Furcht, des Grauens und der Bewunderung vergessen, mit dem ich nun um mich blickte. Das Boot schien wie durch Zauberkraft auf dem halben Weg nach unten auf der inneren Fläche eines ungeheuer weiten, unermeßlich tiefen Trichters zu hängen, dessen vollständig glatte Seitenwände man für Ebenholz gehalten hätte, hätte man nicht gesehen, daß sie sich mit betäubender Schnelligkeit rundum drehten . . . Als ich fühlte, wie übel mir bei dem Hinabschießen wurde, hatte ich mich instinktiv fester an die Tonne angeklammert und die Augen geschlossen . . . Als ich auf der weiten Wüste . . . die uns trug . . . umherblickte, bemerkte ich, daß unser Boot nicht der einzige Gegenstand war, den der Strudel an sich gerissen hatte. Über uns und unter uns erblickte ich Schiffstrümmer,

---

* E. A. Poe, Erzählungen. Alle Rechte bei Spangenberg Verlag, München.

große Mengen Bauholz und Baumstämme, viele kleinere Gegenstände, Stücke Hausgerät, zerbrochene Kisten, Fässer und Latten . . . Ich fing an, die Gegenstände, die um uns dahintrieben, mit ganz eigentümlichem Interesse zu betrachten . . .

Ich überraschte mich einmal, wie ich zu mir sagte: »Diese Fichte wird sicher das nächste sein, was den grausigen Sprung tut und verschwindet –«, und ich war enttäuscht, als ich bemerkte, daß sie von dem Wrack eines holländischen Handelsschiffes, das vor ihr verschwand, überholt wurde.

Solche Schriften haben möglicherweise manche der Theorien über das Schicksal der verschwundenen Schiffe im Dreieck und über die Gestalt des Strudels beeinflußt. Eine wahrscheinlichere Ursache für den Verlust kleiner und auch größerer Schiffe wären plötzliche Flutwellen oder Wasserhosen, diese Tornados des Meeres, die zu bestimmten Jahreszeiten auftreten. Eine oder mehrere Wasserhosen können ein kleines Boot oder ein niedrig fliegendes Flugzeug ohne weiteres zerstören, ebenso wie die Tornados an Land Häuser, Zäune, Fahrzeuge oder Menschen vernichten oder mit sich reißen. Außerdem können Wasserhosen zwar bei Tag gesehen und umgangen werden, aber bei Nacht ist das viel schwieriger, vor allem in einem Flugzeug bei schlechter Sicht. Der wahrscheinlichste Grund für das plötzliche Untergehen von Schiffen sind jedoch unerwartete Flutwellen, die gewöhnlich von unterseeischen Erdbeben herrühren. Das Entstehen großer Wogen hängt von verschiedenen Faktoren ab: unterseeische Erdbeben und Erdrutsche, Luftdruck, Wind, Stürme und Hurrikane, die nicht unbedingt in nächster Nähe auftreten müssen, oder der Ausbruch von unterseeischen Vulkanen. Schon bei ruhiger See können aus den mannigfaltigsten Gründen riesige Wogen entstehen, und erfahrene Beobachter schätzen, daß bei rauher See Wellen eine Höhe von 34 Meter erreichen (U.S.S. *Ramapo*, 6. Februar 1963).

Die riesigen Wellen (Tsunamis), die durch Erdbeben entstehen, haben schon Höhen bis zu 60 Meter erreicht. Diese Springfluten können ganz plötzlich auftreten und vor Anker liegende Schiffe zum Sinken oder in Fahrt befindliche zum Kentern bringen.

Schiffe kentern nicht nur, wenn sie von solchen Wogen getroffen werden, es kann auch geschehen, daß ein großes Schiff wegen des zu hohen Drucks in der Hälfte auseinanderbricht. Das hängt davon ab, wie

Skizze einer 60 Meter hohen Wasserhose, die vom Strand aus beobachtet wurde.
Wasserhosen sind Tromben, Wirbelstürme, und auf See so gefährlich wie die Tornados auf
dem Land. Der Wirbel eines Tornados kann ein kleines Schiff oder Flugzeug, das direkt in
seine Bahn gerät, auseinanderreißen.

es zu den Wellen liegt und wie breit die Wellentäler sind. Während
kleinere Schiffe ohne Schwierigkeiten über die Wellenkämme und
durch die Täler gleiten können, wurde ein Zerstörer von großen Wogen
in zwei Hälften zerbrochen, weil er gerade um die halbe Breite eines
Wellentals über die Welle hinausragte. Er wäre wahrscheinlich
davongekommen, wenn seine Länge eine oder zwei Wellentäler
betragen hätte.

Auch die sogenannten Seiches oder Schaukelwellen sind äußerst
gefährlich und unberechenbar. Sie entstehen meist durch unterseeische
Erdrutsche, die von Verschiebungen der Erdkruste herrühren. Die
Seiches haben eine geringere Höhe als die Tsunamis und wirken nicht so
schreckenerregend, aber sie üben einen ungeheuren Druck aus und

bringen starke Strömungen mit sich. Eine solche plötzlich auftretende Welle könnte ein Schiff zerschmettern und dessen Wrackteile über ein weites Gebiet zerstreuen.

Wenn es auch möglich ist, daß Schiffe von riesigen Wogen buchstäblich verschluckt werden können, wie soll man das Verschwinden von Flugzeugen in der Luft erklären? Verläßliche Beobachter sahen Flugzeuge in eine Wolke hineinfliegen, aber nie mehr herauskommen, als hätten sie sich aufgelöst oder wären aus ihrer Bahn gerissen worden.

Es existieren Spannungen in der Atmosphäre, die man in ihrer Wirkung ungefähr mit Flutwellen vergleichen kann, vor allem wenn ein Flugzeug mit voller Geschwindigkeit hineinfliegt. Da es in verschiedenen Höhenlagen auch Stürme in verschiedener Richtung gibt, kann ein aufsteigendes oder sinkendes Flugzeug starken Winden begegnen, die von den Luftsäcken am Flugplatz nicht angezeigt werden. Wenn so ein unerwarteter Wind stark genug ist, besteht große Gefahr für das Flugzeug. Diese »Windschere« ist ein wichtiger Faktor bei Flugunfällen und kann in ihrer verstärkten Form mit den Schaukelwellen verglichen werden, die plötzlich bei ruhiger See auftreten. Diese Luftwirbel können auf- und absteigen oder in horizontaler Richtung verlaufen, und wenn sich die Windrichtung sehr rasch ändert – wegen der Fluggeschwindigkeit oder der Stärke der Wirbel –, ist die Wirkung auf das Flugzeug etwa derart, als flöge es in eine Steinmauer.

Im allgemeinen kann eine Turbulenz bei klarem Himmel nicht vorausgesagt werden, obwohl man sie gewöhnlich an den Rändern des »Jet Stream« antrifft, einer Luftströmung, die sich in derselben Richtung über die Erde bewegt wie der Golfstrom im Meer, aber mit wesentlich größerer Geschwindigkeit – zweihundert Knoten in der Stunde, verglichen mit den vier oder weniger Knoten des Golfstroms. Sie wäre eine mögliche Erklärung, warum kleinere Flugzeuge im Bermuda-Dreieck verlorengingen: sie könnten vom Druck auseinandergerissen worden oder durch eine plötzliche Vakuumbildung ins Meer gestürzt sein. Die Ursache dieser Luftwirbel ist allerdings ein Rätsel. Sie treten unvermittelt auf und sind nicht vorhersehbar. Dennoch kann ein plötzlicher Wechsel der Luftdruckverhältnisse kaum für alle Flugzeugunfälle im Dreieck verantwortlich und auch nicht die Ursache für einen Funkausfall sein.

Flugzeuge, die in Zukunft über diesem Gebiet verschwinden, werden wahrscheinlich mit den komplizierten neuen Ortungs- und Speichersystemen leichter zu finden sein. Moderne Flugzeuge besitzen auch computergesteuerte Speichersysteme des Typs AIDS – *Airborne Integrated Data Systems* –, mit deren Hilfe man feststellen kann, was der Maschine zustieß, wenn sie nach einem Unfall aufgefunden wird. Es ist heute auch möglich, am Stützpunkt alles mitzuhören und aufzuzeichnen, was im Cockpit von Verkehrs- und anderen Flugzeugen gesprochen wird. Man darf jedoch nicht vergessen, daß die Gespräche der Piloten von Flight 19 ebenfalls gehört wurden, ohne daß man den Vorfall dadurch erklären konnte. Es gibt auch Systeme, die bei den Raumflügen der Mercury-Serie und auf Atomunterseebooten entwickelt wurden und die automatisch die Position und jede Kursabweichung des Flugzeugs oder Schiffes verzeichnen. Daneben gibt es eine neue Einrichtung, um verlorengegangene Flugzeuge wiederzufinden, die »Unfall-« oder »Rettungsbake«. Das ist ein kleiner Sender mit einer Sendedauer von zwei bis drei Tagen. Er befindet sich im Heck des Flugzeugs und wird durch das Versagen des elektronischen Systems aktiviert. Da jedoch die Unfälle im Dreieck meist mit Funkversagen einhergehen, ist anzunehmen, daß diese neuen Einrichtungen dann ebenfalls neutralisiert würden.

Zu den immer wiederkehrenden Elementen der rätselhaften Vorgänge im Dreieck gehören Elektromagnetismus und Versagen der Instrumente. Hugh Auchincloss, Elektroingenieur und Autor von *Catalysms of Earth*, ist der Meinung, daß ». . . es viele Gründe gibt, diese Abweichungen mit dem Magnetfeld der Erde in Zusammenhang zu bringen. Während verschiedener Perioden der Erdgeschichte vollzogen sich große Verschiebungen in diesem Magnetfeld, und vielleicht bereitet sich eine weitere solche Veränderung vor, mit gelegentlichen magnetischen Beben als Vorwarnung. Das könnte die Störungen erklären, bei denen Flugzeuge abstürzten und dann im Meer verschwanden. Aber es würde natürlich das Verschwinden von Schiffen nicht begründen . . .«

Wilbert B. Smith, Elektronik-Fachmann, der im Jahre 1950 Leiter eines Projekts der kanadischen Regierung zur Erforschung magnetischer Kräfte und Fragen der Schwerkraft war, vermutet, daß eben diese Faktoren auch eine Rolle beim Verschwinden der Flugzeuge spielen. Er behauptet, bestimmte Gebiete gefunden zu haben, die er als »Gebiete reduzierter Bindung« bezeichnet. Sie seien verhältnismäßig klein (mit ungefähr 300 Meter Durchmesser, aber großer Höhe), und es gebe dort so starke Luftwirbel, daß die Flugzeuge zerreißen könnten. Die Piloten hätten von diesen unsichtbaren und nicht auf Karten verzeichneten Zonen der magnetischen Störungen und Gravitationsschwankungen keine Kenntnis, bis sie hineinflogen, was oft ihren Tod zur Folge hatte. Über die scheinbare Unbeständigkeit dieser Phänomene schrieb Smith:

> Wir wissen nicht, ob die »Gebiete reduzierter Bindung« in Bewegung sind oder einfach verschwinden . . . Als wir etliche davon nach drei bis vier Monaten wieder suchten, konnten wir keine Spur mehr davon finden . . .

Ein Sprecher der Such- und Rettungsabteilung des Hauptquartiers der Küstenwache betonte ebenfalls die Bedeutung des Magnetismus und der Schwerkraft bei ihren Untersuchungen:

> Ganz ehrlich, wir wissen nicht, was in diesem sogenannten Bermuda-Dreieck los ist. Wir können über diese unerklärlichen Unfälle nur Vermutungen anstellen.
>
> Die Marine versucht, mit einem Forschungsprojekt namens »Project Magnetism« hinter das Geheimnis zu kommen, wobei elektromagnetische und atmosphärische Störungen und Störungen im Gravitationsfeld geprüft werden. Manche Experten glauben, daß solche Störungen die Flugzeuge im Jahre 1945 in ihre Bestandteile aufgelöst haben. Die Besatzung eines Schiffs in diesem Gebiet berichtete, sie hätte damals eine riesige Feuerkugel am Himmel beobachtet, was natürlich auch eine Kollision in der Luft bedeutet haben kann – aber es ist unwahrscheinlich, daß so etwas mit fünf Maschinen passiert. Tatsache ist, daß wir keine feste Meinung haben.

Beim Siebenten Küstenwachedistrikt, der dem Dreieck am nächsten liegt, wird – in dem schon zitierten Musterbrief – der Standpunkt vertreten, daß das Bermuda- oder Teufelsdreieck ein imaginäres Gebiet sei (siehe S. 17), und man gibt die beruhigende Versicherung, daß es sich bei den vielen Verlusten nur um Zufall handle. Der Brief lautet wie folgt:

> . . . das »Bermuda- oder Teufelsdreieck« ist ein imaginäres Gebiet in der Nähe der südöstlichen Atlantikküste der Vereinigten Staaten,

das wegen der hohen Zahl ungeklärter Verluste von Schiffen, kleinen Booten und Flugzeugen bekannt ist. Die Eckpunkte des Dreiecks sollen, wie allgemein angenommen wird, die Bermuda-Inseln, Miami in Florida und San Juan auf Puerto Rico sein.

In der Vergangenheit haben ausgedehnte, aber ergebnislose Suchaktionen der Küstenwache, wie etwa nach dem Verschwinden einer ganzen Gruppe von TBM Avengers kurz nach dem Start in Fort Lauderdale oder dem spurlosen Verschwinden der *Marine Sulphur Queen* in der Straße von Florida, zu dem verbreiteten Glauben geführt, daß es ein Geheimnis und übernatürliche Kräfte im »Bermuda-Dreieck« gebe.

Im Lauf der Geschichte wurden zahllose Theorien über die vielen Verluste in diesem Gebiet aufgestellt. Die brauchbarsten beziehen sich auf natürliche Gegebenheiten bzw. auf menschliches Versagen.

Die Mehrzahl der Unglücksfälle kann auf die einzigartigen Umweltbedingungen in diesem Gebiet zurückgeführt werden. Das »Teufelsdreieck« ist einer der beiden Orte der Erde, wo ein magnetischer Kompaß direkt zum Nordpol weist. Normalerweise zeigt er zum magnetischen Nordpol. Die Differenz ist als Kompaßabweichung bekannt. Wenn man die Erde umrundet, schwankt diese Abweichung bis zu 20 Grad. Wenn die Kompaßabweichung nicht ausgeglichen wird, kann ein Navigationsoffizier in ernsthafte Schwierigkeiten geraten.

Ein Gebiet nahe der Ostküste Japans, das von Japanern und Filipinos »Teufelssee« genannt wird, zeigt dieselben magnetischen Besonderheiten. Wie das Bermuda-Dreieck ist es wegen geheimnisvoller Unglücksfälle bekannt.

Eine andere Umweltgegebenheit ist der Golfstrom. Er fließt äußerst schnell dahin, und die Spuren eines Unfalls können daher in kurzer Zeit verwischt sein. Das unberechenbare Wetter im Atlantik-Karibik-Gebiet spielt ebenfalls eine Rolle. Oft bringen plötzliche Gewitterstürme und Wasserhosen Seeleute und Piloten in Gefahr. Schließlich wechselt die Topographie des Meeresbodens zwischen großen Landsockeln rund um die Inseln und einigen der tiefsten unterseeischen Gräben der Welt. Wegen der starken Strömungen über den vielen Riffen ist diese Topographie einer ständigen Veränderung unterworfen, und es bilden sich schnell neue, unbekannte Gefahren für die Navigation.

Auch der Faktor des menschlichen Versagens darf nicht unterschätzt werden. Vergnügungsboote in großer Zahl kreuzen in den Gewässern zwischen Floridas Goldener Küste und den Bahamas. Nur zu oft werden Überfahrten mit einem zu kleinen Boot, ungenügender Kenntnis der Gefahren in diesem Gebiet und mangelnder seemännischer Ausbildung unternommen. Kurz und gut, die Küstenwache kann übernatürliche Erklärungen der Unfälle auf dem Meer nicht ernst nehmen. Wir machen viele Male im Jahr die Erfahrung, daß die Kräfte der Natur und die Unberechenbarkeit der menschlichen Reaktion sogar die phantastischsten Science-Fiction-Geschichten übertreffen.

Beinahe nebenbei, als Nachtrag, enthält der Brief auch eine kurze Bibliographie, wo der Leser auf Artikel von Ivan Sanderson, Leslie Licher, Vincent Gaddis und John Wallace Spencer verwiesen wird, als eine Art »Ausgleich« für jene, die glauben, daß das Rätsel des Bermuda-Dreiecks nicht so leicht erklärt werden kann. Im letzten Absatz des Briefes heißt es:

. . . wir kennen keine Karten, welche die Grenzen des Bermuda-Dreiecks angeben . . . [obwohl hinzugefügt wird] . . ., daß unter den akromagnetischen Karten der Küstengebiete der Vereinigten Staaten, H. O. Serie 17507 . . . das Gebiet des »Bermuda-Dreiecks« in den Karten 9 bis 15 erfaßt wird.

Manche leitende Angestellte der Zivilluftlinien in diesem Gebiet schließen sich, wenn auch vorsichtig, der Meinung der Küstenwache an. Mrs. Athley Gamber, Präsidentin der »Red Aircraft« in Fort Lauderdale, ist ein Beispiel dafür. Athley Gamber, eine attraktive Brünette und der Typ einer charmanten, vitalen, erfolgreichen Geschäftsfrau, ist die Witwe eines Piloten, der auf einem Flug zwischen Fort Lauderdale und den Bahamas verschwand. Sie war während vieler Suchaktionen nach verunglückten Flugzeugen auf dem Flughafen und hat sowohl ein Motiv wie auch die Möglichkeit, sich über das Schicksal der vielen Privatflugzeuge, die innerhalb des Dreiecks spurlos verschwunden sind, eine Theorie zu bilden. Mrs. Gamber glaubt nicht, daß irgend etwas Geheimnisvolles oder Unheimliches im Bermuda-Dreieck vorgeht. Sie ist der Meinung, daß viele Piloten kein MAYDAY oder SOS funkten, weil »sie keine Ahnung hatten, daß sie sich in Gefahr befanden«, und setzt hinzu: »In dem Augenblick, wo die Situation kritisch wird, bricht das Radar ab.«

Sie bemerkt: »In diesem Gebiet kommt es oft plötzlich und unerwartet zu einem Druckabfall. Ein Flugzeug ist für eine gewisse Scherbeanspruchung gebaut – wenn diese überschritten wird, zerbricht es.« Und sie fügt hinzu: »Ich bin fester denn je überzeugt, daß die menschliche Natur es nicht mit den Elementen aufnehmen kann.« Mrs. Gamber glaubt, daß für beinahe 50 Prozent der Unfälle Versagen der Piloten verantwortlich ist und daß von den vielen Privatflugzeugen, die verschwanden, 25 Prozent einfach der Treibstoff ausgegangen ist.

Aber den Verkehrsflugzeugen, Handelsflugzeugen, Passagier- und Militärmaschinen, die auf normalen Linienflügen bei konstanter Überprüfung durch erfahrene Piloten und Bodenpersonal verschwunden sind, ist sicher nicht der Treibstoff ausgegangen, und die Flugzeuge, die in Gruppen verschwanden, trafen gewiß nicht alle zur gleichen Zeit und bei gleichem Druck auf eine Turbulenz. Es gibt auch keine glaubhafte Erklärung, warum, im Gegensatz zu ähnlichen Ereignissen auf anderen Weltmeeren und Küsten, keine Wrackteile der vielen verunglückten Flugzeuge gefunden wurden und warum sie so plötzlich aus der Luft verschwanden. Außerdem sind die Gründe, die für Flugzeuge gelten, auf Schiffe nicht anwendbar, und selbst wenn alle Flugunfälle erklärt werden könnten, so würden die Schiffbrüche im Bermuda-Dreieck trotzdem so rätselhaft bleiben wie zuvor. Es gibt zumindest in der Häufigkeit und Intensität einen Zusammenhang zwischen den beiden Typen von Unfällen, und jede befriedigende Erklärung scheint ein oder zwei weitere Probleme aufzuwerfen – so ähnlich wie die Hydra, ein neunköpfiges Monstrum eines anderen älteren Mythos, dem nach der griechischen Sage zum Schrecken seiner Gegner zwei neue Köpfe nachwuchsen, wenn einer abgeschlagen wurde.

Der »Mythos« des Bermuda-Dreiecks beschäftigt die Phantasie der Bewohner der benachbarten Küstengebiete immer mehr, und dieses Interesse wird jedesmal lebhafter, wenn ein neuer Fall erzählt und diskutiert wird. Für viele dieser Fälle kann es ganz rationale Gründe geben, die nichts mit den vermuteten geheimnisvollen Kräften im Bermuda-Dreieck zu tun haben, aber sie werden von der Öffentlichkeit meistens mit dem Dreieck in Zusammenhang gebracht.

Robie Yonge, ein bekannter Discjockei und Rundfunkkommentator aus Miami, gibt ein Beispiel dafür, wie stark dieses Rätsel die Bevölkerung Südfloridas bewegt. Seitdem er sein Interesse am Bermuda-Dreieck kundgetan hat, bekommt er, meistens während seiner Sendungen, Tausende Anrufe von Leuten, die Geschichten zu erzählen haben oder Informationen verlangen. Yonge ist im Augenblick am Bau eines Bootes beteiligt, das Sende- und Kontrollanlagen und Puppen mit elektronischen Aufnahmegeräten (Wanzen) an Bord hat. Man will es im Gebiet des Dreiecks zwischen Florida und den Bahamas treiben lassen und dabei durch elektronische Fernkontrolle beobachten, was mit ihm passiert.

Auch viel weiter im Norden wurde der Wunsch, das Geheimnis durch persönliche Nachforschungen zu lösen, in die Tat umgesetzt. In der zweiten Hälfte des Jahres 1974 unternahmen Vertreter des »Isis Center for Research and Study of the Esoteric Arts and Sciences« aus Silver Spring in Maryland eine Kreuzfahrt auf einem gecharterten Schiff durch jene Teile des Bermuda-Dreiecks, in denen die ungewöhnlichsten und potentiell gefährlichsten Phänomene verzeichnet wurden. Den Worten des Präsidenten der Gesellschaft, Jean Byrd, zufolge wurden die Teilnehmer ersucht, eine spezielle Versicherung abzuschließen. Zusätzlich waren psychologische Tests während der Fahrt durch das Gefahrengebiet geplant, vor allem dort, wo ein Versagen der Kompasse oder ungewöhnliches Kompaßverhalten magnetische Aberration anzeigt. Man wollte feststellen, ob die magnetische Spannung einen Einfluß auf den Geisteszustand der Reisenden hat. Diese Möglichkeit wurde ein paarmal als Erklärungsversuch angeführt. Personen, die durch starke magnetische Strömungen geistig beeinflußt waren, hätten die Kontrolle über ihre Flugzeuge und Schiffe verloren und diese zum Absturzen oder Sinken gebracht oder in ihrer Panik einfach die Schiffe verlassen. Man darf aber nicht vergessen, daß Personen, die den noch ungeklärten Kräften im Dreieck begegnet und davongekommen sind, sich an keine Störungen des psychischen Gleichgewichts erinnern, außer den natürlichen Reaktionen der Überraschung, des Schreckens, der Besorgnis und Vorsicht.

Da eine logische und ohne weiteres annehmbare Erklärung fehlt, sind unabhängige Forscher, die sich mit den Vorgängen im Bermuda-Dreieck befassen, noch weiter gegangen – manche bis zu Erklärungen, die auf Ausnahmen in den Naturgesetzen beruhen, andere bis zur

Hypothese eines Wechsels der Dimensionen durch einen Übergang wie ein »Loch im Himmel« (in das Flugzeuge hineinfliegen, das sie aber nicht mehr verlassen können); andere glauben, daß die Unfälle von Wesen aus dem Erdinneren oder dem Weltraum bewirkt werden, während andere eine Theorie oder eine Kombination von Theorien aufstellen, die besagen, daß das Phänomen von Energiequellen herrührt, die heute noch immer funktionieren, und von Menschen geschaffen wurden, die einer viel älteren, sich von der unseren stark unterscheidenden Zivilisation angehörten.

6

Raum-Zeit-Verschiebung und andere Welten

Die Erforscher des Bermuda-Dreiecks wandten ihre Aufmerksamkeit schon seit langem einem anderen rätselhaften Gebiet im Weltmeer zu. Es liegt südöstlich von Japan, zwischen Japan und den Bonin-Inseln, im besonderen zwischen Iwo Jima und Marcus Island, und ist berüchtigt als Gefahrenzone für Schiffe und Flugzeuge. Auch hier sind unterseeische Vulkanausbrüche und Flutwellen eine mögliche Erklärung für die Unfälle, aber dieses oft »Teufelssee« genannte Gebiet hat zumindest offiziell einen schlechteren Ruf als das Bermuda-Dreieck, da es von der japanischen Regierung zur Gefahrenzone erklärt wurde. Diese Maßnahme wurde nach einer Untersuchung durch ein japanisches Überwasserfahrzeug im Jahre 1955 getroffen.
Die Teufelssee war schon lange Zeit der Schrecken der Fischer gewesen, die glaubten, daß sie von Dämonen, Teufeln und Ungeheuern bewohnt sei, welche die Schiffe der Unvorsichtigen zerstörten. Seit vielen Jahren waren in dieser Gegend Flugzeuge und Schiffe verschwunden, aber die öffentliche Aufmerksamkeit wurde vor allem durch das Verschwinden von neun Schiffen in den Jahren 1950 bis 1954 geweckt, als Japan nach dem Zweiten Weltkrieg wieder in Frieden lebte. Die Schiffe hatten mehrere hundert Personen an Bord und verschwanden auf dieselbe Art wie jene im Bermuda-Dreieck (gründliche Suchaktionen in der Luft und auf See, keine Wracks oder Ölflecken).
Das Bermuda-Dreieck und die Teufelssee haben eine auffallende Gemeinsamkeit: Am 80. westlichen Längengrad, der das Bermuda-Dreieck an dessen Westgrenze durchquert, fallen der geographische und der magnetische Nordpol zusammen. Der 80. westliche Längengrad verläuft über den Pol, verändert hier seine Bezeichnung und wird zum 150. östlichen Längengrad. Dieser verläuft vom Nordpol nach Süden, im Osten an Japan vorbei und mitten durch die Teufelssee. An diesem Punkt in der Teufelssee zeigt eine Kompaßnadel gleichzeitig zum geographischen und zum magnetischen Nordpol, genau wie im westlichen Teil des Bermuda-Dreiecks auf der anderen Seite der Erdkugel.

8

Die fortdauernden unerklärlichen Verluste von Schiffen und Flugzeugen waren der Grund für eine im Jahre 1955 durchgeführte und von der Regierung unterstützte Forschungsexpedition in jenes Gebiet. Bei dieser Expedition sollten die Wissenschaftler Meß- und Versuchswerte aufzeichnen, während ihr Schiff, die *Kaiyo Maru Nr. 5*, in der Teufelssee kreuzte. Das Unternehmen endete auf unglaubliche Weise – das Expeditionsschiff samt der Besatzung und dem Forschungsteam verschwand spurlos!

Die Existenz eines oder mehrerer Gebiete in den Weltmeeren, wo sich derart rätselhafte Fälle ereignen, hat zu seltsamen Spekulationen geführt. Es wurden Theorien über Antischwerkraft-Verschiebungen aufgestellt und behauptet, daß es Orte gibt, wo die Gesetze der Schwerkraft und der magnetischen Anziehung nicht so funktionieren, wie wir es gewohnt sind. Ralph Barker, der Autor von *Great Mysteries of the Air*, bemerkt, daß neue Entwicklungen in der Physik auf die Existenz von Antischwerkraft-Materiepartikeln hinweisen, und meint ». . . daß den Gesetzen der Schwerkraft nicht unterworfene Materie, deren Natur derjenigen der Erdmaterie entgegengesetzt ist . . . von starker Explosivität ist, wenn sie mit irdischer Materie in Kontakt kommt . . . und in bestimmten Gebieten der Erde lokalisiert auftritt . . .« Er vermutet, daß diese Materie aus dem Weltall stammen könnte und sich manchmal unter dem Festland, meist jedoch unter dem Meer in der Erdrinde eingelagert habe.

Bei näherer Beschäftigung mit dieser Theorie findet man möglicherweise eine Erklärung für die elektronischen und magnetischen Abweichungen in verschiedenen Gebieten der Erde, aber der Verlust von so vielen Schiffen und Flugzeugen in Sichtweite des Landes kann damit nicht begründet werden. Berichte über magnetische Anomalien gibt es auch aus anderen Meeresgebieten. Es finden sich da Stellen, wo die Anziehungskraft einer Energiequelle unter Wasser stärker zu sein schien als die Anziehung des magnetischen Nordpols.

Ivan Sanderson publizierte die Ergebenisse einer genauen Untersuchung des Bermuda-Dreiecks und anderer ähnlicher Meeresgebiete in einem in der Zeitschrift *Saga* erschienenen Artikel, *The Twelve Devil's Graveyard around the World*. Während dieser Untersuchung fanden Ivan Sanderson und seine Mitarbeiter, daß die meisten der geheimnisvollen Zwischenfälle mit verschwundenen Schiffen und Flugzeugen sich auf sechs Gebiete von ungefähr der gleichen ellipsenförmigen

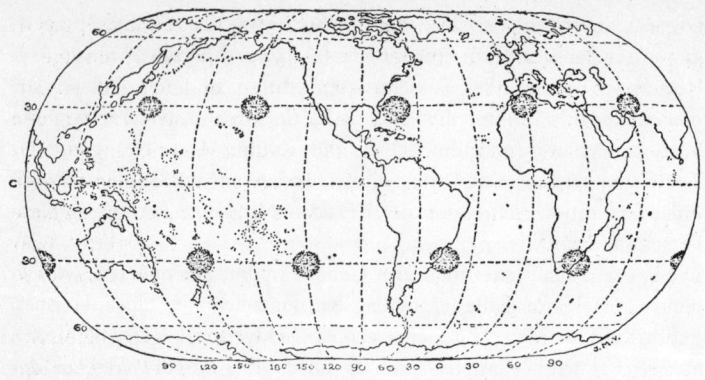

Jene zwölf Gebiete der Erde, wo nach der Theorie Ivan Sandersons elektromagnetische Wirbel auftreten. Die auf dieser Abbildung nicht gezeigten Gebiete sind die Pole. Das Gebiet östlich von Japan ist die Teufelssee, das japanische Äquivalent des Bermuda-Dreiecks.

Gestalt konzentrieren, die zwischen dem 30. und 40. nördlichen und südlichen Breitengrad liegen. Dazu gehören auch das Bermuda-Dreieck und die Teufelssee.

Sanderson entwickelte seine Theorie weiter und stellte ein Netzwerk von Anomaliengebieten in Abständen von 73 Grad auf dem ganzen Erdball fest, die um den 36. nördlichen und südlichen Breitengrad zentriert sind, fünf davon auf der nördlichen Hemisphäre, fünf auf der südlichen einschließlich der Pole. Das Bermuda-Dreieck ist seiner Meinung nach das bekannteste dieser Gebiete, weil es am meisten befahren wird, während andere, weniger frequentierte Gebiete ebenfalls starke magnetische Abweichungen zeigen.

Die meisten dieser Gebiete liegen östlich von kontinentalen Landmassen, wo warme, nach Norden fließende Meeresströmungen mit den kalten, nach Süden verlaufenden zusammenstoßen. Zusätzlich dazu sind diese Gebiete auch Knotenpunkte, wo sich Meeresströmungen an der Oberfläche und in der Tiefe in entgegengesetzte Richtungen bewegen. Die großen unterseeischen Gezeitenströme, die von verschiedenen Temperaturen beeinflußt werden, erzeugen magnetische Wirbel, welche die Funkkontakte, das Magnetfeld, vielleicht auch die Schwerkraft stören – und die möglicherweise unter bestimmten Umständen Schiffe und Flugzeuge zu einem anderen Punkt im Raum-Zeit-Kontinuum verschieben. Sanderson erwähnt in diesem Zusammenhang ein interessantes Phänomen von Unregelmäßigkeit im Zeitablauf, das in diesen Gebieten auftritt. Es handelt sich um Fälle, wo Flugzeuge so lange vor ihrer fahrplanmäßigen Ankunftszeit landeten, daß sie mit einem Rückenwind von 760 km/h geflogen sein müßten. Die von den Wetterstationen gemeldeten Winde können diese Abweichungen nicht bewirkt haben, sie kommen jedoch am häufigsten im Bermuda-Dreieck und in anderen Gebieten mit magnetischen Wirbeln vor, als wären diese Flugzeuge der Anomalie begegnet, aber an ihr vorbeigeglitten oder sicher durch das »Loch im Himmel« vorwärtsgetrieben worden, das so vielen anderen Reisenden das Leben kostete.

Ein solcher Zeitsprung ereignete sich vor fünf Jahren am Flughafen von Miami und wurde nie befriedigend geklärt. Er betraf ein Passagierflugzeug der National Airlines, eine Boeing 727, die sich von Nordosten der Landebahn näherte und von der Kontrollstation auf dem Radar verfolgt wurde. Es verschwand plötzlich ungefähr zehn Minuten lang vom Radarschirm und tauchte dann wieder auf. Das Flugzeug landete ohne weitere Zwischenfälle. Der Pilot und die Mannschaft waren über die Besorgnis des Bodenpersonals überrascht, da ihres Wissens nichts Außergewöhnliches geschehen war. Ein Mitglied der Kontrollstation sagte zu einem Piloten: »Du lieber Himmel, Mann, zehn Minuten lang habt ihr einfach nicht existiert.« Die Flugzeugbesatzung verglich daraufhin ihre Uhren und die anderen Zeitmesser in der Maschine und fand, daß sie alle genau zehn Minuten nachgingen. Das war vor allem deswegen merkwürdig, weil ein Zeitvergleich mit dem Turm zwanzig Minuten vor diesem Zwischenfall keine Abweichung ergeben hatte.

An die Feststellung anknüpfend, daß unser Planet auf das Elektromagnetfeld einwirkt, gelangt Ivan Sanderson zu dem Schluß, daß das Bermuda-Dreieck und andere Gebiete »als riesige Maschinen noch eine andere Form von Anomalie bewirken ... Können sie Wirbel erzeugen, durch welche materielle Gegenstände aus einem Raum-Zeit-Kontinuum in ein anderes übertreten?« Denn neben den vielen Fällen, bei denen Schiffe und Flugzeuge verschwinden, kommt es nämlich seit Jahrhunderten bis zur Gegenwart zum Auftauchen fremdartiger Objekte, trotz offizieller Dementis und der Tatsache, daß es logisch »unmöglich« ist.

Kein Beobachter der Vorgänge im Bermuda-Dreieck kann es vermeiden, Berichte über UFOs *(unidentified flying objects* = unidentifizierte Flugobjekte) in seine Forschungen einzubeziehen. In den Vereinigten

Staaten gibt es seit dem Jahr 1947, als sich zum erstenmal in Friedenszeiten die Beobachtungen häuften, Tausende Berichte und Untersuchungen über UFOs, und überall in der Welt wurden Tausende von weiteren Sichtungen gemeldet, 10 000 allein im Jahr 1966. Viele Millionen Menschen in den Vereinigten Staaten und in anderen Ländern behaupten, UFOs gesehen zu haben. UFOs wurden von wissenschaftlich kompetenten Beobachtern gesichtet und beschrieben. Dr. J. Allen Hyneck, ein früherer Berater der Luftwaffe in UFO-Fragen, sagt dazu: »Die Intelligenz der Menschen, die UFOs beobachten und über sie berichten, ist zumindest durchschnittlich. In vielen Fällen überdurchschnittlich. In manchen Fällen sogar unangenehm überdurchschnittlich.«

UFOs wurden mit verschiedener Schärfe fotografiert; sie wurden beobachtet, wie sie Flugzeuge begleiteten und gelegentlich zerstörten, und sie sind öfter in großer Anzahl über Weltstädten wie Washington und Rom erschienen. Sprecher der amerikanischen Regierung, der Luftwaffe und der Marine bezeichneten die meisten UFO-Sichtungen als Verwechslungen mit dem Mond, dem Mondhof, mit Kometen, einer Fata Morgana, mit Ballons, hellen Sternen, Meteoren, Planeten (vor allem der Venus), Testflugzeugen, Kondensstreifen, Suchscheinwerfern, dem Nordlicht, Kugelblitzen, Feuerwerkskörpern, als Autokinesis (wenn ein Gegenstand, den man lange angestarrt hat, sich von selbst zu bewegen scheint), Nachbild (wenn ein Gegenstand, den man angestarrt hat, so langsam aus dem Blickfeld verschwindet, daß man später noch die Umrisse sieht), als Irrlichter, Täuschungen oder Massensuggestion. Die Berichte über UFOs mehren sich aber weiterhin, und einige große UFO-Gesellschaften sowie zahlreiche Publikationen halten das Interesse an diesem Thema aufrecht. Was auch immer UFOs sein mögen – auf keinen Fall sind sie geheime Waffen der Großmächte. (Jede Seite im Zweiten Weltkrieg dachte, die leuchtenden Körper in Nähe ihrer Flugzeuge seien Geheimwaffen ihrer Gegner.) Wie mittlerweile treffend bemerkt wurde, könnten die Russen es aus Erfinderstolz nicht verschweigen, wenn die UFOs Geheimwaffen ihrer Streitkräfte wären, und die Amerikaner könnten es der Presse nicht verheimlichen, wenn sie die UFOs erfunden hätten. Es ist interessant, daß die Luftwaffe der Vereinigten Staaten zwar auf dem Standpunkt steht, UFOs könnten nicht erklärt werden und existieren daher nicht, daß sie in der Luftwaffendienstvorschrift AFR 80-17 den Piloten aber trotzdem detaillierte Instruktionen gibt, wie sie sich zu verhalten haben, wenn sie einem UFO begegnen.

Viele der Instruktionen von AFR 80-17 machen dem Vorausblick der Luftwaffe Ehre und sind auch ein Zeichen für die Existenz der UFOs, die in offiziellen Berichten oft abgeleugnet wird.

Die Dienstvorschrift hat zum Ziel ». . . festzustellen, ob das UFO eine mögliche Gefahr für die Vereinigten Staaten darstellt, und die wissenschaftlichen und technischen Meß- und Versuchswerte, welche die Untersuchungen der UFO-Berichte ergaben, zu nutzen«.

Obwohl die Dienstvorschrift die beruhigende Feststellung trifft: »Der größte Teil der UFOs, die der Luftwaffe gemeldet wurden, haben sich als alltägliche oder wohlvertraute Gegenstände erwiesen, die keine Bedrohung unserer Sicherheit darstellen«, wird hinzugefügt: »Es ist möglich, daß ausländische Mächte Flugkörper von revolutionärem Aussehen und Antrieb entwickeln könnten.« Die Behauptung, daß »sogenannte UFOs sich oft als Flugzeuge erweisen«, ist etwas paradox, denn gleich darauf heißt es: »Außer wenn Flugzeuge der Grund für eine UFO-Meldung sind, soll laut Bestimmung dieser Vorschrift über Flugzeuge nicht berichtet werden.« Wenn ein Beobachter über ein seltsam aussehendes Objekt Meldung erstattet, kann er nicht wissen, ob es sich um ein Flugzeug handelt oder nicht, vor allem, wenn es in der Luft operiert. Die Dienstvorschrift sieht weiter vor: »Jeder Kommandant eines Luftwaffenstützpunkts soll eine UFO-Beobachtungsstelle einrichten. Wenn die Sichtung eines UFOs gemeldet wird, soll eine Untersuchung eingeleitet werden, um die Ursache der Sichtung herauszufinden.«

Der größere Teil von AFR 80-17 befaßt sich mit dem Dienstweg bezüglich Sichtung von UFOs und Berichterstattung darüber und enthält Instruktionen für das Vervielfältigungsverfahren der Fotos dieser Objekte. Die Anordnung enthält auch Instruktionen darüber, welche Informationen der Kommandant eines Stützpunkts der Presse geben kann. »Fragen nach UFOs, die in der Nähe eines Luftwaffenstützpunkts gesichtet wurden, kann der Kommandant der Öffentlichkeit oder den Massenmedien gegenüber dann beantworten, wenn der Gegenstand der Beobachtung eindeutig identifiziert wurde. Wenn dieser Gegenstand am Stützpunkt selbst schwierig zu identifizieren ist, kann der Kommandant erklären, daß die Beobachtung überprüft wird und die Schlußfolgerungen von SAF-OI nach Beendigung der Untersuchung veröffentlicht werden. Der Kommandant kann auch erklären, daß die Luftwaffe die Resultate der Untersuchung überprüfen und analysieren wird. Alle weiteren Fragen sollen an SAF-OI gerichtet werden.« In die Sprache der Zivilisten übersetzt heißt das: »Wenn es sich um kein Flugzeug oder etwas anderes Erklärbares handelt, dann sagen Sie ihnen, sie sollen warten – und inzwischen exponieren Sie sich nicht.«

Anlage Nr. 1 zur oben zitierten Dienstvorschrift ist ein systematisch aufgebauter Fragebogen von einem halben Dutzend Seiten mit Zeichnungen, Fragen und vorgeschlagenen Antworten, um möglichst exakte Berichte über UFOs zu erlangen. Frage 13 beispielsweise verlangt, daß der Ausfüllende mehrere Möglichkeiten der Aktion des von ihm angeblich gesichteten UFOs mit »ja«, »nein« oder »unbekannt« bezeichnet. Die Fragen sind folgendermaßen formuliert: »Bewegte sich das Phänomen? – in einer geraden Linie? – stand es still? – steigerte es plötzlich die Geschwindigkeit und entfernte sich? – zerbrach es in einzelne Stücke oder explodierte es? – veränderte es die Farbe? – veränderte es die Gestalt? – blitzte oder flackerte es? – verschwand es und tauchte wieder auf? – drehte es sich wie ein Kreisel? – verursachte es Lärm? – flatterte oder zitterte es?« Die Fragen sind insofern interessant, weil sie sich wie eine Zusammenfassung der Dinge lesen, die Leute berichteten, wenn sie glaubten, eine Fliegende Untertasse gesehen zu haben. Es fehlen nur die kleinen grünen Männchen oder andere menschenähnliche Wesen, die einige Beobachter gesehen haben wollen.

Die Luftwaffe ist jener Teil der Armee, der am häufigsten mit dem Problem der UFOs konfrontiert wird. Daher gab sie an der Universität von Colorado eine Untersuchung und einen zusammenfassenden Forschungsbericht über UFOs in Auftrag, der 1968 publiziert wurde. Dieses Projekt stand unter der Leitung von Dr. Edward A. Condon, der auch den abschließenden Forschungsbericht mit dem Titel »Wissenschaftliche Untersuchung der unidentifizierten Flugobjekte« redigierte. Nach Überprüfung einer großen Zahl von Zeugenaussagen kommt Condon zu dem Schluß, daß die meisten Berichte über UFOs auf eine oder die andere Art erklärbar seien. Es gäbe nur ganz wenige Fälle, wo logische Begründungen versagten. In dem Bericht hieß es auch, daß der wissenschaftliche Nutzen der Untersuchungen über UFOs gering sei und den Zeit- und Geldaufwand nicht rechtfertige. Weitere derartige Unternehmen wurden als Verschwendung abgelehnt. Diese offizielle

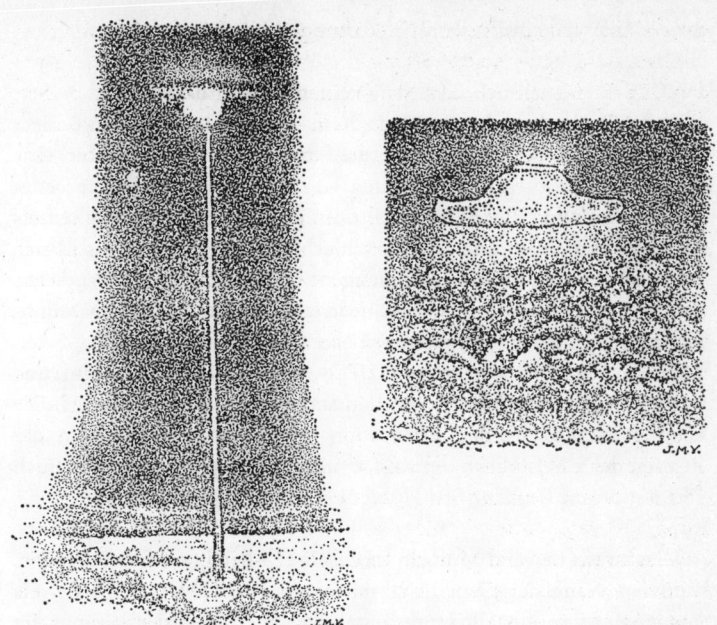

Skizzen von zwei der vierzehn UFOs, die von Dr. Valentine gesichtet wurden. Das UFO links wurde am 21. August 1963 um Mitternacht in der Nähe von Ashton, südlich von Orlando, Florida, gesichtet. Das Objekt nahm offensichtlich Wasser von einem See auf. Die Entfernung zum Beobachter betrug ungefähr 75 Meter. Das UFO rechts wurde über Bäumen am Straßenrand der US-Route 441 einige Kilometer südlich von Pearson, Georgia, um 3 Uhr nachts am Rand des Okefenokee-Sumpfes gesichtet. Es schien lumineszent und pulsierte mit einem bläulichen Licht. Entfernung zum Beobachter ungefähr 30 Meter.

Ablehnung der Existenz von UFOs verhinderte nicht, daß sie weiterhin auf der Erde und auch im Weltraum beobachtet wurden.

Außer den konstanten Dementis der offiziellen Stellen erschwert auch die leichtfertige und oberflächliche Berichterstattung der Massenmedien jede ernsthafte UFO-Forschung. Im Oktober 1973 beispielsweise häuften sich plötzlich die Berichte über UFO-Beobachtungen aus allen Teilen Amerikas, und das öffentliche Interesse war so groß, daß sich Presse und Fernsehen nicht mehr über dieses Phänomen hinwegsetzen konnten. (Unter den Zeugen befanden sich Persönlichkeiten wie der Gouverneur von Minnesota und mehrere hohe Polizeioffiziere, von denen man annehmen konnte, daß sie keine Lügengeschichten erzählten.)

Die CBS-Radiostation brachte daher einen ziemlich detaillierten Bericht über die Beobachtungen – aber in Reimen! In einem anderen Bericht wurden die Leser informiert, daß die Polizei von Detroit eine Vorgangsweise für die Behandlung von UFO-Besatzungen erarbeitet hätte, wenn und falls sie in Gewahrsam genommen werden sollten. Es sei sogar eine Trennung nach Geschlechtern vorgesehen, falls es sich um männliche und weibliche Gefangene handle (immer vorausgesetzt, daß unsere biologischen Unterschiede auf den Hunderten von Millionen potentiell bewohnten Planeten ebenfalls existieren).

Berichte über Sichtungen von UFOs tauchen regelmäßig auf und werden ebenso regelmäßig von den staatlichen Stellen ignoriert. Die dadurch hervorgerufene Frustration der Beobachter, die von der Realität der UFOs überzeugt sind, bringt E. J. Ruppelt in seinem Buch *The Report on Unidentified Flying Objects* zum Ausdruck.

Was ist ein Beweis? Muß ein UFO beim Flußeingang zum Pentagon, in der Nähe der Generalstabsbüros, landen? Oder ist es Beweis genug, wenn eine Bodenradarstation ein UFO entdeckt, einen Jet entsendet, um es aufzuhalten, wenn der Jetpilot es beobachtet und mit seinem Radar erfaßt und wenn das UFO dann mit phänomenaler Geschwindigkeit flieht? Ist es ein Beweis, wenn ein Jetpilot auf ein UFO feuert und sogar unter der Androhung eines Kriegsgerichtsverfahrens bei seiner Behauptung bleibt?

Die Berichte über Sichtungen von UFOs im Gebiet von Florida und den Bahamas stehen in ihrer Häufigkeit in keinem Verhältnis zu Berichten aus anderen Gebieten. Die UFOs wurden von vielen verläßlichen Beobachtern im klaren Wasser und in der Luft gesichtet, sie wurden gesehen, wie sie im Meer verschwanden und aus dem Meer wieder auftauchten. Die hohe Zahl der Beobachtungen in diesem Gebiet hat zu der Theorie Anlaß gegeben, daß die UFOs mit den Unfällen im Bermuda-Dreieck in Verbindung stehen oder, deutlicher ausgedrückt, daß die UFOs seit Generationen Schiffe und Flugzeuge entführen.

Einer der eifrigsten Verfechter dieser Theorie ist John Spencer, der Autor von *Limbo of the Lost*. Spencer hat Erfahrung mit dem Flugwesen, da er selbst Pilot ist und zehn Jahre lang bei der Luftwaffe diente. Er beschäftigt sich auch mit UFOs und ist Mitglied von NICAP (*National Investigation Committee on Aerial Phenomena*), einer ernsthaften Forschungsorganisation zum Studium von UFOs, die hohe Beamte der amerikanischen Regierung, der Marine und der NASA zu ihren Mitgliedern zählt. Spencer begann Interesse am Bermuda-Dreieck zu finden, als das Atomunterseeboot *Scorpion* verschwand, was von vielen Leuten mit anderen Unfällen im Dreieck in Zusammenhang gebracht wurde. Die *Scorpion* wurde jedoch 400 Meilen von den Azoren entfernt aufgefunden, nach Spencers Meinung zum Teil mit Hilfe früherer Forschungsergebnisse der Russen, welche diese den Amerikanern zugänglich gemacht hatten. Spencer beschäftigte sich aber weiterhin mit diesem Problem, zeichnete die bekanntgewordenen Verluste auf einer Karte ein und fand so heraus, das fast alle Unfälle sich auf dem Kontinentalsockel ereigneten, und zwar auf einem Gebiet, das von Cape May in New Jersey bis zur Spitze Floridas reicht, weiter bis zum Golf von Mexiko und den Antillen. Dieses Gebiet schließt in einem Umkreis von 400 Meilen auch die Bermuda-Inseln und die Große Bahama-Bank ein.

Spencer, der sich seit vielen Jahren mit dem Phänomen der verschwundenen Schiffe und Flugzeuge befaßt, ist der Meinung, daß die einzige glaubhafte Erklärung für das Verschwinden von Flugzeugen und Schiffen samt Besatzung und Passagieren darin besteht, daß sie buchstäblich entführt wurden. Er schreibt:

> Da das völlige Verschwinden von 175 Meter langen Schiffen bei ruhiger See 50 Meilen vor der Küste oder von Verkehrsflugzeugen kurz vor der Landung auf verstandesmäßig erfaßbare Weise nicht möglich ist und sich dennoch ereignet hat, sehe ich mich zu der Schlußfolgerung gezwungen, daß sie von unserem Planeten entführt wurden.

Nachdem Spencer Berichte über UFOs nicht nur aus unserer Zeit, sondern aus allen Epochen der Geschichte untersucht hatte, konnte er zwei Haupttypen von Flugobjekten unterscheiden. Die eine wäre die allgegenwärtige »Fliegende Untertasse« von ungefähr 24 Meter Durchmesser und die andere ein riesiges Mutterschiff, das zwölf oder mehr Untertassen im Inneren transportieren kann – und das auch große Schiffe mit sich führen könnte. Dieser Raumfahrzeugträger wäre der große längliche oder zylinderförmige (gelegentlich auch als zigarren-förmig bezeichnete) Gegenstand, der zu verschiedenen Zeitpunkten gesehen wurde, wenn auch nicht so häufig wie die »Fliegenden Untertassen«.

Spencer glaubt, daß diese Kräfte mit Vorliebe im Dreieck am Werk sind, weil sich hier mehr Gelegenheit bietet, menschliche Versuchsobjekte zu finden. Die vermuteten Angreifer vermeiden nämlich bei ihren Streifzügen im allgemeinen Operationen auf dem Festland und den Kontakt mit Menschen. Im Bermuda-Dreieck herrscht reger Verkehr in der Luft und auf dem Meer, und es ist leicht für die fremden Wesen, Zugang und Rückzugsmöglichkeiten zu finden. Spencer nimmt an, daß die UFOs einen Antrieb haben, der auf einer ausgeklügelten Verwendung von Hochfrequenz beruht, was den Energieverlust bei den meisten Unfällen erklären würde.

Seine Theorie, warum Entführungen in den Weltraum in diesem Ausmaß durchgeführt werden, ist interessant und wird von mehreren anderen Beobachtern bestätigt, die unabhängig voneinander zu derselben Meinung gekommen sind. Spencer weist darauf hin, daß bei der unglaublichen Anzahl von Planeten in den anderen Sonnensystemen unserer Galaxie (es gibt annähernd 10^{21} Sterne, jeder vermutlich mit seinem eigenen Sonnensystem!) die Existenz hochentwickelter Zivilisationen aufgrund des Wahrscheinlichkeitsgesetzes möglich ist. Er stellt die Hypothese auf, daß die Population anderer Planeten in der Vergangenheit durch Energiemißbrauch ihren Planeten zerstört und in eine Sonne verwandelt hätte, ohne eine Spur ihrer Bewohner, ihrer geschichtlichen oder kulturellen Entwicklung zu hinterlassen. Aus diesem Grund sind Besucher aus anderen Welten vielleicht daran interessiert, lebende Zeugen der Erde oder auch anderer Planeten zu bewahren. Vielleicht auch wollen sie feststellen, wie weit sich die Zivilisation auf der Erde entwickelt hat, damit der Mißbrauch von Nuklearenergie nicht zu einer Gefahr für andere Planeten wird. Oder sie haben noch andere Motive, die sich unserer Vorstellungskraft entziehen.

Vielleicht sind diese fremden Intelligenzen gewillt, uns unseren Weg gehen zu lassen, während sie uns beobachten. Sie holen sich jedoch Erdbewohner, um sie als Beispiele des Lebens auf der Erde zu bewahren, aus einer Zeit, bevor der Planet sich selbst zerstörte – etwas, das ihnen bei anderen Planeten vielleicht nicht rechtzeitig gelang.

Wenn man sich mit den Berichten über wahrscheinliche UFO-Erschei-
nungen aus vergangenen Jahrhunderten beschäftigt, kommt man zu
dem Schluß, daß unsere Erde vermutlich schon seit langem von Wesen
aus anderen Welten beobachtet wird. Da aber der Mensch im Laufe
seiner Geschichte stets Zeichen und Prophezeiungen vom Himmel
erhofft hat (und sie auch fast immer bekam), ist es manchmal schwierig,
zwischen tatsächlichen UFOs und den vielen »Feuerzeichen am
Himmel« zu unterscheiden, die je nachdem als Warnung, Ansporn oder
Voraussage interpretiert wurden. Einer der frühesten Berichte über die
Beobachtung eines UFOs in der Antike findet sich vielleicht in den
Annalen Thutmosis' III., eines Pharaos der 18. Dynastie, die in der
Ägyptischen Sammlung des Vatikans entschlüsselt wurden. Im Gegensatz zu manchen visionären Erzählungen späterer Jahrhunderte wird
die ungewöhnliche Erscheinung mit lobenswerter Objektivität be-
schrieben.

Im Jahr 22, im dritten Wintermonat, in der sechsten Stunde des
Tages, bemerkten die Schreiber des Hauses des Lebens . . . daß ein
Feuerkreis vom Himmel herabstieg. Sein Körper war eine Elle lang
und eine Elle breit . . . Sie warfen sich auf den Bauch . . . und
gingen zum Pharao, um darüber zu berichten. Seine Erhabenheit
meditierte über dieses Ereignis . . . Die Gegenstände am Himmel
wurden immer zahlreicher . . . sie leuchteten heller als die leuchtende Sonne und erstreckten sich bis an die Grenzen der vier Stützen
des Himmels.
Die Armee des Pharaos sah zu . . . er selbst war in ihrer Mitte. Nach
dem Abendmahl stiegen die Feuerkreise im Süden höher am Himmel
auf.
Pharao ließ Weihrauch verbrennen, um den Frieden im Land
wiederherzustellen, und befahl, das Geschehen in den Annalen des
Hauses des Lebens zu verzeichnen . . . so daß man immer daran
gedenken möge . . .

Man bemerkt, daß der Pharao in dieser ungewöhnlichen Lage seine
Selbstsicherheit nicht verlor, wie es sich für einen Gott ziemt, für den er
gehalten wurde und sich vielleicht auch selbst hielt. Er zeigte nur leichte
Verwirrung über diese Manifestation anderer, höherer Götter. Im
altbabylonischen Gilgamesch-Epos, das wahrscheinlich von der noch

älteren sumerischen Kultur übernommen wurde, findet sich eine Beschreibung, wie der Held Etana von den Göttern über die Erde hochgehoben wird, bis er so weit entfernt ist, daß das Meer aussieht wie ein Wassertrog und das Land wie Gemüse. Das ist mehr oder weniger der Eindruck, den er wirklich gehabt hätte, wenn er das Rote Meer, den Persischen Golf und die angrenzenden Länder aus der Höhe eines Flugzeugs (oder aus einer Erdumlaufbahn) betrachtete. Die feurige Vision des Propheten Ezechiel – »der Wirbelwind aus dem Norden . . . ein sich selbst umhüllendes Feuer . . . aus dessen Mitte vier lebende Wesen kamen . . .« – wurde oft als UFO beschrieben, das landete und Ezechiel an Bord nahm. Diese Vision oder das Erscheinen dieses Raumschiffs fand im 7. Jahrhundert v. Chr. statt und bildet den Inhalt des Buches Ezechiel der Bibel. Vor kurzem erschien in Deutschland ein ungewöhnliches Buch, das sich mit diesem Thema befaßt. Es hat den Titel »Da tat sich der Himmel auf«. Der Autor ist Josef Blumrich, ein Raketenfachmann, der jetzt bei der NASA in Huntsville, Alabama, arbeitet.

Dr. Blumrich hatte mit seinem Buch ursprünglich die Absicht, die Theorie, Ezechiels Vision sei ein Raumschiff gewesen, als Unsinn zu entlarven. Er änderte jedoch seine Meinung, als er sich gründlicher mit dem Gegenstand auseinandersetzte und fand, daß Ezechiels Bericht über die Erscheinung völlig sinnvoll war, wenn man die »Räder innerhalb von Rädern« als eine Art Helikopterantrieb deutete, der es dem Fahrzeug ermöglichte, über dem Land zu schweben, und daß Ezechiel die übliche Vorgangsweise bei Landung und Start einer Rakete genau und sachlich beschrieb, die Veränderung der Farbe durch die Geschwindigkeit, die Windentwicklung, die Landevorrichtung und selbst den asbestähnlichen Anzug der Insassen. Dr. Blumrich schrieb dann ein Buch, das zu seiner ursprünglichen Absicht in diametralem Gegensatz stand, und stellte mit Hilfe der biblischen Berichte nicht nur fest, daß Ezechiel öfter ein Raumschiff gesehen hatte, sondern auch, daß das Wesen, das Ezechiel als den »Herrn« bezeichnete, nichts anderes als der Kommandant der Rakete war!

Ezechiels Erzählung ist nur ein Beispiel in einer langen Reihe historischer Berichte über wahrscheinliche Erscheinungen von UFOs, die sich von der Antike über das Mittelalter und die Renaissance bis zum Beginn unseres modernen Zeitalters fortsetzt. Die verschiedenen Bezeichnungen, die die Beobachter im Laufe der Jahrhunderte fanden, sind äußerst phantasievoll, oft komisch und weichen stark voneinander ab. Diese Verschiedenheit selbst kann jedoch eine Bestätigung sein, daß es sich um dasselbe Phänomen handelt, wenn wir uns überlegen, daß die Menschen, die solche Objekte sahen, sie mit dem Vokabular beschrieben, das ihnen am geläufigsten war. Man kann annehmen, daß Ezechiel Teile der Rakete mit »Löwe«, »Ochse« und »Adler« bezeichnete und die Landevorrichtung mit einem Kalbsfuß verglich (eine recht passende Beschreibung), weil er einem halbnomadischen Hirtenvolk entstammte, dem diese Tiere bekannt waren.

Ein vermutliches Massenauftreten von UFOs im Jahr 329 v. Chr. wurde von Alexander dem Großen und seiner Armee als »große leuchtende Schilde« bezeichnet, da ihnen ein Vergleich mit Kriegsgerät zweifellos am nächsten lag. Diese UFOs behinderten den Vormarsch der griechischen Armee beim Überschreiten des Flusses Jaxartes nach Indien. Aristoteles (384 – 322 v. Chr.), der den Wurfdiskus der griechischen Athleten kannte, nannte die Objekte, die er am Himmel sah, fliegende Disken. Die Römer sahen sie wie Alexander als Schilde oder feurige Pfeile oder Flotten von Schiffen. Plinius schreibt im 11. Band seiner Naturgeschichte (100 v. Chr.): »Unter den Konsuln Lucius Valerius und Caius Valerius lief ein brennender Schild, der Funken verstreute, bei Sonnenuntergang von Osten nach Westen über den Himmel.« Die Hawaiianer bezeichnen die Objekte, die sie schon seit tausend Jahren immer wieder sehen, als *akuatele* – fliegende Geister. Im religiös orientierten Mittelalter wurden die fliegenden Gegenstände am Nachthimmel als Kreuze bezeichnet. (Könnte das für die Geschichte so bedeutsame Kreuz Konstantins eines von diesen gewesen sein?) Man beschrieb sie aber manchmal auch als sich drehende brennende Räder, wie im Buch Ezechiel.

Im Zeitalter der Entdecker und Forscher nahmen die Himmelskörper in den Augen der Betrachter die Form von Schiffen an, und später, nach Erfindung des Ballons, wurden derartige Flugobjekte in Frankreich als »leuchtende feurige Ballone« beschrieben. Im 19. Jahrhundert nannten die Bewohner von Vermont in den USA, die als Weber arbeiteten, das Objekt eine »fliegende Spindel«.

Während die Beobachter aus verschiedenen historischen Epochen die beweglichen Gegenstände am Himmel mit jenen Namen bezeichneten, die ihnen in der Erregung als erstes einfielen, blieb es unserer Kultur vorbehalten, sie »Fliegende Untertassen« oder »zigarrenförmige Objekte« zu nennen. Als 1947 zum erstenmal eine große Anzahl von UFOs in den Vereinigten Staaten beobachtet wurde, vorerst über Iowa und dann über Mount Rainier in Washington, nannte man sie Scheiben, dann Pfannen, bevor die Bezeichnung »Untertassen« aufkam.

Am 30. Juni 1908 fand in einer verlassenen Gegend am Jenissei in der Nähe des Baikalsees eine ungeheure Explosion statt, bei der allerdings nur ein paar Rentiere getötet wurden. Diese Explosion wurde lange für den Aufschlag eines Meteoriten gehalten, aber Frank Edwards, ein langjähriger Erforscher unerklärlicher Phänomene, ist der Meinung, es hätte sich um eine Atomexplosion gehandelt, verursacht durch den Unfall eines Raumfahrzeugs. Er zitiert den russischen Wissenschaftler Alexander Kasanzew, der feststellte, daß nach neueren Untersuchungen die Schäden in diesem Gebiet jenen gleichen, die unter ähnlichen Umständen eine von Menschen ausgelöste Atomexplosion hervorruft. Es zeigt sich vor allem noch immer anhaltende Radioaktivität, außerdem wurden keine Meteorteile gefunden, obwohl es natürlich möglich ist, daß sie tief unter der Erde liegen. Edwards schließt: »Durch die Katastrophe am Jenissei im Jahre 1908 verloren wir einen Gast aus dem Universum.«

M. K. Jessup ist ein Autor, der als Astronom und Selenograph (Mondexperte) mit umfassender wissenschaftlicher Vorbildung über UFOs schreibt. In seinem Buch *The Case for the UFOs* meint er, daß die Rätsel um verlassene Schiffe im Bermuda-Dreieck – die *Freya, Mary Celeste, Ellen Austin* und viele andere – durch das Eingreifen von UFOs erklärt werden könnten. Er erweitert das Gebiet noch und beschreibt das Verschwinden der Besatzung der *Seabird*, eines großes Segelboots, im Jahr 1850. Die Männer auf der *Seabird* verschwanden, nachdem sie ganz in der Nähe ihres Heimathafens Newport auf Rhode Island ein Fischerboot angerufen hatten; im Logbuch fand sich später eine Eintragung, die zwei Meilen vom Hafen entfernt gemacht worden war, und auf dem Tisch in der Schiffsmesse stand eine unberührte Mahlzeit. Die *Seabird* setzte ihren Heimweg fort, offenbar ohne Mannschaft. Sie wurde weit drinnen am Strand gefunden – »als wäre sie von riesigen Händen aufgehoben worden« – und verschwand in der folgenden Nacht während eines Sturms, obwohl sie fest im Sand steckte. Jessup schloß aus der Untersuchung, daß diese Fälle von Verschwinden »fast unmöglich zu erklären sind, außer man nimmt an, daß sie nach oben stattfanden . . . etwas, das von oben einwirkt, mit großer Kraft und

Plötzlichkeit . . .« Er spricht von dem Eindruck »selektiver Rücksichtslosigkeit . . . etwas wie ausweichendes Verhalten und Heimlichtuerei . . .« und fügt hinzu: »All das sind Attribute von Intelligenz.«
Jessup war der Meinung, daß die Entwicklung des modernen Flugwesens »für unsere Nachbarn im All von großem Interesse ist« und daß aus diesem Grund in den letzten Jahren so viele UFOs an der Küste Floridas und in der Nähe von Kap Kennedy gesichtet wurden. In diesem Zusammenhang steht ein Zwischenfall mit einem UFO, das am 10. Januar 1964 beim Start einer Polarisrakete in die Kursbahn zischte. Das Radar verfolgte damals vierzehn Minuten lang den ziellosen Kurs des UFOs, bevor die Rakete wieder auf dem Schirm erschien. Obwohl der Vorfall von Zeugen ausführlich besprochen wurde, gelangte kein Bericht in die Presse – vielleicht, weil solche unerklärlichen Zwischenfälle das Vertrauen der Öffentlichkeit nicht eben stärken. Neueste Entwicklungen bestätigen Jessups Theorie, daß UFOs an der Entstehung unseres Flugwesens und unserer Raumfahrt äußerst interessiert sind. Während mancher Raumflüge, vor allem während jener von Gemini 4 und 7, wurden UFOs beobachtet. McDivitt und Borman, die Astronauten von Gemini 4, bemerkten ein Objekt, das parallel zu ihrer Kapsel flog, und erwogen ein Ausweichmanöver. Auch Gemini 7 soll von einem UFO begleitet worden sein. Zwei UFOs begleiteten die Mondkapsel von Apollo 12 in einer Entfernung von 200 000 Kilometern im Weltraum, eines vor der Kapsel, eines hinter ihr. Astronaut Gordon sagte dazu: »Sie leuchten sehr stark und scheinen uns anzublitzen.« Später meinte er im Gespräch mit der Kommandozentrale in Houston: »Nehmen wir jedenfalls einmal an, daß sie uns freundlich gesinnt sind.« Obwohl dieser Vorfall seither weder von der Zentrale in Houston noch von der NASA bestätigt wurde, bemerkte man die Lichter auch von europäischen Observatorien aus. Etwas später während desselben Raumflugs beobachteten die Astronauten ein helles Licht, »etwa so groß wie der Planet Venus«, zwischen sich und der Erde. Es war zehn Minuten lang zu sehen und verschwand dann.
Auch wenn man in Betracht zieht, daß UFOs unidentifizierte Gegenstände irdischen Ursprungs sein können, beispielsweise Teile von Startraketen oder andere Bruchstücke im Weltraum, so sind sie doch frei beweglich, tauchen auf und verschwinden wieder. Dies scheint eine selbständige und nicht von der Erdumlaufbahn abhängige Lenkung vorauszusetzen.

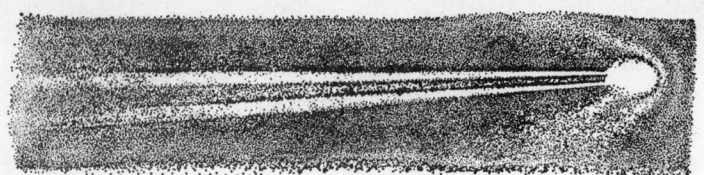

Ein UFO, das von Dr. Valentine am 6. Dezember 1952 um 2 Uhr nachts zwischen Douglas und Fargo in Georgia gesichtet wurde. Nach Dr. Valentines Meinung ist der dunkle, tunnelartige Wirbel ein ausgestoßener Neutronenstrom, Zeichen für einen Antrieb durch Kernverschmelzung statt Kernspaltung, eine nicht umweltverschmutzende Art der Atomenergie. Diese Verschmelzung würde ein Magnetfeld aufbauen, das das UFO mit unglaublicher Geschwindigkeit vorwärtstreibt und möglicherweise auch andere Gegenstände in der unmittelbaren Umgebung in dieses Feld bringt.

Dr. Franklin Roach bemerkte im *Condon Report* über die UFO-Sichtungen der Astronauten, daß »die Bedingungen, unter denen die Astronauten ihre Beobachtungen machten, mit denen von ein oder zwei Personen im Vordersitz eines kleinen Wagens ohne Rück- oder Seitenfenster und mit einer teilweise verdeckten, sehr verschmutzten Windschutzscheibe vergleichbar sind«. Wenn man diese Feststellung logisch weiterführt, heißt das, daß man keiner Beobachtung der Astronauten Glauben schenken kann.

Wie andere Forscher, die sich mit UFOs und den Vorgängen im Dreieck auseinandersetzen, ist Jessup überzeugt, daß eine heimliche Zensur der Grund für das Verschweigen wichtiger Aussagen und neuer Entwicklungen ist. Sein letztes Buch vor seinem Tod beschäftigte sich mit biblischen Berichten über »fliegende Untertassen« und behandelte auch die Frage, auf welche Weise kontrollierte Magnetkraft Unsichtbarkeit hervorrufen könne, eine Erweiterung von Einsteins einheitlicher Feldtheorie, die Jessup für den Schlüssel sowohl zum Problem des plötzlichen Auftauchens und Verschwindens von UFOs als auch des Verschwindens von Schiffen und Flugzeugen hielt. Jessup fand am 29. April 1959 in Miami den Tod.

Dr. Manson Valentine, ein alter Freund Jessups und eine der letzten Personen, die mit ihm gesprochen hatte, sagte uns, daß Jessup in sehr deprimierter Stimmung war. Dr. Valentine hatte ihn am Abend des 29. April zum Dinner eingeladen. Jessup nahm die Einladung an, kam aber nicht. Er starb in seinem Kombiwagen im Dade Country Park an Kohlenmonoxydvergiftung, nachdem er die Auspuffgase mit einem

Schlauch ins Wageninnere geleitet hatte. Die Meinung, Jessups Tod wäre kein Selbstmord gewesen, bildete sich wahrscheinlich deshalb, weil er zeitlebens die Theorie vertreten hatte, daß außerirdische Mächte in irdische Ereignisse eingreifen. Man sagte, daß sein Tod ein Hinweis auf die Gefahren einer zu intensiven Forschung auf diesem Gebiet sei.

Dr. Manson Valentine, Zoologe, Archäologe und Ozeanograph, hat mehrere Jahrzehnte lang die Vorgänge im Dreieck aus nächster Nähe studiert – von Miami, den Bahamas und anderen Inseln aus. Da er sich direkt am Schauplatz befindet, ist er eine ausgezeichnete Informationsquelle in bezug auf vergangene und gegenwärtige Ereignisse in diesem Gebiet. Viele seiner Mitteilungen, vor allem die Erinnerungen an seine letzten Gespräche mit Dr. Jessup, sind so bestürzend, daß sie in Dr. Valentines eigenen Worten wiedergegeben werden sollen.

Frage: Seit welcher Zeit beobachten Sie die Phänomene im Bermuda-Dreieck?

Seit ungefähr dreißig Jahren, seit dem Verschwinden der Bomber im Jahre 1945. Ich habe Unterlagen über die Unfälle gesammelt, Überlebende interviewt und Berichte gesammelt, die sich auf UFOs beziehen, welche während der Unfälle in diesem Gebiet gesichtet wurden.

Frage: Mehren sich die UFO-Sichtungen in letzter Zeit?

Es werden hier mehr UFOs gesehen als irgendwo anders. In letzter Zeit wurden zahlreiche Luftfahrzeuge beobachtet, von denen wir wissen, daß es sich um keine Flugzeuge handelt, und Unterwasserfahrzeuge, die keine normalen U-Boote sein können.

Kapitän Don Delmonico sah im April 1973 einen solchen Gegenstand. Er ist ein erfahrener Seemann und als überlegter und ruhiger Beobachter bekannt. Im klaren Wasser des Golfstroms bemerkte er zweimal ein völlig gleich aussehendes unbekanntes Objekt, beide Male ungefähr in demselben Gebiet, als er ein Drittel der Entfernung zwischen Great Isaac Light nördlich von Bimini und Miami zurückgelegt hatte, an einem Punkt, wo der Golfstrom besonders tief ist. Die Objekte wurden jeweils um vier Uhr nachmittags beobachtet, bei ruhigem Meer, normaler Grunddünung und ausgezeichneter

Sicht. Beide Male schnellte ein grauweißer Körper, glatt und in der Form »einer dicken Zigarre mit abgerundeten Enden«, wie Delmonico sagte, unter Wasser am Bug des Bootes vorbei. Delmonico schätzte den Gegenstand auf 45 Meter bis 60 Meter Länge und seine Geschwindigkeit auf mindestens 90 bis 100 Stundenkilometer. Der Kapitän bemerkte das Objekt plötzlich, als es mit Kollisionskurs auf sein Boot zusteuerte und offenbar gerade vor ihm über die Oberfläche tauchen wollte. Das Objekt fühlte scheinbar seine Gegenwart, sank und tauchte direkt unter dem Boot durch. Es gab keinen Strudel und kein sichtbares Kielwasser. Der Gegenstand hatte keine Erhebungen, Finnen oder andere Vorsprünge auf seiner glatten Oberfläche, und es waren auch keine Luken zu sehen.

UFOs am Himmel wurden von Piloten und Schiffsbesatzungen im Dreieck – vor allem in der Tongue of Ocean – so oft beobachtet, daß sie schon eine alltägliche Erscheinung darstellten. Seltsamer ist es, daß schwebende UFOs über den Bäumen im Okefenokee-Sumpf auftauchten, wo sie von einigen Rangers und mir selbst gesehen wurden. In Zentralflorida sah ich einmal ein UFO mit einem blauen Lichtstrahl, der auf das Wasser eines Sees gerichtet war. Vielleicht nahmen sie Wasser auf oder Exemplare der lokalen Fauna, die sie untersuchen wollten. Beim großen Elektrizitätsausfall in Südflorida im April 1973 wurden blaugrüne und blaue wandernde Lichter am Himmel beobachtet, und zwar vor allem bei Turkey Point – wo sich der Atomreaktor befindet. Während des Elektrizitätsausfalls an der Ostküste vor ein paar Jahren wurde ebenfalls eine Gruppe von ungefähr zwölf UFOs gesehen.

Frage: Haben Sie eine Theorie, wie die UFOs angetrieben werden?

Es gibt verschiedene Möglichkeiten. Eine Methode, die nur in unserer Atmosphäre funktionieren würde, wäre ein Perimeter von Kathodenstrahlgeneratoren um ein scheibenförmiges Fahrzeug. Es könnte sich auf diese Weise schnell in jede beliebige Richtung bewegen. Man müßte nur die Generatoren in der gewünschten Richtung in Gang setzen. Sie würden die Luft vor dem Fahrzeug ionisieren und auf diese Weise ein Vakuum schaffen, durch das es sich bewegen kann. Von UFOs zurückgelassene Reste ionisierter Luft können die Ursache einer Turbulenz bei klarem Himmel sein.

Eine andere Antriebsmethode könnte ähnlich wie der Düsenantrieb funktionieren, aber mit viel höherer Geschwindigkeit, die sich theoretisch der Lichtgeschwindigkeit nähern kann. Die Reaktoren würden auf dem Prinzip der Kernverschmelzung und nicht dem der Kernspaltung basieren. Alles, was man dazu braucht, ist spaltbares Material und Wasser. Das könnte auch die Erklärung sein, warum man UFOs aus Inlandseen Wasser aufnehmen sah.

Nach einer anderen Theorie wird ein Wechsel der Dimension und eine Verschiebung des Raum-Zeit-Kontinuums durch ein Magnetfeld bewirkt.

Frage: War Dr. Jessup der Meinung, es gebe einen Zusammenhang zwischen den UFOs und dem Bermuda-Dreieck?

Er hatte eine Theorie, daß die Energie eines Magnetfelds Materie verwandeln und von einer Dimension in eine andere transportieren kann ... daß UFOs in unsere Dimension kommen, Menschen und anderes mitnehmen und sich wieder aus dieser Dimension entfernen. Er war auch der Meinung, daß manche der Unfälle durch das von den Kathodenstrahlen der UFOs hervorgerufene Vakuum verursacht wurden, welches Flugzeuge zerstörte, wenn sie hineinflogen. Das ist wahrscheinlich auch Mantell zugestoßen. [Am 7. Januar 1948 flogen Kapitän Thomas Mantell und mehrere andere Piloten vom Godman-Flughafen, Fort Knox, mit ihren P-51 Mustangs hinter einem UFO »von riesigen Ausmaßen« her, das bei Tageslicht beobachtet wurde, wie es sich dem Stützpunkt näherte. Während Mantell ihm nachflog, sahen Zeugen, wie sich sein Flugzeug plötzlich auflöste. In einer späteren Erklärung der Luftwaffe hieß es, daß der Kapitän eine Bewußtseinsstörung gehabt habe, während er auf den Planeten Venus zuflog, und daß das Flugzeug daraufhin absackte und zerstört wurde.] Er kam zu nahe an die Untertasse und ihr Feld ionisierter Luft heran. Sein Flugzeug explodierte in so viele Stücke, daß keines gefunden wurde, das größer als eine Faust war. Alle Stücke waren durchlöchert, als seien sie von Würmern durchbohrt worden.

Dasselbe kann auch mit der Constellation passiert sein, die Bob Brush [Pilot eines Verkehrsflugzeugs] im Oktober 1971 in der Nähe von Great Inagua in den Bahamas explodieren sah. Bob steuerte eine DC-6 und hatte die Constellation auf dem Radarschirm. Sie flog niedrig und schien Schwierigkeiten zu haben. Plötzlich explodierte sie mit einem Lichtblitz, der den Himmel von Horizont zu Horizont erleuchtete. Die Explosion war so hell, daß ihm die Augen schmerzten – so etwas ist völlig ungewöhnlich. Ein Boot in der Nähe fischte ein Flughandbuch auf, das Bob später untersuchte. Es war voll kleiner Löcher, genau wie das Wrackstück von Mantells Maschine. Die UFOs, was immer sie auch sonst sind, scheinen einen vorübergehenden magnetischen Wirbel zu erzeugen, ein Ionisationsfeld, das Schiffe und Flugzeuge zerstören oder verschwinden lassen kann.

Kurz vor seinem Tod glaubte Jessup, er sei unmittelbar davor, die wissenschaftliche Basis für diese Vorgänge zu entdecken. Er sagte, es sei mit Einsteins einheitlicher Feldtheorie zu erklären.

Frage: Können Sie uns eine vereinfachte Erklärung dieser Theorie geben?

Sie geht davon aus, daß unsere Grundbegriffe von Zeit und Raum, von Materie und Energie keine getrennten Wesenheiten sind, sondern daß diese Größen unter bestimmten Voraussetzungen ineinander übergeführt werden können. Tatsächlich bietet die einheitliche Feldtheorie eine weitere Erklärung für das plötzliche Auftauchen und Verschwinden von UFOs. In der Praxis bedeutet das für elektrische und magnetische Felder: Ein elektrisches Feld erzeugt in einer Spule ein zu dieser im rechten Winkel stehendes Magnetfeld; jedes Feld für sich stellt eine Ebene im Raum dar. Da aber ein Raum von drei Ebenen aufgebaut wird, muß noch ein drittes Feld existieren – vielleicht in Zusammenhang mit der Schwerkraft. Erzeugt man mit Hilfe elektromagnetischer Generatoren einen magnetischen Impuls, könnte es möglich sein, dieses dritte Feld, basierend auf dem Resonanzprinzip, aufzubauen. Jessup sagte mir, er glaube, die amerikanische Marine sei während des Krieges zufällig darauf gestoßen, in einem Experiment, das mit einem Zerstörer durchgeführt wurde. Man nannte es das Philadelphia-Experiment.

Frage: Was beinhaltet das Philadelphia-Experiment?

Laut Jessup war es ein Geheimexperiment der Marine, das im Jahr 1943 in Philadelphia und auf dem Meer durchgeführt wurde. Es hatte zum Ziel, den Effekt eines starken Magnetfeldes auf ein bemanntes Schiff zu testen. Dazu wollte man magnetische Generatoren einsetzen. Um ein auf Dock liegendes Schiff wurde also mittels pulsierender und nicht pulsierender Generatoren ein starkes Magnetfeld erzeugt. Die Resultate waren so verblüffend wie bedeutsam, wenn sie auch negative Nachwirkungen auf die Besatzung hatten. Als das Experiment die erste Wirkung zeigte, wurde zunächst ein undurchsichtiges, nebeliges grünes Licht sichtbar. Übrigens sprachen auch die Überlebenden der Unfälle im Dreieck von einem leuchtenden grünen Nebel. Bald war das ganze Schiff von diesem grünen Nebel erfüllt, und es begann samt der Besatzung aus der Sicht der Leute am Dock zu verschwinden, bis nur noch seine Wasserlinie sichtbar war. Später wurde berichtet, der Zerstörer sei in Norfolk, Virginia, aufgetaucht und wieder verschwunden, was ein Nebeneffekt eines solchen Versuchs mit dem damit zusammenhängenden Phänomen der Zeitverschiebung gewesen sein kann.

Ein ehemaliges Besatzungsmitglied berichtete, daß der Versuch auf See erfolgreich war, mit einem Unsichtbarkeitsfeld in der Gestalt eines Rotationsellipsoids, das sich hundert Meter von jeder Schiffsseite erstreckte. Man konnte den Eindruck des Schiffs im Wasser sehen, das Schiff selbst jedoch nicht. Als das Magnetfeld zunahm, begannen einige Männer an Bord zu verschwinden und mußten mit einer Art Handauflegetechnik sichtbar gemacht werden. Andere wieder entfernten sich so weit von ihren ursprünglichen körperlichen Dimensionen, daß sie nur mit einem speziell entworfenen elektronischen Gerät gefunden und in den Normalzustand zurückversetzt werden konnten. Für solche Fälle, wenn ein Kamerad weder gesehen noch ertastet werden konnte, hatte die Mannschaft einen komischen Ausdruck: im Sirup stecken. In Wirklichkeit war es ein Zustand aufgehobenen Lebens, wobei die volle Wiederherstellung ein ernstes Problem sein konnte.

Es gab Gerüchte, daß Seeleute ins Krankenhaus kamen, starben oder geistige Störungen davontrugen. Die psychischen Fähigkeiten scheinen im allgemeinen gesteigert worden zu sein, aber viele verspürten noch Nachwirkungen der Transmutation während des Experiments. Sie verschwanden nämlich zeitweilig und tauchten wieder auf, zu Hause, auf der Straße, in Bars oder Restaurants, zur großen Überraschung der Umstehenden. Zweimal brach im Kompaß des

Schiffs ein Feuer aus, während es an Land geschleppt wurde, mit verheerenden Folgen für den Schlepper.

Frage: War Jessup Zeuge dieser Ereignisse?

Ich weiß nicht, wieviel er von den Dingen tatsächlich gesehen hatte, über die er mir berichtete, aber er hat das Experiment gründlich erforscht. Sie dürfen nicht vergessen, daß er nicht irgendein Sensationsschriftsteller war, sondern ein berühmter Wissenschaftler und Astronom. Er leitete die größte Refraktorstation der südlichen Hemisphäre, hatte mehrere Projekte zur Erforschung der Sonnenfinsternisse geplant, war der Entdecker von Doppelsternen und besaß einen hervorragenden Ruf als Wissenschaftler. Er wurde in das Philadelphia-Experiment hineingezogen, als ihm ein Mann namens Carlos Allende (oder Carl Allen), der sich als Überlebender des Experiments ausgab, im Jahr 1956 einen Brief schrieb. Allende hatte Jessups Buch *The Case for the UFOs* gelesen, und ihm war die Ähnlichkeit der zugrunde liegenden Theorie aufgefallen. Jessup beantwortete den Brief, so wie jeder Autor auf Leserbriefe antwortet, und Allende schrieb zurück. Einige Zeit nach Beginn dieser Korrespondenz wurde Jessup vom ONR (*Office of Naval Research* = Forschungsbüro der Marine) ersucht, nach Washington zu kommen. Vergessen Sie nicht, daß wegen der Zensur keine Einzelheiten über das Philadelphia-Experiment an die Öffentlichkeit drangen, bis auf einen kurzen Artikel einer Zeitung in Philadelphia. Man zeigte Jessup ein Exemplar seines Buches mit handschriftlichen Notizen, das rätselhafterweise im Forschungsbüro aufgetaucht war. Es enthielt ausführliche Randbemerkungen zu Jessups Theorien, das Experiment und die Aktivität der UFOs. Man fragte Jessup, ob er die Handschrift wiedererkenne. Die Notizen stammten offensichtlich von drei verschiedenen Personen, die ihre Eintragungen jeweils mit ihren Initialen gekennzeichnet hatten. Jessup glaubte, eine Handschrift als diejenige von Carlos Allende wiederzuerkennen, und übergab dem ONR Allendes Briefe. Ein Department der Marine ließ dann 25 exakte Kopien des Buches mit rot hervorgehobenen Anmerkungen anfertigen, von einer Druckerei in Texas, glaube ich. Jessup bekam drei Exemplare. Man sagte ihm, die anderen wären zur Information der ranghöchsten Offiziere im Department bestimmt.

Die Marine äußerte sich niemals offiziell zu dem Experiment. An dem Buch waren sie jedoch sehr interessiert. Jessup sagte mir auch, daß sie versucht hätten, Allende mit Hilfe seiner Briefadresse zu finden, aber ohne Erfolg.

Auch die anderen Leute, die Randbemerkungen zu Jessups Buch schrieben, wurden nie identifiziert.

Frage: Warum hat Jessup Selbstmord begangen?

Wenn er Selbstmord beging, dann war wahrscheinlich eine Depression schuld. Die Marine hatte ihm vorgeschlagen, wieder am Philadelphia-Experiment oder an ähnlichen Projekten zu arbeiten, aber er hatte abgelehnt – er machte sich wegen der gefährlichen Nebeneffekte Sorgen. Außerdem war er wegen der Kritik wissenschaftlicher Kreise an seinem Buch entmutigt.

Frage: Sie sagten: »Wenn er Selbstmord beging ...« Haben Sie irgendeinen Grund zu der Annahme, er sei ermordet worden?

Es fielen einige Bemerkungen . . . manche Leute glaubten es . . . vielleicht hätte er gerettet werden können . . . Er lebte noch, als man ihn fand . . . vielleicht ließ man ihn sterben. Seine Theorien waren sehr weit fortgeschritten, und vielleicht wollten bestimmte Personen oder Organisationen ihre Verbreitung verhindern. Es ist seltsam, daß Jessups eigene Ausgabe des Buches und ein anderes Exemplar, das er Brian Reeves [ein Schriftsteller, der sich ebenfalls mit UFOs befaßt] gegeben hatte, auf der Post verschwanden, als sie an andere Personen geschickt wurden.

Frage: Stimmen Sie Jessups Theorien zu?

Im allgemeinen ja. Das ganze Problem des Magnetismus ist noch ein Rätsel. Wenn wir Einsteins Implikationen der »Einheitlichen Feldtheorie« ausarbeiten, in der er Schwerkraftfelder und elektromagnetische Felder in die Theorie von Raum und Zeit einbezieht, dann könnte es tatsächlich möglich sein, daß Menschen und Dinge durch starke Magnetfelder in eine andere Dimension versetzt und unsichtbar gemacht werden.

Die Antwort auf das Rätsel des Bermuda-Dreiecks liegt vielleicht in elektromagnetischen Abweichungen oder Kontrollen, die nur zu bestimmten Zeiten funktionieren, wenn sie entweder zufällig oder absichtlich in Gang gesetzt werden, und es scheint plausibel, daß UFOs die nötige Energie dazu liefern.

Frage: Was ist Ihrer Meinung nach der Grund, warum sich diese Zwischenfälle auf das Bermuda-Dreieck konzentrieren?

Ich glaube, es ist möglich, daß die intelligenten Wesen, die die UFOs steuern, nicht nur eine Erhebungsauswahl treffen und unseren wissenschaftlichen Fortschritt verfolgen, sondern daß sie zu den Plätzen alter heiliger Stätten zurückkehren. Es handelt sich vielleicht um Energiequellen und Kraftwerke, die heute vom Meer bedeckt werden. Wir haben in den letzten Jahren in der Nähe Biminis und an anderen Stellen in der Bahama-Gruppe große Gebäudekomplexe auf dem Meeresgrund entdeckt, ein Zeichen, daß hier vor vielen Tausenden von Jahren eine Hochkultur existierte. Es ist mehr als seltsam, daß so viele Zwischenfälle sich gerade in diesem Gebiet ereignen und daß so viele UFOs nicht nur am Himmel gesehen werden, sondern auch, wie sie ins Wasser eintauchen oder es verlassen.

Frage: Was können wir gegen UFOs und ihre potentielle Gefahr unternehmen?

Im Moment können wir gar nichts tun. Ich glaube nicht, daß für die meisten Reisenden irgendwelche Gefahr besteht. Vielleicht sind die verschwundenen Personen an einem anderen Ort oder in einer anderen Dimension auch noch am Leben. Ich glaube vielmehr, daß es wichtig ist, die Situation klar zu erkennen und zu versuchen, mit den UFOs in Kommunikation zu treten – das ist es, was viele von uns versuchen.

Wenn man bedenkt, wozu sie offensichtlich fähig sind, können wir uns glücklich schätzen, daß ihre Aktivitäten bis jetzt größtenteils harmlos waren, obwohl natürlich immer die Möglichkeit besteht, daß diese Besucher nicht alle von denselben Orten im Weltraum oder im Erdinnern kommen und vielleicht nicht dieselbe »bewahrende«

Haltung unserem Planeten und seinen Bewohnern gegenüber einnehmen. Falls UFOs absichtlich oder unabsichtlich für unsere größeren Elektrizitätsversagen verantwortlich sind, so ist es bemerkenswert, daß sich während dieser Zeit kein einziger Unfall mit Personenschaden in direktem Zusammenhang mit dem Energiezusammenbruch ereignet hat.

Es ist auffällig, daß sich nach den beiden großen Elektrizitätsausfällen in den Vereinigten Staaten im Nordosten im Jahr 1965 und in Miami im Jahr 1973 die Berichte über UFOs häuften. Während der Finsternis im Nordosten beobachteten mehrere Personen in Syracuse, unter ihnen der Deputy Commissioner der Bundesflugagentur, einen roten, leuchtenden Ball mit einem Durchmesser von 30 Meter. Andere UFOs wurden über New York, Newark, Philadelphia und in vielen Orten in Massachusetts, Rhode Island und dem Staat New York gesehen. Seltsamerweise stellte es sich heraus, daß Automotoren in der Nähe von UFOs versagten. Man sieht hier eine Ähnlichkeit mit dem Energieverlust und Funkversagen, das die Piloten und Steuermänner von Schiffen im Bermuda-Dreieck in Gefahr brachte.

Es ist natürlich klar, daß viele Personen, die wußten, daß UFOs Störungen im Magnetfeld der Erde und bei elektrischen Installationen hervorrufen können, zu dieser Zeit besonders aufmerksam nach Besuchern aus dem All Ausschau hielten, vor allem, da es kein Licht gab und man viel bessere Möglichkeiten zur Beobachtung des Himmels hatte als gewöhnlich.

Obwohl man den Überspannungsschalter, der den großen Zusammenbruch von 1965 verursachte, finden konnte (Sir Adam Beck Nr. 2 am Niagara River), wurde der ursprüngliche Grund für das Versagen nicht geklärt. Eine Feststellung, die nach der Untersuchung getroffen wurde, stimmt im wesentlichen noch immer: »Das Energieversagen, das durch den Zusammenbruch des nordöstlichen Stromnetzes verursacht wurde, ist eines der größten Rätsel in der Geschichte der modernen Zivilisation.«

Mehrere der erfahrensten Beobachter des Bermuda-Dreiecks vertreten die einhellige Ansicht, wenn es keine irdische Erklärung für das Verschwinden so vieler Fahrzeuge gebe, könne sie sehr gut auch in außerirdischen liegen – Entführung von Schiffen, Flugzeugen und Menschen durch UFOs. Die meisten UFOs werden zudem als Lichter von verschiedener Farbe und Intensität beschrieben, die in der Nacht gesehen wurden. Seltsame Lichter am Nachthimmel waren auch die Begleiterscheinung bei einigen der sensationellsten Flugzeugverlusten, unter anderem beim Verschwinden von Flight 19 und der *Star Ariel*. Obwohl Übereinstimmung darüber herrscht, daß das Verschwinden von Schiffen und Flugzeugen mit dem Auftreten von UFOs in Zusammenhang steht, gibt es keine Übereinstimmung über die Herkunft der UFOs.

Der Weltraum mit seinen Billionen potentiell bewohnter Planeten wäre ein plausibler Herkunftsort für die Besucher, wenn die in Lichtjahren berechnete Reisezeit nicht die Dauer eines Menschenlebens oder länger betragen würde. (Die Reise zum allernächsten Stern – unserer Sonne – würde mit Lichtgeschwindigkeit nur acht Minuten dauern, aber schon der nächste Stern, Alpha Centauri, ist drei bis vier Lichtjahre entfernt.) Vielleicht ist die Länge eines Lebensalters, wie wir es kennen, von dem der Planeten ferner Sonnen jedoch völlig verschieden. Außerdem sind in den letzten Jahren neue Theorien über die Grenzen der Geschwindigkeit aufgestellt worden – über Lichtgeschwindigkeit, die Raumkrümmung und die Relation der Zeit zu Masse und Energie –, welche möglicherweise unsere Hypothese über die Reisezeit zu anderen Sternen umstoßen.

Manche Theoretiker meinen, daß der Ursprungsort dieser Besucher der Erde näher sei, vielleicht in den Ozeanen der Erde selbst. In seinem Buch *Invisible Residents* weist Ivan Sanderson darauf hin, daß fast drei Viertel der Erde unter Wasser liegen (449 530 000 Quadratkilometer Wasser zu 165 340 000 Quadratkilometer Land) und daß luftatmende Wesen, die am Grund des »Luftozeans« leben, sich ziemlich nahe an der Erdoberfläche aufhalten, während im Wasser atmende Wesen nicht auf den Grund der Hydrosphäre beschränkt sind und einen viel größeren Lebensraum haben, in dem sie sich bewegen und entwickeln können. Sanderson stellt daher die Hypothese auf

. . . daß es eine Unterwasserzivilisation (oder -zivilisationen) gibt, die schon seit langer Zeit existiert, auf der Erde entwickelt wurde und/oder daß es sich um intelligente Wesen handelt, die von anderen Planeten kommen . . . und den Grund der Hydrosphäre und vielleicht auch die oberen Schichten der Lithosphäre bewohnen, von wo aus sie ihre Unternehmungen starten.

Er bemerkt, daß eine solche Zivilisation, wenn sie sich unter Wasser entwickelte, wesentlich weiter fortgeschritten sein könnte als die Zivilisation an der Oberfläche, die von den Lebensformen geschaffen wurde, die das Meer vor Milliarden von Jahren verlassen haben. Durch das Zurückbleiben in ihrer natürlichen Umgebung, dem Meer, hatten die Schöpfer dieser Zivilisation einen Vorsprung. Sie konnten sich im Lauf der Jahrmillionen weiterentwickeln, ohne die Vorgänge auf dem Land zu beachten.

Die Existenz solcher hochentwickelter Wesen unter dem Meeresgrund und ihre technologische Aktivität ist vielleicht der Ursprung der vielen Meeressagen, die im Lauf der Geschichte auftauchten und die es sogar heute noch gibt, wo ungewöhnliche Vorkommnisse mit unvergleichlich größerer Sorgfalt beobachtet und verzeichnet werden als in früheren Epochen. Das würde die aus der Luft ins Wasser tauchenden UFOs im Bermuda-Dreieck erklären und das große Interesse der UFOs an den technologischen Entwicklungen in Florida und den benachbarten Gewässern.

Was die Aufdeckung der Wahrheit über ihre Existenz betrifft, so ist es vielleicht nicht so sehr eine Frage, ob wir sie entdecken, sondern ob sie uns entdecken und in uns eine Gefahrenquelle für ihre eigene Umwelt sehen.

Es gibt auch noch die Möglichkeit, daß die UFOs aus einer anderen Dimension in unsere übertreten und Flugzeuge, Schiffe und Menschen aus unserer Dimension hinausschmuggeln. Die Theorie von anderen koexistenten Dimensionen, die mit der Theorie der negativen Materie zusammenhängt, einer negativen Erde und koexistenten Welten, scheint heute etwas weniger phantastisch als bei ihrer ersten Erwägung vor ein paar Jahrzehnten.

Admiral Richard Byrd, ein berühmter Pilot und Entdecker, der Flüge über die intensivierten Magnetfelder des Nord- und Südpols unternahm, gab im Jahr 1929 einige ganz unglaubliche Meldungen im Rundfunk durch, während er über den Südpol flog. Er erzählte, daß er durch lichten Nebel über einem Gebiet mit grünem Land und eisfreien Seen herausgekommen sei, und sagte, er sehe riesige bisonähnliche Tiere und Wesen, die wie primitive Menschen aussähen. Die Radiosendung wurde sofort unterbrochen und Byrds Bericht einer temporären nervösen Erschöpfung oder einer Halluzination zugeschrieben. Sowohl das Abenteuer selbst als auch die Rundfunksendung wurden später dementiert, aber es schadete Byrds Ruf in wissenschaftlichen Kreisen sehr. Seltsamerweise erinnern sich mehrere Personen, die in den zwanziger Jahren eifrige Kinobesucher waren, eine Wochenschau von Byrds Flug mit Bildern vom »Land jenseits des Pols« gesehen zu haben. Allerdings ist es möglich, daß sie über die Sache gelesen hatten und andere Wochenschauen über die Flüge des Admirals mit dieser bestimmten verwechseln. Der Vorfall selbst wurde als Phantasie abgetan und kaum jemals erwähnt, außer von Anhängern der Hohlwelt-Theorie, die glauben, der Admiral sei durch ein Loch in den Hohlraum der Erde geflogen und nicht in eine andere Dimension, wie manchmal behauptet wurde, wenn nach einer Erklärung für die Vorgänge im Bermuda-Dreieck gesucht wurde.

Wenn man die Vielzahl von ungewöhnlichen Thesen betrachtet, die von ernsthaften und hochqualifizierten Forschern über das Bermuda-Dreieck angeboten werden, erinnert man sich an Haldanes Epigramm: »Das Universum ist nicht nur seltsamer, als wir es uns vorstellen, es ist seltsamer, als wir es uns vorstellen können.«

Zu den verschiedenen Erklärungen für die Reihe von rätselhaften Vorgängen, die wir angeführt haben, gehören: die Gefangennahme von Menschen durch Wesen aus dem Weltraum oder dem Erdinnern; ein »Loch im Himmel«, in das Flugzeuge hinein-, aber nicht mehr herausfliegen können und durch das sie in eine andere Dimension geraten; etwas, das »ein magnetischer Riß im Vorhang der Zeit« genannt wurde; magnetische Wirbelstürme, die Flugzeuge verschwinden lassen oder vielleicht sogar auch in eine andere Dimension bringen.

Diese Theorien sind weder mehr noch weniger phantastisch als eine andere, die die Existenz großer Energiekomplexe im Dreieck annimmt – alter Maschinen oder Energiequellen einer verschwundenen Zivilisation –, die innerhalb des Dreiecks auf dem Meeresboden liegen und noch heute gelegentlich von darüberfliegenden Maschinen ausgelöst werden können. Diese Maschinen sollen magnetische Wirbel hervorrufen können und so das Versagen magnetischer und elektronischer Geräte bewirken. Die darüberfliegenden Flugzeuge würden also in gewissem Sinne zu bestimmten Zeiten und unter bestimmten Umständen ihre eigene Zerstörung auslösen. Diese Theorie ist vielleicht die phantastischste von allen jenen, die in diesem und den vorhergehenden Kapiteln diskutiert wurden.

Wenn man sich jedoch mit den natürlichen Gegebenheiten des Bermuda-Dreiecks und dessen geologischer Geschichte näher beschäftigt, so zeigt sich eine Art roter Faden, der diese und die anderen Theorien miteinander verbindet.

Um diese neue Theorie zu betrachten, müssen wir in der Zeit zurückgehen – in der Zeit des Lebens der Meere und der Kulturen der Menschheit.

7

Aus der Vergangenheit des Ozeans:
Spuren und Vermutungen

Es gilt im allgemeinen als erwiesen, daß große Teile der Erdoberfläche
einst unter Wasser lagen, während andere Gebiete, die sich heute unter
dem Meeresspiegel befinden, früher zum Festland gehörten. Das haben
Naturforscher schon in alten Zeiten festgestellt, als sie in der Wüste
Fossilien fanden, aber auch heute, als sie im Binnenland, in Gebieten
wie Minnesota oder sogar im Himalaja, Skelette von Walen entdeckten.
Nicht zuletzt gibt es ja genügend Beweise dafür, daß die Sahara einst ein
Binnenmeer gewesen ist. Über die Frage der Aufeinanderfolge von Land
und Meer in großen Räumen herrscht also allgemeine Einigkeit; für die
Beurteilung des Wechsels von Land- und Meeresniveau im Gebiet des
Bermuda-Dreiecks ist jedoch die Zeitbestimmung innerhalb verhältnis-
mäßig junger geologischer Zeitabschnitte wichtig.
Wir wissen, daß während der Eiszeit eine ungeheure Menge von
Ozeanwasser zu Gletschern gefroren war, deren übereinandergelagerte
Schichten eine Höhe von vielen Kilometern erreichten und große Teile
der nördlichen Hemisphäre bedeckten. Vor ungefähr 12 000 Jahren, als
die Gletscher klimatischer Veränderungen wegen, deren Ursache bis
heute nicht geklärt ist, zu schmelzen begannen, stiegen die Wasser der
Erde, umfaßten Küstenländer und Inseln, verwandelten Landengen in
Wasserstraßen und große Inseln in Unterwasserplateaus. Das Meeres-
niveau zur Zeit des Abschmelzens der Dritten Eiszeit wird auf eine
Höhe geschätzt, die etwa 180 Meter unter dem gegenwärtigen
Meeresspiegel lag. Es ist möglich, daß viele Länder, die sich einst über
dem Meeresspiegel befanden, nun in noch größerer Tiefe liegen, und
zwar auf Grund vulkanischer Bewegungen, die während oder nach der
Überflutung stattfanden – wollte man die Terminologie der Bibel
verwenden, die diese Ereignisse vielleicht beschrieben hat, also nach der
Sintflut.
Nahezu alle Völker und Stämme der Welt bewahren lebendige Berichte
über frühere, durch Feuer, Flut, Erdbeben, Explosion, Erschütterungen
oder Veränderungen im Erdinnern ausgelöste Universalkatastrophen.
In den meisten Fällen wurde nur ein einziger Überlebender zusammen

mit seiner Familie und ausgewählten Tieren verschont, um, wie Noah, in einer neuen Welt ein neues Leben zu beginnen, sobald die Unruhe sich gelegt hatte oder die Wasser abgeflossen waren. Aber Noah war nur einer der Überlebenden, der eine, der den Erben der religiösen Überlieferung von Juden- und Christentum eben vertraut ist. Es gab aber zahlreiche Überlebende derselben oder ähnlicher Katastrophen, so zum Beispiel Deukalion in der griechischen Sage, der die Erde durch das Umherstreuen von Steinen wieder bevölkerte, oder Baisbasbata, der eine Flut überlebte, die im indischen Mahabharata geschildert wird. Die babylonische Legende erzählt von Ut-napishtim, dessen Geschichte jener Noahs sehr ähnlich ist, die persische von Yima, die altmexikanische von Coxcox, der sich vor der Flut auf einem riesigen Floß aus Zypressenholz rettete, oder von Tezpi, der einer anderen, schon höher entwickelten mexikanischen Rasse angehörte und ein geräumiges Schiff zur Verfügung hatte, das er mit Getreide und mit Tieren belud. Die kolumbianische Chibcha-Legende erzählt von Bochica, der sich am Ende durch Öffnen einer Spalte in der Erdoberfläche von der Flut befreite (wie es auch der Grieche Deukalion getan hatte.) Tamandere, der Guarani-»Noah« des südöstlichen Südamerika, ließ sich auf einem riesigen Baumstamm zu einem Berggipfel emportragen, wo er überlebte. Dies sind nur einige Beispiele von vielen aus der Welt. In jedem Fall entstammen die geretteten Tiere der lokalen Fauna, mit allgemeinen Hinweisen auf die Tiere, die von der Arche Noah aufgenommen wurden, in der amerikanischen Legende noch durch exotische Exemplare wie Lamas, Jaguare, Tapire, Büffel, Kojoten und Geier bereichert, die von Noahs amerikanischen Gegenstücken gerettet wurden.

Eine so ausgeprägte, überall auf der Welt heimische Legende – selbst die zeitliche Dauer der Flut differiert nur ganz wenig, zumeist zwischen vierzig und sechzig Tagen – läßt die glaubhafte Annahme zu, daß es eine weltweite Katastrophe war, die eine so tiefe, traumatische Erinnerung im Bewußtsein der Völker zurückließ, eine Katastrophe, die mit dem Meer und einem ständigen Wechsel von Terrain, Klima und Wasserspiegel überall auf der Erde in unmittelbarem Zusammenhang stand.

Spuren dieser Katastrophe finden sich nicht nur in der Erinnerung des Menschen, sondern lassen sich auch durch weiträumiges Heben, Senken und Aufwölben des Land- und Meeresbodens belegen. So haben sich die rund um die Azoren tief unter Wasser liegenden Sandbänke viele Meter emporgehoben, genauso wie andere, die entlang von Küsten verlaufen, vor allem in Grönland, Nordkalifornien und Peru, wo man nahe dem Grund alter, durch diese Schübe verursachter geologischer Riefelungen von Menschen verfertigte primitive Werkzeuge gefunden hat. Selbst die Anden, ein geologisch ziemlich junges Gebirge, scheinen geschoben oder emporgedrückt worden zu sein und haben vielleicht Städte wie Tiahuanaco mit sich genommen, während anderes Küstenland Südamerikas im Nasca-Tief des Ozeans versank. Dieselbe Katastrophe kann das Schmelzen der Gletscher verursacht haben, deren Wasser dann die Plateaus der atlantischen Inseln sowie große Teile des Kontinentalsockels, die früher über dem Meeresspiegel gelegen hatten, überfluteten. Zur selben Zeit traten überall auf der Welt auch klimatische Veränderungen ein, und zwar ganz offenbar mit erschreckender Schnelligkeit. Im sibirischen Eis wurden Mammuts gefunden, die so schnell erfroren waren, daß sich ihr Fleisch auch heute noch als genießbar erweist, wie sowjetische Wissenschaftler aus eigener Erfahrung bestätigen. Diese Mammuts, Flußpferde und andere, für Sibirien im allgemeinen nicht typischen Tiere, wurden anscheinend in einer Flut von eisigem Schlamm (oder Schlamm, der nach und nach gefror) wie in einer Falle gefangen und so schnell konserviert, daß unverdaute Nahrung (Pflanzen, die in Sibirien längst nicht mehr heimisch sind) in ihren Mägen gefunden wurde. Teile Nordsibiriens, Alaskas und Kanadas sind mit derart vielen Knochen plötzlich zugrunde gegangener Tiere bedeckt, daß manche Inseln oder Erhebungen, auf welche diese Tiere sich vor etwa 10 000 bis 11 000 Jahren zu retten suchten, aussehen, als bestünden sie bloß aus Gebeinen. Feindliche Arten, die gemeinsam Schutz suchten und in großer Zahl den Tod fanden, wurden in ganz Nordeuropa, Zentralasien und China gefunden, als ob die gesamte Erdoberfläche zur selben Zeit eine schnelle und unerklärliche Klimaveränderung erfahren hätte. Es gibt jedoch auch in anderen Hemisphären Zeugnisse für die gleichzeitige Vernichtung ganzer Arten, so zum Beispiel den riesigen Elefantenfriedhof in den kolumbianischen Anden oder – sogar unter See – das kolossale Feld toter See-Elefanten vor der Küste von Georgia. Keines dieser Tiere hat seine ursprüngliche Heimat dort, wo es mit so vielen seiner Artgenossen während des plötzlichen Klimawechsels vor 12 000 Jahren den Tod gefunden hat.

Zu den Gebieten, die damals zum Festland gehörten und heute von Wasser bedeckt sind, zählen Teile des Mittelmeerraumes, darunter

Landbrücken zwischen Afrika und Gibraltar und zwischen Sizilien und Italien, ein großer Teil der Nordsee, die Festlandsockel von Irland, Frankreich, der Iberischen Halbinsel und Afrika, die versunkenen Plateaus rund um die Azoren, die Kanarischen Inseln und Madeira, der Azoren-Kap-St.-Vincent-Rücken, der Mittelatlantische Rücken, die Festlandsockel von Nord- und Südamerika und vor allem die gewaltigen Bahama-Bänke, die eine Ausdehnung von Tausenden von Quadratkilometern hatten, bevor sie überflutet wurden.

Beweise, daß diese Gebiete innerhalb der letzten zehn- oder zwölftausend Jahre über dem Meeresspiegel gelegen haben, gibt es in Hülle und Fülle. So holte eine sowjetische Expedition vor kurzem nördlich der Azoren Felsstücke aus einer Tiefe von über zweitausend Meter, die vor 17 000 Jahren unter atmosphärischem Druck geformt worden waren, und ein Tauchtrupp, der im 19. Jahrhundert einen Bruch des transatlantischen Kabels ebenfalls in der Nähe der Azoren reparierte, brachte Stücke von Tachylyt an die Oberfläche, einer glasigen Lava, die sich unter atmosphärischem Druck über dem Meeresspiegel bildet. Die einzelnen Stücke wurden auf ein Alter von ungefähr 12 000 Jahren geschätzt. (Dazu hat es viele Kommentare gegeben, doch auch die Ursache des Kabelbruchs, eine plötzliche Hebung des Bodens um etwa 1200 Meter, ist von besonderem Interesse, denn sie kann in jeder Hinsicht als ein Beispiel für die Bewegungen des Meeresbodens angeführt werden.)

Ein Forschungsprojekt, das 1973/74 von der Universität Halifax zur Erforschung geothermischer Energie durchgeführt wurde, brachte unter anderem die Gewißheit, daß das innerhalb der ersten 800 Meter unter Meeresniveau angebohrte Gestein sich oberhalb des Meeresspiegels gebildet haben muß. Daraus folgt, daß große Gebiete rund um die heutigen Azoren-Inseln einmal über dem Meeresspiegel lagen.

Andere Entdeckungen in jüngster Zeit scheinen zu bestätigen, daß die Datierung der letzten Überflutung weiter Gebiete im Atlantik mit 12 000 v. Chr. richtig ist, was auch mit der geschätzten Datierung der Dritten Eiszeit übereinstimmen würde. 1956 äußerten R. Malaise und P. Kolbe vom Nationalmuseum Stockholm die Ansicht, daß die Süßwasserkieselalgen, deren Vegetationskörper Dr. Kolbe in der Nähe des Mittelatlantischen Rückens mit einer einzelnen Bohrprobe aus einer Tiefe von 3700 Meter zutage gefördert hatte, ursprünglich in einem Süßwassersee beheimatet waren, der früher auf der Landoberfläche gelegen und nun auf den Meeresboden gesunken war. Das Alter dieser Süßwasseralgen wurde auf etwa zehn- bis zwölftausend Jahre geschätzt.

Diese Angabe trifft sich in merkwürdiger Weise mit Platos Bericht von Atlantis in seinen Timaios- und Kritias-Dialogen, in welchen er von einem großen Kontinent spricht, der im äußeren Ozean »vor neuntausend Jahren« existiert habe – also etwa 11 500 Jahre vor unserer Zeitrechnung.

Daten in Legenden sind immer zweifelhaft, vor allem da sie meist aus zweiter oder dritter Hand kommen. Auch Plato bekam seine Information indirekt über Solon, der sie seinerseits wieder auf einer Reise nach Saïs in Ägypten erhielt. Es ist jedoch bemerkenswert, daß dieselbe Zeitschätzung so häufig auch anderswo im Zusammenhang mit diesen versunkenen Ländern auftaucht.

Es gibt aber noch andere Hinweise, daß große Teile des westlichen Atlantiks einst über dem Meeresniveau lagen. So bildet sich zum Beispiel Küstensand nicht am Meeresboden, sondern durch die Gewalt der Wellen, die sich am Ufer brechen. Und doch finden sich weite Sandstrände auf tiefen Unterwasserplateaus rund um die Azoren. Flüsse bilden nur am Land Schluchten, und doch reicht der Cañon des Hudson River Hunderte von Kilometern in die See hinaus. Ähnliche Beispiele gibt es an den Mündungen europäischer, afrikanischer und südamerikanischer Flüsse.

Mastodon- und Menschenknochen sind auf dem Grund der Nordsee zusammen mit prähistorischen Werkzeugen gefunden worden, deren Beschaffenheit darauf schließen läßt, daß bereits im Pleistozän (vor 11 000 v. Chr.) die Voraussetzungen zu kultureller Entwicklung gegeben waren.

Vielleicht die bemerkenswertesten Hinweise auf die Reste einer nach dem Abschmelzen der eiszeitlichen Gletscher versunkenen prähistorischen Kultur geben die Mauern, Dämme und Straßen, die nun immer häufiger unter den Wassern der europäischen und afrikanischen Westküste und an der südöstlichen Küste von Nordamerika gefunden werden. Zu ihnen zählen Unterwasserbauten, Mauern und gepflasterte Straßen, die von den Küsten von Yucatán und Honduras ausgehen, Straßen, die möglicherweise zu versunkenen Städten führen, die noch weiter draußen im Ozean liegen. Es gibt sogar einen ungefähr 9 Meter hohen und 160 Kilometer langen »Meeres-Wall«, der nahe der

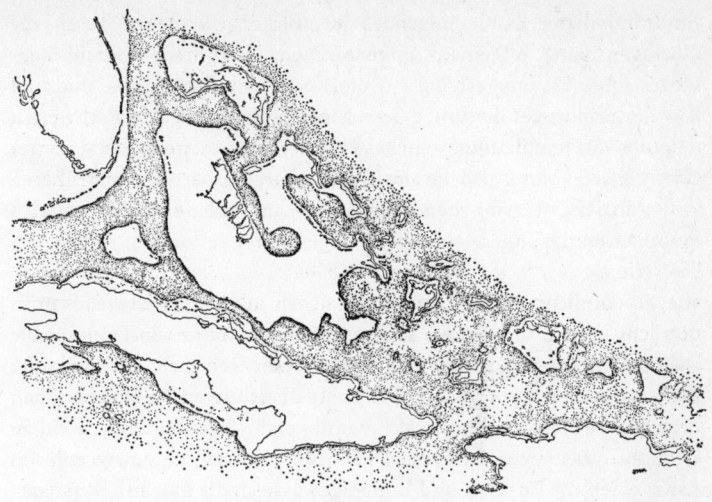

Annahmen zufolge bildeten die Bahamas, Kuba und Florida vor dem Ende der letzten Eiszeit, ehe die Ozeane nach dem Schmelzen des Polareises anstiegen, eine Landmasse. Wie man sieht, erstreckt sich Florida weit nach Westen, in den Golf von Mexiko. Das dunkle Gebiet im Zentrum der Landmasse, bestehend aus den heutigen Inseln Andros, Exuma, Eleuthera und der New-Providence-Gruppe, ist die Tongue of Ocean, eine tiefe Meeresrinne. Damals bildete das Meer im Bahama-Gebiet große Inselbuchten, zu denen der heutige Exuma-Sund und die Tongue of Ocean gehörten.

Orinoko-Mündung an der venezolanischen Küste weit in den Ozean hinausführt. Man glaubte zuerst, er wäre natürlichen Ursprungs, doch seine gerade Linienführung und sein ganzer Aufbau scheinen diese erste Annahme zu widerlegen.

Es gibt sehr deutliche Hinweise, daß in der Karibischen See eine kontinentale Landmasse bestanden hat, deren über das Wasser ragende Berggipfel die Insel und Kämme der Antillen sein könnten. 1969 studierte eine Forschungsexpedition der Duke University den Meeresboden der Karibik und nahm Bodenproben an verschiedenen Punkten des Aves-Rückens, der entlang der östlichen Küste des Venezuela-Bekkens zwischen Venezuela und den Jungferninseln verläuft. Fünfzigmal wurde Granit (säurehaltiges Eruptivgestein) an die Oberfläche gebracht. Gewöhnlich wird solches Gestein nur auf dem Kontinent gefunden. Dr. Bruce Heezen, ein hervorragender Ozeanograph, hat im

Zusammenhang damit folgendes geäußert: »Bis heute haben die Geologen ganz allgemein angenommen, daß helle Granite oder säurehaltige Eruptivgesteine auf die Kontinente beschränkt sind und daß die Erdkruste, die unter dem Meeresspiegel liegt, aus schwerem dunkelgefärbtem Basaltgestein besteht . . . Das Auftreten hellgetönter Granitfelsen könnte also die alte Theorie untermauern, daß in früheren Zeiten in der Ostkaribischen Region eine Landmasse existierte und daß diese Felsen das Innere eines versunkenen und verlorenen Kontinents darstellen.«

Die erstaunlichsten Funde wurden jedoch auf dem Bahama-Plateau gemacht, jenem Gebiet, wo sich innerhalb des Bermuda-Dreiecks die Zwischenfälle besonders häufen. Viele dieser Überreste lagen in einer Tiefe von nur einigen Metern. Die heute überfluteten Kalkformationen der Bahama-Bänke befanden sich vor ungefähr 12 000 Jahren zu einem Großteil über dem Meeresspiegel. Sie bildeten ein ausgedehntes Landgebiet mit Buchten und Binnengewässern, die nun auf Tiefenkarten als die tiefsten, in und um die Bahama-Bänke eingeschnittenen Stellen des Ozeans aufscheinen. Dieses bedeutende Landgebiet bestand zu der Zeit, bevor der Meeresspiegel anstieg, aus einer einzigen oder mehreren Inseln, die, wenn wir den Überresten unter Wasser Glauben schenken dürfen, eine vielfältige Kultur trugen.

Von 1968 bis heute wurden vor allem in der Nähe von Bimini unter Wasser Anlagen entdeckt, die wie massive, aus riesigen übereinandergeschichteten Steinblöcken bestehende Bauten wirken, die man für Straßen, Terrassen, Hafenwerke oder eingestürzte Wälle halten könnte. Sie erinnern auf merkwürdige Art an die Steinbauten der Vor-Inkazeit in Peru, an Stonehenge oder die kyklopischen Mauern des minoischen Griechenland.

Das Alter der Steine ist ungewiß, obwohl fossilierte Mangrovenwurzeln, die über die Steine gewachsen waren, Carbon-14-Daten von etwa 12 000 v. Chr. ergeben haben.

Der berühmteste aller Funde ist die »Bimini-Straße« oder der »Bimini-Wall«, den Dr. J. Manson Valentine mit den Tauchern Jacques Mayol, Harold Climo und Robert Angove 1968 als erster entdeckt hat. Anfangs von der Meeresoberfläche aus gesichtet, als die See besonders klar und glatt war, erschien er in den Worten von Dr. Valentine als »ein ausgedehntes Pflaster recht- und vieleckiger flacher Steine von verschiedener Größe und Stärke, die sichtlich geformt und einander genau angepaßt waren, um ein zweifellos kunstvolles Gefüge zu bilden. Diese Steine hatten sich mit Sicherheit eine lange Zeitspanne hindurch unter Wasser befunden, denn die Kanten der größten unter ihnen waren so abgerundet, daß sie wie gewölbt, ja geradezu wie riesige Brotlaibe oder Kissen aussahen. Die Kanten mancher Steine verliefen genau rechteckig und näherten sich häufig einer nahezu perfekten Würfelform (wie man weiß, kommen absolut gerade Linien in der Natur nicht vor). Die größeren, mindestens drei bis viereinhalb Meter langen Stücke hielten oft einen Parallelabstand in der Breite von Avenuen, während die kleineren mosaikartige Pflasterungen bildeten, die größere Abschnitte bedeckten . . . Die sichtlich aus einander angepaßten Steinen bestehenden Avenuen verlaufen geradlinig und parallel. Sie bilden eine klar gezeichnete doppelte Linie, die von zwei Erweiterungen unterbrochen wird, auf welchen sich sehr große flache Steine befinden, deren Enden wieder auf vertikal aufgerichteten Steinen liegen (wie bei den vorgeschichtlichen Steingräbern oder Dolmen in Westeuropa). Das südöstliche Ende dieser großen Straßenanlage endet in einer wunderbar geschwungenen Kurve, die drei kurzen, aus exakt aneinandergefügten großen Steinen bestehenden Dämme sind von gleicher Breite und enden mit Ecksteinen . . . Aus der Luft kann man die riesigen einzelnen Steine unter ihrer dunklen Algendecke verschwommen erkennen. Sie markieren sozusagen die Grenzlinien dieses geologischen oder archäologischen Rätsels.«

Die ersten Entdeckungen in Bimini wurden durch Geologen und Archäologen, von denen manche den Schauplatz gar nicht besichtigt hatten, stark angezweifelt. Neue Funde jedoch, die ergeben haben, daß die gigantische Konstruktion eine Kurve beschreibt und an anderen Stellen des Meeresbodens wieder auftaucht, als ob sie einst rund um Bimini und noch weiter geführt hätte, weisen mit zunehmender Deutlichkeit auf die Größe und Verzweigung dieser ungeheuren Anlage hin, über deren Sinn wir bis heute nur Vermutungen anstellen können. Dazu meint der Entdecker persönlich: ». . . Die Behauptung, daß die Steine die Reste von Mauern, Straßen oder sogar einer prähistorischen Hafenanlage darstellen, kann zur Zeit nicht als erwiesen gelten. Es wurde noch nicht festgestellt, was darunter liegt, wenn es überhaupt etwas anderes sein sollte als Grundgestein. Neue Beobachtungen in etwas tieferem Wasser haben jedoch zumindest in einem Gebiet den Beweis erbracht, daß es sich um eine vielschichtige Bauweise handelt.

Meiner persönlichen Meinung nach stellt dieser ganze Komplex die intelligente Nutzung naturgegebenen Materials durch den prähistorischen Menschen dar, eines Materials, das geeignet ist, eine Art von kultischem Zentrum zu errichten. In diesem Zusammenhang sollte man sich vor Augen führen, daß bestimmte prähistorische Fundstellen wie in Glastonbury und die Zeichnungen in der Nasca-Wüste von Peru mit ihren kilometerlangen Linien und Tierdarstellungen, die ihrer gigantischen Ausmaße wegen nur aus der Luft erkennbar sind, im Grunde keinen Zusammenhang mit unserer modernen Technologie aufweisen, da der Zweck dieser majestätischen prähistorischen Kunstwerke für uns unverständlich ist . . .«

Forschungsflüge haben seit 1968 andere außerordentliche und augenscheinlich von Menschenhand geformte Bauten auf den Bahama-Bänken sowie auf dem Meeresgrund in der Nähe von Kuba, Haiti und Santo Domingo nachgewiesen. Es wird berichtet, daß manche dieser Bauten draußen im Meer wie Pyramiden oder ungeheure Kuppelbauten aussehen. Einer von ihnen, im Bimini-Gebiet, mißt 55 × 43 Meter und könnte der Stumpf einer Pyramide sein, andere wieder sehen aus wie größere Pyramiden oder Tempelterrassen. In den kubanischen Gewässern harrt ein ganzer Komplex bereits lokalisierter Unterwasser-»Ruinen« der Erforschung. Die Kubaner selbst (Fidel Castro ist ein begeisterter Unterwassersportler) haben sie bereits in Augenschein genommen.

Zwei Linienpiloten, Bob Brush und Trig Adams, fotografierten 1968 während eines Flugs in der Nähe der Insel Andros ein abgestecktes Rechteck des Inselsockels. Taucher fanden später einen Steinwall, doch gibt es kein Zeugnis der Ureinwohner oder der späteren spanischen Eroberer, daß sie einen solchen Bau errichtet hätten, noch dazu unter Wasser. Etwas, das ein Unterwasserwall oder eine Unterwasserstraße zu sein scheint, die am Kamm eines Unterwasserriffs entlangläuft, wurde in der Nähe von Cay Lobos geortet und fotografiert. Möglicherweise verlief die urzeitliche Straße entlang der Klippe, als beide sich noch über dem Meeresspiegel befanden. Vielleicht waren auch die in den Schelf nördlich von Puerto Rico gehauenen Stufen (von denen der französische Seekapitän Gorges Houot und Leutnant Gérard de Froberville vom Tiefseetauchboot *Archimède* berichtet haben) einfach eine Treppe, die zu einem Felsenriff führte und von dort zum alten Meeresniveau vor 12 000 Jahren.

Das Tiefseeforschungs-
boot *Aluminaut* hier
auf dem Meeresboden
nahe Bimini. Es kann
eine Tiefe von 4600
Meter erreichen, eine
Mannschaft von sieben
Mann und mehr als
drei Tonnen wissen-
schaftliches Material
aufnehmen und dabei
drei Tage unter Wasser
bleiben.
*Foto: Reynolds
Metals
Company*

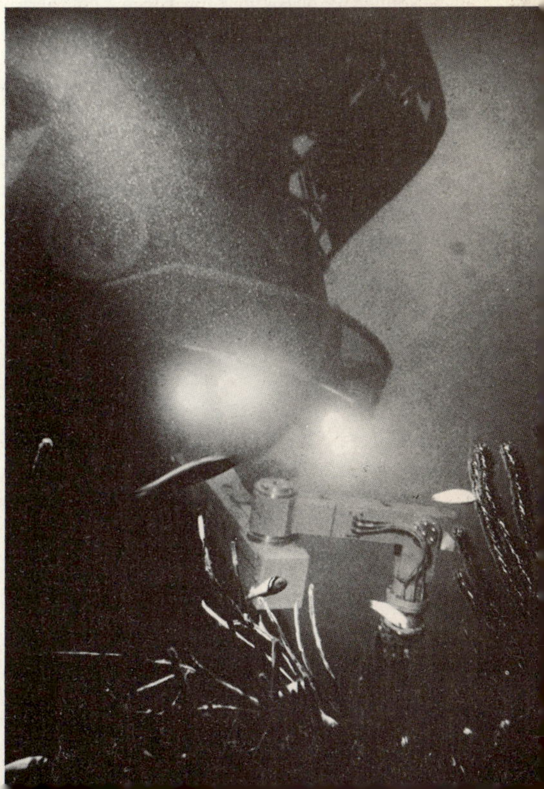

Das *Aluminaut* an der
Arbeit in der Tiefsee.
Es kann unter anderem
zu Rettungsaktionen,
zur Lokalisierung von
Minerallagern sowie
zur Erforschung und
auch Aufzeichnung des
Meeresbodens verwen-
det werden.
*Foto: Reynolds
Metals
Company*

An einem klaren Tag bei Nord-Bimini fotografierte Wasserhose. Diese Phänomene können bei Nacht von Flugzeugen möglicherweise nicht bemerkt werden.

Foto: J. M. Valentine

Das Moselle-Riff, wo ungeklärte Lichtphänomene, UFOs und das Auftreten von
Instrumentenversagen beobachtet wurden. In dieser Gegend erhebt sich ein
steiler unterseeischer Berggipfel zu einer Höhe von 900 Meter, durchbricht aber
die Wasseroberfläche nicht.

Foto: J. M. Valentine

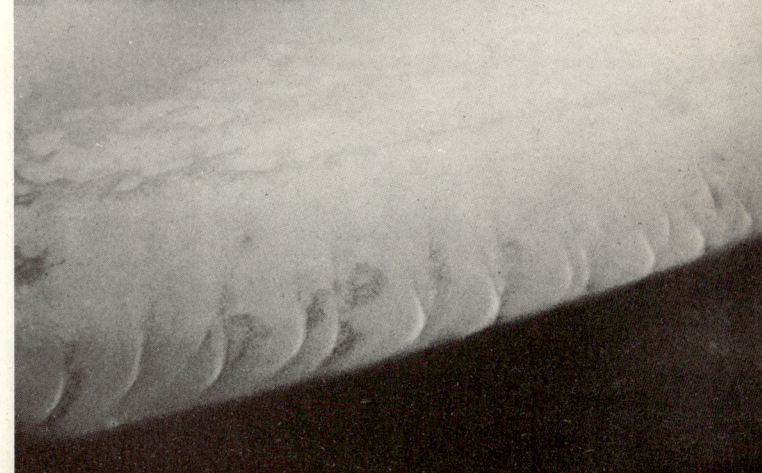

Luftbild des »weißen Wassers« in der Nähe von Orange Key. Das leuchtende weiße Wasser bei den Bahamas und in der Sargasso-See wurde schon von Kolumbus beobachtet. Für die Astronauten von Apollo 12 war es das letzte von der Erde sichtbare Licht.

Foto: J. M. Valentine

Steilabfall an der südwestlichen Kante der Bahama-Bänke. Das von diesem Luftfoto erfaßte Gebiet liegt völlig unter Wasser, die landähnlichen Formationen am oberen Bildrand sind Formen des Meeresgrundes im seichten Wasser in der Nähe des Abfalls.

Foto: J. M. Valentine

Schwesterschiff der *Good News*, eines Hochsee-Schleppers, der Berichten zufolge in der Tongue of Ocean in ein »Tauziehen« mit unbekannten Kräften verwickelt wurde.
Foto: J. M. Valentine

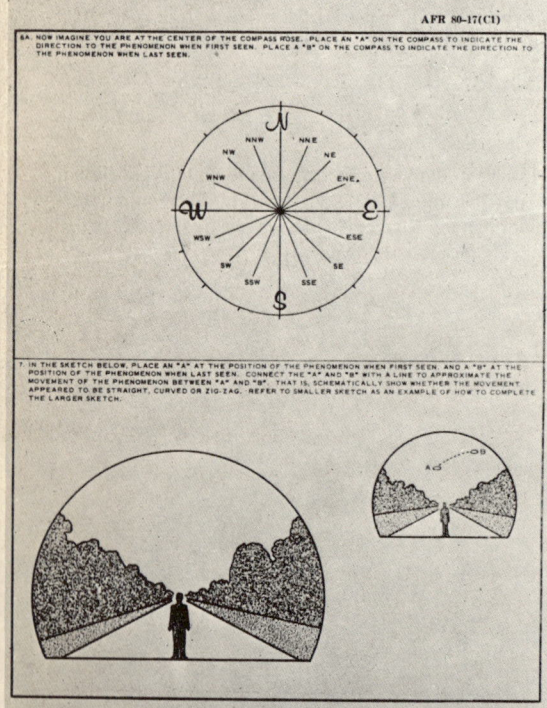

Illustration aus der (früheren) Luftwaffen-Dienstvorschrift 80-17 (AFR 80-17), auf welcher der Punkt des Erscheinens und der Weg eines gesichteten UFOs eingetragen werden kann.

Kolossale, vom Wasser abgeschliffene Kalksteinstatue aus den Loltún-Höhlen in Yucatán, Mexiko, die heute etwa 100 Meter über dem Meeresspiegel liegen. In diesen gewaltigen Höhlen befinden sich uralte riesige Statuen, die in keiner wie immer gearteten Beziehung zu anderen kulturellen Schöpfungen der Indianer Nordamerikas stehen. Spuren ozeanischer, in den Ritzen dieser Statuen einge-schlossener Fauna weisen darauf hin, daß sie über Wasser geformt, dann für eine beträchtliche Zeitspanne überflutet gewesen waren und vielleicht zu der Zeit wieder an die Oberfläche kamen, als die Bahama-Bänke und andere atlantische Inseln unter den Meeresspiegel sanken. *Foto: J. M. Valentine*

Das erste Foto des Bimini-Walls, aufgenommen etwa einen Meter über dem Meeresspiegel. Die Klarheit des Wassers erlaubt eine gute Sicht auf die in einer Tiefe von mehreren Metern liegenden urzeitlichen Bauten. Möglicherweise haben erst Stürme oder tektonische Spannungen zu ihrer Entdeckung in jüngster Zeit geführt.

Foto: J. M. Valentine

Ansicht des Bimini-Walls, die eine in der Mitte der Anlage herablaufende Vertiefung oder Furche zeigt. Die Regelmäßigkeit dieser Vertiefung ist ein Hinweis mehr, daß die Anlage von Menschenhand stammt.

Foto: J. M. Valentine

Ein Taucher bei der Erforschung eines Kanals im Bimini-Wall. Form und Aufstellung dieser Monolithen sind ein überzeugender, wenn auch noch nicht allgemein anerkannter Beweis, daß sie von Menschenhand stammen.

Foto: J. M. Valentine

Zusammenschluß riesiger, den Bimini-Wall einfassender Monolithen. Ähnliche Anlagen befinden sich möglicherweise unter dem Sand des Meeresbodens, nur durch unnatürlich gerade Linien im Wuchs der Bodenvegetation gekennzeichnet.

Foto: J. M. Valentine

Luftaufnahme des Meeresbodens südlich von Bimini. Das große Viereck rechts wird für den Rest eines prähistorischen Docks oder einer Tempelterrasse gehalten, die nun unter dem Meeresboden liegt.

Foto: J. M. Valentine

Steinfries von den Maya-Ruinen in Cobá mit der stilisierten Schilderung der Rettung aus einer Katastrophe, die durch ausbrechende Vulkane und, in der linken oberen Ecke, durch zusammenstürzende Tempelpyramiden dargestellt wird. Maya-Legenden erzählen, daß die Ahnen der Maya ursprünglich aus einem großen Land in der »Östlichen See« gekommen waren, das von einer Sintflut heimgesucht wurde und in den Wellen versank. In der indianischen Überlieferung trägt dieses Land den Namen Aztlán oder Atlán und andere ähnliche Namen, die an den Klang von »Atlantis« erinnern.

Foto: J. M. Valentine

◁ Luftaufnahme der abfallenden Ostküste von Cay Lobos, Bahamas. Die Linien rechts unten zeigen unter Wasser liegende Überreste, die vor Jahrtausenden, als die Bahama-Bänke über dem Meeresspiegel lagen, möglicherweise Teile eines das Meer überblickenden Walls oder einer Straße gewesen sind.

Foto: J. M. Valentine

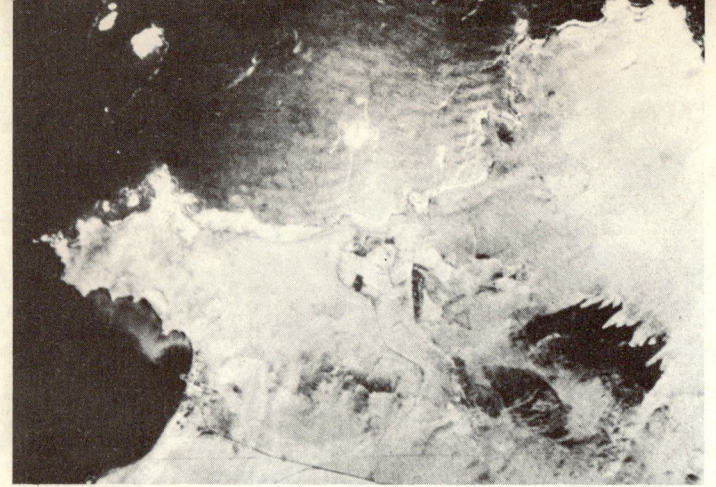

Ansicht von Berghängen mit sichtbarer Meereserosion in der Nähe von Ancón, Peru. In diesem Gebiet der peruanischen Küste weist die unregelmäßige geologische Lagerung darauf hin, daß der frühere Meeresboden, dessen Schichten kulturelle Überreste von extrem hohem Alter enthalten, über den Meeresspiegel emporgedrückt worden ist.

Hinweise auf hohe Landüberflutungen im Mittelmeerraum. Der Taucher befindet sich auf dem höchsten Punkt einer überfluteten Akropolis, etwa 30 Meter unter der Oberfläche des Ägäischen Meeres, in der Nähe der Insel Melos. Von der Stelle, an der dieses Foto gemacht wurde, führen Straßen zu Anlagen in noch größerer Tiefe hinab.

Foto: Jim Thorne

Die Cheops-Pyramide. Messungen lassen darauf schließen, daß sie als riesiger Wegweiser und als astronomische Uhr diente.

Foto: Mit freundlicher Genehmigung von Trans World Airlines

Kyklopische Mauern der Festung Sacsahuaman, Peru, die den Unterwasseranlagen von Bimini in mancher Hinsicht ähneln. Die Mauern von Sacsahuaman und andere Überreste der Vor-Inka-Zeit in Peru sind ein archäologisches Rätsel. Es gibt keine Erklärung dafür, wie diese riesigen Steine mit ihren merkwürdigen Außen- und Innenwinkeln transportiert, geschnitten, gemessen und zu so genauen und doch wie zufällig wirkenden Mustern zusammengesetzt werden konnten.

Foto: Mit freundlicher Genehmigung von Pan American World Airways

Die Schwarze Pagode von
Konarak, Indien, ein auf
uns gekommenes Bei-
spiel verblüffender archi-
tektonischer Fähigkeiten
der Menschen uralter
Zeiten. Der technische
Fortschritt sehr alter
Kulturen in Indien läßt
auf ein Bindeglied zu
noch älteren Kulturen
schließen, die Kenntnisse
des Flug- und Raketen-
wesens sowie der Atom-
energie besaßen und de-
ren Bild von der Erde und
ihrer Stellung im Uni-
versum dem unseren
ähnlich war.

*Foto: Mit freundli-
cher Genehmigung
des Staatlichen indi-
schen Touristen-
büros*

Eine Goldarbeit aus
einem präkolumbiani-
schen Grab, die trotz ih-
res Alters – etwa 1800
Jahre – von vielen For-
schern für das Modell ei-
nes mit trapezförmigen
Flügeln, Maschinen-
raum, Cockpit, Wind-
schutz und Höhensteu-
ern ausgestatteten prähi-
storischen Flugzeugs ge-
halten wird.

Foto: Jack Ullrich

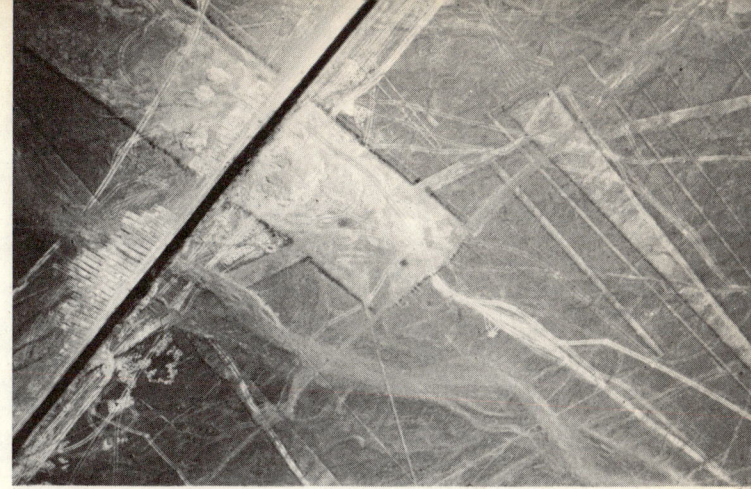

Luftbild der Nasca-Linien in Peru. Diese Linien unbekannten Alters stellen Tiere, Vögel, geometrische Figuren und, wie viele annehmen, Landebahnen dar. Am Boden selbst schwer zu erkennen, wurden sie erst Mitte des 20. Jahrhunderts von der Luft aus entdeckt. Die schwarze Linie, die die Landebahn diagonal schneidet, ist die Panamericana-Fernstraße.

Maya-Steinrelief aus Palenque, Chiapas, Mexiko, das gern als Beweis für prähistorische Besuche von Ur-Astronauten angeführt wird. Der russische Wissenschaftler und Schriftsteller Kasanzew hält die Platte für die Darstellung eines Raumfahrzeuges, das mit einer zwar stilisierten, aber doch erkennbaren Antenne, Lenkung, Turbinenkompressor, Instrumentenbrett, Tanks, Verbrennungsraum, Turbine und Auspuff ausgestattet ist.

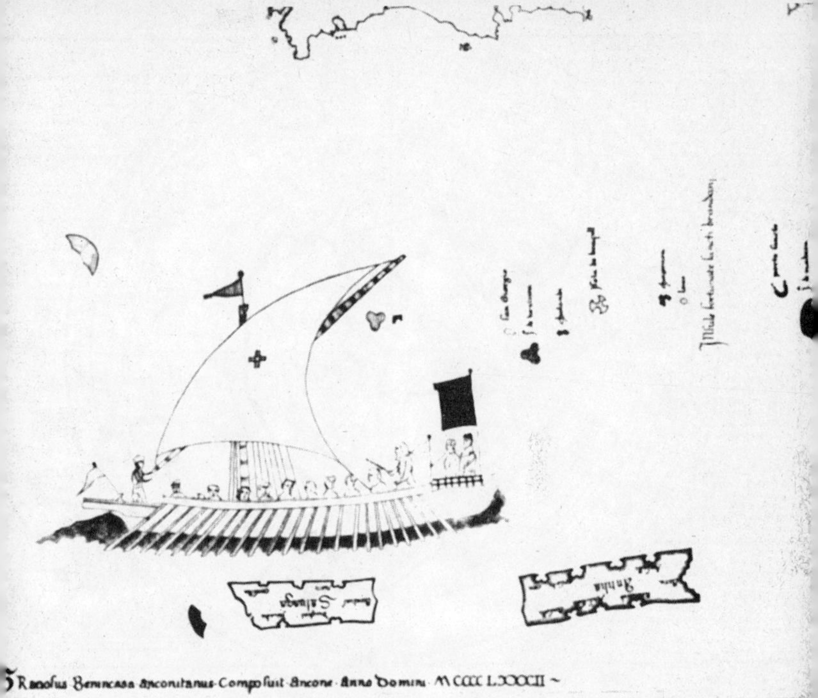

Die Bennicasa-Karte aus dem Jahr 1482, die Kolumbus auf seiner ersten Reise möglicherweise bei sich hatte. Der obere Teil der Karte zeigt nach Osten, zu den Küsten von Spanien und Portugal. Einige der dargestellten Inseln im Atlantik waren europäischen Seeleuten bekannt, andere legendär. Antilia, die Insel auf der Karte rechts unten, wurde seit den Zeiten Karthagos für eine ausgedehnte Insel im westlichen Atlantik gehalten.

Foto: Library of Congress

◁ Die Piri-Reis-Landkarte, gefunden 1929 in Istanbul, Teil einer Weltkarte, von der man annimmt, sie sei die Kopie eines griechischen Originals aus der Bibliothek des antiken Alexandria. Unter anderem zeigt sie einzelne Teile der Antarktis, die offenbar mehrere tausend Jahre vor der »Entdeckung« der Antarktis gezeichnet wurden, sowie die genaue Form der Antarktis ohne Eisdecke.

Foto: Library of Congress

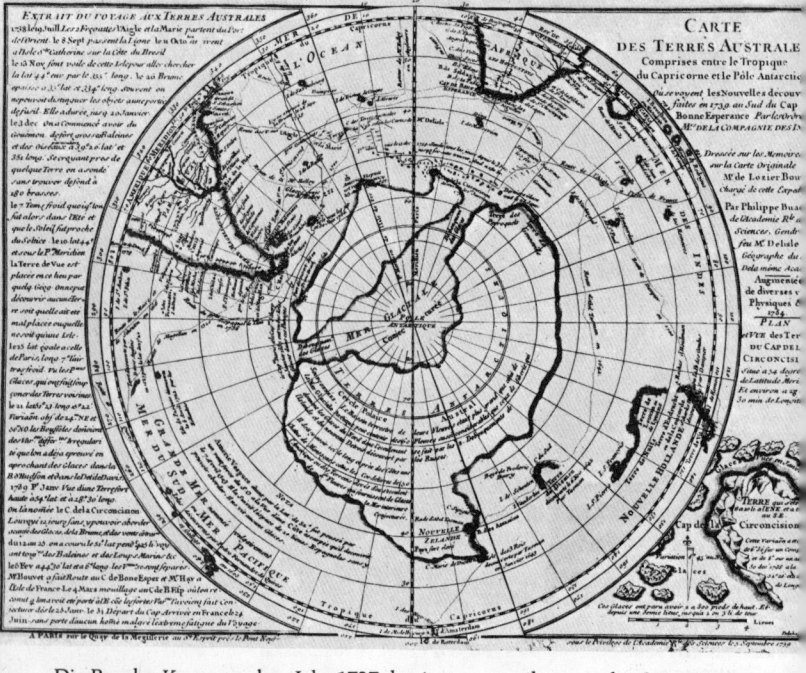

Die Buache-Karte aus dem Jahr 1737, kopiert von antiken griechischen Karten. Sie zeigt die Antarktis ohne Eis. Wäre die Antarktis heute nicht von Eis bedeckt, so träfen sich das Ross- und das Wedell-Meer in einer riesigen Wasserstraße und teilten die Antarktis selbst in zwei Landmassen, eine Tatsache, die in moderner Zeit erst seit dem Geophysikalischen Jahr 1968 bekannt ist. Diese Karte ist ein Hinweis mehr auf die überraschenden technologischen Fähigkeiten mancher alter Kulturen.

Foto: Library of Congress

In der Nähe der Küste von Yucatán, Mexiko, wurden schon oft aus der Luft zahlreiche Dämme gesichtet. Sie streben von der Küste in geraden Linien auf unbekannte Örtlichkeiten unter Wasser zu, die weiter draußen im Meer in tieferen Gewässern liegen. Während die entsprechenden Verbindungsdämme an Land wegen des Dschungels nicht sichtbar sind, kann man die unter Wasser gelegenen nach wie vor erkennen, wenn sie durch Strömungen oder Stürme freigelegt werden. Eine kolossale Unterwasserstraße oder ein Pflaster, das einmal über dem Meeresspiegel lag, wurde möglicherweise 1967 von dem Tiefseetauchboot *Aluminaut* entdeckt, das sich auf einer Forschungsreise vor den Küsten von Florida, Georgia und Süd-Carolina befand. Die Straße bestand sichtlich aus Braunstein oder war damit gepflastert. Sie erreichte an manchen Stellen eine Tiefe von über 900 Meter, und als an der *Aluminaut* Spezialräder angebracht wurden, konnte sie sich auf ihr fortbewegen. Es war, als ob die *Aluminaut* wie ein Automobil auf einer gewöhnlichen Straße dahinführe, nur mit dem Unterschied, daß die Straße in diesem Fall auf dem Grund des Meeres lag. Die Größe der gepflasterten Oberfläche war zu enorm, um den Schluß zuzulassen, sie wäre durch Menschenhand entstanden, was auch bei einem sehr ausgedehnten »verfliesten« Teil des Meeresbodens der Fall war, den Dr. Bruce Heezen vom Lamont-Observatorium während einer Tiefseetauchung im Bahama-Gebiet beobachtet hatte.

Unter den sichtlich von Menschenhand stammenden Funden im Bermuda-Gebiet sind manche klar erkennbar, manche jedoch liegen nicht nur unter Wasser, sondern unter dem Meeresboden selbst. Es ist eine Tatsache, daß Steinbauten oder Steinfundamente, die durch die Last der Jahrhunderte oder als Folge von Erdbeben oder Überflutungen tief in die Erde versunken sind, die Erscheinungsform von Gras oder anderem pflanzlichen Leben, das sich über ihnen bildet, verändern. Dies hat zu einigen erfolgreichen Entdeckungen aus der Vergangenheit geführt. Verschollene Bauten zerstörter römischer Kastelle und Straßen in England, urgeschichtliche Kanalsysteme im einstigen Babylonien und Assyrien (heute Irak) und völlig verschwundene Städte im Iran und in Zentralasien sind durch die Abweichungen der Erscheinungsformen und Farbschattierungen des pflanzlichen Lebens auf dem Erdboden, in Sümpfen oder unter dem Meer aufgespürt und rekonstruiert worden. Gerade Linien in der Färbung der Bodendecke zeigen an, wo Wälle liegen oder wo Straßen oder Kanalsysteme existiert haben.

Der alte Etruskerhafen von Spina in Italien war so völlig verschwunden, daß man ihn für eine Legende hielt, bis die Spuren seiner am Meeresgrund völlig unsichtbaren Wälle, Fundamente, Kanäle und Werften aus der Luft klar erkannt wurden.

Die Möglichkeit, urzeitliche Bauten aus der Luft zu sichten, ist auf den Bahamas genützt worden, wo das den Festlandsockel bedeckende Wasser seicht genug ist, um Spuren von Unterwasserbauten erkennen zu lassen. An vielen Stellen der Bahama-Bänke gibt es eine erstaunliche Fülle von großen Quadraten, Rechtecken, Kreuzen, langen, parallel laufenden Linien, möglicherweise Straßen, die manchmal im rechten Winkel, in konzentrischen Kreisen, Dreiecken, Achtecken und anderen geometrischen Formen verlaufen. Sie alle wurden durch das Vorhandensein (oder Nichtvorhandensein) von Seegras über den eigentlichen Ruinen aufgeklärt. Von Tauchern vorgenommene Tests unter Wasser haben ergeben, daß die durch existierende Grundlinien georteten Steinbauten knapp einen Meter tief unter dem Sand liegen.

Man wird fragen, warum soviel ungewöhnliches, heute erforschtes Beweismaterial früher niemals bemerkt worden ist. Die Antwort lautet zum Teil, daß eben niemandem einfiel, auf den Bahama-Bänken nach einer versunkenen Zivilisation zu suchen, während noch so viele historische Fundstätten im Mittelmeergebiet ihrer Entdeckung harrten. Unterwasserexpeditionen im Bahama-Gebiet und vor der Küste Floridas konzentrierten sich weitgehend auf spanische Schatzschiffe, Objekte, die sicher einen unmittelbareren finanziellen Erfolg garantierten als die Enthüllung einer vergessenen und schwer zu bestimmenden Zivilisation. Selbst bei so offen zutage liegenden Beweisen wird in wissenschaftlichen Kreisen ebensoviel Anstrengung darauf verwendet, die Funde zu widerlegen, als von Forschern und Entdeckern, sie öffentlich bekanntzumachen.

Bemerkenswert ist auch, daß qualifizierte Wissenschaftler zögern oder sich sträuben, der gegensätzlichen Meinung anderer Archäologen oder Ozeanographen mutig zu begegnen. Dazu kommt, daß die entdeckten Bauten oder prähistorischen Kunstgegenstände, nachdem sie schon einmal lokalisiert gewesen waren, durch die Bewegung der Gezeiten und der Stürme wieder verlorengehen können. Es ist jedoch festzustellen, daß seit 1968 auf dem Grund der Großen Bahama-Bank eine gewisse Hebung stattgefunden hat, die Spuren neuer Bauformen freilegte, von denen keine auf früheren Fotos dieses Gebietes erkennbar ist. Dies war bei einer wie ein großer Bogen geformten, aus Stein gebauten und etwa 30 Meter langen Anlage zwischen den nördlichen und südlichen Cat Cays bei Bimini der Fall und bei einer weiteren südöstlich von Süd-Caicos, die genau in der Richtung einer anderen geraden Linie auf dem Meeresboden läuft, die bis jetzt noch nicht erforscht ist.

Einige der bereits entdeckten Fundstellen scheinen sich zu heben oder durch die Wirkung der Gezeiten von Ablagerungen befreit zu werden, so daß ihre künstliche oder von Menschenhand gefertigte Bauweise besser erkennbar ist. Dr. James Thorne, ein hervorragender Ozeanograph und Taucher, der den »verlorenen Kulturen unter dem Meeresspiegel« neutral, wenn nicht sogar skeptisch gegenübersteht, untersuchte kürzlich die klobigen Säulen, auf denen einige der Steine des Bimini-»Walls« ruhen. Die Meinung vieler anderer Ozeanographen, der gesamte Bimini-Komplex und andere Abschnitte auf den Bahamas wären natürlichen Ursprungs, wurde überzeugend widerlegt. Eine andere Gruppe von Tauchern, die den versunkenen Anker einer spanischen Galeone fand, entdeckte, als sie ihn untersuchte und den Boden ringsherum aufkratzte, daß er auf einem Mosaikboden oder einer Terrasse lag, die vielleicht vor Tausenden von Jahren versunken war.

Immer wenn Spuren einer versunkenen Zivilisation im Atlantik (oder anderswo) auftauchen, werden sie in Zeitungen und Zeitschriften wie auch in Büchern üblicherweise mit dem »verlorenen« Kontinent Atlantis in Verbindung gebracht. Atlantis, dessen Vorstellung die Menschheit seit der Antike beschäftigt, wurde von Plato bemerkenswert detailliert in seinen Timaios- und Kritias-Dialogen beschrieben. Es galt als das Land des Goldenen Zeitalters, als ein großes und wunderbares Weltreich im Atlantik, das durch »heftige Erdbeben und Fluten . . . in einem einzigen Tag und einer Nacht des Regens . . . im Meer versank . . . und das ist der Grund, warum das Meer in dieser Gegend unpassierbar und unergründlich ist . . .«

Natürlich wurden auch die Unterwasserruinen der Bahamas Atlantis zugeschrieben, obwohl Plato, der berühmteste Atlantis-Kommentator der Antike, die Lage des Kontinents vor den »Säulen des Herakles« angenommen hat (die man heute als die Straße von Gibraltar kennt), irgendwo draußen im Atlantischen Ozean. Liest man Platos Bericht sehr genau, so wird man ihm eine hochinteressante Mitteilung entnehmen, die Vermutung nämlich, daß Atlantis nicht aus einer einzigen, sondern aus einer ganzen Reihe großer Inseln im Atlantik bestand und seine Herrschaft nach beiden Seiten des Ozeans hin ausgedehnt hatte. Plato schrieb:

> . . . In diesen Tagen (vor etwa 11 500 Jahren) war der Atlantik schiffbar, und es lag eine Insel vor der Meerenge, die man die Säulen des Herakles nennt: Die Insel war größer als Libyen und Asien zusammen und war der Weg zu anderen Inseln, und von den Inseln konnte man den gesamten gegenüberliegenden Kontinent durchmessen, der den wahren Ozean umgibt; denn das Meer, das innerhalb der Straße des Herakles liegt (das Mittelmeer), ist nur ein Hafen mit einem schmalen Eingang, doch das andere ist das wahre Meer, und das umgebende Land kann mit größter Sicherheit als Kontinent bezeichnet werden.

Es fällt auf, daß Plato Libyen (womit er Afrika meinte) und Asien anführte, aber ausdrücklich und getrennt davon einen Kontinent bezeichnet, und zwar den Kontinent im Westen, den er zuvor als ein Gebiet erwähnte, das unter der Herrschaft von Atlantis stand.
Die Erbauung der Unterwasseranlagen bei Bimini und anderswo im Gebiet der Bahamas wurde allen möglichen frühen Ozeanfahrern zugeschrieben, Phöniziern, Karthagern, minoischen Griechen, Mayas, Ägyptern und schließlich, da ihr Zeitalter nun mehr und mehr klar wird, den Bewohnern von Atlantis. Immerhin ist ziemlich sicher, daß kein Volk der uns bekannten geschichtlichen Überlieferung diese Anlagen erbaut hat, und mehr als sicher, daß sie nicht unter Wasser errichtet wurden.
Platos Hinweis auf einen Kontinent auf der anderen Seite des »wahren Ozeans« wurde oft als Beweis zitiert, daß in antiken Überlieferungen die Erinnerung an Nordamerika bewahrt wurde, die schließlich auch Kolumbus als Inspiration und zur Ermutigung diente. Wie berichtet wird, trug er ja eine Karte bei sich, auf der Atlantis und die jenseits liegenden Länder verzeichnet waren. Platos Bericht bezieht sich direkt auf eine mögliche Existenz von Atlantis in der Form eines ozeanischen Atlantischen Reiches im äußersten Westen des Atlantik. Dazu wären die heutigen Inseln der Großen Bahama-Bänke zu zählen, als große Teile dieser Bänke noch weit über Wasser lagen, und jene Teile des Ozeans, die heute am tiefsten sind, wie die Tongue of Ocean und die

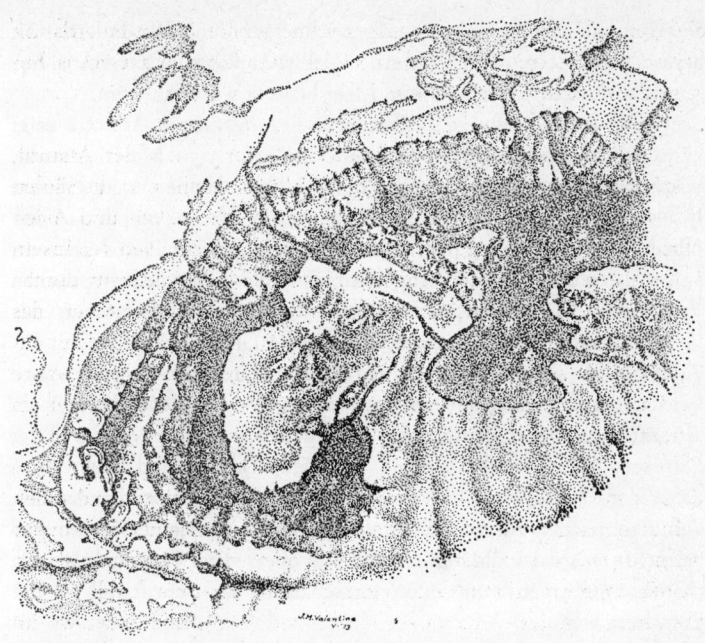

Erhebungen des Meeresbodens im westlichen Atlantik, dessen tiefste Stellen als die dunkelsten erscheinen. Die Berge in der Mitte, auf dem großen, Bermuda-Schwelle genannten Plateau, stellen die Bermudas dar, der tiefe Teil westlich das Hatteras-Tief und das Nares-Tief. Will man die Grenzen der Sargasso-See verfolgen, beginnt man am Nares-Tief und Hatteras-Tief, geht dann vom nördlichen Teil der Bermuda-Schwelle nach Osten, weiter nach Süden, wo man sich dem Mittelatlantischen Rücken nähert, und dann zurück nach Westen, zum Nares-Tief. Nahe der Küste der Vereinigten Staaten sind zwei große Fluß-Cañons zu erkennen, die heute unter Wasser liegen und sich von der Mündung der Flüsse Hudson und Delaware unter dem Meeresspiegel durch Schluchten fortsetzen, die in den Festlandsockel eingeschnitten sind. Es ist anzunehmen, daß die Festlandsockel des amerikanischen Kontinents, die Sockel der Antillen und Bahamas, das Plateau rund um die Bermudas und die hohen Berge und Plateaus, die am rechten äußeren Rand der Karte beginnen, sich alle vor dem Ende der letzten Eiszeit über dem Meeresspiegel befunden und dem Atlantik vor ungefähr 12 000 Jahren eine völlig andere Form gegeben haben.

Straße von Florida. Diese bildeten eine Inlandbucht und eine Barriere vor der Küste Floridas, die sich damals noch viel weiter in den Ozean ausdehnte. Kreisförmige Vertiefungen auf dem Meeresboden, 14 Meilen von den Florida Keys entfernt und 150 Meter tiefer als der umgebende Meeresboden (was in diesem Gebiet eine absolute Tiefe von etwa 300 Meter bedeutet), die von der Küstenvermessung der

Vereinigten Staaten in Karten aufgezeichnet wurden, identifizierte man als Süßwasserseen, die zu der Zeit, als das Meer sich zum letztenmal hob oder die Küsten versanken, vom Meer bedeckt worden waren.

Ein Blick auf die heutige Tiefentabelle des westlichen Atlantik zeigt klar: Würde der Meeresspiegel um 200 oder 250 Meter gesenkt, bestünden im Atlantik anstelle der heutigen kleinen weit größere Inseln. Die Vorstellung fasziniert, daß dieses vor 11 000 oder 12 000 Jahren erfolgte Steigen der Wasser mit dem Bericht Platos übereinstimmt, den dieser wieder – angeblich über Solon – von den ägyptischen Priestern in Saïs erhielt, deren schriftliche Aufzeichnungen Tausende von Jahren weiter zurückreichten als die der Griechen.

Atlantis ist im Lauf der Jahre und Jahrhunderte in vielen und verschiedenen Teilen der Welt »lokalisiert« worden: unter dem Atlantischen Ozean, unter der Ägäis, dem Kaspischen Meer und der Nordsee, Westafrika, Spanien, Tunesien, Deutschland, Schweden, unter der Sahara, Arabien, Mexiko, Yucatán, Venezuela, den Azoren, den Kanarischen Inseln und Madeira, Brasilien, Irland, Ceylon und selbst unter dem Indischen Ozean, was oft von der Nationalität und, man könnte sagen, von der Weltanschauung des Schriftstellers oder Forschers abhing.

Die Anwartschaft des westlichen Teils des Bermuda-Dreiecks auf Atlantis wurde seit den Entdeckungen von 1968 durch eine Reihe höchst ungewöhnlicher, mit dem Jahr ihrer Entdeckung zusammenhängender Umstände allgemein bekannt. Diese beziehen sich auf die Prophezeiungen von Edgar Cayce, des »schlafenden Propheten« und Wunderheilers, der 1945 in Virginia starb, dessen »readings« oder Vorlesungen (ein Terminus, der für die Interviews verwendet wurde, die Cayce gab, während er in Trance war) aber weiterhin viele Tausend von Menschen beeinflußt haben. Als er noch lebte, vermittelte er an über achttausend Personen die verschiedensten Ratschläge, die sich in erster Linie mit der Gesundheit, darüber hinaus aber auch mit einer Fülle von anderen Problemen befaßten. Der Nachweis seiner Heilungen und telepathischen Kräfte braucht hier nicht erbracht zu werden, die Prophezeiung ausgenommen, die sich als die ungewöhnlichste archäologische Voraussage der Geschichte erweisen könnte und Atlantis sowie Bimini betrifft.

In den Jahren zwischen 1923 und 1944 gab Cayce Hunderte von Trance-Interviews über Atlantis. Sie stellten eine Beziehung zu jenen Menschen her, die nach seiner und der Meinung der Leute, die sein

Werk in der »Gesellschaft für Forschung und Erleuchtung« fortführten, während eines früheren Lebens Atlantis bewohnt haben. Außer in Trance war sich Cayce des ganzen, Atlantis betreffenden Fragenkomplexes entweder gar nicht bewußt oder er war nicht daran interessiert. Er drückte sogar oft gewisses Staunen darüber aus, daß er Atlantis in so vielen Vorlesungen erwähnt hatte. Im Juni 1940 erklärte er jedoch im Zusammenhang mit zahlreichen anderen früheren Bemerkungen darüber, daß Atlantis, das er Poseidia nannte, im Gebiet von Bimini existiert habe, unerwartet:

> Poseidia wird zu den ersten Teilen von Atlantis gehören, die sich in nicht allzuferner Zukunft – erwartungsgemäß 1968 oder 1969 – wieder heben.

Diese merkwürdige archäologische Prophezeiung wurde durch die zahlreichen Funde auf den Bahama-Bänken, die Freilegung einiger Bauten durch die Gezeiten und eine Hebung des Meeresbodens in manchen Gebieten nahezu plangemäß erfüllt. Man ist jedoch versucht, sich zu fragen, ob diese Entdeckung den Prophezeiungen gemäß oder wegen der Prophezeiungen gemacht wurden oder weil die, die Cayce gelesen hatten, auf die Suche gingen, wie es bei einigen Piloten der Fall war, die die ersten Unterwasserbauten oder -anlagen gesichtet haben. Man kann sich vorstellen, daß die Entdeckung von Unterwasseranlagen im Jahre 1968 und den folgenden Jahren viele Leute veranlaßt hat, auch andere Hinweise des »schlafenden Propheten« auf Atlantis und das ganze Gebiet mit erneutem Interesse zu prüfen. Wenn Cayces Vorlesungen und die Legenden der Antike auf der Erinnerung an tatsächliche Ereignisse beruhen, so könnte man sich Kräfte vorstellen, die möglicherweise von einer frühen, wissenschaftlich fortgeschrittenen Zivilisation entwickelt wurden und in dem Gebiet, in dem sie einst konzentriert waren, immer noch teilweise wirksam sind. Es kann auch die Möglichkeit in Betracht gezogen werden, daß die elektronischen, magnetischen und Gravitations-Abweichungen im Bermuda-Dreieck ein – wenn auch negatives – Vermächtnis einer Kultur sind, die so weit zurückliegt, daß nahezu keine Spuren mehr vorhanden sind und unsere Erinnerungen an sie mehr vom Instinkt als von Tatsachen geleitet werden.

8

Verblüffende Funde aus der Vorgeschichte

Zahlreiche Forscher, die sich mit dem Geheimnis des Bermuda-Dreiecks beschäftigen, sind der Meinung, daß außerweltliche Intelligenzen an unserer Entwicklung der Kernspaltung für Kriegszwecke deshalb interessiert seien, weil sie die Existenz der Zivilisation auf unserem Planeten gefährden könnte, so wie dies vielleicht schon in früheren Zeiten bei anderen Zivilisationen der Fall gewesen sein mag, die auf diesem oder auf anderen Planeten zerstört worden sind.

Der Zeitpunkt des Auftretens des Homo sapiens – mit einem dem heutigen vergleichbaren Intelligenzpotential – auf diesem Planeten kann 40 000 bis 50 000 Jahre oder sogar weiter zurückliegen. Wenn wir also einer Zivilisation wie der gegenwärtigen eine Zeitspanne von etwa 10 000 Jahren einräumen, um Wissenschaft und Technik zu einer Höhe zu entwickeln, die ihr die Selbstvernichtung möglich macht, so bleibt immer noch genügend Zeit, um eine oder mehrere Weltkulturen vor unserer eigenen anzunehmen. Wahrscheinlich würde jede fortgeschrittene technologische Zivilisation, sei es nun durch Zufall oder durch Planung, am Ende die Kräfte der Kernenergie entwickeln (wozu unsere Zivilisation wesentlich weniger als 10 000 Jahre gebraucht hat). Sie müßte sich dann entweder dafür entscheiden, diese Entwicklung unter Kontrolle zu halten, oder ihren eigenen Untergang riskieren. Wenn eine solche Weltkultur bestanden hat, ihre eigene Zerstörung verursachte und verschwunden ist, so fragt man sich, ob sie nicht Spuren hinterließ, die an sie erinnern. Und zwar nicht nur in Legenden, sondern vielleicht auch in der Form von merkwürdigen, mit der Zeitrechnung im Widerspruch stehenden künstlerischen Erzeugnissen unbestimmbaren Alters oder riesiger, undeutbarer oder unerklärlicher Ruinen. Funde dieser Art wurden tatsächlich gemacht, und sie tragen vor allem dazu bei, eine solche Kultur in das Gebiet zu verlegen, das heute von den Wassern des Bermuda-Dreiecks bedeckt wird.

In seinen »Vorlesungen« über die Atlantis gab Edgar Cayce scheinbar wiederholte Hinweise auf nukleare Kraftquellen, Laser- und Maser-strahlen, die mit unseren eigenen vergleichbar sind und allgemein für den gleichen Zweck verwendet wurden, dessen wir uns heute erfreuen (wenn das das richtige Wort ist). Wie er ihre Anwendung beschrieben und sich über die Gefahr ihres Mißbrauchs äußerte, würde heute für ziemlich gewöhnliche Tatsachenberichterstattung und redaktionellen Kommentar gehalten werden, aber – wie konnte Cayce all das vor mehr als 35 Jahren wissen?

Cayce beschrieb diese Kraftquellen peinlich detailliert. Es waren große Generatoren, die Kraft für den Luft- und Unterwasserantrieb erzeugten und auch für Beleuchtung, Heizung und Nachrichtenübertragung sorgten. Sie betrieben dem Radio und dem Fernsehen ähnliche Geräte und wurden für Telefotografie benützt. Sie stellten die Kräfte zur Veränderung und Verjüngung lebender Gewebe einschließlich des Gehirns zur Verfügung und wurden auch verwendet, um ganze soziale Klassen unter Kontrolle zu halten und zu schulen.

Dennoch setzten die Bewohner von Atlantis durch Mißbrauch der natürlichen Kräfte, die sie entwickelt hatten, und durch innere und äußere Kräfte unkontrollierte Naturkräfte frei, die schließlich ihre Vernichtung herbeiführten. Daran glaubte nicht nur Cayce, dies erzählen auch die Legenden vieler Kulturen. Cayce schildert es so:

... Der Mensch brachte die zerstörerischen Kräfte ... diese erzeugten zusammen mit den natürlichen Vorräten von Gasen, natürlichen Kräften und Formen die schlimmste aller Eruptionen, die aus der Tiefe der langsam erkaltenden Erde emporstieg, und jener Teil (von Atlantis), der heute in der Nähe der Sargasso-See liegt, versank zuerst im Meer ...

In seinem Bericht aus der Vorgeschichte scheint Cayce besonders Gebrauch von Laser- und Maserstrahlen vorausgesagt zu haben, und das zu einer Zeit (1942), die immer noch einige Jahre vor der Entdeckung lag. Er beschrieb eine riesige kristallene Kraftquelle,

... in welcher das Licht als Mittel der Nachrichtenübertragung zwischen dem Unendlichen und dem Endlichen erschien oder als ein Mittel der Verständigung mit den Kräften von außen. Später stellte sich heraus, daß von dem Zentrum, von dem diese Energien ausstrahlten, auch die Tätigkeit der Strahlen ausging, die die verschiedensten Formen der Durchdringung und der Fortbewegung in jener Zeit steuerten, in der die Bewohner von Atlantis tätig waren. Es war wie ein Kristall gebaut, doch in einer Form, die sich von der (zuerst) dort verwendeten ziemlich unterschied. Verwechselt die beiden nicht . . . es gab nämlich viele Generationen von Unterschieden. Es geschah zu der Zeit, als sie Flugzeuge lenkten oder Transportmittel, mit welchen sie sich damals durch die Luft, auf dem Wasser oder auch unter Wasser fortbewegen konnten. Die Kraft aber, von der sie alle gesteuert wurden, befand sich in der zentralen Kraftstation – oder dem Tuaoi-Stein, der war . . . und der Leitstrahl, nach dem er sich richtete . . .

In einer anderen Vorlesung wies er auf eine Örtlichkeit namens »Poseidia« hin, das heißt also auf das Bahama-Gebiet, das damals über dem Meeresspiegel lag, eine Gegend, wo die

. . . anregenden Kräfte der Natur durch große Kristalle gespeichert wurden, die das Licht, die Formen und die Tätigkeiten so sehr verdichteten, daß sie nicht nur die Schiffe auf dem Meer, sondern auch in der Luft steuern und viele der heute bekannten Annehmlichkeiten des Menschen wie Bildübertragung, Stimmübertragung und Aufnahmetechnik, die bald so weit sein wird, daß sie die Schwingungen hervorbringt, die zur Entwicklung des Fernsehens beitragen – wie man das heute nennt. [»Heute« ist in diesem Fall 1935!]

Eine »Vorlesung« aus dem Jahr 1932 enthält einen interessanten Hinweis auf den Transport von schweren Lasten und Materialien:

. . . durch die Anwendung dieser . . . kürzlich wiederentdeckten Gase und dieser elektrischen und lufthaltigen Gebilde im Zerfall atomarer Kräfte, um eine Antriebskraft und Transport-, Fortbewegungs- oder Hebemöglichkeiten für große Lasten oder eine Veränderung der Naturkräfte selbst zu erzeugen.

Die Tatsache, daß Völker der Vorgeschichte, die für primitiv gehalten wurden, ungeheure Steine hinterlassen haben, die sich noch nach Jahrtausenden an ihrem Platz befinden und auf denen nachfolgende Völker neue Bauten errichtet haben, war lange Zeit ein archäologisches Rätsel. Die von den unbekannten vorangegangenen Völkern aufgestellten Steine sind nämlich um so viel größer und um so viel schwerer zu transportieren als die der folgenden Kulturen, daß ihre Existenz und die Art ihres Transports nicht zu erklären sind. Als Beispiele lassen sich die 200 Tonnen schweren Porphyrblöcke von Ollantaytambo und Ollantayparubo in Peru anführen, die über große Entfernungen, über Berge und Schluchten tranportiert und dann auf der Spitze anderer, mehr als 400 Meter hoher Felsen aufgestellt wurden; ferner die kolossalen Blöcke von Sacsahuaman, Peru, die so riesig und auf so komplizierte Weise fugenlos aneinandergefügt sind, daß die Inkas ihre Aufschichtung Göttern zuschrieben, und die hundert Tonnen schweren Fundamente von Tiahuanaco, Bolivien, auf welchen ungeheure Bauten errichtet wurden, obwohl die Seehöhe 4000 Meter beträgt. Hierzu zählen auch die großen, der astronomischen Datenbestimmung dienenden Steine von Stonehenge in England, die massiven Blöcke des Unterwasserwalls oder der Seefestung von Bimini, die Steinpfeiler der prähistorischen Kultstätten der Bretagne, von denen einer über 340 Tonnen wiegt und knapp 20 Meter hoch ist, und die großen Steine des Jupitertempels in Baalbek, von denen einer 2000 Tonnen wiegt und die schon lange vor der Erbauung des antiken Tempels hierhergebracht worden waren. Nahezu alle diese Anlagen lassen sich mit den technischen Fähigkeiten jener Kulturen, welche sie unserer Meinung nach errichtet haben, nicht erklären. Man vermutet also, daß eine überlegene Zivilisation für ihre Errichtung verantwortlich ist. Dies wird noch von der Tatsache erhärtet, daß viele dieser unerklärlichen Ruinen einander sehr ähnlich sind.

Cayce bezeichnete Bimini als einen der Punkte, wo Hinweise auf die vermeintlichen Kraftquellen von Atlantis zu finden wären: » . . . wo die versunkene Atlantis oder Poseidia liegt, wo ein Teil der Tempel unter dem Schlamm gefunden werden kann, den das Meerwasser im Laufe von Äonen abgelagert hat – in der Nähe der Insel vor der Küste Floridas, die Bimini genannt wird.«

Die detaillierte Beschreibung einer dieser Kraftquellen (oder Atomkraftwerke?) wurde 1935 aufgezeichnet. Der Sohn des »schlafenden Propheten«, Edgar Evans Cayce, Ingenieur und Schriftsteller (*Edgar Cayce on Atlantis*, Warner Library, 1968) bemerkte in seinem Kommentar zum Paradoxon in Cayces Berichten aus der Vorgeschichte: »Ein Laie von heute könnte unsere letzten wissenschaftlichen Errungenschaften nicht genauer beschreiben.«

Cayces Bericht (1933 aufgezeichnet) beschäftigt sich mit einem Gebäude, wo der »Feuerstein« oder Kristall aufbewahrt wurde, von welchem die Kraft ausging:

Im Zentrum eines Gebäudes, das, würde man heute sagen, mit nichtleitendem Gestein eingefaßt ist – mit etwas dem Asbest sehr Ähnlichem, mit . . . anderen nichtleitenden Stoffen, die man heute in England unter einem Namen erzeugt, der vielen, die mit solchen Dingen handeln, wohlbekannt ist.

Das Gebäude über dem Stein war oval; oder eine Kuppel, von welcher . . . ein Teil zurückgerollt werden konnte, so daß die Sterne wirksam wurden – die Konzentration von Energien, die von Körpern ausgehen, die selbst brennen, zusammen mit Elementen, die man in der Erdatmosphäre gefunden und nicht gefunden hat . . .

Die Konzentration durch die Prismen oder das Glas (wie man es heute nennen würde) hätte auf die Instrumente, die mit den verschiedenen Arten der Fortbewegung durch Induktion verbunden waren, denselben Kontrolleffekt wie heute Fernsteuerung durch Radiowellen, Schwingungen oder Leitungen; diese vom Stein angetriebene Kraft wirkt auf die Antriebskräfte in den Fahrzeugen selbst.

. . . Das Gebäude war so konstruiert, daß bei zurückgerollter Kuppel die direkte Kraftübertragung auf verschiedene Fahrzeuge wenig oder gar nicht behindert werden konnte, wenn diese durch den Weltraum bewegt werden sollten – ob nun innerhalb des Gesichtskreises, unter Wasser, unter anderen Elementen oder durch andere Elemente hindurch.

Die Aufbereitung dieses Steins lag damals ausschließlich in den Händen der Eingeweihten. Die Macht hatten jene inne, welche die Einflüsse der Strahlen lenkten, die unsichtbar für das Auge entstanden, aber auf die Steine selbst als Antriebskräfte wirkten – ob nun das Luftfahrzeug durch die damals verwendeten Gase emporgetrieben wurde oder mehr dem Vergnügen dienende Fahrzeuge, die sich dichter an der Erdoberfläche, auf oder unter dem Wasser fortbewegten.

Diese wurden nun durch konzentrierte Strahlen angetrieben, von den Steinen, die sich in der Mitte der Kraftstation oder des Kraftwerks (wie die Bezeichnung in unseren Tagen lauten würde), befanden.

Cayce kehrt immer wieder zum Mißbrauch der schrecklichen Kräfte zurück, die von dieser Superzivilisation entwickelt worden waren: ». . . die Kraftgewinnung aus der Sonne selbst bis zum Strahl, der zur Atomzertrümmerung führt . . . hatte die Vernichtung dieses Landesteiles zur Folge.«

Wenn – es kann ja immer nur wenn heißen – wenn also eine solche Katastrophe oder eine Reihe von Katastrophen geschehen ist, so wäre diese große Kraftquelle gemeinsam mit den Städten, Mauern, Kanälen und anderen Anlagen von Atlantis ins Meer gestürzt. Es ist interessant, daß die von dieser Theorie bezeichneten Örtlichkeiten genau mit jenen übereinstimmen, wo so viele elektromagnetische Abweichungen innerhalb des Bermuda-Dreiecks vorgekommen sind, wie etwa in der Tongue of Ocean, bei Bimini und anderswo.

Während man von solchen Kraftwerken kaum erwarten kann, daß sie nach Tausenden von Jahren noch arbeiten, so ist es in diesem Zusammenhang doch interessant, sich über das Wesen der geheimnisvollen »weißen Wasser« Gedanken zu machen, die Augenzeugen – von Kolumbus bis zu den Astronauten – beobachtet haben. Die Ströme von weißem Wasser scheinen am gleichen Punkt oder an den gleichen Punkten auszufließen, den gleichen Weg empor zu nehmen und dann ein bis zwei Kilometer weiter abzutreiben. Ihre zu Beginn verschnörkelten Linien verlieren dann an Deutlichkeit, fast als würden sie unter Druck entweichende Gase anzeigen.

Kompaßabweichungen und das Versagen elektrischer Geräte könnten auch durch eine übermäßige Ansammlung von Metall unter Wasser verursacht werden. Das konnte man in verschiedenen Teilen der Welt beobachten, wo das Vorhandensein bekannter Erzlager Kompaßabweichungen zur Folge hatte. Unter dem Meeresboden oder noch tiefer liegende Massen können möglicherweise sogar die Meeresoberfläche beeinflussen. In einem NASA-Bericht aus dem Jahre 1970 ist von einem »Hohlraum« auf der Oberfläche des Ozeans über dem Puerto-Rico-Graben die Rede. Wissenschaftler schrieben die Vertiefung der Oberfläche »einer ungewöhnlichen Verteilung der Masse unter dem Meeresboden« zu, die eine Abweichung von der Schwerkraft verursachte.

Im Fall des Bermuda-Dreiecks wurde angenommen, daß zerstörte Kraftquellen noch immer etwas von ihrer Stärke bewahrt haben und, zu bestimmten Zeiten ausgelöst, nicht nur für die magnetische und elektronische Abweichung verantwortlich sind, sondern auch die elektrischen Impulse für magnetische Stürme liefern.

Diese Theorie, eine der ungewöhnlichsten unter denen, die die Geschehnisse im Bermuda-Dreieck zu erklären suchen, ist auf den Vorlesungen von Cayce und dem Glauben an ihren Inhalt gegründet. Mit Recht kann man jedoch die Frage stellen: Gibt es irgendeinen Grund für den wissenschaftlich Interessierten, auch nur *einer* der Behauptungen von Cayce zu trauen, es sei denn, man bewundert sie einfach als das Ergebnis einer lebendigen Vorstellungskraft? Es entspricht nicht nur der Wahrheit, daß manche der Kraftquellen, die er vor 35 Jahren beschrieben hat, damals noch nicht entdeckt waren, ja nicht einmal in der Vorstellung der »Wirklichkeit« existierten (einige sind bis heute nicht erforscht), es darf auch nicht vergessen werden, daß Cayce kein Physiker war. Auch kein Historiker. Er war einfach ein Hellseher und ein Wunderheiler von hervorragendem Ruf. Prophezeiungen, die er während seiner Vorlesungen machte und die mit Wunderheilungen nichts zu tun haben, treffen jedoch mit geradezu unangenehmer Genauigkeit zu, so die Atombombe, die Ermordung von US-Präsidenten, Rassenunruhen und sogar Erdrutsche in Kalifornien. Außerdem basieren Cayces Vorlesungen angeblich auf Visionen oder Erinnerungen seiner Patienten an frühere Leben, ein Umstand, der ihnen die Glaubwürdigkeit bei jenen nimmt, die aus religiöser oder wissenschaftlicher Überzeugung oder aufgrund eigener logischer Überlegungen die Theorie der Wiedergeburt ablehnen. Man fragt sich, ob es für solche detaillierte und wissenschaftlich wertvolle Beschreibungen vergangener Zivilisationen und deren mögliche gefährliche Entwicklung nicht eine andere Erklärung geben könnte.

In der religiösen und philosophischen Überlieferung des alten Indien, die so oft eine seltsam moderne Betrachtung der Dinge und der Welt enthält, finden wir Hinweise auf »ein kosmisches Bewußtsein«, das heißt ein ständiges Vorhandensein von Erinnerungen an alles, was früher geschehen ist. Heute werden Telepathie, Einfluß und verborgene Fortdauer von Erinnerung und die Kraft psychischer Ausstrahlung auf der Erde und im Weltraum ernsthaft studiert, sowohl als Erscheinungsformen wie auch als Mittel der Verständigung. Sie werden von der modernen wissenschaftlichen Forschung keineswegs abgewertet. Experimente der führenden Weltraummächte – der USA und der UdSSR – lassen vermuten, daß die Science-Fiction künftig zu einer echten

Wissenschaft werden könnte. Möglicherweise sind erstaunliche neue Entwicklungen auf diesem Gebiet zu erwarten, denn bis heute waren ja nur einige wenige begabte Geschöpfe, nahezu ohne es zu wissen, dazu fähig, die Gedanken anderer zu lesen und vielleicht auch ihre verborgenen Erinnerungen an die Vergangenheit aufzunehmen. In diesem Fall könnte es sich um Erinnerungs-Chromosomen handeln, die wir von unseren Ahnen übernommen haben. Wir erben physische Eigenschaften und Anlagen nicht nur von unseren Eltern und Großeltern, sondern auch, vielleicht in geringerem Maße, von unseren entfernteren Ahnen, und diese Erinnerungs-Chromosomen könnten ein Teil dieses Erbes sein. Es gibt genügend Raum im menschlichen Gehirn (von dem schätzungsweise nur 10 Prozent genützt werden), um solche ererbte Erinnerungen zu speichern.

Damit könnten die unvollständigen Erinnerungen eines Menschen erklärt werden, das quälende Gefühl, einen Ort schon einmal besucht zu haben, obwohl man weiß, daß man in seinem Leben noch nicht dort gewesen ist; die bedrückende Gewißheit, eine große Zeitspanne in einem einzigen Traum verbracht zu haben; das Zurückrufen von Einzelheiten aus früheren Leben durch Personen, die manchmal, aber nicht immer unter Hypnose standen (daß sie oft historisch getreu waren, zeigte sich, wenn früher unbekannte Informationen über die fragliche Zeitspanne entdeckt wurden); Fälle, in denen Kinder die Sprache ihrer Ahnen plötzlich beherrschten und gleich darauf wieder vergaßen, eine Sprache, deren Gebrauch sie unmöglich erlernt haben konnten. Oft wird all dies der Seelenwanderung zugeschrieben, einem Glauben, der von Buddhismus, Hinduismus und jener Religion geteilt wird, die wahrscheinlich das längste Leben in der Religionsgeschichte aufzuweisen hat, der des alten Ägypten. Die Theorie des ererbten Erinnerungsvermögens bietet jedoch eine mögliche Alternative, denn sie nähert sich in Wahrheit der gleichen Sache, wenn auch in etwas veränderter Form. Wir müssen uns nur vorstellen, daß es unsere eigenen Ahnen sind, die uns mit ihren anderen Eigenschaften ihre Erinnerungen vererben, so wie »Generationen« von Computern derart programmiert werden können, daß sie ihren gesamten Datenvorrat an nachfolgende Maschinen weitergeben.

Nun, ob Edgar Cayce tatsächlich mit wiedergeborenen Seelen Kontakt hatte oder mit den »wiedergeborenen« Erinnerungen jener Leute, die seine Dienste in Anspruch nahmen, der Effekt bleibt der gleiche. Das durch seine Vorlesungen erweckte Interesse an Atlantis gab jedenfalls neue Impulse, die seit den unerwarteten Entdeckungen der letzten Jahre ständig zunehmen. Diese Entdeckungen lassen auch Cayces Aussagen in bemerkenswerter Weise glaubhaft erscheinen.

Die Anhänger der Theorie, daß eine hochentwickelte Weltzivilisation vor den ersten kulturellen Ansätzen in Ägypten und Sumer existierte, wurden lange für Schwärmer, Sensationshascher, Phantasten oder einfach für Narren gehalten. Diese Reaktion des sogenannten archäologischen oder prähistorischen »Establishments« ist verständlich, wenn wir bedenken, daß die Existenz einer bedeutenden Zivilisation vor dem 3. Jahrtausend v. Chr. die säuberlichen Tabellen und Stufeneinteilungen der Geschichte von ihrem frühen Beginn in Ägypten und Mesopotamien, über die Kultur der Griechen und Römer bis zum möglichen Höhepunkt in unserer eigenen »Super-Zivilisation« beträchtlich durcheinanderbringen würde. Zwar wird oft anderen, wenig bekannten Kulturen vorübergehende Anerkennung gewährt, so zum Beispiel den prähistorischen Kulturen von Nord- und Südamerika, Indien, Zentralasien und bestimmter anderer Gebiete, doch stören diese ja keineswegs unsere eigene »direkte zivilisatorische Entwicklungslinie.«

In allen alten Kulturen existiert eine Fülle von Legenden und Berichten, die sich auf die plötzliche Vernichtung einer großen Zivilisation vor der Sintflut beziehen, die so weit fortgeschritten war, daß sie den Himmel und die Götter – oder Gott – bedrohte. Mögen diese Berichte einander auch merkwürdig ähneln, so könnte es sich doch einfach um eine interessante oder belehrende Geschichte handeln, die sich im Lauf der Jahrtausende über antike Marktplätze und entlang von Karawanenwegen oder Schiffahrtsrouten über die ganze Welt verbreitet hat und die in der religiösen Überlieferung nahezu sämtlicher Völker der Erde bewahrt wurde. Legenden von einer allumfassenden Flut, von einem Turm, den die Menschen zum Himmel zu bauen versuchten, aber durch eine von Gott gesandte Sprachverwirrung daran gehindert wurden, und ähnliche Geschichten wurden schon von den ersten spanischen Eroberern in der indianischen Zivilisation Nord- und Südamerikas vorgefunden. Überall auf der Welt gibt es im Umkreis jener kolossalen Bauten, die nur durch die Steinbau- und Transporttechniken einer hochentwickelten Technologie entstanden sein konnten und heute zu Ruinen zerfallen sind, von der eingeborenen Bevölkerung bewahrte

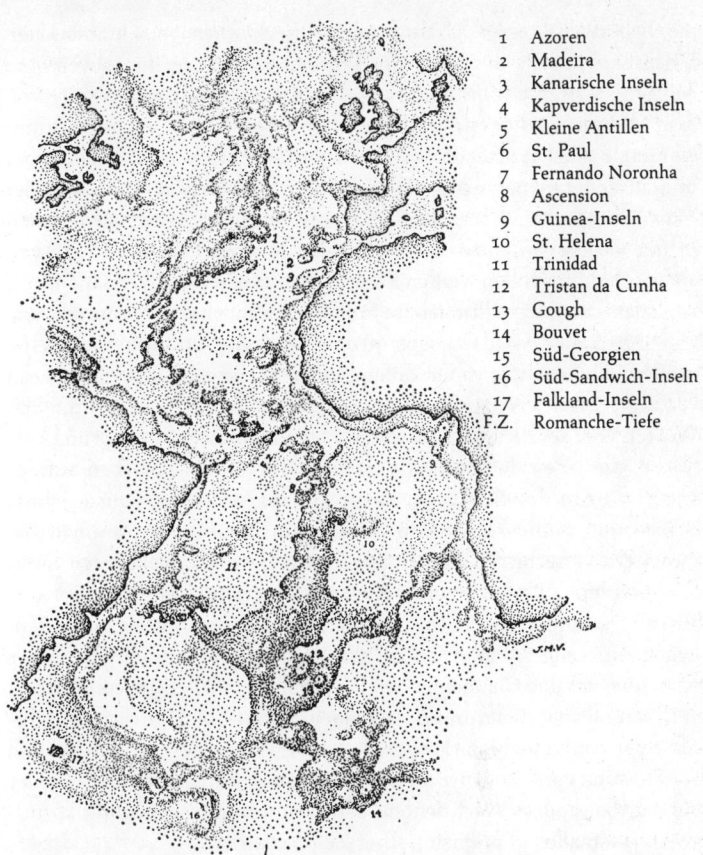

1	Azoren
2	Madeira
3	Kanarische Inseln
4	Kapverdische Inseln
5	Kleine Antillen
6	St. Paul
7	Fernando Noronha
8	Ascension
9	Guinea-Inseln
10	St. Helena
11	Trinidad
12	Tristan da Cunha
13	Gough
14	Bouvet
15	Süd-Georgien
16	Süd-Sandwich-Inseln
17	Falkland-Inseln
F.Z.	Romanche-Tiefe

Der Mittelatlantische Rücken, der Verbindungen mit Südamerika und Afrika aufweist und nur durch die am Äquator liegende Romanche-Tiefe unterbrochen wird. Inseln im Ozean, die mit dem Rücken in Verbindung stehen, sind in der Legende rechts oben angeführt. Manche dieser Inseln haben möglicherweise, als der Meeresspiegel vor ungefähr 12 000 Jahren niedriger war, weite Landgebiete gebildet, die damals aus den ausgedehnten Atlantischen Inseln bestanden, die Plato beschreibt, »Atlantis« eingeschlossen. Die Meerestiefe ist auf beiden Seiten des Rückens durch hellere Flecke angegeben (die 3800-Meter-Konturlinie gilt hier für die Landsockel und interkontinentalen Rücken).

Legenden. Diese weisen stets auf eine götterähnliche Rasse, welche jene Steine bewegt hatte, viele tausend Jahre, bevor die Geschichte des Volkes begann. Es gibt sogar Spuren einer Art uralter Handelssprache, möglicherweise einer Urahnin des Griechischen mit aramäischen Einsprengseln, die in Sprachzonen festgestellt wurde, die so weit vom Mittleren Osten entfernt sind, daß man meinen könnte, sie wäre von dem Wasser der Ozeane an den entferntesten Küsten angeschwemmt worden. Sie hat Wörter eines archaischen Griechisch im Hawaianischen und in anderen polynesischen Sprachen hinterlassen, ebenso in der Maya-Sprache von Yucatán, im Nahuatl, der Sprache der Azteken, und in der verlorenen Guanche-Sprache der Kanarischen Inseln, die von einer geheimnisvollen weißen Rasse gesprochen wurde. (Die Guanches, von spanischen Expeditionen im fünfzehnten Jahrhundert entdeckt und von ihnen bald wieder ausgerottet, hatten die Erinnerung an eine größere Heimat mit einer höheren Kultur bewahrt, die im Ozean versunken war.) Auch die alten amerikanischen Sprachen enthielten Wörter von deutlich aramäischem oder phönizischem Ursprung und solche, die jenen der sinitischen und polynesischen Sprachen auf der anderen Seite des Pazifik gleichen. Sie alle deuten auf ausgedehnte Reisen und uralte kulturelle Kontakte hin. Phönizische, aramäische, minoische, griechische und andere Inschriften in unbekannten Sprachen werden mit zunehmender Häufigkeit im nord- und südamerikanischen Dschungel oder in Gebieten der Dritten Welt gefunden. Legenden, religiöse Mythen und linguistische Kuriosa reichen aber nicht aus, um den Glauben an den Wahrheitsgehalt der Cayce-Berichte, der Stammesüberlieferungen, Legenden, und sogar schriftlichen Zeugnisse der Antike zu bestärken, die sich auf hochentwickeltes Wissen und die Existenz verschiedener »moderner« Einrichtungen auf dem Gebiet der Fortbewegung, Nachrichtenübermittlung und Zerstörung kosmischen Ausmaßes in prähistorischer Zeit beziehen.

Gerade aber in den erwähnten Gebieten kam es in den letzten Jahren zu ungewöhnlichen Entdeckungen und Neubewertungen früher entdeckten Materials. Sie betreffen erstaunliche Hinweise auf fortgeschrittenes Wissen und raffinierte Erfindungen, die zu einem Zeitraum gehören, der lang vor jenem liegt, den uns die Geschichte als den Beginn der ersten Kulturen im Mittleren Osten angibt. Es ist interessant, in diesem Zusammenhang daran zu erinnern, daß sich die Legenden der Ägypter wie der Sumerer auf eine frühere, größere Kultur beziehen, von welcher sie Anregung und Ansporn erhalten haben. In manchen Kulturen, wie im alten Ägypten, in Bolivien, Peru, Mittelamerika, Mexiko und Indien, um nur einige zu nennen, blieb die Zivilisation statisch oder

bildete sich zurück, anstatt mit dem ursprünglichen Impetus fortzu-
schreiten.

Einer ernsthaften Anspielung darauf, daß uralte Kulturen dieser Erde
Maschinen kannten, die »schwerer als Luft« waren, wird zumeist mit
Spott begegnet. Trotzdem wurde in den letzten Jahren eine wachsende
Zahl von Artefakten und schriftlichen Hinweisen entweder entdeckt
oder erneut untersucht, die auf eine Kenntnis oder sogar Vertrautheit
mit Flugmaschinen und Flugverkehr zu einem Zeitpunkt schließen
lassen, der weit vor der sogenannten »Morgenröte der Geschichte«
liegt. Diese Berichte und Modelle können auch nicht mit den
phantasievollen Berichten der antiken Mythologie verglichen werden,
die von Ikarus und seinen durch Wachs zusammengehaltenen Feder-
schwingen oder von Apollo und seinem von vier feurigen Rossen
gezogenen Sonnenwagen erzählen. Die erwähnten Modelle geben ganz
konkrete Hinweise, die ein Wissen um Aerodynamik und eine Kenntnis
der für das Abheben, den Antrieb, das Bremsen und Landen einer
Flugmaschine wesentlichen Faktoren erkennen lassen.

In der antiken Goldsammlung der Republik Kolumbien gibt es zum
Beispiel ein Goldmodell, das man lange für einen Vogel, eine Motte oder
einen fliegenden Fisch gehalten hat. Dieses Modell wurde gemeinsam
mit anderen, schätzungsweise mindestens 1800 Jahre alten Objekten in
einem Grab gefunden. Das Artefakt wurde von Ivan Sanderson mit der
Lupe untersucht. Sanderson vermutete, daß es nicht das Modell eines
lebenden Wesens darstellte, sondern das eines mechanischen Objekts,
das stark an ein modernes Flugzeug erinnerte, mit trapezförmigen
Flügeln, Maschinenraum, Cockpit, Windschutz und einer mit Querru-
dern oder Höhensteuern ausgestatteten Heckflosse, alles so angeordnet
wie bei einem modernen Flugzeug. Dieses Objekt wurde auch einigen
Piloten und Ingenieuren vorgelegt, unter anderem J. A. Ullrich, einem
Piloten mit Kampferfahrung in zwei Kriegen und Lehrer für Aerodynamik. Befragt, was es darstelle, sagte Ullrich, der die Herkunft des
Objekts nicht kannte und auch nicht wußte, daß es früher für das
Modell eines Vogels, Insekts oder Fisches gehalten worden war, es sei
ihm zuerst als das Modell eines F-102-Kampfflugzeuges erschienen. Die
Form der Flügel weise darauf hin, daß es sich um ein Düsenflugzeug
handle. Er bemerkte, daß manche Faktoren, so das Fehlen von
Hecksteuerung, bei der F-102 nicht vorhanden waren, hingegen bei den
erst kürzlich in Schweden entwickelten neuen Saab-Maschinen. Seine

Theorie ist vor allem im Hinblick auf Cayces Erwähnung von Fahrzeugen interessant, die durch die Luft und unter dem Meer fliegen konnten. Außerdem hat sie Bezugspunkte zu Berichten aus dem Bermuda-Dreieck, über UFOs, die mit großer Geschwindigkeit in das Wasser eindringen und es wieder verlassen. Ullrich sagt wörtlich:

> Die Bauart ist nur für bestimmte Flugarten wertvoll – für extreme Flughöhe. Dieser Flügeltyp ist für die Atmosphäre bis zu 15 000 oder 18 000 Meter geeignet. Die Pfeilform der Tragflächen dient dazu, Schwingungen zu verhindern, wenn die Schallmauer durchstoßen wird . . . Die Konstruktion der Flügel zeigt Möglichkeiten zum Überschallflug . . . Wenn man mit überhöhter Geschwindigkeit fliegt, bildet sich ein Luftkissen . . . Es würde auch imstande sein, sich unter Wasser fortzubewegen, ohne die Schwingen abzureißen. Um ein Fahrzeug mit hoher Geschwindigkeit durch ein solches Medium zu bewegen, müßte es in dieser Art konstruiert sein.

Aber dieses »Flugzeug« – wenn es sich um eines handelt – ist kein groteskes archäologisches Unikat. Andere Exemplare, manche mit zwei Reihen von Flügeln, sind seither in präkolumbianischen Gräbern gefunden worden. Man kann nur vermuten, welch andere merkwürdige Modelle prähistorischer Mechanik von späteren Benützern wahrscheinlich gar nicht als solche erkannt, verlorengegangen sind, als die spanischen Conquistadores alle Goldgegenstände, die sie ausfindig machen konnten, zu Barren einschmolzen, um ihre Verteilung unter den Eroberern zu erleichtern.

Bildliche Darstellungen von Dingen, die wie Flugzeuge oder Raketen aussehen, wurden in zunehmendem Maß in der Kunst der altamerikanischen Kulturen entdeckt. Da die meisten schriftlichen oder bildlichen Überlieferungen der Kulturvölker von den Spaniern zerstört wurden, sind diese Hinweise auf andere Art bewahrt worden – manchmal in Stein geritzt, auf eine Vase gemalt, in Stein gemeißelt oder in Stoffe eingewebt, die zum Einhüllen von Mumien verwendet wurden. Ein besonders auffallendes Beispiel ist eine halb ruhende, in den Stein eines Sarkophagdeckels gemeißelte Maya-Figur, die im Kern einer Tempel-pyramide in Palenque, Mexiko, gefunden wurde. Was das sehr ins Detail gehende Relief darstellt, weiß man nicht. Ein Maya-Forscher sagt, der Grund wäre ein Erdungeheuer, auf welchem die Figur ruht, während das Ganze von einem Baum überragt zu sein scheint. Der russische Wissenschaftler Alexander Kasanzew hat eine gewagte Erklärung angeboten. Er glaubt, daß die ruhende Figur in einem stilisierten, in Konstruktion und Ausführung unseren heutigen Raketen vergleichbaren Raumfahrzeug eingeschlossen sei. Selbst die Stellung der männlichen Figur (oder des Piloten) zeigt Parallelen zu jenen, in welcher sich unsere Astronauten innerhalb einer Rakete befinden, und alle Charakteristika, von der Antenne bis zu Lenksystem, Turbokompressoren, Armaturenbrett, Treibstofftanks, Verbrennungsraum, Turbine und Auspuff sind erkennbar, wenn auch im Hinblick auf ästhetische Wirkung verändert. Man hat das Gefühl, daß diese Darstellungen von Flugzeugen und Raketen Mahnungen oder Erinnerungen an eine Zeit höherer Zivilisation darstellen, als solche Fahrzeuge tatsächlich in Gebrauch standen.

Im August 1973 erhielten die Astronauten von Skylab 2 einen höchst ungewöhnlichen Auftrag. Sie sollten, wenn möglich, die Nasca-Linien fotografieren, eine Reihe von seltsamen Zeichnungen im peruanischen Nasca-Tal. Man wollte feststellen, ob sie vom Weltraum aus sichtbar waren. Diese Bodenmarkierungen von ungeheurer Ausdehnung bilden eine Reihe von geraden Linien, geometrischen Figuren und riesigen Tierdarstellungen, die nur aus der Luft sichtbar sind, sowie Linien, die ganz deutlich Landebahnen für Flugzeuge zu markieren scheinen. Sie wurden zu einer unbekannten Zeit in der Vergangenheit in den Boden gekerbt oder in den felsigen Grund der Ebene geritzt. Es gab keine lokalen Legenden um diese Linien, und da sie vom Bodenniveau aus nicht erkennbar waren, wurden sie erst während einer Suche nach Wasservorräten in den Anden von der Luft aus entdeckt.

Die Linien und gigantischen Zeichnungen erstrecken sich über einen etwa 100 Kilometer langen und 17 Kilometer breiten Abschnitt des Nasca-Tals. Manchmal verschwinden sie vor kleinen Bergen und kommen in direkter Linie auf der anderen Seite wieder zum Vorschein. Manchmal sind die Zeichnungen, wie im Falle der vermutlichen Landebahn, ziemlich ausgedehnt, manchmal bilden sie riesige, künstlerisch vollendete Bilder von Tieren, Fischen und Vögeln, sogar eine riesige Spinne ist darunter. Es gibt zwar über ihren Ursprung zahlreiche Theorien, aber die einzige, die sich von selbst aufdrängt, ist die, daß sie von Menschen mit hochentwickelten Meßinstrumenten geschaffen wurden, und zwar zu dem Zweck, vom Himmel aus gesehen zu werden. Nur von dort kann man nämlich ihren Konturen folgen.

In der Bucht von Pisco an der Küste Perus befindet sich eine hohe Felswand, auf der ein nicht ganz 250 Meter langer riesiger Dreizack oder, wenn man will, Kandelaber eingeritzt ist, der, anders als die Nasca-Linien, vom Meer aus leicht von den eindringenden Spaniern gesehen werden konnte. Sie interpretierten ihn als ein Zeichen der Dreifaltigkeit, das sie zur Eroberung des Landes und Bekehrung der Heiden ermutigen sollte. Welchen Zweck immer die Zeichnung gehabt haben mag, sie ist von der Luft aus eher zu erkennen als vom Meer. Die mittlere Zacke des Dreizacks zeigt direkt zum Nasca-Tal, als wäre sie ein Richtungsweiser zu den sogenannten »Landebahnen«, die vielleicht selbst die Operationsbasis der Flugzeuge darstellten, deren goldene Modelle uns so verblüffen.

Auch in anderen Gebieten Nord- und Südamerikas findet man geometrische Linien und kolossale Figuren, sichtlich entworfen, um aus der Luft gesehen zu werden. So etwa die riesigen menschenähnlichen Figuren in der Tarapaca-Wüste in Chile und im Navajo-Labyrinth in Kalifornien und die Elefanten- und Schlangenwälle in Wisconsin. Aber es gibt sie in anderen Teilen der Welt, die oft keine archäologischen Bezüge zur Frühgeschichte aufweisen.

Im großen Warenlager der Archäologie, dem Ägypten der Pharaonen, sind erst kürzlich einige überraschende Hinweise auf antike Flugmaschinen aufgetaucht. Anders als die kolumbianischen Goldflugzeuge sind diese aus Holz verfertigt und wurden in Gräbern gefunden, wo sie das trockene ägyptische Klima für Jahrtausende vor dem Verfall bewahrt hatte. Diese Modelle, die wie Segelflugzeuge aussehen, wurden in Museen gefunden, wohin man sie aus den uralten Gräbern, wo sie entdeckt worden waren, gebracht und für Vogeldarstellungen gehalten hatte. Ein hölzernes Modell, das sich jetzt im Museum für ägyptische Altertümer befindet, wurde von Dr. Khalil Messiha 1969 identifiziert und studiert. Es stellt keineswegs einen Vogel dar und besitzt dieselben Charakteristika wie Modelle von modernen Eindeckern. Das Seitensteuer oder Heck verläuft senkrecht, der Rumpf besitzt ein kielförmiges Profil. Bezüglich der auf beiden Seiten erkennbaren V-förmigen Winkel bemerkte Dr. Messihas Bruder, der Flugingenieur G. Messiha, folgendes:

Der negative V-förmige Winkel erfüllt die gleichen Aufgaben wie der positive; ein Profil zeigt, daß die Oberfläche des Flügels Teil einer

Ellipse ist, die die Stabilität des Fluges gewährleistet; der flossenförmige Rumpf mindert den Luftwiderstand und stellt das Ergebnis jahrelanger experimenteller Arbeit in der Aeronautik dar.

Das Flugzeug ist auch jetzt, nach Tausenden von Jahren, noch flugtüchtig, wenn es wie ein Modellsegler gehandhabt wird; es gleitet wunderbar und demonstriert so das aerodynamische Wissen seiner urzeitlichen Konstrukteure. Seit Dr. Messiha als erster erkannt hatte, daß die Spannweite der Flügel einiger dieser Vogelmodelle nahezu mit der Spannweite der Tragflächen der neuen Caravelle identisch ist, wurden andere mögliche Flugzeuge oder Gleiter identifiziert und 14 von ihnen 1972 in einer Schau im Museum für ägyptische Altertümer ausgestellt, als Beweis für die Kenntnis der Flugtechnik im alten Ägypten. Wir wissen nicht, ob diese urzeitlichen Kunstgegenstände damals geschaffen oder von einer älteren Kultur übernommen worden sind. Da jedoch die meisten in ägyptischen Gräbern gefundenen Objekte nur Modelle von größeren Originalen sind, ist es möglich, daß unter dem Wüstensand ein Originalsegler oder ein anderes Luftfahrzeug den Ausgrabenden erwartet.

Die vollständigen schriftlichen Überlieferungen aus antiker Zeit, die sich auf Flugzeuge beziehen, sind wahrscheinlich die des Hindu-Epos *Mahabharata*. Obwohl man annimmt, daß es seine gegenwärtige Form 1500 vor Christus erhalten hat, so wurde es doch offensichtlich wieder und wieder von Vorlagen kopiert, die bis in die graue Vorzeit zurückreichen.

Das Epos handelt von den Taten der Götter und Ureinwohner Indiens, enthält jedoch darüber hinaus eine Fülle von Detailkenntnissen wissenschaftlicher Natur. So zum Beispiel Hinweise auf Flugmaschinen und Raketenantrieb, die in der Mitte des 19. Jahrhunderts, als es zum erstenmal übersetzt wurde, für die Übersetzer keinen Sinn ergaben. Die Techniken, die da vor Tausenden von Jahren beschrieben worden waren, sollten in der modernen Zeit ja erst ein halbes Jahrhundert später entwickelt werden. Viele der den *vimanas* genannten Flugmaschinen gewidmeten Verse des *Mahabharata* enthielten, zum völligen Unverständnis der Übersetzer, detaillierte Informationen über die Prinzipien ihrer Konstruktion. In einem anderen altindischen Text, im *Samarangana Sutradhara*, werden die Vorteile und Nachteile verschiedener Typen von Flugmaschinen ausführlich diskutiert, und zwar im Hinblick

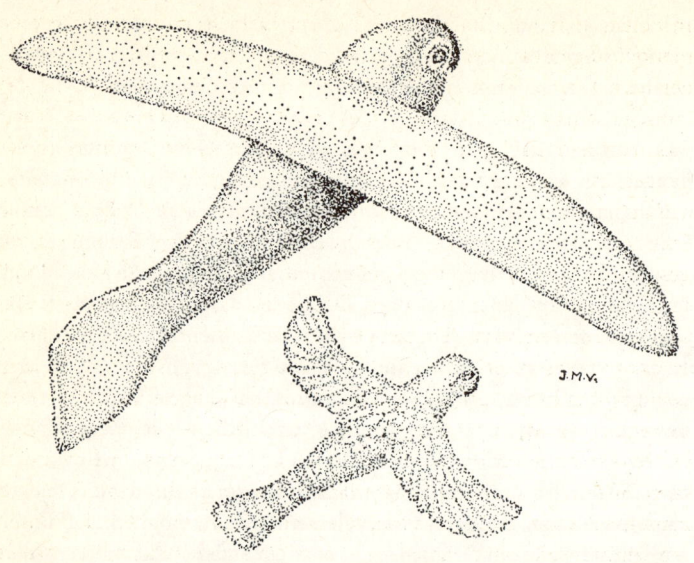

Altägyptisches Segelflugzeug; Gräberfund. Wurde ursprünglich für die Darstellung eines Vogels gehalten, der antiken Darstellung eines Geiers gegenübergestellt. Das Flugzeug (links) läßt auf Kenntnis der Gesetze der Aerodynamik schließen, denn es zeigt die Krümmung, den Winkel zwischen den pfeilförmigen Tragflächen und dem Rumpf, und den zum Rumpf V-fömig geneigten Winkel zum Auf- und Absteigen. Der Schwanz des Flugzeugs ist vertikal gestellt – ein Merkmal, das Vögel nicht aufweisen. Die Flügel des Segelfliegers sind so gebaut, daß sie ein darüberliegendes Vakuum erzeugen können, um aufzusteigen. Wenn sie auch manche zum Fliegen notwendige Voraussetzungen haben, so sind Vögel, die mit beweglichen, gefiederten Flügeln und Schwänzen ausgestattet sind, doch anders gebaut als Flugzeuge, und der Bau des Gleiters gibt ausreichend Zeugnis, daß er nicht das Modell eines Vogels darstellt, sondern das Modell einer Flugmaschine, die schwerer ist als Luft. Außerdem fliegt er eine ziemlich weite Strecke, wenn man ihn mit der Hand wirft.

auf ihre jeweilige Tauglichkeit im Aufsteigen und Landen und auf ihre Fluggeschwindigkeit. Wir finden auch eine Beschreibung der Treibstoffquelle (Quecksilber) und Empfehlungen bezüglich Holzarten und leichter, hitzeabsorbierender, für den Bau von Flugmaschinen geeigneter Metalle. Zusätzlich gibt es noch informative Details darüber, wie man Bilder von feindlichen Flugzeugen anfertigt, Hinweise auf Methoden, um ihre Angriffspläne zu erfahren, auf Mittel, um ihre Piloten bewußtlos zu machen, und endlich darauf, wie man feindliche *vimanas* zerstört.

In einem anderen altindischen Klassiker, dem *Ramayana*, existieren merkwürdige Beschreibungen von Reisen mit Flugzeugen vor Tausenden von Jahren. Einzelheiten des Blicks über Ceylon und Teile der indischen Küste sind so naturgetreu geschildert und ähneln so sehr dem, was man heute sieht – die Brecher an der Küste, die Krümmung des Landes, das Ansteigen der Hügel, der Anblick der Städte und Wälder –, daß man nahezu überzeugt ist, daß manche Luftreisende in Urzeiten die Erde tatsächlich eher vom Himmel aus als nur in ihren Vorstellungen gesehen haben. In einer zeitgenössischen Kurzfassung des *Ramayana*, dem *Mahavira Charita*, kehrt der Gottheros Rama von Lanka zurück, wo er soeben sein Weib Sita befreit hat, und wird mit einem besonderen *vimana* vorgestellt, beschrieben als »unbehindert in seiner Bewegung, von gewünschter Geschwindigkeit, unter völliger Kontrolle, dessen Bewegung ständig dem Willen . . . (dessen, der es fliegt) . . . unterworfen ist, ausgestattet mit Fenstern in den Gemächern und vorzüglichen Sitzen . . .«, ein alter Klassiker liest sich da geradezu wie eine moderne Anzeige für Air India. Im selben Text finden wir einen Dialog, der besonders verblüffend wirkt, wenn wir uns erinnern, daß er der gegenwärtigen Raumfahrt ebenso wie der Erkenntnis, wie die Dinge im Weltraum aussehen, um einige tausend Jahre vorausging:

Rama: Die Bewegung dieses hervorragendsten aller Wagen scheint verändert.

Vishishara: . . . Dieser Wagen verläßt nun die Nähe der in der Mitte gelegenen Welt.

Sita: Wie kommt es, daß sogar am Tage . . . dieser Sternenkreis erscheint?

Rama: Königin! Es ist in der Tat ein Kreis von Sternen, aber wegen der großen Entfernung können wir ihn am Tage nicht sehen, da unsere eigenen Augen von den Sonnenstrahlen getrübt werden. Nun ist dies durch den Aufstieg dieses Wagens hinweggenommen . . . (und so können wir die Sterne sehen).

Ob diese Berichte nun Erinnerungen an eine ältere, technisch entwikkeltere Zivilisation sind oder nur den Vorstellungen heutiger Sciencefiction-Schreiber vergleichbare Phantasie – manche dieser Berichte aus Urzeiten klingen merkwürdig aktuell, das Material ausgenommen, das als Kraftquelle für die Flugmaschinen verwendet wurde (möglicherweise, ja sogar sicher falsch aus dem Original übersetzt):

. . . Drinnen muß man die Quecksilber-Maschine aufstellen, mit ihrem das Eisen erhitzenden Apparat darunter. Durch die Kraftmittel, die im Quecksilber enthalten sind, das den fahrenden Wirbelwind in Bewegung setzt, kann ein Mann, der drinnen sitzt, eine weite Strecke in den Himmel hineinfahren . . . vier Quecksilber-Behälter müssen in die innere Konstruktion eingebaut werden. Wenn diese von kontrolliertem Feuer erhitzt worden sind . . . entwickelt das *vimana* Donnerkraft durch das Quecksilber . . . Wenn diese Eisenmaschine mit sorgfältig verschmolzenen Fugen mit Quecksilber gefüllt wird und das Feuer in den oberen Teil geleitet wird, entwickelt es Kraft, mit dem Gebrüll eines Löwen . . . und wird sofort zu einer Perle am Himmel . . .

Modelle oder bildliche Darstellungen von Flugmaschinen oder Berichte von Raketen und Flügen in den Weltraum sind aber nur ein Hinweis, kein Beweis für hohe wissenschaftliche Entwicklung. Manche Methoden jedoch und Gegenstände, die erst viele Jahre nach ihrer Entdeckung als das erkannt wurden, was sie wirklich waren, liefern einen greifbaren Beweis für die früher nicht vermuteten technologischen Fähigkeiten prähistorischer Menschen.

Ein gutes Beispiel ist auch der »Sterncomputer« von Antikythera. Das ist ein kleiner Bronzegegenstand, zusammengesetzt aus Tafeln, Rädern oder Nummernscheiben, die vom Meerwasser verklebt sind. Er wurde vor über siebzig Jahren zusammen mit anderen Fundgegenständen, hauptsächlich Statuen, aus einem auf dem Grund des Ägäischen Meeres liegenden antiken Wrack geborgen. Nahezu sechzig Jahre später wurde er einer eingehenden Untersuchung unterzogen und in Säurebäder gelegt. Die Forschungsarbeit von Derek de Solla Price, George Stamires und anderen Archäologen ergab, daß er ein mit Zahnrädern versehenes Instrument zum Auffinden der Sterne darstellte, das zur Berechnung planetarischer Umlaufbahnen und zur Standortbestimmung in der Nacht diente. Ein Hinweis auf unvermutete Kenntnis von Navigation und Astronomie in antiker Zeit. Dr. Price sagte dazu wörtlich: ». . . Kein Instrument, das diesem gleicht, ist irgendwo erhalten . . . Der Fund eines solchen Objekts gleicht dem Fund eines Düsenflugzeugs im Grab von König Tut . . .« – ein Vergleich, der im Licht der jüngsten Funde gar nicht mehr so absurd erscheint.

Andere konkrete Beweise technischen Fortschritts liegen vielleicht nach

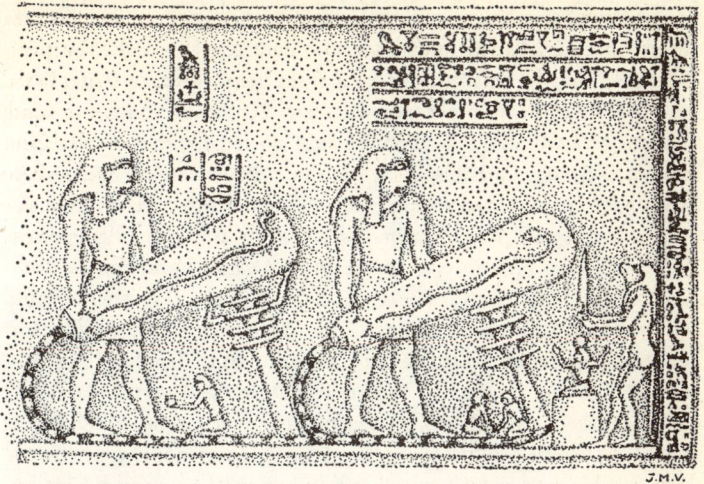

In Stein gemeißeltes, jahrtausendealtes Bildwerk aus dem Tempel der Hathor in Dendera, Ägypten. Die früher als »Kultobjekte« beschriebenen Gegenstände erinnern stark an gewaltige Glühlampen mit umsponnenen Kabeln, die an eine Art von Schalter oder Generator angeschlossen sind. Zeugnisse für die Kenntnis der Elektrizität sind in verschiedenen Gegenden Ägyptens und des alten Mittleren Ostens gefunden worden, zusammen mit Hinweisen auf deren Gebrauch für Galvanisierungs- und möglicherweise auch Beleuchtungszwecke.

wie vor in Museen, wo sie als »religiöse Gegenstände« oder »Kinderspielzeug« bezeichnet oder einfach mit dem Etikett »unbestimmbar« versehen sind. Wilhelm König, ein deutscher Archäologe, grub kurz vor dem Zweiten Weltkrieg in einer 2000 Jahre alten Fundstätte nahe Bagdad und förderte einige seltsame Artefakte zutage, mit Erdharz überzogene Zylinder, die in Gefäßen enthalten und mit metallenen Verschlußstöpseln versehen waren – in anderen Worten: Trockenbatterien ohne Elektrolyt, der – woraus immer er bestanden haben mag – verdampft war. Einige dieser Batterien funktionierten später fehlerlos, nachdem neuer Elektrolyt – Kupfersulfat – hinzugefügt worden war. Nach diesem Anfangsfund entdeckte Dr. König Teile von anderen Batterien, die schon in Museen ausgestellt und mit »Verwendung unbekannt« beschriftet waren. Seit diese Batterien ausgegraben und identifiziert wurden, entdeckte man im Irak und im Mittleren Osten zahlreiche Objekte dieser Art. Sie wurden anscheinend zum Galvanisieren von Metallen verwendet. Man fragt sich, ob diese uralte Kenntnis der Elektrizität, vielleicht ererbt von einer früheren Kultur, dann jedoch vergessen, bis sie im 18. Jahrhundert wiederentdeckt wurde, in antiker Zeit auch für andere als galvanische Zwecke benutzt wurde. In der Welt der Griechen und Römer wurden zur Beleuchtung Fackeln und Öllampen verwendet. Wo immer heute noch Durchgänge zwischen antiken Gebäuden enthalten sind, kann man an den Decken Spuren von Ruß finden. In der noch weiter zurückliegenden ägyptischen Zivilisation zeigen wunderbar geformte und bemalte unterirdische Tunnels jedoch keinerlei Spuren von Fackeln oder Öllampen an den Decken. Auch an den Wänden oder Decken mancher Höhlen in Westeuropa mit den großartigen Werken aus dem 12 000 bis 30 000 Jahre zurückliegenden Aurignacien und Magdalenien sind keine zu finden. Ein altägyptisches Wandrelief im Hathor-Tempel von Dendera, Ägypten, das lange ein archäologisches Rätsel bildete, zeigt eine Szene, wo Diener scheinbar riesige Glühlampen tragen, die Glühfäden in der Form dünner Schlangen enthalten und mit einer Kapsel oder einem Schalter mit umsponnenen Kabeln verbunden sind, ähnlich starken elektrischen, durch Hochspannungsisolatoren verstärkten Lampen. Zu diesen Kabeln sagt Dr. John Harris aus Oxford:

. . . Die Kabel sind im Grund die exakte Kopie einer technischen Illustration, wie sie gegenwärtig gebräuchlich ist. Das Kabel ist sehr stark und gestreift dargestellt, eher ein Bündel vieler (und für viele Zwecke vorgesehener) Leitungen als ein einziges Hochspannungskabel . . .

Es gibt noch andere auf Papyrus gezeichnete und in Stein gemeißelte Bildwerke, die das trockene ägyptische Klima durch Jahrtausende bewahrt hat. Betrachtet man sie unbefangen, so meint man Darstellungen moderner Erfindungen vor sich zu haben, die bereits in der Antike genutzt wurden. Man erinnert sich, daß es in den altägyptischen Quellen Hinweise auf die Herrschaft der Götter gibt, die vor der ersten Dynastie regiert hatten, zu einer Zeit der überlegenen Zivilisation und wunderbarer Kräfte, wie sie in der Erinnerung und in den Aufzeichnungen der meisten alten Kulturen der Erde erscheint.
Es ist verblüffend, wenn man sich klarmacht, daß uralte Kulturen, die sich lange vor den Griechen und Römern entfaltet hatten, Kenntnisse der Astronomie, der höheren Mathematik, der Zeitberechnung, der

Vermessung der Erde und des Sonnensystems besaßen, Tausende von Jahren, bevor man dieses Wissen in moderner Zeit entwickelte oder wiederentdeckte. Um diese Informationen zu erlangen, muß jene Frühkultur oder müssen jene Frühkulturen Teleskope oder andere ausreichend präzise Instrumente besessen haben, um genaue Berechnungen anzustellen.

Außerordentliche Entdeckungen wurden beim Studium gewisser mittelalterlicher Landkarten gemacht, besonders von Professor Charles Hapgood (*Maps of the Ancient Sea Kings*). Er verbrachte viele Jahre damit, diese Karten im Licht der in ihnen enthaltenen Informationen über Erdteile, die zur Zeit der Anfertigung dieser Karten wahrscheinlich noch unbekannt waren, wieder zu untersuchen. Manche waren von verschwundenen, früher in der großen Bibliothek des alten Alexandria aufbewahrten Originalen durch die Jahrhunderte wieder und wieder kopiert worden. Sie zeigen eine verblüffend genaue Kenntnis von Ländern, die (unserer Schulweisheit zufolge) noch unentdeckt waren, als das Original und selbst die Kopien angefertigt wurden. So verzeichnen sie etwa bereits Nord- und Südamerika, Jahrtausende vor Kolumbus.

Die Piri-Reis-Karte, der Teil einer größeren Weltkarte aus antiker Zeit, 1929 mitten im Gerümpel des früheren Harems des vertriebenen türkischen Sultans gefunden, zeigt klar die wahre Küste der Antarktis, wie sie ohne das sie bedeckende Eis verliefe. Die Prüfung antarktischer Landkerne in der Nähe des Ross-Meeres hat ergeben, daß die Antarktis seit mindestens 6000 Jahren von Eis bedeckt ist. Das würde bedeuten, daß die Originalkarte ziemlich lange vor der überlieferten Geschichte angefertigt wurde, und zwar während der Zeitspanne, die man Atlantis und ihrer angeblichen Weltkultur zuschreibt.

Die König-Jaime-Weltkarte von 1502, ebenfalls eine Kopie wesentlich älterer Karten, zeigt die Wüste Sahara als ein fruchtbares Land mit großen Seen, Flüssen, Städten, das sie einst in sehr fernen Zeiten war.

Die Buache-Weltkarte von 1737 zeigt die von einer antiken griechischen Karte kopierte Antarktis (die Existenz der Antarktis wurde bis zu ihrer Entdeckung im Jahre 1820 von der modernen Welt nur vermutet) in Form zweier ausgedehnter, von einem Binnenmeer getrennter Inseln. Könnte das Eis der Antarktis entfernt werden, so würde das Land darunter genau diese Form haben, obwohl diese Tatsache bis zu den Entdeckungen der Expeditionen im geophysikalischen Jahr 1958 unbekannt war. Andere Karten zeigen in Teilen von Europa, Großbritannien und Irland noch manche der Gletscher der letzten Eiszeit. Auf einer anderen ist die Bering-Straße nicht als eine Meerenge dargestellt, sondern als die Landenge, die sie einmal war.

Als hervorstechendes Merkmal dieser immer wieder kopierten Karten der Antike gilt, daß ihre genauen Koordinaten und das Wissen um die geographische Länge (in der Neuzeit nicht vor dem Ende des 18. Jahrhunderts entwickelt) eine Kenntnis der sphärischen Trigonometrie und des Gebrauchs von hervorragend präzisen geodätischen Instrumenten zeigen. Dazu kommt die Möglichkeit, daß sie ursprünglich vor etwa acht- bis zehntausend Jahren entworfen wurden, zu einer Zeit also, die viele Jahrhunderte vor unserer eigenen aufgezeichneten Geschichte liegt.

Merkwürdige Spuren genauer astronomischer Berechnungen existieren in den Überlieferungen uralter Völker, obwohl sie, soweit wir wissen, über Fernrohre keiner Art verfügten, um solche Meßwerte zu gewinnen. Zu ihnen zählt die Kenntnis der beiden Monde des Mars (und ihrer Entfernung vom Planeten), die der sieben Satelliten des Saturns, der vier Monde des Jupiter und der Venusphasen (in babylonischen Schriften die »Hörner« genannt). Selbst die Gestalt weit entfernter Sterne wurde entdeckt: das Sternbild Skorpion ist so benannt, weil es einen »Schweif« hat, einen Kometen innerhalb des Sternbildes, der jedoch nur durch ein gewaltiges Fernrohr gesehen werden kann. Die Maya aus Zentralamerika auf der anderen Seite des Ozeans nannten dieses Sternbild ebenfalls Skorpion, ein Wissen, das sie vielleicht mit einer früheren Kultur geteilt haben. (Von allen Urvölkern berechneten die Maya das Sonnenjahr mit der genauesten Zahl, die je von einem Kalender, den unseren mit 365,2420 Tagen eingeschlossen, erreicht worden ist, nämlich mit 365,2422 Tagen.)

Als die wissenschaftlichen Kenntnisse nach ihrem in Urzeiten erreichten Höhepunkt augenscheinlich wieder abnahmen, wurden manche dieser astronomischen Informationen zu Legenden, wie zum Beispiel die vom Gott (Planeten) Uranus, der seine Kinder (Monde) fraß (Mondfinsternis) und dann wieder ausspie (Ende der Mondfinsternis). Obwohl also das Phänomen nicht mehr beobachtet werden konnte, weil die entsprechenden Mittel dazu fehlten, wurde die astronomische Information doch in halbreligiösen Mythen bewahrt.

Das vielleicht ungewöhnlichste noch vorhandene und zur Prüfung greifbare Zeugnis früherer Wissenschaft ist die Cheops-Pyramide in Gizeh. Jahrtausendelang wurde sie für ein Grab gehalten, obwohl eine von den Kopten bewahrte Überlieferung (die Kopten sind eine ägyptische Minderheit, die direkt von den alten Ägyptern abstammt) darauf hinweist, daß sie ein Sammelwerk des Wissens aus der Zeit der »Herrschaft der Götter« war. Sie würde sich als steinernes Buch erweisen, das von Surid, einem der Könige vor der Flut, zusammengestellt worden war, um in der Zukunft von jenen enträtselt zu werden, die genügend fortgeschrittene Kenntnisse besäßen, es zu lesen.

Schon während der Invasion Ägyptens durch Napoleon wurde festgestellt, daß die Cheops-Pyramide verborgene Mitteilungen enthielt. Die Franzosen benutzten sie als trigonometrischen Punkt und fanden heraus, daß die Seiten genau nach den vier Himmelsrichtungen ausgerichtet waren, der Längenmeridian durch den Scheitelpunkt der Pyramide verlief und diagonale, durch den Scheitelpunkt gezogene und nach Norden verlängerte Linien das Nildelta halbieren würden. Eine genau nach Norden, durch den Schnittpunkt der Grundflächendiagonalen verlängerte Linie würde den Nordpol nur um sechs Kilometer verfehlen. Dabei muß man im Auge behalten, daß der Nordpol in den Jahrhunderten seit der Erbauung der Cheops-Pyramide seine Position verändert haben kann.

Das heutige metrische System basiert auf dem Meter, dem 40millionten Teil des Meridians, ein Maßsystem, das von den Franzosen kurz nach ihrem Einmarsch in Ägypten entwickelt wurde. Die pyramidische Elle (1,27 m), von den alten Ägyptern Tausende von Jahren vor dem französischen Meter verwendet, ist in der Länge dem Meter nahezu gleich, aber doch genauer, da sie auf der Länge der Polarachse basiert, anstatt auf der Länge eines Meridians, der sich den Umrissen der Erde entsprechend verändern kann.

Bestimmte an der Cheops-Pyramide in ägyptischen Ellen vorgenommene Messungen zeigen eine erstaunliche Kenntnis der Erde und ihrer Lage innerhalb des Sonnensystems – eine Kenntnis, die vergessen und erst in moderner Zeit wiederentdeckt wurde. Mathematisch wird das so ausgedrückt: Der Umkreis der Pyramide entspricht der Zahl der Tage im Jahr, 365,24; der doppelte Umkreis ergibt den Gegenwert einer Minute eines Grades am Äquator; die Entfernung von der Basis bis zum Scheitelpunkt, gemessen an der Seitenschräge, beträgt ein Sechshundertstel eines Breitengrades; die Höhe, mit 10^9 multipliziert, ergibt die ungefähre Entfernung zwischen Erde und Sonne; der Umkreis, durch die doppelte Höhe der Pyramide geteilt, ergibt den Wert Pi, 3,1416 (wesentlich genauer als die Zahl, die griechische Mathematiker der Antike erreichten, nämlich 3,1428); das Gewicht der Pyramide mit 10^{15} multipliziert, ergibt das ungefähre Gewicht der Erde. Die Erdachse verändert sich im Weltraum von Tag zu Tag (so entsteht hinter der Sonne alle 2200 Jahre eine neue Konstellation des Tierkreises) und erreicht ihre ursprüngliche Stellung einmal in 25 827 Jahren, eine Zahl, die in den pyramidalen Berechnungen aufscheint (25 826,6), wenn die Diagonalen der Grundfläche addiert werden. Die Messungen des Königsraumes innerhalb der Cheops-Pyramide ergeben die genauen Ausmaße der beiden pythagoräischen Grunddreiecke (2 . 5 . 3 und 3 . 4 . 5), obwohl sie einige tausend Jahre vor Pythagoras erbaut worden ist. Und das sind erst einige der übereinstimmenden Messungen.

Man fragt sich, warum eine so riesige und komplizierte Anlage errichtet werden sollte, um Informationen dieser Art weiterzugeben, es sei denn, daß die Überlebenden einer Reihe globaler Katastrophen, die diese technischen Möglichkeiten noch besaßen, ihr Wissen der Zukunft in einer Form weitergeben wollten, in der es nicht zerstört werden konnte, selbst wenn alle damals noch existierenden Aufzeichnungen und Sprachen verlorengingen. In diesem Zusammenhang wird man an die Idee erinnert, daß Mathematik und mathematische Gleichungen ein wirkungsvolles Verständigungsmittel wären, falls Entdecker aus dem Weltraum die Erde – oder Weltraumsonden von der Erde andere zivilisierte Planeten – erreichen sollten. Der wissenschaftliche und technologische Hintergrund für ein solches Unternehmen wäre ja notwendigerweise auf mathematischen Überlegungen gegründet. Die Botschaft der Pyramide, nicht aus der Zukunft, sondern aus unserer eigenen Vergangenheit stammend, wird vielleicht noch mehr Wissen enthüllen, sobald sich unsere Erkenntnisfähigkeit weiterentwickelt hat.

Von Erforschern der Cheops-Pyramide wie auch der koptischen Überlieferung wurde manchmal behauptet, daß die Cheops-Pyramide die Dokumentation einer Wissenssubstanz darstellt, die später zersplittert wurde oder verlorengegangen ist, mit Ausnahme des Teils, der in Legenden bewahrt wurde. Solche Spuren einer früheren, weltweiten Zivilisation oder von Zivilisationen, die wir zu kennen meinen, scheinen anzuzeigen, daß diese neben einigen – unseren ähnlichen –

Entwicklungen Fortschritte auf anderen Gebieten erzielt haben könnten, die uns bis heute weithin nicht vertraut sind. Von kolossalen Steinbauten überall auf der Welt weiß niemand wirklich, wer sie erbaut hat. Sie ähneln einander im allgemeinen nicht nur in der Konstruktion, sondern auch in ihrer Ausrichtung gegenüber den Planeten, der Sonne, dem Mond und deren Umlaufbahnen, den Sternbildern und den übrigen Fixsternen sowie anderen Kräften, etwa den Magnetfeldern und Erdströmen. Zu diesen rätselhaften prähistorischen Bauten zählen die Pyramiden von Teotihuacán in Mexiko und den älteren Städten von Yucatán, die Ruinen der Vor-Inkazeit in den peruanischen Anden, die Zeichnungen im Nasca-Tal und die massiven Ruinen von Tiahuanaco in einer Höhe von über 4000 Meter. Ferner die riesigen Steinbauten auf den Britischen Inseln, besonders Stonehenge und Avebury, und die manchmal bis in den Ozean hinausreichenden Monolithen der Bretagne. Auch die prähistorischen Ruinen auf den Mittelmeerinseln, im Mittleren Osten und in Südostasien zählen dazu, ebenso die Reste kyklopischer Bauten auf den Karolinen, Marquesas und anderen Inseln im Pazifik. Außerdem die monolithischen Anlagen unter der Karibischen See, die prähistorischen Steinbauten von Niebla in Spanien, die Bauten unbekannter Herkunft in Nordafrika – Ägypten eingeschlossen –, die großen Erdwälle in den Vereinigten Staaten und die archaischen Pyramiden in China.

Bis in das erste Jahrzehnt unseres Jahrhunderts hinein wurden alle Behausungen in China vor ihrer Erbauung von einem Geisterbeschwörer ausgerichtet, um aus den glückbringenden Pfaden oder ungesehenen Strömen Nutzen zu ziehen, die über oder durch die Erde laufen. (Man wird sich erinnern, daß die ersten Kompasse, so wie wir sie kennen, aus China kamen.) Ein scharfsinniger Schilderer der chinesischen Landschaftsarchitektur, Dr. Ernst Börschmann, nahm an, daß die Anordnung von Tempeln, Pagoden und Pavillons um ein Zentrum, von dem sie ausstrahlten, einem magnetischen Feld gleichen. Das Verfolgen der Kraftlinien in der Erde (auf chinesisch *feng shui*, »Windwasser«), möglicherweise der Restbestand einer uralten, hochentwickelten Wissenschaft, wurde als Aberglaube und Überbleibsel der Feudalzeit abgetan, obwohl einer anderen Form des Aberglaubens, der Akupunktur, die ein weiterer wissenschaftlicher Restbestand sein könnte, vom gegenwärtigen Regime in China weitgehende Beachtung gezollt wird. Wenn die Kraft des Magnetismus und Antimagnetismus in Urzeiten verstanden und bis zu einem Punkt weiterentwickelt wurde, wo die Schwerkraft, selbst eine Form des Magnetismus, wie andere Naturkräfte gelenkt werden konnte, so wäre das eine Erklärung für manche der technologisch unerklärlichen prähistorischen Bauten. Manche von ihnen sehen ja buchstäblich so aus, als wären sie auf die Spitze der Berge emporgeschleudert und am Rand von Abgründen niedergesetzt worden.

Es ist fesselnd, wenn man überlegt, daß manche Restbestände uralter elektromagnetischer Techniken, in diesem Fall in Form versiegelter innerer Kammern, die Pyramiden immer noch schützen könnten, während die Wissenschaftler von heute sich bemühen, ihre Geheimnisse zu entschleiern. Eine Zeitlang war man darangegangen, die innere Struktur der Chephren-Pyramide von Gizeh mit Schallwellen und kosmischen Strahlen, die durch die Gesteinsmasse geführt wurden, zu durchdringen. Dieses Projekt wurde von Dr. Amr Gohed von der Ein-Shams-Universität in Kairo geleitet, der unter anderen Hilfsmitteln auch einen neuen IBM-1130-Computer verwendete. Obwohl die Tests mit größter Sorgfalt durchgeführt wurden, ergaben die das gleiche Gebiet betreffenden Aufnahmen Tag um Tag völlig verschiedene Ergebnisse. Dr. Gohed: ». . . Es verstößt gegen alle Gesetze der Wissenschaft und der Elektronik . . .« und ist »wissenschaftlich nicht möglich.« Ein Artikel der Londoner *Times* berichtete: ». . . Die erhofften großen Entdeckungen entpuppten sich als eine Unzahl sinnloser Symbole . . .« Dr. Gohed erklärte zum bisherigen Scheitern des Projekts: ». . . Es gibt da einen Einfluß, der in der Pyramide wirksam ist und allen Gesetzen der Wissenschaft Trotz bietet . . .«

Eher noch könnte das, worum es hier geht, einfach anderen Gesetzen gehorchen, vielleicht auch die Anwendung oder Abwandlung anderer Gesetze sein, die wir heute noch nicht begreifen – Spannungen und Anziehungskräfte, die die verborgenen Kräfte der Erde, der Planeten, der Sonne, des Mondes und der Sterne darstellen.

In seinem Buch *The View over Atlantis* bezieht sich John Mitchell auf die Einheit der prähistorischen Kultur und beweist, daß ». . . überall auf der Erde Werke prähistorischer, mit dem Gebrauch des polaren Magnetismus vertrauter Baukunst zu finden sind«. Er nimmt an, daß wir ». . . innerhalb der Ruinen einer urzeitlichen Anlage leben, deren ungeheure Ausdehnung dazu führte, daß man sie bis jetzt nicht erkennen konnte . . .« Mitchell verbindet auf diese Weise die großen

Steinreste der prähistorischen Zeit, die heute noch in den Ebenen, Gebirgen, Wüsten, Dschungeln und Meeren der Welt bestehen. Seiner Meinung nach nahmen ». . . die Philosophen dieser Zeit« an, »daß die Erde ein lebendes Wesen wäre und ihr Körper, wie der jedes anderen Lebewesens, ein innerhalb seines Magnetfeldes befindliches und mit diesem in Beziehung stehendes Magnetfeld besaß. Die Nervenzentren der Erde, den Akupunkturpunkten der chinesischen Medizin am menschlichen Körper entsprechend, wurden bewacht und geheiligt durch geweihte Bauten, die selbst als Mikrokosmen der kosmischen Ordnung entworfen waren . . .«

Hinweise darauf, daß es eine oder mehrere Weltzivilisationen in sehr weit zurückliegender Vergangenheit gegeben hat, sind bis heute überliefert. Diese Zivilisationen sind als Folge natürlicher oder von Erdbewohnern hervorgerufener Katastrophen verschwunden, und zwar um einiges früher, als unsere eigenen überlieferten kulturellen Anfänge im 4. Jahrtausend v. Chr. einsetzen. Gebäude oder Monumente, aus einer solchen Zeit auf uns gekommen, können, so imponierend sie sind, schwer oder überhaupt nicht datiert werden. Dazu kommt, daß die Zeitspanne, die wir früher für das Auftreten und die Entwicklung des zivilisierten Menschen angenommen haben, kaum genügend Raum für den Aufbau dieser weitgehend hypothetischen Kultur gibt. Die jüngsten Entdeckungen von Dr. Louis und Mary Leakey in Olduvai Gorge, Tansanien, und von Richard Leaky in Kenia deuten darauf hin, daß der primitive Mensch schon vor 2 Millionen Jahren aufgetreten sein kann. Werkzeugen, die in den Vallonet-Höhlen in Frankreich gefunden wurden, hat man ein Alter von 1 Million Jahren zugeschrieben. Die Untersuchung der Schädel des Cro-Magnon-Menschen (von dem allgemein angenommen wird, er habe vor 30 000 bis 35 000 Jahren gelebt) hat erwiesen, daß sein Schädelinhalt und die aus ihm zu schließende Gehirnmasse der unseren zumindest gleich und manchmal sogar überlegen war.

Während die wunderbaren Höhlenmalereien in Frankreich und Spanien als ein Teil des künstlerischen Welterbes anerkannt wurden, so können andere, weniger bekannte Zeugnisse vielleicht eine fundamentale Neubewertung des Zeitalters des zivilisierten Menschen zur Folge haben. In flache Steinplatten geritzte, durch die sie bedeckenden Erdschichten datierbare bildliche Darstellungen in Lussac-les-Châteaux, Frankreich, zeigen solche erstaunliche Zeichnungen aus einer im allgemeinen den Höhlenmenschen zugeschriebenen Periode. Tausende von Jahren vor der Dämmerung der uns bekannten Zivilisation geschaffen, stellen sie unerwartet modern wirkende Menschen dar, Männer, die wallende Gewänder, Stiefel, Gürtel, Mäntel und Hüte, gestutzte Bärte und Schnurrbärte tragen.

Andere merkwürdige Wandmalereien, ungefähr aus derselben Periode, die sich tief in südafrikanischen Höhlen befinden, zeigen weiße Reisende, die in sorgfältig ausgeführte, aber undefinierbare Gewänder gehüllt sind und sich vielleicht auf einer Art prähistorischer Safari oder Entdeckungsreise befunden haben.

Das Konzept der Evolution, der Entwicklung der Lebewesen von niederen zu höheren Formen, verlangt, daß ein Menschentyp dem anderen in aufsteigender Stufenreihe folgt, auf welcher immer die geeignetsten und am höchsten entwickelten Typen die primitiveren ersetzen. Während das im allgemeinen – wie bei dem fortgeschrittenen Cro-Magnon-Menschen, der den rohen Neandertaler ablöst – richtig ist, so war es doch in der langen Geschichte der Erde immer möglich, daß beide dieser Typen und auch andere zusammen existierten. Diese Situation besteht auch heute noch bei einer Weltbevölkerung, die Atomwissenschaftler und australische Ureinwohner gleichermaßen einschließt.

Wenn es eine fortgeschrittene Zivilisation vor der uns bekannten gegeben hat, so kann man doch vernünftigerweise annehmen, daß mancher Hinweis überlebt haben dürfte, um einen klaren Beweis zu ergeben (wenn etwas in der Archäologie überhaupt je völlig klar ist), daß eine solche technisch entwickelte Kultur nicht nur vor einigen, sondern vor vielen Jahrtausenden existiert hat. Falls unsere eigene Zivilisation zerstört werden sollte, so würden viele Bauten, Maschinen und Geräte zugrunde gehen, verrotten und unkenntlich werden, bevor noch einige tausend Jahre vergangen wären. Einige Zeugnisse würden erkennbar bleiben, wenn sie innerhalb der sich bewegenden Erde, unter dem ewigen Frost des nördlichen oder antarktischen Eises begraben oder auf dem Meeresboden verborgen lägen.

Die Entwicklung des Karbon 14, Kalium-Argon, Uran-Thorium, der Thermolumineszenz und Dendrochronologie (Datierungsmethode aus den Jahresringen der Baumstämme) und andere Datierungsmöglichkei-ten haben manche unserer althergebrachten Theorien über die ersten Daten der Zivilisation erschüttert. So hat man festgestellt, daß eine

Eisenmine in Ngwenya, Lesotho, von unbekannten Bergleuten vor 43 000 Jahren betrieben wurde. Im Iran gefundene Steinwerkzeuge sind 100 000 Jahre alt. Ausgedehnte Kupferbergwerksanlagen im nördlichen Michigan entstanden augenscheinlich Jahrtausende, bevor die ersten Indianer dorthin kamen. In Wattis, Utah, brach man beim Ausschachten des neuen Stollens einer Kohlenmine in eine unerwartete Reihe bereits bestehender Stollen unbekannten Alters ein. Die in diesen Stollen gefundene Kohle war so verwittert, daß sie nicht mehr zum Brennen verwendet werden konnte. Es gibt keine indianischen Legenden, die von solchen Minen handeln, noch trieben die Indianer je Bergbau unter Tage.

Als der Mensch das Innere der Erde mehr und mehr erforschte, wurden in Kohle, Stein oder anderen Schichten eingeschlossene urzeitliche Werkzeuge entdeckt, die auf ein so hohes Alter schließen lassen, daß es nur ungefähr geschätzt werden kann. Ein in einem Kohlenflöz eingebetteter Schuhabdruck im Fisher Canyon, Nevada, wurde auf 15 Millionen Jahre geschätzt; von dem in einem Sandsteinfelsen unter der Wüste Gobi gefundenen Abdruck der geriffelten Sohle eines Schuhs oder einer Sandale wird angenommen, daß er vor einigen Millionen Jahren dort hinterlassen wurde. Ein anderer versteinerter Sohlenabdruck einer Sandale, entdeckt in der Umgebung von Delta, Utah, wies eingeschlossene Triboliten auf, die also zu dieser Zeit oder nachher dort existiert haben müssen. Triboliten sind paläozoische Meerestiere, die, so glaubt man, vor 200 Millionen Jahren ausgestorben sind. Ein 1959 in einem italienischen Bergwerk ausgegrabenes, versteinertes menschliches Skelett war von Schichten umgeben, deren Alter auf Millionen von Jahren geschätzt wurde.

In Kalifornien wurde ein Eisennagel gefunden, der in einem Stück Quarz so völlig eingeschlossen war wie die im Bernstein der Nordsee konservierten prähistorischen Insekten. In einem Stück Feldspat aus der Abbey Mine in Treasure City, Nevada, wurde im Jahr 1865 eine 5 Zentimeter lange Metallschraube gefunden, die zwar oxydiert war, aber ihre Form und die ihres Gewindes innerhalb des Feldspats zurückgelassen hatte; der Stein selbst wurde auf Millionen von Jahren geschätzt. Im vorigen Jahrhundert wurde in Schöndorf bei Vöcklabruck in Österreich ein kleines, aus Eisen bestehendes würfelförmiges Objekt, weniger als einen Kubikzentimeter im Umfang, innerhalb eines Kohleblocks gefunden, der gespalten worden war. Eine eingeschnittene

Linie bildet eine Rille rund um den Würfel, der selbst abgerundete Ecken besitzt, als wäre er mit einer Maschine bearbeitet worden. Natürlich gibt es keine Erklärung dafür, wozu dieser Gegenstand diente oder wie er vor Millionen von Jahren in den Block Kohle kam.

Aus der Zeit der Eroberung Perus gibt es einen Bericht, daß eine von Spaniern geführte Indianermannschaft in einer peruanischen Mine einen im Fels eingeschlossenen Nagel fand. Das rief große Verblüffung hervor, nicht nur wegen des offenbaren Alters des Nagels, sondern auch deshalb, weil in Amerika Eisen bis zur Ankunft der Spanier nicht bekannt gewesen war.

Ein in Blue Lick Springs, Kentucky, gefundenes Mastodon wurde in einer Tiefe von 3,65 Meter ausgegraben. Als man die Grabung jedoch fortsetzte, entdeckte man ein Pflaster von bearbeiteten und einander angepaßten Steinen knapp einen Meter tief unter der Stelle, wo das Mastodon gelegen hatte. Das ist nur ein Beispiel von Funden urzeitlicher Steinarbeit innerhalb der USA, die so alt ist, daß sie durch umgebende oder darüberliegende Objekte (wie im Fall des Mastodons) nicht datiert werden können.

Diese und andere Funde sind mit historischen Begriffen so schwer zu erklären, daß man ihnen oft mit Mißtrauen begegnet. Es kommt aber auch vor, daß sie Besuchern aus anderen Welten zugeschrieben werden, die ihre Fußabdrücke in unserer Welt zu Zeiten hinterließen, die so fern liegen, daß Flächen, die heute fester Felsen sind, damals aus geschmeidigem und zähflüssigem Material bestanden haben. Natürlich ist es möglich, daß diese Fußabdrücke und einfachen Gegenstände von Menschen stammen, die urzeitlichen Völkern der Erde angehörten. Die Entdeckungen in den Bergwerken würden dann bedeuten, daß die Zeit dieser Zivilisation so weit zurückliegt, daß nur das, was in der Erde verborgen oder in anderen Materialien enthalten war, bis jetzt gefunden, aber in seiner Bedeutung nicht erkannt wurde. Man fragt sich, wie viele kleine Hinweise im Laufe der Jahrhunderte wohl zerstört wurden, während nur wenige rätselhafte Beispiele erhalten blieben, um noch andere – nicht nur legendäre – Zeugnisse urzeitlicher Zivilisation zu liefern.

Legenden und in Stein gemeißelte bildliche Darstellungen von ausgestorbenen, aber klar erkennbaren Tieren könnten einen anderen Hinweis auf das Alter der menschlichen Kultur darstellen. Die Zeichnung eines dem Toxodon sehr ähnlichen Tieres wurde auf einem

Tongeschirr in Tiahuanaco, der 4000 Meter hoch gelegenen Stadt in den bolivianischen Anden, gefunden. Vom Toxodon, einem prähistorischen, ein wenig dem Flußpferd ähnlichen Tier, wurde früher angenommen, es wäre schon lange vor der Entwicklung zivilisierter Menschen ausgestorben. In jedem Fall aber entsprach sein Lebensraum nicht einem kahlen, 4000 Meter hohen Plateau wie dem von Tiahuanaco, noch wäre dieses Gebiet überhaupt für den Standort einer großen Kultur geeignet gewesen. Es gibt aber Spuren, wie zum Beispiel Kornfeldterrassen oberhalb der jetzigen Schneegrenze in den umgebenden Bergen oder einen tiefen See, der Meeresfauna enthält, die darauf hindeuten, daß das gesamte Gebiet zur Zeit der Erbauung Tiahuanacos viele hundert Meter tiefer lag, möglicherweise auf Meereshöhe und an der Küste.

Auf dem Marcahuasi-Plateau nahe von Kenko in Peru gibt es kolossale, in Stein gemeißelte Darstellungen. In manchen Fällen wurden sogar ganze Felsen durch diese Arbeiten in ihrer Gestalt verändert. Diese wenn auch im Laufe ungezählter Zeitalter verwitterten Steinarbeiten der Vor-Inkazeit können als Darstellungen von Löwen, Pferden, Kamelen und Elefanten identifiziert werden, Tieren, von denen angenommen wird, daß keines von ihnen zur Zeit menschlicher Zivilisation in Südamerika gelebt hat. Ebenfalls in Peru, in den Ruinen einer Küstenstadt nahe Pisco, sind auf sehr alten Keramikgegenständen der Vor-Inkazeit Lamas mit fünf Zehen dargestellt. Diese fünf Zehen hatten die Lamas viele tausend Jahre früher statt des gespaltenen Hufs, den sie später entwickelten.

An Felswänden sowohl Nord- als auch Südamerikas wurden Zeichnungen von Tieren entdeckt, die wie Dinosaurier aussehen. Da aber zum Beispiel die gewöhnlichen Eidechsen, giftigen Krustenechsen und Leguane ihren weitentfernten Dinosaurier-Ahnen sehr ähnlich sind, so ist es schwierig festzustellen, ob diese Exemplare prähistorische Ungeheuer oder gewöhnliche Eidechsen darstellen. Das mag auch bei einer indianischen oder vorindianischen Felszeichnung der Fall sein, die eine große, in eine Felswand am Big Sandy River in Oregon eingeritzte Eidechse zeigt. Das Bildwerk ähnelt jedoch in hohem Maß einem Stegosaurier.

1924 fand die Doheny-Expedition uralte Felsenbilder im Havasupai Canyon, in der Nähe des Grand Canyon. Eine Steinzeichnung zeigte Menschen, die ein Mammut angriffen, ein unerwarteter Fund für

Amerika, wo man gewöhnlich annahm, der Mensch wäre, geologisch gesehen, eine ziemlich junge Erscheinung. Unter den anderen untersuchten Felsenbildern befand sich ein ziemlich getreues Porträt eines Tyrannosauriers, aufrecht stehend und teilweise auf seinen Schwanz gestützt, ganz genau so, wie ihn spätere Rekonstruktionen in Museen zeigen. Entlang dem Amazonas und seinen Nebenflüssen gefundene Steinzeichnungen scheinen wieder andere prähistorische Tiere, besonders den Stegosaurier, darzustellen.

In der Nähe des mexikanischen Dorfes Acámbaro wurden 1945 während der Grabungen an einer Fundstelle Tonstatuetten zutage gefördert, die jahrelang eine archäologische Sensation darstellten. Es handelt sich um Modelle von Flußpferden, Kamelen, Pferden und Riesenaffen sowie Dinosauriern aus dem Mesozoikum. (Die Echtheit dieses Fundes wurde später angezweifelt, da der Entdecker, Waldemar Julsrud, der anbot, nur für unversehrt gefundene Statuetten zu zahlen, unabsichtlich die eingeborenen Indianer ermutigte, Reproduktionen anzufertigen.) Karbon-14-Tests an den Figuren haben jedoch gezeigt, daß sie zwischen 3000 und 6500 Jahre alt sind. Eine der Figuren ähnelt so sehr einem Brachiosaurier genannten Dinosaurier, daß man, lägen dazwischen nicht ganze geologische Zeitalter, glauben könnte, der Künstler hätte tatsächlich ein solches Tier gesehen.

Die Tatsache, daß Urmenschen Tiere zeichneten oder modellierten, die Dinosauriern ähnelten, ist natürlich kein Beweis, daß sie sie je vor Augen bekamen (obwohl sie ihre Gebeine gesehen haben können). Der Drache des hl. Georg, der chinesische Drache ebenso wie der drachenähnliche Sirrush, der entlang den Mauern von Babylon unter anderen, uns vertrauten Tieren abgebildet ist, all diese Tiere haben ja kaum je wirklich gelebt. Da jedoch manche Details darauf schließen lassen, daß der erste Mensch viel früher auftrat, als allgemein vermutet wird, so kann er auch mit einigen Tieren vertraut gewesen sein, von denen man glaubte, daß sie um diese Zeit schon ausgestorben waren.

Manche dieser Überlebenden könnte man zeitlich in den späteren Abschnitten des Tertiärs ansiedeln. Da jedoch einige der Bildwerke scheinbar Reptilien des Mesozoikums darstellen, das lange vor dem Auftreten des Menschen liegt, könnte man eine verblüffende Erklärung vorschlagen. Wenn hochzivilisierte Menschen auf der Erde zu einer Zeit existierten, die vor der unseren liegt, so hätte sie ihre wissenschaftliche Neugier sicher zur Entdeckung des früher auf der Erde heimischen

Jura-Dinosauriers geführt, so wie es auch bei uns der Fall war. Nach dem Verschwinden dieser früheren Zivilisation hätte dieses Wissen in Legenden (von Drachen) und in Bildwerken bewahrt werden können. Halten wir uns vor Augen, daß wenig mehr als 100 Jahre vergangen sind, seit konservative Forscher das Vorhandensein kolossaler Fossilien auf der Erde mit der Behauptung erklärten, Gott habe eben die Fossilien zur selben Zeit gemacht, als er die Erde schuf.

Andrew Tomas, der in seinem Buch *We Are Not the First* historische Anachronismen beschreibt, erzählt von dem ausgegrabenen Schädel eines Auerochsen (einem wilden Urochsen), der sich jetzt im Moskauer Museum für Urgeschichte befindet. Der Schädel, einige hunderttausend Jahre alt, ist an seiner Vorderseite von einem kleinen, offensichtlich durch ein rundes Projektil verursachten Loch durchbohrt. Das Fehlen radialer Sprünge ebenso wie die Form des Lochs lassen auf eine unter großer Hitzeeinwirkung und mit hoher Geschwindigkeit abgefeuerte Kugel schließen. Das, was man für eine Kugel hält, wurde auch nicht erst nach dem Tod des Auerochsen abgefeuert, denn die Nachforschung ergab, daß die Wunde einige Zeit, nachdem sie beigebracht worden war, wieder verheilte. Es gibt noch ein anderes Beispiel in London (im Naturhistorischen Museum), wo ein mit 40 000 Jahren datierter, in einer Höhle in Sambia gefundener menschlicher Schädel ausgestellt wird, der ein ähnliches Loch in der linken Seite aufweist, ebenfalls ohne radiale Sprünge. Die Möglichkeiten, die diese prähistorischen Schüsse, wenn es solche sind, eröffnen, sind verblüffend.

Diese Entdeckungen, so vereinzelt und vieldeutig sie sein mögen, weisen doch auf die Wahrscheinlichkeit hin, daß zivilisierte Menschen auf Erden schon viel länger existieren, als früher angenommen wurde. Wir wollen die Möglichkeit, daß die Erdzivilisation aus dem Weltraum auf die Erde gebracht wurde, gar nicht in Erwägung ziehen, wie das schon häufig geschehen ist. Es wäre ja auch auf unserem eigenen Planeten Zeit und Raum genug vorhanden, um einer oder mehreren Kulturen Gelegenheit zu geben, Selbstvernichtung zu entwickeln, sei es nun durch Krieg, Störung der Umwelt oder durch andere, unwissentlich ausgelöste zerstörerische Kräfte.

Wenn wir ihren Beginn mit 4000 v. Chr. annehmen, so hat sich unsere eigene Kultur in nur 6000 Jahren aus einer primitiven Ackerbau- und Hirtenkultur bis zur Kernspaltung entwickelt. Zieht man das Alter der

Menschheit in Erwägung, so gibt es ausreichend Zeit für andere Kulturen, um ein Niveau zu erreichen, das annähernd mit dem unseren übereinstimmt. Eine nochmalige Prüfung der auf uns gekommenen antiken Aufzeichnungen gibt manchen Hinweis darauf, daß der Mensch schon früher die Fähigkeit zur Selbstzerstörung erreicht hat. Während es in der Bibel Anspielungen auf Vernichtung gibt (Sodom und Gomorrha), ebenso in den griechischen Mythen und in vielen indianischen Legenden Nord- und Südamerikas, so finden wir in den uralten, immer wieder kopierten Aufzeichnungen Indiens aus prähistorischer Zeit die ziemlich detaillierte Beschreibung von Gebrauch und Wirkung eines Vorgangs, der den zu Kriegszwecken ausgelösten Atomexplosionen sehr ähnlich ist.

Unerwartete Hinweise auf solche neueste Entwicklungen unserer technologischen Zivilisation sind in zahlreichen alten Schriften Indiens gegenwärtig, die, anders als so viele Dokumente der westlichen Welt, dem Feuer und der Zerstörung entgangen sind. Als wären sie heute geschrieben und nicht vor Tausenden von Jahren, beschäftigen sie sich mit Gegenständen wie der Relativität von Zeit und Raum, kosmischen Strahlen, dem Gesetz der Schwerkraft, Strahlung, der kinetischen Energie und der Atomkraft. Die Vaisesika-Schule wissenschaftlicher Philosophen im alten Indien entwickelte oder bewahrte die Theorie, daß Atome sich in unaufhörlicher Bewegung befinden. Sie unterteilen die Zeitmessung in eine Reihe unglaublicher Sekundenbruchteile, von denen der winzigste als die »Periode« angesehen wurde, »die ein Atom braucht, um seine eigene Raumeinheit zu durchqueren«.

Erstaunlich modern klingende Anspielungen enthält in reichem Maße das *Mahabharata*, ein kolossales Kompendium von über 200 000 Versen, das die Erschaffung des Kosmos, Religion, Gebete, Sitten, Geschichte und Legenden über die Götter und Heroen des alten Indien beschreibt. Man nimmt an, daß es ursprünglich vor 3500 Jahren verfaßt worden ist. Es bezieht sich jedoch auf Ereignisse, die angeblich Jahrtausende davor stattgefunden haben. Unter den Versen des *Mahabharata* befinden sich einige, die sich wie lebendige, aus erster Quelle stammende Beschreibungen eines Atomkriegs lesen.

Als westliche Studenten der Philosophie und der Religion in den achtziger Jahren des 19. Jahrhunderts das *Mahabharata* lesen und studieren konnten (eine Übersetzung wurde 1884 fertiggestellt), hielten sie die zahlreichen, immer wiederkehrenden und merkwürdig detaillierten Hinweise auf urzeitliche Luftschiffe (*vimanas*) und die Anweisungen für deren Betrieb sowie für die Erkennung feindlicher Luftschiffe natürlich für poetische Phantasie. Es gab sogar noch verwirrendere Anspielungen auf eine Waffe, die dazu diente, feindliche Armeen lahmzulegen (*mohanastra* – »der Pfeil der Bewußtlosigkeit«), ebenso wie Beschreibungen von »zweistöckigen, rote Flammen speienden Himmelswagen mit vielen Fenstern, die in den Himmel emporrasen zu den Regionen der Sonne und der Sterne, bis sie wie Kometen aussehen . . .«

Man darf nicht vergessen, daß das *Mahabharata* übersetzt wurde, Jahrzehnte bevor es Flugzeuge, Gift- oder Nervengas, bemannte Raketen und Atombomben gab. Die Erwähnung solcher Dinge bedeutete für die Leser der Viktorianischen Zeit nichts anderes als das Produkt wild wuchernder Phantasie. Andere Anspielungen wurden von westlichen Studenten des *Mahabharata* mit Leichtigkeit verstanden, soweit sie sich auf ralativ moderne Bewaffnung und entsprechend kontrollierte Feuerkraft bezogen, auf verschiedene Arten von Artillerie und Raketen, auf »Eisenkugeln«, Bleigeschosse, Sprengstoffe aus Salpeter, Schwefel und Holzkohle, auf Bomben mit Raketenantrieb, die imstande waren, Stadttore zu sprengen, und zylindrische Geschütze, die ein Donnergetöse machten (*agneyastras*). Obwohl gerade diese Dinge dem alten Indien zugeschrieben wurden, hatten einige der Leser den Verdacht, sie wären »unetymologisch« oder in die Übersetzung eingefügt worden, aus dem verständlichen Versuch der Inder, sagen zu können: »Wir hatten sie vor euch.«

Andere im *Mahabharata* erwähnte geheimnisvolle Waffen wurden später, im Verlauf des Ersten Weltkriegs, besser verstanden. Der indische Militärschriftsteller Ramchandra Dikshitar (*War in Ancient India*) wies darauf hin, daß die Kriegführung nun mit dem *Mahabharata* gleichgezogen habe: Die modernen Flugzeuge entsprächen den *vimanas*, die Waffe *mohanastra*, die ganze Armeen in Bewußtlosigkeit fallen ließ, dem Giftgas; er erläuterte auch den Gebrauch des Nebelgeschosses, das einen dichten Tarnungsnebel erzeugte, und verglich die *tashtra*, die »imstande war, eine große Zahl von Feinden zur gleichen Zeit zu töten«, mit verbesserten modernen Explosivstoffen.

Was in den achtziger Jahren oder selbst noch während des Ersten Weltkriegs als geheimnisvoll oder lächerlich galt, ist nahezu für jeden, der in der unsicheren Welt von heute lebt, nicht länger rätselhaft. Die folgenden Auszüge, die von einem urzeitlichen Krieg handeln, sind uns so vertraut, daß sie uns frösteln lassen, obwohl Jahrtausende sie von unserem eigenen Atomzeitalter trennen. Die Beschreibung einer gegen eine feindliche Armee abgefeuerten Spezialwaffe lautet:

> Ein einziges Geschoß, mit aller Kraft des Universums ausgestattet. Eine weißglühende Säule von Rauch und Flammen, so hell wie zehntausend Sonnen, erhob sich in all ihrem Glanz . . . es war eine unbekannte Waffe, ein eiserner Blitzstrahl, ein riesenhafter Todesbote, der das gesamte Volk der Vrishnis und Andhakas [die Feinde, gegen die sie in Anwendung gebracht wurde] zu Asche verbrannte . . . Die Leichen waren bis zur Unkenntlichkeit entstellt. Ihre Haare und Nägel fielen aus; Tongeschirr brach ohne sichtbaren Grund, und die Vögel wurden weiß. Nach wenigen Stunden waren alle Lebensmittel verseucht . . . um diesem Feuer zu entkommen, warfen sich die Soldaten in Flüsse, um sich und ihre gesamte Ausrüstung zu waschen.
>
> [Diese mächtige Waffe] . . . trug Mengen [von Kriegern] mit Streitrossen und Elefanten und Wagen und Waffen hinweg, als wären sie trockenes Laub . . . vom Winde verweht . . . sie sahen sehr schön aus, wie Vögel . . . die von Bäumen wegfliegen . . .

Als sichtbare Folge der Explosion einer solchen Superwaffe beschrieb der Autor, der die Wirkung entweder selbst erlebt, aus anderen Berichten zusammengetragen oder sich einfach vorgestellt hat, keinen Atompilz, sondern große Wolken, deren eine sich über der anderen öffnete, wie eine Reihe verschiedener kolossaler Regenschirme: eine Vorstellung, die von der unseren verschieden ist, aber keineswegs einen schlechten Vergleich darstellt.

Sogar die ungefähren Abmessungen der Waffe oder Bombe werden angegeben:

> . . . Ein Schaft, so verhängnisvoll wie das Zepter des Todes. Er maß 3 Ellen und 6 Fuß. Ausgestattet mit der Donnerkraft des tausendäugigen Indra war er . . . für alle lebenden Wesen todbringend . . .

Auch ein Bericht vom Zusammentreffen zweier Raketen in der Luft ist überliefert.

... Die beiden Waffen begegneten einander freischwebend. Da begann die Erde mit all ihren Gebirgen und Seen und Bäumen zu zittern, und alle lebenden Wesen wurden durch die Energie der Waffen erhitzt und stark angegriffen. Die Himmel flammten auf, und die zehn Punkte des Horizonts füllten sich mit Rauch ...

Viele meinen, der im *Mahabharata* beschriebene große Krieg beziehe sich auf die »arische« Eroberung des indischen Subkontinents vom Norden her. Dieses Ereignis hätte, der Zeit entsprechend, in der es stattfand, auch in verständlichen Ausdrücken beschrieben werden können (wie die *Ilias*), ohne Waffentypen zu erwähnen, die merkwürdig in die Zukunft weisen und der Science-fiction zuzurechnen sind.

In diesem Zusammenhang ist auch erwähnenswert, daß Skelette, die in Mohenjo-Daro und Harappa in Pakistan gefunden wurden, sich als äußerst radioaktiv erwiesen. Von der Geschichte dieser uralten Städte ist so gut wie nichts bekannt, außer daß sie plötzlich zerstört wurden. Antike Beschreibungen von Flugzeugen und Atomkriegen – wie vorausschauend sie auch immer sein mögen – müssen natürlich nicht unbedingt bedeuten, daß der Berichterstatter diese Wunder persönlich beobachtet hat oder daß sie je außerhalb seiner regen oder krankhaften Einbildungskraft existierten. In unserer Zeit hatte der Buck Rogers Comic Strip ganz offenherzig die Anwendung von Atombomben zum Thema, bis das FBI, kurz bevor die supergeheime wirkliche Atombombe in New Mexico getestet wurde, den Autor überredete, von solchen Hinweisen in seinem Strip abzusehen. Ein anderes prophetisches Zusammentreffen im Bereich der Science-fiction beinhaltet Jules Vernes »Reise zum Mond«. Hier wird Florida als Basis eines erfundenen Mondfluges bezeichnet und somit der tatsächliche Mondflug um mehr als ein Jahrhundert vorweggenommen. Durch ein weiteres prophetisches Zusammentreffen sind die Abmessungen, die Verne vor 100 Jahren für Kapitän Nemos imaginäres Unterseeboot angab, nahezu mit jenen der heutigen US-Atomunterseeboote identisch. Noch verblüffender ist ein anderer Fall in der Literatur. Als Jonathan Swift 1726 »Gullivers Reisen« schrieb, schilderte er die Satelliten des Mars und gab ihre nahezu genauen Abmessungen sowie Einzelheiten ihrer Umlaufbahn um den Planeten an, obwohl diese zwei Monde, die er so nebenbei (und so genau) in seinem Romanwerk erwähnte, erst 1877 entdeckt wurden. Nun, Verne, Swift und der Schöpfer des Buck Rogers Comic

Strips lebten in einer wissenschaftlichen Welt, in welcher die Möglichkeit solcher Entdeckungen eine Frage der Zeit war. Die indischen Aufzeichnungen aber liegen vielleicht mehr als 6000 Jahre zurück.

Manche Asiaten, aber auch Angehörige der westlichen Welt, die sich der Theorie verschrieben haben, daß der zivilisierte Mensch schon eine viel längere Zeit existiert, als früher vermutet wurde (das Zurückverlegen der Zeitgrenze der Zivilisation scheint in der Tat Jahrhunderte und sogar Jahrtausende freizulegen, die nun ausgefüllt werden könnten), weisen die Möglichkeit nicht von sich, daß es überall auf der Welt Wellen der Zivilisation gab, von denen manche außer in Legenden keine Spur hinterlassen haben. Sie sind deshalb bereit zu glauben, daß die unerwartet detaillierten indischen Hinweise auf Atome, Atomkraftwerke, Atomwaffen und hochentwickelte Technologien einfach die bewahrte Erinnerung an prähistorische, wissenschaftlich fortgeschrittene Zivilisationen darstellen.

Im Zusammenhang mit den indischen Legenden sollten wir auch die Tatsache bedenken, daß gewisse Abschnitte der Erdoberfläche aussehen, als wären sie durch atomare Einwirkung, die Jahrtausende vor den Atomversuchen der Gegenwart stattgefunden hat, beschädigt worden. Diese Örtlichkeiten befinden sich in Sibirien, im Irak, in Colorado und in der Mongolei (wo die chinesischen Atomtests neue, den alten vergleichbare Schäden hinterlassen).

Im Zuge einer Probegrabung im südlichen Irak wurde 1947 eine Art von archäologischem Stollen nach und nach in einzelne Schichten von Kulturen vorgetrieben. Vom jetzigen Bodenniveau ausgehend, stieß man auf Schichten der Babylonier, Chaldäer und Sumerer, mit Schwemmschichten zwischen verschiedenen Zeitaltern der Stadtkultur, dann auf die ersten Dorfkulturschichten, weiter auf eine Schicht, die der primitiven Bauernkultur 6000 bis 7000 Jahre v. Chr. entsprach. Darunter fanden sich Hinweise auf eine Hirtenkultur, und zuletzt wurde ein Zeitalter erreicht, das dem Magdalénien vor etwa 16 000 Jahren entspricht. Noch tiefer unten, am Grund aller Schichten, wurde ein Boden von geschmolzenem Glas aufgedeckt, der nur einem glich: dem Wüstenboden in New Mexico nach den Explosionen, die unser gegenwärtiges Atomzeitalter einleiteten.

9

Beschützer, Kidnapper oder unparteiische Beobachter?

Wenn aus dem Bermuda-Dreieck oder aus anderen Gebieten der Welt Flugzeuge, Schiffe und Menschen von UFOs oder anderen Wesen entführt werden, so sollte ein wichtiger Bestandteil jeder Nachforschung die Frage nach der möglichen Ursache oder den möglichen Ursachen sein. Manche Forscher sind der Meinung, daß intelligente Wesen, die wissenschaftlich den vergleichsweise primitiven Völkern der Erde um Lichtjahre voraus sind, sich seit Jahrhunderten damit befassen, unsere Fortschritte zu beobachten, um eventuell einzugreifen und uns daran zu hindern, unseren eigenen Planeten zu zerstören. Dies würde natürlich eine uneigennützige Veranlagung der Wesen aus dem inneren oder äußeren Weltraum voraussetzen, wie sie bei Entdeckern und Pionieren nicht immer vorzuherrschen pflegt.

Vielleicht existiert in der Nähe des Bermuda-Dreiecks und an gewissen anderen Knotenpunkten elektromagnetischer Gravitationsströme eine Tür oder ein Fenster zu einer anderen Dimension, durch welche mit ausreichender Erfahrung ausgestattete außerirdische Wesen systematisch und ganz nach Belieben einzudringen vermögen. Begegnen sie aber Menschen, so wird für diese eine Rückkehr unmöglich, entweder weil sie technisch dazu noch nicht imstande sind, oder weil sie von fremden Mächten daran gehindert werden. Viele dieser Vorfälle, besonders solche, die das Verschwinden ganzer Schiffsmannschaften betreffen, lassen auf Raubexpeditionen schließen, auf denen menschliche Wesen für Weltraumzoos, für Ausstellungen, die verschiedene Epochen der planetarischen Entwicklung zum Gegenstand haben, und zu Experimentierzwecken gesammelt werden.

Dr. Manson Valentine meint, daß es verschiedene und manchmal auch feindliche Gruppen von Besuchern geben könnte, die aus dem Weltraum, aus den Tiefen des Ozeans oder sogar aus einer anderen Dimension kommen. Manche dieser Wesen, die uns besuchen, könnten unsere Vettern aus einer Jahrtausende zurückliegenden Verwandtschaft und genügend zivilisiert sein, um uns und die Erde aus uneigennützigen Gründen zu beschützen. Freilich könnte es auch sein, daß sie einfach um ihre eigene Umwelt besorgt sind. Sollte das der Fall sein, so muß man annehmen, daß die außerirdischen Besucher um die zunehmende Gefahr weltweiter Vernichtung und Zerstörung wissen, in welcher sich die Erde und ihre Bevölkerung befinden. Diese Situation kann in den vergangenen Jahrtausenden schon mehrfach eingetreten sein. Wenn sich die Erde aber auch in Gefahr befand, so wurde sie doch nicht bis zur Unbewohnbarkeit verwüstet, wie dies das Schicksal mancher Planeten und Monde gewesen sein mag. Die Erinnerung an Zeiten herannahender Weltkatastrophen wird von den Nachkommen sehr alter Völker bis heute bewahrt. Aus manchen ihrer Überlieferungen geht hervor, daß nicht nur eine, sondern mehrere globale Katastrophen stattgefunden haben. Die Indianervölker Mittelamerikas haben bis heute drei Weltuntergänge gezählt und rechnen mit einem vierten Weltende, diesmal durch Feuer, zu einem Zeitpunkt, der in nicht allzuferner Zukunft liegt. Die Hopi, unter den indianischen Stämmen der Vereinigten Staaten diejenigen, deren Überlieferungen über ihre Wanderungen und das Bild der Welt im allgemeinen am vollständigsten sind und bemerkenswert ins Detail gehen, erzählen von drei früheren Weltuntergängen. Der erste geschah durch Vulkanausbrüche und Feuer, der zweite durch Erdbeben und eine zeitweilige Störung des Gleichgewichts der Erdachse und der dritte durch Überschwemmungen und das Absinken der Kontinente, weil kriegerische Einwohner der »Dritten Welt« ihre Städte gegenseitig durch Luftwaffen zerstörten. Der Hinweis auf eine Störung des Gleichgewichts der Erdachse zeugt von außerordentlichen Kenntnissen dieses kleinen indianischen Stammes über die wahre Gestalt und die Umdrehung der Erde. Die Theorie des »Abtrudelns« der Erde stimmt mit einer wissenschaftlichen Theorie aus späterer Zeit überein, die Hugh Auchincloss Brown entwickelte. Er schrieb es einem wachsenden Übergewicht von Eis auf einem der Pole zu, daß die Erdachse in ihrem Gleichgewicht gestört wurde.

Alte religiöse Legenden Indiens erzählen von neun Erdkrisen, während die Berichte anderer Kulturen der Antike hinsichtlich der Zahl schwanken, immer aber regelmäßig wiederkehrende globale Katastrophen erwähnen.

In seinem Kritias-Dialog zitiert Plato einen ägyptischen Priester, der dem Athener Gesetzgeber Solon, als er Ägypten besuchte, folgendes mitteilte:

. . . Es gab viele Zerstörungen der Menschheit und wird sie wieder geben. Sie entstehen aus vielerlei Ursachen.

Nachdem er ihm erklärt hatte, wie die Ägypter die Erinnerung an manche dieser Ereignisse in ihren Aufzeichnungen bewahrt hatten, sagte er angeblich zu Solon:

. . . und dann, zur üblichen Zeit, senkte sich ein Strom vom Himmel herab wie eine Pest . . . und somit muß man wieder von vorn beginnen wie die Kinder . . . [und fügte, sozusagen als einen letzten Seitenhieb auf die lückenhafte griechische Überlieferung, hinzu:] Ihr erinnert euch nur an eine Sintflut, doch es gab deren viele . . .

Die Theorie zyklisch verlaufender Zivilisationen, die in der Antike vorherrschte und in Asien bis zu einem gewissen Grad immer noch vertreten wird, steht in deutlichem Gegensatz zu der Fortschrittstheorie unserer eigenen Kultur und ihrer vorgefaßten Meinung über den Zwang und Ablauf der Zeit sowie das ständige Fortschreiten der Zivilisation und wissenschaftlichen Entwicklung. Je mehr aber unser eigenes Wissen zunimmt, desto mehr sind wir vielleicht auch imstande zu erkennen, daß die in der Antike gemachten Beobachtungen und Vermutungen doch ihre Richtigkeit erweisen werden.
Weltkatastrophen und die Zerstörung ganzer Zivilisationen können in früheren Zeiten aus verschiedenen Gründen erfolgt sein. Manchen von ihnen müssen wir heute selbst ins Auge blicken, so entschieden wir uns auch dagegen wehren. Besonders wichtig ist in diesem Zusammenhang die Frage der Übervölkerung, ein Problem, das unter den antiken Aufzeichnungen nur im *Mahabharata* Erwähnung findet, als ob der indische Subkontinent damals wie heute unter dem Würgegriff der Übervölkerung gelitten hätte. Der schon in antiken Quellen erwähnte Atomkrieg, eine andere gewaltige Bedrohung in unserer Zeit, wäre natürlich ein Weg, dieses Problem zu lösen. Allerdings würde ein solcher Krieg auf unserem Planeten die Zerstörung von Leben in weitem Ausmaß zur Folge und auch katastrophale Auswirkungen auf seine künftige Bewohnbarkeit haben. Sollten die atomaren Reaktionen stark genug sein, könnten sie dazu noch seismische Katastrophen und durch das Schmelzen des Polareises bewirkte Fluten auslösen.
Katastrophen, die nicht mit der Atomenergie, sondern mit anderen

Gebieten der technologischen Entwicklung in Verbindung stehen und deren Ergebnis erst im Lauf der Zeit bekanntwerden wird, kommen vielleicht gerade jetzt auf uns zu. Wir haben es heute ja nicht nur mit Atomtests, den Problemen des Atommülls, der Verschmutzung von Luft und Wasser und der gestörten Beziehung der Lebewesen zu ihrer Umwelt zu tun, sondern haben uns unwissentlich auch noch auf andere Experimente eingelassen, deren Entwicklung schließlich erschreckende Konsequenzen zeigen könnte.

Eine Bemerkung von Dr. Columbus Islin, des früheren Direktors des Ozeanographischen Instituts von Woods Hole, mag dazu als Beispiel dienen. Im Zusammenhang mit dem Anwachsen des Kohlendioxydgehalts der Atmosphäre stellt er folgendes fest:

Während der letzten hundert Jahre sollte die wachsende Verwendung fossiler Brennstoffe in unserer weltweiten industriellen Zivilisation zu einer Produktion von etwa 1,700 Billionen Tonnen Kohlendioxyd geführt haben, 70 Prozent der Menge, die sich jetzt in der Atmosphäre befindet. Da ungefähr zwei Drittel des hinzukommenden Kohlendioxyds vom Meer absorbiert werden, so kann mit einem Ansteigen des Kohlendioxydgehalts von etwa 20 Prozent in der Atmosphäre gerechnet werden.

Die Wirkung einer solchen Erhöhung des Kohlendioxydgehalts ist nicht leicht vorherzusagen, aber es gibt Gründe zu der Annahme, daß sich die tieferen Schichten der Atmosphäre dadurch um einige Grade erwärmen könnten. So vollziehen wir – mehr oder weniger ungewollt – ein großes Experiment.

Die Auswirkungen eines durch den Menschen verursachten Abschmelzens des Polareises, die darauf folgenden Flutwellen und die Überschwemmung von Meeresküsten in aller Welt erinnern an die Sintflut der prähistorischen Zeit, die Landoberflächen im Atlantik, in der Karibik, im Mittelmeerraum und anderswo bedeckte und von der wir heute annehmen, daß sie keineswegs in den Bereich der Legende gehört. Sogar das Ausfließen von Öl aus einem der immer riesiger werdenden Supertanker oder aus einer arktischen Pipeline könnte ein großräumiges Abschmelzen des Polareises mit unvorhersehbaren Folgen bewirken.

Die Ausrottung so vieler Tierarten könnte eine andere mögliche Quelle künftiger Katastrophen sein, über deren Ausmaß wir uns noch keine Meinung bilden können. Wie erinnerlich nahm Noah, den man als Urvater der Ökologen bezeichnen könnte, nicht nur sieben Paare der nützlicheren Tiere an Bord der Arche, sondern auch je ein Paar all der anderen Tiere, ob sie nun nützlich waren oder nicht. Vielleicht ist der Aufstieg von der Barbarei zur Zivilisation und schließlich zur Erkenntnis und Nutzung der Kernspaltung ein natürlicher Prozeß, der nicht nur auf der Erde, sondern auch in anderen Teilen des Universums stattgefunden hat. Möglicherweise haben andere zivilisatorische Systeme, außerirdische oder – wie Valentine, Sanderson und andere vermuten – von dieser Erde stammende, aber für uns nicht sichtbare, über den Trieb zur Selbstzerstörung triumphiert. Sie benutzen unsere Welt – über solche Wege oder offene Türen wie das Bermuda-Dreieck – entweder als Studienobjekt, um Teile unserer Kultur zu bewahren oder um sie davor zu schützen, sich selbst zu zerstören. Vielleicht planen sie sogar, unsere Welt zu beherrschen, so wie es stärkere Nationen mit den weniger entwickelten versuchen. Solchen Beobachtern irgendwelche Beweggründe zu unterstellen, würde allerdings bedeuten, daß wir bei ihnen eine Denkweise voraussetzen, die der unseren ähnlich ist: Wilde Tiere können unmöglich begreifen, warum Sammler sie einfangen und ausstellen, anstatt sie zu töten und aufzufressen. Wie schon vermutet wurde, sind die UFOs vielleicht nur damit beschäftigt, unseren Planeten »auszukundschaften«. Wenn ja, dann tun sie das schon seit geraumer Zeit.

Sollte die Hypothese zutreffen, daß andersartige Wesen die Erde besuchen und beobachten, um Informationen und Studienobjekte – zu welchem Zweck immer – zu sammeln, und zwar besonders innerhalb des Bermuda-Dreiecks, wäre es nicht uninteressant, Vermutungen darüber anzustellen, warum sich die UFOs gerade auf dieses Gebiet konzentrieren. In längst vergangenen Zeiten gesichtete »himmlische« Flugzeuge lassen darauf schließen, daß sie in Gebieten kulturellen und technischen Fortschritts erschienen sind, als dieser bestimmte Höhepunkte erreicht hatte, wie um von Zeit zu Zeit festzustellen, wo neue Zentren der Zivilisation sich entwickelten und ob sie nicht Gefahren in sich trügen. Wenn wir uns die Reihenfolge der antiken Berichte vor Augen führen, die sich auf Besuche himmlischer Götter und Flugzeuge auf Erden beziehen, können wir wechselnde Schwerpunkte unterscheiden, die sich zu einem verschwommenen Muster zusammenfügen. Die ersten, bis in Einzelheiten beschriebenen Besuche waren die im alten Ägypten zur Zeit des Pharaos Thutmosis III. und der Weltraumausflug des Sumerers Etana. Natürlich haben wir noch genauere Hinweise auf außerirdische Kontakte im Alten Testament, wo Ezechiel von dem Besuch einer Art von Raumschiff auf Erden erzählt, das innerhalb von 19 Jahren viermal erschien. Einmal sah Ezechiel sogar zwei dieser Schiffe und war auch, wie Etana, selbst ihr Passagier. Um einen solchen Hinweis kann es sich möglicherweise auch bei Elias handeln, der in einem »feurigen Wagen« in den Himmel auffuhr und nie mehr zurückkehrte. Aus Indien besitzen wir die Erinnerung an einen Raumflug in der Beschreibung der Luftreise des Rama. In altamerikanischen Quellen wird von Göttern berichtet, die in Maschinen vom Himmel kamen, um Tiahuanaco zu errichten. Die zahlreichen Berichte aus Griechenland, Rom, dem Europa der Renaissance und, in unseren Tagen, aus aller Welt, besonders aber aus dem Gebiet des Bermuda-Dreiecks, lassen auf die Möglichkeit schließen, daß die Beobachter scheinbar am Fortschritt der technologischen Zivilisation auf der Erde, und zwar besonders an der Luftfahrt, der Eroberung des Weltraums und an der modernen Kriegführung interessiert sind. Im Zweiten Weltkrieg und im Koreakrieg waren »foo-fighters« (unidentizierte Lichter oder Objekte, die Bomber oder Kampfflugzeuge auf ihren Einsätzen begleiteten) ziemlich alltäglich. Den Berichten zufolge scheint sich das Auftreten von UFOs in der Nähe von Raumflugstationen zu konzentrieren. Das mag seine Ursache entweder darin haben, daß sie den jeweils höchsten Stand unseres technischen Fortschritts repräsentieren, oder darin, daß sie eine Bedrohung des Sonnensystems oder eines Teiles des Universums darstellen.

In den Theorien von Ivan Sanderson wird jedoch angedeutet, daß auch hochentwickelte Lebensformen im Ozean von der wachsenden Bedrohung unserer eigenen ozeanischen Umwelt betroffen sein könnten.

Es scheint, als hätte es zusätzlich zu den im 6. Kapitel angeführten Beispielen noch einige verblüffende Hinweise auf die Tätigkeit von UFOs unter Wasser gegeben, die von Einheiten der US-Marine aufgespürt und beobachtet wurden. Mit Ausnahme des ersten wurden Berichte über diese Vorfälle, wie das so üblich ist, tunlichst der Öffentlichkeit vorenthalten. Einer der bemerkenswertesten Berichte handelt von einem Unterwasserobjekt, das sich mit einer Geschwindigkeit von über 150 Knoten bewegte und zuerst von einem Zerstörer und unmittelbar danach von einem U-Boot verfolgt wurde. Beide Schiffe nahmen im Jahre 1963 an einer Übung der US-Marine in der südlichen Ecke des Bermuda-Dreiecks teil. Da im Manöver auch das Aufspüren und Verfolgen geübt wurde, nahm man an, das Objekt wäre ein Bestandteil der Übung. Dreizehn weitere Marinefahrzeuge bemerkten das rasch operierende und mit einer Schiffsschraube versehene Objekt und trugen ihre Beobachtung ins Logbuch ein. Die Spur des Objekts, das seine unglaubliche Geschwindigkeit beibehielt, wurde insgesamt vier Tage lang verfolgt, zeitweise in Tiefen von über 6000 Meter. Es wurde nie genau identifiziert, obwohl die meisten Berichte darin übereinstimmen, daß es scheinbar von einer einzigen Schraube angetrieben wurde. Während Berichte von aus dem Meer auftauchenden, im Meer untertauchenden oder unter Wasser operierenden UFOs in der Vergangenheit ziemlich häufig waren, so wurden diese Objekte doch selten so nahe gesehen und ihre Spur so unmittelbar verfolgt wie in den soeben geschilderten Manövern von 1963.

Wenn wir unter den Wassern der Meere die Existenz eines älteren Zweiges der Menschheit oder anderer »zivilisierter« Lebensformen annehmen, so haben sich solche Wesen, die ja über einen sehr viel größeren Lebensraum verfügen, als er den zivilisierten Lebensformen auf der Erdoberfläche zur Verfügung steht, während der letzten Jahrtausende nicht mit unseren Taten beschäftigt. Sobald aber unsere technische Leistungsfähigkeit eine beginnende Gefahr für sie und ihre Umwelt darstellte, könnte ihre bisher duldsame Politik eine Veränderung erfahren. Die geheimnisvollen Vorgänge im Bermuda-Dreieck müßten dann als Probebesichtigungen oder Forschungsaktionen vor dem Beginn entschiedenerer Maßnahmen angesehen werden.

Ivan Sanderson vermutet, daß gewisse unerklärte und unveröffentlichte Berichte über riesige Unterwasserkuppeln, von denen einige von Schwammtauchern vor der Küste Spaniens gesichtet und auch von der Meeresoberfläche aus von Hummerfängern und Berufsfischern am amerikanischen Kontinentalsockel wahrgenommen worden sind, sich auf Teile eines Unterwassergitters (wenn nicht heimlicher Verteidigungsanlagen) beziehen. Unter Wasser lebende Erdbewohner könnten diese Anlagen konstruiert haben, um sich gegen die fortschreitende Verschmutzung und Vergiftung des Meeres zu schützen. Da die Erde ja ein riesiger Dynamo ist, wäre es in diesem Zusammenhang denkbar, die Erde durch das Verlegen elektromagnetischer Leitungsnetze zu »verdrahten« und durch das Auslösen entsprechender Impulse sogar die Umdrehung der Erde zu ändern.

Der Gedanke, die Erde selbst anzuzapfen, erinnert ebenso an antike Überlieferungen wie an vergleichsweise neue Theorien. Diese beziehen sich auf die großen Kraftquellen der Atlantis, jene vielleicht auf dem Grund der Sargasso-See liegenden kristallenen Laserkomplexe, die nach Jahrtausenden zum Teil immer noch funktionieren und elektromagnetische Aberrationen verursachen, die das technische Versagen oder die Vernichtung von See- und Luftfahrzeugen zur Folge haben.

Natürlich stellen wir unsere Vermutungen über die Gründe, die den Besuchen außerirdischer Wesen zugrunde liegen, und die Absichten, welche diese Wesen verfolgen, in einer Weise an, die über den uns vertrauten Denkrahmen nicht hinausgeht. So kann man ohne weiteres auch annehmen, daß die Besucher gekommen sind, um uns vor uns selbst zu schützen. Andere, weniger optimistische Beobachter haben hingegen vermutet, die Besucher wären nicht in der Absicht gekommen, uns zu schützen, sondern um uns zu berauben. Diese Annahme erscheint logisch, wenn man die Anzahl von Flugzeugen, Booten, Schiffen und ihren Besatzungen in Betracht zieht, die innerhalb des Bermuda-Dreiecks verschwunden sind.

Dr. John Harder, Professor für Maschinenbau in Berkeley und UFO-Forscher, stellte die ungewöhnliche, aber wenig schmeichelhafte Theorie auf, die Erde könnte eine Art »kosmischer Zoo« sein, »abgeschlossen vom Rest des Universums«, in welchem »die Wärter gelegentlich eine Stichprobe zur Kontrolle der Einwohner vornehmen«.

Eine andere zur Diskussion gestellte Theorie besagt, daß die Besucher der Menschheit indifferent gegenüberstehen, da sie mit eigenen, von uns heute noch nicht vorstellbaren Zielen beschäftigt sind, und daß alle diese »Unfälle« (wir wissen ja immer noch nicht mit Bestimmtheit, ob jemand der Verschwundenen gestorben ist) versehentlich, durch Projektion in das Ionisationsfeld, zustande gekommen sind.

Diese Theorie hat Zeitungsschreibern die periodisch wiederkehrende Gelegenheit zu Schlagzeilen wie »Versunkene Atlantis existiert und kidnappt Schiffe und Flugzeuge« gegeben.

Die Möglichkeit, daß ein Laserstrahl ein Flugzeug zerstören oder in Atome auflösen kann, ist denkbar. Die Idee jedoch, daß Kraftanlagen oder kolossale Laser-Komplexe nach ihrem vor Jahrtausenden erfolgten Versinken immer noch funktionieren könnten, scheint lächerlich, da

Riesenlaser, so wie wir sie uns vorstellen, gewartet und bedient werden müßten.

Nun, Laser sind in unserer Welt eine vergleichsweise junge Entdeckung, und es ist wahrscheinlich, daß sie in Zukunft zu einem noch viel höheren Grad der Perfektion entwickelt werden. Der (noch nicht entwickelte) ultraviolette Laser wird beträchtlich mehr Energie besitzen als die Röntgen-Laser. Das wird auch bei den von gespeicherter Sonnenenergie aus operierenden Lasern der Fall sein oder bei solchen, die vielleicht, wie im Fall von Atlantis, mit Energie gespeist werden, die aus dem Inneren der Erde stammt. Eine hochzivilisierte technologische Ära der Vergangenheit muß sich ja nicht unbedingt in der gleichen Weise oder in der gleichen Abfolge entwickelt haben wie unsere eigene, noch müßte sie den gleichen Beschränkungen unterliegen, die heute nach wie vor unsere sich weiterentwickelnde Technologie hemmen.

Prüft man die Fälle spurlosen Verschwindens im Bermuda-Dreieck, so stellt man fest, daß es einen einzigen roten Faden gibt, der diese Ereignisse miteinander verbindet: Die Schiffe und Flugzeuge sind entweder völlig verschwunden, oder sie werden ohne ihre Besatzungen und Passagiere gefunden. Manche dieser Vorfälle können durch ungewöhnliche Umstände oder durch das Zusammentreffen von Schlechtwettereinbrüchen und menschliches Versagen erklärt werden. Viele der Geschehnisse fanden aber bei klarem Wetter, nahe dem Hafen, der Küste oder dem Flugplatz statt und bleiben – den zur Zeit bestehenden Vorstellungen gemäß – anscheinend unerklärlich.

Zur Geschichte des Bermuda-Dreiecks gehören von den Nebeln antiker und moderner Legenden umwölkte Ereignisse ebenso wie das unerklärliche und sichtlich periodisch auftretende Fehlverhalten von Naturkräften, aber auch Theorien von Physikern, die, wenn auch noch unbewiesen, unser Weltbild völlig umgestalten könnten. Das Bermuda-Dreieck stellt die Verbindung zu verlorenen und versunkenen Ländern, zu vergessenen Zivilisationen und zu Erdbesuchern her, die seit Jahrhunderten zu uns kommen, deren Herkunft und Absichten aber nach wie vor unbekannt sind.

Es ist freilich wesentlich leichter, einfach zu behaupten, das Bermuda-Dreieck existiere nur in der Einbildung von Mystikern, Anhängern von Kulten, Abergläubischen und Sensationshungrigen, als Theorien aufzustellen, die eine Erklärung des zur Zeit noch Unerklärlichen versuchen. Einer der Kommentatoren, der glaubt, daß im Bermuda-

Dreieck nichts anderes passiert sei als eine Häufung von Unfällen, von denen jeder einzelne erklärt werden könne, hat festgestellt, daß die, »die an das Bermuda-Dreieck glauben, auch an Seeschlangen glauben«. Nun, wenn das eine nicht existiert, so muß das ja nicht unbedingt ein Beweis dafür sein, daß es auch das andere nicht gibt; und wenn eine Seeschlange endgültig und zufriedenstellend identifiziert ist, so muß das noch lange nicht bedeuten, daß andere Seelegenden dadurch glaubwürdiger werden.

Im allgemeinen sind die Menschen nicht willens, sich mit rätselhaften Erscheinungen auseinanderzusetzen, die nicht völlig erklärt oder in für sie verständlichen Begriffen erläutert werden können. Es ist beruhigender, sich nur mit dem zu beschäftigen, was uns im Umkreis der körperlichen Welt entgegentritt, als mit einer unbekannten Gefahr konfrontiert zu werden. Wenn ein Phänomen nicht erklärt werden kann, so ist es am besten, es einfach zu ignorieren – beruhigender und in mancher Hinsicht auch naiver. Aber die Zeit der wissenschaftlichen Naivität und der stillschweigend mit inbegriffenen Beruhigung ist vorbei. Endgültig vorbei seit dem Morgen des 16. Juli 1945 in Alamogordo, New Mexico, als die Atomtheorie ihren eigenen, schlüssigen Beweis erbrachte, nicht länger eine Theorie zu sein.

Wir leben heute in einer Welt, wo die Grenzen von Wissenschaft und Pseudowissenschaft fließend sind – einer Welt, wo Dinge, die einst für magisch oder für Träume von Magiern gehalten wurden, nun von der Wissenschaft anerkannt und durch wissenschaftliche Nomenklatur begreifbar gemacht wurden. Biologen können heute Leben erzeugen, Kälte-Biologen werden bald imstande sein, menschliches Leben durch das Einfrieren lebendiger Körper für immer zu bewahren. Die erträumte Verwandlung von starren Bildern in die beweglichen des Films ist Wirklichkeit geworden. Psychokinese, das Bewegen von Objekten durch die Kraft des Willens, ist nicht länger eine Sache frivoler Schwindler, sondern ernsthaft experimentierender Forscher. Telepathie in und aus dem Weltraum ist Gegenstand der Forschung bei beiden führenden Weltraummächten. Der Traum des Alchimisten, die Verwandlung der Materie, ist nicht länger unmöglich, und der einzige Grund, der das Verwandeln von Blei in Gold verhindert, ist der, daß es zu teuer käme (!).

Kosmisch betrachtet hat der Himmel der Wissenschaft so große Sprünge bekommen, daß manche von denen, die es vorziehen, auf sicherem und vertrautem Grund zu stehen, verwirrt sind und sich nicht mehr zurechtfinden. Die mögliche Existenz von Antimaterie, die Krümmung von Raum und Zeit, neue Konzepte von Schwerkraft und Magnetismus, die vermutete Existenz von dunklen Planeten in unserem eigenen System, von nach innen explodierenden Sonnen, neuen Sternen und kleinen Materieteilchen, die schwerer sind als ganze Planeten, von Quasaren und dunklen Löchern im Weltraum, die Vorstellung eines unendlichen Universums, das sich jenseits unseres durch Fernrohre einsehbaren Gesichtskreises zu Millionen von unentdeckten Milchstraßen ausdehnt, das ist das verborgene Wissen, das uns erwartet. Wir eilen mit so großer Beschleunigung vorwärts, das kein »Geheimnis« uns überraschen sollte, nur weil es nicht logisch erklärbar erscheint.

Das Bermuda-Dreieck, ein Gebiet, das in einer vertrauten Gegend unseres Planeten liegt, obwohl es vielleicht mit Mächten in Verbindung steht, von denen wir noch nichts (aber vielleicht doch bald etwas) wissen, könnte eines dieser Geheimnisse sein. Als biologische Spezies nähern wir uns jetzt der Reife. Wir können uns der Suche nach mehr Wissen oder nach neuen Erklärungen nicht entziehen, sei es in dieser Welt oder jenseits von ihr.

Der Autor möchte folgenden Personen (oder Organisationen), die zu diesem Buch Ratschläge, Anregungen, Sachgutachten, Informationen oder Fotos beigesteuert haben, seine Dankbarkeit ausdrücken. Ihre Erwähnung besagt aber nicht, daß sie von den in diesem Buch aufgestellten Theorien wissen oder sie akzeptieren, es sei denn, es wird ausdrücklich darauf hingewiesen.

Besonderen Dank schuldet der Autor Dr. J. Manson Valentine, Ehrenkurator des Museum of Science in Miami und Forschungsassistent des Bishop Museum in Honolulu, für seine Zeichnungen, Kartenskizzen, Fotos und (im Text zitierten) Interviews.

Die übrigen Namen werden in alphabetischer Reihenfolge angeführt:

Lebaron Barker, Verleger
Norman Beam, Autor, Vortragender, UFO-Forscher
José María Bensaúde, Präsident der Navecor-Linie, Portugal–Azoren
Valerie Berlitz, Autorin, Künstlerin
Boeing Commercial Airplane Company
Hugh Auchincloss Brown, Ingenieur für Elektronik, Autor
Jean Byrd, Präsidentin, Isis
Edgar Evans Cayce, Elektroingenieur, Autor
Hugh Lynn Cayce, Präsident der »Gesellschaft für Forschung und Erleuchtung«
Diane Cleaver, Verlegerin und Autorin
Cynthia James Coffey, Forscherin, Schriftstellerin
Julius Egloff jr., Ozeanograph
Fairchild Industries
Mel Fisher, Taucher und Rettungsschwimmer
Athley Gamber, Präsidentin der Red Aircraft
Carlos González G., UFO-Forscher
Professor Charles Hapgood, Kartograph, Historiker, Autor
Dr. Bruce Heezen, Ozeanograph, Autor
Captain Don Henry, Schiffskapitän, Taucher

Robert Hieronimus, Autor, Künstler, Präsident der AUM
J. Silva Júnior, Direktor der »Terra Nostra« auf den Azoren
Theodora Kane, Erzieherin, Künstlerin
Edward E. Kuhnel, Rechtsanwalt (Spezialist für Seerecht)
Library of Congress
Captain Gene Lore, Chefpilot der TWA
Howard Metz, Pyramidenforscher
Albert C. Muller, Strahlenphysiker
National Archives and Records Service
Alan C. Nelson, Sportsegler
Thomas O'Herron, US-Botschaft, Lissabon
Arnold Post, Autor, Ozeanograph, Taucher
Reynolds Metals Company
Ivan T. Sanderson, Forschungsreisender, Zoologe, Autor, Begründer der SITU
Sabina Sanderson, Autorin, Forscherin, Direktorin der SITU
Gardner Soule, Autor, Ozeanograph
John Wallace Spencer, Autor, Vortragender, UFO- und Bermuda-Dreieck-Forscher
Joe Talley, Schiffskapitän
Jim Thorne, Ozeanograph, Schiffskapitän, Taucher, Autor
Carl Payne Tobey, Mathematiker, Astronom, Astrologe, Autor
Carolyn Tyson, Marinemalerin
Paul J. Tzimoulis, Ozeanograph, Autor, Verleger, Fotograf
United States Air Force
United States Coast Guard
United States Navy
Vijay Verma, Staatliches indisches Touristenbüro
Charles Wakeley, Flug- und Hubschrauberpilot
G. Theon Wright, Autor, Forschungsreisender, Parapsychologe
Roy H. Wirshing, Lieutenant Commander, USN-Ret., Vortragender, Autor
Robie Yonge, Pilot, Kommentator, UFO-Forscher

Bibliographie

Vor der Erwähnung einiger Bücher, auf welche in diesem Werk Bezug genommen wird, will der Autor die Aufmerksamkeit des Lesers auf die *Bermuda Triangle Bibliography* lenken, die von Larry Kusche und Deborah Blouin an der Arizona State University im April 1973 zusammengestellt wurde. Sie enthält zahllose Hinweise auf Bücher, Zeitungs- und Zeitschriftenartikel, die das Bermuda-Dreieck zum Thema haben. Diese Bibliographie zitiert zwar Hunderte von Autoren, aber die greifbarsten und vollständigsten Hinweise auf das Phänomen Bermuda-Dreieck finden wir in den Werken von Sanderson, Spencer und Gaddis, die tieferstehend angeführt sind.

Barker, Ralph, *Great Mysteries of the Air*, London 1966

Berlitz, Charles, *Mysteries from Forgotten Worlds*, New York 1972

Die Bibel, King-James-Ausgabe

Blumrich, J., Die Raumschiffe des Propheten Ezechiel und ihre Bestätigung durch moderne Technik, Econ-Verlag 1973. Amerikan. Ausgabe: *The Space Ships of Ezekiel*, New York 1973

Bosworth, A. R., *My Love Affair with the Navy*, New York 1969

Briggs, Peter, *Men in the Sea*, New York 1968

Brown, Hugh Auchincloss, *Catalysms of the Earth*, New York 1967

Burgess, Robert F., *Sinkings, Salvages, and Shipwrecks*, New York 1970

Carnac, Pierre, *L'histoire commence à Bimini*, Paris 1973

Chevalier, Raymond, *L'avion à la découverte du passé*, Paris 1964

Edwards, Frank, *Stranger Than Science*, New York 1959

–, *Strangest of All*, New York 1956

Freuchen, Peter, *Peter Freuchen's Book of the Seven Seas*, New York 1957

Fuller, John G., *Incident at Exeter*, New York 1966

Gaddis, Vincent, *Invisible Horizons*, Philadelphia 1965

Gaston, Patrice, *Disparations mystérieuses*, Paris 1973

Godwin, John, *This Baffling World*, New York 1968

Gould, Rupert T., *Enigmas*, New York 1965

Keyhoe, Donald E., *Flying Saucer Conspiracy*, London 1955

Kosok, Paul, *Land, Life and Water in Ancient Peru*, New York 1965

Mahabharata, übersetzt von Protap Chandra Roy, Kalkutta 1889

Mahavira

O'Donnell, Elliot, *Strange Sea Mysteries*, London 1926

Sagan, Carl, *Intelligent Life in the Universe*, San Francisco 1966

Sanderson, Ivan T., *Invisible Residents: A Disquisition upon Certain Matters Maritime, and the Possibility of Intelligent Life Under the Waters of This Earth*, New York 1970

–, *Investigating the Unexplained*, Englewood Cliffs, New Jersey, 1972

Snow, Edward Rowe, *Mysteries and Adventures Along the Atlantic Coast*, 1948

Soule, Gardner, *Undersea Frontiers*, Chicago 1968

–, *Ocean Adventure*, New York 1964

–, *Wide Ocean*, Chicago 1970

–, *Under the Sea*, New York 1971

Spencer, John Wallace, *Limbo of the Lost*, Westfield, Mass., 1969

Steiger, Brad, *Atlantis Rising*, New York 1973

Stewart, Oliver, *Danger in the Air*, New York 1958

Stick, David, *Graveyard of the Atlantic*, Chapel Hill 1952

Titler, Dale, *Wings of Mystery, Riddles of Aviation History*, New York 1966

Tomas, Andrew, *We Are not the First*, London 1971; dt.: »Wir sind nicht die ersten. Auf den Spuren eines uralten Wissens«, Hieronimi 1972

Tucker, Terry, *Beware the Hurricane!*, Bermuda 1966

Villiers, Alan, *Wild Ocean*, New York 1957

Waters, Frank, *Book of the Hopi*, New York 1969

Wilkins, Harolt T., *Flying Saucers on the Attack*, New York 1954

–, *Strange Mysteries of Time und Space*, New York 1959

Charles Berlitz

Spurlos

Mit 39 Abbildungen

Dieses Buch ist all jenen gewidmet, die sich um die Lösung des Bermuda-Dreieck-Rätsels bemüht haben, sei es durch den Einsatz ihrer Erfahrung, ihres Wissens, ihrer Zeit, ihrer technischen Ausrüstung, ihrer finanziellen Mittel – und in tragischen Fällen sogar durch den Einsatz ihres Lebens.

Inhalt

Ich bin der Autor des Buches *Das Bermuda-Dreieck**, das in den Jahren 1975/76 eine heftige Kontroverse auslöste und Verkaufsziffern von über 5 Millionen in Englisch und 20 anderen Sprachen erreicht hat und dessen deutsche Ausgabe seit Erscheinen auf den Bestsellerlisten steht. Ich werde oft gefragt, weshalb das Bermuda-Dreieck, ein Gebiet zwischen der Ostküste Floridas, der Sargasso-See und den Bermuda-Inseln, in dem seit über einem halben Jahrhundert Flugzeuge und Schiffe spurlos verschwinden, weshalb dieses Bermuda-Dreieck ein derartiges Interesse in allen Teilen der Vereinigten Staaten, ja sogar in der ganzen Welt erregt. Die Faszination des Bermuda-Dreiecks beruht auf dem Geheimnis, das es umgibt, und den dort drohenden unbekannten Mächten und Gefahren, die den Tod oder aber das Verschwinden in ein »Nichts« bewirken können – wahrhaftig eine zugkräftige Kombination!

Da inzwischen eine stattliche Anzahl von Büchern und unzählige Zeitungs- und Zeitschriftenartikel erschienen sind, von denen die meisten sich mit dem Geheimnis des Bermuda-Dreiecks befassen, während einige behaupten, daß es ein solches gar nicht gäbe, was, so könnte man fragen, ist nun der Zweck eines weiteren Buches über das Bermuda-Dreieck?

Das vorliegende Buch will jene Ungläubigen weder zurechtweisen noch aufklären, noch von der realen Existenz dieses Geheimnisses überzeugen, sondern möchte bisher noch nicht behandelte sowie neue Vorfälle und gegenwärtige sich im Bermuda-Dreieck abspielende Vorgänge näher untersuchen. Diese scheinen sich nahtlos in ein größeres Mosaikbild einzufügen und auch weiter und tiefer in geheimnisvolle Bereiche von zunehmend sich erweiternden, ja vielleicht sogar unendlichen Dimensionen zu führen.

Seit dem Erscheinen des *Bermuda-Dreiecks* habe ich Tausende von Briefen von Lesern in den Vereinigten Staaten und Berge von Post aus der ganzen Welt sowie Telefonanrufe zu allen Tages- und Nachtzeiten erhalten. Mehr als die Hälfte dieser Briefe und Anrufe stammten von Personen, die selbst ungewöhnliche Erlebnisse im Dreieck hatten. Nachdem mein Buch nun dieses Thema offen angeschnitten hatte, wollten sie mir ihre Erlebnisse mitteilen, mit denen sie auf derartigen Unglauben oder Spott gestoßen waren, daß sie selbst begonnen hatten, alles nur für eine

---

* Paul Zsolnay Verlag, 1975 (auch als Knaur-Taschenbuch, Band 3500)

Einbildung zu halten. Andere, und zwar sowohl Angehörige der amerikanischen Marine und Luftwaffe sowie Angestellte von Fluggesellschaften, waren scharf verwarnt worden, die beobachteten Vorfälle nicht zu erwähnen. Bei meinen Vorträgen, die ich seit Erscheinen meines Buches in Nordamerika und Europa gehalten habe, meldet sich fast unweigerlich immer ein ehemaliger Soldat oder Angehöriger der Handelsmarine, der bei einem mysteriösen Unglück überlebte, mit einem Stegreifbericht über ein Erlebnis zu Wort, über das er bis dahin nicht sprechen konnte oder nicht zu sprechen wagte.

Es war, als sei durch die Veröffentlichung des *Bermuda-Dreiecks* ein bisher ungenütztes Reservoir von Informationen unversehens erschlossen worden, und zwar von Informationen, die, obwohl sie eine Vielzahl von Erklärungen zulassen, auf eine Erklärung hinzuweisen scheinen, die so ungewöhnlich ist, daß sie fast unvereinbar ist mit unseren normalen Denkkonzeptionen.

Durch die Berichte dieser vielen Zeugen und Überlebenden konnte ermittelt werden, daß die Zahl der verschwundenen Menschen, Flugzeuge und Schiffe sehr viel höher ist als ursprünglich errechnet und daß viel mehr Personen, die an Bord eines Flugzeuges oder Schiffes dieses Gebiet überquerten, dort Dinge erlebten, die ihnen damals ebenso unerklärlich, ja unglaublich erschienen wie uns heute, die sich jedoch möglicherweise durch eine umfassende Theorie erklären lassen, so unglaubhaft diese Theorie als solche auch erscheinen mag.

Zu diesen neuen oder bisher nicht bekannten Erlebnissen kommen noch die recht unerwarteten Ergebnisse hinzu, die eine Reihe von privat finanzierten Expeditionen ins Bermuda-Dreieck erbrachten, die 1975 und 1976 unter Einsatz von Booten, Flugzeugen und Scuba*-Tauchern, oder auch einer Kombination von allen dreien, durchgeführt wurden.

Es ist nicht mehr notwendig, das Tabu zu brechen, welches einst das Thema »Bermuda-Dreieck« umgab. Heute geht es darum, diese neuen Fakten zu untersuchen, und das nicht nur, um mehr über eine offensichtlich gefährliche Zone in Erfahrung zu bringen und Normen für eine relative Sicherheit aufzustellen, sondern auch, um die in unserer eigenen, manchmal unmittelbaren Umwelt existierenden rätselhaften Phänomene näher zu ergründen. Bestimmte, allgemein bekannte Gebiete sind trotz ihrer bereits erfolgten oberflächlichen Erforschung vielleicht nicht immer das, was sie zu sein scheinen.

---

* Scuba: Abkürzung für die englische Bezeichnung *self contained under water breathing apparatus*, also die moderne Tauchausrüstung mit Sauerstoff-Flasche. (*Anm. d. Übers.*)

I

Das Geheimnis verdichtet sich

Obwohl bis zu den siebziger Jahren Informationen über das Bermuda-Dreieck von quälender Unklarheit waren, gab es eine Reihe von Menschen, die schon seit langem mehr darüber wußten: Piloten der Zivil- und Militärluftfahrt, Besatzungsmitglieder von Marine- und Handelsschiffen, Fischer, Reporter und Forscher, aber auch Teile der Bevölkerung jenes Gebietes, das im Norden von den Bermudas begrenzt wird, im Westen von Florida und im Osten von einem Punkt im Ozean in der Nähe des 40. westlichen Längengrades. Viele dieser Menschen, und besonders jene, die das Gebiet an Bord eines Schiffes überquert oder im Flugzeug überflogen hatten, schwiegen entweder völlig oder zumindest weitgehend über das, was ihnen dort widerfahren war. Der Grund für ihr Schweigen war entweder die Angst, ausgelacht und unglaubwürdig zu werden, oder sogar die abergläubische Befürchtung, daß es Unglück bringen könnte, wenn sie darüber sprächen.

Ein junger Mann, der an der Atlantikküste Floridas aufwuchs und auch heute noch ungenannt bleiben möchte, drückt das folgendermaßen aus:

> Wir hörten ab und zu einiges über das Dreieck, aber niemand schien offen darüber sprechen zu wollen. Als Kinder hörten wir manchmal die Erwachsenen darüber reden – ziemlich seltsame Dinge. Man mußte sie aber schon richtig ausquetschen, um etwas darüber zu erfahren. Man konnte nicht einfach zu ihnen gehen und fragen: »Was geht eigentlich in diesem Dreieck vor?«

Meldungen über dieses sonderbare Gebiet, in dem seit vielen Jahren – und bis zum heutigen Tag! – Flugzeuge und Schiffe mit Passagieren und Besatzungen spurlos verschwinden, und das im allgemeinen bei guten Wetterverhältnissen, erschienen meistens in der Tagespresse oder in Form von kurzen Hinweisen in Büchern, die nicht mehr zur Folge hatten, als die Neugier der Leser zu wecken.

Das uns heute über das Bermuda-Dreieck vorliegende Informationsmaterial ist sowohl hochinteressant wie makaber: In einem Dreiecks-Gebiet im westlichen Atlantik zwischen den Bermudas, Florida und dem 40. Längengrad ist in den letzten dreißig Jahren eine geradezu unheimliche Anzahl von Schiffen und Flugzeugen verschwunden, ohne den geringsten Hinweis auf das, was ihnen widerfuhr, zu hinterlassen, denn es wurden nie irgendwelche Wrackteile noch Überlebende gefunden. Schiffe und Flugzeuge verschwanden, wie von anderen Luft- und Seefahrzeugen aus beobachtet wurde, in einem örtlich begrenzten Nebel oder einer Wolke – und kamen nicht wieder zum Vorschein. Große und kleine Schiffe, manche mit Besatzungen von 300 Mann, verschwanden, ohne daß man jemals irgendeine Erklärung dafür fand. Militärflugzeuge und Passagiermaschinen verschwinden, während sie zur Landung ansetzen. Die British South American Airlines verlor drei vollbesetzte Maschinen, zwei davon im Bermuda-Dreieck, nachdem sie ganz normale Funksprüche durchgegeben hatten, und die dritte, nachdem sie das Dreieck überflogen und ein letztes unverständliches Alarmwort gefunkt hatte. Von erfahrenen Piloten gesteuerte Flugzeuge der amerikanischen Luftwaffe und Marine verschwanden bei gutem Wetter ohne einen SOS-Ruf oder eine MAYDAY-Meldung. In einem besonders aufsehenerregenden Fall verschwand im Dezember 1945 ein ganzer Schwarm von Marineflugzeugen auf einem Übungsflug, bei dem ihr Stützpunkt in Fort Lauderdale, Florida, ihre Verständigung über Funk mithören konnte, obwohl die Piloten den Kontrollturm nicht hören konnten. Es ging in ihren Funksprüchen um kreiselnde Kompasse, ausfallende Höhenmesser und Navigationsinstrumente, um eine allgemeine Unsicherheit über ihre Position sowie um eigenartige Bemerkungen über »weißes Wasser« und das Meer, das nicht so »aussah, wie es sollte«. Ein Rettungsflugzeug, das zu ihrer Hilfe losgeschickt wurde, verschwand ungefähr zu dem Zeitpunkt, als es in das Suchgebiet kam.

Falls all diese Vorgänge kein völlig mysteriöses Rätsel sind, so kommen sie einem solchen doch sehr nahe.

Das Rätsel wird noch undurchdringlicher durch die Tatsache, daß viele dieser Fälle spurlosen Verschwindens anscheinend nicht durch Stürme oder Hurrikane verursacht wurden, da die überwiegende Zahl sich bei gutem Wetter ereignete. Außerdem hinterläßt fast jedes derartige Unglück irgendwelche Spuren – seien es treibende oder an den Strand gespülte Wrackteile, Rettungsboote oder Flöße oder auch nur Ölflecke auf der Wasseroberfläche. In keinem der Fälle wurde trotz umfangreicher Such- und Rettungsaktionen irgend etwas dieser Art gefunden. Auch die von einigen Flugzeugen kurz vor ihrem Verschwinden gesandten Funksprüche enthielten keinerlei Hinweis auf irgendwelche aufgetretenen Schwierigkeiten. Mit einem Wort: Den einen Augenblick ist noch alles bestens in Ordnung, und im nächsten sind sie plötzlich ohne jegliche Vorwarnung verschwunden. Es ist fast so, als hätte sie etwas vom Himmel gefegt oder ein jäher, gigantischer Strudel sie in die Tiefen des Meeres gerissen, oder als hätte eine unbekannte Macht ihre Auflösung bewirkt. Was immer der Grund für dieses Verschwinden sein mag, die Anzahl der

Fälle ist höchst beunruhigend. Nachdem der Vorhang des Schweigens einmal gelüftet war und Berichte über bis dahin unbekannte Fälle einzutreffen begannen, erwies sich, daß die Zahl von 100 Schiffen und Flugzeugen und 1000 spurlos im Dreieck verschwundenen Menschen viel zu niedrig gegriffen war und die doppelte Anzahl dem Tatbestand näher kam. (Allein in den Jahren 1974 bis 1976 verschwanden über 600 Jachten und andere Segel- und Motorboote vor den Küsten der Vereinigten Staaten, und viele davon im Bermuda-Dreieck.)

Die bisher veröffentlichten Bücher und Artikel über das Bermuda-Dreieck haben sich im allgemeinen mit einer Aufzählung der bekannten Fälle begnügt, in denen Schiffe, Flugzeuge und Menschen verschwanden, und dann »den Fall abgeschlossen«, indem sie die Verluste auf leicht erklärbare oder unbekannte Gründe zurückführten. Da es nie irgendwelche Überlebende gab, konnten die näheren Umstände des Verschwindens schwerlich ausführlich behandelt und miteinander verglichen werden. Man machte sich meistens nicht klar, daß viele Menschen ungewöhnliche, sich an der Grenze des Normalen bewegende Erlebnisse im Dreieck hatten und nicht verschwunden waren. Sie hatten darüber geschwiegen und diese Erlebnisse für sich behalten oder sie nur im engsten Familien- oder Kollegenkreis erzählt.

Schon in den ersten Monaten nach Erscheinen meines Buches *Das Bermuda-Dreieck* trafen Tausende von Briefen und Anrufen bei meinen Verlegern und den Radio- und Fernsehstationen ein, die Sendungen über das Bermuda-Dreieck gebracht hatten, ferner bei den Redaktionen von Zeitungen und Zeitschriften, die Artikel über das Buch veröffentlichten, und auch bei mir selbst. Sie kamen vorwiegend von Menschen, die von ihren Erlebnissen im Dreieck erzählen wollten, was sie bis dahin wegen der allgemein herrschenden Skepsis derartigen Phänomenen gegenüber nicht gewagt hatten, aber auch aus Angst, sich lächerlich zu machen oder ihre Karriere zu gefährden. In einigen Fällen hatten die betreffenden Personen das Erlebte der jeweils zuständigen Stelle gemeldet, doch waren derartige Berichte ignoriert oder spöttisch abgetan worden oder ganz einfach zu den Akten gewandert. Diese Berichte von »Überlebenden«, falls man sie so bezeichnen kann, kamen aus allen Teilen der Vereinigten Staaten, aus Kanada, England, von den Inseln im Bermuda-Dreieck und aus anderen Ländern der englischsprechenden Welt. Sie stammen von Seeleuten, Bootsbesitzern, Piloten und Passagieren und vor allem von ehemaligen Angehörigen der amerikanischen, kanadischen und englischen Luftwaffe und Marine sowie denen anderer Länder des britischen Commonwealth, die Augenzeugen eigenartiger Vorfälle im Dreieck wurden. Viele von ihnen schickten Kopien von Flugberichten oder Logbucheintragungen mit, um die Richtigkeit ihrer Aussagen zu beweisen.

(Der Nachdruck liegt hier auf dem Wort »ehemalige«, da aktive Angehörige der Luftwaffe und Marine eine verständliche Abneigung dagegen haben, namentlich zitiert zu werden.) Eine Anzahl von Berichten kam außerdem von Angehörigen der auf so mysteriöse Weise Verschollenen, in der Hoffnung, daß der Autor vielleicht etwas wußte, was sie bei den Behörden nicht hatten in Erfahrung bringen können, wobei sie andeuteten, daß ihnen aus nicht genannten Gründen anscheinend nähere Auskünfte vorenthalten worden waren.

Als dann *Das Bermuda-Dreieck* in 20 Sprachen übersetzt wurde und ich Vortragsreisen ins Ausland unternahm, erhielt ich aus vielen Ländern, darunter auch aus solchen hinter dem Eisernen Vorhang, Berichte in einer Art weltweiter Bermuda-Dreieck-Détente. Es kamen Berichte aus Japan, in denen das Dreieck mit der sogenannten Teufelssee vor der japanischen Küste verglichen und ein möglicher Zusammenhang zwischen beiden vermutet wurde; aus Deutschland, wo Astronomen die Vermutung äußern, daß das Bermuda-Dreieck eine Art offenes Fenster zum Kosmos darstellt; aus Indonesien, wo man – genau wie im Dreieck – große Schiffe treibend auffand, auf denen sich aus völlig unerklärlichen Gründen weder Passagiere noch Besatzungsmitglieder befanden; aus Australien und Neuseeland, wo man Raum- und Zeit-Anomalien in den Weiten des Pazifiks feststellte; aus Argentinien und Brasilien, vor deren Küsten es eine Anomalie-Zone gibt, in der seltsame Fahrzeuge aus dem Meer aufzutauchen und himmelwärts zu fliegen scheinen; aus Spanien, wo ein führender Forscher UFO-Sichtungen in der Karibik mit anderen »Wundern« der Vergangenheit und dämonischen Erscheinungen in Verbindung bringt; und schließlich auch von den Bermudas selbst, auf denen durch das allgemeine Interesse an den rätselhaften Vorgängen Erinnerungen an andere, bisher nicht bekanntgewordene Fälle von Verschwinden wach wurden.

Bei der Mehrzahl dieser Berichte geht es übereinstimmend um anormale elektromagnetische Aberrationen und dadurch bedingt um kreiselnde Kompasse, Ausfallen der Höhen- bzw. Tiefenmesser, der Funk- und Radargeräte, falsches Funktionieren der Instrumente und Motoren sowie Störungen in den elektrischen Anlagen. Manche Berichte erzählen außerdem von hell leuchtenden, blinkenden Lichtern am nächtlichen Himmel oder unter der Meeresoberfläche, von plötzlich auftretenden Feuerscheinnebeln, von UFO- und USO-Sichtungen, unerklärlichem Zeitverlust oder Gewinn bei Flügen sowie von dem durch Augenzeugen belegten Auftauchen von »Geisterschiffen« und Flugzeugen, die völlig lautlos erscheinen und wieder verschwinden oder zerschellen, ganz so, als spiegle sich ein Vorfall der Vergangenheit in der Gegenwart wider.

Viele dieser Berichte handeln von bisher nie gemeldeten Phänomenen, die, obwohl scheinbar kein näherer Zusammenhang zwischen ihnen besteht, möglicherweise aufschlußreich im Hinblick auf das große Geheimnis des Dreiecks sein können.

Einige dieser neuen Berichte erzählen auch von hellen Lichtern, die sich nachts über dem Meer und im Meer fortbewegen und offensichtlich mit den elektronischen Störungen und dem plötzlichen Energieausfall auf all den Schiffen und Flugzeugen zu tun haben, die sich in deren Nähe befinden. Andere berichten, wie geschleppte Boote verschwanden, als sich ein scharf abgegrenzter Nebel um sie bildete. Ein Pilot erzählt von unglaublichen magnetischen Stürmen mit violetten Blitzen von über fünf Sekunden Dauer, die einen scharfen Geruch nach verbranntem Sauerstoff hinterließen.

Einige Berichte grenzen an das Übernatürliche:

- Eine Cessna 172 wird von einer Wolke »verfolgt«, die den Ausfall ihrer Instrumente bewirkt, wodurch der Pilot die Orientierung verliert und abstürzt. Überlebende Passagiere bezeugen diesen Vorfall.
- Eine Beechcraft Bonanza fliegt vor Andros in eine riesige Kumuluswolke, verliert die Funkverbindung und erlangt sie nach vier Minuten wieder, befindet sich jetzt aber über Miami, mit 95 Liter Benzin mehr, als vorhanden sein dürften – denn dieses Mehr an Benzin ist genau die Menge, die es für den Flug von Andros nach Miami *normalerweise gebraucht hätte.*
- Eine Boeing 727 der National Airlines verschwindet für eine Zeit von zehn Minuten vom Radarschirm des Kontrollturms. Der Pilot fliegt in dieser Zeit durch einen leichten Nebel, wie er meldet. Bei der Landung stellt man fest, daß sämtliche Uhren an Bord des Flugzeugs sowie der Chronometer im Cockpit genau zehn Minuten nachgehen, und das, obwohl eine halbe Stunde vor der Landung die Uhrzeit über Funk verglichen wurde.
- Bei einem Eastern-Airlines-Flug erhält das Flugzeug plötzlich einen gewaltigen Stoß, sackt ab und muß eine nicht geplante Zwischenlandung vornehmen. Besatzung und Passagiere entdecken, daß ihre Uhren alle im Moment des Stoßes stehengeblieben sind; der Rumpf des Flugzeugs weist außerdem Spuren auf, die auf einen hochgradigen Hitzeschock oder eine elektrische Entladung schließen lassen.

Andere Berichte lassen eine Art Zeit-Verzerrung oder Wiederholung vergangener Ereignisse vermuten:

- Hunderte von Menschen sehen am hellichten Tag, wie ein Flugzeug vor einem vielbesuchten Strand in das seichte Wasser abstürzt, doch werden keinerlei Überreste oder Spuren gefunden.

- Eine Cessna 172 wird vom Kontrollturm der Insel Grand Turk in den Bahamas gesichtet, aber der Turm kann mit der Pilotin Carolyn Coscio nicht sprechen, obwohl er hört, wie sie zu ihrem Passagier sagt, sie müßten sich über der falschen Insel befinden, weil »da unten nichts ist«. Und damit verschwinden die Pilotin und ihr Passagier für immer.
- Ein wachhabender Matrose eines Frachters sieht plötzlich, daß sein Schiff auf Kreiskurs geht und alle Navigationsinstrumente ausfallen. Wenige Sekunden später fegt ein dicht über das Schiff dahingleitender »Feuerball« den Matrosen fast über Bord.
- Ein Besatzungsmitglied der *Queen Elizabeth 2* sieht ein Flugzeug direkt auf sein Schiff zufliegen. Als es noch etwa hundert Meter entfernt ist, verschwindet es im Meer. Das Wasser öffnet sich lediglich – geräuschlos und ohne bei einem derartigen Absturz hoch aufzuschäumen. Es werden auch keine Wrackteile und nicht der geringste Ölfleck gefunden.
- Schiffskapitäne tragen gesichtete Schiffe mit Namen in ihre Logbücher ein, doch diese Schiffe sind seit langem als gesunken oder verschollen registriert.
- Ein riesiger Wasser-»Halbmond« steigt aus dem Meer auf und wird von der Besatzung der U.S. *Josephus Daniels*, einem Zerstörer für ferngelenkte Raketen, gesichtet. Das Schiff ändert seinen Kurs. Das Logbuch wird im Hafen überprüft, aber dem Kapitän des Schiffes nicht zurückgegeben.

Diese Berichte, die zum Teil aus jüngster Vergangenheit stammen und mit denen wir uns noch näher befassen werden, sind nur ein Beispiel für die verschiedenen Phänomene, die im Bermuda-Dreieck auftreten. In Verbindung mit den Statistiken der letzten dreißig Jahre geben sie uns vielleicht einen Hinweis darauf, welche Kräfte in diesem rätselhaften Gebiet wirksam sind und was all jenen Flugzeugen, Schiffen und Menschen widerfahren ist.

Dieses ungeheure Informationsmaterial über persönliche Erlebnisse erweist sich, auch wenn man die Möglichkeit von Halluzinationen oder Fehldeutungen nicht ausschließt, vielleicht als eine Hilfe bei der Ent-

Eine der vielen Zeitungsannoncen, in denen Freiwillige für Expeditionen in das Dreieck gesucht werden. Eine Anzahl von Expeditionen im Jahr 1975 brachte unterschiedliche Ergebnisse. Eine größere Schnapsbrennerei startete eine eigene Expedition für Unterwasseraufnahmen, auf denen zuletzt die Taucher gezeigt werden, wie sie einander zuprosten, weil sie den Gefahren im Dreieck entronnen sind.

schlüsselung eines Rätsels, das es noch zu lösen gilt, trotz der lautstarken Gegner, die seine Existenz abstreiten.

Die Gegner der Theorie vom Bermuda-Dreieck vertreten eine starre konventionelle Meinung, die vor allem bei Ozeanographen, Naturwissenschaftlern, Meteorologen und Aeronauten zu finden ist. Diese Gruppe nimmt meistens einen Standpunkt ein, der einer – oder mehreren – der folgenden Kategorien entspricht:

1. Das Aufsehen rund um das Bermuda-Dreieck entspringt lediglich Sensationshascherei.
2. Es gibt das Bermuda-Dreieck gar nicht, weder als Gefahrenzone noch überhaupt als Zone.
3. Falls es wirklich eine Zone mit magnetischen Anomalien gibt, sind diese nicht stark genug, um Anlaß zu ernsthafter Besorgnis zu geben.
4. Jedes ungeklärte Verschwinden kann automatisch so lange als »rätselhaftes Phänomen« bezeichnet werden, bis die Ursachen des Unglücks geklärt sind.
5. Flugzeugabstürze oder Explosionen während des Flugs können viele Ursachen haben. Der Mangel an Beweismaterial wird allzuleicht und allzugern mit der Binsenwahrheit »Der Ozean ist groß« erklärt.
6. Die verschwundenen Schiffe gingen möglicherweise in plötzlich aufkommenden Stürmen oder infolge von Seebeben unter, wurden vielleicht gekapert, neu gestrichen und umgetauft oder von größeren Schiffen gerammt und in die Tiefe gerissen.

Die Kritik an der Theorie vom Bermuda-Dreieck seitens der obengenannten Gruppe ist durchaus verständlich, vor allem jene der Flug- und Schiffahrtsgesellschaften. Bemerkenswert ist jedoch, daß einige der erbittertsten Gegner dieser Theorie, die – ganz im Gegensatz zu Linienpiloten mit persönlichen Erfahrungen und Erlebnissen in diesem Gebiet – jegliche Existenz rätselhafter Phänomene in dem vom Bermuda-Dreieck umschlossenen Teil des Atlantiks bestreiten, entweder noch nie Gelegenheit hatten, dieses Gebiet persönlich zu besuchen, oder es nicht für nötig hielten, sich an Ort und Stelle durch eigene Beobachtungen ein Urteil zu bilden, oder aber es bisher geschickt zu vermeiden wußten, in seine Nähe zu kommen.

Was nun die Ozeanographen, Geologen und Meteorologen betrifft, die das Dreieck kennen, so ist es auch bei ihnen verständlich, daß sie nicht bereit sind, die Möglichkeit geheimnisvoller Vorgänge bei den unzähligen Fällen von spurlosem Verschwinden zuzugeben und nur das Auftreten von Wirbelstürmen sowie ungünstige Wetterverhältnisse gelten lassen. Derart simplifizierte Erklärungen liefern jedoch keine Antwort auf die

Frage, weshalb nie irgendwelche Wrackteile gefunden werden, ein Phänomen, das nur im Bermuda-Dreieck beobachtet wurde. Es gibt bei diesen Fällen keine Überlebenden, keine Rettungsboote, Flöße oder Ringe, keine Wrackteile oder Ölflecke, ja nicht einmal Haifische wurden gesichtet, die man normalerweise nach dem Absturz eines Flugzeugs oder dem Sinken eines Schiffs in diesem Meeresgebiet unweigerlich an der Unglücksstelle antrifft.

Gerade diese Tatsache ließe sich nach Meinung vieler, die an das Wirken unbekannter Kräfte im Dreieck glauben, durch die Hypothese erklären, daß die Flugzeuge und Schiffe mit ihren Besatzungen und Passagieren vielleicht gar nicht im Meer versanken, sondern vielmehr zum Himmel emporstiegen – durch eine Umkehr der Schwerkraft oder das Eingreifen außerirdischer Wesen. Vielleicht auch wurden sie in eine andere Dimension versetzt, und zwar durch Auflösung oder Dematerialisation in einem extrem starken magnetischen oder ionisierten Feld, wobei letzteres vielleicht durch Flugschneisen entsteht, die von außerirdischen Weltraumfahrzeugen benutzt werden.

Genau diese Theorien veranlassen Mitglieder des wissenschaftlichen Establishments und der Regierungsbehörden, sogar die Existenz des Bermuda-Dreiecks zu bestreiten, während weiterhin Flugzeuge und Schiffe in beunruhigend hoher Zahl spurlos in diesem Gebiet verschwinden. Es ist einfacher und weniger riskant, das Auftreten eines Phänomens zu leugnen, als zu versuchen, das Unerklärliche zu erklären und Mächte oder uns unbekannte, wissenschaftlich noch nicht »akzeptierbare« Kräfte in Betracht zu ziehen und sich – bestenfalls – Sensationshascherei, Utopismus und überhitzte Phantasie vorwerfen zu lassen.

Für den Siebenten Distrikt der amerikanischen Küstenwache, zuständig für die Such- und Rettungsaktionen bei Schiffs- und Flugzeugunglücken in diesem Gebiet, ist das Bermuda-Dreieck aufgrund der laufenden Anfragen besorgter Touristen oder Bootseigner, die es überqueren möchten, durchaus ein Begriff. Um diese für eine individuelle Bearbeitung viel zu zahlreichen Anfragen zu beantworten, hat der Siebente Küstenwachdistrikt einen Standardbrief verfaßt, in dessen erstem Absatz dem Empfänger versichert wird, daß es das sogenannte Bermuda-Dreieck oder Teufelsdreieck nur in der Vorstellung gibt; anschließend wird jedoch seine geographische Lage mit ihren Begrenzungen beschrieben wie auch die für ein Magnetfeld typischen Charakteristika.

Obwohl es höchst unwahrscheinlich wäre, wenn die Küstenwache eine andere Erklärung als »menschliches Versagen« oder »meteorologische Ursachen« gelten ließe, sind gewisse Stellungnahmen ihres Hauptquartiers recht interessant, so z. B. jene, mit der eine Frage nach dem Bermuda-Dreieck beantwortet wurde:

...Die amerikanische Marine versucht mit einem Projekt... bei dem elektromagnetische Schwerkraft und atmosphärische Störungen erforscht werden sollen, dem Geheimnis auf den Grund zu gehen... Manche Experten halten es für möglich, daß irgendwelche derartigen Störungen die Auflösung jener Flugzeuge im Jahr 1945 verursachten...

Bei einem Presseinterview in San Francisco wurde ich vor kurzem von einem Reporter gefragt, ob es auch in jüngster Vergangenheit Fälle von Verschwinden gegeben hätte. Ich erwiderte, daß ein Flugzeug in der vergangenen Woche verschwunden sei, und sagte, daß diese sich im Bermuda-Dreieck ereignenden Fälle keineswegs nur eine Fußnote in der Geschichte der Luft- und Seefahrt darstellten, sondern mit einer durchschnittlichen Quote von fast einem Schiff oder einer Jacht pro Woche und einem Flugzeug alle vierzehn Tage weitergingen. Diese Angaben stützten sich auf an Ort und Stelle gemachte Beobachtungen von Dr. Manson Valentine und anderen Kollegen, die gegenwärtig das Dreieck in den Gewässern vor Miami, Fort Lauderdale, der Küste Floridas und in den Keys und um die Bahamas und Bermudas erforschen.

Ein Reporter rief daraufhin den Siebenten Küstenwachdistrikt an, um sich zu erkundigen, was man dort von diesem »sensationellen« Bericht hielt. Auf die Antwort war er allerdings nicht vorbereitet. Die Küstenwache erklärte, daß diese Zahlen »nicht übertrieben« klängen. Das heißt natürlich nicht, daß die Küstenwache glaubt, die auf diese Weise verschwundenen Menschen seien die Beute von Meeresungeheuern, außerirdischen »Spacenappern« oder das Opfer einer durch extrem starke Magnetkräfte bewirkten Auflösung geworden. Es gibt viele andere irdische Möglichkeiten, wie z. B. Meuterei, Piraterie und Identitätswechsel. Schiffe und Flugzeuge verschwinden jedoch weiterhin, ohne daß man eine Spur von ihren Passagieren oder Besatzungen findet.

Aktive sowie ehemalige Angehörige der amerikanischen Marine scheinen über den rätselhaften Charakter der Vorgänge im Bermuda-Dreieck geteilter Meinung zu sein. Der Marineadmiral a. D. Samuel Elliot Morison bezweifelt nach der einleitenden lakonischen Bemerkung »Es ist fast alles Humbug« die Richtigkeit der von Kolumbus gemachten Beobachtung der »geheimnisvollen leuchtenden weißen Wasser« in den Bahamas. Wie fragwürdig Kolumbus' Bericht darüber auch sein mag, er beobachtete nicht nur die leuchtenden Wasserstreifen, sondern berichtete auch von einer Erscheinung, wie wir heute als UFO bezeichnen würden, die Kolumbus jedoch als eine »schlecht brennende« (oder flackernde) Kerze oder Fackel beschrieb, die einen Funkenschweif hatte, sein Schiff umkreiste und dann ins Meer stürzte.

Ein von der Zeitschrift *Time Magazine* zitierter Sprecher der amerikanischen Marine schlug mit mäßig gelungener Ironie vor, daß ein »Dreieck«-Buch auch über »Das Sable-Dreieck« bei Kap Sable in Nova Scotia mit seinen Hunderten dort gestrandeten oder gesunkenen Schiffen geschrieben werden könnte. Was er hierbei nicht bedachte, ist der Umstand, daß ganz im Gegensatz zu anderen Unglücksgebieten für Schiffe, wie z. B. dem Kap Hatteras, Kap Hoorn, dem Kap der Guten Hoffnung, der Großen Australischen Bucht und Kap Sable, nicht eine Überfülle identifizierbarer Wracks für das Bermuda-Dreieck charakteristisch ist, sondern das spurlose Verschwinden von Schiffen, Flugzeugen und großen Menschengruppen.

Nicht alle Angehörigen der Marine und vor allem nicht alle Besatzungsmitglieder von Marineflugzeugen stimmen mit der offiziellen Stellungnahme der Marine zum Dreieck überein. Ein älterer Abwehroffizier vom

Dieser Aufkleber aus der Türkei ist typisch für das weltweite Interesse am Bermuda-Dreieck, selbst in geographisch weit entfernten Ländern.　　　　*Foto: Milliyet-Yayinlari*

Hauptquartier des Dritten Marinedistrikts äußerte sich, ohne jedoch die Nennung seines Namens zu gestatten, folgendermaßen: »...In der Marine lacht niemand darüber. Wir haben schon immer gewußt, daß es etwas Sonderbares mit dem Bermuda-Dreieck auf sich hat. Aber keiner hat je herausgefunden, was es ist. Es scheint keinen physikalischen oder logischen Grund dafür zu geben. Es ist beinahe, als legte sich plötzlich eine Art elektronisches Tarnnetz über diese Schiffe.« Ein Mitglied der Untersuchungskommission, die sich mit dem Verschwinden der fünf TBM-Avenger-Bomber und des Martin-Mariner-Rettungsflugzeugs befaßte, das ihnen im Dezember 1945 vom Marinestützpunkt in Fort Lauderdale nachgeschickt wurde, drückte sich kürzer und bündiger aus, als er erklärte: »Wir haben nicht den Schimmer einer Ahnung, was dort draußen vor sich geht.«

Die Besatzungen von Militärflugzeugen sind ebenfalls geneigt, die unbekannten, im Dreieck wirksamen Kräfte weniger kategorisch abzulehnen. Ein Telefonanruf, den der Autor während eines Radiointerviews im Studio von Miami erhielt, kam von einem Flugkapitän der Marine, der sagte: »Ich bin Captain bei der Marine und habe 30 000 Flugstunden in dem von Ihnen so genannten Bermuda-Dreieck hinter mir...« und nach kurzem Schweigen hinzufügte: »Und ich freue mich, daß endlich jemand den Mut hat und die Dinge beim Namen nennt, die uns Marinepiloten schon seit vielen Jahren bekannt sind.«

Die Direktoren der großen Fluggesellschaften verfolgen die Kontroverse um das Dreieck mit einem gewissen Mangel an Enthusiasmus. Eastern Airlines, die im Dezember 1972 in der Nähe des Flughafens von Miami eine Lockheed L-1011 auf dem Flug EA 401 durch Auflösung verlor, hat kürzlich in einer Nummer ihrer Flugzeitschrift einen Artikel mit dem Titel »Der große Rummel um das Bermuda-Dreieck« gebracht. Die Haltung der Fluggesellschaften wird nicht nur vom kommerziellen Standpunkt verständlich, sondern auch durch den Zeitaufwand, den die Beantwortung der häufigen Fragen seitens der Passagiere erfordert, die wissen wollen: »Wann kommen wir in das Bermuda-Dreieck?« oder »Fliegen wir über das Bermuda-Dreieck oder darum herum?« Umgekehrt ist Passagieren an den Informationsschaltern auf Flughäfen gelegentlich gesagt worden, daß die Flugzeuge, auf deren Landung sie warteten, Verspätung hätten, weil »der Pilot um das Dreieck herumfliegen wollte«.

Manchmal jagt der Pilot selbst den Passagieren einen Schreck ein, wie z. B. im Fall eines Charterfluges der Eastern Airlines von Nova Scotia in die Karibik im März 1975. Als der Pilot dicht an der Küste Floridas entlangflog, sagte er über den Lautsprecher: »Die auf der linken Seite sitzenden Passagiere können jetzt sehen, wo das berüchtigte Bermuda-Dreieck beginnt. Gott sei Dank fliegen wir nicht darüber!« Diese Art der

Darstellung verleiht Reisen in das Dreieck einen gewissen nervenkit-
zelnden Reiz, der noch von den Inselbewohnern gesteigert wird, die sogar
einen Calypso über das Bermuda-Dreieck komponierten, der auf allen
Tanzflächen mit begeisterten Zurufen begrüßt wird, wenn er erklingt.
Es hat sich sogar eine Art schwarzer Humor bei den Fluggesellschaften
zu dem Thema Bermuda-Dreieck herausgebildet. Ein Beispiel dafür:
Einige Direktoren einer Fluggesellschaft befinden sich auf einem Flug
zwischen den Bermudas und Florida, als einer von ihnen dem Captain im
Scherz einen mit zittriger Hand gekritzelten Zettel bringen läßt, auf dem
steht: »Wissen Sie, daß wir im Bermuda-Dreieck sind?« Worauf der Captain erwidert: »Kann mir jetzt nicht den Kopf zerbrechen. Meine Instrumente sind ausgefallen, und meine Kompasse kreiseln.« Die Position
eines Schiffes erregt im Bermuda-Dreieck oft das Interesse der Besatzung
und gibt Anlaß zu allen möglichen Kommentaren auf Marineschiffen und
U-Booten. Robert Hayes aus White Plains, der früher als Maschinist auf
der U.S.S. *Albany* (CG-10), einem schweren Kreuzer für ferngelenkte
Raketen, fuhr, erinnert sich daran, wie mit großem Interesse über dieses
Thema diskutiert wurde, als sie mit Kurs auf Mayport, Florida, das Bermuda-Dreieck durchfuhren:

Wir wußten, wann wir ins Dreieck kamen, weil einige der Radarspezia-
listen es anderen Besatzungsmitgliedern erzählten. Wir hatten eine
große Karte – etwa zwei Quadratmeter groß – am Anschlagbrett, auf
der laufend die Position des Schiffs eingetragen wurde. Irgend jemand
zeichnete ein Dreieck auf der Karte ein, und so wußten alle Bescheid
und redeten darüber. Jeder schien darüber zu sprechen und sich zu
fragen, was da draußen vorging. Einer der Ersten Offiziere sagte: »Es
ist eine Art Zeit-Verschiebung – sie herrscht da draußen, aber man
kann sie nicht sehen.« Und ein anderer Offizier sagte: »Na, ich hoffe
nur, wir werden nicht ein neuer rätselhafter Fall für die Statistik!«

Ob das Bermuda-Dreieck nun ein Gebiet ist, in dem geheimnisvolle
Kräfte eine Gefahr für Flugzeuge, Schiffe und Menschen bilden oder
nicht, eines ist es jedoch ganz gewiß: eine Zone magnetischer Anomalien
und als solche auch auf Flug- und Seefahrtskarten, einschließlich jener
der britischen Admiralität, eingetragen. Allen, die dieses Gebiet durchfahren oder überfliegen, ist bekannt, daß in ihm häufig die Kompasse
kreiseln, die Höhen- bzw. Tiefenmesser falsch funktionieren, die Funkverbindung zeitweise abreißt, oft nicht zu identifizierende Lichter zu beobachten sind und heftige magnetische Stürme auftreten. Jeder Versuch,
diese Phänomene mit dem authentisch belegten Verschwinden der vielen
Flugzeuge, Schiffe und Menschen in Zusammenhang zu bringen, wird –

Es gibt Theorien, denen zufolge das Bermuda-Dreieck eine Art Raumsonde oder ein durch bestimmte Naturkräfte begünstigter Eintritt für außerirdische Besucher ist, welche die theoretische Krümmung von Raum und Zeit nutzen.

zumindest was die Öffentlichkeit betrifft – von den dafür zuständigen Behörden verhindert oder lächerlich gemacht und darüber hinaus zur Zielscheibe des Spottes in der Presse, anfangs nur in den USA und dann, als das Interesse am Bermuda-Dreieck weitere Kreise erfaßte, auch in den Pressemeldungen der ganzen Welt. Die folgenden Schlagzeilen sind typisch für die ironische Haltung der Presse wie auch für eine verständliche, aber nichtsdestoweniger törichte Simplifizierung von einigen der möglichen Erklärungen: »*Gibt es Kidnapper im Weltraum?*« – »*Das versunkene Atlantis blüht und gedeiht und kapert Flugzeuge und Schiffe!*« Eine englische Zeitung brachte die Überschrift »*Wie die ›Queen Elizabeth‹ um ein Haar in einem Weltraummuseum landete*« und eine Dubliner Zeitung meinte »*Ihre Freunde sind vielleicht in einem Zoo auf dem Mars*«, während französische Zeitschriften die rhetorische Frage stellten »*Was *bewirkt die Auflösung von Flugzeugen und Schiffen im Bermuda-Dreieck?«* und deutsche Zeitungen sich mit »*Laserstrahlen vom Meeresboden*« und der Frage »*Gibt es ein Loch im Himmel?*« befaßten.

Ozeanographen und Meteorologen schreiben die eindeutig belegten Fälle von Verschwinden plötzlichen Wetterstürzen zu und erklären die Tatsache der fehlenden Wrackteile und Ölflecke als eine Folge des Golfstroms, der zwischen Florida und den Bahamas mit einer Durchschnittsgeschwindigkeit von 1,5 bis etwa 4 Knoten in nördlicher Richtung fließt. Nach dieser Theorie würde das Wrack eines Flugzeugs oder Schiffs von der Unglücksstelle nach Norden treiben und wäre dadurch in der Umgebung seiner letzten gemeldeten Position nicht aufzufinden. Da aber die Strömungsgeschwindigkeit des Golfstromes kein Geheimnis ist, sollte man logischerweise annehmen, daß die Such- und Rettungseinheiten der Küstenwache auf die Idee kämen, in dem dadurch zu errechnenden Gebiet sowie an der letzten gemeldeten Position zu suchen, was im allgemeinen zur Routine gehört. Nicht uninteressant ist außerdem die Tatsache, daß Meteorologen gewöhnlich im voraus die Schlechtwettereinbrüche und Stürme ermitteln, die jenem fächerförmigen, auch Teufelsdreieck genannten Gebiet drohen, das für die Meteorologen zumindest als eine charakteristische Zone, wenn nicht als Phänomen existent ist.

Ein weiterer Hinweis, durch den sich das Geheimnis des Dreiecks noch mehr verdichtete, kam von ganz unerwarteter Seite, und zwar von den Wettersatelliten. Professor Wayne Meshejian, ein Naturwissenschaftler am Longwood College in Virginia, der seit über drei Jahren mit seinen Assistenten Satellitenphotos studiert, beobachtete, daß die auf Polarumlaufbahn kreisenden NOAA-Satelliten während der letzten zwei Jahre in einer Höhe von 1200 Kilometern häufig falsch zu funktionieren begannen, und zwar nur über dem Bermuda-Dreieck. Bei der Bildaufnahme und Funkübermittlung durch die Satelliten zur Erde reißen die Übertragungssignale oft ab, wenn der Satellit über das Bermuda-Dreieck kommt, und die telemetrischen und elektronischen Impulse des Satelliten setzen ebenfalls aus. Wenn man diese Störungen, wie Professor Meshejian das tut, »einer Art äußerer Energiequelle unter Wasser« zuschreibt oder einem enorm starken Magnetfeld in diesem Gebiet, welches die Aufnahme des Satellitenmagnetbandes löscht, auf dem die visuellen Bilder gespeichert sind, ist die Überlegung interessant, daß dieses magnetische Feld zwar stark genug ist, ein Band, das sich 1200 Kilometer über der Erdoberfläche befindet, zu löschen, daß es aber die Umlaufbahn des Satelliten nicht beeinflußt. Ein derartig starkes Magnetfeld würde jedoch in Professor Meshejians Worten »ganz entschieden die Mühelosigkeit beeinflussen, mit welcher der Satellit durch den Raum zieht... ein so starkes Feld müßte den Satelliten aus seiner Bahn reißen, aber dies geschieht nicht, (und) so reden wir über eine Kraft, über die wir nichts wissen«. Professor Meshejian wird zwar von den Behörden und vom wissenschaftlichen Establishment der Sensationshascherei beschuldigt, aber genau diese Wissenschaftler haben noch immer keine Antwort auf eine berechtigte Frage gefunden, die Meshejian stellt: »Weshalb nur über *diesem* Teil der Erde?«

Während Kompaß- und Instrumentenstörungen auf Schiffen und niedrig und hoch fliegenden Flugzeugen auftraten, wirft die Möglichkeit, daß die in 1200 Kilometer Höhe kreisenden Satelliten vielleicht ebenfalls beeinflußt werden, die Frage auf, bis in welche Höhe – oder in welchem Umkreis – das Störfeld (oder die Durchgangsschneise?) sich erstreckt.

Später setzte sich die zuständige Regierungsstelle mit Professor Meshejian in Verbindung, und man deutete ihm an, daß man ein Dementi seines Berichtes begrüßen würde, da er zahlreiche Anfragen ausgelöst hatte und die Vermutung entstehen ließ, daß man Informationen zurückgehalten habe. Die offizielle Erklärung, die man Meshejian schließlich anbot, lautete, daß die Störungen durch das Aufladen des Satelliten verursacht worden seien; wäre dies der Fall gewesen, dann wäre dieser Aufladevorgang, der von einer halben Minute bis zu mehreren Stunden dauert, erstaunlich unzulänglich gelöst. Es ist außerdem bemerkenswert, daß diese Erklärung erst volle sechs Monate *nach* der Veröffentlichung der Entdeckung Meshejians abgegeben wurde. Professor Meshejian selbst ist immer noch der Meinung, es sei möglich, daß es ein magnetisches Feld gibt, das für diese Erscheinung verantwortlich ist.

Wie zu erwarten war, wurden Professor Meshejians Beobachtungen von Vertretern der Regierung mit wenig Begeisterung aufgenommen. Ein Sprecher des National Environmental Satellites Service (Nationales Büro für Umweltsatelliten) wandte bei einer »beruhigenden« Stellungnahme die Technik an, die zur Debatte stehende Theorie mit einer ungleich utopischeren Theorie zu koppeln, um erstere besser ad absurdum führen zu können. Er sagte: »Ich garantiere Ihnen, es gibt im Bermuda-Dreieck nichts Besonderes, genausowenig wie es ein Loch im Nordpol gibt.« Und spöttisch fügte er hinzu: »Wie manche anzunehmen scheinen...«

Jedesmal, wenn das Thema der im Bermuda-Dreieck verschwundenen Flugzeuge und Schiffe und der seltsamen Vorgänge, die sich dort abspielen, in der Öffentlichkeit angeschnitten wird, treibt eine anscheinend allen offiziellen Sprechern gemeinsame Reaktion diese dazu, energisch zu bestreiten, daß irgend etwas Ungewöhnliches in, über oder unter dem Wasser im Bermuda-Dreieck vorgeht.

Trotz dieser ständigen Dementis von Ozeanographen, Aeronauten, Meteorologen und anderen Experten sowie von Behörden verschwinden jedoch nach wie vor Flugzeuge, Schiffe und Menschen. Darüber hinaus gibt

25

es jetzt mehr Berichte (die früher wahrscheinlich gar nicht erfolgt wären) von Piloten, Schiffskapitänen, Besatzungsmitgliedern, Bootsbesitzern und Passagieren, die ungewöhnliche Vorgänge im Dreieck beobachteten. Diese Berichte bieten die Möglichkeit zu Vergleichen.

Aber auch wenn das Verschwinden all dieser Schiffe, Flugzeuge und Menschen reiner Zufall war, so geht doch aus der ständig wachsenden Zahl gemeldeter seltsamer Vorfälle eindeutig hervor, daß es im Dreieck ungewöhnliche magnetische, klimatische und vielleicht auch Anomalien der Schwerkraft gibt und sich diese auf Schiffe, Flugzeuge und ihre Besatzungen und Passagiere auswirkten und das auch bis zum heutigen Tage noch tun.

Die Tatsache, daß die Mehrzahl dieser Fälle sich in einem bestimmten Gebiet ereignete, würde darauf hindeuten, daß die Ursache dieser Geschehnisse sich auf dem Meeresboden befinden könnte, vielleicht sogar einst von Menschenhand angefertigt wurde, und daß sie ungewöhnliche Magnetkräfte ausstrahlt. Das Ausmaß der auftretenden Anomalien und die Anzahl der Vermißtenfälle wie auch die variierende Intensität der Aberrationen zu verschiedenen Zeitpunkten und an verschiedenen Stellen weist auf eine Art von beweglichen Phänomenen – sei es nun naturbedingt oder gezielt gesteuert – hin. Eine Untersuchung der jetzt viel genauer überprüften Zahl von verschwundenen Schiffen und Flugzeugen (mit Angabe der jeweiligen Zeit und Position ihres Verschwindens sowie ihrer Fracht und ihren, sofern durchgegebenen, letzten Meldungen) sollte, wenn nicht eine Erklärung, so doch zumindest einen überzeugenden Überblick über diese »Reisen in die Vergessenheit« liefern.

2

Reisen in die Vergessenheit: Eine makabre Bilanz

Das Bermuda-Dreieck ist seit der Entdeckung Westindiens durch die Europäer ein gefährliches, geheimnisumwittertes und oft verderbenbringendes Gebiet gewesen. Schon aus den allerersten Berichten der spanischen Seeleute, begonnen mit Kolumbus, ist ersichtlich, daß ungewöhnliche elektromagnetische oder andersartige unbekannte Kräfte im Bermuda-Dreieck, und zwar besonders in seinem westlichen Teil, wirksam sind. Bevor Kolumbus auf seiner ersten Seereise Land sichtete, erlebte er eine Art Vorschau auf das Außergewöhnliche: Er erblickte die »glühenden Wasser« der Bahamas und anschließend ein feuerballartig erscheinendes Gebilde, das sein Flaggschiff umkreiste und dann ins Meer stürzte. Gleichzeitig wuchsen in seiner Besatzung, die ständig am Rand der Meuterei war, Zweifel über die Notwendigkeit dieser Seereise, als sie das seltsame Verhalten des Schiffskompasses bemerkte, dessen Nadeln sich zur Bestürzung der Steuermänner im Kreise zu drehen begannen. Einige der Erlebnisse, die Kolumbus außerdem in dem damals noch unbezeichneten Bermuda-Dreieck hatte, könnte man als Vorläufer der aufsehenerregenderen Phänomene ansehen, durch die das Gebiet so berüchtigt werden sollte. Im September 1494 sichtete er ein Meeresungeheuer vor Hispaniola (Haiti – Santo Domingo), das er, dem allgemeinen Brauch seiner Zeit folgend, als eine Sturmwarnung deutete. Im Juni 1494 versenkte ein ungewöhnlicher »Wirbelsturm« drei seiner Schiffe, indem er sie »drei oder vier Male herumdrehte ... ohne jeglichen Sturm oder grobe See«. Als Kolumbus auf einer späteren Seereise im Mai 1502 einen Sturm voraussah (wir haben keinen Hinweis darauf, ob er wieder von einem Meeresungeheuer gewarnt wurde), bat er den Gouverneur von Hispaniola um die Erlaubnis, mit seinen vier Schiffen im Hafen von Santo Domingo zu ankern, und warnte gleichzeitig Gouverneur Bobadilla, nicht den Befehl zum Auslaufen einer für die Rückfahrt nach Spanien beladenen Schatzflotte von dreißig Galeonen zu geben. Der Gouverneur ignorierte den Rat und verlor dadurch sechsundzwanzig der dreißig Schatzschiffe in einem plötzlichen heftigen Orkan, der nach Berichten von Augenzeugen die Charakteristika einer regelrechten Seeschlacht zu entfalten schien, u. a. »... einen ununterbrochenen Feuerhagel, der den Gestank von verbranntem Schießpulver in der Luft hinterließ«. Zu Kolumbus' Glück (oder Unglück) befand sich auf dem einen Schiff, das heil und unversehrt in Spanien anlangte, Kolumbus' persönlicher

Schatz – ein Zufall, der seiner Stellung bei Hof gewiß nicht förderlich war.

Sechs Monate später verschwand abermals eine Schatzflotte von siebzehn Schiffen in einem unerwarteten Sturm, der ebenfalls durch Phänomene gekennzeichnet war, die wir heute als magnetische Erscheinungen erkennen würden.

Kolumbus gelang es zweifellos durch seine hohe Seemannskunst, den sonderbaren Stürmen in diesem Gebiet heil zu entkommen. Einmal, es war im Dezember 1502, als sich zwischen zwei seiner Schiffe eine gigantische Wasserhose bildete, ließ Kolumbus seine Besatzung so lange das Johannesevangelium aufsagen, bis die Wasserhose in sich zusammensank. Doch mit all seinem Glück in der Seefahrt war es Kolumbus' Schicksal, an der Mißgunst eines neidischen und eifersüchtigen Monarchen zu scheitern, der ihn der Mißwirtschaft, unmäßigen Hochmuts und glühenden Ehrgeizes – und vielleicht zu großer Weisheit – verdächtigte. Man könnte sogar das trostlose Ende der so ruhmreichen Karriere des großen Entdeckers nach dem Tod seiner Förderin Isabella von Kastilien als eine der ersten mit dem Bermuda-Dreieck in Zusammenhang stehenden Tragödien bezeichnen.

Die spanischen Schatzschiffe, die durch plötzliche Stürme Schiffbruch erlitten, und die in den folgenden Jahrhunderten von Piraten und Seeräubern versenkten spanischen Schiffe hinterließen jedoch Wracks auf Inselstränden und an den Küsten der spanischen Kolonialländer, zu denen auch Florida, Georgia sowie Nord- und Süd-Carolina gehörten. Aufgrund der zu jener Zeit noch sehr mangelhaften Nachrichtenverbindungen ist heute nicht festzustellen, ob damals Schiffe im Bermuda-Dreieck durch andere Ursachen als plötzliche Stürme oder Seeräuberüberfälle »verschwanden«. Es bildeten sich jedoch bald Legenden über das Meer, in denen vom Verschwinden von Galeonen und Schlachtschiffen aus anderen, geheimnisvolleren Gründen die Rede war, verbunden mit Berichten vom gelegentlichen Auftauchen eines jener »verlorenen«, ziellos dahintreibenden Schiffe, und zwar im allgemeinen in der Sargasso-See, die den östlichen Teil des Dreiecks bildet.

Die nördliche Spitze des Dreiecks, die Bermuda-Inseln selbst, die zu Beginn des 16. Jahrhunderts von dem Spanier Bermudez entdeckt wurden, erwarben sich wegen des unerklärlichen Verschwindens gewisser Schiffe bald einen unheimlichen Ruf. Einer der frühesten Hinweise dieser Art bezieht sich auf ein Beiboot, das Überlebende vom Wrack der *Sea Venture* losschickten, die 1609 auf der Fahrt zu den neuen amerikanischen Kolonien vor den Bermudas strandete. Das Beiboot verschwand mit seinen sieben Insassen auf See und wurde nicht mehr gesehen. Die verzweifelten Zurückgebliebenen bauten schließlich ein neues Boot, um von den Bermudas zu entkommen, die sie als »schrecklich für alle, die sie betreten«, schilderten – eine Meinung, die beträchtlich von dem heutigen Urteil über diese Inselgruppe abweicht.

Shakespeare, der in diesem Zeitalter seine Stücke schrieb, muß direkt oder indirekt von dem unheilvollen Ruf der Bermudas gehört haben, da er eine der ersten Anspielungen auf dieses Meeresgebiet macht. In »Der Sturm«, 1. Akt, 2. Szene, sagt Ariel:

> »...allwo
> du einst um Mitternacht mich aufriefst, Tau
> zu holen von den stürmischen* Bermudas...«

Laut Berichten aus der Epoche der großen Segelschiffe waren die Bermudas und die Gebiete südlich dieser Inselgruppe tatsächlich jahrhundertelang beängstigend, denn hier verschwanden immer wieder Schiffe, deren Schicksal allerdings nicht anders erschien als das anderer auf See verschollener Schiffe, für das man gewöhnlich Stürme, Seeräuber oder eine an Bord ausbrechende Meuterei verantwortlich machte. Erst im 19. und vor allem im 20. Jahrhundert, als es bessere Nachrichtenverbindungen und Schiffsberichte gab, kam man zu dem Schluß, daß die zahlreichen Verluste in diesem Meeresgebiet etwas besonders Beunruhigendes hatten: Es gab keine Überlebenden, keine Wrackteile, und es fehlte – nachdem Funkgeräte zur allgemeinen Grundausrüstung gehörten – jeglicher Hinweis darauf, was den verschwundenen Schiffen widerfahren war. Darüber hinaus waren bei einer nicht unerheblichen Anzahl dieser mysteriösen Fälle nur die Passagiere und Besatzungen spurlos verschwunden, während die verlassenen Schiffe in einwandfreiem Zustand zu sein schienen und die Logbücher, Rettungsboote, Ladungen und sogar persönlichen Habseligkeiten sich an ihrem Platz befanden.

Diese Vorfälle hätten, so eigenartig sie auch waren, wahrscheinlich weiter den Katalog der legendären Geheimnisse des Meeres bereichert – insbesondere den, der sich um die Sargasso-See bildete, von der ein großer Teil innerhalb der Grenzen des Bermuda-Dreiecks liegt –, wenn man nicht die Erkenntnis gewonnen hätte, daß es höchst ungewöhnliche Vorfälle mit Flugzeugen gab und daß eine beträchtliche Anzahl in demselben Gebiet verschwand wie die Schiffe.

Piloten wußten schon lange – etwa seit der Zeit vor dem Zweiten Weltkrieg –, daß Flugzeuge in diesem Gebiet spurlos verschwanden, hatten es aber den normalen Gründen, die zu Abstürzen führten, oder Kriegsgeschehen und möglichen Feindaktionen zugeschrieben. Sie hatten eben-

* Im englischen Original »vexed« = beängstigend

falls gewisse ungewöhnliche Vorgänge bemerkt, die sich bei ihren Flügen durch das Dreieck abspielten. Lindbergh war vielleicht einer der ersten Piloten, die eine Notiz über die sonderbaren, in diesem Gebiet an Kompassen und Instrumenten auftretenden Anomalien machten. Bei einem Flug im *Spirit of St. Louis* am 13. Februar 1928 von Havanna zum Festland vermerkte er in seinem Bordbuch:

Beide Kompasse funktionierten nachts über der Florida-Straße falsch. Die Nadel des Erdanzeigers flatterte hin und her. Das Zifferblatt des Flüssigkeitskompasses rotierte, ohne anzuhalten. Konnte keine Sterne durch den dichten Dunst erkennen. Stellte bei Tagesanbruch Position mit fast 450 Kilometer Kursabweichung über den Bahamas fest. Das Zifferblatt des Flüssigkeitskompasses hörte erst auf zu rotieren, als *The Spirit of St. Louis* die Küste Floridas erreichte.

Lindbergh erkundete damals Flugrouten für den Passagierverkehr der Pan American Airlines. Zu jener Zeit hatten die Flugzeuge nur elektromagnetische Kompasse zur Ermittlung des magnetischen Nordens, also Richtungsfinder, die leicht durch andere starke magnetische Einflüsse gestört werden konnten.

Im selben Jahr, am 28. Juli 1928, »verlor« ein anderes Flugzeug, eine dreimotorige Fokker mit hölzernen Tragflächen, bei einem Flugstreckentest auf einem ähnlichen Flug von Havanna nach Miami durch eine fünfzigprozentige Kompaßdeklination Florida und stürzte ins Meer; weder das Flugzeug noch die Passagiere noch die mitgeführte Post konnten gerettet werden. Die Piloten und der Funker überlebten den Absturz und berichteten von der seltsamen Kompaßabweichung.

In den dreißiger und frühen vierziger Jahren betrachtete man das häufige falsche Funktionieren der Kompasse und Fluginstrumente, wie auch das ungeklärte Verschwinden von Flugzeugen (einschließlich das von zehn Militärmaschinen, die zur Zeit des Zweiten Weltkriegs zwei Staffeln auf dem Flug von den Bermudas nach Europa verloren), nicht als ein speziell geographisches Phänomen. Das änderte sich erst, als kurz nach dem 5. Dezember 1945 das jetzt allgemein bekannte Verschwinden von Flight 19 Aufsehen erregte. Es handelte sich hierbei um einen Schwarm von fünf Bombern der amerikanischen Marine, die zu einem Routineübungsflug von Fort Lauderdale starteten und in völliger Friedenszeit, Monate nach Beendigung des Zweiten Weltkriegs, spurlos verschwanden, während sie in einseitigem Funkkontakt mit ihrem Stützpunkt standen. Auch das Such- und Rettungsflugzeug, das man in das Gebiet schickte, aus dem die fünf Bomber immer noch Funksprüche sendeten, verschwand, ohne daß man je eine Spur von ihm fand.

Obwohl die allgemeine Meinung wie auch die Kommentare der Presse zur Zeit des Unglücks einfach dahingehend lauteten, daß es sich um eine Tragödie ungewöhnlichen Ausmaßes handelte, die eines Tages aufgeklärt werden würde, ist dieser Vermißtenfall nichtsdestoweniger im Lauf der Jahre immer mysteriöser geworden.

Trotz zahlreicher offizieller »abschließender« Erklärungen wurde niemals etwas Endgültiges über das Schicksal der Flugzeuge erwiesen, noch fand man je irgendwelche Überreste der Maschinen oder Piloten.

Das geschlossene Verschwinden der fünf Bomber von Flight 19, gefolgt von jenem des Rettungsflugzeugs und einer Reihe weiterer Fälle, in denen Militär- und Zivilflugzeuge in diesem Gebiet verlorengingen, drängte Beobachtern die Vermutung auf, daß hier außer Kompaßdeklination und gelegentlichem Fehlfunktionieren von Instrumenten etwas höchst Ungewöhnliches vorging. Diese Zone umfaßt das der südöstlichen Küste der Vereinigten Staaten vorgelagerte Meeresgebiet, den nördlichen Teil der Karibik, die Bahamas und Bermudas.

Allmählich gelangten Piloten, Schiffskapitäne, Besatzungen und die besorgten sowie neugierigen Beobachter zu der Erkenntnis, daß die Mehrzahl der rätselhaften Vorfälle, von denen die Geschichte wie auch die Legende berichtet, sich anscheinend in demselben Gebiet ereignete und wahrscheinlich von denselben, bisher noch nicht identifizierten Kräften verursacht wurde. Dies hatte zur Folge, daß das Gebiet und die sich in ihm zutragenden Vermißtenfälle seit 1945, also seit über dreißig Jahren, sorgfältiger überprüft wurden; das Verschwinden von Flugzeugen, Schiffen und Menschen wurde statistisch erfaßt und ziemlich gründlich studiert.

Wir wissen nicht, ob das Gebiet, in dem sich diese Fälle ereigneten und bis zum heutigen Tag ereignen, wirklich ein Dreieck, ein Rechteck oder ein Trapezoid darstellt, obgleich es im Hinblick auf gewisse Eckpunkte ungefähr die Form eines Dreiecks aufzuweisen scheint. Einige der Positionen, von denen sich verschwundene Schiffe oder Flugzeuge zum letzten Mal über Funk meldeten, scheinen auch außerhalb des »Dreiecks« zu liegen. Meistens näherten sich die Schiffe und Flugzeuge jedoch dem Dreieck.

Die auf der nächsten Seite folgende Liste soll veranschaulichen, an welcher Stelle der letzte Funkspruch vieler dieser Wasser- und Luftfahrzeuge erfolgte, bevor sie innerhalb der allgemeinen Grenzen des Bermuda-Dreiecks verschwanden. Über viele dieser verschollenen Flugzeuge und Schiffe wurden zwar umfangreiche Akten angelegt, doch sind infolge des wachsenden öffentlichen Interesses an den sonderbaren Vorgängen, die wir das Phänomen des Bermuda-Dreiecks nennen können, seitdem andere, bis dahin unbekannte Fälle von Verschwinden gemeldet worden. Außerdem gibt es neue Informationen zu bereits bekannten Vorfällen.

Nr.	Datum	Name und Typ	Kurs oder letzte Position.	Personen* an Bord
1	1800	U.S.S. *Pickering*	zwischen Guadeloupe und Delaware	90
2	1814, Oktober	U.S.S. *Wasp*	Karibik	140
3	1824	U.S.S. *Wildcat*	von Kuba nach Thompson's Island	14
4	1840	*Rosalie* (bis auf einen Kanarienvogel verlassen aufgefunden)	zwischen Frankreich und Kuba	—
5	1843, März	U.S.S. *Grampus*	vor St. Augustine	48
6	1854	*Bella* (Schoner, verlassen aufgefunden)	Westindien	—
7	1855	*James B. Chester* (verlassen aufgefunden)	südwestlich der Azoren	—
8	1872, Dez.	*Mary Celeste* (Brigantine)	nördlich der Azoren	10
9	1880, Januar	HMS *Atalanta* (Schulschiff)	von den Bermudas nach England	290
10	1881, August	nicht identifizierter, verlassen aufgefundener und später von der *Ellen Austin* wieder verlorener Schoner	westlich der Azoren	—
11	1902, Oktober	*Freya* (Bark) (verlassen aufgefunden)	von Kuba nach Chile	—
12	1908, 22. Jan.	*Baltimore* (Bark)	östlich von Hampton Roads, Virginia	9

				*
13	1908, 27. Jan.	*George R. Vreeland* (Schoner)	östlich von Hampton Roads, Virginia	7
14	1909, 18. Sept.	*George Taulane jr.* (Schoner)	östlich der Küste von Georgia	7
15	1909, Nov.	*Spray* (Jacht auf einer Weltumseglung)	von Miami nach Westindien	1
16	1909, 16. Dez.	*Martha S. Bement* (Schoner)	östlich von Jacksonville, Florida	7
17	1909, 18. Dez.	*Maggie S. Hart* (Schoner)	östlich von Jacksonville, Florida	8
18	1909, 23. Dez.	*Auburn* (Schoner)	östlich von Jacksonville, Florida	9
19	1909, 25. Dez.	*Anna R. Bishop* (Schoner)	östlich von Jacksonville, Florida	7
20	1910, März	*U.S.S. Nina* (erstes verschwundenes Dampfschiff)	südlich von Savannah, Georgia	—
21	1910, 26. März	*Charles W. Parker* (Dampfschiff)	östlich der Küste Südjerseys	17
22	1913, 17. Dez.	*George A. Lawry* (Schoner)	östlich von Jacksonville, Florida	6
23	1914, 29. Jan.	*Benjamine F. Poole* (Schoner)	östlich von Wilmington, N. C.	8
24	1914, 27. Febr.	*Fitz J. Babson* (Schoner)	östlich von Jacksonville, Florida	7
25	1915, April	*Bertha L. Basker* (Frachter)	von New York nach St. Martin	—
26	1915, April	*Silva* (Frachter)	von New York zu den Niederländischen Antillen	—
27	1915, 20. April	*Maude B. Krum* (Schoner)	östlich von St. Andrews, Florida	7

* sofern bekannt

Nr.	Datum	Name und Typ	Kurs oder letzte Position	Personen* an Bord
28	1916, 13. Nov.	Brown Bros. (Bark)	östlich von Savannah, Georgia	12
29	1917, 6. März	Timandra (Frachter)	östlich von Norfolk, Virginia	19
30	1918, März	U.S.S. Cyclops (Kohlenschiff der Marine)	von Barbados nach Norfolk, Virginia	309
31	1919, 4. Januar	Bayard Hopkins (Schoner)	östlich von Norfolk, Virginia	6
32	1920, 10. Febr.	Amelia Zeman (Schoner)	östlich von Norfolk, Virginia	9
33	1920	Hewitt (Schwefeltransport)	von New York durch das Dreiländereck nach Europa	—
34	1921, Januar	Carroll A. Deering (bis auf 2 Katzen verlassen aufgefunden)	Kap Hatteras	—
35	1921, 27. Okt.	Bagdad (Schoner)	vor Key West, Florida	8
36	1921	Monte San Michele (Dampfschiff)	von New York durch das Dreieck nach Europa	—
37	1921	Esperanza de Larrinaga (Dampfschiff)	von New York durch das Dreieck nach Europa	—
38	1921	Ottawa (Tanker)	von New York durch das Dreieck nach Europa	—

39	1921	*Cabedello* (Frachter)	von New York durch das Dreieck nach Europa	—
40	1921	*Steinsund* (Frachter)	von New York durch das Dreieck nach Europa	—
41	1921	*Florino* (Frachter)	von New York durch das Dreieck nach Europa	—
42	1921	*Svartskog* (Frachter)	von New York durch das Dreieck nach Europa	—
43	1921	*Albyan* (Bark)	von New York durch das Dreieck nach Europa	—
44	1921	*Yute* (Dampfschiff)	von New York durch das Dreieck nach Europa	—
45	1921	*Raifuku Mary* (Frachter)	westlich der Bahamas	—
46	1922, 11. Febr.	*Sedgwick* (Schoner)	östlich von Charleston, S.C.	6
47	1925	*Cotopaxi* (Frachter)	zwischen Charleston und Havanna	—
48	1926	*Porta Noca* (Passagierschiff)	zwischen der Fichteninsel und Grand Cayman	—
49	1926	*Suduffco* (Frachter)	südlich von Port Newark	29
50	1931	*Stavanger* (Frachter)	südlich der Cat-Insel, Bahamas	43
51	1931, Juni	*Curtis Robin* (Flugzeug)	vor Palm Beach, Florida	2

* sofern bekannt

Nr.	Datum	Name und Typ	Kurs oder letzte Position	Personen* an Bord
52	1932, April	John & Mary (Schoner, verlassen aufgefunden)	50 Meilen südlich der Bermudas	—
53	1935, Dez.	Wright Whirlwind (Flugzeug)	von Havanna zur Fichteninsel	3
54	1938, März	Anglo Australian (Frachter)	südwestlich der Azoren	39
55	1940, Februar	Gloria Colite (Schoner, verlassen aufgefunden)	200 Meilen südlich von Mobile, Alabama	—
56	1941, Nov.	Proteus (Frachter) (Schwesterschiff der Cyclops)	von St. Thomas nach Norfolk, Virginia	—
57	1941, Dez.	Nereus (Frachter) (Schwesterschiff der Cyclops)	von St. Thomas nach Norfolk, Virginia	—
58	1941	Mahukona (Frachter) (in Santa Clara umgetauft)	600 Meilen östlich von Jacksonville, Florida	—
59	1942, Nov.	Paulus (Passagierschiff)	von Westindien nach Halifax	—
60	1943	Martin Mariner	150 Meilen südlich von Norfolk	19
61	1944	Rubicon (Frachter, bis auf 1 Hund verlassen aufgefunden)	vor der Küste Floridas	—

62	1945, 20. Jan.	*B-25* (Flugzeug)	zwischen den Bermudas und den Azoren	9
63	1945, 18. Juli	*PB-4 YW* (Flugzeug)	zwischen Miami und den Bahamas	15
64	1945, 5. Dez.	5 *TBM-Avenger-Torpedo-Bomber* (Flight 19)	225 Meilen nordöstlich von Fort Lauderdale, Florida	14
65	1945, 5. Dez.	*Martin Mariner* (Wasserflugzeug im Rettungseinsatz für Flight 19)	225 Meilen nordöstlich von Fort Lauderdale, Florida	13
66	1945, 27. Dez.	*Voyager II* (Schoner)	Küstenschiffahrtslinie	4
67	1945, 27. Dez.	*Valmore* (Schoner)	vor der Küste Nord-Carolinas	4
68	1946, 2. Dez.	*City Belle* (Schoner, verlassen aufgefunden)	300 Meilen südöstlich von Miami, Florida	22
69	1947, 5. Dez.	*C-54 Superfestung* (Flugzeug)	100 Meilen vor den Bermudas	—
70	1948, 30. Jan.	*Star Tiger* (Tudor IV) (Flugzeug)	nordöstlich der Bermudas	31
71	1948, 31. Jan.	*Sam Key* (Liberty-Schiff)	nordwestlich der Azoren	43
72	1948, 5. März	Kabinenkreuzer und Skiff (verlassen aufgefunden)	zwischen Sandy Key und Rabbit Key	3
73	1948, April	*Wild Goose* (geschlepptes Boot)	Tongue of Ocean	4
74	1948, 28. Dez.	*DC-3* (Passagierflugzeug)	50 Meilen vor Miami, Florida	35

* sofern bekannt

37

Nr.	Datum	Name und Typ	Kurs oder letzte Position	Personen* an Bord
75	1949, 17. Januar	Star Ariel (Tudor IV) (Flugzeug, Schwestermaschine der Star Tiger)	zwischen den Bermudas und Jamaika	20
76	1949, 19. Jan.	Driftwood (Fischkutter)	zwischen Fort Lauderdale, Florida, und Bimini	5
77	1950, März	Globemaster (Flugzeug)	in der nördlichen Spitze des Dreiecks	—
78	1950, Juni	Sandra (Frachter)	zwischen Puerto Cabello und Savannah	15
79	1951, 4. Nov.	São Paulo (geschlepptes brasilianisches Marineboot, 20000 Tonnen)	südwestlich der Azoren	8
80	1952, 2. Febr.	York Transport (Flugzeug)	nordwestlich der Bermudas	35
81	1952, April	Marineflugzeug vom Typ PBY	östlich von Jamaika	8
82	1954, 30. Okt.	Super Constellation (amerikanisches Marineflugzeug)	nördlich der Bermudas	42
83	1954, 5. Dez.	Southern Districts (Tanker)	vor der Küste Carolinas	23
84	1955, Januar	Home Sweet Home (Schoner)	von den Bermudas durch die Sargasso-See nach Antigua	7
85	1955, Sept.	Connemara IV (Segeljacht)	400 Meilen südwestlich der Bermudas	—

Nr.	Datum	Fahr-/Flugzeug	Ort	*
86	1956, 5. April	Frachtflugzeug, Typ B-25 (umgebaut)	südöstlich der Tongue of Ocean	3
87	1956, Juli	Bounty (Schoner)	zwischen Miami und Bimini	4
88	1956, 9. Nov.	amerikanisches Marineflugzeug vom Typ P5M	ungefähr 300 Meilen südlich der Bermudas	10
89	1958, 1. Januar	Revonoc (Segeljacht)	zwischen Key West und Miami	5
90	1961, 25. April	Calista III (Ketsch)	von den Bahamas nach Nord-Carolina	5
91	1962, 8. Jan.	Flugzeug der amerikanischen Luftwaffe vom Typ KB-50	östlich von Langley Field, Virginia	8
92	1962	Windfall (Schoner)	vor den Bermudas	—
93	1962	Evangeline (Schoner)	von Miami zu den Bahamas	—
94	1963, 2. Febr.	Marine Sulphur Queen (Frachter)	in der Florida-Straße	39
95	1963, 2. Juli	Sno' Boy (Fischkutter)	südöstlich von Jamaika auf der Fahrt von Kingston nach North East Cay	40 / 96
96	1963, 28. Aug.	2 vierstrahlige Stratotanker der amerikanischen Luftwaffe vom Typ KC-135	300 Meilen südwestlich der Bermudas	11
97	1963, 22. Sept.	C-132 Cargomaster (Flugzeug)	westlich der Azoren	10
98	1964, April	Scuba-Taucher	östlich des Steilabfalls bei San Salvador	2

* sofern bekannt

Nr.	Datum	Name und Typ	Kurs oder letzte Position	Personen* an Bord
99	1965, 5. Juni	Frachtflugzeug der amerikanischen Luftwaffe vom Typ C-119	vom Luftwaffenstützpunkt Homestead nach Grand Turk	10
100	1965, 28. Okt.	El Gato (Hausboot)	Zwischen Great Inagua und Grand Turk	1
101	1966, 1. Nov.	Southern Cities (Schlepper)	zwischen Freeport, Texas, und Tuxpan, Mexiko	6
102	1966, Dez.	Piper Cherokee (Flugzeug)	zwischen Bimini und Miami	2
103	1967, 11. Jan.	Chase YC-122 (Flugzeug)	zwischen Palm Beach und Grand Bahama	4
104	1967, 14. Jan.	Beechcraft Bonanza (Flugzeug)	vor Key Largo	4
105	1967, 23. März	Beechcraft (zweimotorig) (Flugzeug)	von Jamaika nach Nassau	2
106	1976, Okt.	zweimotoriges Flugzeug	vor Great Inagua	2
107	1967, 22. Dez.	Witchcraft (Kabinenkreuzer)	1 Meile vor Miami bei Boje 7	2
108	1968, 5. April	Elizabeth (Frachter)	in der Windward-Passage	—
109	1968, 11. Okt.	Ithaca Island (Frachter)	im westlichen Atlantik auf der Fahrt von Norfolk nach England	29
110	1969, 6. Juni	Cessna 172 (Flugzeug)	bei Grand Turk, Bahamas	2

111	1969, 10. Juli	*Teignmouth Electron* (Katamaran; zur selben Zeit wurden im selben Gebiet 4 weitere Segeljachten verlassen treibend aufgefunden)	700 Meilen westlich der Azoren	—
112	1969, 4. Aug.	Great Issac Light (2 Leuchtturmwächter verschwanden, ihr Motorboot fand man an dem gewohnten Platz vertäut)	Great Isaac, Bahamas	2
113	1969, 4. Nov.	*Southern Cross* (Segeljacht)	vor Kap Mary	—
114	1970, April	*Milton Iatridis* (Frachter)	von New Orleans nach Westafrika	30
115	1971, Sept.	*Phantom IIF4* (Düsenflugzeug)	85 Meilen südöstlich von Miami	—
116	1971, 9. Okt.	*Caribe* (Frachter)	von Kolumbien zur Dominikanischen Republik	28
117	1971, 31. Okt.	*Lucky Edur* (Fischkutter, verlassen aufgefunden)	vor der Küste Südjerseys	10 (geschätzt)
118	1971, Dez.	Scuba-Taucher	am westlichen Riff der Tongue of Ocean	2
119	1972, 19. März	Scuba-Taucher, verschwand von seinem Tauchboot	vor Fort Lauderdale, Florida	1
120	1973, 2. März	Scuba-Taucher	bei Pigeon Island vor der Küste von St. Lucia	3

* sofern bekannt

Nr.	Datum	Name und Typ	Kurs oder letzte Position	Perso-nen* an Bord
121	1973, 21. März	Anita (Frachter)	östlich von Norfolk, Virginia	32
122	1973, 22. März	Defiance (Segeljacht, verlassen treibend aufgefunden, aber wieder verloren)	nördlich von Santo Domingo	4
123	1973, 25. Mai	Navion 16 (Flugzeug)	zwischen Freeport und West Palm Beach, Florida	2
124	1973, 17. Juli	Flüchtlingsschiff aus Haiti (im Konvoi)	im Old-Bahama-Kanal	45
125	1973, 10. Aug.	Beechcraft Bonanza (Flugzeug)	zwischen Fort Lauderdale und Great Abaco	4
126	1973, Nov.	PBM Martin Mariner (Flugzeug)	150 Meilen südlich von Norfolk, Virginia	19
127	1973, 19. Dez.	Lake Amphibian (Flugzeug)	zwischen Nassau und Fort Lauderdale	2
128	1974, 26. Febr.	P-3-Orion (Ballon)	1000 Meilen westlich der Kanarischen Inseln	1
129	1974, 27. April	Saba Bank (Segeljacht)	von Nassau nach Miami	4
130	1974, 14. Juli	Cherokee Six (Flugzeug)	von West Palm Beach zu den Bahamas	6
131	1974, 24. Juli	Dutch Treat (Segeljacht)	von Cat Cay nach Miami	—

				*
132	1975, 27. März	*Lockheed Lodestar* (Flugzeug)	zwischen Grand Cayman und Fort Lauderdale	4
133	1975, 22. April	*Dawn* (Krabbenfangboot)	östlich der Florida-Keys bei Smith Shoals Light	3
134	1975, 30. April	*Magnum* (Außenbordmotorboot, verlassen aufgefunden, mit noch laufendem Motor)	20 Meilen vor West End, Bahamas	—
135	1975, 24. Juni	*Meridan* (Segelboot)	zwischen den Bermudas und Norfolk, Virginia	5
136	1975, 27. Juni	Ketsch (Zweimaster)	nördlich der Bermudas	5
137	1975, 4. Aug.	*Twin Beechcraft* (Flugzeug)	westlich von Great Inagua, Bahamas	3
138	1975, 9. Nov.	Hochseeschnellboot	von Bimini nach Miami	3
139	1975, 2. Dez.	*Boundless* (Hochseeschlepper)	von Miami nach San Juan	5
140	1975, 10. Dez.	*Speed Artist* (Küstenkutter)	von Barbados nach Guadeloupe	5
141	1975, 18. Dez.	*Imbross* (Tanker)	vor der Küste Floridas unterwegs nach Kanada	22
142	1975, Dez.	*Drosia* (Frachter)	vor Kap Hatteras	—
143	1976, April	*High Flight* (Segelboot)	von Miami nach Bimini	—

* sofern bekannt

Das Studium einer erweiterten Liste, die alle – soweit bekannten – spurlos und aus unerklärlichen Gründen verschwundenen Flugzeuge und Schiffe enthält, bietet Gelegenheit, gewisse Informationen neu auszuwerten, die wir über die jeweiligen Begleitumstände des Verschwindens der Schiffe und Flugzeuge sowie der Besatzungen und Passagiere besitzen, die von ihren Schiffen verschwanden, welche später verlassen treibend gefunden wurden.

Die vorstehende Liste ist notgedrungenerweise immer noch unvollständig, da in ihr bestimmte Militär- und Marineflugzeuge und andere Schiffe nicht enthalten sind, die verschwanden und bei denen noch untersucht wird, ob sie Freubeutern, Piraten oder politisch-revolutionären Aktionen zum Opfer fielen. Eines der angeführten Schiffe (Nr. 124) kann zu dieser Kategorie gehören und aus politischen Gründen gekapert worden sein, während verschiedene andere kubanische Flüchtlingsschiffe möglicherweise gewaltsam zurückgeholt wurden oder aus einem anderen Grund spurlos verschwanden. Andere Fälle, in denen der Verdacht besteht, daß Segeljachten und kleinere Flugzeuge von Gangsterbanden für den Rauschgifttransport in der Karibik gekapert wurden, werden vielleicht noch in aller Stille untersucht, in der Hoffnung, das vermißte Flugzeug oder Segelboot mit geändertem Kennzeichen und seinem neuen »Besitzer« in einem Hafen oder auf einem Flugplatz weit entfernt von seinem ursprünglichen Bestimmungsort ausfindig zu machen.

Aus all diesen Gründen werden nicht alle Fälle von Verschwinden gemeldet. Mel Fisher, Leiter einer Schatztauchergesellschaft in Florida, der die Küstengebiete mit einem Magnometer absucht, bevor er seine Taucher hinunterschickt, hat auf dem Meeresboden kleinere Flugzeuge entdeckt, in denen manchmal noch die kurze Zeit zuvor ertrunkenen Piloten im Cockpit saßen. Einige dieser Flugzeuge waren übrigens noch gar nicht als vermißt gemeldet worden.

Obwohl die vorstehende Liste auch die Stellen nennt, an denen bestimmte Scuba-Taucher verschwanden, bin ich mir durchaus bewußt, daß Scuba-Taucher aus einer ganzen Reihe von Gründen plötzlich verschwinden können und das auch tun, wie z. B. durch eine Fehlkalkulation des Tauchers, Strömungen in Unterwasserhöhlen und hungrige Vertreter der lokalen Fauna. Die in der Liste aufgeführten Fälle weisen jedoch insofern gewisse rätselhafte Aspekte auf, als die Taucher nicht weit von ihrem Tauchboot entfernt in klarem Wasser verschwanden, so David La France (Nr. 119), als er den Kiel seines Bootes überprüfte; Ann Gunderson und Archie Forfar (Nr. 118) vor dem Andros-Riff, deren Abtauchen ohne Wiederkehr von mehreren Hilfstauchern beobachtet wurde. Dr. Morris, seine Frau und ein Gast (Nr. 120) verschwanden, als sie vor St. Lucia von ihrem Boot aus tauchten.

Durch den Verdacht, daß natürliche oder gezielt erzeugte Kräfte im Bermuda-Dreieck wirksam sind, beginnt man andere Fälle, in denen Scuba-Taucher, Schwimmer, Strandbesucher und Leuchtturmwärter (Nr. 112) verschwanden, miteinander in Zusammenhang zu bringen, wie der Premierminister von Grenada kürzlich mit seiner Ansprache vor der Vollversammlung der Vereinten Nationen (Seite 94) recht überzeugend bewies. Zu diesen Beispielen, in denen Menschen, nicht aber ihre Flugzeuge, Schiffe oder Boote verschwanden, zählen auch die zahlreichen Fälle, bei denen große und kleine Schiffe und Boote treibend und ohne Passagiere und Besatzungen gefunden wurden; sie stellen ein weiteres Rätsel dar. Falls Flugzeuge und Schiffe in eine Zone verhängnisvoller Wirbelwinde, Strudel oder sogar auflösender Kräfte gerieten, wie, so fragt man sich, war es dann möglich, daß die Schiffe den Vorfall heil überstanden und nur die Menschen verschwanden?

Ein Psychiater und einige PSI-Forscher, die sich für diese merkwürdigen Vorgänge interessieren, haben unabhängig voneinander eine Antwort auf diese Frage zu finden versucht; sie vermuten, daß die Menschen durch eine übermächtig werdende Angst dazu getrieben wurden, sich ins Meer zu stürzen, als irgendeine Kraft, eine faßbare oder auch nicht faßbare Drohung in der Nähe des Schiffes in für sie unerträglichem Maße wirksam wurde. Ein Zitat von Shakespeare aus derselben, bereits erwähnten Szene von »Der Sturm«, in der er auf die »stürmischen« (beängstigenden) Bermudas anspielt, enthält eine Passage, die eigenartig an das Verschwinden von Menschen von ihren Schiffen erinnert:

> »...Keine Seele,
> Die nicht ein Fieber gleich den Tollen fühlte,
> Und Streiche der Verzweiflung übte. Alle
> Bis auf das Seevolk, sprangen in die schäum'ge Flut
> Und flohn das Schiff...«

Die offenkundige Tatsache, daß nur eine geringfügige Anzahl der Schiffe, die spurlos im Dreieck verschwanden, SOS-Rufe aussandten oder aussenden konnten, stellt ein weiteres Rätsel dar. Es wäre schon eher zu verstehen, daß ein im Fluge explodierendes Flugzeug keine MAYDAY-Meldung mehr funken kann. Große Tanker sollten jedoch mehr Zeit und Gelegenheit haben, SOS-Rufe auszusenden, wie es auch im Krieg bei plötzlichen Torpedoangriffen durch U-Boote bewiesen wurde. Es ist folglich höchst unwahrscheinlich, daß so viele Schiffe ohne eine SOS-Meldung und – wenn auch in geringerem Maße – so viele Flugzeuge ohne einen MAYDAY-Ruf durch »normale« Ursachen verschwanden. Der oft gemeldete Fall, bei dem ein Schiff oder Flugzeug nach einer Routine-

durchsage verschwindet, hat erheblich zu der jetzt allgemein däm-
mernden Erkenntnis beigetragen, daß über diesem Gebiet ein rätselhaftes, drohendes Geheimnis lastet. Was auch immer den unglückseligen
Flugzeugen und Schiffen widerfuhr – es muß so plötzlich und schnell geschehen sein, daß keine Zeit für einen Hilferuf blieb. Die wenigen Funksprüche, die in derartigen Situationen gesendet wurden, sind so sonderbar, daß man sie meistens nicht als echt anerkannte oder aber
achselzuckend abtat.

Eine andere Möglichkeit wäre natürlich, daß eine plötzliche Störung die
Funkverbindung unmöglich machte oder unterbrach, eine Erscheinung,
die auf Schiffen und Flugzeugen beobachtet wurde, bei denen sich andere,
sporadisch im Bermuda-Dreieck auftretende elektromagnetische Aberrationen auswirkten. Die Besatzungen mußten in solchen Fällen erleben,
daß die Instrumente falsch funktionierten, die Kompasse kreiselten, die
Antriebssysteme ausfielen und sie die Kontrolle über ihr Flugzeug oder
Schiff verloren; außerdem sahen sie einen seltsamen Feuerscheinnebel
oder eine »Milchzone«, in der alle Konturen, einschließlich des Horizonts, in einem weißlichen Dunst verschwammen. Trotz alledem gelang
es ihnen jedoch, das unheimliche Gebiet zu verlassen und ihr Fahrzeug
wieder unter Kontrolle zu bekommen.
Wenn diese Funkunterbrechungen und Kompaß- und Instrumentenstörungen nur in einem bestimmten Teil des Dreiecks auftreten würden,
könnte man daraus folgern, daß in diesem Gebiet eine sehr starke Ma-
gnetkraftquelle auf dem Meeresboden vorhanden sein müßte, wie man
sie in anderen Teilen der Welt auf dem Land und auch unter Wasser entdeckt hat. Aber in den unberechenbaren Gewässern des Bermuda-Dreiecks scheint die Anomalienzone sich in verschiedenen Gebieten zu verschiedenen Zeiten bemerkbar zu machen – ein Umstand, der vielleicht ein
aufschlußreicher Ansatzpunkt für die Lösung des Rätsels Bermuda-
Dreieck ist.

3

Nachrichten von den Verschollenen
(und den fast Verschollenen)

Wenn wir versuchen, mögliche Ursachen für dieses spurlose Verschwinden und vielleicht eine Reihe charakteristischer Begleitumstände
zu ermitteln, sollten wir durch eine Untersuchung der letzten Funksprüche, die von einigen dieser Flugzeuge und Schiffe empfangen
wurden, zumindest Hinweise darauf finden, weshalb es nie Wrackteile
oder Überlebende gibt.
Aber gerade diese letzten Meldungen bilden das große Rätsel der verschwundenen Schiffe und Flugzeuge. In vielen Fällen kamen überhaupt
keine letzten Meldungen, und in anderen – das gilt sowohl für Schiffe wie
Flugzeuge – waren diese letzten empfangenen Funksprüche merkwürdig
irreführend, da die Wetterverhältnisse als zufriedenstellend oder normal
bezeichnet wurden – nur kam das betreffende Flugzeug oder Schiff nie
an seinem Ziel an.
Die »letzten Nachrichten« von Flugzeugen und Schiffen, die spurlos verschwanden, kann man unterteilen in Routinedurchsagen, die keinen Hinweis auf ein nahendes Verhängnis enthalten, und in Durchsagen, die
Überraschung, Verwirrung oder Furcht beinhalten, ohne jedoch die Gefahrenquelle zu spezifizieren, mit der sich die Piloten oder Kapitäne konfrontiert sahen und welche sie offenbar nicht deutlich wahrnahmen oder
erkannten. Zu der ersten Kategorie gehört die DC-3, eine gecharterte
Passagiermaschine, deren Pilot kurz vor der Landung in Miami meldete:
»Wir nähern uns dem Flughafen... Wir können die Lichter von Miami
schon sehen. An Bord alles in Ordnung. Wir melden uns später für die
Landeinstruktionen...«, bevor er mit seinem Flugzeug und sämtlichen
Passagieren spurlos verschwand.
Mehrere englische Passagiermaschinen funkten völlig beruhigende
Durchsagen, bevor sie für immer verschwanden, so die Tudor IV *Star
Tiger* (Nr. 70) und ihre Schwestermaschine, die *Star Ariel* (Nr. 75). Der
offizielle Funkspruch der *Star Tiger* lautete folgendermaßen: »Wetter
und Flugbedingungen ausgezeichnet... Erwarte planmäßige Landung.«
Die Meldung der *Star Ariel* enthielt die Sätze: »...Wir haben Normalflughöhe erreicht. Schönes Wetter. Geschätzte Ankunftszeit in Kingston
wie vorgesehen. Ich wechsle die Frequenz, um mit Kingston Kontakt aufzunehmen...«
Im Fall der *Star Tiger* wurden später noch zwei recht mysteriöse Funksprüche aufgefangen, einer davon von mehreren Amateurfunkern. Im

Morsealphabet wurde »Tiger« buchstabiert, und dann folgte eine gesprochene Meldung, bei der eine Stimme die Kennbuchstaben des Flugzeuges, »G-A-H-N-P«, mehrmals wiederholte. Die zweite Meldung wurde nur von einer Küstenwachstation in Neufundland aufgefangen. Die beiden Funksprüche waren sehr leise, und es gab natürlich keinen Beweis dafür, daß sie tatsächlich von der *Star Tiger* stammten, die in jedem Fall schon mehrere Stunden vor Empfang der beiden Funksprüche keinen Treibstoff mehr gehabt haben konnte. Das unheimliche Rätsel wird durch diese beiden Meldungen also nur noch undurchdringlicher.

Große und kleine Schiffe und Boote funkten Routinemeldungen und verschwanden anschließend. Der Frachter *Anglo Australian* (Nr. 54) meldete »Alles in Ordnung«, bevor er verschwand. Der berühmte Regattasegler Harvey Conover sandte seinem Jachtclub von der *Revonoc* (Nr. 89) eine vergnügte letzte Nachricht aus den Keys, in der er mitteilte, daß er in 45 Minuten ankäme, und bat: »Haltet mir einen Platz an der Bar frei!« Er kam niemals an...

Während einige dieser letzten Meldungen von Flugzeugen und Schiffen unterbrochen oder gestört werden, empfängt man andere so lange nach dem logischerweise möglichen Zeitpunkt (wie im Fall der *Star Tiger*), daß sie gewöhnlich ignoriert oder für schlechte Witze gehalten wurden. Der Frachter *Anita* (Nr. 121), der am 21. März 1973 im nördlichen Teil des Bermuda-Dreiecks vor Norfolk verschwand und vermutlich sank, sandte Berichten zufolge noch einen Tag später Meldungen von Bord aus.

Nachdem die *Scorpion*, ein U-Boot der amerikanischen Marine, am 21. Mai 1968 auf der Rückfahrt nach Norfolk, Virginia, verschwand, empfing man Signale im Geheimcode der Marine auf dem speziellen VLF-(*Very Low Frequency* = sehr niedrige Frequenz-)Kanal. Diese Funksignale wurden von der Marine trianguliert, um die Stelle auf dem Meeresboden zu ermitteln, von der sie kamen. Man fand dort jedoch überhaupt nichts. Als die *Scorpion* später von der *Mizar*, einem Forschungsschiff der russischen Marine, auf dem Meeresboden entdeckt wurde, geschah das an einer Stelle, die 400 Meilen südwestlich der Azoren lag, also Hunderte Meilen von dem Punkt entfernt, von dem die ersten Funksignale gekommen waren. John Keel, ein Forscher, der rätselhafte Fälle von Verschwinden (und ungewöhnliche Erscheinungen) auf der ganzen Welt untersucht, macht in seinem Kommentar über die Behauptung der Marine, die auf dem VLF-Kanal empfangene Meldung sei nur ein Schwindel gewesen, eine treffende Feststellung, wenn er sagt:

Was für eine Art von Schwindel? Hatten etwa unternehmungslustige Witzbolde ein schwer zu bekommendes und sehr teures VLF-Funkgerät zusammen mit einer Kopie des von der Marine herausgegebenen

Geheimcodeverzeichnisses in ein Boot geladen, waren in die Mitte des Atlantiks hinausgefahren, hatten diese simulierten Funksignale gesendet und waren dann irgendwie der zu dem Schauplatz eilenden gewaltigen Suchflotte entkommen?

Man hat nur wenige – und wenn, dann rätselhafte – letzte Meldungen von Schiffen empfangen, die spurlos verschwanden. Der japanische Frachter *Raifuku Maru* (Nr. 45) funkte anschließend an einen Hilferuf auf halbem Wege zwischen Florida und Kuba eine zweite Meldung: »...Gefahr wie ein Dolch... Kommt schnell!... Wir können nicht fliehen...« Hier erhebt sich die Frage: Warum etwaige Retter auffordern, ein unvermeidliches tragisches Schicksal zu teilen, wenn ein Entrinnen wirklich unmöglich war? Was einen wiederum an die vieldiskutierte Meldung von Flight 19 erinnert: »Fliegen Sie nicht hinter mir her!«

Eine andere letzte Nachricht, dieses Mal von einer kleinen Jacht, war gar keine echte letzte Meldung, sondern nur eine Bemerkung des Besitzers der neuen »unsinkbaren« Jacht *Witchcraft* (Nr. 107), die dieser zu seinem Begleiter, Pater Patrick Horgan, machte. Dan Burack, der zur Boje 7 in der Hafeneinfahrt von Miami hinausgefahren war, um sich die Weihnachtsbeleuchtung von Miami anzusehen, wandte sich wegen einer beschädigten Schiffsschraube an die Küstenwache und bat um Hilfe. Als jedoch ein Boot der Küstenwache bei Boje 7 ankam, war von der *Witchcraft* trotz einer intensiven Suchaktion keine Spur zu entdecken. Die letzte Meldung oder vielmehr jene Bemerkung erfolgte nach dem ersten Hilferuf und war nur eine an Pater Horgan gerichtete Äußerung, als dieser noch die Funktaste heruntergedrückt hielt. Die ziemlich erregt gesprochenen Worte lauteten: »So einen hab' ich noch nie gesehen!« Wahrlich eine rätselhafte und quälend ungenaue Bemerkung! Die Küstenwache machte den Vorfall noch rätselhafter durch die Erklärung, die sie anschließend in Beantwortung der Anfragen über das Schicksal der beiden Männer abgab: »Sie werden vermißt, aber wir glauben nicht, daß sie Schiffbruch erlitten haben.«

Von all diesen teils bewußt, teils aber auch unbeabsichtigt gefunkten Meldungen, die man von Flugzeugen und Schiffen empfing, die anschließend im Bermuda-Dreieck verschwanden, war die längste eine Serie von Funksprüchen, die von Flight 19 empfangen wurde, d. h. von den fünf TBM-Avenger-Bombern, die nach dem Start von dem Marinestützpunkt Fort Lauderdale am 5. Dezember 1945, ebenso wie der Martin Mariner (Nr. 65), der ihnen nachgeschickt wurde, spurlos verschwanden. Man muß sich im Hinblick auf viele spätere Fälle daran erinnern, daß Flight 19 der erste uns bekannte Fall war, bei dem die für das Bermuda-Dreieck typischen Phänomene auftraten und ein Flugzeug oder – wie in diesem

Fall – mehrere Flugzeuge in der Lage waren, über die unmittelbar vor ihrem Verschwinden beobachteten Anomalien zu berichten. Gewisse Aspekte dieser Mitteilungen bieten eine Vorschau auf zukünftige Ereignisse, indem sie Merkmale von Vorgängen beschreiben, die anderen Flugzeugen und Schiffen zustoßen sollten. Die direkt empfangenen oder nur mitgehörten Funksprüche von Flight 19 liefern aber nicht nur eine Vorschau auf die fragmentarischen Berichte über spätere Fälle von Verschwinden, sondern schildern auch Phänomene, die sich in den folgenden Jahren im Dreieck ereigneten und von Menschen beobachtet wurden, die sich dort in ähnlichen Situationen befanden. Diese späteren Beobachter überlebten glücklicherweise – vielleicht, weil sie nur in das Randgebiet einer magnetischen Wirbelzone oder eines extrem starken elektromagnetischen Kraftfeldes (falls es sich um solche Felder handelt) gerieten – und konnten über ihre Erlebnisse berichten. Wenn man diese Aussagen mit den Funksprüchen von Flight 19 vergleicht, läßt sich vermuten, was Schiffen und Flugzeugen zustößt, wenn sie zufällig in eine Zone hineingeraten, in der gleichzeitig mehrere der möglicherweise sonst nur an verschiedenen Stellen getrennt auftretenden Phänomene wirksam sind.

Die Ähnlichkeit der Meldungen von Flight 19 und der Berichte von derartigen »Überlebenden« stimmten nachdenklich:

1. Falsches Funktionieren der Instrumente:
Als Lieutenant Charles Taylor, der Schwarmführer der fünf TBM-Avenger-Bomber, auf dem Rückflug von der Routinemission den Stützpunkt in Fort Lauderdale kontaktierte, war sein erster Notruf* ein Hinweis auf falsch funktionierende Instrumente und Richtungsverlust. Die Piloten der anderen vier Flugzeuge von Flight 19 machten die gleichen Meldungen und Bemerkungen und fügten noch hinzu, ihre Kompasse würden »verrückt spielen«. Das falsche Funktionieren elektromagnetischer Instrumente ist im Bermuda-Dreieck so häufig festgestellt worden, daß dieses auf Flug- und Seefahrtskarten als Gebiet eingetragen ist, in

---

* Das Gespräch verlief folgendermaßen:
Schwarmführer Lieutenant Charles Taylor: Wir rufen den Turm... Eine Notsituation. Wir scheinen vom Kurs abgekommen zu sein. Wir können kein Land sehen... Wiederhole. Wir können kein Land sehen...
Turm: Wie ist Ihre Position?
Schwarmführer: Wir sind uns bezüglich der Position nicht sicher. Wir sind nicht einmal sicher, wo wir sind... Es sieht aus, als hätten wir uns verirrt.
Turm: Drehen Sie nach Westen ab.
Schwarmführer: Wir wissen nicht, in welcher Richtung Westen ist. Alles ist falsch... Seltsam... Wir können keine Richtung feststellen – sogar das Meer sieht nicht so aus, wie es sollte...

dem magnetische Anomalien auftreten und Funkverbindungen oft abreißen. Das Kreiseln von Kompassen ist auf Schiffen schon seit Kolumbus' Zeit und in Flugzeugen seit Lindbergh beobachtet worden.

Durch das öffentliche Interesse an den Vorgängen im Bermuda-Dreieck ermutigt, haben viele Militärpiloten von eigenen Erlebnissen berichtet, die sie in genau demselben Gebiet hatten, in dem vermutlich die fünf Bomber von Flight 19 verschwanden. Einer dieser Vorfälle ereignete sich zwei Jahre vor dem Verschwinden von Flight 19, als eine B-24, deren Pilot Lieutenant Robert Ulmer war, in 3000 Meter Höhe östlich der Bahamas bei gutem Wetter plötzlich außer Kontrolle geriet, so heftig erbebte, als würde sie auseinandergerissen, und innerhalb weniger Sekunden 1300 Meter Höhe verlor. Da die Maschine nicht auf die Steuerung reagierte und scheinbar nicht mehr vor dem Absturz ins Meer zu retten war, katapultierte sich die Besatzung heraus. Alle bis auf zwei überlebten. Das besatzungslose Flugzeug richtete sich jedoch wieder auf und flog ohne Piloten über den Golf nach Mexiko, wo es schließlich 2300 Kilometer entfernt gegen einen Berg raste.

Der Navigationsoffizier auf jenem Flug, Dr. Robert Digby aus Lansing, Michigan, äußerte eine ähnliche Meinung (*Tee National Enquirer*, 4. Mai 1976) wie viele langjährige Beobachter dieses Gebietes:

> Wir wußten damals noch nichts von einem Teufelsdreieck... Aber ich glaube, es geht da etwas vor, irgendeine mysteriöse Kraft ist in dem Gebiet wirksam. Es gibt einfach keine logische Erklärung für das, was wir dort erlebten...

Interessant ist außerdem, daß der Pilot, bevor er sein Flugzeug verließ, nordöstlichen Kurs einstellte, wenn auch natürlich ohne allzugroße Überzeugung, daß die B-24, die so völlig außer Kontrolle geraten war, darauf reagieren würde. Was auch immer das Flugzeug nach Mexiko steuerte – es nahm eine Kursänderung von fast genau 180 Grad vor.

Falsch funktionierende Instrumente waren oft der Grund, daß Flugzeuge im Bermuda-Dreieck den Kurs verloren, obwohl die meisten dieser Maschinen ihn schließlich wiederfanden. Die Kapitäne von Vergnügungsbooten und Schiffen wußten vorübergehend nicht mehr, wo sie sich befanden; Frachterkapitäne verließen sich auf ihre Kompasse und fuhren auf Sandbänke auf, und Passagierschiffe strandeten auf Riffen in Gebieten, von denen jede Einzelheit in den Seefahrtskarten eingetragen war – und das alles nur, weil ihre Instrumente aus unerklärlichen Gründen nicht mehr richtig funktionierten.

Elektromagnetische U-Boot-Richtungsanzeiger fallen manchmal ebenfalls aus, was besonders logisch erscheint, wenn man davon ausgeht, daß sich eine elektromagnetische Kraftquelle unter Wasser befindet. Im Februar 1955 fuhr die U.S.S. *Tigrone*, SSR-419, ein verstärkter Unterwasser-Eisbrecher, durch Instrumentenversagen gegen den einzigen Unterwasserberg im gesamten Manövergebiet, den das U-Boot bei richtig funktionierenden Instrumenten mit einem Abstand von 6 Kilometern umfahren hätte.

Nach Aussage von Ted Hunt aus North Bergen, New Jersey, der im Februar 1955 Besatzungsmitglied der *Tigrone* war, befand sich dieses 104 Meter lange U-Boot mit seiner 74köpfigen Besatzung auf einer Manöverübung, die als »taktische Bereitschaftsinspektion« bezeichnet wurde, im südlichen Teil des Bermuda-Dreiecks zwischen Puerto Rico und St. Thomas. Das U-Boot war mit fünf verschiedenen Typen der modernsten Radar- und Sonargeräte ausgerüstet und operierte innerhalb einer vorgeschriebenen Zone, die schon bei anderen Manövern benutzt worden war und ein gefahrenloses Gebiet von 20 Quadratmeilen umfaßte. Bei der Übung mußte das U-Boot versuchen, sich vor »feindlichen« Zerstörern zu verbergen. In einer Tiefe von 130 Metern krachte die *Tigrone* plötzlich in einem für U-Boote als sicher getesteten Gebiet gegen ein steiles Felsenriff und kam erbebend zu einem jähen Stillstand.

Ted Hunter schildert es folgendermaßen:

> Unser Bug war eingedrückt. Die meisten von uns dachten, wir würden sinken. Jedes normale U-Boot wäre auch gesunken, aber wir befanden uns auf dem einzigen U-Boot der Atlantischen Flotte, das einen Eisbrecherbug hatte, und dadurch überlebten wir. Später wurden dann unsere Kompasse, Höhen- und Tiefenmesser und Leitsysteme überprüft, doch konnte man nichts finden. Das Fatale war, daß etwas uns, obwohl alles scheinbar funktionierte, 6 Kilometer vom Kurs abweichen und gegen das Riff rasen ließ – das einzige gefährliche Hindernis in diesem Teil des Atlantiks. Der Gyro- und Magnetkompaß, die notfalls als Kontrollsysteme dienen sollten, funktionierten beide nicht richtig. Ich konnte nie verstehen, was damals passierte, bis ich die Geschichten über das Dreieck hörte und wie es Schiffen und Flugzeugen dort erging. Ich weiß nur, daß etwas unsere Instrumente falsch funktionieren ließ und wir fast das U-Boot verloren hätten.

2. Orientierungsverlust:

Lieutenant Taylor und die anderen Piloten von Flight 19 sprachen von dem Gefühl, die Orientierung verloren zu haben, und dem Eindruck, daß alles so seltsam sei. Das weitere Gespräch zwischen den Piloten enthielt Bemerkungen über ihren Richtungsverlust und die Möglichkeit, daß sie Florida überflogen hatten, sich über dem Golf befanden und in östlicher

Richtung über das Meer zurückzufliegen begannen. Diesen Verlust der Orientierung in einem bekannten Gebiet haben auch andere Piloten im Dreieck erlebt. Wie wir in Kapitel 6 sehen werden, tritt dieses Phänomen heute noch auf. Piloten befinden sich plötzlich über Inseln, die sie gar nicht anfliegen wollten, oder aber sie erkennen ihnen bekanntes Gebiet nicht, weil »es nicht so aussah, wie es sollte«.

In manchen Fällen haben Schwindelanfälle und das Gefühl, die Orientierung verloren zu haben, die Piloten trotz völlig normaler Flugbedingungen im selben Augenblick erfaßt, als die Fluginstrumente ausfielen. Ein Erlebnis, das Commander Marcus Billson aus Miami hatte, ereignete sich in demselben Jahr, in dem die fünf TBM-Avenger-Bomber von Flight 19 verschwanden, und auch in demselben Gebiet. Am 25. März 1945 flog Commander Billson eine TBM von Banana River, Florida, nach Grand Bahama. (Wie bereits erwähnt, war das erste Rettungsflugzeug, das den fünf Flugzeugen von Flight 19 nachgeschickt wurde, ebenfalls eine TBM; einige Theoretiker vermuten, daß es bei der Rettungsaktion im Flug explodierte. Commander Billson ist jedoch der Ansicht, daß TBM-Maschinen nicht wirklich gefährlich sind und im übrigen auch keinen schlechten Ruf bei Piloten hatten.) Commander Billson erinnert sich wie folgt an sein Erlebnis:

Wir waren auf einem Nachtflug und befanden uns etwa auf halbem Wege zwischen unserem Stützpunkt in Banana River und Grand Bahama, als es losging. Der Elektrokompaß begann zu kreiseln. Der Magnetkompaß kreiselte ebenfalls. Unser Funkgerät war durch Störungen nicht zu benutzen. Unsere gesamten Fluginstrumente fielen aus. Die Nacht wurde stockfinster. Es war kein Meer, kein Himmel, kein Stern und keine Wolke zu sehen – nur undurchdringliche Schwärze. Ich bekam einen heftigen Schwindelanfall, den einzigen, den ich in fünftausend Flugstunden jemals hatte. Wir wußten nicht, wohin wir flogen, und so drehten wir um und suchten, nur dem Gefühl folgend, den Weg nach Banana River zurückzufinden. Als wir uns dem Stützpunkt näherten, funktionierten unsere Instrumente auf einmal wieder. Ich habe mir über diesen sonderbaren Vorfall immer den Kopf zerbrochen, begriff aber den Zusammenhang erst, als das Bermuda-Dreieck allgemeiner Gesprächsstoff wurde.

3. Exzentrizität der Zeit oder Abreißen der Funkverbindung:
Obwohl Lieutenant Taylors erster Funkkontakt mit dem Kontrollturm normal war, er also senden *und* empfangen konnte, riß die Funkverbindung ab, als die Situation des Schwarms sich verschlimmerte, d. h., die Piloten hörten den Turm nicht mehr. Der Turm konnte jedoch weiter

hören, was die Piloten von Flight 19 zueinander sagten: ihre Vermutung über die Richtung, in die sie flogen, und über die Zeit, die sie noch in der Luft bleiben konnten, wenn sie keine Landemöglichkeit fanden, wie auch die Bemerkung, daß sie über eine Insel geflogen seien, die sie nicht identifizieren konnten. Einen Augenblick lang bekamen sie Funkkontakt mit einem anderen, im selben Gebiet vorbeifliegenden Flugzeug, dessen Pilot, Lieutenant Robert Cox, seine Hilfe anbot, jedoch die Antwort erhielt: »Fliegen Sie nicht hinter mir her!« Zahlreiche andere Flugzeuge und Schiffe mußten ebenfalls im Bermuda-Dreieck erleben, daß sie keinen Funkkontakt mehr empfingen. Im Fall von Carolyn Coscio (Nr. 110) konnte der Flughafen der Insel Grand Turk hören, was an Bord der Maschine gesprochen wurde, obwohl die Pilotin nicht die Landeinstruktionen vom Turm hören konnte. Ein ähnlicher Vorfall, der sich 1962 in Nassau ereignete, wurde ebenfalls Gegenstand aller möglichen Vermutungen. In diesem Fall erbat ein Nassau anfliegendes Flugzeug vom Turm des Nassauer Flughafens Landeinstruktionen, war aber offenbar nicht imstande, diese zu hören, obgleich der Turm die wiederholten Anfragen des Piloten hören konnte. Obwohl die Flugbedingungen an jenem Tag in der Umgebung des Nassauer Flughafens ausgezeichnet waren, konnte der Pilot anscheinend nicht zu ihm hinfinden, noch seine eigene Position ausmachen, so nah er ihm auch war. Wieder funktionierte die Funkverbindung nur in einer Richtung. Nach mehrmaligen Bitten um Landeanweisungen verstummte plötzlich das Funkgerät des Flugzeuges, und man hörte nie wieder etwas von der Maschine, deren Identität man nicht hatte feststellen können.

Als letztes wären die verstümmelten Funksprüche zu erwähnen, die man beim Verschwinden der fünf Avenger-Bomber von Flight 19 empfing. Die Kennbuchstaben von Flight 19, »FT–FT–FT«, wurden ganz schwach empfangen und verstummten wieder, bevor der Sendeort durch Triangulation ermittelt werden konnte.

Außerdem wurden sie genau wie im Fall der *Star Tiger* erst empfangen, als die Flugzeuge schon eine Zeitlang keinen Treibstoff mehr gehabt haben konnten.

In diesen und anderen Fällen besteht die Möglichkeit, daß Funkrufe um Hilfe, die von noch unentdeckten Magnetkräften erfaßt wurden, einen gewissen Zeitraum »übersprangen«. Diese Möglichkeit läßt einen an das Erlebnis des Piloten eines Marineflugzeuges vom Typ P-2 (siehe Kapitel 7) denken, dessen Hilferufe erst viel später empfangen wurden, so daß er, als er schließlich ohne Hilfe landete, gefragt wurde, ob er mithelfen wolle, ein Flugzeug zu suchen. An den ihm mitgeteilten Einzelheiten erkannte der Pilot dann, daß er im Begriff war, nach seinem eigenen Flugzeug und sich selbst zu suchen!

4. Weiße oder feurige Nebel:

Die letzten Funksprüche, die man von den fünf Bombern von Flight 19 kurz vor dem endgültigen Abreißen der Funkverbindung empfing, enthielten den sonderbaren Satz: »Es sieht aus, als kämen wir in weißes Wasser.« Dieser Ausdruck wird gewöhnlich in Verbindung mit einem Wasserfall oder der Meeresbrandung gebraucht und paßt schwerlich in eine Situation, in der ein Schwarm von Flugzeugen die Küste zu finden versucht. Es ist vermutet worden, daß dieser Ausdruck sich auf eine »Milchzone« bezog, bei der Piloten durch einen Dunst oder leichten Nebel fliegen – und das manchmal sogar bei relativ klarem Wetter und Sonnenschein –, in dem Himmel, Meer und Horizont in demselben weißen Dunst miteinander zu verschmelzen scheinen, wodurch der Pilot die Orientierung verliert und ein Gefühl der Unwirklichkeit ihn erfaßt, da er sich vorübergehend in den »inneren« Raum verirrt hat. Andere Flugzeuge haben in diesen Dunstwolken merkwürdige Erlebnisse gehabt, von denen einige bereits in meinem Buch *Das Bermuda-Dreieck* (a. a. O.) beschrieben wurden. Zu diesen zählt der Fall des Piloten Chuck Wakeley (November 1964), der auf einem klaren Nachtflug von Andros nach Miami bemerkte, wie sich ein feurig glimmender Nebel, der sich plötzlich an dem rechten Flügel seines Flugzeugs bildete, bis zum Rumpf und über den linken Flügel ausbreitete und sich anschließend im Cockpit über das Instrumentenbrett legte, an dem die Zeiger seiner Instrumente und die elektromagnetischen Geräte total »verrückt spielten«, bis zuletzt der Pilot selbst zu glühen begann. Uns sind darüber hinaus mehrere Fälle bekannt, die sich in der Tongue of Ocean, einem über 2 Kilometer tiefen Meeresgraben zwischen Andros und der Exuma-Kette, ereigneten, wo Boote, die in Schlepp gezogen wurden, von einer sich plötzlich bildenden einzelnen Wolke oder einem örtlich begrenzten Nebel eingehüllt wurden, in denen einige der Schiffe mit ihren Besatzungen für immer verschwanden (so die *Wild Goose*, ein 20 Meter langer Fischkutter für den Haifischfang), während in einem anderen Fall (dem der *Good News*, einem 50 Meter langen Schlepper) der Kapitän, Don Henry, das geschleppte Boot in einer solchen Nebelwolke verlor und es erst nach einem geradezu epischen buchstäblichen Tauziehen, bei dem aus unerklärlichen Gründen auf dem Schlepper alle elektrische Kraft ausfiel, wieder aus der sonderbaren Wolke herausbringen konnte.

Diese höchst ungewöhnlichen Nebel oder auch »elektromagnetischen Wolken« scheinen manchmal sogar eine Zeitverschiebung zu bewirken, wie z. B. der unglaubliche Zeitgewinn vermuten läßt, den Bruce Gernon auf einem Flug erlebte (s. Kapitel 7), sowie der Zeitverlust von zehn Minuten einer National Airlines 727, die außerdem während dieser zehn Minuten vor ihrer Landung in Miami vom Radarschirm verschwand

(s. S. 140), und ein Zeitstillstand, den ein Pilot kürzlich bei seinem Anflug auf Bimini erlebte, der in eine einzelne weiße Wolke hineinflog und sich, als er fünfzehn Minuten später aus ihr auftauchte, ohne auf Gegenwind oder andere ungewöhnliche Flugbedingungen gestoßen zu sein, noch in ungefähr derselben Position befand wie vor seinem Eintauchen in diese Wolke.

Die »Milchzone« oder das »weiße Wasser«, das in dem Funkspruch von Flight 19 erwähnt wurde, stand vielleicht in einem Zusammenhang mit diesen anderen Wolkenanomalien durch den Zeitverschiebungseffekt, der beim Verschwinden dieser fünf Avenger-Bomber auftrat, dessen Dauer jedoch unbekannt ist. Obgleich in all diesen Fällen, bei denen Flugzeuge oder Schiffe verschwanden oder fast verschwanden, immer wieder dieselben Phänomene aufzutauchen scheinen, haben wir bisher keine Möglichkeit festzustellen, ob die im Bermuda-Dreieck wirksamen Kräfte natürlicher oder anderer Art sind. Was auch immer ihre wahre Natur ist, sie scheinen nichtsdestoweniger Schiffen und Flugzeugen an bestimmten Stellen im Dreieck zu bestimmten Momenten, und vielleicht bei einer Kombination gewisser Bedingungen, einen Alternativkurs anzubieten, einen »Aus-weg«, der sich in vielen Fällen als der »Weg in die Vergessenheit« – zumindest was unser »hier und jetzt«-Raum-Zeit-Kontinuum betrifft – erwiesen hat.

Die Plötzlichkeit, mit der die vielen Flugzeuge und Schiffe verschwanden, ohne Spuren zu hinterlassen, brachte manche Forscher, die sich mit den im Bermuda-Dreieck auftretenden Phänomenen befassen, zu der Vermutung, daß außerirdische oder innerirdische Wesen diese Flugzeuge und Schiffe mit allen an Bord befindlichen Menschen zu Studien- oder Sammlerzwecken oder anderen, für uns heutzutage vielleicht noch nicht vorstellbaren Zwecken »entführten«. Aus diesem Grund ist es möglicherweise interessant, die Liste der verschwundenen Flugzeuge und Schiffe daraufhin zu überprüfen, ob Schiffe mit einer bestimmten Ladung und bestimmte Flugzeugtypen häufiger verschwinden als andere und ob die verschwundenen Personen etwa gewisse gemeinsame Charakteristika aufweisen oder auf gewissen Gebieten spezialisiert sind. Die Ladungen der verschwundenen Frachter geben keinen Hinweis darauf, was derartige »Skynapper« bevorzugen: die *Sandra* (Nr. 78) hatte Insektizide geladen; die *Marine Sulphur Queen* (Nr. 94) Pflanzenöle und kaustisches Soda; die *Anita* (Nr. 121) Kohlen; die *Ithaca Island* (Nr. 109) Getreide; die *Ottawa* (Nr. 38) und die *Esperanza* (Nr. 37) Rohöl; die *Hewitt* (Nr. 33) Schwefel; die *Proteus* (Nr. 56) und die *Nereus* (Nr. 57) Bauxit; die *City Belle* (Nr. 68) Bauholz und die *Elizabeth* (Nr. 108) Papier.

Bei näherer Betrachtung der Liste stellen wir jedoch fest, daß ein hoher Prozentsatz aus Militär- und Marinefahrzeugen und vor allem aus Flugzeugen besteht, die fast alle zu Friedenszeiten verschwanden, und zwar sowohl Propellermaschinen wie Düsenflugzeuge und Super-Jets, die insgesamt eine Jahrzehnte umfassende Art Musterkollektion all unserer Militärflugzeuge darstellt, in der nur unsere Raumfahrzeuge fehlen, die bisher noch nicht verschwanden, obwohl gelegentlich UFOs in ihrer Nähe beobachtet wurden.

Wenn wir unserer Phantasie einmal die Zügel schießen lassen, wie gewisse Erforscher der Phänomene im Bermuda-Dreieck das getan haben, und versuchsweise die Möglichkeit außerirdischer Kaperung in Betracht ziehen, ist es trotzdem noch schwierig, eine Hypothese darüber aufzustellen, nach welchen Gesichtspunkten uns unbekannte Wesen die Auswahl der Schiffe, Flugzeuge und Ladungen treffen würden. Es scheint keinen gemeinsamen Nenner zu geben – von einer recht beunruhigenden Ausnahme vielleicht abgesehen: In allen Fällen, ob es sich nun um vom Himmel verschwundene Flugzeuge oder um spurlos auf See verschwindende Schiffe oder um Passagiere und Besatzungen handelt, die (im Gegensatz zu der Ladung) von ihren Schiffen verschwinden, in all diesen Fällen scheint es einen gemeinsamen und vielleicht spezifischen Faktor zu geben: das Verschwinden von Menschen.

Ein erheblicher Prozentsatz der in der vorstehenden Liste angeführten Schiffe ist tatsächlich wieder gefunden worden, niemals jedoch eines ihrer Besatzungsmitglieder oder einer der Passagiere. Sogar Tiere wurden an Bord einiger der verlassenen Schiffe gefunden, z. B. ein Kanarienvogel auf der *Rosalie* (Nr. 4), ein Hund auf der *Rubicon* (Nr. 61) und zwei Katzen auf der *Carroll A. Deering* (Nr. 34). Aus dem Zustand der Tiere war ersichtlich, daß sie lange kein Futter erhalten hatten, aber er gab natürlich keinen Aufschluß über das Verschwinden der Passagiere und Besatzungen.

Unter den spurlos Verschwundenen befanden sich zahlreiche prominente Personen, wie z. B. Generalleutnant Sir Arthur Coningham, der von der *Star Tiger* verschwand; Harvey Conover, der weltbekannte Segler, der von der *Revonoc* verschwand; ein berühmter Jockei, Al Snyder (Nr. 72); Joshua Slocum, der die erste Ein-Mann-Weltumseglung unternahm, von der *Spray* (Nr. 15); Donald Crowhurst, der die Welt umsegeln wollte, von der *Teignmouth Electron* (Nr. 111), sowie Bankiers, Geschäftsleute, Geistliche, Filmproduzenten etc. Es wäre logisch zu vermuten, daß diese vielen Fälle vom Verschwinden Prominenter – wie beunruhigend sie auch für bekannte Segler oder andere berühmte Persönlichkeiten sein mögen – reiner Zufall waren und Ursachen hatten, die nichts mit einer eventuellen Vorliebe unbekannter Wesen für prominente Erdbewohner zu tun haben.

Es gibt in dem uns heute über die verschwundenen Flugzeuge und Schiffe vorliegenden Informationsmaterial mehrere erstaunlich übereinstimmende Faktoren, von denen einige leichter zu erklären sind als andere, die an parapsychologische Phänomene grenzen.

In einigen Fällen verschwanden mehrere Flugzeuge und Schiffe gleichzeitig im Bermuda-Dreieck, so nicht nur im Fall von Flight 19, als das Rettungsflugzeug zusammen mit den fünf TBM-Bombern, nach denen es suchte, verschwand, als es in dasselbe Gebiet kam, sondern auch im Fall der *Star Ariel*, als die Suchaktion nach diesem Flugzeug mit der Suche nach dem Fischkutter *Driftwood* (Nr. 76) zeitlich zusammenfiel und man in beiden Fällen weder Wrackteile noch irgendwelche Spuren fand.

Die Suchaktion nach den zwei überfällig gemeldeten Stratotankern der amerikanischen Luftwaffe vom Typ KC-135 (Nr. 96) fiel zeitlich zusammen mit den Rettungsmaßnahmen für ein anderes Schiff, und zwar den Küstenwachkutter *Chiola*, dessen Funkverbindung zu ungefähr demselben Zeitpunkt abriß, als die beiden vierstrahligen Stratotanker ihr Verhängnis ereilte. Während es selbstverständlich nicht weiter verwunderlich ist, wenn mehrere oder sogar viele Schiffe bei einem Sturm gleichzeitig in Seenot geraten, schließen die normalen Flugbedingungen, die zum Zeitpunkt des Verschwindens dieser Flugzeuge herrschten, schlechte Wetterverhältnisse als Ursache aus und lassen eher plötzlich und unerwartet auftretende gleichartige Phänomene vermuten.

Eine unglaubliche Reihe von Übereinstimmungen, sowohl was die Namen wie Begleitumstände betrifft, weist der Fall der *Cyclops* auf. Die S. S. *Cyclops*, ein Kohlenschiff der Marine (Nr. 30), mit einer Besatzung und Passagieren von insgesamt 309 Mann, hatte zum Zeitpunkt ihres Verschwindens – im März 1918 – eine Magnesiumfracht geladen. Ihr Verschwinden wurde zunächst von der Presse auf einen deutschen U-Boot-Einsatz zurückgeführt, obwohl man sich damals wunderte, daß keine Leichen oder Wrackteile in der Umgebung der Unglücksstelle gefunden wurden. Spätere Untersuchungen an Hand der Unterlagen der deutschen Admiralität nach Beendigung des Ersten Weltkriegs ergaben, daß keine deutschen U-Boote in diesen Fall verwickelt waren. Während der von der amerikanischen Marine durchgeführten Untersuchung richtete sich der Verdacht abwechselnd auf den angeblich deutschfreundlichen – und scheinbar geistesgestörten – Kapitän der *Cyclops* und/oder auf einen, wie es hieß, ebenfalls deutschfreundlichen amerikanischen Konsul, doch zog man auch eine mögliche Meuterei der Besatzung in Betracht, das Ausbrechen von gefesselten Gefangenen, die sich an Bord befanden, oder sogar eine Riesenwelle, durch die das Schiff möglicherweise kenterte oder auseinanderbrach – wahrlich viele Ursachen für das Verschwinden eines Schiffes!

Auf das erste ungewöhnliche Element der Übereinstimmung stoßen wir in diesem Fall bei einem englischen Schiff gleichen Namens, das im selben Jahr im Nordatlantik verschwand. Dann verschwanden 1941 zwei Schwesterschiffe der *Cyclops*, die *Nereus* und die *Proteus* – beide mit einer Bauxitfracht –, in einem zeitlichen Abstand von 17 Tagen auf der Fahrt von den Jungferninseln nach Norfolk, Virginia. Wieder machte man deutsche U-Boote für ihr Verschwinden verantwortlich, aber spätere Nachforschungen an Hand deutscher Unterlagen widerlegten diesen Verdacht eindeutig. Doch ein weiteres englisches Schiff, das ebenfalls *Cyclops* hieß, wurde im Nordatlantik als vermißt gemeldet. Dieses seltsame Zusammentreffen, bei dem Schwesterschiffe der *Cyclops* und Schiffe mit demselben Namen verschwanden, läßt ein spezielles Interesse seitens einer irdischen – oder außerirdischen – Macht an einem bestimmten Schiffstyp oder Namen vermuten, obwohl der Hauptverdächtige in diesem Fall – Deutschland – offensichtlich unschuldig war. Es erhebt sich die Frage: Gab es irgend etwas an der *Cyclops*, das besonders oder von möglicherweise zukunftsweisendem Interesse war? Einen interessanten Faktor liefert ein weiterer eigenartiger »Zufall«: Die *Kearsage*, ein anderes Schwesterschiff der *Cyclops* (aber eines, das nicht vor dem Zweiten Weltkrieg verschwand), wurde in den ersten Flugzeugträger der Vereinigten Staaten umgebaut und stellte somit eine technologische Entwicklung dar, welche die Struktur der Marinestreitkräfte aller Nationen der Welt veränderte und der Marinekriegführung eine neue Dimension erschloß.

Mehrere übereinstimmende Fälle, in denen Passagiere oder Besatzungsmitglieder aus einer dunklen Vorahnung heraus einen verhängnisvoll endenden Flug nicht antraten und dadurch ihr Leben retteten, sind nicht nur hinsichtlich der damit verbundenen und bewiesenen Hellsichtigkeit interessant, sondern auch im Hinblick auf die vielleicht bei bestimmten sensitiven Personen vorhandene Fähigkeit, drohendes Unheil im voraus zu fühlen. Dies mag der Fall bei Corporal Allen Kosner gewesen sein, der als Besatzungsmitglied für Flight 19 vorgesehen war. Er erbat und erhielt die Erlaubnis, nicht mitfliegen zu müssen, da er, wie er später sagte, »aus irgendeinem eigenartigen Grund beschloß, an jenem Tag nicht diesen Flug mitzumachen«. Ein anderer Pilot von Flight 19, Lieutenant Charles Taylor, der Schwarmführer, hatte ebenfalls eine entschiedene Abneigung dagegen gehabt, an diesem Flug teilzunehmen. (Wie aus der späteren Korrespondenz seiner Mutter mit einer Verwandten eines anderen Opfers zu ersehen ist, rief Taylor seine Mutter am Tag vor dem Unglück an und sagte, er habe ein ungutes Vorgefühl wegen des angesetzten Fluges.) Unmittelbar vor dem Start bat Lieutenant Taylor den diensthabenden Offizier, einen anderen Schwarmführer zu ernennen und ihn von dem Flug freizustellen. (Und das wahrlich nicht wegen mangelnder Übung oder Erfahrung, da er mehrere tausend Flugstunden hinter sich hatte.)

Seine Bitte wurde Lieutenant Charles Taylor unglücklicherweise – für ihn – nicht gewährt, und so verschwand er mit den anderen von Flight 19.

In einem anderen Fall bewahrte eine dunkle Vorahnung den Photographen Oscar Barber davor, mit der Chase YC-122 (Nr. 103) mitzufliegen, die auf dem Flug nach Bimini mit einer für Filmaufnahmen auf Bimini bestimmten Frachtladung verschwand.

Es gibt noch eine seltsame Parallele, die möglicherweise sehr aufschlußreich für die Ergründung des Bermuda-Dreieck-Rätsels ist. Es handelt sich um die vielleicht gar nicht so zufällige Existenz einer zweiten Gefahrenzone auf der anderen Seite der Erdkugel vor der Südostküste Japans, die im Westen ungefähr von den Bonin-Inseln begrenzt wird, im Osten von den Marcus-Inseln und im Süden von den Marianen. Seit vielen Jahren sind in diesem Gebiet, das im Volksmund die »Teufels-« oder »Geister-See« genannt wird, große und kleine Schiffe, Fischkutter, Frachter und Kriegsschiffe wie auch Flugzeuge und zumindest ein U-Boot verschwunden, und zwar unter den gleichen Begleitumständen wie im Bermuda-Dreieck: Die gleichen Kompaß- und Instrumentenstörungen scheinen zusammen mit extrem plötzlichen und heftigen elektromagnetischen Phänomenen, Zeitanomalien und ungewöhnlichen Wellenformationen aufzutreten, die nicht nur aus Gezeitenwellen, sondern aus »Löchern« und »Bergen« in und auf der Meeresoberfläche bestehen und auf ungewöhnliche seismische Tätigkeit in der Tiefe hindeuten. Ja sogar eine für das Bermuda-Dreieck seltsam eigentümliche Erscheinung, das leuchtende »weiße Wasser«, wurde dort beobachtet.

Hier wie dort gibt es Menschen, die ungewöhnliche Vorfälle – sei es nun in der Teufels-See oder im Bermuda-Dreieck – überlebten, und rätselhafte »letzte Nachrichten« von einigen der Verschollenen. Eine dieser Nachrichten, die an die Theorie erinnert, nach der Flugzeuge in kreiselnden Strudeln oder Energiewirbeln verschwinden, empfing man von einem japanischen *Kawanishi*-Flugboot. Es führte vor der amerikanischen Invasion einen Aufklärungsflug über Iwo Jima durch, in einer verhältnismäßig ruhigen Nacht, in der keine U.S.-Flugzeuge in diesem Gebiet gesichtet wurden. Shiro Kawamoto, der von Rufus Drake *(The Deadly Mystery of Japan's Bermuda Triangle)* interviewt wurde und damals Kommandeur von drei in diesem Gebiet stationierten Zero-Kampfgeschwadern war, berichtet, daß eine letzte Meldung von der *Kawanishi* die Sätze enthielt: »Am Himmel geht etwas vor... Der Himmel öffnet sich...« bevor das Flugboot für immer verschwand. Die geographische Lage der Teufels-See in bezug auf die des Bermuda-Dreiecks ist besonders interessant, da die Teufels-See sich genau auf der entgegengesetzten Seite der Erdkugel befindet. Beide liegen ungefähr zwischen dem 20. und 35. Breitengrad, der 130. östliche Längengrad geht mitten durch die Teufels-See und wird, nachdem er den Nordpol überschreitet, der 50. westliche Längengrad, der durch den östlichen Teil des Bermuda-Dreiecks verläuft. Außerdem werden beide Gebiete von den isogonischen Linien der Erde begrenzt oder durchkreuzt, jenen magnetischen Streifen, die von dem nördlichen und südlichen Magnetpol ausgehen und entlang denen, aufgrund von Veränderungen im Magnetfeld der Erde, Kompaßnadeln gleichzeitig zum magnetischen und zum tatsächlichen Nordpol zeigen. Darüber hinaus ist die Tatsache interessant, daß die isogonische Linie im Dreieck direkt an einer geologischen Verwerfung entlangläuft, die im Westen die so geheimnisvolle Tongue of Ocean begrenzt.

Wenn die im Dreieck und in der Teufels-See auftretenden Anomalien von Magnetkräften verursacht werden, könnte man fast vermuten, daß ein großes Magnetfeld durch den riesigen elektromagnetischen Generator hindurch verläuft, den wir die Erde nennen; dieses Magnetfeld wäre dann vielleicht ein Gegenstück zum Nord- und Südpol, die ihre Position im Laufe der Jahrtausende häufig verändert haben. In der chinesischen Mythologie findet man sogar eine uralte Überlieferung, nach der es auf der Erde einen östlichen und westlichen Endpunkt analog zum Nord- und Südpol gibt – eine physikalisch unhaltbare Annahme, obwohl sie im Fall der beiden sich diametral gegenüberliegenden Gefahrenzonen eine recht interessante Vorstellung ist, vielleicht eine im uralten Wissen Chinas enthaltene Erinnerung oder eine von vorgeschichtlichen Zivilisationen übernommene Idee.

Abschließend erhebt sich die Frage: Ist die Anzahl der im Bermuda-Dreieck verschwundenen Flugzeuge und Schiffe im Vergleich zu anderen Gebieten der Welt unverhältnismäßig groß? Wenn wir die Begleitumstände dieser Vermißtenfälle betrachten und die Tatsache berücksichtigen, daß es nie Überlebende, SOS-Rufe, Wracks, Wrackteile oder Ölflecke gibt, muß man diese Frage mit einem entschiedenen Ja beantworten. Die Wahrscheinlichkeit des ungeklärten Verschwindens ist im Bermuda-Dreieck tausendmal größer als in einem anderen gleich großen und für Such- und Rettungsaktionen ebenso zugänglichen Gebiet. Dies bedeutet selbstverständlich nicht unbedingt, daß eine Reise in oder durch das Dreieck gefährlicher oder auch nur annähernd so gefährlich ist wie ein Sonntagsausflug auf der Autobahn! Es besagt jedoch, daß außerordentliche Kräfte dort wirksam zu sein scheinen und daß zu gewissen Zeitpunkten, wenn bisher unbekannte Faktoren zusammentreffen, Schiffe und Flugzeuge durch einen reinen Zufall oder aber infolge anderer Kriterien jähe Kursänderungen erleiden und ihre Insassen Zustandsveränderungen erfahren, die zumindest bis heute von Dauer zu sein scheinen.

In Anbetracht der Zahl der Vermißtenfälle und des Zeitraumes, über den sich diese erstrecken, sowie des wachsenden öffentlichen Interesses an diesen Phänomenen wundert man sich, warum diesen Geschehnissen von seiten der Regierung nicht mehr Aufmerksamkeit entgegengebracht wird, warum nicht ein möglicher Zusammenhang in Erwägung gezogen wird und ob die Zahl der Fälle nicht vielleicht noch viel größer ist, als die Statistiken vermuten lassen.

Falls es tatsächlich bestimmte Gebiete gibt, in denen die Instrumente von Schiffen und Flugzeugen gestört werden oder in denen Luft- und Seefahrzeuge plötzlich Anziehungskräften oder unkontrollierbaren Einflüssen ausgesetzt sind, muß es zwangsläufig zahlreiche »Fast-Vermißtenfälle« geben, die aus möglicherweise verständlichen Sicherheitsgründen bisher vor der Öffentlichkeit geheimgehalten wurden.

4

Eine kosmische Tarnung?

Als *Das Bermuda-Dreieck* im Herbst 1974 Gegenstand wachsenden Interesses zu werden begann, erlebten Presse, Radio- und Fernsehsender und Verleger etwas sehr Ungewöhnliches: Ein überraschend großer Teil der Briefe von Lesern, Radiohörern und Fernsehzuschauern enthielt nicht, wie man vermuten könnte, nur Bitten um weitere Informationen oder Kommentare über Sendungen, Artikel oder das Buch selbst, sondern vielmehr eine Vielzahl Berichte von Personen, die selbst Aberrationen im Bermuda-Dreieck erlebt hatten und von ihren Vorgesetzten zum Stillschweigen über diese Erlebnisse verpflichtet worden waren.

Der Tenor derartiger Zuschriften von ehemaligen Angehörigen der amerikanischen Luftwaffe und Marine lautete im allgemeinen folgendermaßen: *Als ich noch aktiver Soldat war, erlebte ich dies (auf meinem Schiff, meinem Flugzeug). Unser kommandierender Offizier befahl uns, niemandem davon zu erzählen, bis die Untersuchung abgeschlossen sei. Das Ergebnis dieser Untersuchung erfuhr ich nie. Ich habe bisher nie offen darüber gesprochen, aber jetzt bin ich nicht mehr bei der Marine (Luftwaffe, Küstenwache, Handelsmarine), und als ich davon im Radio (in den Zeitungen, dem Buch) erfuhr, wollte ich es endlich jemandem erzählen.*

Diese Mitteilungen kamen von ehemaligen, in den Vereinigten Staaten und Übersee lebenden Angehörigen der U.S.-Marine und -Luftwaffe, von ehemaligen Angehörigen der Royal Canadian Air Force, der Royal Air Force und Royal Navy, von Angestellten der Handelsmarine vieler Nationen, von Privatpersonen, die jetzt in verschiedenen Teilen der Welt leben, aber nie ihre ungewöhnlichen und unerklärlichen Erlebnisse im Bermuda-Dreieck vergaßen.

Andere Briefe stammten von Linienpiloten, Schiffskapitänen und Mitgliedern von Schiffsbesatzungen oder auch von Passagieren. Immer wieder werden in ihnen eingereichte und dann angeblich in den Aktenablagen »verlorengegangene« Berichte sowie die schwer zu beweisende, aber trotzdem logische Möglichkeit erwähnt, daß ein ungewöhnlicher Bericht dieser Art sich vielleicht negativ auf die Führungszeugnisse des betreffenden Schreibers auswirken könnte. Andere gaben im persönlichen Gespräch zu, daß sie Phänomene persönlich miterlebten, diese aber nicht meldeten, da sie ihre spezielle Mission nicht beeinflußten und sie außerdem nicht die Aufmerksamkeit durch Berichte auf sich ziehen sollten, die man möglicherweise für Phantasiegebilde oder Hirngespinste gehalten hätte.

Ein Hinweis, der mit schöner Regelmäßigkeit in den Berichten ehemaliger Angehöriger der Marine auftaucht, betrifft das Logbuch ihres Schiffes. Da Kursänderungen ebenso wie jedes ungewöhnliche Vorkommnis in das Logbuch eingetragen werden müssen, ist es gemäß diesen Berichten passiert, daß Seiten aus dem Logbuch herausgetrennt und auf Befehl oder Anfrage vom Hauptquartier nicht zurückgegeben wurden, worauf der Vorfall dann nicht länger Gegenstand von Kommentaren oder Vermutungen war.

Während es durchaus normal ist, daß Marine- und Luftwaffenpatrouillenübungen der Geheimhaltung unterliegen müssen, um sinnvoll zu sein, erheben sich gewisse Fragen, wenn es nach Abschluß derartiger Übungen zu Zensurmaßnahmen kommt oder Berichte über Phänomene, die in diesem Gebiet beobachtet wurden, ignoriert werden.

So stellt sich unter anderem die Frage, ob dieses Gebiet eine besondere strategische Bedeutung hat oder ob Berichte über verschwundene Flugzeuge und Schiffe und andere seltsame Erscheinungen der Zensur anheimfallen oder ganz einfach ignoriert werden, weil man keine Erklärung für sie parat hat.

Ein anschauliches Beispiel ist ein Vorfall Ende Oktober 1969, dessen Augenzeugen die Besatzungsmitglieder der U.S. DLG-27, eines Zerstörers für ferngelenkte Raketen, wurden.

Robert P. Reilly, damals Unteroffizier 3. Klasse mit dem Spezialgebiet taktische Radaraufklärung, schildert diesen Zwischenfall wie folgt:

Es war in der zweiten Oktoberhälfte 1969. Wir kamen von einem Einsatz in Guantánamo zurück und befanden uns nördlich von Kuba. Die meisten der Besatzungsmitglieder kennen im allgemeinen die genaue Position ihres Schiffes nicht, aber da ich navigierte, wußte ich, wo wir waren und daß wir uns im Bermuda-Dreieck befanden. An das genaue Datum erinnere ich mich nicht mehr, aber ich weiß, es war 23 Uhr 45. Ich stand im Steuerstand – er hatte zwei Luken, eine auf jeder Seite der Brücke, die ungefähr zehn Meter von dem Kommandostand entfernt war. Ich merkte erst, daß etwas los war, als jemand zu mir hereinrief, die Steuerbordwache hätte etwas gesehen und sei bewußtlos geworden. Jemand anders rief: »Hast du irgendwas auf dem Radar? Da draußen ist was Unheimliches!« Wir gingen hinaus, um zu sehen, was es war... Es läßt sich schwer beschreiben. Es war, als ginge der Mond am Horizont auf, nur erschien es tausendmal größer... wie ein Sonnenaufgang... nur ohne Licht. Es selbst leuchtete, strahlte aber kein Licht aus. Es wurde immer größer.

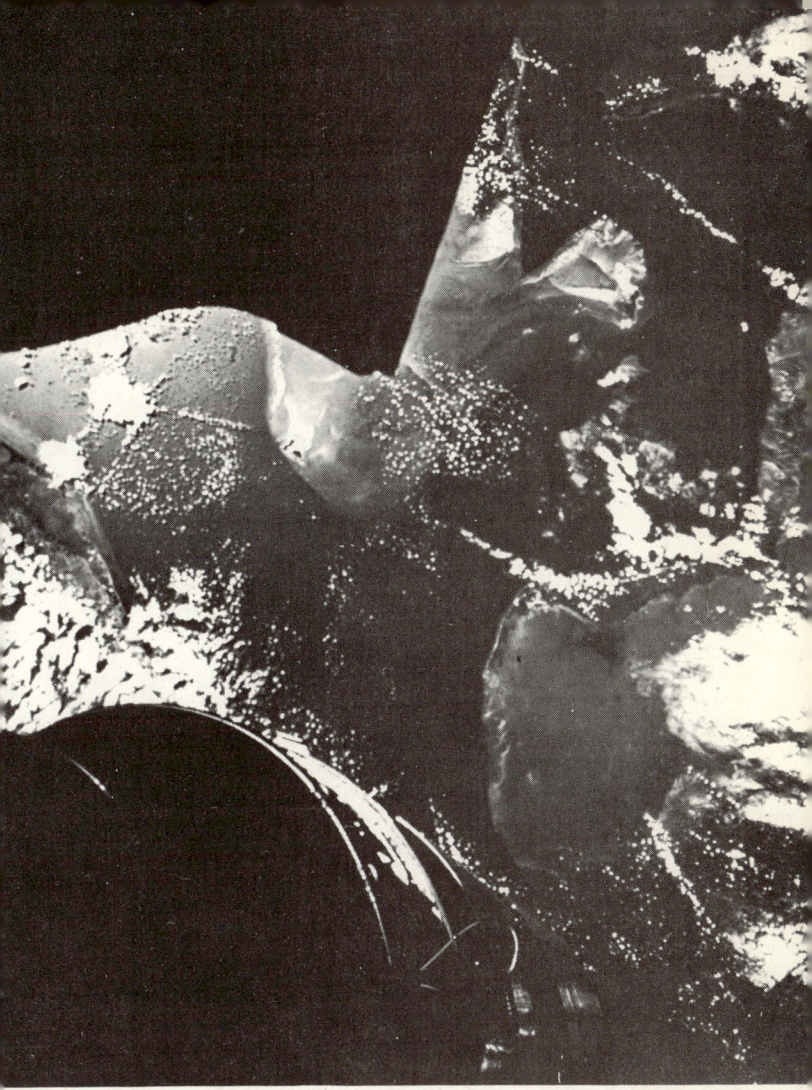

Satellitenfoto der Westspitze des Bermuda-Dreiecks. Die dunklen Flächen oben und unten links stammen vom Satelliten. Die Landmasse links ist die Spitze Floridas, mit dem Golfstrom, der zwischen Florida und der Großen Bahama-Bank nach Norden fließt. Die Große Bahama-Bank befindet sich in der Mitte des Fotos, mit Bimini links nahe dem Steilabfall. Das helle Gebiet unten rechts ist ein weiterer unterseeischer Teil der Großen Bahama-Bank. Links unten die Tongue of Ocean mit Teilen der Insel Andros rechts davon. Rechts oben die Kleine Bahama-Bank mit Abaco und Grand Bahama.   *Foto: NASA*

Weißes Wasser im Old-Bahama-Kanal (Flugaufnahme aus 10 000 Meter Höhe). Das Weiße Wasser ist ein häufig beobachtetes verwirrendes Phänomen in diesem Gebiet nahe den Bahamas.   *Foto: J. M. Valentine*

Nachtaufnahme von Weißem Wasser in der Nähe von Andros in den Bahamas (Flugbild). Pilot Jim Richardson landete kürzlich auf Weißem Wasser, nahm Proben davon und ließ sie analysieren. Die Ergebnisse deuten darauf hin, daß das Weiße Wasser besondere chemische Eigenschaften und eine hohe Schwefelkonzentration aufweist sowie Spuren von Strontium und Lithium enthält. Obwohl das Weiße Wasser häufig Fischbänken oder niedrigen maritimen Lebewesen zugeschrieben wurde, besteht die Möglichkeit, daß es aus Spalten im Meeresboden strömt und auf vulkanische Tätigkeit zurückzuführen ist.   *Fotot: J. M. Valentine*

Links: Sechseckige Formen auf dem Meeresgrund in der Nähe des Moselle-Riffs auf Bimini. Die regelmäßigen Umrisse dieser Formen legen die Vermutung nahe, daß sie von Menschen herrühren, wenngleich ihre Bestimmung, ob es sich um Straßen, Marktplätze oder Palasthöfe handelt, nicht bekannt ist. *Foto: J. M. Valentine*

Rechts: Unterwasserfoto der Bimini-Straße (oder Walles oder Piers), das eine Anordnung von großen Steinblöcken auf dem Meeresgrund zeigt. Die Bimini-Straße war die erste eindeutig archäologische Entdeckung auf den Bahama-Bänken. Ihre Authentizität als Artefakt, obwohl früher angezweifelt, wird durch weitere Funde bekräftigt. *Foto: J. M. Valentine*

Unten: Taucher bei Unterwassermessungen. Die dünnen schwarzen Linien sind Meßstäbe. *Foto: J. M. Valentine*

Bruce Gernon mit der Beechcraft Bonanza, die er am 4. Dezember 1970 flog. Seinen Angaben zufolge wurde während dieses Fluges seine Maschine von einer Wolkenformation umschlossen, was zum Ausfall der Instrumente sowie zu Orientierungsverlust führte. Gernon tauchte aus der Wolke über Miami Beach auf und entdeckte, daß der Flug 30 Minuten kürzer als unter normalen Umständen gedauert hatte, was faktisch unmöglich ist, wenn man die maximale Fluggeschwindigkeit und das gänzliche Fehlen von Rückenwind in Betracht zieht. Gernons Aussagen werden jedoch sowohl von Zeugen als auch durch die Treibstoffrechnung bekräftigt, der zufolge 50 Liter weniger als erwartet verbraucht worden waren, was sowohl dem Zeit- als auch dem Distanzgewinn entspricht. *Foto: Bruce Gernon*

Ben Huggard, ein Polizeioffizier aus Freeport, New York, der im Mai 1975 die längste bekannte Distanz im Ozean-Schwimmen zurücklegte – 162 Meilen nonstop von Florida zu den Bahamas. *Foto: Ben Huggard*

Huggard während seines Langstreckenrekords in einem Käfig zum Schutz vor Haien, der ungefähr 50 Meter hinter einem Schlepper hergezogen wurde. Huggard erlebte das psychologische Phänomen, daß feindliche Kräfte im Bermuda-Dreieck wirksam sind, eine Ansicht, die durch gewisse ungewöhnliche Ereignisse untermauert wird. *Foto: Ben Huggard*

Links: Dr. h. c. Eric Gairy, Premierminister von Grenada, während seiner Rede vor der 30. UNO-Vollversammlung am 7. Oktober 1975, bei der er über die Probleme des Bermuda-Dreiecks sprach. Seine Hinweise erregten auf der ganzen Welt lebhaftes Interesse.

Foto: Touristenbüro von Grenada

Rechts: Wayne Meshejian, ein Naturwissenschaftler am Longwood College, Virginia, der eine Studie über Wettersatelliten verfaßte, hat festgestellt, daß es über dem Bermuda-Dreieck häufig zu Störungen in den Magnetbandaufzeichnungen kommt.

Foto: Wayne Meshejian

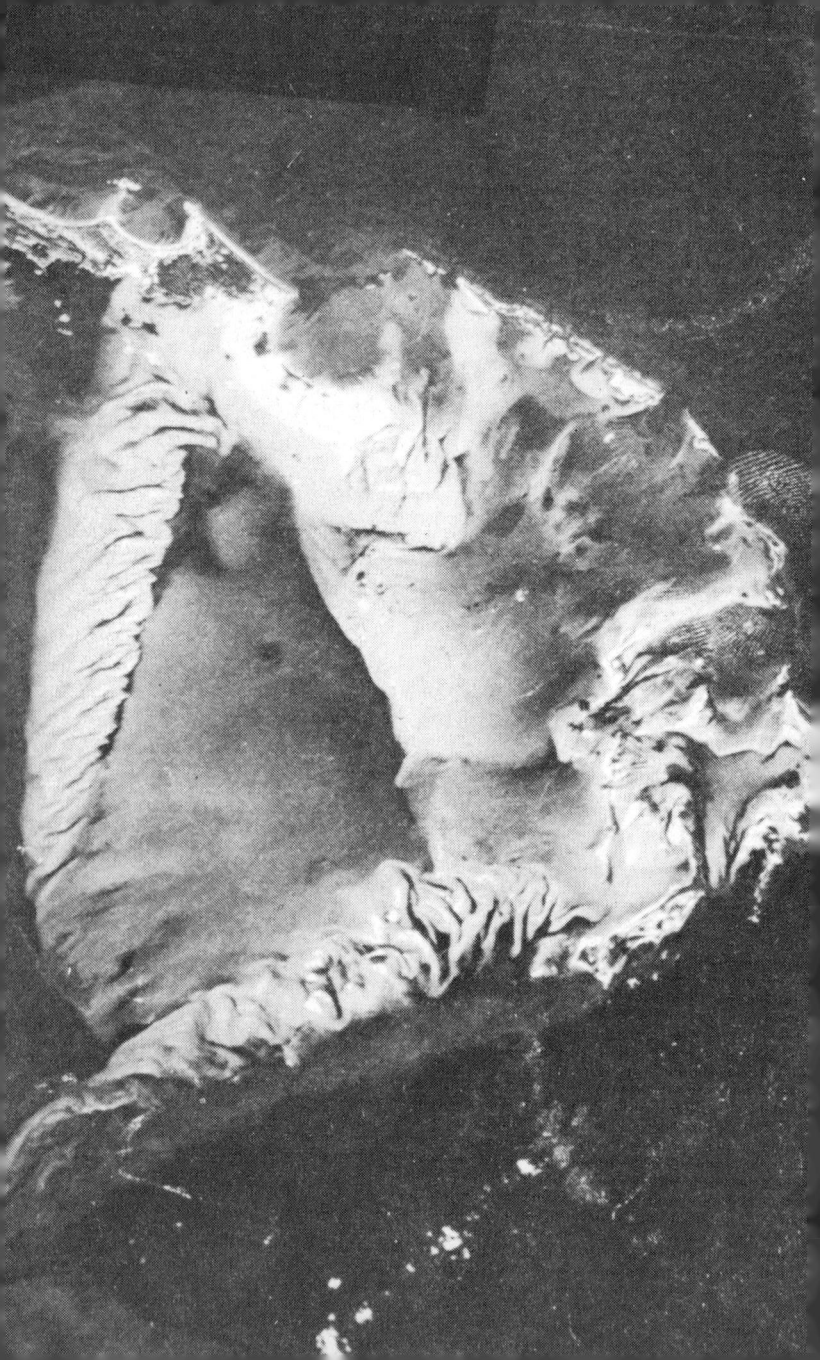

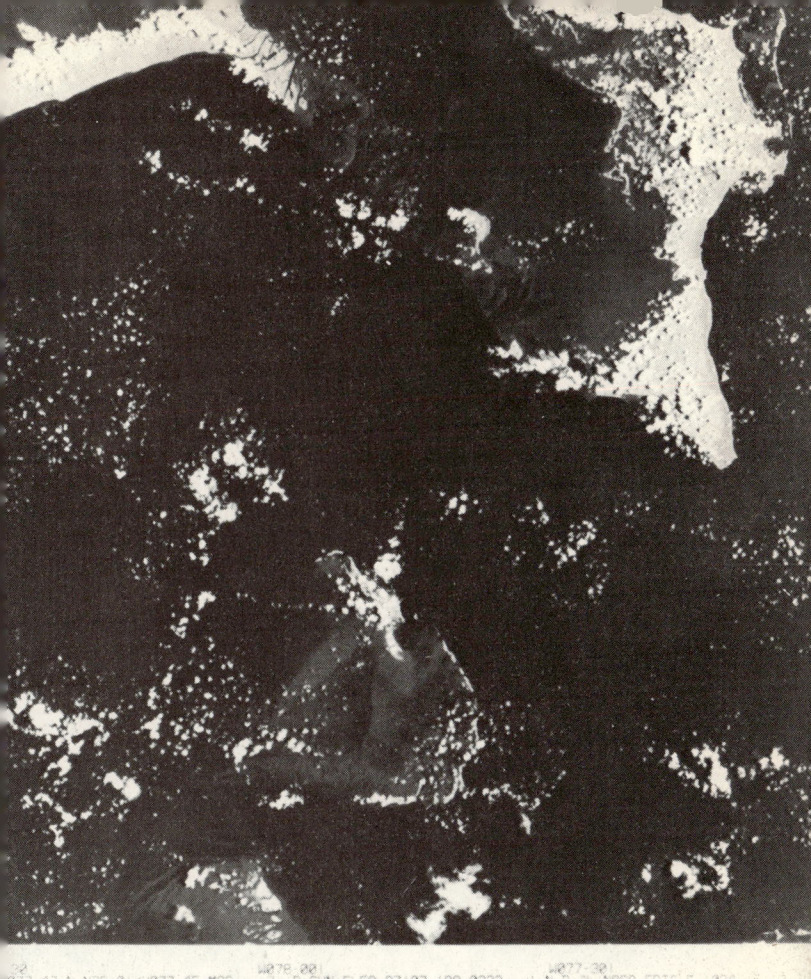

WR78-001   WR77-301
077:47 N N2E:01/W077:45 MSS   D SUN ELSA A2107 189-0333   -1-N-D-2U NASA ERTS F   024 5 13

Weltraumfoto von Grand Bahama, Great Abaco (oberer Rand) und den Berry-Inseln. Die hell-
getönten Gebiete in der Umgebung des Festlandes zeigen Unterwasserbänke, die vor rund
13 000 Jahren vor dem Abschmelzen der Dritten Eiszeit aus dem Wasser ragten. Da in anderen
Unterwassergebieten der Bahamas offenbar von Menschenhand errichtete Gebilde gefunden
wurden, kann mit weiteren Funden vor den Küsten von Grand Bahama und Great Abaco gerechnet werden.   *Foto: NASA*

◁ Infrarotfoto, von Apollo 16 aus einer Höhe von etwa 80 000 Metern aufgenommen. Der Infra-
rotfilm, der Temperaturunterschiede in den Wasserschichten aufzeigt, läßt die Bodenkontu-
ren hervortreten. Diese Tatsache deutet darauf hin, daß der Boden wärmer ist als das Wasser
darüber. Die Landteile oben rechts im Foto sind die Berry-Inseln.   *Foto: NASA*

71

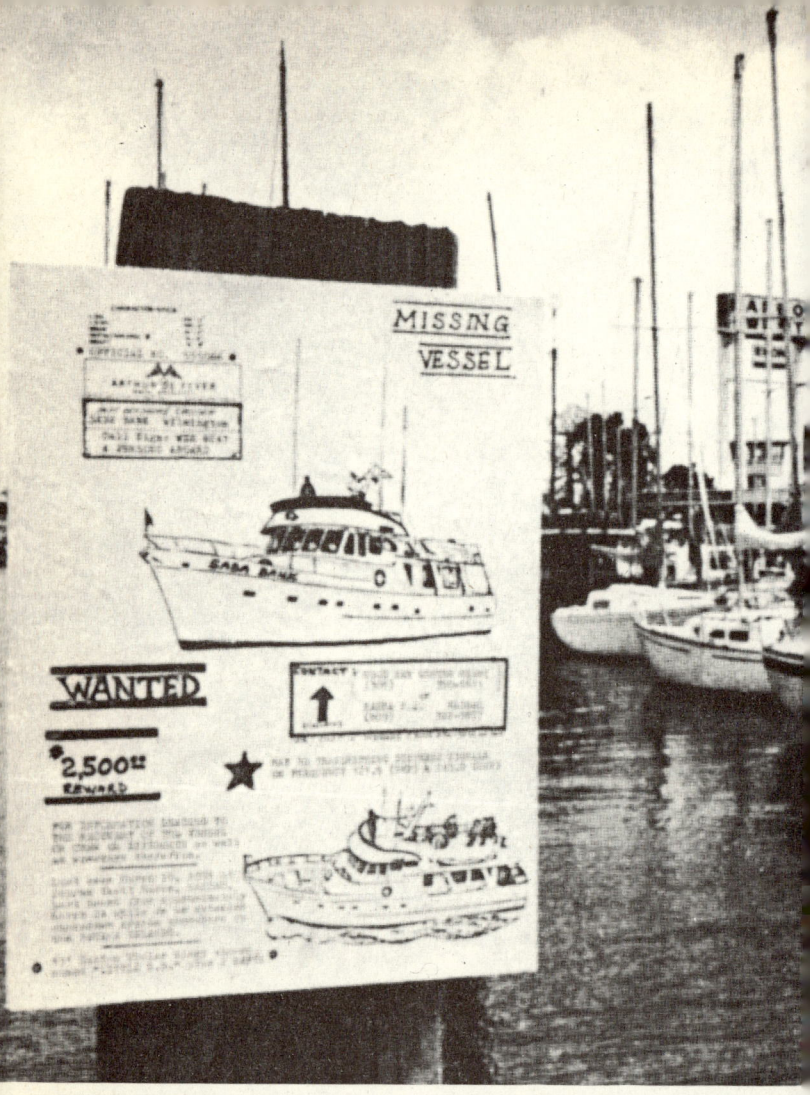

»Schiffs-Steckbrief«. Ein Plakat, wie man es in den Häfen und auf den Kais von Florida, auf den Bahamas und anderen Inseln sieht. Man hat die Theorie aufgestellt, daß manche Schiffe und Flugzeuge, die Berichten zufolge verschwanden, entführt und übermalt wurden, oder daß man ihr Aussehen auf andere Weise verändert hat. Für größere Fahrzeuge ist diese Theorie kaum zutreffend, da die Wahrheit früher oder später ans Tageslicht kommen müßte. Vor den Küsten der Vereinigten Staaten verschwanden während der Jahre 1974–1976 mehr als 600 Fahrzeuge spurlos, viele davon im Dreieck. *Foto: Dick Winer*

Frage: Wie weit war es entfernt?

Es stieg in etwa 17 bis 23 Kilometer Entfernung am Horizont auf und befand sich von uns aus gesehen auf der Steuerbordseite, aber sozusagen vor uns. Ungefähr 15 Minuten lang wurde es immer größer.

Frage: Wofür hielt es die Besatzung?

Es sah aus wie eine Kernexplosion, verharrte aber an der gleichen Stelle und wurde zusehends größer. Wenn es eine Kernexplosion gewesen wäre, hätten wir es auf unserem Radar empfangen, das eine Reichweite von über 450 Kilometer hatte.

Frage: Sah es der Kapitän?

Es wurde ihm gemeldet. Dann gab der Zweite Deckoffizier den Befehl, das Schiff zu wenden. Vielleicht hielt er es für eine Bombe. Sie kennen ja das Standardmanöver: »Dreht euren Arsch zur Explosion!«

Frage: Wie viele Personen sahen es? Machte jemand ein Photo?

Vielleicht 70 bis 100 Mann sahen es. Die meisten warf es um. Mir wäre es auch nicht anders ergangen, wäre ich nicht auf Wache gewesen. Zuerst waren wir so sprachlos, daß wir gar nicht auf den Gedanken kamen, es zu photographieren. Dann rannten einige Kameraden los, um ihre Photoapparate zu holen, aber da war es schon zu spät. Niemand steht ja mit einer umgehängten Kamera an Deck!

Frage: Wo stand der Mond zu diesem Zeitpunkt?

Hoch am Himmel. Es war eine klare Nacht. Was wir sahen, war nicht der Mond – das steht fest!

Frage: Wissen Sie, ob ein Bericht darüber gemacht wurde?

Klar. Er wurde ins Logbuch eingetragen. Das ist bei jeder Kursänderung Vorschrift. Als wir jedoch in Norfolk ankamen, erschienen mehrere Offiziere an Bord und nahmen das Logbuch mit. Alles, was ich im Logbuch sah, war die Kursänderung. Ich vermute, der Deckoffizier führte vielleicht ein zweites Logbuch, in das er die Gründe für die Kursänderung eintrug.

Frage: Wurde noch irgend etwas über den Vorfall gesagt?

Und ob! Wir fuhren am darauffolgenden Tag nach Norfolk, und alle redeten darüber. Der Kapitän rief uns zusammen und befahl uns, nicht darüber zu sprechen. So wurde wieder nichts darüber gesagt. Ich bin überzeugt, es gibt irgendwo einen Bericht über das Ganze.

Dieser letzte Absatz mit dem in ihm enthaltenen Beweis für eine disziplinierte Besatzung und ein ungetrübtes Vertrauen in das Berichtsystem läßt vermuten, was mit einigen dieser Berichte geschah. Wenn ein Bericht über ein unerwartetes Vorkommnis zu außergewöhnlich ist, um in den zusammenfassenden Report über eine Manöverübung oder Aufklärungsmission aufgenommen zu werden, wird er vielleicht zwecks weiterer Überprüfung beiseite gelegt, gelegentlich wieder hervorgeholt und dann erneut abgelegt. Auf diese Weise kann jeder dieser ungewöhnlichen Berichte, für sich gesondert und nicht unter einem sich häufig wiederholenden Aspekt betrachtet, schließlich als Phantasieprodukt oder Massensuggestion zu den Akten gelegt werden.

Wachhabende Besatzungsmitglieder eines U.S.-Küstenwachkutters (mit Spezial-Härtetraining) beobachteten am 10. Oktober 1973 auf der Fahrt nach Guantánamo in Kuba ganz deutlich fünf UFOs, die in V-Formation in der Nähe ihres Schiffes sowie darüber hinwegflogen. Sie waren scheibenförmig und bewegten sich schnell vorwärts. Ihre Farbe wechselte zwischen verschiedenen Rot- und Orangetönen, sie kamen abwechselnd näher und entfernten sich dann wieder. Diese ungewöhnliche Beobachtung, die etwas nördlich der Windward-Passage, aber noch innerhalb des Bermuda-Dreiecks gemacht wurde, trug man wegen eines Standardverfahrens der Marine nicht in das Logbuch ein; nur die unmittelbar die Navigation betreffenden Vorfälle werden erwähnt und keine so abwegigen Dinge wie UFOs oder andere wirklich außergewöhnliche Beobachtungen, um die Logbucheintragungen nicht zu komplizieren.

Von den 150 Männern an Bord des Küstenwachkutters sahen nur einige wenige, und zwar jene, die nachts an Deck Wache hatten, die sonderbaren Flugobjekte. Ein Besatzungsmitglied, dessen Name nicht genannt wird, da er noch in aktivem Dienst steht, äußerte sich dazu folgendermaßen: »Zuerst hatten wir alle Angst. Dann fragten wir uns, ob wir es melden sollten, falls der Deckoffizier es nicht tat. Wir hatten aber das Gefühl, es würde negative Folgen für uns haben, wenn wir etwas sagten. So hielten wir den Mund.«

Außer riesigen unbestimmbaren Objekten, Formen oder aus dem Wasser aufsteigenden Wolken wurde beobachtet, wie manchmal das Meer selbst im Bermuda-Dreieck auf einer weiten, zusammenhängenden Fläche in große Höhen emporwuchs. Der gewaltige Umfang und die Form dieser Erscheinungen schließt aus, daß es sich um Wasserhosen handelte. Es ist eigenartig, daß derartige Berichte über außergewöhnliche Phänomene, die von zuverlässigen Personen – Soldaten wie Zivilbürgern – beobachtet und beschrieben wurden, von den Behörden offensichtlich ohne jeglichen Kommentar oder eine Untersuchung zu den Akten wanderten.

Die Piloten einer Boeing 707 sichteten am 11. April 1963 auf einem Flug von San Juan nach New York eine riesige aufsteigende Wasserfontäne, die in ihrer Form einem gigantischen Blumenkohl glich. Die Erscheinung wurde aus ungefähr 10000 Meter um 13 Uhr 30 in folgender Reihenfolge zuerst vom Copiloten, dann vom Captain und dem Bordmechaniker ganz deutlich beobachtet. Die Stelle wurde bei 19 Grad 54 Minuten nördlicher Breite und 66 Grad 47 Minuten westlicher Länge in der Nähe des tiefen Puerto-Rico-Grabens angegeben. Die Beobachter schätzten die aufsteigende Wassermenge auf einen ungefähren Durchmesser von 0,75 bis 1,5 Kilometer und eine Höhe von über 1000 Meter. Da der Captain seinen Flugplan nicht ändern noch sein Flugzeug oder die Passagiere gefährden wollte, notierte er lediglich die ungewöhnliche Erscheinung und setzte seinen Flug fort. Der Copilot wandte sich jedoch später an die Küstenwache sowie an ein seismisches Kontrollzentrum und merkwürdigerweise auch an das FBI, erhielt aber keine Bestätigung dafür, daß sich zu dem genannten Zeitpunkt etwas Ungewöhnliches in dem Gebiet ereignet hatte. Aus den offensichtlich gleichen Gründen, die Generationen von Piloten der Militär- und Zivilluftfahrt veranlaßten, derartige Vorfälle zwar zu erwähnen, gleichzeitig aber ihren Ruf und ihre Karriere zu schützen, zogen auch diese Piloten es vor, ihre Anonymität zu wahren.

Einen Hinweis darauf, daß sich in jenem Gebiet tatsächlich etwas äußerst Ungewöhnliches innerhalb einer verhältnismäßig kurzen Zeitspanne abspielte, enthielt der keineswegs anonyme Brief eines pensionierten PANAM-Piloten, der einige Zeit nach Bekanntwerden des obigen Vorfalls einging. Der Pilot war Captain Raymond Shattenkirk, der während eines Flugs eine ähnliche Erscheinung beobachtete und bei den Dienststellen, denen er den Vorfall meldete, auf eine ähnlich ablehnende Haltung wie die Piloten der Boeing 707 stieß und keine Auskünfte und nicht einmal die Bestätigung erhielt, daß überhaupt etwas vorgefallen war.

Captain Shattenkirk ist der Meinung, daß die bereits erwähnte Beobachtung mit seiner eigenen identisch ist, »es sei denn, das Phänomen trat mehr als nur einmal auf, denn das, was angeblich am 11. April 1963 gesehen wurde, passierte in Wirklichkeit am 2. März 1963«. Und er fährt in seinem Brief wie folgt fort:

Ich war Erster Offizier des PANAM-Flugs Nr. 211 am 2. März 1963. Wir starteten um 1434 GMT in New York und landeten um 1822 GMT in San Juan.

Genau um 1754 GMT sah ich bei 20 Grad 45 Minuten nördlicher Breite, 67 Grad 15 Minuten westlicher Länge und 25 000 Fuß Höhe und 175 Grad Magnetkurs, wie auf der Meeresoberfläche ungefähr 45 Grad vor der Nase unserer Maschine nach Steuerbord eine gigantische weiße Wasserblase aufstieg.

Sie hatte die Form und Symmetrie eines Blumenkohls. Auf Grund eines gedanklichen Vergleichs mit Landmarkierungen und deren relativer Größe aus Höhen von zwanzig- bis dreißigtausend Fuß würde ich sagen, daß der Idlewild-Flughafen leicht in den Umfang dieser Wasserblase hineingepaßt hätte.

Die Besatzung – der Captain John Knepper, ich selbst, der Dritte Offizier Ralph Stokes und der Bordmechaniker – beobachtete dieses erschreckende Gebilde mindestens drei Minuten lang, bis es in sich zusammensank, ohne eine Spur oder ein Anzeichen von Rauch, Qualm oder sonstige Überreste zu hinterlassen, und nur ein großer Kreis dunkelblauen Wassers zu sehen war. Es schien sich aus dem Nichts gebildet zu haben und sich auch wieder in Nichts aufzulösen.

Ich warnte sofort San Juan auf der Funkfrequenz, die wir benutzten, und verlangte, daß man die Küstenwache von unserer Beobachtung informierte. Man sagte mir, daß ein Flugzeug der Küstenwache zu der beschriebenen Stelle geschickt würde.

Nach der Landung in San Juan tankten wir unsere Maschine auf und starteten um 1900 GMT nach Miami, Florida.

Die Küstenwache hatte tatsächlich eine Albatros losgeschickt, denn ich kontaktierte den Piloten während des Flugs und beschrieb erneut, was wir gesehen hatten. Sein letzter Funkkontakt mit mir besagte, daß er keinerlei Überreste oder Spuren von »unserer Blase« gefunden hatte.

Dies geschah am 2. März 1963.

Später, im April 1963, irgendwann kurz nach dem 10. April, rief ich Pfarrer Lynch, den bekannten Seismologen, in Fordham an.

Als ich meine Beobachtung erwähnte und das betreffende Gebiet nannte, verwandelte sich das bis dahin herzliche Gespräch abrupt, und nach einem nicht sehr höflichen Abschied legte Lynch auf.

Seine Reaktion war seltsam. Konnte die Erwähnung des beobachteten Phänomens der Grund für sein merkwürdiges Verhalten gewesen sein?

Von jenem Tage an hatte ich immer den Verdacht, daß ich durch Zufall auf ein streng gehütetes, wahrlich nicht für die Öffentlichkeit bestimmtes Geheimnis gestoßen war ... Ich füge meinen Zeitplan des Monats März 1963 bei, auf dessen Rückseite eine Notiz über mein Telefongespräch mit Pfarrer Lynch unter der alten Fordham-Nummer steht.

Zahlreiche Zwischenfälle, von denen Marineschiffe betroffen werden, beginnen mit Radar-, Funk-, Kompaß- und anderen Instrumentenstörungen. Laut Aussage eines Besatzungsmitglieds verlor die U.S.S. *Richard E. Byrd*, ein DDG-Schiffstyp für ferngesteuerte Raketen, im März 1971 den Funkkontakt bei einer Fahrt im Bermuda-Dreieck, was trotz der bei der Marine üblichen Versicherung, daß das Dreieck nur eine Legende sei, heftige Reaktionen bei der Besatzung auslöste. Mit den Worten Walt Darlings, eines taktischen Raketenspezialisten der amerikanischen Marine:

...Wir waren von Norfolk, Virginia, nach den Bermudas unterwegs. Es war eine vier- oder fünftägige Übungsfahrt... eine Vorbereitung für eine Atlantiküberquerung. Als wir auf östlichen Kurs gingen, verloren wir nacheinander alle Verbindungsmöglichkeiten. Zuerst fiel das Radargerät aus, dann das Gerät für die Flugsicherung (Luftkontrolle), dann das Minensuchgerät zum Abtasten der Wasseroberfläche, dann das Landortungsinstrument. Wir hatten überhaupt keinen Radarkontakt mehr. Niemand machte das anfangs Sorgen. Dann verbreitete sich das Gerücht, daß wir ins Bermuda-Dreieck kämen. Die Besatzung begann über das Dreieck zu reden und zeigte Anzeichen von Sorge. Dann verloren wir die Funkverbindung, obwohl man sie gewöhnlich auf den langen Wellen kriegen kann – auf den niedrigen Frequenzen von 1500 Kilometer, für die es Sonderstationen rund um die Erde gibt, damit ein Schiff z. B. eine von Frankreich und eine andere von der afrikanischen Küste aufnehmen und ihren Schnittpunkt und dadurch einen Anhaltspunkt über seine Position ermitteln kann. Aber wir bekamen überhaupt nichts mehr. Der Himmel war diesig und bedeckt, so daß wir unsere Position auch nicht nach den Gestirnen feststellen konnten. Auch der elektronische Tiefenmesser fiel aus. Wir hatten 300 Mann an Bord. Viele von ihnen befürchteten, wir würden im Kreis fahren und niemals an unseren Bestimmungsort gelangen. Einige sagten, jetzt würden wir selbst herausfinden, wohin all jene Schiffe und Flugzeuge seit dem Zweiten Weltkrieg verschwunden wären. Die Männer wurden sehr nervös, aber es wurde keine offizielle Erklärung über das, was vorging, abgegeben. Nach 9 bis 10 Tagen hatten wir dann plötzlich Funkkontakt mit Bermuda und kamen an. Die Fahrt dauerte normalerweise vier bis fünf Tage. Wir fanden nie heraus, was da eigentlich gewesen war.

Ein späterer Vorfall betraf 1972 den U.S.-Zerstörer *Vogelgesang*. Laut Aussage von Besatzungsmitgliedern erfuhr die *Vogelgesang* auf einer Rückfahrt von Puerto Rico in die Vereinigten Staaten im März 1972 eine unerwartete Kursänderung und kam während einer ganzen Nacht und einem Teil des folgenden Tages zum völligen Stillstand, da alle elektro-mechanischen Systeme ausfielen und keine Kraft aus den Kesseln kam. Die Besatzung erfuhr nie, was los war; den Gerüchten zufolge wußte es sowieso niemand – eine allen aktiven und ehemaligen Soldaten vertraute Erscheinung. Obwohl das Meer ruhig war und Windstille herrschte, ächzte und erbebte die *Vogelgesang* in der Nacht nach Aussage der Besatzung unter derartigen Stößen, als würde sie fast auseinandergerissen. Über diesen Vorfall ist kein Bericht an die Öffentlichkeit gedrungen, und nicht einmal die Besatzungsmitglieder erhielten eine Erklärung.

Derartige Vorkommnisse sind eine Bestätigung für das sich stets wiederholende Phänomen von Energieausfall, elektronischen Störungen und rätselhaften Kräften, die in diesem Gebiet auftreten und oft große und kleine Flugzeuge und Schiffe treffen und über die normalerweise nichts an die Öffentlichkeit dringt, vor allem nicht, wenn es sich um Marinefahrzeuge handelt.

Eine interessante Theorie, nach der ein großes Passagierschiff, die *Queen Elizabeth 2*, auf einer Kreuzfahrt am 3. April 1974 von den im Bermuda-Dreieck wirksamen Kräften betroffen wurde (die gesamte Energieversorgung fiel aus, und die Passagiere mußten von einem anderen Schiff übernommen werden), haben wir in *Das Bermuda-Dreieck* behandelt. In der offiziellen Erklärung hieß es, ein Ölleck in einem der Kessel hätte alle drei Kessel entleert und dadurch die gesamte Krafterzeugung, einschließlich der Elektrizität, lahmgelegt. Eine Behauptung, die möglicherweise das Vorhandensein ungewöhnlicher Bedingungen bestätigt, enthielt ein Bericht, nach dem ein Küstenwachkutter, die *Dakota*, angeblich die *Queen Elizabeth 2* während des Energieausfalls auf dem Radarschirm verlor, obwohl man sie vom Deck des Kutters klar und deutlich sehen konnte. Dieses Verschwinden vom Radarschirm des Küstenwachboots wurde später von der Küstenwache bestritten. Ein anonymer, in der Zeitschrift *Time* zitierter Sprecher der Küstenwache sagte: »1. Es ist nie geschehen. 2. Und auch wenn es geschah, so ist das vorübergehende Verschwinden eines Schiffes von einem Radarschirm eine alltägliche Erscheinung, hervorgerufen durch Regenwasser, Meeresgischt oder andere naturbedingte Ursachen.« Als erstes ist festzustellen, daß jegliches Verschwinden auf eine allgemeine Kategorie naturbedingter Ursachen, bekannte oder unbekannte, zurückgeführt werden kann, und zweitens: Wenn »es nie geschah«, weshalb war es dann notwendig, den möglichen Grund zu erklären?

Ein ähnliches Mißgeschick widerfuhr am 10. Oktober 1975 der S.S. *Rotterdam* auf einer Kreuzfahrt durch das Bermuda-Dreieck. Wie bei der *Queen Elizabeth 2* war die an die Passagiere abgegebene Erklärung eine leicht verständliche: Wasser sei in das Öl einer der Maschinen eingedrungen. Laut den Passagieren der Kreuzfahrt »ging alles aus« – die Schiffsmotoren, das Licht, die Klimaanlage, die Küchengeräte und die Wasserversorgung fielen aus, als sie, von St. Thomas kommend, noch sechs oder sieben Stunden von den Bermudas entfernt waren. Obwohl ein Besuch der Bermudas bei der Kreuzfahrt vorgesehen war, legte das Schiff nie dort an. Nach Aussage von Norman Olsen aus New York, einem damaligen Passagier der *Rotterdam*:

> Das Licht ging einfach aus, und die Maschinen hörten auf zu arbeiten; auch der Wasserdruck sackte ab. Es hatte nichts mit schlechtem Wetter zu tun. Das Wetter war klar und das Meer ungewöhnlich ruhig. Es waren keine anderen Schiffe in der Nähe. Wir kamen zu einem völligen Stillstand und trieben den größten Teil des Tages nach Norden. Wir erfuhren nie richtig, was eigentlich los war. Die sagen nicht viel über eine solche Sache.

Unter den zahlreichen Hochseeschiffen, die im Bermuda-Dreieck verschwanden, waren bisher noch keine Passagierschiffe. Es ist jedoch interessant zu vermerken, daß es keine Berichte über große Passagierschiffe gibt, bei denen auf der regulären Route zwischen Amerika und Europa bei der Überfahrt alles zusammengebrochen sei. Die großen Unglücke, die passierten, wurden – abgesehen vom kriegsbedingten Sinken von U-Booten – meistens durch Kollisionen mit anderen Schiffen oder Eisbergen verursacht (die *Titanic*, 1912; die *Andrea Doria*, 1956), nicht aber durch ein plötzliches Versagen der gesamten Energieversorgung bei ruhiger See. Weitere Fälle von elektronischen Störungen auf Passagierschiffen in den zunehmend beliebteren Kreuzfahrtgewässern des Bermuda-Dreiecks werfen vielleicht ein zusätzliches Licht auf die in diesem Gebiet auftretenden elektronischen und magnetischen Anomalien. Es ist tröstlich anzunehmen, daß allein die Größe der Passagierschiffe möglicherweise einen Schutzfaktor vor den »Kräften des Verschwindens« – falls man sie so nennen kann – darstellt.

Das Auftreten von Radarabnormitäten wurde durch visuelle Beobachtungen bestätigt, die Besatzungsmitglieder von Küstenwachkuttern bei mehreren, fast unglaublich erscheinenden Vorfällen machten. Richard Winer *(The Devil's Triangle 2)* führt den Fall der *Yamacraw*, eines Kabelverlegungs- und Forschungsschiffes der Küstenwache, an, die am 8. August 1956 ein recht beunruhigendes Erlebnis in der Sargasso-See hatte.

Die Sargasso-See, ein unbewegtes Meeresgebiet nördlich der Bahamas, das durch ungeheure Mengen von nahe der Oberfläche treibenden Algen gekennzeichnet ist und vom Golfstrom und anderen Meeresströmungen begrenzt wird, ist seit langem als ein Gebiet berüchtigt, in dem unzählige Schiffe sanken oder verlassen treibend aufgefunden wurden – nach der Legende ein Opfer der Algenmassen.

Obwohl sich die *Yamacraw* auf offenem Meer befand, entdeckte der Radarspezialist plötzlich auf dem Schirm eine große Landmasse in einer Entfernung von 28 Meilen auf der direkten Kursroute des Schiffes und informierte den wachhabenden Offizier. Dieser überprüfte das Radarbild und die Kompasse und kam zu demselben Ergebnis. Der Kapitän erhielt Meldung, änderte jedoch den Kurs des Schiffes nicht. Nach mehreren Stunden näherte sich die *Yamacraw* einer riesigen Masse, die – wenn man von ihrer enormen Höhe absah – allem Anschein nach Land zu sein schien. Diese kompakte Masse, die sich weder durch Radar noch durch starke Scheinwerfer durchdringen ließ, war jedoch kein Land, da sie über der Wasseroberfläche zu stehen und unbegrenzt gegen Himmel emporzuragen schien und sich nach Südwesten in einer anscheinend großen, aber nicht festzustellenden Entfernung erstreckte. Die *Yamacraw* fuhr mit bewundernswertem Forscherdrang in die dunkle Masse hinein, die alle Beleuchtung zum Erlöschen brachte. Die starken Kohlenfadenbirnen glühten nur noch schwach, was nur dann wahrzunehmen war, wenn man direkt in sie hineinsah. Kurze Zeit nach dem Eindringen in die Masse begann die Besatzung zu husten und der Dampfdruck der Maschinen abzufallen, was den Befehl zum Umkehren und Verlassen der Zone zur Folge hatte. Die riesige Erscheinung verschwand mit Sonnenaufgang des nächsten Tages, ohne irgendwelche Spuren zu hinterlassen.

Eine zweite Radarwahrnehmung von Land oder »Geisterland« in der Nähe der Florida-Straße wurde von Lieutenant Wissman, Erster Offizier auf der *Hollyhock*, einem Bojentender der Küstenwache, berichtet. Der Unterschied zwischen den von der *Hollyhock* und der *Yamacraw* gemachten Beobachtungen besteht darin, daß die Radarlandsichtungen der *Hollyhock* in gleichbleibendem Abstand vor dem Schiff zurückzuweichen schienen, während die *Yamacraw* sich dem von ihr gesichteten »Geisterland« nähern konnte. Der Vorfall ereignete sich im August 1974, als die *Hollyhock* sich, von den Bahamas kommend, der Florida-Straße näherte. Obwohl die Entfernung zur Küste Floridas ungefähr 50 Meilen betrug, zeigte der Radarschirm eine Landmasse an, die nur 10 Meilen entfernt auf dem direkten Kurs des Schiffes lag. Für ein Schiff war diese Masse zu groß. Das Radargerät reagierte wie bei Land, nur bewegte sich diese Erscheinung in gleichbleibendem Abstand vor der *Hollyhock* her. Anders als im Fall der *Yamacraw* wurde die Masse nie von der Besatzung wirklich gesehen.

Ob diese Radaraufzeichnungen von Land oder enorm großen, sich bewegenden Massen ohne konkrete Existenz nun Radarfehlaufzeichnungen,

Meeresgischt oder durch besondere Wetterverhältnisse ausgelöste Radarstörungen darstellen, bleibt der Mutmaßung überlassen. Es ist auch möglich, daß die *Yamacraw* in die dichten Schwefeldämpfe eines unterseeischen Vulkanausbruchs hineinfuhr. Obwohl keines dieser beiden Ereignisse seinen Weg in die Massenmedien fand, ist anzunehmen, daß andere, vielleicht bisher noch nicht gemeldete Vorfälle ähnlichen Charakters Gegenstand wissenschaftlicher Untersuchung und Analyse waren oder sein werden.

Einzelne Wolkenformationen, die allein an einem sonst wolkenlosen Himmel auftraten, sind laut Zeugenaussagen von Patrouillenflugzeugen der amerikanischen Marine beobachtet und photographiert worden, obwohl derartige Aufnahmen sowohl dem ursprünglichen Photographen wie der Öffentlichkeit vorenthalten wurden. Jerry Osborn, der jetzt in Dallas, Texas, lebt, 1966 aber bei der Luftwaffe der Marine diente, wurde zusammen mit elf anderen Besatzungsmitgliedern eines Marineflugzeugs vom Typ P3-A Augenzeuge eines Vorfalls, bei dem es um zwei Wolken ging, und der mehr einem völlig irrealen Traum – oder Alptraum – glich als gewöhnlichen Kumuluswolkenformationen. Jerry Osborn, der aus dem Militärdienst ausgeschieden ist und deshalb frei sprechen kann, erinnert sich lebhaft an jenes seltsame Erlebnis:

Ich war im Januar 1966 in Kindley Field, Bermuda, stationiert. Mein Dienstgrad war AX-3, also U-Boot-Abwehr-Spezialist. Am 16. oder 18. Januar unternahmen wir einen Routinepatrouillenflug zwischen den Bermudas und Puerto Rico. Es war zwischen 1 und 3 Uhr nachts. Die Nacht war klar, die Flugbedingungen ausgezeichnet. Wir befanden uns 400 Meilen südlich der Bermudas und flogen in einer Höhe von ungefähr 4000 Fuß.

Plötzlich sichteten wir zwei sehr ungewöhnliche Wolken etwa 5 Minuten Flugzeit von uns entfernt in fast gleicher Höhe; die eine war ein langgestrecktes, mit der Spitze nach unten zeigendes Dreieck von 250 bis 300 Fuß Länge, während die zweite, darüberhängende, die Form einer runden Puderquaste von etwa 150 Fuß Durchmesser hatte. Beide leuchteten hell. Mein erster überraschter Gedanke oder Vergleich war: »Jemand hat eine Wolke in der Form eines riesigen Vanilleeisbechers gemacht und das Eis von dem Waffelbecher getrennt.«

Ich hatte klare Sicht, da ich als Aufklärungsoffizier fungierte und den oberen Steuerbordbeobachtungssitz innehatte. Trotzdem hätte ich meinen Augen nicht getraut, wenn nicht alle anderen Besatzungsmitglieder es ebenfalls gesehen hätten. Die beiden Wolken hingen einfach da an dem ansonsten vollkommen wolkenleeren Himmel.

Als wir näher kamen, bemerkte ich, daß der Abstand zwischen der »Puderquaste« und dem »Eisbecher« ungefähr 200 Fuß betrug und frei war. Als wir uns weiter näherten, setzte unser Pilot zu einer Schleife an, um hindurchzufliegen, doch gerade, als wir mit dem Anflug auf die beiden Wolken begannen und unsere Photographen Aufnahmen von dieser verrückten Formation machten, blitzte ein greller Lichtstrahl aus dem Zwischenraum hervor, tastete einige Sekunden lang das Gebiet ab, in dem wir flogen, und blieb dann auf unserem Flugzeug haften. Der Strahl ließ uns – im ganzen etwa 6 Sekunden – nicht wieder los, bis unser Pilot abschwenkte, da wir einige Entfernung zwischen uns und dem, was immer da vorging, legen wollten. Als wir zum Stützpunkt zurückkamen, machten wir einen Bericht und reichten all unsere aufgenommenen Photos ein. Wir sahen sie nie wieder und hörten auch nie etwas über den Bericht. Später erkundigten wir uns bei unserem Offizier danach. Er sagte, er wüßte nichts darüber. Er schien nicht darüber sprechen zu wollen, sagte aber, es hätte vielleicht etwas mit Reaktionserscheinungen von Raketenabschüssen zu tun gehabt. Das könnte eventuell die Wolkenformation erklären, aber ganz bestimmt nicht den grellen Lichtstrahl aus dem Zwischenraum zwischen den beiden Wolken, der sich auf uns heftete und uns nicht wieder losließ.

Marineschiffe, und vor allem die langsam fahrenden Funkschiffe, die verschiedene Teile der Weltmeere wie auch das Bermuda-Dreieck durchqueren, haben die sonderbare Atmosphäre und das zeitweilige Verschwinden von Vögeln und Meerestieren in Gebieten des Dreiecks während der Perioden beobachtet, in denen die Funkverbindung abreißt und andere elektronische Geräte gestört sind. Das Meer wurde von den Besatzungen in solchen Momenten als glasig, bar allen Lebens und ohne die sonst üblichen Fische oder Vögel beschrieben; auch das dann besonders häufige Vorhandensein eines leichten Nebels wurde erwähnt.
Das Erlebnis, das der Küstenwachkutter *Diligence* Ende 1975 hatte, ist ein anschauliches Beispiel für das Abreißen der Funkverbindung im Dreieck. Die *Diligence* war daran, einer Meldung über einen brennenden Frachter nachzugehen, als das Funkgerät und der Tiefenmesser ausfielen und sie auf den flachen Bahama-Bänken festfuhr. Eine Stunde lang blieb sie ohne Funkverbindung, bis auf einen einzigen Kontakt, der mit einem anderen Küstenwachkutter vor San Francisco, 4500 Meilen weit entfernt, zustande kam.
Ob die Marine und Küstenwache nun das Bermuda-Dreieck, abgesehen von den magnetischen Störungen, die erwiesenermaßen dort auftreten, als eine Gefahrenzone betrachten oder nicht, so ist doch kein offizieller Sprecher bereit, die Existenz von irgend etwas Ungewöhnlichem auch nur indirekt zuzugeben. Marinepiloten sind jedoch weniger fest davon über-

zeugt, daß das Bermuda-Dreieck ein ganz normales Gebiet wie jedes andere ist.

Man muß die Piloten bewundern, die allein in kleinen Flugzeugen das Gebiet überfliegen, obwohl sie sich in zunehmendem Maße bewußt sind, daß der berüchtigte Ruf des Dreiecks zu Recht besteht. Vor einigen Jahren verschwand ein Marinepilot, ein amerikanischer Indianer mit einer noch intakten Stammesherkunft, mit seiner Maschine, während er in Funkverbindung mit seinem Stützpunkt stand. Er schien irgendwelche Schwierigkeiten zu haben, funkte aber keinen SOS-Ruf. Dann hörte man, wie er in einer anderen Sprache sang. Ein Freund von ihm, der ebenfalls Indianer war, wurde an das Funkgerät des Turms geholt, damit er sich das Lied anhörte. Er erkannte es als das »Todeslied«, das Indianer unmittelbar vor dem Tod singen. Das Flugzeug und sein Pilot verschwanden spurlos und ohne einen Hinweis darauf zu hinterlassen, was der Pilot sah und was ihn zu dem Todeslied veranlaßte.

Da die Presse normalerweise nicht über das Verschwinden von Patrouillenflugzeugen oder einzelnen Übungsflugzeugen berichtet, ist es schwierig zu ermitteln, wie hoch die im Bermuda-Dreieck erlittenen Verluste der amerikanischen Marine und Luftwaffe sind. Es mag recht aufschlußreich sein, daß 1974 der Stützpunkt für die Übungsflüge der Marinereservisten von der Atlantikseite Floridas, die innerhalb des Bermuda-Dreiecks liegt, zur Golfseite verlegt wurde. Wie zu erwarten war, wurde das Bermuda-Dreieck in der Anordnung für diese Verlegung nicht erwähnt.

Es gibt mehrere verständliche Gründe dafür, daß offizielle Dienststellen Vorfälle, die scheinbar nicht im Zusammenhang stehen und die sich auf Schiffen der Marine und Küstenwache im Dreieck ereignen, nicht für die Presse freigeben. Diese möglichen Gründe sind unter anderem: 1. Manche Vorfälle ereignen sich möglicherweise in der Nähe von NATO-Schiffen oder -Flugzeugen, wodurch internationale Auswirkungen nicht auszuschließen wären. 2. Andere Vorfälle, bei denen der Funkkontakt abreißt und der Kurs eines Flugzeuges oder Schiffes eine unfreiwillige Änderung erfährt, könnten als Folge mangelnder beruflicher Qualifikation ausgelegt werden. 3. Wieder andere erscheinen so phantastisch, daß sie offensichtlich einfach aus den Logbüchern herausgetrennt werden, weil die Schilderung eines völlig abwegigen Vorkommnisses den Bericht über die jeweilige Mission endlos komplizieren und eventuell sogar unverständlich machen würde. Im folgenden einige aufschlußreiche Beispiele hierzu:

Im Oktober 1971 verfolgte ein Helikopter der Küstenwache bei Manövern in der Nähe von Great Inagua eine Gruppe sowjetischer und chinesischer Fischdampfer sowie ein nicht identifiziertes U-Boot und ein Flugzeug, das man für einen nicht identifizierten Hubschrauber hielt, da es sich für ein Flugzeug zu langsam fortzubewegen schien. Als der Helikopter der Küstenwache sich diesem vermeintlichen Hubschrauber von hinten näherte, blinkte ein helles Landelichtsignal auf, und dann schlug der Hubschrauber auf die Wasseroberfläche auf und explodierte in einem gleißenden, orange-weißen Feuerball von unbeschreiblich intensiver Leuchtkraft – wesentlich intensiver, als man es normalerweise bei einem solchen Absturz erwarten kann. Das FAA (*Federal Aviation Administration* = Bundesluftfahrtministerium) gab auf Befragen zu, daß ein Flugzeug – eine Constellation – als vermißt gemeldet sei, gab aber keine Auskunft über die Flugstrecke oder den Ort der Explosion (obwohl die genaue Stelle von dem Helikopter der Küstenwache angegeben worden war) und wußte nicht einmal mit Bestimmtheit, ob das betreffende Flugzeug überhaupt existierte. Anschließend wurde dann die von der NTSB (*National Transportation Safety Board* = Nationale Sicherheitsbehörde für Transportwesen) eingeleitete Untersuchung eingestellt und der Fall als abgeschlossen betrachtet.

Manchmal werden Berichte über – zumindest für den Beobachter – ungewöhnliche Vorkommnisse in diesem Gebiet konfisziert oder unterdrückt, vermutlich weil ihre Veröffentlichung neue und schwierige Untersuchungen nach sich ziehen würde, die nichts mit der ursprünglichen Mission zu tun hätten, wie z. B. im Fall der *Alvin* (eines DSRV = *Deep Submerge Research Vessel* = Tiefseeforschungstauchboot).

Frage: Wie tief waren Sie, als Sie das Ungeheuer sahen?

Wir waren ungefähr 5000 Fuß tief, und ich tauchte in eine etwa 300 Fuß tiefer unter einem kleinen Vorsprung gelegene Felsspalte hinunter. Wir gingen tiefer, weil das Kabel, dessen Verlauf wir folgten, die Felsspalte überquerte. Und genau dort sah ich es. Als erstes bemerkte ich eine Bewegung. Ich dachte, wir bewegten uns an dem Kabel entlang, und überprüfte, ob wir durch eine Strömung abgetrieben wurden, stellte jedoch fest, daß unser Tauchboot keinerlei Fahrt machte, sondern das gesichtete Objekt sich bewegte. Da kam mir der Gedanke, daß es vielleicht ein Markierungspfeiler war, vor allem wegen seines beträchtlichen Umfangs. Ich lenkte das Tauchboot in eine Kurve, um einen besseren Blick auf das Kabel oder den Pfeiler, oder was immer es auch war, zu bekommen, als ich zu meiner Überraschung einen dicken Körper mit Flossen sah, einen langen Hals und einen schlangenartigen Kopf mit zwei Augen, die uns direkt anschauten. Es sah aus wie eine riesige Eidechse mit Flossen – von denen es zwei Paar hatte. Dann schwamm es, indem es uns den Rücken zukehrte, aufwärts, bevor wir die Kameras verstellen konnten, die auf eine Entfernung von 15 bis 25 Fuß eingestellt waren. Das Tier war schon aus dem Blickfeld der Kameras herausgeschwommen, hielt sich aber noch in unserer Nähe auf.

Frage: Was unternahmen Sie dann?

Mir gefiel das Ganze nicht, und so tauchte ich auf. Ich konnte zwar nicht glauben, was ich da sah, wollte aber nicht länger bleiben.

Frage: Meldeten Sie den Vorfall?

Ich erzählte es einigen Leuten. Was kann man schon sagen, wenn man keine Beweise hat? Man wird doch nur ausgelacht.

Frage: Machten Sie eine Eintragung ins Logbuch?

Ich schrieb es in unsere »Kladde«, aber ich glaube nicht, daß es in das Logbuch kam. Ich hörte später, daß der Bericht von der Marine zurückbehalten wurde.

Frage: War dies das einzige nicht zu identifizierende Tier, das Sie bei Ihren Tauchversuchen sahen?

Nun, man sieht so alle möglichen Umrisse und Formen, aber es sind wahrscheinlich nur große Tintenfische, und sie kommen meist nicht in die Nähe des Tauchboots. Ich habe insgesamt 300 bis 400 Tauchversuche gemacht, und dies war das einzige Mal, daß ich jemals ein derartiges Tier sah.

Dr. Manson Valentine, der infolge seines Zoologiestudiums wie auch seiner künstlerischen Begabung besonders gut Tiere identifizieren und skizzieren kann, zeichnete ein Meeresreptil der Jurazeit, zeigte es Kapitän McCamis und fragte ihn, ob das Tier, das er beobachtet hatte, so aussah. Kapitän McCamis erwiderte spontan: »Ja, genau dieses Tier sah ich!« Es ist natürlich verständlich, daß Offiziere bei der Berichterstattung zögern, Schilderungen von vermeintlichen Markierungspfeilern, die sich in Meeresungeheuer verwandeln, weiterzugeben, vor allem dann, wenn derartige Vorkommnisse nichts mit der gestellten Aufgabe zu tun haben. Andere monströse Lebewesen gelangten gelegentlich jedoch in Berichte, wie z. B. der zehn Meter lange Schwarzfisch, den die Besatzung der *Ben Franklin* sah, als diese langsam bei einer Unterwasserinspektion durch das Gebiet glitt.

Diese Zeichnung wurde nach den Angaben von Kapitän McCamis angefertigt, der im Oktober 1969 in der Tongue of Ocean während einer Kabelüberprüfung an Bord des Tiefseeforschungs-schiffes *Alvin* ein nicht zu identifizierendes Tier gesichtet hatte.

Die Existenz von gegenwärtig noch nicht identifizierten Meeresunge-heuern in den Tiefen des Ozeans, die vielleicht in unterseeischen Höhlen oder Spalten leben, von denen es sehr viele im Bermuda-Dreieck gibt, ist jedoch keineswegs unwahrscheinlich und wird es in Zukunft vielleicht noch weniger sein, da Tiefseebohrungen nach Erdöl und U-Boot-Pa-trouillenfahrten in zunehmend größeren Tiefen Beobachter in einen di-rekteren Kontakt mit bis dahin unbekannten Formen des unterseeischen Lebens bringen werden.

Die *Alvin* wurde bei einer anderen Gelegenheit von einem weniger ge-heimnisvollen Vertreter der unterseeischen Fauna angegriffen, und zwar von einem Schwertfisch. Dieses kampflustige Tier rammte sein Schwert mit einem so kräftigen Stoß zwischen die Preßluftkugel und die äußere Polsterung aus elastischem, schwimmfähigem Spezialkunststoff, daß er sein Schwert nicht wieder herausziehen konnte und infolgedessen beim Auftauchen der *Alvin* verendete.

Wenn unbekannte Phänomene oder Lebewesen gesichtet werden, er-geben sich zweifellos die gleichen Probleme hinsichtlich der offiziellen Berichterstattung. Bisher neigte man dazu, für alles Ungewöhnliche na-heliegende Erklärungen zu finden und das, was sich nicht erklären ließ, einfach zu ignorieren.

Der bekannte Fall von Flugkapitän Thomas Mantell, der bei der Verfol-gung eines unbekannten fliegenden Objekts den Tod fand, ist ein klassisches Beispiel für die Methode, für alles eine normale Erklärung zu finden. Captain Mantell startete am 7. Januar 1948 mit einem Flugzeug der amerikanischen Luftwaffe vom Typ P-51 vom Stützpunkt Godman Field, Fort Knox, um die Identität eines in der Nähe von Fort Knox am Himmel gesichteten außergewöhnlich großen, nicht identifizierten fliegenden Objekts festzustellen, das am Tag bei guter Sicht beobachtet worden war. Das Objekt wurde vom Kontrollturm als ein helles, scheibenförmiges Gebilde bezeichnet und von Mantell während seines Fluges als »metallisch und von riesiger Größe«. Captain Mantell ereilte dann der Tod, als er sich diesem Objekt näherte. Sein Flugzeug löste sich in eine Unmenge winziger Stücke auf, von denen keines gefunden wurde, das größer als eine Faust war; alle Aluminiumteile waren außerdem mit sehr kleinen Löchern übersät. Die Stellungnahme der Luftwaffe zu diesem Unglück lautete dahingehend, daß Captain Mantell anscheinend den Planet Venus (der selten bei Tag sichtbar ist) angeflogen und dann die Verfolgung von einem – oder zwei – hochfliegenden Wetterballons aufgenommen habe, durch Sauerstoffmangel bewußtlos geworden und abgestürzt sei. Eine Erklärung zu den seltsamen durchlöcherten Wrackteilen wurde nicht gegeben.

Die gleiche Art einer »normalen«, leicht verständlichen (wenn auch schwierig zu akzeptierenden) Erklärung gab die Luftwaffe zur Klärung eines Vorfalls ab, der sich am 9. März 1957 im Bermuda-Dreieck ereignete. Eine PANAM-Passagiermaschine vom Typ Douglas DC-6A setzte unter Captain Mathew Van Winkle von Norden kommend zur Landung in Miami an. Captain Van Winkle sichtete ein helles Licht, das sich ihm sehr schnell (er hielt es für ein Düsenflugzeug) auf Kollisionskurs näherte. Es erschien ihm rund und sehr hell leuchtend zu sein und strahlte einen grünlichen Schein aus. Captain Van Winkle erkannte, daß eine Kollision unvermeidlich war, wenn er seinen Kurs beibehielt, und zog, um auszuweichen, sein Flugzeug hoch; anschließend ging er dann wieder tiefer, wodurch unter den Passagieren Panik ausbrach und einige leicht verletzt wurden.

Eine Untersuchung dieses Vorfalls durch die Luftwaffe und CAB (*Civil Aeronautics Board* = Zivilluftfahrtbehörde) zog mehrere Möglichkeiten in Betracht, wie Düsenflugzeuge (von denen aber keines zu jenem Zeitpunkt in dem Gebiet war), Raketen (obwohl zu jenem Zeitpunkt kein Abschuß stattfand) und schließlich auch die Vermutung, daß Captain Van Winkle sich das Ganze nur eingebildet habe, obgleich erwiesenermaßen andere Flugzeuge auch das grünlich leuchtende Flugobjekt gesehen hatten. Der abschließende Befund lautet einfach, der Captain habe eine Sternschnuppe gesehen.

Oft wird bei einem derartigen Vorkommnis ein Standardverfahren angewandt, so auch in diesem Fall. Ein Vorhang des Schweigens senkte sich diskret über das Ergebnis der Untersuchung – falls nicht sogar offizielle Zensurmaßnahmen ergriffen wurden –, um die Öffentlichkeit nicht zu beunruhigen. (Wir sprechen hier natürlich nicht von durchaus berechtigten Zensurmaßnahmen in Kriegszeiten.) Nach der ersten Atombombenexplosion bei Alamogordo wurde, im Bemühen, diese geheimzuhalten, eine Pressemitteilung herausgegeben, in der es hieß, der Explosionspilz, der in einem Umkreis von 230 Kilometern zu sehen war, sei nur die Folge einer »Explosion in einer örtlichen Anlage« gewesen. Man könnte diese Erklärung, obwohl sie unbestreitbar der Wahrheit entsprach, als eines der großen Understatements der Weltgeschichte bezeichnen.

Aber auch in Friedenszeiten verhängt man über unerklärliche Ereignisse höchst wirkungsvolle Zensurmaßnahmen. Trotzdem werden innerhalb bestimmter militärischer Kreise oft Details über ungewöhnliche Vorfälle bekanntgegeben, und zwar möglicherweise aus sogenannten »Informationsgründen«, wenn auch mit entsprechender Warnung, diese Informationen als militärisches Geheimnis zu betrachten. Ein derartiger Bericht wurde 1960 von der Luftwaffe für bestimmte Einheiten – Radar und andere – über einen Testflug herausgegeben, der angeblich im Mai 1969 mit einer F-101 vom Luftwaffenstützpunkt Edwards in Kalifornien durchgeführt wurde. Dem Bericht zufolge hatte man die F-101, deren Pilot ein Luftwaffenmajor war, auf dem Radarschirm, als sie zum Stützpunkt zurückflog. Plötzlich erschien eine große Scheibe über dem Radarbild des Flugzeuges, das daraufhin emporstieg und in dem Bild der Scheibe verschwand, als ob es von dieser an Bord genommen worden sei. Anschließend verschwand auch das große Flugobjekt vom Radarschirm. Eine sofort eingeleitete, jedoch erfolglose Suchaktion wurde erst am nächsten Morgen abgebrochen, als das überfällig gemeldete Flugzeug mit seinem Piloten, dem Major, wieder auftauchte, der verständlicherweise leicht verwirrt und benommen war. Er berichtete, er sei zusammen mit seinem Flugzeug in ein großes UFO emporgehoben und dort von menschenähnlichen Wesen »interviewt« worden, die sich sehr für sein Flugzeug interessiert hätten. Seinem Bericht zufolge wurde er mit seinem Flugzeug nach etwa zehn Stunden wieder freigelassen und flog dann zu seinem Stützpunkt zurück. Vor seiner »Kaperung« hatte er noch für etwa zwanzig Minuten Flugzeit Treibstoff, und als er nach seiner Freilassung den Flug fortsetzte, hatte er noch ungefähr die gleiche Menge, wobei er für den Rückflug und die Landung die normale Treibstoffmenge verbrauchte, woraus eindeutig hervorgeht, daß in den fehlenden zehn Stunden kein Treibstoff verbraucht wurde. Der Major wurde nach dieser ersten Berichterstattung in die psychiatrische Abteilung des Militärkrankenhauses

des Stützpunktes eingeliefert und von dort in eine andere Klinik übergeführt, deren Adresse nicht bekanntgegeben wurde. Alle in diesen Vorfall
verwickelten Personen wie auch diejenigen, die etwas über ihn wußten
(einschließlich jener, die den Bericht des Majors gelesen hatten), wurden
von ihren Vorgesetzten oder zuständigen Sicherheitsoffizieren unter Androhung schwerer Strafen (Geldstrafen und/oder Gefängnis) zur absoluten Geheimhaltung verpflichtet.

Gegenwärtig werden derartige Berichte nicht mehr ausgegeben, und es
wird durch strikte Kontrollen vermieden, daß ungewöhnliche Vorfälle,
die sich im Bermuda-Dreieck ereigneten und weiter ereignen, bekanntwerden. Zu diesen ungewöhnlichen Vorfällen zählen auch die von der
amerikanischen Luftwaffe gesichteten UFOs am Himmel, unter der
Meeresoberfläche, beim Eintauchen ins Wasser und Auftauchen aus ihm
sowie die aktive Teilnahme eines USOs an einem U.S.-Marinemanöver
1963 vor der Ostküste Puerto Ricos, bei dem die Unterwassergeschwin-
digkeit des USOs 200 Knoten erreichte und man es bis in eine Tiefe von
9000 Metern verfolgte (*Das Bermuda-Dreieck*, a. a. O.).

Ein ungewöhnlicher und vielleicht aufschlußreicher Beweis nicht nur für
das Vorhandensein von UFOs, sondern vielleicht auch ein Hinweis auf
das angestrebte Ziel der vielen in diesem Gebiet beobachteten UFOs war
die Sichtung solcher Objekte durch Astronauten – und zwar vorwiegend
von Gemini- und Apollo-Raketen aus, die von Kap Kennedy abgeschossen
wurden – wie auch die Wahrnehmung von UFOs durch die Luftraumkon-
trolle der Bodenstationen. Der Astronaut James McDivitt photogra-
phierte ein UFO aus der Gemini-4-Kapsel, und Frank Borman und James
Lovell beobachteten aus der Gemini-7-Kapsel in allen Einzelheiten zwei
pilzförmige UFOs mit starken Antriebssystemen und machten gute
Photos von ihnen, wie es auch James Lovell und Edwin Aldrin aus der Ge-
mini-12-Kapsel gelang. Die Astronauten Borman und Lovell vom
Apollo-8-Flug und Stafford und Young vom Apollo-10-Flug machten
ebenfalls Bilder von UFOs, während sie sich in der Umlaufbahn befanden
sowie auf ihrem Rückflug zur Erde. Apollo 11 wurde fast bis zum Mond
von UFOs verfolgt (Astronaut Edwin Aldrin gelang es, zwei von ihnen
zu photographieren), und auch Apollo 12 wurde beim Umlauf um den
Mond von einem UFO begleitet.

Diese begleitenden UFOs gehören vielleicht nicht immer in die Kategorie
einfacher Beobachter. Maurice Chatelain, ein französischer Wissenschaftler, der früher viele Jahre lang für die NASA tätig war, stellte die
Theorie auf (*Nos ancêtres venus du cosmos*, 1975), daß eine mysteriöse
Explosion im Sauerstoffdruckregelsystem von Apollo 13 möglicherweise
von einem UFO ausgelöst wurde, um aus unbekannten Gründen den Erfolg des Weltraumflugs zu verhindern.

Obgleich es möglich ist, daß die gesichteten UFOs eine Art »Weltraummüll« oder Asteroiden sind, so steht doch ziemlich eindeutig fest, daß der Öffentlichkeit ein Großteil der Informationen vorenthalten wird. Man braucht diese Tatsache nicht unbedingt als einen »kosmischen Watergate-Skandal« zu bezeichnen. Es handelt sich offensichtlich um die nicht vorhandene Bereitschaft von Regierungsbehörden, zuzugeben, daß ungewöhnliche Kräfte im Dreieck wirksam sind, wie auch um die durchaus verständliche Abneigung von Einzelpersonen, ihre Karriere oder ihre Glaubwürdigkeit durch ein hartnäckiges Festhalten an einem Bericht über unerklärliche Beobachtungen zu gefährden. Man kann ebenfalls nicht erwarten, daß Linienflugzeuge – seien es nun Passagier- oder Frachtmaschinen – die Theorie bestätigen oder Beweise dafür erbringen, daß es sich im Bermuda-Dreieck um etwas anderes als normale unerwartete Wetterumschläge handelt. Es sollte uns auch nicht wundern, daß man von offizieller Seite nie in Erwägung zieht, daß das Fehlen jeglicher Wrackteile, Rettungsgeräte oder Ölflecke bei den vielen Vermißtenfällen andere Ursachen haben könnte als Meeresströmungen oder die unbestreitbare Tatsache, daß »das Meer so groß ist«.

Gewisse Sicherheits- oder Geheimhaltungsmaßnahmen, die in Verbindung mit dem »berühmtesten« Vermißtenfall, der sich im Dreieck ereignete, dem von Flight 19, standen, ließen einige Forscher wie auch Angehörige der Opfer vermuten, daß aus einem merkwürdigen und erstaunlichen Grund eine ständige Zensur über dieses Unglück verhängt wurde.

Obwohl mehrere Tatsachenberichte über das Verschwinden der fünf Avenger-Bomber das Unglück mit einem Höhenverlust des führenden Flugzeuges erklären, das, von den anderen gefolgt, auf den Atlantik hinausflog, wo es schließlich aus Treibstoffmangel abstürzte, ohne Wrackteile, Überlebende, Rettungsflöße oder Ölflecke zu hinterlassen – diese könnten aber auch verschwunden oder einfach nicht gefunden worden sein, falls es sie überhaupt gab –, deckt sich diese Art der Erklärung mit der Theorie von »dem großen Meer«. Das Verschwinden des Martin Mariner wird der Einfachheit halber mit der Tatsache erklärt, daß in der betreffenden Nacht von der Besatzung, der S. S. *Gaines Mills*, eines durch dieses Gebiet fahrenden Frachters, ein Feuerschein am Himmel gesehen wurde.

Die Untersuchung des Falles von Flight 19 wurde nach einigen Jahren abgeschlossen, und erst 1964, neunzehn Jahre nach dem Verschwinden, gab das Marineministerium erneut ein Bulletin heraus, um die vielen Anfragen aus der Öffentlichkeit über dieses berüchtigte Unglück zu beantworten. Sogar in diesem Bulletin wird erklärt, daß das vorliegende Beweismaterial »... nicht ausreicht, um zu erkennen, was wirklich geschah.

Es wurde nie wieder etwas von Flight 19 gehört und keine Spur von den Flugzeugen gefunden...«

Es ist nichtsdestoweniger interessant, daß mehrere zum Zeitpunkt des Verschwindens gemachte Beobachtungen vermuten lassen, daß es möglicherweise doch Überlebende gab und diese in die Nähe der Küste oder auch an Land gelangten, ja sogar gerettet wurden, ohne daß diese Rettung bekanntgegeben wurde.

Sal Macedonia aus Madison, New Jersey, ein früherer Funker auf der U.S.A.T. *Ernest J. Hines*, machte durch einen eigenartigen Zufall eine Aufnahme von den Avenger-Bombern auf ihrem letzten Flug, als er beim Auslaufen aus dem Hafen an Deck seines Schiffes stand. Anschließend hörte er dann über Funk, daß die Suche nach den fünf Flugzeugen begonnen hatte, und begriff, daß dies die fünf Flugzeuge waren, die er photographiert hatte. Am 5. Dezember 1945 gegen 19 Uhr empfing er einen schwachen Funkspruch in der Nähe des Suchgebiets, nur einige Meilen vor der Küste Floridas, der nicht als SOS-Ruf zu erkennen war. Macedonia ist der Ansicht, daß dieser Funkspruch von einem kleinen Boot kam, obwohl er auch von einem abgestürzten Flugzeug hätte stammen können. Er meldete den Vorfall, doch wurden keine entsprechenden Maßnahmen eingeleitet. »Der rangniedrigste wachhabende Offizier wollte den Skipper nicht wecken.« Außerdem nahm man an, daß die Suchflugzeuge ebenfalls den Funkspruch empfangen hatten. Andere Berichte über mögliche Überlebende betrafen grün und rot aufflackernde Lichtsignale, die unter anderen in der Nacht des Unglücks von Piloten während des Fluges (Pan American und Eastern Airlines) sowie von einem Busfahrer beobachtet wurden. Diese Lichtsignale wurden an verschiedenen Orten wahrgenommen, so auch in den Everglades, in dem Gebiet um Fort Myers und in Zentralflorida. Es waren eindeutig Signale von Menschen, die sich in Not befinden. Da die intensive Suchaktion nach nur vier Tagen, am 10. Dezember 1945, abgebrochen wurde, kann angenommen werden, daß gewisse Fundergebnisse die Beendigung der Suchaktion rechtfertigen.

Joan Powers, die Witwe von Captain Powers, äußerte, wie kürzlich in der Zeitschrift *Saga Magazine* zitiert (*The Greatest Mystery of the Bermuda Triangle* von Kenneth Woodward), die Vermutung, daß einige der Opfer von Flight 19 weder starben noch von der Erde verschwanden und etliche von ihnen sogar noch am Leben seien. Sie begründet diese Vermutung mit einer intuitiven Empfindung und der Tatsache, daß die Suchaktion trotz der in der Nähe gemachten Beobachtungen so bald abgebrochen wurde, sowie mit dem Gerücht, nach dem ein Angebot der in dem Suchgebiet ansässigen Seminole-Indianer, die sich an der Suche beteiligen wollten, abgelehnt wurde. Ferner stützt sie sich auf Gerüchte, nach denen Überlebende an der Küste Floridas von Angehörigen anderer Dienst-

stellen gefunden und in ein Militärhospital an der amerikanischen Westküste übergeführt wurden. Seit vielen Jahren versucht Joan Powers nun
schon, diesen Gerüchten auf den Grund zu gehen, scheiterte aber bisher
bei den zuständigen Behörden an einer Mauer des Schweigens. Ihre Vermutung, daß einige Besatzungsmitglieder überlebten, sowie die Tatsache,
daß weitere Informationen nicht zu bekommen sind, stimmen doch sehr
nachdenklich.

»Meine Theorie geht dahin«, erklärte Joan Powers, »daß die Männer da
hoch oben in der Luft über dem Dreieck etwas sahen – etwas Seltsames,
das ihre Instrumente blockierte und Lieutenant Taylor derartig erschreckte, daß er nicht wollte, daß Lieutenant Cox [dem Lieutenant
Taylor zufunkte: Kommt mir nicht nach!] sein Leben aufs Spiel setzte;
etwas, das die Marine möglicherweise aus Gründen der nationalen Sicherheit immer noch vor der Öffentlichkeit geheimhalten will...«

Wenn offizielle Sprecher der staatlichen Dienststellen und Organisationen, welche die regionale Verantwortung für die Sicherheit im Dreieck
oder die dieses Gebiet betreffenden Auskünfte haben, nach ihrer Meinung
über die mögliche Existenz ungewöhnlicher Kräfte im Bermuda-Dreieck
gefragt wurden, variierte ihre Stellungnahme – wie zu erwarten war –
zwischen vorsichtiger Ablehnung und offenem Hohn.

Die Küstenwache gibt auf Anfrage einen hektographierten Standardbrief
über das Dreieck ab, in dem im ersten Absatz erklärt wird, daß es nur ein
»imaginäres Gebiet« sei, während man in einem anderen Absatz seine
geographische Lage angibt, für den Fall, daß es sich doch nicht nur um
ein imaginäres Gebiet handelt. Das FAA (*Federal Aviation Administration* = Bundesluftfahrtministerium) gibt, obwohl es die erwähnten Phänomene als »Unsinn« bezeichnet, zu, daß beim Überfliegen dieses Gebietes spezielle Probleme auftreten, und vermutet, daß *neutercanes*,
kleine Hurrikans, die *innerhalb* von »harmlosen Regenstürmen« auftreten, der Grund für das plötzliche Verschwinden von Flugzeugen sind,
wodurch sich vielleicht eine weitere geheimnisvolle Möglichkeit auftut.
Weder die amerikanische Marine noch die Luftwaffe erkennen das
Dreieck offiziell als Gefahrenzone an, doch wird diese Meinung von vielen
aktiven Piloten nicht geteilt. Das NOAA (*National Oceanic and Atmo-
spheric Administration* = Nationales Ministerium für ozeanische und
atmosphärische Belange) lehnt die Existenz des Dreiecks nicht so kategorisch ab wie die anderen Organisationen. Ein Sprecher des NOAA sagte,
wie am 16. Dezember 1974 in *Newsweek* zitiert: »Trotz (aller) Bemühungen der U.S.-Luftwaffe, -Marine und -Küstenwache hat man bis
heute noch keine vernünftige Erklärung für die Fälle von Verschwinden
gefunden.«

Manche Ozeanographen, Meteorologen, Wissenschaftler und Direktoren von Fluggesellschaften drücken sich klarer aus. Gene Dubois von Eastern Airlines, der die Haltung dieser Fluggesellschaft vertritt, bestreitet die Existenz des Dreiecks und bezeichnet alles als »Senationshascherei und Unsinn«. Isaac Asimow, Wissenschaftler und Autor von Science-Fiction-Romanen, glaubt nicht, »daß irgend etwas wirklich unerklärlich ist. Es gibt nur bisher noch nicht erforschte Dinge. Sie werden vielleicht niemals erforscht, weil wir möglicherweise nie die zu ihrer Erklärung notwendigen Fakten entdecken werden…« Der Ozeanograph Claes Rooth von der Universität von Miami erklärt, daß er nicht »einen einzigen belegten Fall weiß, bei dem ich meine Phantasie anstrengen müßte, um eine natürliche Erklärung zu finden«.

Bei einer Anzahl von Vermißtenfällen, die nicht durch »natürliche« Ursachen zu erklären sind, mußten gewisse kritische Beobachter der Vorgänge im Bermuda-Dreieck nichtsdestoweniger ihre Phantasie anstrengen, um eine Erklärung für sie zu finden.

So sind als eine Art naturbedingter Ursachen für das Verschwinden von Schiffen in diesem Gebiet Kollisionen mit Meerestieren wie z. B. Walfischen genannt worden. Wie statistisch bewiesen, sind kleine und mittelgroße Boote gelegentlich durch Walfische zum Sinken gebracht worden. Die *Essex*, ein großes Walfangschiff, sank am 20. November 1820 in der Nähe des Äquators durch einen 30 Meter langen Pottwal, der durch die Verfolgung der Walfänger und durch ihre Harpunen außerordentlich gereizt war. In jüngerer Zeit sanken auf der Fahrt von Rio nach Kopenhagen ein großes Schiff sowie mehrere Jachten – Douglas Robertson war der Kapitän der einen und Maurice Bailey der Kapitän der anderen – (s. Bibliographie S. 221) infolge von Kollisionen mit Walfischen, wobei ungeklärt ist, ob es sich um Unfälle, gezielte Angriffe oder spielerische Attacken eines Wals handelte, der den Schiffsrumpf für einen riesigen Artgenossen hielt.

Außer der Vermutung, daß Kollisionen und Schiffsunglücke durch unachtsame oder gereizte, aber noch zu identifizierende Meeresungetüme verursacht werden, wird ferner angenommen, daß kleine Schiffe manchmal von größeren gerammt wurden und sanken, ohne daß die größeren Schiffe den Unfall bemerkten (also eine Art Fahrerflucht auf hoher See). Diese letzte Möglichkeit wurde von Segelkameraden des erfahrenen Regattaseglers Harvey Conover angeführt, der mit seiner *Revonoc* auf der Fahrt nach Miami in den Keys am 1. Januar 1958 verschwand und von dem nur ein Beiboot gefunden wurde. Man vermutete, daß die *Revonoc* nachts von einem Hochseefrachter gerammt und durch den Sog eines Strudels in die Tiefe gerissen wurde, wodurch keine Wrackteile übrigblieben, und daß die Besatzung des Frachters diese Kollision mit einem kleinen Boot nicht bemerkte. Wie einleuchtend diese Theorie auch im

Hinblick auf Segelboote sein mag, so erklärt sie doch nicht das Verschwinden von Frachtern, bei denen eine Kollision mit anderen Frachtern zweifellos nicht unbemerkt bleiben würde.

Zum Thema »Entmystifizierung des Bermuda-Dreiecks« darf das Buch eines Bibliothekars aus Arizona, Lawrence Kusche (The Bermuda Triangle Mystery – Solved) nicht unerwähnt bleiben, in dem der Autor den Standpunkt vertritt, daß das Rätsel gelöst sei, da es niemals ein solches gegeben habe. Dabei ist jedoch zu berücksichtigen, daß die Meinung von Mr. Kusche durch keinerlei persönliche Erfahrungen oder Kenntnisse, sei es des Bermuda-Dreiecks, des Atlantischen Ozeans oder irgendeiner anderen größeren Wasserfläche, belastet ist. Seine Arbeitsweise zeichnet sich durch ein geradezu rührendes Vertrauen in Ferngespräche als zuverlässige wissenschaftliche Forschungsmethode aus, wie er selbst im Vorwort seines Buches auf Seite XV zugibt.

Wie von Martin Ebon in seinem Buch The Riddle of the Bermuda Triangle zitiert, erklärte Kusche: »Es war überflüssig, daß ich mich in das Gebiet begab, um es zu erforschen.« Ein erfrischender Kommentar zum Thema Forschungsmethoden, der Detektiven, Polizisten und Forschern aller Grade und Gebiete auf der ganzen Welt die Arbeit unendlich erleichtern würde! In einer Anzahl von Zeitschriften erschienen Artikel, in denen sowohl für wie gegen die Theorie vom Bermuda-Dreieck Stellung genommen wurde. Einige der kritischeren Artikel fand man in Zeitschriften, die von den großen Fluggesellschaften herausgegeben werden, deren Fluglinien das Dreieck oder seine Umgebung berühren.

Bei Ozeanographen, Wissenschaftlern, Regierungsvertretern oder anderen interessierten Beobachtern herrscht keine übereinstimmende Meinung über die Vorgänge im Bermuda-Dreieck. Eine Regierung jedoch, und zwar die des neugegründeten Staates Grenada, der früher zu Britisch-Westindien gehörte, hat vor einiger Zeit durch eine Rede ihres Premierministers vor der UNO-Vollversammlung eine klare Stellungnahme bezogen.

In dieser Rede, die bei der 30. Sitzung der UNO-Vollversammlung am 7. Oktober 1975 gehalten wurde, erklärte Dr. Eric Gairy, der Premierminister von Grenada:

> Die Zeit ist gekommen, in der die Organisation der Vereinten Nationen sich ernstlich damit befassen muß, einen Ausschuß oder eine entsprechende Dienststelle für PSI-Forschung zu bilden, um die Unwissenheit des Menschen über gewisse Aspekte seiner unmittelbaren Umwelt und in erhöhtem Maße über sein esoterisches oder inneres Ich zu beleben und die verschiedenen und unerklärlichen Phänomene zu ergründen, bei denen auch die am weitesten entwickelten Zweige der Wissenschaft

vor einem Rätsel stehen. Das Bermuda-Dreieck ist nur ein Beispiel…
Das Wissen, das dem Menschen gegebenenfalls durch PSI-Forschung
zugänglich wird, könnte ihn durchaus zum uneingeschränkten Herrn
seiner selbst und seiner Umwelt machen und nicht zu deren Untertan
oder, wie in manchen Fällen, zu deren Sklaven.

Diese überraschende Stellungnahme zum Thema »Bermuda-Dreieck« in
der UNO-Vollversammlung löste ein starkes Echo in der gesamten Welt-
presse aus. Einige ausländische Presseberichte betonten die Tatsache, daß
der Premierminister die UNO aufforderte, das Rätsel des Bermuda-Dreiecks zu lösen und »zu verhindern, daß Menschen in der vor uns liegenden
Zukunft Sklaven von Ereignissen werden, die sich ihrer Kontrolle entziehen«, was möglicherweise eine Anspielung auf außerirdische Kräfte
oder Wesen ist, die sich im Dreieck manifestieren.
Aufgrund des weltweiten Interesses am Bermuda-Dreieck ist es interes-
sant und vielleicht kein Zufall, daß die amerikanische Marine für den
Sommer 1976 ein gemeinschaftliches Forschungsprojekt unter dem
Kennwort *Polymode* mit Flotteneinheiten der UdSSR plante, um magne-
tische Kräfte und Störungen, unregelmäßige Meeresströmungen und
Wellen, Unterwasser-Schallkanäle und plötzlich auftretende magnetische
Stürme in einem Teil des westlichen Atlantiks zu untersuchen, der dem
Gebiet des Bermuda-Dreiecks entspricht.
Dieses Interesse der US-Regierung an dem Dreieck erinnert an die Unter-
suchungen des Projekts »Magnet«, eines amerikanisch-kanadisch-engli-
schen Gemeinschaftsforschungsprojekts, das 1956 abgeschlossen wurde
und die magnetischen Aberrationen im Bermuda-Dreieck zur Grundlage
hatte. (Interessant ist, daß ein bei diesem Forschungsprojekt eingesetztes
Marineflugzeug vom Typ *Martin Marlin* bei einem Flug in diesem Gebiet
1956 mit der gesamten Besatzung verschwand und wie üblich keine
MAYDAY-Meldung funkte und keine Wrackteile oder sonstige Anhaltspunkte für eine Erklärung seines Verschwindens hinterließ.)
Die Beteiligung der Vereinigten Staaten an diesem Projekt, das mit dem
Sojus-Apollo-Projekt zusammenfiel, beweist nicht nur das Interesse der
amerikanischen Marine und Ozeanographen am »inneren Raum«, sondern ein verstärktes, wenn auch nicht offen zugegebenes Interesse an den
im Bermuda-Dreieck auftretenden Phänomenen, die kein Regierungs-
vertreter anerkennen oder auch nur offiziell erwähnen will, obwohl Regierungsbehörden offiziell bereit sind, sie zu untersuchen. Vielleicht
werden die Resultate dieses Forschungsprojektes aufschlußreiche Hinweise darüber geben, was mit einigen jener Schiffe und Flugzeuge geschah, die im Lauf der letzten dreißig Jahre in diesem Gebiet verschwanden.

Obwohl das Projekt »Polymode« in der amerikanischen Presse mit Schlagzeilen wie *»Amerikanische und sowjetische Teams erforschen das Bermuda-Dreieck«* angekündigt wurde, ist kaum zu erwarten, daß die amerikanische Marine zugibt, das Dreieck werde näher untersucht, obschon das betreffende Gebiet »zufällig« ungefähr zwischen denselben Breiten- und Längengraden im westlichen Atlantik liegt.

Während es durch die im Rahmen des amerikanisch-sowjetischen Gemeinschaftsprojekts durchgeführten Untersuchungen vielleicht gelang, den Grund für die magnetischen Anomalien zu entdecken, stieß man möglicherweise in, über oder auf der Erde auf natürliche oder andersartige, bisher noch nicht identifizierte Kräfte.

Es besteht auch die Wahrscheinlichkeit, daß diese Kräfte seit Hunderten – und vielleicht seit Tausenden – von Jahren in diesem Gebiet aktiv waren und daß ein Zusammenhang zwischen dem rätselhaften Verschwinden all jener Flugzeuge und Schiffe und einem anderen großen Rätsel besteht, das seit Jahrtausenden die Menschheit beschäftigt – dem legendären Verschwinden eines ganzen Kontinents.

5

Das versunkene Atlantis –
im Bermuda-Dreieck wieder entdeckt?

Ein untergegangenes Imperium, das in den Legenden der Menschheit als
»Atlantis« weiterbesteht, ruht heute vielleicht auf dem Meeresboden im
Bermuda-Dreieck. Möglicherweise fiel es in ferner Vergangenheit denselben gewaltigen Kräften zum Opfer, für die dieses Gebiet nach wie vor
berüchtigt ist. So wie die in ihm auftretenden Phänomene von Physikern
und Meteorologen, Militär- wie Zivilbehörden nicht anerkannt werden,
lehnen Ozeanographen und Archäologen die neuen, im Dreieck gemachten Entdeckungen ab, die Hinweise auf eine versunkene Zivilisation
geben. Aber die Unterwasserforschung, die im Bermuda-Dreieck z. T.
auch durch das öffentliche Interesse vorangetrieben wurde, hat vielleicht
die ersten konkreten Beweise für den Wahrheitsgehalt der Atlantis-»Legende« gefunden.
Wir alle kennen – zumindest in Umrissen – die Theorie von einer großen
verschwundenen Zivilisation, die einst auf einem Kontinent oder mehreren großen Inseln im Atlantischen Ozean existierte, welche in grauer
Vorzeit im Meer versanken. Diese Legende hat durch Plato und andere
Chronisten des Altertums seit Jahrtausenden die Phantasie der Menschen
beschäftigt, obwohl sie fast schon von jener Zeit an, als Plato zum ersten
Mal von ihr berichtete, von kritischen Gegnern lächerlich gemacht
wurde.
Diese Kontroverse, die nun schon mindestens 2500 Jahre währt und das
Thema von über 15 000 Büchern und unzähligen Artikeln in beinahe allen
Sprachen der Welt bildet, hält auch heute noch an. Wissenschaftler versuchen an verschiedenen Stellen der Erdoberfläche zu beweisen, daß sie
die menschliche Urzivilisation gefunden haben, während wiederum andere Wissenschaftler bemüht sind, diese Behauptungen zu widerlegen.
Forschungsexpeditionen untersuchen den Boden der Ozeane und Bin-
nenmeere, die tieferen Erdschichten unter Wüsten, die einst Meer waren,
Inseln, die vielleicht früher die Berggipfel von jetzt versunkenem Land
waren, Bergspitzen, auf denen die Überlebenden der einstigen Naturka-
tastrophen möglicherweise von den über die Erde hinziehenden Gezeiten
angespült wurden, und die Tiefen unter den Eisflächen des Nord- und
Südpols, die einst gemäßigte und bewohnbare Zonen waren, bevor die
Pole sich an ihre heutigen Positionen verschoben.
Atlantologen, d. h. Prähistoriker und Archäologen oder Forscher, die sich
für die Atlantis-Theorie interessieren, haben das verschwundene Reich

an einer Vielzahl von verschiedenen Stellen der Erde »entdeckt«. Eine Zusammenstellung der Meinungen von 275 Forschern zeigt, wie vielfältig die Ansichten zu diesem Thema sind: 131 placieren das einstige Atlantis wahlweise in 40 verschiedenen Gebieten früher Kulturen außerhalb des Atlantischen Ozeans (und ein Mitglied dieser Gruppe vermutet es auf dem Planeten Venus), während 98 annehmen (das aber bis heute noch nicht eindeutig beweisen konnten), daß Atlantis sich genau dort befand, wo es nach Plato war – auf dem Meeresboden des Atlantischen Ozeans.

Plato, der Atlantis sehr ausführlich in seinen Timaios- und Kritias-Dialogen beschrieb, wurde damals beschuldigt, lediglich eine hübsche Geschichte erfunden zu haben und sie nur interessanter machen zu wollen durch die Behauptung, sie beruhe auf Tatsachen. Er gebe einen Bericht Solons (jenes großen Gesetzgebers Athens) wieder, der während eines Aufenthalts in Ägypten die Priester in Saïs darüber befragte. Diese Priester besaßen, Plato zufolge, auf den Säulen und Wänden ihres Tempels schriftliche Aufzeichnungen über Atlantis. Solons Bericht war Platons Urgroßvater übergeben worden.

Plato beschreibt Atlantis und sein Zeitalter mit Worten, die, obwohl vor 2400 Jahren im alten Griechenland geschrieben, auch heute noch eine geheimnisvolle Faszination ausstrahlen: »...Auf dieser Insel Atlantis bestand eine große und bewundernswerte Königsgewalt, die der ganzen Insel, aber auch vielen anderen Teilen des Festlandes gebot; außerdem reichte ihre Macht über Libyen bis nach Ägypten und in Europa bis nach Tyrrhenien... Sie besaßen eine solche Fülle des Reichtums, wie sie weder vorher in irgendeinem Königreich bestanden hat noch in Zukunft so leicht wieder bestehen wird... Die ganze Außenseite des Tempels war mit Silber überzogen, die Zinnen mit Gold. Im Innern war die Decke von Elfenbein, verziert mit Gold und Messing... Die Schiffsarsenale waren voll von Triëren und allem zur Ausrüstung eines solchen Schiffes gehörigen Materials... Den ganzen Raum nahmen viele dichtgedrängte Wohnungen ein; die Ausfahrt und der größte Hafen waren reich belebt mit Schiffen und Kaufleuten aus allen möglichen Gegenden... Außerdem gab es eine große Anzahl von Elefanten auf der Insel und genügend Futter für alle möglichen wilden und zahmen Tiere...«

Dieses schöne Land ereilte nach Platos Worten ein jäher Untergang: »...Später entstanden gewaltige Erdbeben und Überschwemmungen, und im Verlauf eines schlimmen Tages und einer schlimmen Nacht versank... die Insel Atlantis im Meer...«

Platos detaillierte Schilderung von Atlantis, die angeblich später von ihm selbst und einigen seiner Schüler bei einem Besuch in Saïs verifiziert wurde, ist seit jener Zeit durch alte Überlieferungen bestätigt worden: Durch übereinstimmende Legenden und Bräuche vieler Völker, durch die

weltweite Sage von einer großen Flut (Sintflut), der nur wenige Auser-
wählte entkamen. Eine weitere Bestätigung liefern sprachliche Ähnlich-
keiten und Übereinstimmungen, die ohne die Annahme eines einst bestehenden direkten Kontaktes unerklärlich wären, sowie präkolumbianische,
auf beiden Seiten des Atlantiks gefundene schriftliche Hinweise auf einen
Kontinent oder große Inseln im Atlantik, von wo aus die Zivilisation nach
Europa, in den Mittelmeerraum, den Mittleren Osten und nach Amerika
gebracht wurde. Die Legenden über einen versunkenen Kontinent und
Kontakte mit einer älteren Zivilisation blieben sowohl in Europa wie in
Amerika so lebendig, daß die Spanier bei Antritt ihrer transozeanischen
Entdeckungsfahrt fest damit rechneten, auf dem Weg zu einem neuen
Kontinent Überreste von Atlantis zu finden, während die Azteken und
andere indianische Volksstämme erwarteten, daß weiße Männer oder
weiße Götter eines Tages aus ihrer versunkenen Urheimat zu ihnen zurückkehren würden, die viele Indianervölker immer noch »Aztlán«
nannten.

Die Ähnlichkeit der Namen, mit denen alte Volksstämme entweder eine
versunkene Insel im Atlantischen Ozean, ein verlorenes Paradies oder ein
Land bezeichneten, von dem aus sich die Zivilisation in jener früheren
Welt ausbreitete, ist ein die Atlantis-Theorie erhärtender Faktor, wenn
auch nicht unbedingt ein Beweis dafür, daß ein derartiges Land einst
wirklich existierte. Die folgende Aufstellung veranschaulicht die Macht
eines Namens und seinen Widerhall in der Geschichte, in Legenden sowie
im Bewußtsein der alten Völker, die während einer Jahrtausende dauernden Zeitepoche in einem großen Kreis rings um den Atlantischen
Ozean lebten. Obwohl wir nicht wissen, wie die Atlantiden ihr Land
nannten, ist das häufige Vorkommen der durch die Buchstaben A, T, L
und N gekennzeichneten Laute doch bemerkenswert.

Einen zusätzlichen Hinweis auf das verschwundene ozeanische Reich liefert die Silbe *Atl*, die sowohl in der Sprache der alten Azteken wie derjenigen der Berber Nordafrikas »Wasser« bedeutet. Möglicherweise enthält
sogar die Bibel einen Hinweis auf »das Land vor der Flut« in dem Namen
Ad-am, der den ersten Menschen oder vielleicht den ersten zivilisierten
Volksstamm bezeichnet.

Die hartnäckigen, wenn auch verschwommenen Erinnerungen an dieses
versunkene Land überdauerten die Jahrtausende und trugen wesentlich
zur Erforschung des Atlantiks bei, vor allem da bestimmte, nach alten
griechischen Vorlagen angefertigte Karten des Mittelalters immer noch
Atlantis oder Antilla weit draußen im westlichen Ozean zeigten.

Ein Absatz in Platos Bericht paßt außerdem besonders auf Inseln im Bermuda-Dreieck – die Bahamas, Bermudas und Antillen – und beeinflußte
die Entdeckung der Neuen Welt durch Kolumbus.

Alte Kulturgruppe	Name der ver-sunkenen Insel*	Lage in der Legende
Griechen und Römer	Atlantis Atlas	Inselreich im Atlantischen Ozean/ Gebirgskette an der atlantischen Westküste, die sich bis ins Meer weiter auf seinem Grund erstreckte.
Phönizier und Karthager	Antilia Antilha	Insel im westlichen Atlantischen Ozean auf geheimgehaltenen phönizischen Handelsrouten.
Ägypter	Amenti Aalu	Paradies in der Mitte des west-lichen Ozeans.
Babylonier und Sumerer	Arallu	Inselparadies im westlichen (Atlantischen) Ozean.
Walisische Kelten	Avalon	Inselparadies im westlichen Ozean.
Germanen	Walhalla	Paradies im Westen.
Spanische Kelten	Antilla Atlantida	Inselreich im Atlantik, nicht weit von Spanien entfernt.
Berber und alte nordafrikanische Volksstämme	Atarantes Atlantioi Attala	Kriegerische Eindringlinge aus Nordwestafrika. Nordwestliche Meeresinsel, Sitz eines einstigen Imperiums.
Araber	Ad	Das Land vor der Flut, westlich des Mittelmeeres.
Guanchen (Kanarische Inseln)	Atalaya	Versunkenes atlantisches Impe-rium, zu dem die Kanarischen Inseln gehörten.
Basken	Atalaintika	Versunkene Insel im Atlantik, von der die Basken kamen.
Azteken	Aztlán Az	Insel mit einem großen Berg im östlichen Meer (Atlantik), ur-sprüngliche Heimat der Azteken.
Mayas	Aztlán Atlan	Einstiges Land im östlichen Meer, von dem die Mayas kamen.
Tolteken	Tlapallan	Insel im östlichen Meer, die Hei-mat der Götter, welche die Zivilisa-tion brachten.
Volksstämme Nord- und Mittel-amerikas sowie der Nordküste Südamerikas	Atlán	Insel im östlichen Meer, von der die Stammesvorfahren kamen.

* Zivilisation vor der großen Flut, oder des einstigen Paradieses

Plato sagt bei der Beschreibung der Lage von Atlantis:

…Denn damals [9000 Jahre vor Platos Zeit oder 11 500 vor der unsrigen] konnte man das Meer dort noch befahren, es lag nämlich vor der Mündung, die bei euch »Säulen des Herakles« heißt, eine Insel, größer als Asien [der Mittlere Osten] und Libyen [Nordafrika] zusammen, und von ihr konnte man damals noch nach den anderen Inseln hinüberfahren und von den Inseln auf das ganze gegenüberliegende Festland, das jenes in Wahrheit so heißende Meer umschließt. Erscheint doch alles, was innerhalb der genannten Mündung liegt, nur wie eine Bucht mit engem Eingang; jener Ozean aber heißt durchaus mit Recht also und das Land an seinen Ufern mit dem gleichen Recht ein Festland…

Dieser 2000 Jahre vor Kolumbus schriftlich festgehaltene Hinweis auf einen Kontinent im westlichen Atlantik ist typisch für eine im Altertum und Mittelalter allgemein verbreitete Überzeugung, die einen zusätzlichen Ansporn für Kolumbus, der ein überzeugter Leser Platos war, darstellte. Außerdem teilte ihm ein Gelehrter vor Antritt seiner großen Entdeckungsfahrt brieflich mit, daß er seine Flotte wahrscheinlich auf einer der übriggebliebenen Inselreste von Atlantis mit neuen Vorräten versorgen könnte. Besonders interessant in Platos Bericht ist sein Hinweis auf »andere Inseln«, der sich auf eine Reihe großer Landmassen vor der amerikanischen Küste bezieht, die gemäß Platos Schilderung einst viel größer und zahlreicher gewesen sein müssen als heute.
In diesem Zusammenhang ist zu beachten, daß Plato sich auf eine ziemlich genau festgelegte Periode der Vergangenheit bezieht, und wie immer es auch mit der Exaktheit seiner Angaben über Atlantis bestellt sein mag, so ist doch erstaunlich, daß er Inseln vor der Küste eines damals scheinbar noch unbekannten Kontinentes beschreibt. Zu jener Zeit, über die Plato berichtet, gab es im Atlantischen Ozean Landmassen, welche viel größere Inseln zwischen den heute noch existierenden umfaßten, sowie andere, heute nicht mehr vorhandene Inseln; auch das Küstenland erstreckte sich bis weit in den Atlantik hinaus. Der Ozean war damals ungefähr 300 Meter flacher als heute, d. h. bevor das beim Abschmelzen der Dritten Eiszeit frei werdende Wasser die Ozeane zu ihrer jetzigen Höhe ansteigen ließ. Weite Gebiete des heutigen Meeresbodens waren damals Küstenland, große Inseln oder Landverbindungen zwischen den Inseln. Bemerkenswerte Beweise für dieses Ansteigen der Weltmeere findet man im Gebiet des Bermuda-Dreiecks, wo die ausgedehnten Unterwasserbänke Floridas und der Bahamas mit ihren geräumigen unterseeischen Höhlen – den »Blauen Löchern« – ausführliches Beweismaterial dafür liefern, daß sie jahrtausendelang über dem Meeresspiegel lagen. Ein recht überzeu-

gender Beweis für das Ansteigen des Meeresspiegels sind die in den »Blauen Löchern« vorhandenen Stalagmiten und Stalaktiten (Nadeln und Kalkstein-»Eiszapfen«, die durch das von der Höhlendecke herabtröpfelnde Sickerwasser entstehen, jedoch nur, wenn diese Höhlen sich über Wasser befinden), die Korallenformationen in verhältnismäßig großer Tiefe (Korallen bilden sich normalerweise nur dicht unter der Wasseroberfläche), die Entdeckung von Sandstränden tief im Ozean (Sandstrände entstehen durch die Brandung an den Küsten) und die Ergebnisse von Bodenuntersuchungen in der Karibik (Duke-Universität, 1969), bei denen Proben von Eruptivgestein an die Oberfläche gebracht wurden, was auf eine kontinentale Bodenbeschaffenheit hinweist.

Bodenproben oder sogenannte »Kerne« in der Nähe der Azoren weit draußen im Atlantik erbrachten ebenfalls Resultate, die auf ein starkes Ansteigen des Wasserspiegels oder ein Absinken der ehemaligen Landgebiete schließen lassen, und zwar besonders die vom Meeresboden heraufgeholten Proben von Tachylyt, einer glasig ausgebildeten basaltartigen Lava, die man erstmals 1898 anläßlich der Reparatur des Transatlantikkabels fand und erneut 1969 durch eine sowjetische ozeanographische Forschungsexpedition. Die Bedeutung der Tachylyt-Funde beruht auf der Tatsache, daß diese basaltartige Lava sich nur bei Abkühlung *über* Wasser glasig ausbildet, ansonsten jedoch kristallin. In beiden Fällen wurden die Funde auf ein Alter von ungefähr 15 000 Jahren datiert. Außerdem legen »Kerne«, die dem Meeresboden bei den Azoren entnommen wurden, in überzeugender Weise die Vermutung nahe, daß das zutage geförderte Gestein *über* dem Meeresspiegel komprimiert wurde.

Wenn wir von einem generellen Absinken des heutigen Meeresspiegels von 330 Meter ausgehen, mit einem Spielraum für sogar noch größere, durch Vulkanausbrüche während des plötzlichen Ansteigens des Wassers verursachten Schwankungen, können wir uns im Geist die Form der vor ungefähr 12 000 Jahren im westlichen Atlantik vorhandenen einstigen Landmassen vorstellen: Die Bahama-Bänke lägen über Wasser und bildeten ein großes Landgebiet mit weiten Buchten, wie der heutigen Tongue of Ocean oder dem Exuma-Sund, und Meeresdurchfahrten wie dem Nordost-Providence-Kanal. Kuba und die anderen Antillen wären viel größer, und einige Inseln wären durch Land miteinander verbunden, wo heute nur noch die Gipfel überfluteter Berge über die Meeresoberfläche ragen. Florida würde sich östlich in den Atlantik erstrecken und im Westen weit in den Golf von Mexiko. Die östliche Küstenlinie von Florida nach Long Island würde 100 bis 150 Kilometer weiter draußen im Meer verlaufen als heute, und der Hudson würde sich seinen Weg zum Meer durch gewaltige, jetzt unterseeische Cañons bahnen. Weiter draußen im Atlantik würden die Bermudas eine große Insel bilden, und die ihnen

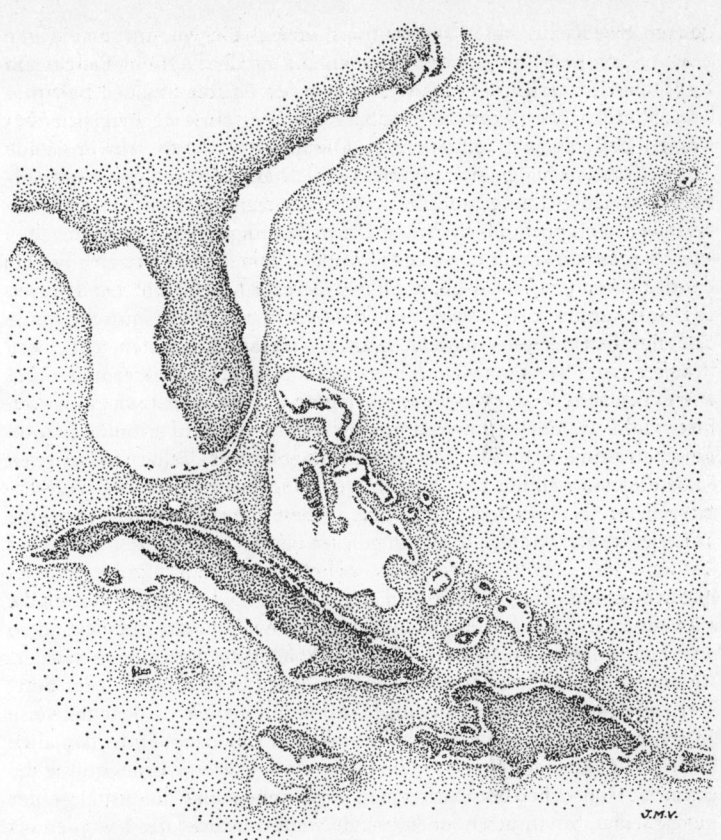

Die weißen Gebiete entlang der Küste des amerikanischen Festlands sowie rings um die Bahamas und Antillen waren vor ungefähr 12 000 Jahren Land, bevor die Schmelzwasser der Dritten Eiszeit den Meeresspiegel ansteigen ließen und diese Gebiete überschwemmten. Die offensichtlich von Menschenhand errichteten Unterwasserbauten auf den Bahama-Bänken deuten darauf hin, daß diese früheren Landgebiete einst von Menschen mit bemerkenswert hoher Zivilisation bewohnt wurden.

heute vorgelagerten Unterwasserbänke sowie einige der unterseeischen Berge würden über der Wasseroberfläche liegen, während ihre Küste entlang der heutigen Bermuda-Schwelle verliefe. Weiter südlich auf der europäisch-afrikanischen Seite des Atlantiks wären Madeira und die Kanarischen Inseln bedeutend größer als heute, wobei sie möglicherweise durch eine Landbrücke mit Afrika verbunden wären, während weiter in der Mitte des Atlantiks das heute verhältnismäßig kleine Landgebiet der

Azoren eine Reihe großer Inseln und Buchten wäre, die insgesamt eine größere Landfläche als Japan einnähmen und auf dem Azoren-Plateau am Nordatlantischen Rücken lägen. Zwischen den Azoren und den Bahamas liegt nördlich der Bermudas die Sargasso-See, ein eigenartiges unbewegtes Meeresgebiet inmitten des Ozeans, das durch schwimmende Algen (Sargassum) gekennzeichnet wird. Diese Meeresalgen sind vielleicht das Entwicklungsprodukt von Erdpflanzen, die sich, als das Land versank, erfolgreich an die neuen Umweltbedingungen anpaßten.

Die Theorie von einem einst im Atlantik vorhandenen Inselreich basiert auf der Annahme, daß viele heutige Meeresgebiete früher Land waren oder auch umgekehrt, so wie im Fall der Sahara, wo Meeresmuschelfunde und andere Überreste maritimen Lebens darauf hindeuten, daß diese Wüste einmal Meer war. Doch alle Legenden und Überlieferungen und alle Vermutungen, daß die Menschheit einst auf den damals viel größeren Inseln und Archipelen im Atlantik ein ozeanisches Imperium aufbaute, dessen versunkene Städte, Tempel und mit goldenen Dächern versehenen Paläste, dessen Häfen und Mauern jetzt vielleicht unter den Wassermassen des Atlantiks begraben liegen, all diese Vermutungen bleiben eine Theorie, bis tatsächliche Überreste dieser Bauten oder Ruinen gefunden werden.

Historiker und Archäologen sind verständlicherweise nicht bereit, die einstige Existenz von Atlantis auch nur in Erwägung zu ziehen, und so findet die Atlantis-Theorie als solche die Ablehnung der Wissenschaftler. Anhänger dieser Theorie werden meist sogar für Phantasten oder Sonderlinge gehalten. Man kann diese Einstellung vielleicht sogar teilweise verstehen, denn *falls* tatsächlich die einstige Existenz einer die damalige Welt beherrschenden Seemacht wie Atlantis bewiesen würde, müßte die gesamte Menschheitsgeschichte neu geschrieben und die Anfänge der menschlichen Zivilisation Jahrtausende weiter zurückdatiert werden als die frühesten Kulturen wie die der Ägypter, Sumerer, Babylonier und der früher seefahrenden Mittelmeervölker.

Wie um den Standpunkt des wissenschaftlichen Establishments zu bestätigen, hatte man in jahrzehntelanger Atlantisforschung in den grünlichen oder violetten Tiefen des Atlantiks bis vor kurzem nur von Flugzeugen oder Fischerbooten aus Überreste von Städten, Mauern und »Straßen« entdeckt. Diese Unterwasserbauten wurden meist bei ungewöhnlichen Wetterbedingungen und anormal klarem Wasser gesichtet und konnten dann später nicht wiedergefunden werden. Einige dieser Berichte tat man als Einbildung von Piloten ab oder erklärte sie – vor allem, wenn es sich um küstennahe Gebiete handelte – mit der Verstocktheit der Fischer, die angeblich nichts von ihren Funden verraten wollten. Auf einigen Inseln im Atlantik sowie an der amerikanischen Ostküste wurden Ruinen gefunden, die nicht den früher dort vorhandenen Kulturen entsprechen und allgemein den Phöniziern (die ihre Seefahrten unter Androhung der Todesstrafe geheimhielten) oder anderen präkolumbischen Entdeckern zugeschrieben wurden.

Dr. Maurice Ewing, der bekannte Ozeanograph, begründete seine Meinung zum Thema Atlantis mit seinen eigenen Erfahrungen und der Tatsache, daß er »dreizehn Jahre lang den Mittelatlantischen Rücken erforschte (und) keine Spur von versunkenen Städten fand«, wobei er allem Anschein nach davon ausgeht, daß »nicht sein kann, was er nicht fand«. Zwei andere Prähistoriker und Verfasser von Büchern über Atlantis, Armando Vivante und J. Imbelloni aus Argentinien, verbrachten mehrere Jahre mit Forschungen über dieses Thema und kamen nicht nur zu der Schlußfolgerung, daß es niemals ein Atlantis gab, sondern auch zu der Erkenntnis, daß das Studium dieser Theorie eine Zeitverschwendung sei. Ob sie damit nun die Zeit meinten, die sie der Fertigstellung ihrer Bücher widmeten, erläuterten sie nicht näher.

In den letzten Jahren haben sich jedoch Entwicklungen angebahnt, die sehr wohl die ersten Mosaiksteine des authentischen Beweises für den Wahrheitsgehalt der Atlantis-Theorie sein können, ob dies nun dem akademischen Establishment paßt oder nicht, und auch auf die Gefahr hin, daß dadurch die wohlgeordneten Datentabellen über die Kulturen der Frühgeschichte durcheinandergeraten. Diese Entdeckungen wurden an einer Stelle gemacht, an der es ausgesprochen logisch ist, nach dem einstigen Atlantis zu suchen – auf den unterseeischen Bänken und in den Buchten des Bermuda-Dreiecks.

Unterwasserruinen, die offensichtlich Überreste von aus gewaltigen Steinblöcken errichteten Fundamenten, Straßen, Mauern und Gebäuden waren, wurden zum ersten Mal 1968 in Bimini und Andros entdeckt; in einigen Fällen wurden sie zuerst aus der Luft gesichtet und dann von Tauchern bestätigt, manchmal aber auch bei klarem Wasser von Booten aus auf dem Meeresgrund gesehen. Es ist natürlich möglich, daß Fischer und ortsansässige Taucher diese Ruinen schon früher entdeckten und wegen möglicherweise vorhandener Schätze – archäologische Artefakte oder Gold – tiefstes Stillschweigen bewahrten. Wahrscheinlich ist jedoch, daß

Skizze eines Ausschnittes des Bimini-Walls oder -Dammes (Straße), aus der man durch den Vergleich mit der in etwa 10 Meter Tiefe schwimmenden Gestalt eines Menschen und eines Haifisches die Größe der Felsblöcke ersieht.

durch Stürme und seismische Veränderungen des Meeresbodens einige dieser unterseeischen Ruinen freigelegt wurden, ein Vorgang, durch den sich höchst seltsamerweise die Prophezeiung bewahrheitete, die Edgar Cayce, der berühmte Hellseher und PSI-Forscher, 28 Jahre vor diesem Ereignis in einer seiner vielen Tranceaussagen über Atlantis machte. Cayce sagte im Jahre 1940: »Poseidia wird unter den ersten Teilen von Atlantis sein, die wiederauftauchen. Vermutlich 1968 und 1969. Also recht bald!«

Die Umstände der Entdeckung des unterseeischen Bimini-Walls (oder Dammes) durch die Ozeanographen Dr. Manson Valentine, Dimitri Resikof, Jacques Mayol und andere und die Entdeckung des ersten Andros-»Tempels« aus der Luft durch die Piloten Trig Adams und Bob Brush wurden ausführlich in mehreren Büchern beschrieben (so auch in *Mysteries From Forgotten Worlds*, Doubleday 1972). Diese ersten Entdeckungen wurden fast sofort von Archäologen und Ozeanographen dementiert. Der Andros-Tempel und andere in der Nähe gemachte Funde wurden als »Hummerkolonien« oder rechteckige Sammelbecken für Schwämme und Muscheln abgetan, obwohl sie sorgfältig aus Steinblöcken errichtet wurden. Vom Bimini-Wall behauptete man, er sei eine natürliche Abbruchkante von Küstenfelsen, die nur Phantasten für einen Wall oder Damm oder eine Straße halten könnten.

Seit der ersten negativen Reaktion des archäologischen Establishments auf die unterseeischen Entdeckungen bei den Bahamas haben eine Reihe privater und anderer Expeditionen sowie auch mehrere Filmgesellschaften, angelockt von dem allgemeinen brennenden Interesse am Bermuda-Dreieck, Unterwasseruntersuchungen und Filme in diesem Gebiet gemacht, durch welche die Existenz einer beachtlichen Anzahl weiterer unterseeischer Bauten bewiesen wurde. Unterwasserstraßen, kyklopische Mauern, mit Steinplatten belegte Fußböden, Pyramidensockel, Dämme, in konzentrischen Kreisen angeordnete riesige Steinblöcke und sogar Grabsteine, gemeißelte Säulen und Statuen wurden an verschiedenen Stellen auf dem Meeresgrund in den Bahamas, besonders bei Bimini, Andros, Exuma, Caicos und Cat Cay gefunden. Bei den Bermudas sollen Statuen vom Meeresboden heraufgeholt und ganze unterseeische Städte gesichtet worden sein. Unterwasserbauten wurden auch bei den Kanarischen Inseln und den Azoren entdeckt, vor den Küsten Nordafrikas und Spaniens, der Nordküste Kubas und vor dem Kontinentalsockel der Vereinigten Staaten. Vor der Küste Yukatans und Venezuelas fand man unterseeische Dämme und gigantische Mauern. (*Das Atlantis-Rätsel*, Zsolnay 1976.) Die Tiefe, in der sich diese Ruinen befinden, variiert zwischen 10 und 2250 Meter.

Auch die Fundorte an den Bahama-Bänken – in den Bahamas wurden die meisten dieser Ruinen gefunden, vielleicht weil dort so häufig nach ihnen gesucht wird – weisen verschiedene Tiefen auf. Bei Caicos scheinen unterseeische Straßen aus großen Tiefen zu kommen und dann über die seichten Stellen und einen Teil der Insel zu führen. Der Bimini-Wall verläuft mit seiner sichtbaren Länge von etwa 1000 Meter in Tiefen zwischen 8 und 12 Meter. Bei Nord-Bimini wurde ein labyrinthisches Gewirr von Mauern oder Kammern in etwa 30 Meter Tiefe aus der Luft photographiert. Weiter entfernt von der Küste wurden angeblich in 60 bis 100 Meter Tiefe und dann wieder in 167 Meter Tiefe große Pyramiden von Piloten gesichtet und von Tauchern untersucht, wobei letztere die Fundstellen oft nur höchst ungern verraten.

Diese Geheimniskrämerei wird durch das archäologische »Unterwasser-Fieber«, wie man es nennen könnte, ausgelöst. Jeder Taucher will die Fundstelle für sich behalten, um den Fund oder etwaigen Schatz zum eigenen Vorteil ausbeuten zu können, ja vielleicht sogar die Ruinen zu sprengen, um schneller an das erhoffte Ziel zu gelangen. Glücklicherweise hat die Regierung der Bahamas Maßnahmen zum Schutz der Unterwasserfunde ergriffen und ein Museum in Freeport für die Sammlung der Artefakte eröffnet, die vom Meeresboden heraufgeholt werden können.

Erst im vergangenen Jahr wurde der eindeutige Beweis dafür erbracht, daß diese ungewöhnlichen Mauern und Ruinen nicht nur alten Ruinen ähnelnde Felsformationen sind und daß die Artefakte auf dem Meeresboden kein »Tiefenstrandgut« sind, d. h. nicht von Schiffbrüchen aus früheren Jahrhunderten stammen. Eine Reihe von Expeditionen (Poseidia 1 und 2), die Dr. David Zink von der Lamar-Universität durchführte sowie unabhängige Tauchversuche von Dr. M. Valentine und Dr. J. Thorpe und anderen bestätigten, daß die riesigen Steinblöcke des Bimini-Walls nicht Teil des Küstenfelsens sind. Wie ein nicht mit der Anordnung dieser Steinblöcke übereinstimmender Riß im Meeresboden beweist, stellt der Wall – oder die Straße – keine natürliche Bodenformation dar, sondern wurde künstlich errichtet – teilweise auf sogar noch erhaltenen Pfeilern, was eindeutig gegen eine natürliche Entstehung sprechen dürfte. Die zahlreichen anderen, überall zwischen den Inseln entdeckten unterseeischen Bauten werden gegenwärtig untersucht, während man laufend weitere Überreste von Unterwasserkonstruktionen, Mauern, Fundamenten und Pyramiden in zunehmend größeren Tiefen findet.

Ob Edgar Cayce nun wirklich meinte, daß Atlantis mit seinen goldenen, von Seetang überwucherten Palästen 1968 aus dem Meer auftauchen würde, oder nicht, so hat seine Prophezeiung sich dennoch in ihrem wesentlichen Gehalt erfüllt, da zum Staunen der ganzen Welt 1968 unterseeische Gebäude und Artefakte einer versunkenen Zivilisation sichtbar wurden – und die Wiederentdeckung einer versunkenen Welt geht in genau jenen Gebieten des Atlantiks weiter, in denen sich Atlantis den Legenden zufolge einst befand. Diese Ruinen können nicht von einer uns bekannten Kultur stammen, da der Wasserspiegel der Weltmeere Jahrtausende vor dem ersten, von uns geschichtlich erfaßten Zeitpunkt 300 Meter anstieg. Falls also die Phönizier, Minoer, Wikinger, Iren oder irgendein anderes jener Völker, die möglicherweise schon vor Kolumbus Amerika entdeckten, diese gewaltigen Bauten dort errichteten, wo man sie jetzt fand, hätten sie diese *unter* Wasser bauen müssen.

Zur Zeit der Drucklegung dieses Buches wurde von einer weiteren, höchst ungewöhnlichen Entdeckung im Bermuda-Dreieck berichtet, die nicht, wie viele der anscheinend von Menschenhand stammenden Überreste auf dem Kontinentalsockel der Vereinigten Staaten oder der Bermuda-Bänke gelegen ist, sondern auf dem Meeresgrund selbst, wobei die Meerestiefe zwischen 270 und 420 Meter schwankt. Bei dieser Entdeckung scheint es sich um eine gigantische, mindestens 140 Meter hohe Pyramide zu handeln, deren Basisseiten jeweils etwa 150 Meter messen. Sie weist ungefähr den gleichen Neigungswinkel auf wie die Cheops- oder Chufu-Pyramide im ägyptischen Gizeh, die möglicherweise für viele der kleineren Pyramiden in und außerhalb Ägyptens als Vorbild gedient hat. Wie auch immer: Da eine der Seiten der unterseeischen Pyramide ersten Messungen zufolge länger sein dürfte als die gegenüberliegende Seite – vielleicht aufgrund eines Absinkens in den Boden oder weil die Pyramide im Lauf der Jahrhunderte von Sand und Schlamm bedeckt wurde –, darf man annehmen, daß die Gesamthöhe, von der wahren oder ursprünglichen Basis gemessen, noch größer gewesen ist. Die Spitze dieser Pyramide scheint sich über 90 Meter unterhalb des Meeresspiegels zu befinden. Es gibt noch andere Bodenuntersuchungen, welche die Vermutung nahelegen, daß regelmäßig wirkende Plattformen und pyramidenartige Gebilde in der Nachbarschaft, die allerdings noch nicht durch mehrfach gepeilte Sonarlotungen überprüft wurden, auf das Vorhandensein anderer monumentaler Bauten oder Ruinen auf dem Meeresgrund hindeuten. Dieses riesenhafte pyramidenartige Gebilde wurde zum erstenmal während einer Fischfang-Expedition Anfang 1977 gesichtet und vom Sonar-Schreiber registriert, als das Sonar nicht die erwarteten Fischschwärme ortete, sondern überraschenderweise eine Pyramide auf dem Sonar-Schirm wiedergab. Da es sich hier um eine ziemlich flache Stelle des Meeresbodens handelte, in deren Nachbarschaft, wie berichtet wird, schon oft andere von Menschenhand geschaffene Bauten gesehen und photographiert worden waren, fuhr Captain Don Henry, dem die erste Aufzeichnung gelang, mehrere Male über diese Stelle – darunter auch anläßlich einer vom Autor im Mai organisierten Sonderfahrt –, und jedesmal schienen die Ergebnisse die Existenz einer großen unterseeischen Pyra-

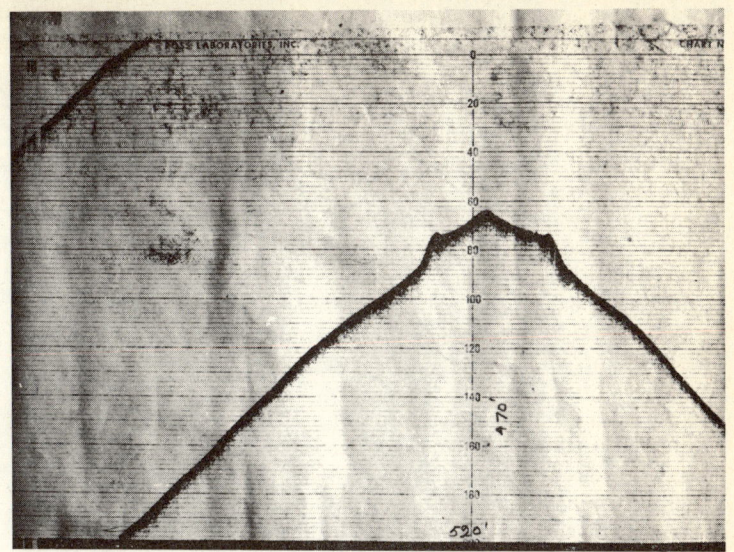

Während einer Fischfang-Expedition von Captain Don Henry ortete der Sonar-Schreiber eine große Erhebung auf dem Meeresgrund, die, wie das Schaubild zeigt, an eine Pyramide denken läßt. Sie hat eine Höhe von über 140 Metern. Wenn es sich um eine Pyramide handelt, läßt sie sich jedenfalls mit der Cheops-Pyramide in Gizeh vergleichen, die eine Höhe von 146,6 Metern aufweist.   *Foto: Captain Don Henry und Gene Condon*

mide unter dem Bermuda-Dreieck zu verbürgen. Eine weitere Bestätigung kann erst die Überprüfung dieses Artefakts mittels eines Unterseebootes oder anderer Unterwassergeräte oder mit Kameras mit einem in sich geschlossenen Fernsehsystem erbringen; durch diese Überprüfung sollte festgestellt werden, ob das merkwürdige Gebilde tatsächlich eine Pyramide ist, oder ob es sich dabei, was äußerst unwahrscheinlich ist, um einen wie eine Pyramide geformten Vulkan oder Erdhügel handelt.
Die Antwort auf diese Frage wird davon abhängen, ob die Pyramide aus behauenen Steinen gebaut ist oder nicht. In Anbetracht der zahlreichen anderen Funde – riesige Steinmauern, Plattformen – und der Hinweise auf Bauten *unter dem Meeresboden* innerhalb des Bermuda-Dreiecks und der häufigen Berichte von Piloten und Fischern, die in seichteren Gewässern Pyramiden gesehen haben wollen, wäre das Vorhandensein einer größeren Pyramide in diesem Gebiet nicht allzu erstaunlich. Besonders verblüffend wäre jedoch die Entsprechung zweier riesenhafter Pyramiden unbestimmten, aber allem Anschein nach hohen Alters zu beiden Seiten des Atlantiks, nämlich im Bermuda-Dreieck und in Ägypten; dies würde

klarerweise ein archäologisches Rätsel aufgeben, dessen Lösung einen gemeinsamen Ursprung beider Pyramiden nahelegt: das versunkene Reich der Atlantis.

Durch das große Interesse am Bermuda-Dreieck und seine Erforschung ist möglicherweise eines der ältesten Rätsel der Menschheit gelöst worden, das Rätsel: Gab es einst bewohnte und zivilisatorisch entwickelte Landmassen im westlichen Atlantik? Wie Aufklärungsflüge über Teilen des Atlantiks, in denen man aus großen Höhen den Meeresboden und somit auch etwaige vorhandene unterseeische Bauten sehen kann, gezeigt haben, warten weitere Ruinen und vielleicht sogar die Überreste ganzer Städte auf den Bänken und Abhängen des atlantischen Kontinentalsockels darauf, durch U-Boote, speziell dafür konstruierte Unterwasserfahrzeuge und vielleicht eines Tages auch durch Taucher näher untersucht zu werden.

Veränderungen der Oberflächenstruktur und des Bewuchses auf dem Meeresboden haben gezeigt, daß von den Ruinen prähistorischer Bauten, auch wenn sie von Sand und Seetang bedeckt sind, immer noch schemenhafte, aber deutliche Umrisse zu sehen sind, deren recht- oder viereckige Formen erkennen lassen, daß die Ruinen dieser Konstruktionen nicht nur unter den Wassermassen des Ozeans, sondern auch unter den oberen Schichten des Meeresbodens begraben liegen. Falls eine Zivilisation im westlichen Atlantik von einer Naturkatastrophe weltweiten Ausmaßes vernichtet wurde, müssen ihre Städte zerstört worden und viele der Ruinen im Verlauf von 11 500 Jahren in oder unter den Meeresboden gesunken sein, vor allem, falls die vulkanische Tätigkeit seit jener Katastrophe in diesem Gebiet nie mehr völlig aufhörte, wie es heute erwiesen zu sein scheint.

Obwohl es wissenschaftlich erwiesen ist, daß die Weltmeere während der vergangenen 12 000 Jahre erheblich anstiegen und die weiten Gebiete, in denen man die Unterwasserruinen entdeckte, überflutet wurden, wissen

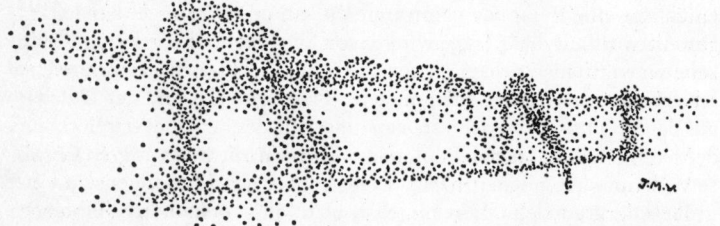

Spuren unterseeischer Konstruktionen oder Mauern auf dem Meeresgrund der Großen Bahama-Bänke westlich von Andros, vom Flugzeug aus 12 000 Meter Höhe gesehen. Diese Überreste von Bauten verlaufen in einer Länge von mehreren Kilometern.

wir nichts Näheres über den Untergang von Atlantis – lediglich daß es im Meer versank. Versank es tatsächlich »im Verlauf eines schlimmen Tages und einer schlimmen Nacht« in »gewaltigen Erdbeben und Überschwemmungen«, wie Plato berichtet? Beschwor die Zivilisation der vorsintflutlichen Welt ihren eigenen Untergang durch Experimente mit den Kräften der Natur herauf? Trug ein prähistorischer Atomkrieg, wie er in dem uralten Hindu-Epos, dem *Mahabharata*, so merkwürdig genau beschrieben wird, zum Abschmelzen der Gletscher und zur Überflutung der Erde bei? Sogar der Aufprall eines Planetoiden auf die Erdoberfläche im südlichen Teil des Bermuda-Dreiecks wurde als mögliche Erklärung angeführt, und der verstorbene Otto Muck, Autor des Buches *Atlantis – gefunden* (Stuttgart 1954), glaubte – vielleicht etwas zu sehr von seiner eigenen Begeisterung mitgerissen –, daß seine Forschungen über den Kalender der Mayas ergaben, daß das unserem Kalender entsprechende Datum eines derartigen Planetoidenaufpralls der 5. Juni 8498 v. Chr. war.

Genauso, wie durch die Erforschung des Meeresbodens im Bermuda-Dreieck Überreste einer möglicherweise prähistorischen atlantischen Zivilisation entdeckt wurden, kommen wir durch Untersuchungen über das Versinken atlantischer Landgebiete vielleicht einer Erklärung über die sich heutzutage im Dreieck ereignenden Phänomene näher. Die Gezeitenkräfte, seismischen oder sogar kosmischen Kräfte, die jene einst bewohnten und nun versunkenen Landmassen vernichteten, sind möglicherweise auch heute noch nach Tausenden von Jahren dort aktiv. Die Karibik und der benachbarte Teil des Westatlantiks bilden eine der vulkanisch aktivsten Zonen der Erde, für die plötzliche und heftige Orkane typisch sind, deren Name »Hurrikan« sich von »Hurikan« ableitet, dem Namen eines zerstörerischen Gottes der karibischen Indianer, der ihrer Überlieferung zufolge die Sintflut auslöste.

Ronald Waddington aus Burlington, Kanada, der sich mit Forschungen über das Bermuda-Dreieck befaßt, hat eine interessante Hypothese über natürliche Kräfte, die auf übernatürliche Weise im Dreieck wirken, aufgestellt und auch den Versuch gemacht, das Verschwinden von Flugzeugen, Schiffen, Passagieren und Besatzungen logisch zu erklären. Er schreibt dazu wie folgt:

Meine Hypothese basiert auf der Tatsache, daß ständig unterirdische Vulkanausbrüche stattfinden. Es ist denkbar, daß infolge der großen Tiefe der Geosynklinalen* unter dem Atlantik und der dort wirkenden hohen Druckverhältnisse in diesem Gebiet ganz andere vulkanische

---

* Geosynklinale: weiträumiges Senkungsgebiet der Erdkruste *(Anm. d. Übers.)*

Ausbrüche stattfinden als jene, durch welche die Atolle des Pazifiks entstanden. In diesen unbekannten Tiefen öffnen sich vielleicht Risse, und unter dem enormen, von den heißen Gasen im Erdinnern erzeugten Druck werden möglicherweise schubweise Portionen eines radioaktiven, hoch magnetischen Stoffes ausgestoßen, der in nichts dem gleicht, was der Mensch kennt. Dieser Stoff würde sich mit ungeheurer Geschwindigkeit fortbewegen, ähnlich einer Flüssigkeitsrakete. Wenn dieser Stoff ähnlich einer Polarisrakete die Wasseroberfläche durchbricht, wirkt er in seinem Bestreben, sein Elektronengewicht zu ändern, vielleicht wie ein starker kosmischer Strahl. Diese Strahlen könnten bei einem in ihr magnetisches Feld geratenen Flugzeug einen Kurzschluß aller elektrischen Geräte verursachen. Durch den Ausfall des gesamten elektrischen Antriebssystems würde das Flugzeug schlagartig allen Auftrieb verlieren und in ein für den Piloten unkontrollierbares Trudeln geraten, da ja auch die Steuerung versagen würde. Dieser jähe Energieausfall würde erklären, weshalb kein Pilot jemals einen SOS-Ruf funken konnte, obwohl einige in direkter Funkverbindung mit Bodenstationen waren.

Die vermuteten Explosionen von Flugzeugen im Flug ließen sich dadurch erklären, daß die Gasdämpfe sich durch Funkenbögen entzündeten, die durch elektrische Kurzschlüsse beim Einfliegen in das Magnetfeld entstanden.

Die Wirkung dieser Phänomene auf Schiffe wäre recht verschieden. Teile dieses radioaktiven Stoffes könnten mit der Geschwindigkeit einer Wasserstoffbombe zur Meeresoberfläche emporschießen und wie die Spitze eines Torpedos – und mit der gleichen vernichtenden Wirkung – in den Stahlrumpf von Schiffen eindringen. Es ist durchaus denkbar, daß ein von einer derartigen atomaren Kraft getroffenes Schiff sich spurlos auflöst, was erklären würde, weshalb nie Überlebende oder Wrackteile gefunden werden.

Das seltsame Phänomen der treibend aufgefundenen verlassenen Schiffe ließe sich erklären, wenn man davon ausginge, daß diese Ausbrüche wie alle uns bekannten Vulkanausbrüche sowohl an Stärke wie an Dauer variieren. Diese Schiffe wurden vielleicht von kleinen Teilen des geheimnisvollen Stoffes getroffen, die nicht stark genug waren, das Schiff zum Sinken zu bringen. Der grauenerregende Anblick dieser plötzlich aus dem Meer emporschießenden Feuerbomben würde jedoch eine derartige Panik unter der Besatzung auslösen, daß alle ins Wasser sprängen. Die gewöhnlich bei einem unterseeischen Vulkanausbruch heftig aufgepeitschte See würde, verbunden mit der kopflosen Panik der Besatzung, bei einem solchen Unglück jegliche Hoffnung auf Überlebende zunichte machen.

Die Mitteilungen der wenigen Funker, die imstande waren, das zu beschreiben, was sie sahen, bevor ihre Funkgeräte verstummten, ergeben nicht den geringsten Sinn. Bringt man sie jedoch in Verbindung mit derartigen Feuerbällen und einem Aufruhr der See, wie eine unterseeische Störung dieser Art sie auslösen würde ist ihr Sinn ganz klar und völlig logisch.

Die Tatsache, daß diese mysteriösen Geschehnisse sich nur zu bestimmten Zeiten ereignen und Tausende von Flugzeugen und Schiffen in diesem Gebiet unbehelligt bleiben, scheint darauf hinzuweisen, daß diese Vorfälle ebenso wie Vulkanausbrüche zyklisch bedingt auftreten.

Diese Art seltsamer Ausbrüche könnte natürlich auch in anderen Gebieten wie z. B. im Pazifischen Ozean fern vielbefahrener Schiffahrtsrouten und Fluglinien vorkommen. Vielleicht sollte man mysteriöse Vermißtenfälle, die sich in der Nähe Japans und in anderen Teilen des Pazifiks ereigneten, näher untersuchen, um zu sehen, ob sie ebenfalls in dieses Schema tiefer Geosynklinalen und unterirdischer Furchen passen...

Obwohl Waddingtons Hypothesen keinen Zusammenhang zwischen Atlantis und den gegenwärtigen Geschehnissen im Bermuda-Dreieck aufzeigen, ist es nicht ausgeschlossen, daß die von ihm beschriebenen Vorgänge sich bis zum heutigen Tag fortsetzen und sozusagen ein »Nebenprodukt« der Katastrophe darstellen, durch die das einstige atlantische Reich im Meer versank.

Die ehemalige Existenz von Atlantis und die heutige Existenz des Bermuda-Dreiecks sind zwei der geheimnisvollsten Rätsel, die der Atlantik in seinen Tiefen birgt. Die Lösung des einen Rätsels führt möglicherweise zur Lösung des zweiten.

Man kann jedoch die merkwürdigen Geschehnisse im Bermuda-Dreieck nicht einzig und allein auf vulkanische Störungen und eine aufgewühlte See zurückführen. Es müssen noch andere rätselhafte Faktoren berücksichtigt werden: sonderbare Wolken, plötzlich auftauchende Feuerscheinnebel, elektromagnetische Störungen hervorrufende »Milchzonen«, nicht zu identifizierende Lichter oder Fahrzeuge, die am Nachthimmel oder unter der Meeresoberfläche in Sicht kommen und wieder verschwinden oder vom Meer zum Himmel aufsteigen und wieder im Meer verschwinden, und schließlich »Geistersichtungen« auf Radarschirmen, von Objekten, die anscheinend keine materielle Konsistenz haben.

Es ist die Vermutung geäußert worden, daß diese Phänomene möglicherweise ebenfalls mit einer früheren oder sogar noch heute wirkenden Erfindung atlantischen Ursprungs in Zusammenhang stehen. Einer Theorie zufolge, die sich hauptsächlich auf Edgar Cayces Tranceaussagen über Kraftquellen des alten Atlantis stützt, funktionieren solche auf dem Meeresboden ruhenden Kraftquellen sogar nach Jahrtausenden immer noch sporadisch. Doch was auch der Grund für diese Phänomene sein mag, ob sie nun seismischen, elektromagnetischen, menschlichen oder andersartigen Ursprungs sind, sie bilden in zunehmendem Maße eine Quelle der Beunruhigung und Bestürzung für jene, die diesen Kräften im Dreieck begegnen – das heißt, für jene, die ihnen *entkamen*.

6

Berichte vom Rande der Realität

Piloten, Passagiere, Segler, Fischer und Seeleute scheuen sich nicht mehr so wie früher, von ihren Beobachtungen und Erlebnissen im Bermuda-Dreieck zu berichten, so ungewöhnlich und unerklärlich sie auch sein mögen. Diese neue, aufgeschlossenere Einstellung findet man bei Behörden und Organisationen natürlich nicht. Sie wollen aus Eigeninteresse oder Sicherheitsgründen den Eindruck vermitteln, daß in Wirklichkeit gar nichts Ungewöhnliches im Bermuda-Dreieck vorgeht und daß die lange Liste der Vermißtenfälle irgendwie normal sei. Inzwischen verschwinden jedoch nach wie vor Flugzeuge, Schiffe und Menschen, ohne Spuren zu hinterlassen. Über die Begleitumstände liegen jetzt wesentlich mehr Schilderungen vor, und zwar von Menschen, die *nicht* verschwanden und folglich über einige der erlebten Phänomene berichten konnten, die möglicherweise das Letzte waren, was die Verschwundenen vom Leben – wie wir es kennen – sahen. Diese Schilderungen stellen vielleicht Berichte vom Rande des Verhängnisses – vom Rande der Gefahrenzone – dar, bei denen sich die geschilderten Vorfälle mit anderen Worten nicht eindeutig genug innerhalb dieser Zone ereigneten, um ihre Beobachtung und vielleicht ihr Leben zu einem konkreten Abschluß zu bringen.
Eine von Mike Roxby geflogene Cessna 172 mit zwei Passagieren, Don Parris und Kelly Hanson, an Bord erlebte am 16. Dezember 1974 auf dem Flug nach Haiti eine Vielzahl auftretender Störungen und wurde von einer wirbelnden Wolke verfolgt, die plötzlich aus dem Nichts auftauchte »und ihnen zum Verhängnis wurde«. Das Flugzeug zerschellte an einem Berg auf Great Inagua, wobei der Pilot ums Leben kam, die beiden Passagiere aber nur verletzt wurden. Wie in Florida von der Presse berichtet wurde, traten Störungen der Bordinstrumente nach Überfliegen von Bimini auf. Die vier Funkgeräte fielen aus, ebenso die Navigationsinstrumente und der Treibstoffanzeiger. Der Pilot, der sich nur noch nach der Sonne orientieren konnte, landete auf einer freien Fläche zwischen Zuckerrohrfeldern, ohne zu wissen, wo er sich befand. Nachdem er von einigen Arbeitern erfuhr, daß er in Kuba war, startete er jedoch schnell wieder. Anschließend bekam er Funkkontakt mit einem anderen Flugzeug und ermittelte den Kurs nach Great Inagua in den Bahamas; dann fiel das Funkgerät aus. Als die Cessna mit dem Anflug zur Landung begann, sagte Hanson: »Den einen Moment war alles klar, und wir konnten die Lande-

bahn ganz deutlich sehen. Dann waren wir schlagartig mitten in einer wirbelnden Wolke, die einfach aus dem Nichts auftauchte.«

Der Pilot kam bei dem unmittelbar darauf folgenden Absturz ums Leben. Der Direktor des Flughafens sagte später: »Es war ein erfahrener Pilot, und es gibt keine plausible Erklärung für das Unglück.« Don Parris, einer der überlebenden Passagiere, erklärte: »Man hat schon vom Teufels-Dreieck gehört – hat Filme darüber gesehen, kann es aber nicht wirklich glauben. Doch ich, ich glaube es jetzt.« Während normale Wolken kaum Flugzeuge verfolgen, verschlucken oder auflösen, kann man trotzdem nicht die unheimliche Möglichkeit ausschließen, daß in einer scheinbar normalen Wolke, die zum Zeitpunkt eines durch Augenzeugen belegten Verschwindens eines Flugzeuges oder Schiffes beobachtet wurde, etwas vorhanden ist – unbekannte Mächte, Energien oder Bedingungen, Materie oder Vakuum –, das zum Verschwinden eines Flugzeuges oder Schiffes beiträgt.

Im Fall des unter unglaublichen Umständen erfolgten Verschwindens eines Flugzeuges der amerikanischen Luftwaffe vom Typ *Super Sabre*, das sich im Januar 1960 in Sichtnähe der Bermudas ereignete und sowohl vom Boden aus wie von anderen Flugzeugen und auch Schiffen beobachtet wurde, kann man wohl kaum umhin, eine Wolkenformation dafür »verantwortlich« zu machen.

Victor Haywood, der früher auf den Bermudas lebte und jetzt in der englischen Stadt Wakefield in der Grafschaft Yorkshire wohnt, war Augenzeuge dieses Vorfalles. Haywood arbeitete 1960 am Satelliten-Zielwegverfolgungs-Programm mit, an dem zwei Privatfirmen, English Electric aus Stafford, England, und Construction Management aus New York, beteiligt waren. Haywood hatte daher täglichen Kontakt mit dem Luftwaffenstützpunkt Kindley Field. Haywood schildert den Vorfall wie folgt:

Gegen 13 Uhr an einem sonnigen, fast wolkenlosen Tag starteten fünf *Super Sabres* (Kampfflugzeuge) der amerikanischen Luftwaffe von dem Militärstützpunkt in Kindley (St. Davids) auf den Bermudas. Der Verfasser dieser Zeilen beobachtete zusammen mit vier oder fünf anderen, die auf der Insel arbeiteten, den Start sehr interessiert, da die *Super Sabre* damals ein verhältnismäßig seltenes Flugzeug war – zumindest im Gebiet der Bermudas.

Die Flugzeuge starteten durch ihre Nachverbrennung besonders schnell, formierten sich und verschwanden in einer großen Wolke, die etwa eine halbe Meile von der Küste entfernt war. Diese Wolke war – wenigstens in ihrem zweidimensionalen Umfang – für uns Beobachter voll und ganz wahrzunehmen. Die fünf Flugzeuge wurden gleichzeitig auf den Radarschirmen der Flugüberwachung verfolgt, wie es von der Militärbehörde für jeden Start und jede Landung Vorschrift ist.

Fünf Kampfflugzeuge flogen in die Wolke, und nur vier tauchten wieder aus ihr auf. Auf den Radarschirmen wurde kein Absturz beobachtet, obwohl die Flughöhe bereits mehrere hundert Fuß betrug. Auch wir sahen nichts herunterfallen. Nach wenigen Minuten wurde die eine *Super Sabre* als vermißt gemeldet und eine sofortige Suchaktion eingeleitet. Das Suchgebiet befand sich ja nur eine halbe Meile von der Küste entfernt, wo das Wasser ganz flach war. Es wurde nie etwas gefunden, was auf den Absturz eines Flugzeuges hingewiesen hätte, ausgenommen eine Schwimmweste in der üblichen Standardausführung der amerikanischen Luftwaffe. Dieser Fund wurde jedoch niemals als zu dem vermißten Flugzeug gehörend betrachtet, da unzählige Segler und Bootsbesitzer der Bermudas unrechtmäßig im Besitz von Luftwaffenschwimmwesten waren, bedingt durch die Tausenden dort stationierten amerikanischen Soldaten. Diese bei der Suche gefundene Schwimmweste konnte also auch anderen Ursprungs sein.

Man fand nie eine befriedigende Erklärung dafür, was mit dem Flugzeug und dem Piloten geschah. Es ist wohl überflüssig zu erwähnen, daß die von der amerikanischen Luftwaffe durchgeführte gründliche Untersuchung keinen Aufschluß erbrachte und den mysteriösen Vorfall nicht erhellte.

Wie bereits erwähnt, verschwinden manchmal am selben Tag in demselben Gebiet des Dreiecks mehrere Flugzeuge. Gleichzeitig werden von den Besatzungen anderer Flugzeuge, die nicht verschwinden, Anomalien festgestellt, und das manchmal sogar in derselben Flughöhe. Jim Blocker, ein Pilot der zivilen Luftfahrt aus Atlanta, verdankt sein Überleben vielleicht einer geringfügigen Änderung seiner Flughöhe. Er hatte dieses Erlebnis im Februar 1968 auf einem Flug von Nassau nach Palm Beach. Blocker erinnert sich daran wie folgt:

Das Wetter war klar, und ich erbat die Genehmigung für eine Flughöhe von 8000 Fuß, doch der Kontrollturm empfahl mir, in 6000 Fuß zu fliegen, da am selben Tag *zwei andere Flugzeuge* in der Flughöhe von 8000 Fuß spurlos verschwunden seien. Ungefähr 40 Meilen nördlich von Nassau fiel mein Funkgerät aus; mein Kompaß begann zu kreisen, und alle Navigationsinstrumente versagten, einschließlich des Hochfrequenzrichtungsanzeigers, was praktisch nicht passieren kann! Als ich schließlich aus den Wolken auftauchte, befand ich mich 150 Meilen nordöstlich von Nassau... und dabei war ich in *nordwestlicher* Richtung geflogen!

Manche Erlebnisse lassen vermuten, daß eine Art elektrischer Energie gelegentlich die Form von Feuerbällen annimmt, die geradewegs auf Schiffe aus Stahlblech und vielleicht auch im erweiterten Sinn auf Flugzeuge aus Leichtmetall zuzurasen scheinen. Der Bericht von W. J. Morris, einem ehemaligen Seemann, der jetzt in Llantrisant, Südwales, in Großbritannien lebt, ist bezeichnend für dieses Phänomen:

Im Sommer 1955 fuhr ich an Bord des Motorschiffes *Atlantic City*. Eines Morgens, als wir uns Newport News näherten, hatte ich Dienst im Ausguck oberhalb des Steuerhauses.

Es war ein windstiller, milder Morgen – windstill, aber mit der üblichen Dünung. Es dämmerte, aber die Sonne war noch nicht aufgegangen. Das Schiff besaß eine automatische Steueranlage.

Der wachhabende Offizier kam nach einiger Zeit zu mir, um sich mit mir zu unterhalten. Plötzlich stieß er einen Schrei aus: Das Schiff fuhr im Kreis. In derselben Sekunde sahen wir beide einen feurigen Ball, der mit großer Geschwindigkeit offensichtlich in Kollisionskurs auf uns zukam. Mich ergriff Panik, und ich wollte über die Windreling der Kommandobrücke auf das Vorschiff springen.

Der Offizier begriff, was ich vorhatte, stieß mich auf das Deck nieder und warf sich zu Boden. Der Feuerball glitt über uns hinweg – ohne jegliches Geräusch, ohne jeglichen Lärm, doch als wir wieder aufstanden, bemerkten wir, daß die Wasseroberfläche merkwürdig aufgewühlt war.

Wir stürzten in das Steuerhaus. Der Kreiselkompaß funktionierte nicht, und der Flüssigkeitskompaß tanzte in seinem Gehäuse. Ich packte das Steuerrad, brachte das Schiff nach Anweisungen des Offiziers unter Kontrolle und wieder auf den vorgesehenen Kurs zurück.

Der Kreiselkompaß und die elektrischen Geräte funktionierten auch während der restlichen Fahrt nicht mehr und mußten im Hafen repariert werden.

Höchst ungewöhnliche und ganz plötzlich auftretende elektronische Erscheinungen, zu denen vielleicht auch der von Morris beschriebene Feuerball gehört, wurden sehr präzise von Wayne Bandora geschildert, einem Bootsmann und Besatzungsmitglied eines Marineflugzeuges vom Typ P2 bei einem Übungsflug vor der Ostküste Floridas. Sein Bericht ist von besonderem Interesse, und zwar wegen des Ausfalls der Instrumente während eines plötzlichen magnetischen Sturms:

Der Himmel war glasklar gewesen, als auf einmal gegen 1 Uhr morgens große Lichtblitze am Himmel aufzuckten. Jeder dieser gewaltigen

Blitze dauerte eine ungewöhnlich lang erscheinende Zeit und leuchtete in Grün- und Violettönen. Ich stoppte einige auf meiner Uhr – jeder Blitz dauerte 5 oder 6 Sekunden. Nach einiger Zeit verschoben sich die Blitze auf unseren Flugkurs zu. Ich meldete es dem Piloten, der daraufhin den Kurs änderte, wobei er nicht bemerkte, daß der Kompaß blockiert war. Im Cockpit fiel die gesamte elektrische Energie aus. Wir konnten keine Funkverbindung bekommen. Aus dem Steuerbordmotor drang Rauch – schwarzer Qualm von einem vermutlichen Ölleck. Obwohl wir den Motor ausschalten mußten, gelangten wir heil zurück. Ich bin in vierzehn verschiedenen Ländern geflogen, habe aber noch nie derartige Blitze gesehen. Man roch den freigewordenen Sauerstoff in der Luft.

Seit Kolumbus, dem ersten uns bekannten Chronisten, der über die Anomalien im Bermuda-Dreieck berichtete, wurden dort Gewitterstürme mit lang andauernden, hochexplosiven Blitzen beobachtet. Kolumbus beschrieb den plötzlichen und heftigen Orkan, der den Verlust einer spanischen Flotte von über zwanzig Galeonen verursachte, die von der Insel Hispaniola nach dem heimatlichen Spanien unterwegs waren, als zum Verwechseln ähnlich mit einer tobenden Seeschlacht mit lang anhaltenden Kanonensalven und dem Gestank nach Schießpulver in der Luft. Ungewöhnliche, offensichtlich konzentriert in diesem Gebiet auftretende elektromagnetische Störungen sind möglicherweise die Ursache für die vielen, schnell dahingleitenden und oft blinkenden Lichterscheinungen über und unter der Wasseroberfläche, die in zunehmendem Maße in Berichten beschrieben werden. Diese Berichte stammen manchmal von Menschen, die höchst ungern über das von ihnen Erlebte sprechen.
In diesem Zusammenhang sind Berichte von Personen, die bis dahin die Existenz jeglicher ungewöhnlicher oder unerklärlicher Phänomene ablehnten, besonders aufschlußreich. Jack Strehle, ein Linienpilot, der zeitweise für das Opa-Locka Flugzentrum in Miami arbeitet, war nach Aussage einiger anderer Piloten über einen Vorfall beunruhigt, der sich einige Tage vor Weihnachten 1974 auf einem Rückflug von Bimini ereignete. Jim Richardson, ein Pilot, der sich für ungewöhnliche Vorfälle in diesem Gebiet interessiert, bat Strehle mehrmals, ihm doch zu erklären, was er gesehen habe, doch dieser lehnte es mit den Worten »Ich will nicht darüber reden« ab. Obwohl Strehle bekannt dafür war, »störrisch wie ein Maulesel« alle unerklärlichen Phänomene abzulehnen und »ein so überzeugter ungläubiger Thomas ist, wie man ihn nur finden kann... und außerdem für General Electric arbeitet« (diese letzte Feststellung sollte wahrscheinlich seine nüchterne und sachliche Einstellung gegenüber allem Übernatürlichen dokumentieren), setzte Richardson seine Bemü-

hungen fort, um zu erfahren, was eigentlich auf jenem Flug geschehen war. Schließlich erzählte ihm Strehle, daß er in der betreffenden Nacht ungefähr 330 Meter hinter der Nordküste von Bimini bei dem Moselle-Riff plötzlich ein blau leuchtendes Licht neben dem rechten Flügel seines Flugzeuges sah. Bei genauerem Hinschauen erkannte er dann, daß der Lichtkörper rund oder ein Ellipsoid zu sein schien. Gleichzeitig stellte er fest, daß sein Magnetkompaß kreiselte. Richardson fragte: »Wie lange sahen Sie das Licht?« worauf der ehemalige Skeptiker erwiderte: »Nicht sehr lange, denn ich hatte nur den einen Wunsch, schnellstens wegzukommen.« So erging es vielen Piloten – Skeptikern und auch jenen, die derartige Phänomene nicht für utopisch erklären –, die sich plötzlich in ähnlichen Situationen befanden.

Auch Dr. Jim Thorne, ein Ozeanograph und Wissenschaftler mit langjähriger Erfahrung in der Meeres- und Himmelsforschung, der bisher die Existenz von UFOs im Bermuda-Dreieck ablehnte, änderte kürzlich seinen Standpunkt. Dr. Thorne vertrat lange Zeit die Meinung, daß ungewöhnliche »Gerüchte« über das Gebiet, wie zahlreich oder fundiert sie auch sein mögen, sich immer durch natürliche Gründe erklären lassen. Im Sommer 1975 leitete Dr. Thorne an Bord des 23 Meter langen Schoners *The New Freedom* eine Untersuchungsexpedition im Bermuda-Dreieck. Als er mit einem Taucher am Abend des 2. August nach dem Essen auf der Insel Bimini am Strand entlang ging, um zum Schiff zurückzukehren, bemerkten die beiden Männer plötzlich, daß am sternenfunkelnden Himmel

ein einzelner Stern sich von den anderen zu lösen und direkt auf uns zuzukommen schien. Er hielt direkt über uns an und glitt dann nach rechts. Wiederholt schien er abrupt über verschiedenen Stellen der Insel und des Meeres am Himmel zu verharren. Seine Geschwindigkeit würde ich auf mehrere tausend Kilometer pro Stunde schätzen. Er schien bläulichweiß zu sein und auch zu vibrieren. Zeitweilig glaubten wir, ein Summen oder besser ein gleichmäßig oszillierendes Geräusch zu hören. Wir beobachteten ihn volle dreieinhalb Minuten. Er kam so nah, daß wir seine Form und sein bläulichweißes Licht deutlich erkennen konnten. Anschließend entfernte er sich sehr schnell.
Ich bin immer sehr pragmatisch gewesen [was UFOs betraf] – glaubte nie an sie. Von dem, was ich da sah, bin ich jedoch überzeugt. Ich behaupte nicht, daß es außerirdischen Ursprungs war, aber es *war* ein UFO, d. h. ganz eindeutig ein unidentifiziertes fliegendes Objekt. Walt Henrick, einer der Taucher und ein ziemlich nüchterner Bursche, war bei mir. Sein Kommentar lautete: »Ich habe es gesehen, glaube es aber nicht.«

Während bei Piloten, Schiffskapitänen und anderen, die während ihrer Dienstausübung UFOs beobachten, immer noch eine gewisse Abneigung besteht, darüber Meldung zu erstatten, sind sie manchmal weniger abgeneigt, über andere ungewöhnliche Vorfälle, die sich im Bermuda-Dreieck ereigneten, zu sprechen, besonders wenn ein Vorfall sich scheinbar auf naturbedingte Phänomene zurückführen läßt und nichts mit den von offizieller Seite nicht zu akzeptierenden UFOs zu tun hat.

Bob Brush, ein Linienpilot, wurde im August 1974 auf einem Nachtflug über den Bahamas an Bord eines DC-6-Transportflugzeuges durch ein plötzliches, alles erhellendes gleißendes Licht erschreckt, das die gesamte Umgebung mit seinem Schein derartig beleuchtete, daß Brush deutlich den Boden der nahen Inseln Providence, Watling und Nord-Caicos ebenso wie die Meeresoberfläche erkennen konnte. Nach seinem Bericht brannten ihm die Augen von dem grellen Licht, das einige Sekunden andauerte. Weiterhin erinnert er sich, daß es die »falsche Art von Licht« zu sein schien, »ohne allen Schatten«, obwohl das gesamte Gebiet mit einer geschätzten Lichtstärke von 4000 Kelvin erleuchtet war.

Elektromagnetische Erscheinungen, die durch Feuerschein, lang anhaltende Blitze oder andere Lichtkörper charakterisiert sind, wie sie für die im Bermuda-Dreieck vorhandenen und unvorhersehbar aktiv werdenden Kräfte typisch sind, erklären jedoch nicht das plötzliche und unerklärliche Aufbrodeln einer bis dahin glatten Meeresoberfläche, wie es häufig von Seeleuten und Piloten beobachtet wurde. Bei einem dieser Phänomene handelt es sich um »Löcher« oder »Furchen« in der Oberfläche des Meeres, die offensichtlich keine Strudel oder Wellenformationen waren, während es bei einem anderen Phänomen um Wasserflächen geht, die keine Wasserhosen sind und in einer geschlossenen Masse über die Meeresoberfläche emporragen. Dieses letztere Phänomen einer gewaltigen, 750 Meter über die Meeresoberfläche emporragenden Wassermasse ist vielleicht die Erscheinung, die Piloten einer Boeing 707 am 11. April 1963 bei 19° 54' NL, 66° 47' WL sichteten.

Ein recht überzeugender Bericht über ein Erlebnis mit diesen Löchern oder Furchen in der Meeresoberfläche stammt von Irwin Brown, einem Bootseigner. Der Vorfall ereignete sich in der Nähe von Long Key, nördlich von Key West, Florida, Anfang Mai 1965. Brown beschreibt ihn folgendermaßen:

Meine Frau und ich kamen mit unserer 135-PS-Evinrude Cobra – dem gleichen Bootstyp, der auch von Rettungsmannschaften benutzt wird – vom Fischen zurück und befanden uns ungefähr 25 Meilen südwestlich der Küste von Long Key, etwa 15 Meilen von Tennessee Light entfernt. Es war ein schöner Tag, und das Meer war vollkommen ruhig.

Ich hatte gerade ringsum das Meer bis zum Horizont abgesucht und sagte zu meiner Frau: »Es ist absolut nichts um uns herum – wir sind ganz allein.« Das Wasser war außerordentlich klar. Ich konnte Fische bis zu einer Tiefe von ungefähr 50 Fuß sehen; die Wassertiefe betrug vielleicht 1500 bis 2000 Fuß. Unsere Geschwindigkeit betrug ungefähr 35 Knoten. Ich blickte in Fahrtrichtung und sah auf einmal eine etwa 4 Fuß tiefe und 20 Fuß breite Furche in der Wasseroberfläche. Sie sah wie eine riesige Pflugfurche aus, und das Wasser war nicht wie bei der Heckwelle eines Schiffes aufgewühlt. Sie verlief genau vor uns in Fahrtrichtung. Ich bin im Baugeschäft tätig, und mir kam der Gedanke, daß die Furche aussah, als hätte ein Bulldozer einen rechtwinkeligen Graben durch Erdreich gezogen; nur verlief dieser Graben durch Wasser. Während ich mir die seltsame Erscheinung anschaute, machte das Boot auf einmal einen Satz. Ich fiel vornüber und landete auf meinem Handgelenk, stellte den Motor ab und half meiner Frau aufzustehen, die ebenfalls hingefallen war. Wir mußten feststellen, daß sie sich zwei Rippen gebrochen hatte. Ich sah mich nach dem eigenartigen Wassergraben um, doch wir waren inzwischen abgetrieben, und es war nichts mehr von ihm zu sehen. An Land sprachen wir dann mit anderen darüber, aber niemand fand eine Erklärung dafür. Jemand meinte, es hätte die Hecksee eines U-Bootes sein können, aber das war ausgeschlossen, da der Graben rechteckig war.

Außer Gräben oder Löchern, die sich plötzlich auf der Meeresoberfläche aufzutun scheinen, werden gelegentlich Wasserfontänen, die nicht wetterbedingte Wasserhosen sind, beobachtet. Sie sind möglicherweise Folgen von unterseeischen Vulkanausbrüchen (obwohl derartige vulkanische Tätigkeit ein größeres Gebiet erfassen müßte), vielleicht auch gezielte Torpedoexplosionen oder andere, von U-Booten aus gestartete Versuche.

Ein ehemaliges Besatzungsmitglied der *Queen Mary*, der Ausrüstungsinspektor Ray Clarke, beobachtete eine seltsame Wasserfontäne, die an einem Spätnachmittag im September 1954 im östlichen Teil des Bermuda-Dreiecks aus dem Meer aufstieg. Er beschreibt den Vorgang wie folgt:

...Ich arbeitete im September 1954 auf der *Queen Mary*. Wir befanden uns auf der Fahrt von New York nach Europa. ...An jenem Tag schaute ich zufällig gegen 17 Uhr achteraus und bemerkte, wie sich eine dunkelgrüne Wasserfläche in ein sehr helles Apfelgrün verfärbte, und es sah ganz so aus, als würde diese Fläche völlig glatt und ruhig. Urplötzlich schoß dann eine Wassersäule empor, die einen Durchmesser von ungefähr 15 bis 25 Fuß und eine Höhe von etwa 50 Fuß hatte. Auf diese erste Wassersäule folgte eine zweite, gleichartige, die etwa eine halbe Meile von der ersten entfernt aufstieg. Beide waren einen Moment gleichzeitig wahrzunehmen, bis die zweite Fontäne vor der ersten in sich zusammensank. Anschließend nahm das Wasser wieder seine normale Farbe an. Zu jenem Zeitpunkt war kein anderes Schiff in unserer Nähe. Ich meldete den Vorfall dem diensttuenden Offizier…

Diese ohne jede Vorwarnung bei gutem Wetter und ruhiger See plötzlich aufsteigenden Fontänen wären ohne weiteres in der Lage, Jachten und kleine Schiffe zum Sinken zu bringen. Ein plötzlicher Wasserschwall verursachte vielleicht auch das Sinken der *Drosia*, die kürzlich ein Opfer des Dreiecks wurde. Die *Drosia* (ein liberianischer Frachter von 105 Meter Länge), die sich am Morgen des 11. Dezember 1975 gegen 4 Uhr mit einer Ladung Zucker bei gutem Wetter vor Kap Hatteras befand, sank so plötzlich, daß keine Zeit für einen SOS-Ruf blieb. Über die Hälfte der Besatzung sowie der Kapitän wurden gerettet. Letzterer berichtete, die See sei etwas bewegt gewesen, wußte jedoch keine Erklärung dafür, warum das große Schiff auseinanderbrach und in weniger als vier Minuten sank. Gewaltige Wellen, die in der Ozeanographie als Seiches oder Schaukelwellen bezeichnet werden und sich Hunderte oder Tausende von Meilen weit entfernt bilden, erscheinen manchmal bei ganz ruhiger See, was sich verhängnisvoll für Schiffe auswirken kann. Man hat die Vermutung aufgestellt, daß dies auch der Grund für den Verlust der U.S.S. *Cyclops* sowie anderer Schiffe war. Im Fall der *Drosia* hätten aber auch andere Schiffe die riesige Welle sehen müssen.

Man vermutete auch, daß unterseeische Vulkanausbrüche die Ursache für das Verschwinden anderer Schiffe waren, so der *Freya* und der *Kaiyo Maru Nr. 5*, eines japanischen Forschungsschiffes, das 1955 im japanischen Gegenstück zum Bermuda-Dreieck, der Teufels-See, verschwand. Im Zusammenhang mit der *Drosia* wurde jedoch keines dieser Naturereignisse beobachtet, und so besteht die Möglichkeit, daß die *Drosia* von einem unbekannten Objekt oder einer Kraft *unter* ihr beschädigt und auseinandergerissen wurde. Die Tatsache, daß es Überlebende gab, half nicht, da diese keine logische Erklärung für den Untergang finden konnten. Es besteht die Wahrscheinlichkeit, daß im Zug des wachsenden öffentlichen Interesses an den Vorgängen im Bermuda-Dreieck in Zukunft mehr Augenzeugenberichte von Leuten vorliegen, die mit dem Leben davonkamen, als Schiffe plötzlich und aus ungeklärten Gründen sanken. Diese Berichte liefern dann vielleicht ein Bindeglied zwischen ungewöhnlichen, plötzlich auftretenden Phänomenen und Schiffen oder Flugzeugen, die in diesem Gebiet verschwinden oder fast verschwinden.

Das diesige Licht, das sich manchmal sehr schnell bei ruhiger See und klarem Wetter bildet, kann ein Grund für die Fata-Morgana-Erscheinungen sein, über die immer wieder von Menschen berichtet wird, die das Dreieck des öfteren zu überfliegen oder zu durchqueren pflegen. Seltsame und unbekannte Objekte tauchen plötzlich auf – oder es verschwinden bekannte Objekte aus unerklärlichen Gründen. Bei sonnigem und wolkenlosem Himmel verschwand der 94 Meter hohe Funkmast auf Süd-Bimini, der als Landmarkierung für die Hafeneinfahrt dient, auf einmal eine ganze Stunde lang aus dem Sichtfeld der Personen an Bord einer 12-Meter-Schaluppe, die sich nach ihm orientierten, obwohl nach Aussage von Richter Ellis Meacham aus Fort Lauderdale, der sich ebenfalls auf diesem Boot befand, »alles übrige an der Küste klar zu sehen war. Die Sonne schien von einem wolkenlosen Himmel. Der Funkmast war unsichtbar geworden, doch Bäume, Häuser, Boote etc. waren nach wie vor deutlich in dem Gebiet zu sehen, in dem wir zuletzt den Mast mit seinen roten Lichtern, die dreimal pro Minute ›B‹ blinkten, sahen.« Erst als sie hinter einem anderen Boot in den Hafen fuhren, wurde der Mast für sie wieder sichtbar. Interessant ist, daß Boote, die sich nicht in ihrer unmittelbaren Nähe befanden, den Mast die ganze Zeit sehen konnten.

Von dieser Diesigkeit an einem sonnigen Tag berichteten mehrere Kapitäne und Segler. Sie tritt häufig dann auf, wenn die Funkverbindung abreißt. Joe Talley erlebte dieses Phänomen mehrmals während des Haifischfangs zwischen Key West und Tortuga. Er schilderte es wie folgt: »Es war rings um das Boot ganz klar – meilenweit klar, aber aus irgendeinem Grund war kein Horizont da. Man konnte nicht mal einen feinen Strich am Horizont erkennen, alles war diesig weiß.« Bei einer anderen Gelegenheit war Joe Talley im Jahr 1944 der einzige Überlebende seines Bootes, der *Wild Goose*, die in Schlepp gezogen wurde, als die Besatzung des Schleppers sah, wie sich plötzlich eine Nebelwolke über die *Wild Goose* legte und diese unsichtbar machte. Die *Wild Goose* zog dann so heftig an dem Schleppkabel, daß der Kapitän des Schleppers, der Gefahr lief, mit in die Nebelwolke gezogen zu werden, das Kabel kappte. Die *Wild Goose* kam nie wieder aus der Nebelwolke heraus. Der einzige Überlebende war Joe Talley, der angeblich aus einer geschätzten Wassertiefe von 15 bis 20 Meter wieder auftauchte. Die *Wild Goose* und ihre vier Passagiere wurden nie gefunden und auch kein Hinweis darauf, ob das Boot in die Tiefe gezogen wurde oder sich irgendwie auflöste.

Der geheimnisvolle Nebel, der plötzlich im Jahr 1966 das von der *Good News* geschleppte Boot in der Tongue of Ocean umgab, wie von Kapitän Don Henry und seiner Besatzung berichtet (in *Das Bermuda-Dreieck* beschrieben), war ebenfalls eine örtlich begrenzte, dichte Nebel- oder Dunstwolke, die sich offensichtlich nur auf ein kleines Gebiet – jenes, in dem sich das geschleppte Boot befand – beschränkte, fast als ob es Teil einer Vernebelungstaktik war. Es ist interessant, sich daran zu erinnern, daß, während das geschleppte Boot völlig im Nebel verschwand und der Schlepper außerhalb der Nebelzone war, trotzdem auf dem Schlepper sämtliche elektrische Energie ausfiel, als ob der Kraftausfall sich sogar auf eine gewisse Entfernung von der mysteriösen Nebelwolke auswirkte.

Die oft berichteten Beispiele von sich schnell am Himmel oder unter der Meeresoberfläche fortbewegenden Lichtern, von plötzlichen Nebelwolken, die zielstrebig auf Schiffe und Flugzeuge zugleiten und sie einhüllen, und von ungewöhnlichen lokalisierten Erscheinungen auf der Meeresoberfläche scheinen einem unpersönlichen Zufallsgesetz unterworfen zu sein und keine Auswirkungen auf jene zu haben, die sie beobachten, bis es für jegliches Ausweichmanöver zu spät ist, wie auch im Fall von Kapitän Talley und anderen, die in derartige Nebelwolken hineinflogen oder fuhren und nie wieder aus ihnen auftauchten. Manchmal wirken sich diese ungewöhnlichen Erscheinungen im Dreieck aber auch direkt auf die Beobachter aus und werden zu einer drohenden Gefahr für Schiffe. Von einigen Personen, die derartige gefährliche Situationen überlebten, liegen uns Berichte vor. Don Delmonico aus Miami, ein erfahrener Segler und Besitzer von Frachtschiffen, hatte zwei unerwartete Begegnungen mit unidentifizierten Unterwasserobjekten, das erste Mal im August 1969 und das zweite Mal im Oktober desselben Jahres, als er in den Bahamas bei der Insel Great Isaac auf Hummerfang war. Delmonico stand am Bug seines 10 Meter langen Fischkutters, als er zu seiner verständlichen Verblüffung plötzlich in dem fast durchsichtig klaren Wasser der Bahamas in ungefähr 4 Meter Tiefe ganz deutlich ein graues, ellipsenförmiges Objekt von über 33 Meter Länge sah, das mit einer geschätzten Geschwindigkeit von etwa 100 Stundenkilometern auf ihn zuschoß. Er bemerkte, daß der Kurs seines Bootes rechtwinkelig zum Golfstrom verlief und das Objekt, was immer es sein mochte, parallel zur Richtung des Golfstroms dahinschnellte. Als das Objekt ganz nahe war und er das sichere Ende vor Augen sah, drehte es plötzlich nach links ab. So blieb sein Boot unversehrt für eine zweite Begegnung mit einem derartigen unbekannten Objekt.

Delmonico brauchte nicht lange zu warten. Zwei Monate später, im Oktober 1969, befand er sich an Bord seines Bootes in der Nähe von Great Isaac Light auf Kollisionskurs mit einem ähnlichen (oder demselben) unbekannten Objekt und konnte es aufgrund der noch geringeren Entfernung sogar deutlicher erkennen. Seiner Erinnerung zufolge war es hellgrau und von etwa der gleichen Form und Größe wie das erste und besaß keine sichtbaren Luken, keine Flossen, keine Aufbauten und auch keine sichtbare Antriebsschraube; es schien sich durch andere Antriebselemente fortzubewegen. Die geschätzte Länge betrug ungefähr 50 bis 70 Meter, was viel zu lang für ein Torpedo war.

Diese zweite Begegnung erschien ihm sogar noch gefährlicher als die erste und ein Entrinnen fast unmöglich. Das seichte Wasser in der Nähe der Insel und die dadurch eingeschränkte Manövrierfähigkeit sowie die enorme Geschwindigkeit des Objektes machten ein rechtzeitiges Ausweichen unmöglich. Wie er selbst schilderte, stellte er »den Motor ab und betete nur noch«, als das metallisch erscheinende Objekt zu seinem grenzenlosen Erstaunen in letzter Sekunde »unter dem Boot hindurchtauchte« und seinen Kurs fortsetzte, um in der blauen Tiefe zu verschwinden.

Beschreibungen, welche Piloten von diesen unbekannten Unterwasserfahrzeugen gaben, die sie aus der Luft über den Bermuda-Bänken wahrnahmen, stimmen mit dem Bericht Don Delmonicos überein wie auch mit dem der PX-15 *Ben Franklin*. Dieses speziell für längere Tauchversuche ausgerüstete U-Boot trieb unter der Leitung von Jacques Piccard 1968 bei einem Forschungsprojekt über Meeresströmungen durch dieses Gebiet. Von der Besatzung der *Ben Franklin* wurden mehrere recht ungewöhnliche Objekte gesichtet, darunter auch ein grauweißes, ellipsenförmiges Objekt mit einer Länge von ungefähr 33 Meter, das mit hoher Geschwindigkeit an dem Forschungstauchboot vorbeiraste.

Man kann die Frage stellen, ob diese Unterwassererscheinungen möglicherweise Unterwasser-»Wolken« sind, die sich schnell fortbewegen und dadurch falsch erkannt werden, oder Formationen gleichermaßen unbekannten Ursprungs. Unterseeische Wolken oder scheinbare Untiefen wurden im Lauf der Jahre wiederholt gesichtet und bilden das Thema zahlreicher Berichte, die sich auf Tiefenmessungen des Meeresbodens stützen. Bei mehreren Gelegenheiten ergaben sich an derselben Stelle unterschiedliche Meßwerte, wodurch theoretisch mehrere, verschiedene Tiefen vorhanden waren. Diese Berichte über eine »falsche« Meerestiefe werden allgemein durch Fischbänke oder Schwärme kleiner maritimer Lebewesen erklärt.

Eine große grauweiße Masse wurde zweimal von Robert Kuhne, einem Zugbrückeningenieur und passionierten Delphinfänger, gesehen. Beide Vorfälle ereigneten sich zwischen 11 und 12 Uhr vormittags im März und Mai 1975 ungefähr 7 Meilen südlich und 4 Meilen östlich von Fowery Rock in Süd-Carolina vor Key Biscayne, Florida, während er mit Schleppangeln auf Delphinenfang war. Er erkannte eine klar umrissene, massive, grauweiße Form ziemlich unbeweglich in ungefähr 5 Meter Tiefe unter seinem Boot (die Wassertiefe betrug an dieser Stelle insgesamt etwa 75 Meter). Er konnte diese Masse jedoch nicht auf seinem Tiefenmesser wahrnehmen, da sie offenbar außerhalb des Sichtfeldes des Sonargerätes oder aber durchlässig für Sonarstrahlen war. Das gesichtete Objekt hatte einen sehr großen Umfang, so daß es kein Hammerhai (6–7 Meter Länge) sein konnte, die oft in der Nähe von Fowey Light gesichtet und in jener Gegend »Frachtzüge« genannt werden. Bei der zweiten Begegnung versuchte Kuhne mit beachtlichem Mut zu dem unbekannten Objekt hinunterzutauchen, stellte dann jedoch fest, daß dieses sich in einer wesentlich größeren Tiefe befand, als er von oben angenommen hatte. Er tauchte, von verständlichem Unbehagen erfüllt, wieder auf und verließ das Gebiet.

Man fragt sich, ob es sich um ein USO handelte, ähnlich denen, die Don Delmonico und vor ihm viele Piloten gesehen hatten, obwohl dieses Objekt sich nicht wie die anderen schnell fortbewegte, sondern im Wasser stillstand – sei es nun aus Beobachtungs- oder anderen Zwecken. Dr. Manson Valentine sprach die Vermutung aus, daß die massive grauweiße Masse vielleicht gar kein festes Unterwasserobjekt, sondern ein Magnetfeld sei, das sich unter Wasser gebildet hatte und so stark war, daß es sichtbare Wolkeneffekte im umgebenden Wasser hervorrief.

Andere leuchtende Unterwasser-»Wolken«-Formationen gehören offenbar zu jener Kategorie, die in der Nähe der Bahama-Bänke und in den Tiefen vor der Abbruchkante des Kontinentalsockels aus Felsspalten oder Rissen im Meeresboden zu kommen scheint. Diese Unterwasser-»Wolken« werden oft das »leuchtende Wasser« der Bahamas genannt, obwohl sie gelegentlich auch vor der Küste Floridas und Kubas zu sehen sind. Ihre Leuchtkraft ist so stark, daß sie von den ersten amerikanischen Astronauten ausdrücklich als das letzte Licht erwähnt wurden, das diese von der Erde wahrnahmen (Kolumbus' Seeleute sahen sie im Meer als das erste Licht, als sie sich der Neuen Welt näherten). Ozeanographen deuteten sie oft als konzentrierte Ansammlungen leuchtender Kieselalgen, jener winzigen, Dinoflagellates genannten Organismen, oder einfach als Mergel, der durch Fischschwärme vom Meeresboden aufgewirbelt wurde.

Beobachtungen jüngeren Datums dieser sogenannten »Federwolken« deuten in überzeugender Weise darauf hin, daß es keine Fischschwärme sind, sondern etwas anderes. Die Form dieser federartigen Lichteffekte gleicht, bevor sie sich ausbreiten und auflösen, Rauchschwaden, die aus einem Schornstein aufsteigen; sie treten gebündelt aus und breiten sich allmählich aus. Vor kurzem wurden auf einem Beobachtungsflug vor Orange Cay in den Bahamas zwei voneinander getrennte, aber parallel zueinander im Wasser aufsteigende »Federwolken« mit dieser geheimnisvollen Leuchtkraft beobachtet, die sich nach einer gewissen Zeit zu einer leuchtenden Wolke vereinten. Jim Richardson, ein Pilot aus Miami, der sich für diese Erscheinungen interessiert, landete mit seinem Wasserflugzeug direkt auf einem dieser leuchtenden Flecken und entnahm eine Wasserprobe. Das Wasser stank stark nach Schwefel und enthielt, wie die spätere Analyse ergab, einen Schwefelgehalt von 20 Prozent; Kalkspat wurde ebenfalls ausgefällt, was auf das Vorhandensein von heißem vulkanischem Gestein auf dem Meeresgrund hinweist. Dieser aus dem Meeresboden entweichende »Rauch« kann ein völlig natürliches Hervordringen von Substanzen aus dem heißen Erdinnern sein, was in Anbetracht der Instabilität der Erdkruste unter dem Atlantik nicht erstaunlich wäre. Man wird aber dennoch an die Theorie erinnert, nach der die Kraftquellen einer prähistorischen Zivilisation, die heute infolge plötzlicher Veränderungen der Erdoberfläche auf dem Boden des Atlantischen Ozeans ruhen, immer noch periodisch oder sporadisch funktionieren sollen (und dadurch die Geräte und Kontrollinstrumente moderner Luft- und Wasserfahrzeuge beeinflussen), trotz der vielen inzwischen vergangenen Jahrtausende. Eine andere Theorie, die für das wissenschaftliche Establishment ebensowenig akzeptabel ist, geht von der Hypothese aus, daß es moderne Unterwasser- *und* unterirdische Kraftwerke gibt, die von Wesenheiten betrieben werden, die uns bisher noch unbekannt sind. Nach Meinung einiger Beobachter sind das möglicherweise die unbekannten Unterwasserfahrzeuge, die oft auf Kollisionskurs bei kleinen Booten auftauchten oder von Flugzeugen über den Bermuda-Bänken gesichtet und genau registriert wurden. Obwohl diese Fahrzeuge wegen ihrer Geschwindigkeit und ihrem plötzlichen Erscheinen bisher noch nicht photographiert werden konnten, gibt es vielleicht ein erstes photographisches Dokument von ihnen, auf dem ihre Spuren auf dem Meeresboden zu sehen sind und möglicherweise auch ihre vorläufigen oder endgültigen Ziele (s. Photo auf S. 159).

Gerade Linien kommen in der Natur nicht vor. Dr. Manson Valentine, der am 5. September 1974 mit Jim Richardson das Meer etwa 15 Meilen vor Chubb Cay überflog, entdeckte auf dem Meeresboden in etwa 16 Meter Tiefe zwei vollkommen gerade Linien. Das Flugzeug flog 18 Meilen über ihnen entlang, bis sie in Löchern von unbestimmter Tiefe im Meeresboden zu enden schienen. Die Löcher befanden sich auf einer sandigen Stelle, die sich von dem umliegenden Meeresboden durch jeglichen Mangel an Vegetation unterschied. Inzwischen hat Dr. Valentine andere gerade Linien auf dem Meeresgrund entdeckt und sie in flachem oder tiefem Wasser und über Inseln verfolgt, da diese geraden Linien auch über Land unbeirrt weiterlaufen, um dann auf der anderen Seite der Insel ihren Weg auf dem Boden des Meeres fortzusetzen. Nach Ansicht von Dr. Valentine lassen sich diese seltsamen Linien weder durch Torpedoabschüsse, Ankerketten von treibenden Booten noch durch die Spuren von Unterwasserströmungen erklären. Ihr schnurgerader Verlauf, ihre geringe Breite, die Tatsache, daß sie Inseln überqueren und in unterseeischen Löchern enden, machen sie zu einem der vielen, bisher weder klar erfaßten noch geklärten Phänomene des Bermuda-Dreiecks.

Eine von Dr. Valentine und seinen Mitarbeitern geplante Expedition wird zu ergründen versuchen, weshalb kein Gras auf den Stellen wächst, an denen sich diese Löcher befinden, und was sie in ihrer Tiefe bergen. Letzteres wird die Aufgabe von Tauchern sein, die sich freiwillig zur Verfügung stellen und die mit einem Boot, das von einem Flugzeug zu den Löchern geleitet wird, zu den Tauchstellen gebracht werden sollen.

Tauchern bietet sich jetzt eine beneidenswerte Gelegenheit, den Meeresboden im Bermuda-Dreieck erstmalig zu erforschen, eine Gelegenheit, die nicht immer von allen, die sich mit dem Rätsel des Dreiecks befassen – seien es nun Anhänger oder Gegner –, genutzt wird.

Taucher fanden bereits spanische Galeonen von Schatzflotten, die Stürmen oder Piraten zum Opfer fielen; sie fanden Flugzeuge und Schiffe, von denen einige merkwürdigerweise nicht einmal als vermißt registriert waren; sie entdeckten unterseeische Städte, von denen einige in historischer Zeit versanken, wie z. B. die »Piratenstadt« Port Royal, die 1692 ganz plötzlich während eines Erdbebens versank. In den vergangenen Jahren wurden in den Bahamas auf dem Meeresboden weitere Steinruinen von Städten gefunden, deren uralte Straßen, Mauern, mit Steinplatten belegten Böden, Fundamenten, Terrassen und Pyramiden aus keiner uns bekannten Zeit oder Kulturepoche stammen.

Außer jenen unerwarteten Zeugen einer unbekannten Vorzeit begegneten Taucher jedoch manchmal auch furchterregenden Meeresungeheuern, die so gar nicht in unsere Zeit passen und anderen Zeitaltern einer fernen Vergangenheit anzugehören scheinen. Manche dieser Tiere – falls es solche sind – wurden nahe der Wasseroberfläche gesehen, ganz anders also als der schwimmende »Markierungspfeiler«, dem Kapitän McCamis in einer Tiefe von über 500 Faden (s. S. 86) begegnete und der bei näherem Hinsehen Augen und Flossen hatte.

Bruce Mounier aus Miami, ein erfahrener Berufstaucher und Unterwasserphotograph, sah bei einem Tauchversuch 1968 einen, wie er sich ausdrückte, »gräßlichen Unterwasser-Schneemann«:

Wir waren südlich von Great Isaac Light dicht an der Abbruchkante des Kontinentalsockels. Ich ließ mich langsam an einer Schleppleine von einem 10 Meter langen Boot ziehen, das speziell für Tauch- und Rettungsarbeiten konstruiert war, und sah mir den Boden an, einen sandigen Boden in 11 bis 13 Meter Tiefe. Ich war selbst tief genug, um unter dem Boot nach vorne durchschauen zu können. Auf einmal wurde eine Art runde Schildkröte oder großer Fisch – ungefähr 180

Pfund schwer – sichtbar. Ich ging tiefer, um besser sehen zu können. Das Tier drehte sich um und blickte mich in einem Winkel von 20 Grad an. Es hatte das Gesicht eines Affen und einen weit nach vorn gestreckten Kopf. Der Hals war viel länger als bei einer Schildkröte – mindestens viermal so lang wie der eines Menschen. Das Ungeheuer wand den Hals wie eine Schlange, während es mich beäugte. Die Augen glichen denen eines Menschen, waren aber größer. Es sah aus wie das Gesicht eines Affen mit speziell für das Leben im Wasser angepaßten Augen. Nach einem letzten prüfenden Blick entfernte es sich durch eine von unten kommende Antriebskraft.

Nach Mouniers Bericht verschwand das unheimliche Tier in einer Höhle unter der überhängenden Felswand des Steilabfalls, was vielleicht Mouniers Rettung war, denn es gibt auf den Bahamas eine bekannte Legende über ein derartiges Meeresungeheuer namens »Luska«, mit einem Tiergesicht und einem Schlangenhals, das in Höhlen haust und Menschen frißt. Mounier ist überzeugt, daß dieses Tier keine Schildkröte war: »Ich habe Hunderte von Schildkröten gefangen und verkauft, und dies war entschieden keine. Ich glaube, es ist irgendeine noch unbekannte Art, vielleicht eine neu entwickelte oder eine sehr alte, die noch nie gesehen wurde.«

Manchmal werden seltsame Tiere in dem klaren Wasser oder auf der Oberfläche des Meeres im Bermuda-Dreieck ganz deutlich von mehreren Augenzeugen gleichzeitig bemerkt, deren übereinstimmende Aussagen die Möglichkeit einer Massenhalluzination auszuschließen scheinen, vor allem dann, wenn das sonderbare Lebewesen ganz dicht an dem jeweiligen Schiff beobachtet wurde. Berichten zufolge soll die *Santa Clara*, ein Passagierschiff der Grace-Linie, auf der Fahrt nach Cartagena, Kolumbien, am 30. Dezember 1947 um 17 Uhr ein nicht zu identifizierendes Meeresungeheuer gerammt haben. Unmittelbar nach dem Vorfall wurde folgende Funkmeldung an das Amerikanische Hydrographische Amt durchgegeben:

34.34 N Breite 74.07 W Länge 1700 GMT rammten Seeungeheuer töteten oder verwundeten es schwer. Geschätzte Länge 15 Meter mit aalähnlichem Kopf. Körper ungefähr 1 Meter Durchmesser. Zuletzt von Wm. Humphreys Erstem Offizier und John Axelson Drittem Offizier wild um sich schlagend in weit ringsum blutig verfärbtem Wasser und Schaum gesichtet.

Da das U.S. Hydrographische Amt für alle das Meer betreffenden Beobachtungen zuständig ist, hielt der Kapitän der *Santa Clara* es offenbar für angebracht, diesem den Vorfall als eine mögliche im Wasser lauernde Gefahr zu melden. Es wäre jedoch vielleicht für die Wissenschaft wertvoller gewesen, wenn man versucht hätte, das Tier zu photographieren oder es ganz oder teilweise für das Smithsonian Institute oder das Naturhistorische Museum aus dem Wasser zu bergen. So konnte nie festgestellt werden, um was für eine Art von Tier es sich handelte. Abschließend sei noch erwähnt, daß die bei 34° nördlicher Breite und 74° westlicher Länge angegebene Stelle eindeutig innerhalb der Grenzen des Bermuda-Dreiecks liegt.

Von leichter zu identifizierenden Meerestieren wie riesigen Tintenfischen wird auf einigen Inseln behauptet, sie würden Menschen aus Fischerbooten herausziehen und sogar kleine Boote in die Tiefe reißen. Kapitän Joe Talley, ein ehemaliger Haifischfänger (für die kommerzielle Verarbeitung von Haifischleber) berichtete, daß Fischer nachts nicht in der Nähe des Steilabfalls des Küstenfelsens bleiben:

Wir wollten tiefe Fangleinen vor dem Steilabfall bei Caicos auslegen. Die Fischer blieben aber nur bis Sonnenuntergang. Sie sagten, einige Boote seien von riesigen Tintenfischen oder etwas Ähnlichem in die Tiefe gezogen worden. Die Boote sind nur klein, etwa 7 Meter lang, und ein großes Tier kann sehr leicht über die Bordwand hereinkriechen. Sie sagten, vor einiger Zeit hätte ein riesiger Tintenfisch sich mit einem Fangarm an der Bordwand eines Fischerbootes festgesaugt und sich in das Boot hochgezogen. Die Burschen seien ins Wasser gesprungen, und ihr Boot sei aufs Meer hinausgetrieben.

Auf den Bahamas und den Westindischen Inseln gibt es seit Jahrhunderten und lange bevor der Ausdruck »Bermuda-Dreieck« dazu führte, daß alte Geschichten wieder auflebten und neue erfunden wurden, Legenden über seltsame Vorfälle, Ungeheuer – wirkliche oder erdachte – und Geister. Es ist möglich, daß jemand auf Grund einer bewußten oder unbewußten psychologischen Beeinflussung durch Legenden meint, selbst etwas Derartiges zu erleben. Obgleich dies manchmal der Fall sein mag, fällt es schwer zu glauben, daß dieser Faktor allein das ungewöhnliche Erlebnis erklärt, das Ben Huggard, Champion im Langstreckenschwimmen, hatte, als er im Mai 1975 die 162 Meilen zwischen Florida und den Bahamas durchschwamm. Ben Huggards Erlebnisse und sogar seine gefühlsmäßigen Eindrücke während dieser Schwimmstrecke durch das Bermuda-Dreieck sind sehr interessant. Kapitäne, Besatzungsmitglieder und Passagiere von Flugzeugen und Schiffen können lange Überlegungen anstellen, wenn sie das Dreieck überfliegen oder durchfahren, doch wie viel intensiver sind die Reaktionen eines Menschen, der zwei

Tage lang durch das offene Meer des Bermuda-Dreiecks schwimmt, ganz allein mit seinen Gedanken und in gesteigertem Maße empfänglich für Eindrücke und Einbildungen, die ganze Zeit in direktem körperlichen Kontakt mit dem Wasser des Meeresgebietes, in dem so viele auf mysteriöse Weise spurlos verschwanden.

Ben Huggard aus Freeport, New York, ist ein robuster, an sportlichem Körpertraining interessierter Polizeioffizier (Crime Prevention Unit, Nassau County, New York), der nicht zu imaginären Übertreibungen oder Phantastereien neigt. Trotzdem ist Polizeioffizier Huggard der Meinung, daß er auf dieser Schwimmstrecke durch das Bermuda-Dreieck Anzeichen für das Vorhandensein einer fremden und feindlichen Macht wahrnahm. Huggard schwamm in einem Käfig, der in etwa 50 Meter Abstand von einem Motorboot gezogen wurde, das mit einer Gegensprechanlage ausgerüstet war, so daß Mitglieder seines Teams mit ihm sprechen oder ihm beim Schwimmen vorlesen konnten. Die Lektüre umfaßte auch das Buch »Der weiße Hai«, das erstaunlich gut seiner Situation entsprach, da Hammerhaifische und andere Haie schon nach den ersten zehn Minuten erschienen und den Schwimmkäfig auf der gesamten Strecke begleiteten. Die Falltür, die den Eingang zu dem Käfig bildete, war durch zwei Doppeldrehschlösser gesichert, die gründlich erprobt und überprüft worden waren, da sie den Schutz des Schwimmers vor Raubfischen wie Haien gewährleisten sollte.

Huggard startete in Sombrero Point, Marathon Cay, Florida, und wollte dann in den nach Norden verlaufenden Golfstrom schwimmen, um durch ihn leichter Nassau zu erreichen.

Am 2. Mai 1975, dem ersten Tag seines sportlichen Unternehmens, hatte er nachts ein seltsames Erlebnis. Der Golfstrom – oder eine starke Seitenströmung – hatte plötzlich seine Richtung geändert und trieb Huggard nicht nach Nordosten, wie es seiner geplanten Strecke entsprach, sondern viele Meilen nach Südosten ab und auf Kuba zu. Als es Huggard schließlich gelang, aus dieser merkwürdigen Seitenströmung oder dem Golfstrom herauszuschwimmen, näherte er sich wieder zügig Freeport.

Als es Nacht wurde, hatte Huggard, der die ihn begleitenden Haifische deutlich im Licht der Scheinwerfer des Motorbootes sehen konnte, plötzlich das Gefühl, daß etwas mit der Falltür nicht stimmte. In seinen eigenen Worten:

Ich atme immer auf der linken Seite schwimmend. Auf einmal hatte ich jedoch das eigenartige Gefühl, ich solle den Kopf nach rechts drehen – zur Falltür. Als ich hinschaute, öffnete sich die Tür von selbst und fiel trotz der beiden Doppelschlösser herunter. Ich schwamm hinüber, zog sie wieder hoch, machte die Schlösser zu und vergewisserte mich, daß die Tür fest geschlossen war. Dann schwamm ich weiter. Ein wenig später trieb mich etwas, zur Tür hinüberzuschauen. Als ich also nach rechts sah, öffnete sich die Falltür erneut. Ich rief zum Boot hinüber, sie sollten mit Werkzeugen kommen und die Tür reparieren. Sie kamen und untersuchten die Schlösser und sagten, sie seien völlig in Ordnung – nichts könne sie ungewollt öffnen. Als sie zum Boot zurückkehrten, beschlich mich das Gefühl, daß die Tür wieder aufgehen würde. Und das tat sie dann auch. Und so ging es die ganze Nacht weiter. Alle fünf-zehn oder dreißig Minuten schwamm ich hinüber und machte die Tür wieder zu. Jedesmal ließ ich einige Leute vom Boot kommen, und sie müssen gedacht haben, ich sei verrückt geworden, denn wenn sie kamen und die Tür zu öffnen versuchten, war sie fest verschlossen. Sie zerrten und rüttelten an ihr, doch sie ging nicht auf. Die Schlösser hielten einwandfrei. Aber jedesmal, wenn ich zu der Tür hinübersah, sprangen die Schlösser langsam auf und fiel die Tür von selbst her-unter. Ich fürchte mich nie, wenn ich im Meer schwimme, hatte aber plötzlich diese gräßliche Angst, die mich veranlaßte, ständig nach rechts zu schauen. Ich hatte das Gefühl, etwas wolle mich durch die Tür hinauslocken. Es war, als befehle mir jemand, aus dem Fenster eines hohen Gebäudes in die Tiefe zu springen. Ich wußte, was passieren würde – mit den Haifischen rings um den Käfig, aber es war ein fast unwiderstehlicher Drang. Schließlich, als ich diesem Zwang hinauszu-schwimmen fast unterlag, schwamm ich hinüber und packte die Falltür. Ich zitterte am ganzen Körper, hielt mich aber an ihr fest und hämmerte mir ein: »Ich schwimme nicht raus!... Ich lasse mich nicht aus dem Käfig rausholen!... Was auch immer es ist!...« Und dann knallte ich die Tür zu.

Nach Huggards Bericht öffnete sich die Falltür danach nicht wieder, auch nicht bei einem jähen Wettersturz, bei dem Huggard für einen Moment unfreiwillig seinen Schwimmkäfig verließ.

Bei vollkommen klarem, windstillem Wetter »kam plötzlich ein unglaub-licher Wind aus dem Nichts auf« und schleuderte in drei Meter hohen Wellen den Kähig umher. Auf dem Motorboot erkundigte man sich über Funk in Freeport, Bahamas, nach den dort herrschenden Wetterverhält-nissen und erhielt die Antwort: »Ideales Wetter. Keinerlei Störungen bis Freeport«, obwohl Böen mit 150 Stundenkilometer Geschwindigkeit Huggard zu der ironischen Feststellung veranlaßten: »Freeport sollte sich lieber bei mir nach dem Wetter erkundigen!«

Der heftige Sturm begann, von den Wellenkämmen Brennquallen in den oben offenen Käfig zu wehen, und da Huggard bereits mehrmals gebrannt war und die verhängnisvollen Folgen weiterer Berührungen mit den

Quallen fürchtete, schwamm er über eine hohe Welle, die den Käfig erfaßte, fand sich plötzlich außerhalb des Käfigs wieder und landete genau auf dem Rücken eines der ihn begleitenden weißen Haie. Es gelang ihm, schnell wieder in den Käfig zurückzukehren, bevor der Hai die Situation erfaßte. Als Huggard schließlich in Cat Cay auf Bimini ankam, sank der Käfig, dessen Schaumstoff-Schwimmkörper in dem plötzlichen und merkwürdig örtlich begrenzten Sturm beschädigt worden war.

Auf die unvermeidliche Frage, ob seine beunruhigenden Erlebnisse seiner Ansicht nach etwas mit den im Bermuda-Dreieck auftretenden Phänomenen zu tun hätten, erwiderte Huggard:

> Ich persönlich glaube, daß da draußen etwas nicht geheuer ist. Wie ließen sich sonst all diese Dinge und das, was all diesen Menschen widerfuhr, erklären? Es muß einen Grund dafür geben, aber ich weiß nicht, was es ist.

Ben Huggards Erlebnis ist besonders interessant im Hinblick auf psychische Ausnahmezustände, die in den vergangenen 150 Jahren – und möglicherweise schon seit einer viel längeren Zeit – beim Verschwinden ganzer Schiffsbesatzungen im Bermuda-Dreieck eine Rolle spielen.

Es gibt natürlich viele mögliche Erklärungen für verlassen aufgefundene Boote und Schiffe, obgleich viele dieser im Dreieck registrierten Fälle auf höchst seltsame Vorgänge beim Verschwinden der Mannschaft hinzuweisen scheinen. Oft fand man sowohl die Ladung wie die persönlichen Besitztümer unversehrt an Bord und nur von den Passagieren oder der Besatzung war keine Spur vorhanden. Zu den normalen, d. h. nicht paranormalen oder psychisch bedingten Erklärungen zählen Piraterie, Überfälle auf die Ladung, der Wunsch eines Bootseigners, seine Identität zu wechseln, Versicherungsbetrug, Entführung des Skippers und der Besatzung (oder Entführung des Skippers *durch* die Besatzung), Meuterei, Wellen, die bei einem Sturm die *gesamte* Besatzung über Bord spülen, ein sich plötzlich ausbreitendes Feuer bei einer explosiven Ladung, das die Besatzung zwingt, ihr Schiff zu verlassen, wie z. B. in dem berühmten Fall der *Mary Celeste* vermutet wurde, Aufgabe des Schiffes, das in einem Sturm zu sinken droht, doch sich später auf unerklärliche Weise wieder aufrichtet (oder wieder an die Oberfläche auftaucht), um dann verlassen treibend gefunden zu werden.

Einen berühmten Vermißtenfall aus dem Jahr 1909, den des Weltumseglers Joshua Slocum, versuchte man durch eine ungewöhnliche Ursache zu erklären, und zwar durch die Vermutung, daß Slocum, der sich nicht mit seiner Frau vertrug, vielleicht sein Verschwinden selbst inszenierte, um in einem anderen Hafen unter einem neuen Namen unterzutauchen. Obgleich diese Vermutung nie eine Bestätigung erfuhr, ist es möglicherweise nicht das erste noch das letzte Mal gewesen, daß jemand aus diesen oder ähnlichen Gründen »verschwand«.

Während all diese Erklärungen Möglichkeiten darstellen, haben die vielen anderen Fälle, in denen Menschen von Booten, Schiffen, Stränden oder aus in Strandnähe geparkten Autos sowie Schiffbrüchige aus dem Wasser und Wärter aus ihren Leuchttürmen verschwanden, die Theorie entstehen lassen, daß es unter den im Dreieck wirksamen Kräften einen sporadisch aktiv werdenden Einfluß gibt, der die menschliche Psyche beeinflußt und den betreffenden Menschen zu zwingen versucht, sich dem eigenen Verhängnis oder unbekannten Gefahren auszuliefern.

Die Theorie, nach der ein feindlicher Einfluß auf den Verstand einwirkt, war kürzlich Gegenstand heftiger internationaler Diskussionen, weil ein indonesisches Besatzungsmitglied des deutschen Frachters *Mimi* (der unter panamesischer Flagge fuhr) am 9. Oktober 1975, als das Schiff sich zwischen Miami und Kuba auf der Fahrt nach Georgetown befand, plötzlich die deutschen Schiffsoffiziere, den Kapitän und drei andere, erstach, anschließend die Ventile öffnete und das Schiff sinken ließ. Der Mörder, Gugun Supardi Suleiman, entkam zusammen mit anderen asiatischen Besatzungsmitgliedern in einem Rettungsboot, wurde später von einem Schiff an Bord genommen und erwies sich als fügsam und zugänglich, obgleich er sich seiner Tat bewußt war. Als er von Offizieren der amerikanischen Küstenwache verhört wurde, erklärte er: »Wir lieben die Deutschen. Weshalb sollten wir sie umbringen wollen?« Eine mehr als rhetorische Frage, die vielleicht erkennen läßt, daß er sich vorübergehend in einem geistigen Ausnahmezustand – dem der geistigen Umnachtung – befand, der bei den Malaien Amok heißt. Obwohl es durchaus möglich ist, daß er aus Wut über irgendwelche Befehle Amok lief, veranschaulicht die Tatsache, daß der Einfluß des Bermuda-Dreiecks später in diesem Fall als eine psychologische Erklärung angeführt wurde, das wachsende Interesse an den in diesem Gebiet vermuteten Kräften – natürlichen oder andersartigen – sowie die steigende Besorgnis, die durch sie geweckt wurde. Diese Kräfte haben, welcher Art und welchen Ursprungs sie auch sind, erwiesenermaßen unsere Gesetze über Materie, Schwerkraft, Raum und Zeit höchst überraschend modifiziert.

7

Die andere Seite der Zeit

Eines der rätselhaftesten Geheimnisse des Bermuda-Dreiecks ist der gelegentlich auftretende seltsame Zeitverlust oder -gewinn, der ein besonders beunruhigendes Phänomen für eine Kultur wie die unsere ist, in welcher der Glaube an das in identischen Maßeinheiten linear erfolgende Fortschreiten der Zeit sakrosankt und unantastbar ist. Dieses Phänomen wurde hauptsächlich von Piloten beobachtet, was sich dadurch erklärt, daß die Flugzeit immer so genau notiert wird, tritt aber vielleicht auch bei dem mysteriösen Verschwinden (und Auftauchen) von Schiffen – alten wie neuen – auf.

Flugzeuge kamen in diesem Gebiet manchmal unerklärlich verfrüht an, nachdem sie durch eine Dunst- oder Nebelwolke geflogen waren. Eine verfrühte Ankunft wäre bei einem außerordentlich starken Rückenwind durchaus erklärlich, wie etwa bei Windgeschwindigkeiten von mehreren hundert Stundenkilometern. In den meisten dieser Fälle wehte jedoch kein starker Rückenwind. Eine andere mögliche Erklärung wäre die Vermutung, daß der Pilot die Windgeschwindigkeit falsch ablas oder die Instrumente nicht richtig funktionierten, obwohl dies nicht ein gemeinsamer Faktor bei allen Fällen sein kann. Einige Fälle wurden außerdem so sorgfältig überprüft, daß es wirklich den Anschein hat, als ob die Zeit für die Besatzungen, Passagiere und Flugzeuge, die sich zu einem bestimmten Moment in einem bestimmten Gebiet des Bermuda-Dreiecks befanden, vorübergehend unerklärlich vorschnellte, stehenblieb, einen Sprung zurück in die Vergangenheit oder vielleicht in die Zukunft machte.

Bruce Gernon Jr. aus Boynton Beach, Florida, hatte am 4. Dezember 1970 ein höchst ungewöhnliches Erlebnis. Der Vorfall ist, obwohl alles darauf hindeutet, daß es sich um einen Fall von Raum-Zeit-Verzerrung und »Kaperung« durch eine Wolkenformation handelt, durch Gernons Bordbuch, seinen Copiloten, das Bodenpersonal und sogar durch Treibstoffquittungen belegt.

Gernon ist ausgebildeter Pilot mit ungefähr 600 Stunden Flugerfahrung, von denen er die meisten zwischen den Bahamas und Florida zurücklegte. Er ist 29 Jahre, 1,80 Meter groß, kräftig gebaut und hat eine sehr sachlich-nüchterne Einstellung zur Fliegerei. Sein gutes Gedächtnis für Details zeigt sich besonders im Hinblick auf die höchst seltsamen Geschehnisse während dieses Fluges.

Gernon, den sein Vater als Copilot begleitete, war mit einer Beechcraft Bonanza A 36 von Andros zu einem Flug über die Bahama-Bänke nach Bimini gestartet und sah, als er zu der ihm zugewiesenen Flughöhe von 3500 Meter aufstieg, vor sich eine ellipsenförmige Wolke.

Sie hing ganz harmlos und unbeweglich da. Ich ordnete gerade meinen Flugplan und dachte deshalb nicht weiter über sie nach, sonst hätte ich erkannt, daß sie viel zu niedrig war. Ich flog in meinem Aufstieg von 300 Meter pro Minute über sie hinweg, merkte aber, daß sie genauso schnell wie ich aufstieg.
Manchmal bekam ich einen kleinen Vorsprung, doch jedesmal holte sie mich wieder ein. Ich schätzte ihre Breite auf 25 Kilometer. Ich überlegte, ob ich versuchen sollte, nach Andros zurückzufliegen, kam aber schließlich aus der Wolke heraus, und da war der Himmel ganz klar.
Als ich jedoch zu der Wolke zurückschaute, sah ich, daß sie jetzt riesengroß war und die Form eines gigantischen Halbmondes hatte. Ein anderer Teil dieser Wolke befand sich in etwa 20000 Meter Höhe vor uns. Der Bauch der Wolke schien bis in das Meer herabzuhängen – ganz anders als sonst bei Kumuluswolken, die Regenschleier oder freien Raum unter sich haben.

Gernon wollte um die Wolke herumfliegen, stellte aber zu seiner Bestürzung fest, daß er jetzt in dem »Loch« in der Mitte einer riesigen »Kringel«-Wolke war. Er suchte also nach einem Durchschlupf. Als er eine Öffnung entdeckte, raste er auf sie zu, doch sie wurde immer kleiner und verengte sich zuletzt zu einem zylindrischen Loch oder Tunnel in dieser seltsamen Wolke. Als Gernon dieses Loch mit einer kritischen Fluggeschwindigkeit von 345 Stundenkilometer erreichte, hatte es nur noch einen Durchmesser von ungefähr 70 Meter und verengte sich zusehends weiter.

Es war, als schaue man durch ein Gewehrvisier. Es schien ein etwa 1,5 Kilometer langer und auf Miami zu verlaufender, horizontaler Tunnel zu sein. An seinem anderen Ende konnte ich klaren blauen Himmel zwischen dem Tunnel und Florida sehen...

Gernon jagte sein Flugzeug mit kritischer Fluggeschwindigkeit durch den Tunnel. Er nahm wahr, daß die sich weiter verengenden Wände des Tunnels strahlend weiß schimmerten und ganz klar abgegrenzt waren; kleine Wolkenflocken kreisten langsam im Uhrzeigersinn über die Tunnelwände.

Ohne automatische Kurssteuerung, welche die Flügel in der Horizontalen hielt, hätte ich die Flügel wahrscheinlich durch die kreisenden Wölkchen verkantet und wäre in die Tunnelwände hineingeflogen.

Während der letzten 20 Sekunden berührten die Flügelspitzen auf beiden Seiten die Tunnelwand. Gernon erlebte in diesem Augenblick einige Sekunden lang vollkommene Schwerelosigkeit.

Als Gernon aus dem Wolkentunnel herauskam, war rings um ihn ein trüber, grünlicher Dunst und nicht der blaue Himmel, den er durch den Tunnel gesehen hatte. Obwohl die Sicht offenbar kilometerweit zu reichen schien, »war nichts zu sehen – nur dieser grünlichweiße Dunst«. Als er seine Position ermitteln wollte, stellte er fest, daß alle elektronischen und magnetischen Navigationsinstrumente gestört waren und er keine Funkverbindung mit der Radarbodenkontrolle bekam.

Nach seiner Flugzeit hätte er sich den Bimini-Keys nähern müssen. Plötzlich schoß das, was er für eine Insel gehalten hatte, mit unwahrscheinlicher Geschwindigkeit durch den Dunst unter dem Flugzeug. Dann meldete sich die Radarkontrolle von Miami und teilte ihm mit, daß ein Flugzeug mit genau westlichem Kurs Miami überflöge. Gernon antwortete, daß es sich um ein anderes Flugzeug handeln müsse, da er mit seiner Bonanza gemäß der Flugzeit erst über den Bimini-Keys sein könne.

In diesem Moment geschah etwas höchst Eigenartiges.

Plötzlich öffneten sich breite Schlitze rings um uns herum [in dem Dunst], und es war, als schaute man durch Jalousien. Die Schlitze verliefen parallel zu unserer Flugrichtung. Sie wurden breiter und breiter, und wir konnten auf einmal direkt unter uns Miami Beach sehen...*

Nachdem Gernon in Palm Beach gelandet war, merkte er, daß der Flug nur 45 Minuten anstatt der normalen 75 Minuten gedauert hatte, und das, obwohl er nicht die direkte Flugstrecke von 300 Kilometer, sondern statt dessen 375 Kilometer geflogen war. Die Frage blieb ungeklärt: Wie konnte die Beechcraft Bonanza mit einer maximalen Fluggeschwindigkeit von 292 Stundenkilometer 375 Kilometer in 45 Minuten zurücklegen? Gernon ging der Sache nach. Er verglich an Hand von Quittungen den Treibstoffverbrauch auf früheren Flügen und stellte fest, daß sein Flugzeug normalerweise einen durchschnittlichen Verbrauch von 150 Liter für diese Flugstrecke hatte. Bei diesem Flug waren jedoch nur 100 Liter Treibstoff verbraucht worden. Mit Gernons eigenen Worten: »Dies

---

* Gernon konnte unmöglich mit seinem Flugzeug die Strecke Bimini–Miami in wenigen Minuten zurückgelegt haben.

würde die fehlende halbe Stunde Flugzeit erklären, denn die Bonanza würde 37 Liter Treibstoff für 30 Minuten Flugzeit brauchen und in dieser Zeit ungefähr 150 Kilometer fliegen.«

Obschon Gernon keine eindeutige Erklärung für die Anomalie fand, nimmt er an, daß die Wolkenformation, während er durch jenen Tunnel flog, sich möglicherweise mit einer Schnelligkeit von 1500 Stundenkilometer fortbewegte, wodurch seine Bonanza eine insgesamte Geschwindigkeit von 1790 Stundenkilometer erreicht hätte; dies würde auch den geringen Treibstoffverbrauch erklären. Gernon verweist außerdem auf den unheimlichen »Zufall«, durch den Mike Roxby, ein Pilot aus Merritt Island, Florida, kürzlich ums Leben kam, als er mit seinem kleinen Sportflugzeug in eine Wolke hineinflog und abstürzte, wie auch auf die Tatsache, daß eine ungewöhnlich große Anzahl von Flugzeugen spät nachmittags im Dezember in demselben Gebiet abstürzten oder spurlos verschwanden. Gernon startete am 4. Dezember um 15 Uhr zu seinem Flug, was uns fröstelnd an die fünf Avenger-Bomber von Flight 19 erinnert, die am 5. Dezember – genau 25 Jahre minus einen Tag früher – um 14 Uhr 15 ihren Flug in die Vergessenheit antraten.

Die beobachteten Zeitanomalien sind manchmal von kürzerer Dauer als in Gernons Fall, manchmal aber auch vielleicht von sehr viel längerer. Eine kurzfristige, doch eindrucksvolle Zeitanomalie wurde bereits früher beschrieben; es handelte sich um einen Zeitverlust von 10 Minuten auf einem National-Airlines-Flug nach Miami. Das Flugzeug, das vor dem Landeanflug 10 Minuten lang vom Radarschirm verschwand, war auf einmal wieder auf dem Radarschirm zu sehen und landete ganz normal. Die Piloten, die sich schon über die Schaumsprühtankwagen, Sanitätsautos, Feuerwehrwagen etc. auf dem Flugfeld wunderten, wurden vom Kontrollturm und den Rettungsmannschaften gefragt, ob sie in Schwierigkeiten gewesen seien, als sie vom Radarschirm verschwanden. Nach Aussage des Piloten und Copiloten war nichts Ungewöhnliches passiert; sie waren lediglich etwa 10 Minuten lang durch leichten Dunst geflogen. Als sie weiter nach möglichen Gründen für ihr Verschwinden vom Radarschirm gefragt wurden, schauten die Piloten auf ihre Uhren, merkten, daß sie 10 Minuten nachgingen, überprüften den Chronometer des Flugzeuges und die Uhren der Besatzung. Als sie diskrete Stichproben unter den Passagieren machten, stellte sich heraus, daß *sämtliche* Uhren auf unerklärliche Weise 10 Minuten verloren hatten, anscheinend also genau jene 10 Minuten, die sie vom Radarschirm verschwunden waren. Obgleich Radargeräte manchmal funktionelle Störungen aufweisen, deutet das übereinstimmende Nachgehen der Uhren auf die Möglichkeit hin, daß das Flugzeug und seine Passagiere während einer begrenzten Zeitdauer – 10 Minuten – irgendwo anders waren, in einer anderen Zeitdimension.

Die Besatzung eines Marineflugzeuges vom Typ P-2 erlebte im Juni 1970 auf der Rückkehr von einer Flugübung, bei der sie auch ein russisches, in den Bahamas operierendes U-Boot aufspüren mußte, eine andere Art der Zeitverschiebung. Als die P-2 dicht auf die Wasseroberfläche herunterstieß und dann beim Aufsteigen unerwartet in eine Turbulenz geriet, mußte der Pilot so viel Aufstiegsbeschleunigung geben, daß ein Zylinder platzte und das Flugzeug mit nur noch einem Zylinder weiterflog. Die Funkverbindung riß auf allen Frequenzen ab. Eine MAYDAY-Meldung wurde gegeben, aber nicht beantwortet. Wenig später gelang es der P-2, unversehrt in Jacksonville zu landen. Dort wurde der Pilot gefragt, ob er mithelfen wolle, nach einem Flugzeug in Not zu suchen, von dem man einen MAYDAY-Ruf empfangen habe. Mit anderen Worten: Er sollte nach seinem eigenen Flugzeug und sich selbst suchen! Sein MAYDAY-Ruf war irgendwie und irgendwo eine Zeitlang im Raum hängengeblieben.

Es gibt viele Fälle, bei denen ein unerklärlicher Zeitverlust oder -gewinn bei einem Flug auftrat, ohne daß von der Besatzung irgendwelche anderen ungewöhnlichen Phänomene bemerkt wurden.

Tim Lockley, ein ehemaliger Angehöriger der amerikanischen Luftwaffe, der jetzt in Dallas, Texas, lebt, erinnert sich an ein Erlebnis, das er im November 1970 hatte, als er Besatzungskommandant einer C-130-Turbo-Prop war:

Wir waren auf einem NATO-Einsatz nach Mildenhall in England via Azoren unterwegs. Da es Ende November war, flogen wir die Südkorridor-Route, d. h. von Pope in Nord-Carolina nach Lajes auf den Azoren. Wir registrierten auf diesem Fug einen dreieinhalbstündigen Zeitvorsprung vor den anderen Flugzeugen unserer Gruppe, die alle mit einem Startintervall von einer halben Stunde die gleiche Strecke flogen. Es gab keine Erklärung dafür. Flugzeuge vom Typ C-130 sind einfach nicht für eine derartige Fluggeschwindigkeit konstruiert. Wir bemerkten keinerlei atmosphärische elektrische Störungen oder irgend etwas Ungewöhnliches. Mir fiel nur eines auf: Als ich während des Fluges nach vorne ging, um Kaffee zu holen, sah ich, daß der Grundgeschwindigkeitsanzeiger nicht mit dem Luftgeschwindigkeitsanzeiger übereinstimmte. Die Luftgeschwindigkeit war normal, doch die Grundgeschwindigkeit war mehrere hundert Knoten zu schnell. Es herrschte allgemeine große Überraschung, als wir landeten. Ein Offizier meinte, wir seien wahrscheinlich in dem »Jet-Stream« geflogen, aber das war nicht möglich, da wir bei weitem nicht hoch genug waren. Auch starke Rückenwinde hätten wir auf den Instrumenten feststellen können. Wir hatten keinerlei Rückenwind.

Man hört so viele Gerüchte über derartige Fälle, bei denen Flugzeuge in »Milchzonen« fliegen, bei denen der Himmel und das Meer völlig gleich aussehen und man nicht weiß, wo man ist oder wo man hinfliegt. Man verliert jegliche Orientierung, sogar das Zeitgefühl.

(Ein Phänomen, das sich anscheinend oft auf Uhren und andere Zeitmeßgeräte, wie auch auf Menschen, auswirkt.)

Bei mehreren der bekannten derartigen Fälle, die sich im Bermuda-Dreieck abspielten, scheinen sich vergangene Ereignisse (mit ihren Geräuschen!) oder vergangene Situationen widerzuspiegeln, als ob die Zeit in bestimmten Momenten Menschen aus der Gegenwart in die Vergangenheit versetzen oder das Zeitkontinuum auf andere Weise so verändern könnte, daß die Vergangenheit gleichzeitig mit der Gegenwart abläuft – und vielleicht auch die Zukunft.

Während manche dieser Berichte an Okkultismus oder an Visionen grenzen, darf man nicht vergessen, daß die Ereignisse klar und deutlich gesehen und von zuverlässigen Augenzeugen berichtet wurden, die bei der Erfüllung der ihnen übertragenen Aufgaben nicht Ausschau nach seltsamen Phänomenen hielten, sondern lediglich das bemerkten und registrierten, was vorging.

John Sander, ein Steward der *Queen Elizabeth I*, wurde im Herbst 1976 Augenzeuge eines derartigen Vorfalls, den er wie folgt beschreibt:

Ich war an Bord der *Queen Elizabeth I*. Wir kamen auf der Fahrt von Nassau nach New York durch das als Bermuda-Dreieck bekannte Gebiet. Der Himmel war klar und das Meer ruhig. Ich stand gegen Viertel vor sieben Uhr morgens mit einem anderen Steward auf dem Achterdeck und trank eine Tasse Kaffee, bevor die Tagesarbeit losging. Plötzlich sah ich ein kleines Sportflugzeug – es sah aus wie eine Piper Comanche – in zirka 300 Meter Entfernung und etwa 200 Meter Höhe auf der Steuerbordseite direkt auf uns zufliegen. Ich machte meinen Kollegen, Sidney Worthington, auf das Flugzeug aufmerksam. Als es noch ungefähr 75 Meter entfernt war, verschwand es ganz plötzlich völlig geräuschlos und fast direkt neben dem Schiff im Meer. Kein Wasser spritzte auf – nichts! Es war einfach weg. Mir schien es, als hätte die ruhige Meeresoberfläche sich lautlos geöffnet und das Flugzeug verschluckt.

Mein Kollege behielt die Stelle im Auge, als ich den beobachteten Vorfall dem wachhabenden Offizier meldete. Sie steuerten die Stelle an und ließen ein Boot zu Wasser, aber es war kein Ölfleck zu entdecken, keine Wrackteile, nichts. So glaubte man uns nicht. Ich kann immer noch verstehen, warum kein Wasser aufspritzte. Ich weiß, es ist fast nicht zu glauben. Aber ich würde, da ich ein überzeugter Christ bin, auf die Bibel schwören, daß das, was ich da sah, die reine Wahrheit ist.

Ein gut belegter Fall, bei dem ein Flugzeug verschwand und dieses Verschwinden nicht nur von zwei, sondern von Hunderten Menschen beobachtet wurde, ereignete sich am Abend des 27. Februar 1935 in Daytona Beach, Florida. Wie Richard Winer, der seit langem alle ungewöhnlichen Ereignisse im Bermuda-Dreieck aufmerksam verfolgt, in seinem Buch *The Devil's Triangle* (1974) schreibt, stürzte gegen 22 Uhr ein »silbriges Flugzeug mit roten und grünen Lichtern an den Flügelspitzen« direkt vor dem Daytona Beach Hotel plötzlich ins Wasser, und zwar so dicht vor dem Hotel, daß zwei Zeugen, Mr. und Mrs. Forrest Additon, die von ihrem Balkon auf das Meer hinausgeschaut hatten, glaubten, »es käme geradewegs in ihr Zimmer geschossen«. Die von zahlreichen anderen Augenzeugen alarmierte Küstenwache suchte sofort mit mehreren Booten, unterstützt von anderen kleinen Privatbooten, das Gebiet vor dem Strand ab, jedoch ohne Erfolg. Da aber gesehen wurde, wie das Flugzeug weniger als 100 Meter vom Strand entfernt ins Meer stürzte, ist es beinah unfaßbar, daß kein einziger Wrackteil (noch der geringste Ölfleck) an jener genau bezeichneten Stelle in dem seichten und noch dazu ruhigen Wasser gefunden wurde. Hunderte Menschen machten dieselbe Aussage und verwiesen auf dieselbe Stelle. Da im Lauf der Nachforschungen bei den Flughäfen in Florida und sogar so weit nördlich wie Georgia kein in diesem Gebiet als vermißt gemeldetes oder überfälliges Flugzeug ermittelt werden konnte, wurde der Vorfall in dem verständlichen Bestreben, eine Erklärung für das zu finden, was sich nicht erklären ließ, schließlich als Gerücht abgetan.

Analog zu dem lautlosen Verschwinden von Flugzeugen im Meer wurden von Schiffen aus, und zwar häufig durch wirbelnde Dunst- oder Nebelschleier, manchmal jedoch auch bei klarem Wetter, andere Schiffe gesehen, die oft einer früheren Epoche angehörten. Die Berichte über derartige Erlebnisse bilden den Kern des sogenannten »Seemannsgarns« und aller Legenden über das Meer. Die »Geisterschiffe« des Bermuda-Dreiecks und der in seinem östlichen Teil liegenden Sargasso-See wurden in den vergangenen Jahrhunderten – von den geisterhaften spanischen Galeonen bis zu dem überall auftauchenden »Fliegenden Holländer« – immer wieder gesehen. Manchmal wurden sie so deutlich gesehen, daß man die Küstenwache informierte. Obwohl diese nicht an »Geisterschiffe« glaubt, interessiert sie sich für alle verlassen treibenden Schiffe, seien sie nun moderner oder längst vergangener Bauart.

Hadley Doty, der früher Steuermann bei der Handelsmarine *(United*

Fruit Company) und Offizier der Königlich Kanadischen Marine war, befand sich im Frühjahr 1946 an Bord der *Cyrus Field*, von der aus ein Kabel verlegt wurde. Er schildert sein Erlebnis wie folgt:

> Wir waren ungefähr 15 Meilen vor der Küste Floridas. Es war eine klare Nacht. Auf einmal schrie ein Matrose im Ausguck: »Scharf abdrehen! Scharf!«, was bedeutet, daß das Schiff so schnell wie möglich den Kurs ändern muß. Der Matrose sah, wie ein altes Segelschiff mit Gaffeltakelung direkt vor uns über unsere Kursroute glitt. Sie konnten niemanden auf dem Schiff sehen, aber achtern in der Kapitänskajüte brannte Licht. Die Kursänderung wurde in das Logbuch eingetragen und der Küstenwache in New York gemeldet.
> Die Küstenwache teilte uns mit, daß sich in derselben Nacht mehrere ähnliche Vorfälle zwischen Bimini und Florida ereignet hätten. Wir hatten bis dahin nicht weiter darüber nachgedacht, doch als die Küstenwache erklärte, sie hätten nichts über das Schiff in Erfahrung bringen können, begannen wir uns Gedanken zu machen. Das Schiff tauchte wie aus dem Nichts auf und schien ebenso unvermittelt zu verschwinden.

»Geisterschiffe« wurden selbstverständlich nicht nur im Bermuda-Dreieck gesehen, sondern auf allen Meeren der Welt. Der *Fliegende Holländer*, jenes Segelschiff, das der Legende zufolge dazu verdammt war, mit seiner Besatzung von Skeletten ewig die Meere zu befahren, weil der Kapitän bei einer stürmischen Umsegelung des Kaps der Guten Hoffnung Gott verhöhnte, wurde angeblich oft in der Sargasso-See wie auch an vielen anderen Stellen gesehen, obwohl anzunehmen ist, daß sein Name häufig für andere »Geisterschiffe« verwendet wurde, die aufgeregte Seeleute plötzlich erblickten.

Ein sehr illustrer und anscheinend keineswegs die Fassung verlierender Beobachter dieses Phänomens der »Geisterschiffe« war König Georg V. von Großbritannien. Der Vorfall ereignete sich, als Georg V. noch Kronprinz war und sich als Kadett der Marine 1881 an Bord der HMS *Inconstant* im Pazifik befand. Unmittelbar nach dem unheimlichen Geschehen trug Prinz Georg gelassen einen Bericht über das, was er gesehen hatte, unter dem Datum des 11. Juli 1881 in das Logbuch der *Inconstant* ein. Heutige Marineoffiziere würden bestimmt zögern, einen solchen offiziellen Bericht zu schreiben, und das sogar dann, wenn ihre Glaubwürdigkeit und nüchterne Beobachtungsgabe als über jeden Zweifel erhaben gelten. Ein Dutzend andere Augenzeugen an Bord der *Inconstant* bezeugten, daß sie dasselbe sahen. Die Eintragung in das Logbuch der HMS *Inconstant* lautet wie folgt:

Um 4 Uhr morgens kreuzte »Der Fliegende Holländer« unseren Kurs. Er strahlte ein sonderbar phosphoreszierendes Licht aus, wie von einem leuchtenden Geisterschiff.

In diesem Licht zeichneten sich scharf die Masten, Spieren und Segel einer 200 Meter entfernten Brigg ab, als sie auf der Backbordseite näher kam, wo auch der wachhabende Offizier sie von der Brücke sah, ebenso wie der Achterdeckleutnant, der sofort auf das Vorderdeck geschickt wurde. Als er dort ankam, war keine Spur, noch irgendein Anzeichen eines realen Schiffs zu sehen, weder nah noch fern am Horizont; die Nacht war klar und die See ruhig.

Einem höchst ungewöhnlichen »Geisterschiff« begegnete W. H. Prosser vor ungefähr drei Jahren im Bermuda-Dreieck zwischen Eleuthera und Great Abaco in den Bahamas. Obwohl man alle »Geisterschiffe« als ungewöhnlich bezeichnen kann, war dieses durch seine enorme Größe und den gleißenden Glanz seiner Lichter, was Prosser veranlaßte, es das »Fliegende Holländer Hilton« zu nennen, ganz besonders seltsam.

Wie Prosser in der Zeitschrift *National Fisherman* (Bd. 56, Nr. 5) über sein ungewöhnliches Erlebnis berichtet, stand er am Steuer eines 28 Meter langen Forschungsschiffes, der *Undersea Hunter*, die von St. Croix nach Florida unterwegs war. Obgleich er sich kurz zuvor auf dem Radarschirm vergewissert hatte, daß zwischen seinem Schiff und Abaco keine anderen Schiffe waren, wurde er plötzlich von der Steuerbordseite durch strahlendes Licht geblendet, durch »breite helle Lichtströme, wie sie durch große Glasflächen dringen würden«. Das Schiff erinnerte ihn an »ein großes, terrassenartiges Ferienhotel«, das so luxuriöse Annehmlichkeiten wie »Salons, Galerien und ein beleuchtetes Schwimmbecken« vermuten ließ. Im Bemühen, eine Kollision mit dem riesigen Schiff zu vermeiden, hielt er die *Undersea Hunter* weiter auf einem – wie er glaubte – parallelen Kurs zu der lichtgleißenden Erscheinung. Da sah er plötzlich, wie das rätselhafte Schiff von seiner Steuerbordseite verschwand und unmittelbar darauf vor seinem Steuerbordbug war. »Es hatte sich innerhalb weniger Sekunden um 45° vorwärts bewegt.« Dann verschwand das gewaltige »Fliegende Holländer Hilton« endgültig, und es herrschte wieder wie vorher nächtliche Dunkelheit.

Diese höchst ungewöhnliche, strahlende Lichterscheinung zeichnete sich noch durch einen anderen geheimnisvollen Begleitumstand aus: Trotz der geringen Entfernung war sie zu keinem Zeitpunkt auf dem Radarschirm der *Undersea Hunter* zu sehen.

Während die optischen Wahrnehmungen des Menschen von seiner Phantasie, unterbewußten Einflüssen oder Erinnerungsbildern gelenkt werden können, ist die Feststellung interessant, daß – einem kürzlich veröffentlichten Bericht zufolge – eine von einem Schiff aus gemachte photographische Aufnahme elektrischer Phänomene etwas zeigte, was der Photograph und die zur selben Zeit anwesenden Beobachter *nicht* wahrgenommen hatten. Der Vorfall ereignete sich im Juli 1975 während einer Forschungs- und Filmexpedition der Jacht *New Freedom* auf offener See ungefähr fünfundsiebzig Meilen nordöstlich von Bimini. Es befanden sich keine anderen Schiffe in der Nähe. Es tobte ein elektromagnetischer Sturm von außergewöhnlicher Intensität, der jedoch nicht von Regenfällen begleitet war. Der klare Abendhimmel wurde immer wieder von Blitzen erhellt, die oft grün oder violett schimmerten. Die elektrischen Entladungen und der widerhallende Donner schienen sich zu einem Crescendo zu steigern, das schließlich seinen Höhepunkt in einem blendenden Muster von Blitzen fand, die den Himmel förmlich zu spalten schienen.

Der Expeditionsleiter, Dr. Jim Thorne, der zu dieser Zeit mit einer 35-mm-Pentax Aufnahmen machte, hatte seine Kamera genau in dem Augenblick auf den Horizont gerichtet, als der von ohrenbetäubendem Donner begleitete Höhepunkt des Gewitters erreicht war. Er war neugierig, ob es ihm gelungen war, das Naturphänomen auf den Film zu bannen. Als das Photo entwickelt wurde, stellte sich jedoch heraus, daß er mehr darauf festgehalten hatte, als er erwarten konnte. Denn an der linken Seite des Abzugs, in einer Entfernung von nur etwa fünfundzwanzig bis fünfunddreißig Meter von seinem eigenen Schiff, der *New Freedom*, war etwas zu sehen, das wie das Segel eines großen, voll getakelten Schiffs aussah. Aber weder vor noch *nach* dem elektrischen Sturm hatten sich andere Schiffe in der Nähe befunden. Die Intensität der Blitze am Horizont hatte natürlich die Aufmerksamkeit der Besatzung dorthin gelenkt, aber die von Gefühlen unbeeinflußte Kamera hielt einfach das fest, was – für wie kurze Zeit auch immer – sich in Sichtweite befand.

Ein Fehler in der Kamera oder bei der Entwicklung des Films wurde von Sachverständigen und Technikern ausgeschlossen. Bis jetzt hat es keinen Beweis für das fehlerhafte Funktionieren der Ausrüstung oder eine andere plausible Erklärung dafür gegeben, wie sich ein Segel und etwas, das wie das Ruderhaus eines alten Segelschiffes aussieht, »materialisiert« haben und auf dem Höhepunkt des elektrischen Sturms photographiert werden könnte.

Es mag mehrere Gründe dafür geben, daß im Bermuda-Dreieck seit langer Zeit immer wieder von gesichteten »Geisterschiffen« berichtet wird. Bei manchen mögen gewalttätige und abenteuerliche Ereignisse der Geschichte, bei anderen undeutlich im Nebel oder nachts wahrgenommene Formen die Phantasie beflügelt haben. Während man früher nur auf die visuelle Beobachtung angewiesen war, können die heutzutage auftretenden Phänomene mit höchst präzisen elektronischen Geräten untersucht werden, die diese häufig schon entdecken, bevor sie für das bloße Auge sichtbar werden, sogar jene Phänomene, die nicht gesehen wurden oder nicht mit dem Auge wahrgenommen werden können. Man erinnere sich an den Fall der *Yaamacraw* (Seite 79 f.), bei dem im Meer, dort, wo kein Land sein konnte, zuerst Land auf dem Radarschirm entdeckt, dann mit bloßem Auge wahrgenommen und anschließend von dem Kutter der Küstenwache durchfahren wurde; dieses »Land« entpuppte sich dann als ein eigenartig scharf und geradlinig begrenzter, hoch aufragender, schwefliger Nebel von genügend hoher Dichte, um ein Hindernis für Radarstrahlen darzustellen. Im Fall des Bojentenders *Hollyhock*, dessen Radarschirm auf dem offenen Meer zwischen Bimini und Florida, meilenweit von der amerikanischen Küste entfernt, dauernd Land oder eine Insel anzeigte, mag es sich um etwas ganz anderes gehandelt haben. Hier sei erwähnt, daß verschiedene andere private Jachten gelegentlich Radar-Landsichtungen in demselben Meeresgebiet der Florida-Straße meldeten, in dem es kein Land gibt. Einst war jedoch tatsächlich Land an jener Stelle des Ozeans, und das ist im Hinblick auf die Erdgeschichte gar nicht so lange her. Vor dem Abschmelzen der Gletscher der letzten Eiszeit (also vor ungefähr 12 000 Jahren) erstreckte sich die Küste Floridas weit in den heutigen Atlantik hinaus, und die Bahamas waren wesentlich größere Inseln als heute.

Falls es, wie in manchen Theorien vermutet, in gewissen Gebieten – von denen das Bermuda-Dreieck eventuell ein besonders interessantes Beispiel darstellt – möglich ist, daß die Zeit durch gegenwärtig noch nicht ergründete Strömungen oder Kräfte scheinbar verzerrt bzw. verschoben wird, daß visuelle Ausschnitte oder Bilder aus der Vergangenheit in die Gegenwart hineinprojiziert werden, dann sind die in diesen Fällen wahrgenommenen Erscheinungen vielleicht auf die gleichen Ursachen zurückzuführen wie das häufige Auftauchen der »Geisterschiffe«, wobei jedoch diese Projektionen, die möglicherweise Bilder einer versunkenen Küste oder eines verschwundenen Kontinents sind, wesentlich größere Ausmaße haben.

Bei manchen Funkmeldungen scheint die Zeit stehengeblieben zu sein. Einige Funksprüche und sogar ein Fernsehprogramm wurden erst Jahre nach ihrer Sendung empfangen, als wären sie in der dazwischenliegenden Periode außerhalb von Raum und Zeit gewesen.

Derartige Sendungen aus der Vergangenheit wurden von Luftwaffenfunkern in Vietnam empfangen, die behaupteten, daß einige dieser Funksprüche von Flugzeugen aus dem Koreakrieg stammten. Während solche Berichte sich durch vielerlei Gründe erklären ließen, nicht zuletzt durch schlechte Scherze, dürfte es schwierig sein, einen ungewöhnlichen Vorfall zu erklären, der eine Fernsehsendung betraf und sich am 14. September

1963 in England ereignete. In diesem Fall sahen englische Fernsehzuschauer zu ihrem Erstaunen, daß ihr englisches Programm sporadisch von einem anderen Programm gestört wurde, und zwar durch das einer Fernsehsendestation (TV-KLEE) in Houston, Texas. Die beiden Programme erschienen abwechselnd auf dem Bildschirm, wobei jenes aus Texas klarer empfangen wurde als das englische. Beschwerden bei der Sendestation des Störprogramms wurden nie befriedigend beantwortet, da das betreffende Programm vor mehreren Jahren ausgestrahlt worden war und der Fernsehsender gar nicht mehr existierte. Auch eine Elektronikfirma, die mit der Prüfung des Vorfalls beauftragt wurde, konnte keine befriedigende Erklärung finden. Der Name dieser Firma – Atlantis Electronics Ltd., Lancaster, England – entsprach eigenartigerweise dem rätselhaften und irgendwie zeitlosen Aspekt dieses seltsamen Vorfalls.

Was nun den Rückblick in die ferne Vergangenheit betrifft, so hat jeder in einer klaren Nacht die Möglichkeit dazu, wenn er in der Erkenntnis zu den Sternen aufschaut, daß viele von ihnen gar nicht mehr leuchten, obwohl ihr Licht noch deutlich für uns sichtbar ist. Obwohl die Sonne, die einst dieses Licht aussandte, längst nicht mehr strahlt, ist ihr Licht wegen der Entfernung, die es zurücklegen muß, noch Äonen nach Erlöschen der Lichtquelle sichtbar. Wenn man die theoretische Krümmung von Licht und Raum in Betracht zieht, ist nicht ausgeschlossen, daß etwas Ähnliches in der neutralen Zone vorgeht, die sporadisch in stark elektromagnetisch aufgeladenen Meeresgebieten wie auch auf dem Nord- und Südpol auftritt.

Es gibt eine merkwürdige Geschichte, die auf den Flug von Admiral Richard E. Byrd über den Südpol im Jahr 1929 zurückgeht. Es handelt sich dabei um einen Funkbericht, den Admiral Byrd während des Fluges sandte – einen so unglaublichen Bericht, daß er teilweise geheimgehalten wurde. Admiral Byrd schilderte in diesem Bericht angeblich Beobachtungen, die er in der Nähe des Südpols gemacht hatte. Auf seinem Flug – die Funkdurchsagen wurden gleichzeitig im Radio übertragen – tauchte er plötzlich aus einem Nebel auf und überflog eisfreies Land, auf dem er Vegetation, Seen und Tiere erkennen konnte, die Mammuten oder gewaltigen Büffeln zu ähneln schienen; auch Menschen nahm er in der Nähe der Tiere wahr.

Nach Ansicht gewisser Zoologen und Naturforscher, die sich mit diesem Bericht befaßten, wurde die Übertragung unterbrochen, und die Passagen, welche die ungewöhnlichen Beobachtungen enthielten, wurden später herausgeschnitten. Die Glaubwürdigkeit dieses ungewöhnlichen Berichts wurde nach der allgemeinen Meinung jedoch später durch Admiral Byrds seltsam formulierte Hinweise auf »jenes Land jenseits des Pols … das Zentrum des großen Unbekannten …« und durch einen sogar noch eigenartigeren Ausspruch aus dem Jahr 1957 über »jenen verzauberten Kontinent am Himmel, (jenes) Land des ewig während Geheimnisses...« bestärkt.

Die Tatsache, daß viele Personen sich an die herausgeschnittenen Passagen zu erinnern scheinen oder glauben, sich an sie zu erinnern, stellt ein weiteres Rätsel dar. Hierbei geht es nicht nur um die Frage, was Admiral Byrd sah oder angeblich sah und was mit seinem Funkbericht geschah, sondern auch um einen schriftlichen Bericht des Admirals, in dem er auf etwa hundert Seiten sein Erlebnis beschreibt. Dieser Bericht ist aus allen Bibliotheken und Archiven verschwunden, obwohl es, genau wie im Fall des Funkberichts, immer noch Menschen gibt, die behaupten, diesen schriftlichen Bericht gelesen zu haben und sich an seinen Inhalt zu erinnern.

Die Suche nach Ohrenzeugen für diesen umstrittenen und fast legendären Funkbericht ist verständlicherweise schwierig, da viele Personen sich zwar an ihn erinnern, aber nur wenige präzise Angaben darüber machen können. Durch die auf Band aufgenommene Aussage von Emily Ingram aus Miami – einer Gerichtssaalreporterin, deren Gedächtnis beruflich bedingt geschult ist, sich präzise an vergangene Ereignisse zu erinnern – trat eine glückliche Wendung in dieser Kontroverse ein. Emily Ingram ist eine geistig bewegliche Frau mit lebhaftem Wesen und viel Sinn für Humor, die nach einer langen, erfolgreichen Karriere immer noch in ihrem Beruf tätig ist. Sie erinnert sich in beachtlicher Genauigkeit an Byrds Funkbericht über seinen Südpolflug im Jahr 1929:

Wir wohnten damals in Boston. Mein Vater hatte vor kurzem ein neues Radio gekauft, das sowohl einen Lautsprecher wie Kopfhörer hatte. Es war an einer Steckdose angeschlossen und hatte eine empfangsstarke Antenne. Ich erinnere mich an die Antenne, weil mein Vater vom Dach fiel, als er sie anbrachte, aber schließlich schaffte er es doch, sie anzuschließen.

Meine Mutter interessierte sich besonders für diese Übertragung von Admiral Byrds Flug. Es war angesagt worden, daß er am 70. Breitenkreis entlang über den Pol fliegen würde, und seine Funkdurchsagen sollten direkt übertragen werden. Wir bekamen den Sender – es war der Bostoner Sender – und hörten uns die Sendung über den Lautsprecher an. Zunächst kamen nur starke Störgeräusche, und dann hörten wir Admiral Byrds Stimme. Anfangs war es mehr oder weniger eine Routinebeschreibung des Fluges über den Schnee und das Eis. Dann wurden die Störgeräusche plötzlich lauter, hörten aber wieder auf. Die Übertragung wurde klar, und Byrds Stimme war ganz deutlich zu hören. Auf einmal sagte er: »Schau! Siehst du es? Da unten ist ja

Gras!... Saftiges Gras!... Wie grün es ist!... Da sind überall Blumen... Sie sind wunderschön!... Und schau dir die Tiere an!... Sie sehen wie Elche aus... Das Gras reicht ihnen bis an den Bauch... Und schau doch!... Da sind ja auch Menschen! Sie scheinen erstaunt zu sein, ein Flugzeug zu sehen.«

Ich erinnere mich, daß meine Mutter in diesem Augenblick sagte: »Ich wette, sie haben auch lange Ohren!« Dann ertönten wieder laute Störgeräusche, und das war das letzte, was wir von der Sendung hörten. Ohne eine Ansage erklang dann plötzlich Musik von demselben Sender. Wir bekamen nie eine Erklärung über das Vorgefallene. Einige unserer Nachbarn hatten die Sendung auch gehört, wußten aber ebenfalls nicht mehr als wir. Admiral Byrd schien mitten im Satz unterbrochen worden zu sein. Es interessierte mich sehr zu erfahren, was eigentlich passiert war, und so schrieb ich an die Familie Byrd in Virginia – Sie wissen, die des Senators – bekam aber nie eine Antwort.

Diese ungewöhnlich präzisen Erinnerungen an jene so weit zurückliegende Radiosendung unterstreicht den kaum zu glaubenden Inhalt des Funkberichts (wie u. a. an der Bemerkung von Emily Ingrams Mutter zu erkennen ist) und infolgedessen die Möglichkeit, daß der Bostoner Sender auf höhere Anweisung hin die Übertragung unterbrach, als Byrds Durchsagen zu unwahrscheinlich wurden, um das Ansehen des Admirals zu schützen, vielleicht aber auch, weil Zensurmaßnahmen ratsam erschienen.

Falls Byrd durch Magnetfelder flog, wie aufgrund der mehrmaligen starken Störgeräusche bei der Übertragung zu vermuten ist, wäre es aber auch möglich, daß die Sendung gar nicht durch eine Anweisung der Regierung unterbrochen wurde, sondern ganz einfach durch magnetische Interferenz.

Falls Admiral Byrd jedoch, wie von einigen Forschern vermutet, nach Durchfliegen starker Magnetfelder in eine andere Zeitdimension geriet, hätten die Funkwellen nicht in unsere Zeitdimension durchdringen können, was ebenfalls eine Unterbrechung der Radiosendung zur Folge gehabt hätte.

Es gibt also eine Vielzahl möglicher Gründe dafür, daß Admiral Byrds Funkbericht plötzlich unterbrochen wurde, aber keine für uns akzeptable Erklärung für das, was er angeblich dort sah und beschrieb, wo sich nur die leeren Eis- und Schneewüsten der Antarktis hätten erstrecken dürfen.

Diese seltsame, aber unvergessene Geschichte, die später noch durch andere ähnliche, angeblich sowohl in der Arktis wie Antarktis gemachte Beobachtungen eine Fortsetzung erfuhr, ist untrennbar mit dem Andenken an Admiral Byrd verknüpft. Wie der Admiral anderen Wissenschaftlern erzählt haben soll, sah er große Tiere, Mammute und den Bison der Eiszeit, riesige Hirsche und auch menschliche Wesen. Es ist vermutet worden, daß die späteren eigenartigen Behauptungen Byrds wie auch der Hinweis auf den »Kontinent am Himmel« vielleicht nicht nur irrtümliche Phantasieerinnerungen an seinen früheren Flug waren, sondern auch eine Folge eines sowohl physisch wie psychisch außerordentlich harten Überlebenstestes, dem er sich ganz allein 1934 in der langen antarktischen Nacht unterzog. Durch die Einsamkeit und eine anscheinende Kohlenmonoxyd-Vergiftung zeigten sich bei ihm während dieser langen Isolation Krankheitssymptome, die später sein Wahrnehmungsvermögen möglicherweise derart beeinträchtigten, daß er an Halluzinationen litt, als er über die antarktische Eiswüste am »tiefsten« Punkt der Erde flog, in der die blendend helle, oft horizontlos unbegrenzte Weiße die Entstehung von Phantasiebildern und anderen visuellen Täuschungen begünstigt.

In diesem Zusammenhang sei das Schicksal eines Flugzeuges erwähnt, das bei der Antarktisexpedition im Jahr 1947 in eine totale »Milchzone« geriet, in der sämtliche Instrumente falsch funktionierten (man wird an die »Milchzonen« im Bermuda-Dreieck erinnert). Es zerschellte mit der vierköpfigen Besatzung am Boden, weil der Pilot die Flughöhe falsch eingeschätzt hatte.

Andere qualifizierte Beobachter bestätigten jedoch 1947 bei späteren Flügen über den Südpol Byrds Behauptungen und berichteten von einigen erstaunlichen Polarphänomenen; zu diesen zählt auch die Entdeckung, daß die Atmosphäre über dem Pol nur die halbe Dichte der sonstigen, die Erde umgebenden Atmosphäre aufweist und daß die Luft, wie Versuche mit Wetterballons zeigten, sich aus unerklärlichen Gründen mit zunehmender Höhe über dem Südpol erwärmt. Mit Admiral Byrds Worten: »Der Südpol ist in eine warme Decke eingepackt.«

Da es tatsächlich mehrere eisfreie Zonen auf dem antarktischen Kontinent gibt (eine eisfreie Fläche am Knox-Land weist erbsengrüne Seen und braune Erdwälle auf), ist es vielleicht möglich, daß ein dieses Gebiet überfliegender Forscher in seiner Überraschung, schneefreies Land in der Antarktis zu erblicken, es unwillkürlich in seiner Vorstellung mit anderen Formen tierischen und pflanzlichen Lebens als nur den unvermeidlichen Pinguinen bevölkert, obwohl das im Fall eines so erfahrenen Naturforschers wie Admiral Byrd recht unwahrscheinlich ist.

Während man allgemein glaubt, daß Admiral Byrd bei seinen Flügen über den Nord- und Südpol wirklich etwas Ungewöhnliches sah, hat sich eine vielleicht durch alte Überlieferungen angeregte Theorie gebildet, die behauptet, daß sich im Erdinnern große Höhlen befinden (oder die Erde als solche hohl ist) und es an den leicht abgeflachten beiden Polen der Erdkugel möglicherweise Eingänge zu diesen Höhlen im Erdinnern gibt. (Es sei noch erwähnt, daß Admiral Byrd einige Jahre nach seinem ersten Flug von Spitzbergen zum Nordpol im Jahre 1926 einen zweiten Flug über den Nordpol unternahm, bei dem er magnetische Anomalien und visuelle Trugbilder wahrnahm.) Gemäß dieser Theorie wäre Byrd in der Nähe des Pols über einen Abhang geflogen, auf dem er angeblich jene erstaunlichen Dinge erblickte.

In den alten religiösen Schriftwerken der Hindus und Buddhisten gibt es viele derartige und anschaulich beschriebene Legenden über ein Erdinneres, an die man in der Mongolei, in Tibet und den benachbarten Ländern in Zentralostasien allgemein glaubt. In ihnen wird Arghati, das verborgene Land im Innern der Erde, als das Heim der Halbgötter und Menschen beschrieben, die gelegentlich auf die Erdoberfläche emporsteigen. Arghati, dieser Prototyp von Shangri-La, wurde zu allen Zeiten von Herrschern, Reisenden, Forschern und Mystikern Asiens und anderer Kontinente gesucht, und sogar Hitler, dem irgendein in seinen Diensten stehender Mystiker von Arghati vorgeschwärmt hatte, beteiligte sich an der Suche und entsandte mehrere Expeditionen mit der Order, Eingänge zu dieser verborgenen, geheimen inneren Welt zu entdecken.

Ohne auf die in diesen Legenden aufgezeigten reizvollen Möglichkeiten und die aus klimatischen Gründen recht utopisch erscheinende Existenz derartiger Höhlen oder Eingänge an den Polen der Erde einzugehen, sei nichtsdestoweniger erwähnt, daß die angeblich von Admiral Byrd und anderen gemachten Beobachtungen in Gebieten mit besonders starken Magnetfeldern oder magnetischen Aberrationen erfolgten. Falls Byrd tatsächlich Menschen, Tiere und Vegetation einer anderen Zeitepoche sah, als er aus einer Nebelzone herauskam, erscheinen derartige Beobachtungen weniger unglaubhaft, wenn man bedenkt, daß das Gebiet, in dem sie gemacht wurden, zu einem früheren Zeitpunkt der Erdgeschichte mit Vegetation und Tieren bedeckt war, als die Pole der Erde sich infolge ihrer vielen uns bekannten, im Lauf der Jahrtausende erfolgten Verschiebungen an anderen Stellen befanden als heute.

Bei einer bestimmten Kombination gleichzeitig wirksamer Naturkräfte, zu denen auch sich verlagernde elektromagnetische Felder zählen, ist es vielleicht möglich, durch visuelle Beobachtung, auditive Wahrnehmung und sogar durch elektronische Geräte real erscheinende Projektionen von Ausschnitten oder Ereignissen der Vergangenheit, wie in einigen der zuvor geschilderten Fälle, aufzufangen – seien es nun Stimmen, Geräusche, Radio- und Fernsehsendungen, die erst Minuten, Stunden oder Jahre nach ihrer Ausstrahlung empfangen werden; ebenso Landsichtungen auf dem offenen Meer, wo kein Land ist, einst jedoch Land war;

Dr. J. Manson Valentine, der 1968 zusammen mit Jacques Mayol und Harold Climo die Bimini-Straße entdeckte, in jenem Jahr, in dem Edgar Cayces Prophezeiungen zufolge Teile von Atlantis entdeckt werden würden. Cayces Prophezeiung erfolgte 1940, lange ehe auf den Bahama-Bänken Unterwasserruinen vermutet wurden. *Foto: J. M. Valentine*

Unterwasser-Wall, -Deich oder -Damm, aus größerer Höhe aufgenommen (Mitte oben). Bestimmte Eigentümlichkeiten des Meeresbodens sprechen dafür, daß vor dem Ansteigen des Wassers ein größeres Bimini als Hafen gedient hat. *Foto: J. M. Valentine*

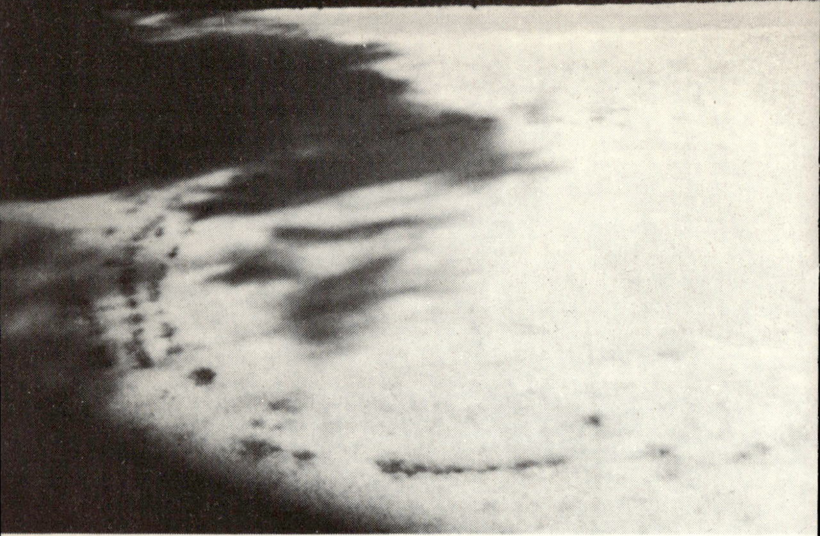

Großer dreifacher Kreis aus Steinen vor Andros, der an prähistorische »Kalender«-Bauten erinnert, etwa in Stonehenge, Carnac und Südamerika. Viele dieser offenbar von Menschenhand errichteten Gebilde wurden in den letzten Jahren entdeckt.　　　　Foto: J. M. Valentine

Kreisrunder Artefakt in der Nähe von Adros, vom Flugzeug aus fotografiert. Andere, nicht auf natürlichem Weg entstandene Kreise am rechten Rand des Fotos deuten auf Gebilde unter dem Meeresboden hin, welche die Vegetation beeinflussen.　　　　Foto: J. M. Valentine

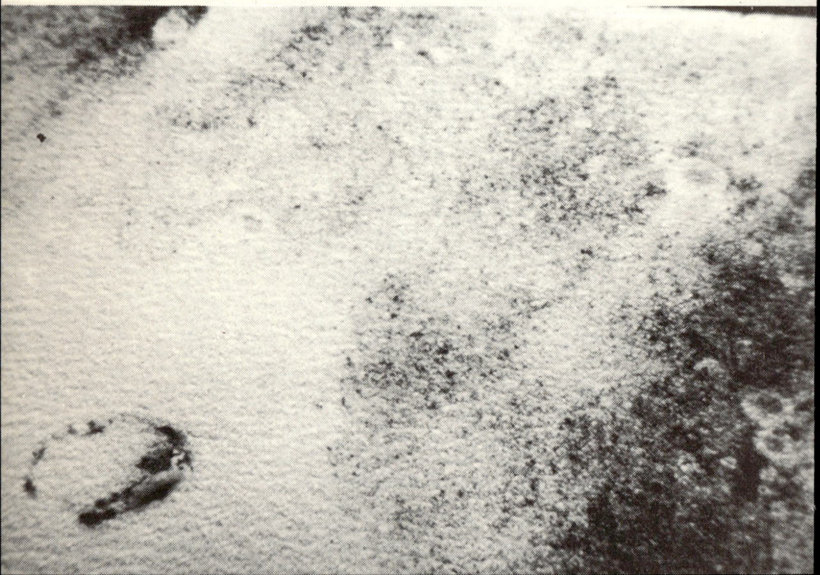

Steinplatte aus der unterseeischen Konstruktion, die sich jetzt im Bahama Antiquities Institute befindet. Versteinerte Mangrovenwurzeln oberhalb der Steine erwiesen sich nach Karbonmessungen als sechs- bis achttausend Jahre alt. *Foto: J. M. Valentine*

Manche Steine auf dem Meeresgrund im Gebiet von Bimini liegen auf anderen auf und werden mitunter durch kleine Säulen gestützt – ein ziemlich logischer Hinweis darauf, daß sie Teil eines Gebäudekomplexes waren. *Foto: J. M. Valentine*

Je zahlreicher die Expeditionen in das Bermuda-Dreieck sind, um so rascher könnte das Rätsel geklärt werden. Dieses Bild zeigt eine dreifache Expedition (Flugzeug, Schiff und Taucher). Ein Expeditionsschiff wird von einem Flugzeug (der Flügel ist im oberen Teil des Fotos erkennbar) zu einer Unterwasser-Fundstelle in der Nähe des Moselle-Riffs bei Bimini begleitet. Die Taucher befinden sich bereits unter Wasser. Ein Floß für die Taucher ist am Heck des Schiffes festgemacht. *Foto: J. M. Valentine*

Die S.S. *Andrew Furuseth* beim Stapellauf. Man nimmt an, daß vom Deck dieses Schiffes aus das plötzliche Verschwinden der D-173 während des Philadelphia-Experiments von mehreren Personen beobachtet wurde.

Foto: SITU (Society for the Investigation of the Unexplained)

Offiziere und Mannschaft der S.S. *Andrew Furuseth* mit Beamten der Behörde. Nach Meinung einiger könnte die Person links von der Belüftungsanlage, auf der ein Mann sitzt, Carl Allen (Carlos Allende) sein, der mit Dr. Jessup in Briefwechsel stand. *Foto: SITU*

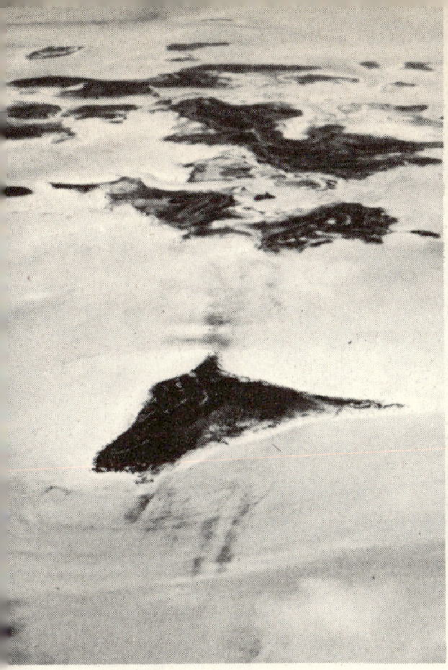

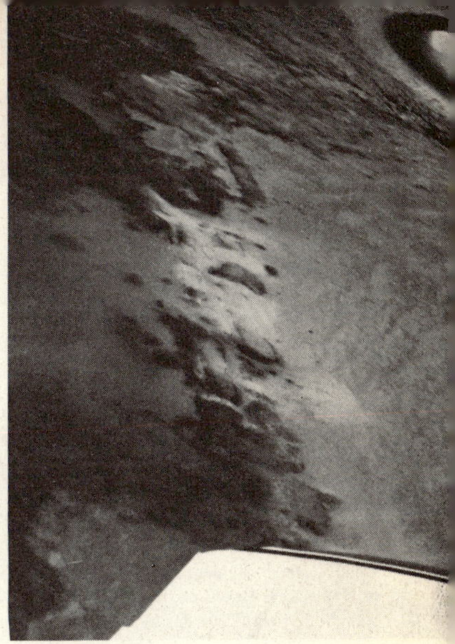

Links: Die Linien auf diesem südlich von Andros aufgenommenen Bild legen die Vermutung nahe, daß es sich um Überreste von Mauern oder um Straßen aus einer Zeit handelt, als Andros noch wesentlich größer war.   *Foto: Bob Brush*

Rechts: Unterseeischer Wall oder Damm, vom Flugzeug über Nord-Bimini aufgenommen. Die für den Bau verwendeten Steine sind von beträchtlicher Größe, jenen vergleichbar, die für die »Bimini-Straße« verwendet wurden.   *Foto: J. M. Valentine*

Die U.S.S. *Eldridge*, D-173, ein Zerstörer der amerikanischen Marine, soll Mitte Oktober 1943 Gegenstand des Philadelphia-Experiments gewesen sein. Dieser Zerstörer, der im August 1943 in Dienst gestellt wurde, war tatsächlich zur fraglichen Zeit in Häfen und Gewässern, auf die sich die Berichte über das Experiment beziehen. *Foto: Navy Department, National Archives*

Die Erde, von Apollo 12 aus dem Weltraum aufgenommen. Etwas oberhalb der Mitte erkennt man Kalifornien und die Küste von Mexiko, nordöstlich davon den Golf von Mexiko und Florida. Selbst aus dieser Höhe sind die Bahama-Bänke zu identifizieren. *Foto: NASA*

Rechts: Operieren in den Bahamas UFOs unter Wasser? Vielleicht. Geheimnisvolle, kürzlich entdeckte Markierungen auf dem Meeresboden in der Nähe der Berry-Inseln deuten darauf hin, daß etwas in völlig geraden Linien und einer regelmäßigen Kurve – in der Natur gibt es aber keine geraden Linien – über den Meeresboden bis zu den hier abgebildeten schwarzen Löchern bewegt wurde. Es ist nicht bekannt, was diese Linien und diese Löcher hervorrief oder wie tief diese sind. Man nimmt an, daß diese kerzengeraden Spuren und das – möglicherweise durch eine Explosion – vegetationslose Gebiet rund um die Löcher im Zusammenhang mit den UFOs oder USOs *(Unidentified Submarine Objects)* stehen, die häufig in den Gewässern des Bermuda-Dreiecks gesichtet werden.

Foto: J. M. Valentine

Unten: Im November 1965 gelang dem Ozeanographen Robert Menzies an Bord des Forschungsschiffes *Anton Bruun* dieses überraschende Foto. Das Bild zeigt Mauern oder Säulen auf dem flachen Meeresboden in einer Tiefe von etwa 2000 Metern.

Foto: Dr. Robert J. Menzies

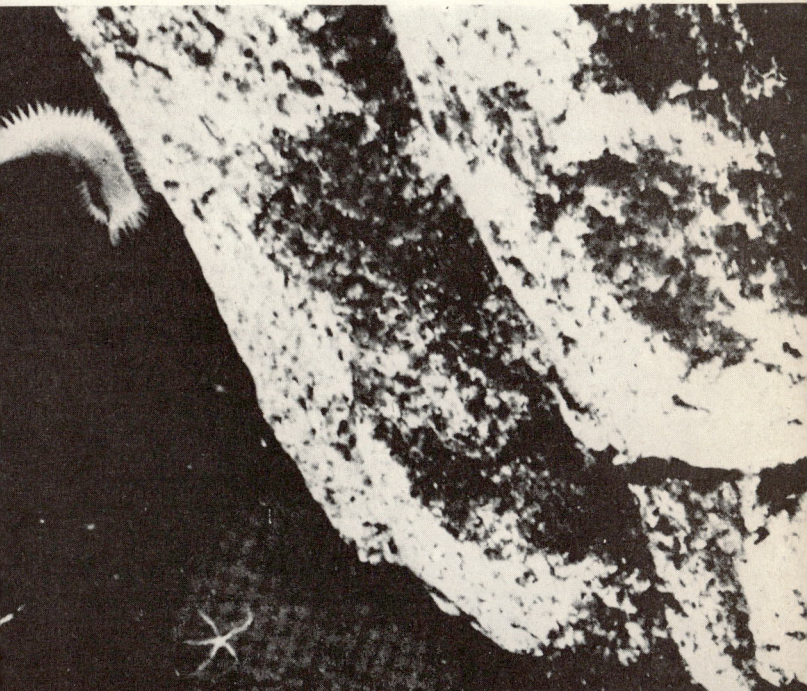

UFO in der Nähe des Pico Desejado auf Trinidad. Der Zwischenfall wurde ganz deutlich von der Schiffsbesatzung beobachtet. Um eventuelle Zweifel über offizielle Berichte, die in der Folge erstellt werden würden, auszuschalten, entwickelte man den Film sofort an Bord des Schiffes, in Gegenwart des Kapitäns und anderer Offiziere. Später wurde dieser Film sehr sorgfältig untersucht, um den Nachweis einer Fotomontage erbringen zu können, aber ohne Erfolg. Das Foto bleibt eines der bestbezeugten UFO-Bilder.

Bildquelle: Brasilianische Marine

Offiziöses UFO-Foto der US-Küstenwache aus dem Jahr 1952, aufgenommen in Salem, Massachusetts. »Offiziös« deshalb, weil dieses Foto von der Küstenwache veröffentlicht wurde, ohne eindeutige Erklärung, was die Objekte darstellen könnten. Das Foto selbst wurde von Shell Alpert, einem Angehörigen der Küstenwache, aufgenommen, der, als er aus dem Fenster sah, die Objekte erblickte, rasch seine Kamera holte und durch eine Glastür das Bild schoß, das eine Anzahl leuchtender Objekte zeigt. Unter den Tausenden UFO-Fotos ist kein einziges besonders scharf, hauptsächlich wegen des unerwarteten Auftauchens dieser Objekte.

Foto: US-Küstenwache

Menschen, Tiere und Vegetation in heutzutage reinen Polareisgebieten; längst gesunkene Schiffe, die immer noch auf den Meeren gesehen werden; nicht identifizierte und manchmal völlig anachronistische Flugzeuge, die geräuschlos dahinfliegen und ebenso geräuschlos abstürzen; oder die Lautkulisse und manchmal auch die Szenen längst vergangener Schlachten, die erneut vor Hunderten von Augenzeugen gleich einem Film abrollen.

Vielleicht würde die Hypothese einer unter bestimmten Bedingungen in die Vergangenheit »zurückspringenden« und sich gleichsam wiederholenden Zeit sowie die Hypothese anderer Zeitsprünge und Verschiebungen helfen, die häufigen Sichtungen von »Geisterschiffen«, Flugzeugen wie auch einige der anderen im Bermuda-Dreieck beobachteten Phänomene zu erklären (die wir in Ermangelung einer besseren Erklärung als »psychische« Phänomene bezeichnen). Eine solche Hypothese ließe möglicherweise auch Rückschlüsse darüber zu, was aus einigen der »Opfer« des Bermuda-Dreiecks wurde, denn ein derartiger Zeitsprung könnte im Moment seines Vollzuges der Eingang in eine andere Zeitdimension ohne einen entsprechenden Ausgang sein, in der ein in sie versetzter Mensch unter bestimmten Bedingungen vielleicht ganz in diese neue Zeitprojektion oder Dimension integriert wird. Unter diesem Gesichtspunkt ergeben sich für das ungeklärte Verschwinden von Carolyn Coscio am 7. Juni 1964 (siehe *Das Bermuda-Dreieck*, a. a. O.) ganz neue und irgendwie beunruhigende Möglichkeiten der Erklärung.

Carolyn Coscio wollte, begleitet von einem Passagier, Richard Rosen, auf ihrem Flug von Pompano Beach über die Bahamas nach Jamaika entsprechend ihrem Flugplan auf der Insel Grand Turk zwischenlanden und ihre Cessna 172 auftanken. Zu dem Zeitpunkt, zu dem sie normalerweise dort hätte ankommen müssen, sah das Bodenpersonal des kleinen Flugplatzes eine Cessna 172 über der Insel kreisen und hörte die Stimme der Pilotin, die mit ihrem Passagier sprach, doch konnte man die Funkverbindung zum Flugzeug nicht herstellen. Die Pilotin sagte, sie hätte wohl einen falschen Kurs genommen, da diese Insel nicht Turk sei, denn »Da unten ist ja nichts«. Dann hörte man, wie sie besorgt über den geringen Treibstoffvorrat sprach und beschloß, eine andere Insel anzufliegen, worauf die seltsame Frage folgte: »Wie sollen wir da herauskommen?«

Von Carolyn Coscio und ihrer Cessna 172 wurde nie die geringste Spur gefunden. Man nimmt an, daß es sich bei dem über Grand Turk gesichteten Sportflugzeug um ihres handelte, obwohl es nicht eindeutig identifiziert wurde. Das ändert jedoch nichts an der Frage: Warum konnte Carolyn Coscio nicht den Turm hören, wo man doch auf dem Flugplatz von Turk das Flugzeug sehen und die Unterhaltung der Pilotin mit ihrem Passagier hören konnte? Weshalb konnte sie den Flugplatz und die Gebäude auf Turk nicht sehen? Könnte die Erklärung dafür vielleicht sein, daß sie infolge einer sonderbaren Zeitverschiebung zwar auf die Insel Grand Turk hinunterblickte, diese jedoch zu einem aus der Vergangenheit in die Gegenwart projizierten Zeitpunkt sah, *bevor* der Flugplatz gebaut wurde?

Vielleicht treten derartige Zeitsprünge und Verschiebungen (sofern diese überhaupt möglich sind) häufiger auf, als man denken würde; schon seit vielen Jahrhunderten beschreiben gewisse Berichte aus verschiedenen Teilen der Welt Erscheinungen, die solchen Phänomenen sehr ähnlich sind. Da die wissenschaftlichen Hypothesen und Theorien von gestern sich oft als wissenschaftlich bewiesene Fakten von heute erwiesen haben, kann es durchaus sein, daß das so komplexe Rätsel der Zeit (und man bedenke, daß das uralte Rätsel der Sphinx aus der griechischen Legende im wesentlichen ein Zeiträtsel war) eines Tages ergründet und gelöst wird. Vielleicht werden andere Faktoren entdeckt, die derartige Zeitsprünge verursachen. Diese zeitverändernden Bedingungen bestehen möglicherweise nicht nur – wie von Einstein und anderen erkannt – im Weltraum, sondern auch an bestimmten Stellen der Erdoberfläche.

Früher wurden unerklärliche zeitverändernde Phänomene meist der Magie oder Zauberei zugeschrieben, während man sie in der Moderne in die Science-Fiction-Utopien und den fragwürdigen Komplex übersinnlicher Wahrnehmungen einreihte, die beide die Zukunft mit geradezu bestürzender Exaktheit voraussagten. Auf dem Gebiet der Science-Fiction-Utopien sind die erstaunlichen, vor hundert Jahren geschriebenen Geschichten Jules Vernes besonders bemerkenswert. Das in ihnen beschriebene U-Boot *Nautilus* hat fast genau die gleichen Abmessungen wie unsere modernsten U-Boote mit Atomantrieb; außerdem schildert Jules Verne Raketenabschüsse von der Erde zum Mond mit Abschußrampen an der Ostküste Floridas hundert Jahre vor ihrer Verwirklichung. Atombomben und ihre Wirkungen wurden sogar in Comic-Strips mehrere Jahre vor ihrer ersten Anwendung auf diesem Planeten beschrieben. Die Ausnutzung der Kernenergie zu Kriegszwecken und eine erschreckend präzise Schilderung ihrer Wirkung enthält das heilige *Mahabharata*, das in Indien Jahrhunderte vor der Zeitenwende gesammelt wurde und sich auf Ereignisse bezieht, die noch viel weiter zurückliegen.

Es ist nur allzu offenkundig, daß das Universum Geheimnisse birgt, die nicht nur unerklärlich für uns sind, sondern ganz einfach unsere Vorstellungskraft übersteigen. Einige der elementareren Geheimnisse betreffen vielleicht gar nicht Vorgänge in weiter Sternenferne, sondern in sehr viel beunruhigenderer Nähe. Es geht bei diesen Geheimnissen um unsere eigene, recht unvollkommene Wahrnehmung von Materie, Raum und Zeit, wie auch um ihre Beziehungen zueinander. Manche Fragen sind, so einfach und grundsätzlich sie auch erscheinen, nicht zu beantworten, und jede mögliche Antwort scheint mit den Vorstellungen unvereinbar zu sein, für die unser heutiges Denkvermögen ausreicht. Zu diesen Fragen zählen die folgenden: Was ist Zeit? Wann begann sie? Wann wird sie enden? Wo beginnt der Raum? Wo endet er? Wie kann etwas endlos sein? Diese »verbotenen« Fragen (soweit es um die tägliche Wahrnehmung und Auseinandersetzung mit unserer Umgebung geht) sind für uns nicht faßbar. Unser fortgeschrittenes Wissen und unsere wissenschaftlichen Theorien haben diese Fragen ganz einfach erweitert. Es ist möglich, daß sie bloß außerhalb unseres gegenwärtigen Begriffsvermögens liegen, so wie die Atomtheorie für die Magier und Wahrsager des Mittelalters. Vielleicht wird unser Verstand aber im Zuge des sich erweiternden Wissens und der sich vertiefenden – oder erhöhenden – Erkenntnisse eines Tages diese Fragen in ihrer Bedeutung erfassen, verstehen und beantworten können.

Wenn wir jedoch davon ausgehen, daß uns eine derartige Erleuchtung – und möglicherweise auch die Kontrolle über Zeit und Raum – zuteil wird, wenn wir imstande sein werden, die komplexen Beziehungen und Wechselwirkungen zwischen Energie, Raum und Zeit zu verstehen, verfallen wir vielleicht in den Irrtum, anzunehmen, daß wir die einzigen Lebewesen seien, die diese geistige Weiterentwicklung in unserem Teil des Universums durchmachen. Es ist durchaus möglich, daß andere Wesen bereits im Besitz solchen Wissens sind und dadurch die Fähigkeit haben, je nach Wunsch unser Raum-Zeit-Kontinuum aus Gründen zu durchbrechen, die uns trotz der wachsenden Anzahl von Theorien über außerirdische oder interdimensionale Besucher unbekannt sind. Die überall auftauchenden UFOs, die ständig mit anscheinend zunehmender Häufigkeit in allen Teilen der Welt gesichtet werden, scheinen die Medienträger dieser Projektion in andere Dimensionen zu sein.

Doch was auch immer die Erklärung für die UFOs sein mag – ob es sich nun ganz einfach um falsch identifizierte Flugobjekte oder geheimgehaltene technologische Entwicklungen handelt, ob sie nun aus dem außeroder innerirdischen Raum kommen, ob sie eine Reflektion bzw. Projektion oder sogar ein Ausläufer der Vergangenheit oder vielleicht ein Vorläufer der Zukunft sind, ein Produkt der menschlichen Phantasie oder sogar ein geistiges und/oder ein wirkliches, durch die vereinte geistige Kraft der Gedankenbilder aller UFO-Beobachter und Forscher geschaffenes Produkt –, so scheint doch festzustehen, daß das Auftauchen von UFOs irgendwie mit den im Bermuda-Dreieck sich manifestierenden Phänomenen zusammenhängt. Eine Untersuchung ihrer in diesem Gebiet beobachteten Aktivität läßt vielleicht Zusammenhänge erkennen, die bisher der Aufmerksamkeit entgingen – vielleicht gerade deshalb, weil sie so offenkundig sind.

8

Welten außerhalb und innerhalb
unserer Raum-Zeit-Dimension

Obwohl UFO-Sichtungen von Millionen Beobachtern aus allen Teilen der Welt gemeldet wurden, scheinen sie sich doch im Bermuda-Dreieck zu konzentrieren. In Puerto Rico z. B. tauchten sie 1972 mit einer derartigen Häufigkeit auf, daß es zu schweren Verkehrsstauungen auf Landstraßen kam, als die durch Fernsehen, Radio und Presse informierten Menschen auf die Landstraßen strömten, um Schwärme von UFOs und ihre präzisen Manöver am Nachthimmel zu beobachten. Diese tauchten wiederholt über bestimmten Gebieten auf und wurden von Tausenden Menschen ganz deutlich gesehen, die klar erkannten, daß das, was sie da betrachteten, ganz entschieden keine Flugzeuge waren, wie wir sie kennen. Über den Bergen von Adjuntas im Innern Puerto Ricos erschienen in einem Zeitraum von drei Monaten immer wieder und fast wie nach einem festen Plan ganze Schwärme von UFOs. Sie sandten seitliche Lichtstrahlen aus, flogen in geschlossener Formation in niedriger Höhe (ungefähr 300 Meter), vollführten präzise rechtwinklige Wendungen (für ein Flugzeug unmöglich), schwebten unbeweglich in der Luft und verschwanden dann plötzlich spurlos. (Ein interessanter Nebenaspekt der Adjuntas-UFO-Sichtungen ist die Tatsache, daß in der amtlichen Geologischen Übersichtskarte der natürlichen Gamma-Aeroradioaktivität von Puerto Rico besonders im Adjuntas-Gebiet magnetische Aberrationen und außerordentlich starke Radioaktivität bzw. Anomalien eingezeichnet sind. Im Gebiet von Arecibo, in dem häufig UFOs gesichtet werden, befindet sich die riesige Radio- und Funk-Teleskopanlage der U.S.-Regierung, der »große Teller«.)
Einige Kraftfahrer erlebten auf ihrer Heimfahrt von der am Himmel beobachteten Vorführung eine weitere Überraschung. An einer bestimmten Stelle zwischen San Sebastián und Lares tauchte ein riesiges, niedrig fliegendes UFO auf, während gleichzeitig alle Automotoren ausfielen und erst wieder ansprangen, als das UFO, nachdem es orangefarbene und rote Lichtblitze oder Flammen ausgesandt hatte, plötzlich senkrecht aufstieg und verschwand.
Im selben Zeitraum erschien in Rio Piedras, einem Vorort von San Juan, während einer Geburtstagsparty im Freien ebenfalls ein riesiges UFO und blendete die Anwesenden mit einem grünlichblauen Licht, das es ausstrahlte, als es ganz dicht – etwa 100 Meter – über den Party-Gästen dahinglitt. Zahlreiche andere Personen beobachteten aus nahegelegenen

Häusern ebenfalls das Phänomen, als das UFO langsam zwischen zwei zwanzigstöckigen Apartmenthäusern dahinschwebte; mehrere Autos blieben stehen, da ihre Motoren aussetzten. Plötzlich stieg das Flugobjekt in einer roten Nebelwolke senkrecht auf, änderte die Richtung, steuerte auf ein nahegelegenes Kraftwerk zu und verschwand unvermittelt.

An der Südküste Puerto Ricos tauchte eines Nachts vor Santa Isabel in einer Höhe von ungefähr 700 Meter ein gewaltiges, hell erleuchtetes, eiförmiges metallisches Flugobjekt auf. Es wurde von den meisten der Ortsbewohner gesehen und schien Formationen kleiner, leuchtender, metallischer Objekte abzuwerfen oder auszustoßen, die sich in nördlicher Richtung (also auf Adjuntas zu) entfernten. Andere schwebten über der Stadt, und eines schwebte senkrecht wie ein Helikopter auf eine Gruppe von Zuschauern herunter, die aus einer Bar gekommen waren, jedoch schnell in diese zurückflüchteten oder wegliefen, als das unbekannte Flugobjekt sich ihnen von oben näherte. (Zur objektiven Beurteilung von UFO-Sichtungen wäre zu erwähnen, daß dieses Flugobjekt auch von zahlreichen Stadtbewohnern gesehen wurde, die *nicht* in der Bar waren.)

Während dieses Massenauftretens von UFOs stellten Mitarbeiter einer Werbefilmagentur, die von der Dachterrasse des Sheraton Hotels in San Juan Filmaufnahmen von einem Sonnenuntergang für die Werbung eines Produktes machten, fest, daß ihr Film durch zunehmende Lichtstärke eines hell leuchtenden Objektes überbelichtet wurde, das hinter dem Hotel in der Luft zu schweben schien. Als das Filmteam näher hinschaute, schien die sonderbare Erscheinung an Größe und Leuchtkraft zuzunehmen, bis es bedrohliche Ausmaße annahm, dann aber zur begreiflichen Erleichterung des Filmteams unvermittelt verschwand. Der gedrehte Werbefilm war jedoch kein Verlustgeschäft, da er anstatt an den Auftraggeber an eine Gesellschaft *(Creative Films)* verkauft wurde, die einen Dokumentarfilm über UFOs drehte.

Aguadilla, das an der Westküste der Insel liegt, erhielt eines Tages einen ungewöhnlichen Besuch in Form einer Gruppe kleiner UFOs, die über dem Luftwaffenstützpunkt Ramey Field hin und her glitten und von Hunderten Menschen beobachtet wurden, die ihre Arbeit in nahegelegenen Fabriken und einem Krankenhaus unterbrachen.

Da diese ungewöhnlichen Beobachtungen von UFOs sich in so vielen verschiedenen Teilen von Puerto Rico in den Monaten August, September und Oktober des Jahres 1972 fortsetzten, hatte es beinah den Anschein, als ob Flugverbände aus dem Weltraum – falls es solche waren – ein exakt geplantes Manöver durchführten, so wie die Seeflotten der Kolonialmächte sie zur Zeit des Imperialismus veranstalteten, um ihre Macht zu demonstrieren und die »Eingeborenen einzuschüchtern«.

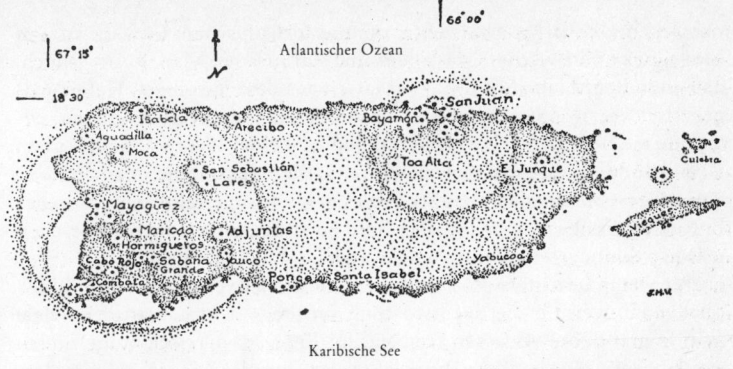

Die Gebiete in Puerto Rico, in denen oft ganze UFO-Schwärme gesehen wurden, weisen einen Zusammenhang zwischen der Häufigkeit der Sichtungen und den in diesen Gebieten auftretenden magnetischen Aberrationen und starken elektrischen Aufladungen auf.

Die Serie von UFO-Sichtungen im Jahr 1972 ist nur durch die große Anzahl von Augenzeugen außergewöhnlich. UFO-Sichtungen als solche sind an der Küste Floridas, auf den Bahamas, auf Haiti, in der Dominikanischen Republik, in Kuba und auf anderen karibischen Inseln sowie bei und über den Bermudas und dem Meer zwischen diesen Inseln so alltäglich, daß sie in Rundfunk und Presse kaum noch Erwähnung finden, wenn sie nur von wenigen Personen gesehen wurden. Erst wenn Tausende Menschen dasselbe Phänomen wahrnehmen, wird es für die Massenmedien berichtenswert. Doch auch dann werden sie auf Grund der Häufigkeit solcher Beobachtungen bald vergessen und zu den Akten gelegt. In Kuba werden UFO-Berichte sehr sorgfältig geprüft und einer Zensur unterzogen, da man sie für eine Art strategische Flugkörper der USA hält. Während der Invasion in der Schweinebucht wurden jedoch von beiden Seiten unidentifizierte UFOs und USOs gesehen. Ihr überraschendes Auftauchen verhinderte sogar einmal, daß ein CIA-Boot bei einem strategischen Einsatz durch ein kubanisches Patrouillenboot geschnappt wurde.

Während des Massenauftretens von UFOs 1972 über Puerto Rico kam es zu einigen weniger spektakulären Zwischenfällen, in die kleine Boote verwickelt waren. Wenn diese Vorfälle auch relativ wenig Beachtung fanden, weisen einige von ihnen doch vielleicht einen Zusammenhang mit den vielen, auf rätselhafte Weise im Laufe der Jahre im Bermuda-Dreieck verschwundenen Schiffe auf, die verlassen, aber seetüchtig, treibend aufgefunden wurden. Denn während jene aufregenden Erscheinungen am Himmel von Tausenden Menschen beobachtet wurden, fand man mehrere verlassene Boote in puertorikanischen Gewässern vor Mayagüez und zwischen Mayagüez und Carbo Rojo. Man wußte jedoch, daß diese Boote *mit* ihren Mannschaften aus dem jeweiligen Hafen ausgelaufen waren. Zum Zeitpunkt, als die Besatzungen verschwanden, bemerkte die Besatzung eines anderen Bootes – einer Jacht – in den frühen Abendstunden voller Schrecken, wie ein UFO langsam und in einer Höhe von etwa 60 Meter auf sie zuglitt. Als es näher kam, erfaßte alle panisches Entsetzen. Einige versuchten über Bord zu springen, was ihre Kameraden jedoch verhinderten. Dann verschwand das UFO plötzlich.

Dieser wenig beachtete Vorfall könnte möglicherweise einen aufschlußreichen Hinweis für die Beantwortung der Frage liefern, warum so viele Schiffe und Boote verlassen treibend im Bermuda-Dreieck aufgefunden werden, denn jene kopflose Panik läßt vermuten, daß Menschen es in derartigen Situationen sogar vorziehen, in das so viele Gefahren bergende Meer zu springen, anstatt an Bord ihres Schiffes zu bleiben und das unbekannte Flugobjekt näher kommen zu lassen.

An und vor der Küste Floridas tauchen UFOs ziemlich regelmäßig auf und werden häufig auch ganz deutlich gesehen. Einer dieser Fälle ereignete sich am 15. Dezember 1975. Das Flugobjekt wurde zuerst nur auf einem Radarschirm entdeckt, tauchte dann aber plötzlich über St. Johns River in Nord-Florida auf und konnte von den Bewohnern dreier Distrikte – St. Johns, Putnam und Flagler – ziemlich genau beobachtet werden. Seine Manöver wurden von Hunderten Menschen verfolgt, unter denen sich auch Verkehrspolizisten und Sheriffs befanden. Als sich die Flughöhe des UFOs verringerte und es dicht über den Spitzen der Bäume schwebte, glich es den Beschreibungen zufolge »einem brennenden Haus am Himmel«. Dieser Eindruck wurde durch seine orange- und rotglühenden Lichtbündel hervorgerufen. Es glitt, zeitweilig regungslos verharrend, so lange über diesen drei Distrikten hin und her, daß ein Helikopter von St. Augustine entsandt werden konnte. Bevor er jedoch ankam, sah man, wie das unbekannte Flugobjekt im Distrikt Flagler landete oder sich wenigstens dem Erdboden näherte. Nach seinem Verschwinden wurde an der vermeintlichen Landestelle außer einem großen Geigerzähler nichts Ungewöhnliches gefunden oder festgestellt. Ein interessierter Augenzeuge rief Dr. Allen Hynek, den Direktor des Zentrums für UFO-Studien in Chikago, an, um ihm den Vorfall zu melden, und wurde angeblich von Dr. Hynek »vor den Männern in Schwarz« gewarnt. Dieser Hinweis ist eine Anspielung auf den unter vielen UFO-Forschern verbreiteten Glauben, nach dem Augenzeugen von UFO-Phänomenen häufig von Personen, die gewöhnlich schwarz gekleidet waren und nicht identifiziert werden konnten, kontaktiert wurden, die sie warnten, nicht über das, was sie gesehen hatten, zu sprechen.

Die in Florida eingehenden UFO-Berichte lassen sich in Kategorien ein-
ordnen, die zwischen »recht zuverlässig« und »sehr zuverlässig« liegen
(wenn sie z. B. von Polizisten, Soldaten, Piloten, Aufsehern, Wächtern
etc. stammen). Diese Berichte umfassen Vorfälle, welche von UFO-Er-
scheinungen, die während einer ganzen Woche im November 1975 an der
Palmetto-Umgehungsstraße in Miami gesichtet wurden, und anderen
UFO-Schwärmen über dem Palm Bay Club von Miami, die in Fünfer-
reihen flogen (was eine Alarmmeldung an die Küstenwache auslöste), bis
zu dem Fall eines riesigen unbekannten Flugobjektes reichen, das von der
FAA *(Federal Aviation Administration)* am 14. September 1972 über
West Palm Beach gesichtet wurde. Dieses Flugobjekt wurde von Ange-
stellten der Eastern Airlines wie auch von Polizisten und Privatpersonen
gesehen und von der FAA in Miami und dem Luftwaffenstützpunkt
Homestead weiter verfolgt. Man entsandte Flugzeuge des Nordamerika-
nischen Luftverteidigungskommandos, um das silbrig schimmernde
Objekt näher zu untersuchen, das jedoch verschwand, als es hoch über den
Flugzeugen in deren Sichtfeld kam.
Die Piloten von Privatflugzeugen und Linienmaschinen berichteten, daß
sie bei Flügen vor der Küste Floridas und Georgias wie auch an verschie-
denen anderen Stellen über dem Meer zwischen den Bermudas und den
Bahamas und den karibischen Inseln von UFOs umkreist wurden.Major
Donald Keyhoe, ein langjähriger Beobachter von UFO-Aktivitäten und
ehemaliger Direktor des *National Investigations Committee on Aerial
Phenomena* – des Nationalen Untersuchungsausschusses für Luftphäno-
mene –, erwähnt in seinem Buch *Aliens from Space* einen militärischen
Bericht über einen fast erfolgten Zusammenstoß zwischen einem großen
UFO und einer Maschine der U.S.-Luftwaffe vom Typ C-47 bei Tampa
zu einem so weit zurückliegenden Zeitpunkt wie dem 1. August 1946. Das
Flugobjekt, ein langer zylindrischer Körper mit Luken, aber ohne Flügel,
war »zweimal so groß wie eine B-29« und kam direkt auf die C-47 zu,
drehte jedoch in letzter Sekunde ab und verschwand mit einer geschätzten
Geschwindigkeit von 2250 bis 3000 Stundenkilometern, was eine geradezu utopische Geschwindigkeit für ein Flugzeug jener Zeit wären.
Dies sind nur einige typische Beispiele (falls man irgendeine UFO-Aktivität überhaupt als »typisch« bezeichnen kann) von einigen der zuverläs-
siger bezeugten oder von vielen Menschen im Bermuda-Dreieck beobachteten unidentifizierten Flugobjekt-Phänomene. Unerwähnt bleiben
die Tausende Berichte von Einzelpersonen, die in diesem Gebiet Objekte
oder Lichter am Nachthimmel sahen, die Berichte von Autofahrern, deren
Motoren, Lichtanlagen und Radios auf küstennahen Straßen plötzlich
ausfielen, als UFOs über sie hinwegflogen, sowie die Berichte von Personen, die das gleiche in Booten auf dem Meer erlebten, nur mit dem

einen Unterschied, daß außerdem USOs unter Wasser an ihnen vorbei-
glitten*, wie es häufig vorkommt, und auch die Berichte von Spaziergän-
gern, die am Strand oder in der Nähe der Küste gelegentlich dicht über
dem Boden schwebenden oder landenden UFOs begegneten und durch
einen aus dem unidentifizierten Objekt dringenden Lichtstrahl, der sich
plötzlich auf sie richtete, das Bewußtsein verloren oder halb erblindeten.
Wie sehr sich die in diesem Gebiet lebenden Menschen schon an das unerwartete Auftauchen von UFOs gewöhnt haben, veranschaulicht die Reaktion der Ehefrau eines Radiokommentators, die sich weigerte, aus der
Küche zu kommen, als ihr Mann ihr von draußen zurief, sie solle sich ein
UFO anschauen, das in niedriger Höhe fast direkt über dem Innenhof
ihres Hauses zu schweben schien. »Ich will nicht herauskommen und es
mir ansehen«, rief sie ihm von der Küchentür zu. »Ich will nichts davon
wissen. Halt dich bloß von ihm fern, bis es wieder verschwindet!« Obwohl
dies die Einstellung einer Hausfrau war, könnte man sie als typisch für
das wissenschaftliche Establishment und die Regierungsbehörden bezeichnen, wenn diese mit etwas konfrontiert werden – seien es nun UFOs
oder andere mysteriöse Vorfälle im Dreieck –, was sich nicht logisch erklären läßt.
Es drängt sich einem unwillkürlich die Frage auf, ob es nicht vielleicht
einen Zusammenhang zwischen den Vermißtenfällen des Bermuda-
Dreiecks und den vielen unidentifizierten UFOs und USOs gibt, die während der letzten dreißig Jahre in diesem Gebiet beobachtet und gemeldet
wurden. Möglicherweise macht man es sich mit der Vermutung zu leicht,
daß irgend etwas auf der Erde oder aus dem Weltraum diese spurlos verschwindenden Flugzeuge und Schiffe überfällt und entführt. Major Donald Keyhoe, der sich seit langem mit diesen Fragen befaßt und auch darüber geschrieben hat, scheint der Ansicht zu sein, daß aggressive
UFO-Aktionen oder Aufklärungsmissionen der Grund für das Verschwinden bestimmter amerikanischer Militärflugzeuge im Bermuda-
Dreieck und anderen Gebieten waren. Er bringt UFO-Aktivität aber nicht
ausdrücklich mit den im Dreieck beobachteten Phänomenen in Verbindung. John Spencer, der sich ebenfalls mit UFO-Forschungen befaßt und
verschiedenes über sie publiziert hat, gehörte während seiner Dienstzeit
bei der amerikanischen Luftwaffe dem U.S.A.F.-Ausschuß an, der mit
Untersuchungen über UFOs betraut war. Spencer ist »überzeugt, daß die
UFO-Erklärung die einzig logische ist«, und stellte die Theorie auf, daß
außerirdische Wesen, die sich Muster der technologischen Entwicklungen
dieses Planeten wie auch seiner Bewohner verschaffen wollten, geheime

---

* Dieses Phänomen erlebte auch der Autor am 3. Mai 1975 um ungefähr 21 Uhr
in den Bahamas nördlich der Tongue of Ocean.

Unterwasser-Stützpunkte und Laboratorien auf dem Meeresboden angelegt haben und dafür das Gebiet des Bermuda-Dreiecks wählten, »weil es das meistfrequentierte Gebiet der Welt ist, sowohl von Flugzeugen wie von Schiffen« *(Limbo of the Lost – Today)*.

Dr. Manson Valentine, Ehrenkurator des Museum of Science in Miami und Forschungsassistent des Bishop Museum in Honolulu, vermutet eine gewisse Gleichgültigkeit seitens der außer- oder innerirdischen Besucher. Dr. Valentine, der im Vergleich zu vielen anderen Wissenschaftlern, die sich mit den Phänomenen des Bermuda-Dreiecks befassen, den fast einmaligen Vorteil genießt, seit über dreißig Jahren dieses Gebiet durch persönliche, an Ort und Stelle gemachte Beobachtungen und Untersuchungen studieren zu können, glaubt, daß wir erst dann, wenn es zu einem direkten – und für uns vielleicht verhängnisvollen – Kontakt mit den Besatzungen der UFOs (oder den Wesen, die sie dirigieren) kommt, ihre Motive und Ziele erfahren werden. Er erklärt das Verschwinden von Schiffen und Flugzeugen im Bermuda-Dreieck durch ionisierte Felder, die sich durch die Antriebskraftsysteme der UFOs aufbauen, die seiner Meinung nach anstatt einer atomaren Kernspaltung möglicherweise eine Form von Atomenergie benutzen, die durch Kernverschmelzung frei wird. Dies würde vielleicht ihre unglaubliche Geschwindigkeit erklären, wie auch das wahrscheinliche Schicksal – Disintegration oder Veränderung der Molekularstruktur – der Flugzeuge und Schiffe sowie der Menschen, die in diese ionisierten Felder geraten. Mit anderen Worten: Sie entführen nicht Menschen, sondern sind einfach desinteressiert an menschlichen Wesen, die ihnen zufällig in den Weg geraten, wenn sie ihren uns unbekannten Zielen oder Aufgaben in unserem Raum-Zeit-Kontinuum nachgehen.

Dr. J. Allen Hynek, Professor für Astronomie an der Northwestern University, ehemaliger Berater der amerikanischen Luftwaffe für UFO-Fragen und zur Zeit Direktor des Zentrums für UFO-Forschungen, zählt zu den führenden amerikanischen Wissenschaftlern auf dem Gebiet der UFO- und USO-Forschung. Zu der Frage, ob ein Zusammenhang zwischen den im Bermuda-Dreieck verschwundenen Flugzeugen und Schiffen und UFO-Interventionen besteht, nimmt er verständlicherweise eine vorsichtige Haltung ein: »Es ist mir bisher nicht gelungen, einen erwiesenen Zusammenhang zwischen UFOs und dem Bermuda-Dreieck zu finden. Es wäre sehr aufregend, wenn ein solcher bestände, aber als Wissenschaftler muß ich all meine Ansichten auf Beweise stützen.«

Ob nun Dr. Hynek oder andere Forscher verschiedene Augenzeugenberichte über UFO-Aktivität zum Zeitpunkt des Verschwindens von Schiffen und Flugzeugen als zuverlässig akzeptieren oder nicht, so gibt es doch derartige Berichte und hat sie schon seit vielen Jahren gegeben;

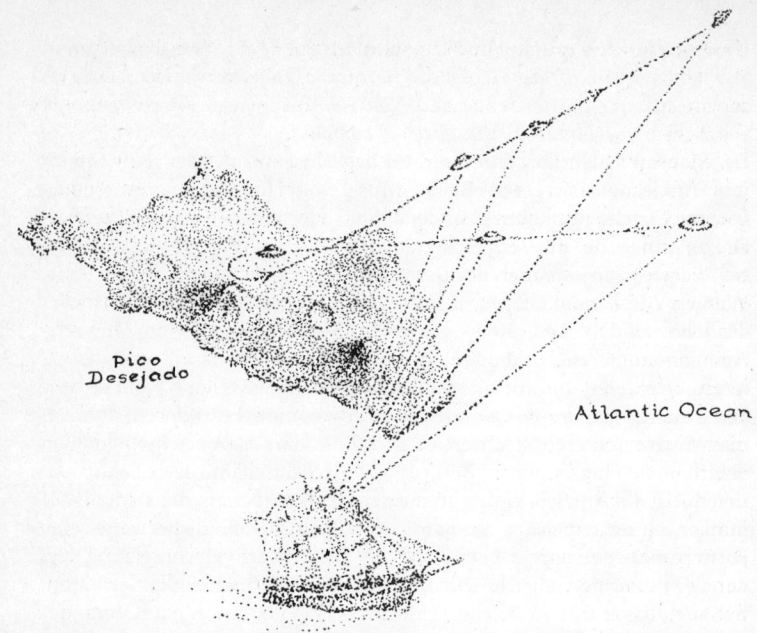

Pico Desejado

Atlantic Ocean

Unter den Tausenden Fotos von UFOs wurde das wohl authentischste am 16. Januar 1958 in der Nähe der Insel Trinidad im südlichen Atlantik von dem brasilianischen Schulschiff *Almirante Saldanha* aus aufgenommen. Über Trinidad wurden von Dezember 1957 bis Anfang 1958 zu verschiedenen Malen UFOs gesichtet. Am 11. Januar fotografierte die Besatzung an Bord der *Almirante Saldanha* ein UFO, das, aus dem Osten über das Meer kommend, entlang der strichlierten Linien auf einen Berg in Trinidad zuflog und dann in östlicher Richtung verschwand. *Bildquelle: Brasilianische Marine*

sie gleichen Teilen eines Puzzles, die sich vielleicht eines Tages zu einem Bild zusammenfügen werden oder aber noch zu einem ganz anderen Puzzle gehören.

Albert Bender, der ehemalige Leiter des Internationalen Büros für Fliegende Untertassen und erste Forscher, der die These von den »Männern in Schwarz« aufstellte, interessierte sich seinen Aussagen zufolge zum erstenmal für UFOs, als er von Berichten über große unidentifizierte Flugobjekte hörte, die über Fort Lauderdale gesehen wurden, als die fünf Avenger-Bomber von Flight 19 und das Rettungsflugzeug, das ihnen nachgeschickt wurde, verschwanden. Die erste große Serie von UFO-Sichtungen begann zwei Jahre nach dem Unglück von Flight 19, also im Jahr 1947, in den Bundesstaaten Iowa und Washington, wo sie abwechselnd als »Fliegende Untertassen« und »Pfannen« bezeichnet wurden. Die Flugobjekte, die Mr. Benders Neugier weckten, wurden damals noch nicht

UFOs genannt; diese Bezeichnung wurde erst einige Zeit später geprägt. Wir können nur vermuten, daß dieser Name auf einem völligen Desinteresse an den Piloten oder Besatzungen – falls es solche gibt – derartiger Flugkörper basiert, obwohl es seit der Frühgeschichte der Menschheit in Legenden und Überlieferungen Berichte über unbekannte Flugobjekte gibt. Auf jeden Fall wurden in der Umgebung von Fort Lauderdale Anfang Dezember 1945, also zum Zeitpunkt des Verschwindens der sechs Flugzeuge, große unidentifizierte Flugobjekte von zylindrischer Form gesichtet, die aber keinesfalls steuerbare Luftfahrzeuge waren.

Wenn man über die möglichen, anderen Welten angehörenden Aspekte des Verschwindens von Flight 19 nachdenkt, wird man an den von einem Amateurfunker aufgefangenen Funkspruch erinnert, in dem einer der Piloten sagte: »Kommt mir nicht nach... Sie sehen aus, als ob sie aus dem Weltraum wären.« Anscheinend wurde der erste Teil dieser Meldung über Funk von Fort Lauderdale aufgefangen, während der zweite Teil – sofern es sich um einen solchen handelt – wegen der Störgeräusche nur undeutlich und schwach gehört wurde, obwohl ein nicht-militärischer Funker ihn auf einem anderen Gerät empfing: Die Militärbehörde interpretiert diesen Ausspruch »Kommt mir nicht nach!« dahingehend, daß der Pilot eine Rettungsaktion nicht für notwendig hielt, obwohl dieser Satz eine ganz andere Bedeutung gehabt haben kann.

In späteren Berichten über die durchgeführte Suchaktion nach Flight 19 wurde das Verschwinden des Martin Mariner mit seiner 13köpfigen Besatzung häufig durch eine vermutete Explosion des Rettungsflugzeuges während des Fluges »erklärt«; man begründete die Explosion unter anderem damit, daß das Flugzeug als solches gefährlich und »ein fliegender Benzinkanister« sei und ein heimlich rauchendes Besatzungsmitglied die Katastrophe auslöste. Zu den Augenzeugen einer solchen Explosion zählten auch der Kapitän und die Besatzung der *Gaines Mills*, die angeblich zu diesem Zeitpunkt eine Explosion oder einen Feuerschein auf der Flugroute des Martin Mariner am Himmel sahen.

Da kein einziges Wrackteil von der *Gaines Mills* oder anderen sich an der Suche beteiligenden Schiffen oder Flugzeugen gefunden wurde und ein seltsamer zeitlicher Abstand zwischen dem Moment, als das Rettungsflugzeug losgeschickt wurde, und der angeblich beobachteten Explosion besteht, ist es denkbar, daß dieser Feuerschein am Nachthimmel, den so viele anderen anschließend in demselben Gebiet beobachteten, plötzlich aufflammenden und rasch erlöschenden Lichtern glich, die Flugbahn eines ganz anderen Flugkörpers kennzeichnete und gar nichts mit dem Martin Mariner zu tun hatte.

Berichte über ungewöhnliche Lichter und andere Phänomene in diesem Gebiet sind zwar hochinteressant, liefern aber nur Vermutungen und keine Beweise für irgendeinen Zusammenhang zwischen UFO-Sichtungen und dem Rätsel der vermißten Schiffe und Flugzeuge. Obwohl es zutreffend ist, daß in den Jahren, in denen ganze Serien von UFO-Sichtungen gemacht werden, meistens auch besonders viele Flugzeuge und Schiffe im Bermuda-Dreieck verschwinden, können sowohl die UFO-Sichtungen wie auch die gemeldeten Verluste auf eine Vielzahl von Gründen zurückzuführen sein, die mit der Verlagerung von Magnetfeldern, Veränderungen des Meeresbodens, Ausstrahlungen der Sonne oder anderer Planeten oder mit sonstigen unbekannten kosmischen Kräften in Verbindung stehen. Trotzdem sind genügend übereinstimmende Faktoren vorhanden, um einen möglicherweise bestehenden Zusammenhang in Erwägung zu ziehen.

Diese »Sichtungen«, die zeitlich mit dem Verschwinden von Schiffen und Flugzeugen zusammenfielen und auch in deren Nähe gemacht wurden, sind verschiedentlich als in der Nacht dahingleitende Lichter, als Radarbilder und gelegentlich auch als bei Tag wahrgenommene deutliche Beobachtungen von UFOs geschildert worden. Als die *Star Ariel,* eine englische Tudor IV, am 17. Januar 1949 verschwand, war einer der Hinweise, denen man bei der Rettungsaktion – wenn auch ohne Erfolg – nachging, die Meldung von einem merkwürdigen Feuerschein, der in den frühen Morgenstunden des 18. Januar über dem Meer gesehen worden war. Die Ursache für diesen Feuerschein wurde nie ergründet.

Das Verschwinden einer U.S. Globemaster im März 1950 fiel mit einem Abstand von nur wenigen Tagen zeitlich mit der Sichtung eines glühenden, leuchtenden UFOs zusammen, das von einem Marinefahrzeug gesehen und auch auf dessen Radarschirm wahrgenommen wurde. Die Untersuchung des Falles des brasilianischen Kriegsschiffes *São Paulo,* das von zwei Schleppern in ein Trockendock gebracht werden sollte und in den Morgenstunden des 4. November 1951 plötzlich mit der Aufsichtsmannschaft von den Schleppseilen verschwand, schloß auch die unerklärlichen Lichterscheinungen nicht aus, die in der Nacht vor dem Verschwinden durch eine Nebelwolke am Himmel wahrgenommen worden waren. Die Besatzungen der Flugzeuge, die anschließend eine intensive Suchaktion durchführten, fanden zwar keine Spur des verschwundenen Kreuzers, gaben aber einen eigenartigen Bericht, in dem von ungewöhnlich dunklen Nebelschwaden oder sehr niedrig hängenden Wolken in dem Gebiet die Rede war, in dem man das Schiff hätte finden müssen.

Das Verschwinden einer Super Constellation der amerikanischen Marine am 30. Oktober 1954 fiel zeitlich mit mehreren UFO-Sichtungen über dem Atlantik und küstennahen Luftwaffenstützpunkten zusammen, wie auch seltsamerweise mit einem Massenauftreten von UFOs über Rom, das von Hunderttausenden – einschließlich der damaligen amerikanischen Botschafterin Claire Booth Luce – gesehen wurde. Eine andere Serie von UFOs wurde gleichzeitig mit dem spurlosen Verschwinden der *Southern Districts*, eines Tankers, vor der Küste South Carolinas am 5. Dezember 1954 beobachtet – auf den Tag genau 19 Jahre nach dem Verschwinden von Flight 19. UFO-Sichtungen über dem Atlantik wurden von mehreren Passagierflugzeugen gemeldet; die gesichteten Objekte wurden als leuchtende, kreiselförmige Flugkörper mit Luken beschrieben, die dicht hinter den Flugzeugen oder in gleicher Höhe mit ihnen flogen und gelegentlich zur Bestürzung der Passagiere und Besatzung einen orangeroten Lichtstrahl auf das Flugzeug richteten. Der Zeitraum, in dem im Januar 1955 der Schoner *Home Sweet Home* auf der Fahrt nach Antigua verschwand, zeichnete sich ebenfalls durch eine Serie von gemeldeten UFO-Sichtungen in der Karibik und über dem Atlantik aus. Eines dieser UFOs sandte angeblich einen orangeroten Lichtstrahl in das Cockpit einer Passagiermaschine der National Airlines. Auch venezolanische Passagierflugzeuge meldeten Begegnungen mit leuchtenden UFOs, die gleichfalls Luken hatten, in der Karibik. Ungefähr zum gleichen Zeitpunkt tauchten über, unter und neben einer nach Rio de Janeiro fliegenden brasilianischen Passagiermaschine ungefähr zwanzig leuchtende Scheiben auf, was eine beträchtliche Panik unter den Passagieren auslöste.

Das 1956 gemeldete Verschwinden einer B-25 (5. April) und einer P-5M (9. November) wurde ebenfalls von UFO-Aktivität in den betreffenden Gebieten begleitet. In beiden Fällen wurden große fliegende Scheiben in derselben Gegend gesichtet. Die Besatzung einer R7V-2, die sich in der Nähe der anschließend verschwindenden B-25 befand, beobachtete eine große Scheibe, die in die Höhe des Flugzeuges aufstieg, ihm folgte oder es verfolgte und dann plötzlich abdrehte. Das UFO vom 9. November, das auf einem Radarschirm wahrgenommen und zuerst für eine »atmosphärische Störung« gehalten wurde, beschrieb man später als ein unidentiziertes Objekt, »vier- bis fünfmal größer als das größte bekannte Flugzeug«, mit einer geschätzten Fluggeschwindigkeit von 6000 Stundenkilometer.

Das Verschwinden der beiden Leuchtturmwärter von Great Isaac Light am 4. August 1969 deutet mehr auf die Aktivität von USOs als auf die von UFOs hin; ein Fischer, der zum Zeitpunkt des Vorfalls von einem Fangunternehmen in der Nähe zurückkam, erklärte in einem späteren Bericht, er habe einen zylindrischen Körper direkt über der Wasseroberfläche und deutlich sichtbar sich blitzschnell von der Insel entfernen sehen.

In der Woche nach dem 23. März 1967, dem Tag, an dem eine zweimotorige Beechkraft zwischen Jamaika und Nassau verschwand, näherte sich ein großes, ovales Flugobjekt mit einem Licht an jedem Ende in Crestview, Florida, dem Erdboden, begleitet von anderen leuchtenden Objekten, die wie riesige Pendel durch die Luft schwebten, wie über 200 Schulkinder und mehrere Lehrer beobachteten. Die zahlreichen im Jahr 1973 registrierten Fälle, in denen Flugzeuge und Schiffe verschwanden, fielen manchmal zeitlich mit den Serien von UFO-Sichtungen über Puerto Rico und Santo Domingo zusammen. Zwei der Vermißtenfälle, die sich kürzlich vor der Küste Floridas ereigneten – es handelt sich um die *Speed Artist*, die im Dezember 1975, und den Tanker *Imbross*, der am 18. Dezember 1975 verschwand –, trafen mit einem zweitägigen Abstand mit dem Erscheinen des riesigen UFOs über St. Johns River in Florida zusammen.

Man muß deshalb die Frage nach einem etwaigen Zusammenhang zwischen dem Verschwinden von Schiffen und Flugzeugen und dem Auftauchen von UFOs und USOs mit »vielleicht« und nicht mit einem kategorischen »Nein« oder »Ja« beantworten. UFOs wurden offenbar – was auch immer sie sein mögen – häufig in demselben Gebiet gesehen, in dem Schiffe oder Flugzeuge verschwanden, und oft sogar auch zu ungefähr demselben Zeitpunkt. Allerdings verschwanden viele Luft- und Wasserfahrzeuge, ohne daß UFOs in ihrer Nähe gemeldet wurden. Außerdem gibt es kaum Augenzeugen für das Verschwinden von Schiffen oder Flugzeugen. Das ändert jedoch nichts an der Tatsache, daß Flugzeuge und Schiffe verschwanden, nachdem sie ihre letzte Position gemeldet hatten. Es ist deshalb verlockend, sich in Ermangelung einer anderen Erklärung vorzustellen, daß irgend etwas aus dem Weltraum auf sie niederstieß und sie entführte. Bei den wenigen Gelegenheiten, bei denen ein Schiff oder Flugzeug vor Augenzeugen verschwand, wurde ein solches Schiff zunächst von einer Dunstschicht bedeckt, die ein elektromagnetischer Nebel zu sein scheint, und flog ein solches Flugzeug in eine Wolke und kam nicht wieder zum Vorschein. Dies läßt selbstverständlich noch weitere Alternativen zu. So kann man sich vorstellen, daß das Fahrzeug unerwartet in eine Zone geriet, in der besondere Naturkräfte wirken, seine Disintegration verursachen oder es in eine andere Dimension versetzen, oder daß diese Zonen gezielt kontrolliert werden und kosmische Fallen unbekannter Wesen darstellen, die sich aus uns unbekannten Gründen Muster der Erdbewohner verschaffen wollen.

Meinungsumfragen zufolge wurden UFOs von über 15 Prozent der amerikanischen Bevölkerung gesehen, und etwa über 50 Prozent aller Amerikaner sind, offenbar auf Grund der Berichte dieser 15 Prozent, der Meinung, daß es Besucher aus dem inner- oder außerirdischen Raum gibt. Die in Gebieten wie der Karibik, wo UFOs so häufig gesehen werden, ermittelten Prozentsätze liegen bedeutend höher.

Bei Anwendung derselben Prozentsätze auf die Bevölkerung der gesamten Welt, deren Völker möglicherweise ebenso leichtgläubig oder vielleicht noch leichtgläubiger als die Amerikaner sind, erhalten wir eine Zahl von mehreren hundert Millionen Menschen, die geneigt sind, an die Existenz von UFOs zu glauben, wie die sich mehrenden, aus allen Teilen der Welt gemeldeten UFO-Sichtungen beweisen. (Jacques Vallée, der französische Astronom und NASA-Wissenschaftler, berichtet, daß in China Ausländer oft gefragt werden, ob andere Länder als China auch UFOs hätten.) Die Überzeugung, daß UFOs nicht dieser unserer Welt angehören, teilten viele besonders gut unterrichtete Persönlichkeiten internationalen Ranges, wie z. B. der verstorbene Dag Hammarskjöld, welcher der Meinung war, daß UFOs aus einem anderen Teil der Galaxis kämen, und erklärte, Berichte von geschulten Beobachtern hätten ihn überzeugt, daß UFOs wahrscheinlich Flugobjekte aus dem außerirdischen Raum seien, welche die Erde zu Beobachtungszwecken besuchten. Auch ein anderer Generalsekretär der Vereinten Nationen glaubte an die Aktualität der UFOs, und zwar der verstorbene U Thant. Das könnte man als recht sinnvoll bezeichnen, insofern als die Leiter einer wahrhaft weltweiten Organisation bereit waren, die Möglichkeit von Begegnungen und sich daraus ergebenden Beziehungen mit Vertretern anderer Welten gelten zu lassen, die vielleicht auf dem Weg der Einheit weiter sind als wir.

Prominente Persönlichkeiten der Vereinigten Staaten zögerten nicht, ihren Glauben an UFOs oder eigene UFO-Sichtungen zuzugeben. Außer Clare Booth Luce, die ein großes scheibenartiges Flugobjekt über Rom sah, hat auch Barry Goldwater UFOs am Nachthimmel über Arizona gesehen und gehört dem *Board of Governors of NICAP* (Präsidium des *National Investigation Committee on Aerial Phenomena*), einer ernsthaften Forschungsorganisation zum Studium von UFOs, an, während Jimmy Carter, der 1973 selbst ein UFO über Thomaston in Georgia sah, wie im Juni 1976 im *National Enquirer* zitiert, energisch erklärte: »Wenn ich Präsident werde, sorge ich dafür, daß jede einzelne Information, die dieses Land über UFOs besitzt, der Öffentlichkeit und den Wissenschaftlern zugänglich gemacht wird.«

Logisch untermauerte Grundlagen für den Glauben an außerirdische Besucher wurden von Spezialisten wie Dr. Harlow Shapley, dem früheren Leiter des Observatoriums der Universität Harvard, geliefert, der feststellte: »Es gibt mindestens hundert Millionen bewohnte Planeten. Auf vielen davon müßten sich uns in allem weit überlegene Wesen befinden«, wie auch von den Astronomen Dr. Otto Struve, Carl Sagan, Frank Drake und anderen, die bei einem »project meeting« (Arbeitskonferenz) in Green Bank (West-Virginia) 1961 eine etwas überraschende These entwickelten und sich auf folgendes einigten: »Es gibt zwischen vierzig und

Fliegende Untertasse im Anflug
auf die Küste von Trinidad, auf-
genommen vom Deck der
Almirante Saldanha.
Bildquelle:
Brasilianische Marine

fünfzig Millionen Welten, von denen aus entweder versucht wird, uns
Signale zu übermitteln oder aber Botschaften von der Erde zu empfangen.«

Der französische Wissenschaftler und ehemalige NASA-Spezialist Maurice Chatelain hat zumindest drei Fälle von offensichtlichen Funksignalen
angeführt, die überzeugend für die Möglichkeit sprechen, daß es sich um
von vernunftbegabten Wesen gesandte Nachrichten aus dem Weltraum
handelt, was nichts anderes bedeuten würde, als daß andere Welten im
Kosmos versuchen, sich den Astronomen und anderen Planeten bemerkbar zu machen, und zwar nicht durch plötzlich auftauchende UFO-
»Patrouillen«, sondern auf wesentlich diplomatischere Weise.

Den Forschungsarbeiten von V. Troitzki, dem Direktor des Gorki Funktechnischen Physikalischen Forschungsinstituts, und N. Kardaschew,
dem Leiter des Laboratoriums des Moskauer Weltraumforschungsinsti-
tuts, zufolge wurden von vier russischen Empfangsstationen mehrere
Jahre lang sich wiederholende »Code«-Signale aus dem Weltraum aufgefangen, die speziell so placiert waren, daß örtliche und irdische Funksignale nicht empfangen wurden. Diese »Code«-Signale kamen anscheinend nicht von unseren eigenen Satelliten oder Weltraumsonden, da sie
Jahre vor dem ersten Sputnik-Abschuß entdeckt wurden.

Bei dem 1961 in Greenbank, West-Virginia, durchgeführten OZMA-Pro-
jekt, bei dem die Möglichkeit einer Existenz anderer Zivilisationen in unserer Galaxis untersucht wurde, ereignete sich etwas Eigenartiges: Als die
große Parabolantenne, die man benutzte, einmal auf das Sternbild des
Walfisches, insbesondere auf den Stern Tau Ceti, auf der Suche nach entwickelten Zivilisationen eingepeilt wurde, reagierten das Empfangs- und
Aufzeichnungsgerät und der Laserverstärker und fingen eine Serie unre-
gelmäßiger Signale auf. Anders als bei den regelmäßig ausgesandten Si-

gnalen der Pulsare, die man anfangs für Botschaften hielt, legten diese Code-Signale, die in unregelmäßigen Intervallen eintrafen und wieder verstummten, die Vermutung nahe, daß jemand oder etwas Botschaften sandte, wenn auch selbstverständlich nicht notwendigerweise zur Erde. Die Aufregung, die durch dieses »Belauschen des Weltraums« durch Wissenschaftler ausgelöst wurde, dauerte jedoch nicht lange, da der Sicherheitsdienst eingriff und alle daran Beteiligten bald zu der »Erkenntnis« kamen, daß sie gar keine Botschaften aus dem Weltraum gehört hatten.

Vor vierzig Jahren nahm erstmals eine Reihe von Funkstationen in mehreren nordeuropäischen Staaten ein anscheinendes Echo ihrer Funksignale wahr, das länger als die übliche $1/7$ Sekunde und bis zu 15 Sekunden dauerte, als ob die Signale auf ein großes, die Erde umkreisendes Objekt, das nicht der Mond war, aufprallten. Der Astrologe Duncan Lunan befaßte sich später mit diesen Signalen, notierte ihre Häufigkeit und die dazwischenliegenden Intervalle und stellte die Hypothese auf, daß die Signale vielleicht von einem Weltraumfahrzeug kamen und man, falls es gelang, die Botschaften und Intervalle graphisch darzustellen und den Code zu entschlüsseln, möglicherweise den Ursprung dieser anscheinend von intelligenten Wesen ausgesandten Nachrichten ausfindig machen könne. Duncan Lunan erklärte außerdem, daß er imstande sei, einen Plan von einer aus verschiedenen Winkeln gesehenen Galaxis zu bekommen, namentlich den Kuhhirten, und daß in jedem Diagramm der Stern Izar genau in der Mitte placiert erscheine. (Diese ungewöhnliche Interpretation der Signale geht jedoch davon aus, daß die Bewohner des Planeten Izar das Universum mehr oder weniger so wie wir sehen – was doch eine etwas zweifelhafte Annahme ist.)

Es ist nicht auszuschließen, daß Wissenschaftler anderer Planeten versuchen, mit anderen bewohnten Welten Kontakt aufzunehmen oder diesen bereits herstellen konnten, und daß die Signale, die wir hören, ganz normale, intragalaktische Botschaften sind. Desgleichen mögen einige Zivilisationen im Weltraum schon so weit entwickelt sein, daß sie imstande sind, sich durch Projektionsarten, die wir noch nicht – außer in Science-Fiction-Geschichten – entdeckt haben, ja uns noch nicht einmal vorstellen können, von einem Sonnensystem zu einem anderen zu bewegen.

Diese Hypothese wäre eine Erklärung für die so oft fast überall auf unserem Planeten in der Vergangenheit wie Gegenwart beobachteten außerirdischen – oder uns zumindest als solche erscheinenden – Besuche. Doch abgesehen von dem begreiflichen Interesse außerirdischer Wesen an intergalaktischen Entdeckungen hat die Häufigkeit dieser Besuche ein gewisses Unbehagen, aber auch Interesse an ihrem Zweck bei den Erdbewohnern geweckt.

Es mangelt nicht an Therorien zu diesem Thema; eine kleine Auswahl zeigt, wie weit die Meinungen der UFO-Forscher auseinandergehen. Einige dieser Theorien sind recht beruhigend, während andere eine indirekte Bedrohung aufzeigen.

- Sie (die außerirdischen Wesen) holen sich Muster irdischer Fauna – zu der auch wir Menschen gehören – und bewegliche mechanische Konstruktionen für Vergleichs- und Studienzwecke.
- Sie kommen von dem Planeten Mars oder einem anderen trockenen Planeten und brauchen Wasser, das sie sich aus den Meeren unseres Planeten holen.
- Sie brauchen andere Elemente, vielleicht Gold, für ihre elektronischen Systeme und Konduktoren. (In jeder Quadratmeile Meerwasser ist Gold im ungefähren Wert von 360 000 000 Dollar enthalten.)
- Sie beschützen uns vor unseren angeborenen Tendenzen, uns selbst und unseren Teil des Universums zu vernichten.
- Sie überwachen den Flugverkehr und die Weltraumflüge, um sicherzugehen, daß wir nicht unseren Planeten verlassen, um andere Planeten zu erobern.
- Sie entführen nicht nur gewisse Menschen, sondern studieren das Verhalten von Bewohnern der Erde in ihrer eigenen Umwelt und geben abwehrende Warnsignale.
- Sie sind Fahrzeuge menschenähnlicher Wesen, die im Wasser leben und sich im Lauf der Jahrtausende in den Meeren der Erde entwickelt haben und die jetzt, durch die Verschmutzung *ihrer* Umwelt gestört, beschlossen haben, korrigierende Gegenmaßnahmen zu ergreifen.
- Sie stammen von Überlebenden einer vergangenen Zivilisation ab, die einst im Bermuda-Dreieck existierte, und besuchen ihre frühere Heimat oder leben dort heute in großen Unterwasserkuppeln.
- Sie sind Venusbewohner, die für die geplante Kolonialisierung der Erde einen Stützpunkt in der Tongue of Ocean in Höhlen unter dem Steilabfall vor Andros angelegt haben (der auf der Venus herrschende Druck – 91 Atmosphären – entspricht dem atmosphärischen Druck auf dem Meeresboden in der Tongue of Ocean).
- Sie sind außerirdische Wesen, welche die elektromagnetischen und anderen Naturkräfte der Erde als einen Energievorrat für intergalaktische und interdimensionale Reisen benutzen und den Bewohnern der Erde und ihrem Wohlergehen mit kosmischer Gleichgültigkeit gegenüberstehen.

Die Verfechter der meisten dieser Theorien gehen jedoch bei all diesen konstruierten Gründen für das gemeldete Massenauftreten von UFOs davon aus, daß es sich um Invasionssymptome (oder bestenfalls um wohlwollende Kolonialisierungsmaßnahmen) handelt. Mit anderen Worten: Da unsere eigene Geschichte ein dauerndes Wechselspiel von Invasion, Verteidigung und Erorberung war, ist es nur logisch anzunehmen, daß uns unbekannte und technologisch weiter entwickelte Besucher aus dem Weltraum das gleiche im Sinn haben.

Zum Thema des kosmischen Kolonialismus – wohlwollend oder anders geartet – sei erwähnt, daß Erich von Däniken und andere die These aufstellten, Besucher von anderen Planeten – möglicherweise von der Venus – hätten unsere primitiven Vorfahren die zivilisatorischen Künste und Fertigkeiten gelehrt. Die Erinnerung daran sei durch Legenden erhalten geblieben, und zwar in der jüdisch-christlichen Überlieferung in Form eines direkten Eingreifens Gottes und der Engel (siehe die Genesis und anscheinende Hinweise auf Weltraumreisen bei Hesekiel) – bei anderen Kulturen *der* Götter – in die Angelegenheiten der Erdbewohner.

Die Beweise für frühere kosmische Besuche stützen sich auf den Anachronismus, den die wissenschaftlich hochentwickelten und uns unerklärlichen Artefakte aus einer sehr frühen Epoche der Erdgeschichte darstellen, wie z. B. Goldarbeiten aus dem alten Kolumbien, welche Modelle von Düsenkampfflugzeugen zu sein scheinen; der »Sterncomputer« von Antikythera, den man auf dem Meeresboden der Ägäis fand; ein gemeißelter Sarkophagdeckel aus einer Tempelpyramide in Palenque, Mexiko, auf dem eine stilisierte Raumfahrtkapsel zu erkennen ist; elektrische Batterien in den Ruinen von Babylon und uralte Karten, auf denen die genaue Position der Kontinente eingezeichnet war, die erst Jahrtausende später entdeckt wurden, um nur einige zu nennen, ebenso die gigantischen Ingenieurleistungen unbekannten Alters einschließlich der im Libanon gefundenen tonnenschweren bearbeiteten Steinblöcke, der zyklopischen, »zusammengeschweißten« Felsblöcke der Ruinen auf dem Andenplateau in Südamerika, die aus einer den Inkas vorangegangenen Kultur stammen, und die Konstruktionsmethoden der Cheopspyramide in Gizeh sowie die in ihren Abmessungen enthaltenen präzisen astronomischen Kenntnisse.

Während diese Theorie einer belehrenden Überwachung von anderen Planeten aus – sozusagen eine Art »Friedenskorps« bzw. Entwicklungshilfe – wirklich sehr reizvoll ist, muß man bei ihrer Bewertung das jetzt anscheinend außerordentlich hohe Alter der Menschheit (die Zeitgrenze ihrer Anfänge wurde kürzlich von 3,5 Millionen Jahren auf 4 Millionen Jahre zurückverlegt) und die verschiedenen Entwicklungen und Rückentwicklungen früher und bisher noch unbekannter Zivilisationen der Erde berücksichtigen.

Wenn unsere eigene Zivilisation – falls wir ihre Anfänge auf die frühe ägyptische Kultur und die anderen Frühkulturen des Mittleren Ostens datieren – sich in nur 6000 Jahren vom Stadium primitiver Hirtenvölker bis zum Atomzeitalter fortentwickelte, wäre es durchaus möglich, daß unsere unbekannten Vorfahren zwischen radikalen Klimaveränderungen und anderen Katastrophen reichlich Zeit hatten, nicht nur eine, sondern viele fortgeschrittene Kulturen ohne belehrende Überwachung – wenn auch wahrscheinlich nicht ohne interessierte Beobachtung – aus dem Weltraum aufzubauen. Dieser These der »interessierten Beobachter aus dem Weltraum« liegt die Annahme zugrunde, daß derartige Beobachter unser jeweiliges zivilisatorisches Entwicklungsstadium verfolgen, um festzustellen, wann wir ein genügend hohes Niveau erreichen, um von weiter entwickelten Zivilisationen der Galaxis als ebenbürtig anerkannt zu werden und in Kontakt mit ihnen treten zu können.

Die Kontroverse um die UFOs wurde kürzlich um eine recht dramatische Note bereichert, als John Baxter und Thomas Atkins das Buch *The Fire Came By* (Doubleday 1976) veröffentlichten, in dem ein Ereignis geschildert wird, das möglicherweise nichts anderes war als ein Unfall bei einem kosmischen Besuch oder Erkundungsflug vor etwa einem halben Jahrhundert. Es handelt sich hierbei um einen – wie man vermutete – Meteoriten, der 1907 im Gebiet von Tunguska in Sibirien einschlug und den man aufgrund neuerer Untersuchungsergebnisse für eine mögliche Atomexplosion eines »bemannten« (in des Wortes weitester Bedeutung) Weltraumfahrzeuges unbekannter Herkunft hält.

Russische Wissenschaftler hatten damals die gewaltige Explosion untersucht, die sogar in England beobachtet wurde und deren seismische Erschütterung man auch in Washington D.C. registrierte, hatten sie aber allgemein für einen Meteoriteneinschlag gehalten. Kürzlich durchgeführte Messungen der Radioaktivität in diesem Gebiet und Untersuchungen über die Richtung des ausgelösten Luftdralls, wie auch über den Reaktionsradius, ergaben jedoch, daß sich die Explosion *auf* der Erdoberfläche ereignete und daß dabei, nach Berechnung einiger Wissenschaftler, eine Energie von ungefähr 30 Megatonnen frei wurde, also 1500mal so viel Energie als bei der Explosion der auf Hiroshima abgeworfenen Atombombe.

Die Rekonstruktion der Fallkurve des vermeintlichen Meteoriten – soweit eine solche überhaupt nach Aussagen von Augenzeugen möglich ist, die das Objekt stellenweise horizontal zur Erdoberfläche am Himmel dahinschießen und plötzlich eine anscheinend jähe Kursänderung vollführen sahen – ließ Forscher vermuten, daß das Objekt zwar gesteuert wurde, aber irgendwelche Störungen auftraten.

Der Feuerschein und die Erschütterung, an die Augenzeugen sich noch erinnern können, sowie die pilzförmige Rauchwolke und der schwarze

Niederschlag nach der Explosion, die Strahlenschäden auf der Haut der Rentiere, welche die Explosion überlebten, wie auch die noch heute in diesem Gebiet vorhandene Radioaktivität überzeugten Alexander Kasanzew, einen russischen Wissenschaftler und Weltraumforscher, daß das Phänomen durch die Explosion eines die Erde umkreisenden Weltraumfahrzeuges verursacht wurde, das möglicherweise auf dem Weg zum Baikalsee in Sibirien war, auf der Suche nach Süßwasser aus dem tiefsten See der Erde.

Während durch diese Explosion lediglich ein großes Waldgebiet verwüstet und einige Rentierherden vernichtet wurden, hätte dieselbe Explosion, wenn sie in einem der Bevölkerungszentren Rußlands – oder der Welt – erfolgt wäre, die gesamte Bevölkerung einer Großstadt wie auch die weitere Umgebung vernichtet. Die Möglichkeit von – und sei es auch ungewollt – aus dem Weltraum ausgelösten Atomexplosionen stellt einen weiteren Grund zur Besorgnis für die Bewohner der Erde dar, denen die gegenwärtige Gefahr eines drohenden Atomkrieges oder eines Versagens einer mit Atomkräften betriebenen Anlage bereits genug Sorgen macht.

Die Meinung von Major Donald E. Keyhoe, eines langjährigen UFO-Forschers (siehe Seite 169 f.), ist typisch für einen militärischen Standpunkt, der inoffiziell von vielen Piloten wie auch von russischen Beobachtern geteilt wird, die über UFO-Aktivitäten in der Sowjetunion berichten. (In diesem Zusammenhang ist es interessant zu erwähnen, daß die Russen, die lange Zeit die Amerikaner verdächtigten, hinter den UFOs zu stecken, und die Amerikaner, die umgekehrt lange die Russen in Verdacht hatten, sich jetzt gegenseitig halb offiziell diese UFO-Sichtungen melden.) Major Keyhoe hält UFOs für eine potentielle Bedrohung aus dem Weltraum, wobei möglicherweise ein besonderes Interesse an unserer technologischen Entwicklung besteht. Er glaubt, daß sie noch aus einem anderen, recht beunruhigenden Grund eine Gefahr bedeuten, und zwar wegen der Möglichkeit, daß die Russen oder Amerikaner irrtümlicherweise einen Schwarm von UFOs über ihrem eigenen Land für einen möglichen Feind halten und Verteidigungsmaßnahmen mit katastrophalen Folgen ergreifen könnten. Er vermutet scharfsinnig, daß alle außerirdischen Wesen, die intelligent genug sind, um die Erde zu besuchen, wahrscheinlich auch imstande sind, Fernseh- und Radiosendungen zu verstehen, was vielleicht verhängnisvolle Folgen für die Erde haben könnte, falls diese Wesen auf Grund unserer Nachrichten oder Unterhaltungssendungen zu dem Ergebnis kämen, daß wir hoffnungslos der rohen Gewalt verfallen sind und liquidiert werden müssen, bevor es zu einem direkten Kontakt mit ihnen kommt. Major Keyhoe ist daher der Meinung, daß versucht werden sollte, Verbindung mit UFOs aufzunehmen, um die planetarischen Wesen von unseren friedlichen Absichten zu überzeugen; ebenso sollten die seiner Ansicht nach von Regierungsstellen – und insbesondere die von der amerikanischen Luftwaffe und der CIA – verhängten Zensurmaßnahmen aufgehoben werden, und die Regierungen sollten mit Privatpersonen sowie mit privaten Organisationen zusammenarbeiten, um zu versuchen, einen friedlichen Kontakt zu unseren unirdischen Besuchern herzustellen.

Es ist nur natürlich, daß UFOs von Beobachtern unter verschiedenen Gesichtspunkten – persönlichen, regionalen oder nationalen – betrachtet werden. Genauso, wie Forscher mit militärischer Vergangenheit – und das gilt sowohl für Amerikaner wie Russen – dazu neigen, UFO-Besuche als »Invasionen«, »Angriffe« oder »Waffenstillstand« zu interpretieren, wundert es einen in Anbetracht des starken religiösen Elements in der spanisch sprechenden Welt nicht, daß der führende spanische UFO-Experte (im Spanischen nennt man sie OVNIs*) sie mit religiösen oder satanischen Erscheinungen in Zusammenhang bringt. Salvador Freixedo, Jesuitenpater und Autor vieler Abhandlungen zu diesem Thema, der ein besonderer Experte für UFO-Phänomene im südwestlichen Teil des Bermuda-Dreiecks ist, vermutet, daß es sich bei dem Erscheinen und den Besuchen des Teufels oder der Teufel während der gesamten Menschheitsgeschichte in Wirklichkeit um ein und dasselbe Phänomen handelte. Was die Kirche und unsere Vorfahren den oder die Teufel nannten, nennen wir Piloten oder Insassen von UFOs. Pater Freixedo vergleicht den Schwefelgeruch, den verängstigte Beobachter von UFOs häufig wahr-

---

* Da UFOs auf der ganzen Erde am Himmel erscheinen, seien hier die Namen erwähnt, mit denen sie in den die größten Gebiete erfassenden Sprachen bezeichnet werden. In den romanischen Sprachen heißen sie OVNIs, was wörtlich übersetzt »Objekte fliegende nicht identifizierte« bedeutet.

Spanisch: *objetos volantes no identificados*
Französisch: *objets volants non identifiées*
Italienisch: *oggetti volanti non identificati*
Portugiesisch: *objetos volantes não identificados*

In Deutsch heißen sie genau wie in Englisch UFOs *(unidentifizierte fliegende Objekte)*. Auf russisch bedeutet »unidentifizierte fliegende Objekte« *njeobjasnimi ljetutschij objekt*, obwohl man diese erst seit kurzem erwähnt. In anderen Sprachen ist der Ausdruck gewöhnlich eine Variante von »Fliegende Untertasse«:

Chinesisch: *fei tieh* (Flug-Untertasse)
Japanisch: *sora tobu emban* (Himmel-Flug-Scheibe)
Malaiisch, Indonesisch: *piring terbang* (Untertasse-Flug)
Arabisch: *sohhoun taa'ira* (Untertassen fliegende)

Auf den Inseln im Pazifik wie Hawaii, Tahiti und anderen hält die Bevölkerung UFOs ganz einfach für die gleichen Lichter und Objekte, die schon seit undenklichen Zeiten am Nachthimmel über dem Pazifik gesehen wurden; sie nennen sie *akuatele* – »Fliegende Geister«, was vielleicht gar keine schlechte Bezeichnung ist.

nahmen, mit dem allseits bekannten Schwefelgestank, der dem Satan von alters her nachgesagt wird.

Freixedo weist darauf hin, daß UFO-Wesen in den vielen Berichten über einen in der Karibik zustande gekommenen direkten Kontakt zwischen Erdbewohnern und UFO-Insassen Spanisch sprachen – so wie sie in anderen Teilen der Welt Englisch, Deutsch, Französisch, Italienisch, Russisch etc. sprachen – und eine merkwürdige Vorliebe für »Sarkasmus, Streiche [und] Schabernack ohne irgendeinen anderen Grund als der Lust an der Bosheit« zeigten, was schon immer ein typisches Merkmal von Teufeln und Hexen war. Einige von Pater Freixedos Theorien, besonders jene, die durch Kirchenheilige bewirkte Wunder mit UFO-Aktivität in Verbindung bringt – denn »Engel« sind nach Pater Freixedos Ansicht nichts anderes als »gute UFOs« –, wurden begreiflicherweise von der Hierarchie der Kirche mit wenig Begeisterung aufgenommen und waren seinem weiteren Aufstieg nicht eben dienlich. Trotzdem hörte er nicht auf, darauf hinzuweisen, daß jedesmal, wenn UFOs in der Karibik erscheinen, dort gleichzeitig Wunder geschehen, wie z. B. weinende oder blutende Kirchenstatuen, aufleuchtende Gemälde, aufblitzende Lichtstrahlen von Kirchentürmen, Wunderheilungen und andere wundersame Erscheinungen.

Pater Freixedo ist der Ansicht, daß UFOs nicht aus dem Weltraum kommen, sondern aus unserem eigenen Planeten oder unbekannten, unserer Dimension viel näheren Räumen: »Der Mensch beginnt zu erkennen, daß er nicht allein [als ein vernunftbegabtes Wesen] auf diesem Planeten ist. Es ist, als ob er in einer Eigentumswohnung lebte und ab und zu andere Mitbewohner desselben Gebäudes sähe oder hörte.« Er weist ferner darauf hin, daß niemand die Motive und Ziele der UFOs kennt und daß »sie von unserer Warte aus gesehen unlogisch vorzugehen scheinen«. Pater Freixedo ist überzeugt, daß UFOs in der Karibik und anderen Gebieten der Erde den Tod von Tausenden Menschen – sei es nun zufällig oder gezielt – verursachen. (»Sie sind eine Kraft – wie z. B. die Elektrizität, die man auch nicht als gut oder schlecht bezeichnen kann.«) Nach Pater Freixedos Ausführungen scheinen die UFOs in den Gebieten, die er am besten kennt und am gründlichsten studiert hat – wie Puerto Rico –, aus bekannten Zonen magnetischer Aberrationen aufzutauchen, Starkstromleitungen zu folgen und über Kraftwerken länger zu verweilen, die sie, wie Pater Freixedo glaubt, benutzen, um in unser Raum-Zeit-Kontinuum einzudringen, falls sie interdimensional sind. Seiner Meinung nach nähern wir uns dem Augenblick, in dem es zu einem Kontakt mit den »Mitbewohnern desselben Gebäudes« kommt, zu einem direkten und nicht wie bisher nur flüchtigen und sporadischen, sondern vielleicht sogar verhängisvollen Kontakt. »Die Menschheit nähert sich auf der Straße der Geschichte einer Kurve, und in einer Kurve quietschen bei hoher Geschwindigkeit die Reifen.«

Dr. Manson Valentine ist ebenfalls der Ansicht, daß einige der im Dreieck beobachteten UFOs interdimensional sind und nicht aus dem außerirdischen Raum kommen; er glaubt, daß die lauten, häufig im Moment ihres Auftauchens zu vernehmenden Explosionen möglicherweise einer der Nebeneffekte beim Durchbruch von einer Dimension in eine andere sind. (Pater Freixedo nannte sie »Lärm von den anderen Stockwerken des Gebäudes«.) Dr. Valentine verweist auf die vielen Berichte, denen zufolge es – obwohl UFOs oft unerwartet erscheinen – eine kurze Zwischenperiode unmittelbar vor ihrer plötzlichen Materialisierung gibt, in der sie auf den Radarschirmen zu erkennen sind. Mit anderen Worten: Sie sind schon da, nur können wir sie, möglicherweise außer anderen Gründen auch wegen unseres begrenzten visuellen Wahrnehmungsvermögens, nicht sehen. Ebenso werden sie, nachdem sie unterschiedlich lange sichtbar oder auf Radarschirmen zu erkennen waren, plötzlich für das menschliche Auge unsichtbar und verschwinden gleichzeitig auch von den Radarschirmen. Dr. Valentine erklärt, daß es »Beweise dafür gibt, daß starke Magnetfelder günstige Bedingungen für interdimensionale Übergänge schaffen können«, und vermutet, daß UFOs derartige Felder benutzen und sie auch verstärken. Er behauptet, daß die glühenden Wolken, die manchmal im Bermuda-Dreieck zur selben Zeit beobachtet wurden, als Schiffe und Flugzeuge verschwanden, möglicherweise das Ergebnis der »Materialisation« eines großen UFOs sind, das ein so starkes Magnetfeld entstehen ließ, daß die Nebeneffekte vielleicht die Ursache für viele der gemeldeten Fälle von Verschwinden sind.

Dr. Valentine stimmt mit Pater Freixedo und anderen hinsichtlich der Möglichkeit überein, daß magnetische Aberrationen eine »Materialisationszone«, ein Punkt oder ein »Fenster« zum Eintritt von UFOs in unsere Dimension sein können, wobei die seismischen und magnetischen Störungen in Puerto Rico, im Puerto-Rico-Graben direkt nördlich der Insel, in der Tongue of Ocean (jenem Graben oder Krater im Meeresboden, der zwischen Andros und der Exuma-Kette in den Bahamas unmittelbar vor den flachen Bahama-Bänken in eine Tiefe von über 1,5 Kilometer steil abfällt), in dem sogenannten »grundlosen Loch« vor St. Augustine (einem Loch im Meeresboden von bisher noch unbekannter Tiefe), und in einem anderen Meeresgebiet östlich der Bahamas, in dem der Wasserspiegel sich abwärts in eine Mulde von 80 Meter zu senken scheint, bevor er wieder ansteigt, besonders berücksichtigt werden. Im Zuge der für die nächste Zeit geplanten Untersuchungen werden möglicherweise noch andere Gebiete entdeckt, in denen magnetische Anomalien auftreten und nicht die normalen Gesetze der Schwerkraft gelten.

Falls die Annahme, daß Menschen durch Eingreifen unbekannter Wesen in der Umgebung besonderer Magnetfelder oder seismischer Störungen oder einer Kombination von beidem verschwinden, einer Überlegung wert ist, gewinnt das Verschwinden eines ganzen englischen Regiments im Ersten Weltkrieg neues Interesse. Man kann diesen Vorfall, was die Anzahl der verschwundenen Personen betrifft, mit den großen Menschenverlusten beim Verschwinden der *Cyclops*, der *Atalanta*, der *Marine Sulphur Queen* und anderen berüchtigten Vermißtenfällen, die sich im Bermuda-Dreieck ereigneten, vergleichen; außerdem ist er durch zahlreiche Augenzeugen glaubwürdig belegt. Obwohl er sich weit entfernt vom Bermuda-Dreieck während des tragischen Gallipoli-Feldzuges am 28. August 1915 in der Türkei ereignete, wird auch hier von einer Wolke (bzw. von Nebelschwaden) berichtet, die das Regiment plötzlich einhüllte; außerdem ereignete sich der Vorfall auf demselben Breitengrad und in der Nähe einer seismischen Bruchzone. Trotz der allgemeinen Verwirrung und Ungewißheit, die bei der Berichterstattung über ein Geschehen mit hineinspielen, das sich unter Kampfbedingungen vollzieht, ist der Bericht der Augenzeugen über das ungeklärte Verschwinden des First Fourth Norfolk-Regimentes in der Nähe von Hügel 60, Sulva Bay, präzise und klar – und völlig rätselhaft.

Obwohl das gesamte Regiment als vermißt gemeldet wurde, behaupten Augenzeugen aus dem ANZAC (Australisches und Neuseeländisches Armeekorps) und auch aus den türkischen Streitkräften, daß das vorrückende britische Regiment nie mit den Türken in Berührung kam. Nach Aussage von Beobachtern aus der Abteilung 3 der Feldkompanie Nr. 1 des Neuseeländischen Expeditionskorps marschierte das britische Regiment, das First Fourth Norfolk, bei Hügel 60, Sulva Bay, in eine ungewöhnliche, tiefhängende Wolke und kam niemals wieder zum Vorschein. Wie Augenzeugen des Vorfalls erklärten, herrschte am Morgen des 28. August 1915 klares, schönes Wetter. In einer gemeinsam von den Pionieren F. Reichart (4/165), R. Newnes (13/416) und J. L. Newman (seine Nummer wurde nicht genannt) unterzeichneten Erklärung wird genau geschildert, was sie sahen:

...Der Tag begann ganz klar, ohne eine Wolke in Sicht... außer sechs oder acht ›brotlaibförmigen‹ Wolken, die alle genau die gleiche Form hatten und über Hügel 60 hingen. Trotz einer südlichen Brise von 6 bis 7,5 Stundenkilometern veränderten diese Wolken weder ihre Position noch ihre Form oder Gestalt und trieben auch nicht durch die Brise davon. Sie hingen in einer Höhe von ungefähr 60 Grad, von unserem 16 Meter höher gelegenen Beobachtungsstand aus gesehen. Direkt unter dieser Wolkengruppe befand sich eine bis auf die Erde herunterhängende, ebenfalls unbewegliche und ähnlich geformte Wolke, die etwa 270 Meter lang, 70 Meter hoch und 70 Meter breit war. Diese Wolke war völlig undurchsichtig, wirkte in ihrer Struktur beinah wie ein fester Körper und lagerte ungefähr 280 bis 360 Meter von der Kampfzone entfernt in dem von den Engländern besetzten Gebiet auf dem Erdboden. Dies alles wurde von zweiundzwanzig Männern der Abteilung Nr. 3 der Feldkompanie Nr. 1 des Neuseeländischen Expeditionskorps (NZE) aus unseren Schützengräben auf der Rhododendron-Befestigungsanlage ungefähr 2500 Meter südwestlich der seltsamen Wolke gesehen. Unser Beobachtungsstand überragte Hügel 60 um ungefähr 100 Meter. Wie sich später herausstellte, lagerte diese merkwürdige Wolke in einem ausgetrockneten Flußbett oder einer abgesunkenen Straße (Kaiajik Dere), und wir konnten die Seiten und Enden der Wolke, die da auf dem Boden ruhte, ganz deutlich sehen. Sie war hellgrau, genau wie auch die anderen Wolken.

Dann sahen wir, wie ein britisches Regiment von mehreren hundert Mann, das First Fourth Norfolk, auf dieser abgesunkenen Straße – oder in diesem Flußbett – zum Hügel 60 heraufmarschiert kam. Es sollte anscheinend den auf Hügel 60 kämpfenden Truppen als Verstärkung dienen. Als sie bei der eigenartigen Wolke anlangten, marschierten sie ohne zu zögern geradewegs in sie hinein, aber keiner kam jemals wieder aus ihr heraus, um auf Hügel 60 aufzumarschieren und zu kämpfen. Als etwa eine Stunde später der letzte Soldat der letzten Reihe des Regiments in der Wolke verschwunden war, hob sie sich ganz unauffällig vom Boden ab und stieg wie eine normale Wolke oder ein Nebelschwaden langsam auf, bis sie die anderen ähnlich aussehenden Wolken erreichte, die zu Beginn dieses Berichtes beschrieben wurden. Diese Gruppe von Wolken hatte sich die ganze Zeit nicht von der Stelle bewegt, doch sowie die einzelne »Bodenwolke« sich auf selber Höhe mit ihnen befand, glitten sie alle in nördlicher Richtung, d. h. auf Thrazien (Bulgarien) zu, davon. Nach ungefähr einer dreiviertel Stunde waren sie aus unserer Sicht verschwunden.

Das betreffende britische Regiment wurde als »vermißt« oder »aufgerieben« registriert, und das erste, was England nach der türkischen Kapitulation 1918 von der Türkei verlangte, war die Freilassung dieses Regiments. Die Türkei erwiderte, dieses Regiment sei weder von türkischen Truppen gefangengenommen worden noch in Berührung mit ihnen gekommen; man wisse nicht einmal etwas von seiner Existenz. Die Größe eines britischen Regiments lag in den Jahren 1914–1918 zwischen 800 und 4000 Mann. Wir, die wir diesen Vorfall mit eigenen Augen sahen, verbürgen uns für die Tatsache, daß die Türken dieses Regiment niemals gefangennahmen...

Obwohl sich das Verschwinden von vielen Truppeneinheiten in Kampf-
zonen vielleicht oft durch reinen Überlebenswillen – d. h. durch Fahnen-
flucht – erklären läßt, ist es doch bemerkenswert, daß keiner dieser Soldaten jemals wieder auftauchte. Falls die Truppen des First Fourth
Norfolk-Regiments tatsächlich in eine andere Dimension versetzt
wurden, kann man nur hoffen, daß ihr neues Raum-Zeit-Kontinuum weniger lebensgefährlich für sie war – oder ist – als das, welches sie verließen
und in dem, wie die Verluste des Gallipoli-Felzuges zeigten, kaum etwas
anderes als schwerste Verwundungen oder Tod ihr Schicksal geworden
wären. Vielleicht war ihnen deshalb die unbekannte Alternative gar nicht
so unwillkommen. Falls es sich bei diesem Vorfall um eine Entführung
von Menschen oder militärischer Ausrüstung handelte, liegt es auf der
Hand, daß sich eine solche leichter unbemerkt und ungestört in Kriegszeiten als zu Friedenszeiten bewerkstelligen ließ. Die während des
Zweiten Weltkrieges über dem Bermuda-Dreieck spurlos verschwundenen Flugzeuge und Flugstaffeln erregten verständlicherweise nicht in
gleichem Maße das Interesse der Öffentlichkeit wie die späteren Vermißtenfälle, die sich zur Friedenszeit ereigneten.
Während der letzten Kriege, und zwar besonders während jener, in denen
Flugzeuge eine wichtige Rolle spielten, scheint die UFO-Aktivität zuge-
nommen zu haben. Im Zweiten Weltkrieg hielten beide Seiten die fliegenden Lichter, die häufig Bombergeschwader begleiteten, für eine Entwicklung der gegnerischen Luftwaffe. Diese Lichter wurden sowohl auf
den europäischen Kriegsschauplätzen wie im Pazifik und später in Korea
und Vietnam beobachtet. Auf Grund des offensichtlichen Interesses der
UFOs an unserer Weltraumforschung kann man die Theorie nicht ganz
ausschließen, die eine wachsende Besorgnis auf seiten der UFOs über unseren ständigen Fortschritt in der Entwicklung militärischer Vernichtungswaffen vermutet. Obwohl nur 2 der ungefähr 900 erfolgten Atomexplosionen aus Kriegsgründen stattfanden, haben die Versuchsexplo-
sionen, die in der Luft, im Meer und unter der Erdoberfläche durchgeführt wurden, vielleicht weitreichende Auswirkungen. Falls andere Intelligenzen uns beobachten, könnte diese von uns betriebene intensive
Erforschung der Atomenergie verständlicherweise Anlaß zu Besorgnis
geben. Wie bekannt, setzte die lange Serie von UFO-Sichtungen kurz
nach der Explosion der ersten Atombombe ein und hat sich seitdem bis
heute unverändert fortgesetzt.

9

Die Lücke schließt sich allmählich

Bei Betrachtung der gesamten über den Meeren, Küsten und Ländern der Erde gesichteten UFOs stellt man fest, daß UFOs nicht nur mit großer Häufigkeit auftauchen, sondern auch von einer ständig wachsenden Anzahl qualifizierter Beobachter wahrgenommen werden. Inzwischen hat die Meinung informierter Kreise über die Herkunft und die Absichten der UFOs eine gewisse Änderung erfahren.

Diese Meinungsänderung, für die vielleicht der berühmte Psychiater C. G. Jung wegbereitend war, beinhaltet die Annahme, daß UFOs – obwohl sie durchaus reale Erscheinungen sind – zum Teil ein psychisches Phänomen darstellen. Diese Theorie vermutet, daß UFOs gar keine Fahrzeuge aus dem außerirdischen Raum sind, sondern entweder von unserem Planeten oder aus einer anderen Dimension kommen und auf irgendeine Weise mit den psychischen Möglichkeiten der Betrachter zusammenhängen. Mit anderen Worten: UFOs hängen, sowohl was ihre Form wie ihre Sichtbarkeit betrifft, von dem kollektiven Bewußtseinszustand jener ab, die sie beobachten, was bei jedem Menschen andere Voraussetzungen schaffen kann.

Bekannte Forscher, wie z. B. John Keel, der sich seit langem mit UFO-Studien befaßt, Jacques Vallée, der französische Astronom und Physiker, sowie Dr. Allen Hynek, den man als den gegenwärtigen »Dekan« der UFO-Forschung bezeichnen kann, geben sich nicht mehr mit der simplifizierenden Erklärung zufrieden, nach der UFOs angeblich räuberische Weltraumfahrzeuge aus der Galaxis oder anderen weiter entfernten Sphären sind. Nach diesen neuen Theorien kommen sie vielleicht von einem viel näheren Ort – oder sind vielleicht die ganze Zeit hier, lediglich in einer anderen Dimension, und werden für uns nur wahrnehmbar, wenn sie in unser Spektrum der Farb-Sichtbarkeit, unseren Bereich der Geräuschwahrnehmung oder in unsere Zeit-Sphäre eintreten.

Vallée vermutet, gestützt auf seine umfassenden Kenntnisse französischer und keltischer Legenden, daß es sich bei Feen, Nixen, Elfen, Zwergen und anderen Fabelwesen gar nicht unbedingt um Märchengestalten handelt, sondern um Erscheinungen aus realen Vorfällen, die sich immer wieder zu allen Zeiten ereigneten. Die Augenzeugen beschrieben sehr unzutreffend nur das, was sie sahen und was wir heute als UFOs bezeichnen würden. Genauso, wie Peter Freixedo die zahllosen, in den langen Annalen der Religionsgeschichte verzeichneten Taten des Teufels ganz neu interpretiert, weist Vallée darauf hin, daß Kobolde, Gnome und ihresgleichen berüchtigt sind für die bösen Streiche, die sie mit Vorliebe den Menschen spielen, wie auch für ihre Angewohnheit, durch trügerischen Schein zu täuschen und anders zu erscheinen, als sie sind – genau wie die UFO-Insassen, die nach den uns vorliegenden Berichten ebenfalls Gefallen an einem die Menschen verwirrenden, ängstigenden und offenbar unlogischen Verhalten zu finden scheinen, wenn sie sich den Bewohnern der Erde zeigen, was zunehmend häufiger geschieht.

John Keel stellte, auf gemeldete UFO-Aktionen verweisend, eine beunruhigende Theorie auf; nach ihr sind die mit Empfindungen begabten Wesen der UFOs oder ihre möglicherweise Computern ähnelnden Roboter außerhalb des Bereichs unserer fünf Sinne und können folglich nicht nach unseren üblichen Normen bewertet und erfaßt werden. Falls UFOs von intelligenten Wesen gesteuert werden, fragt man sich, weshalb sie sich so unberechenbar verhalten; sie erscheinen aus dem Nichts, verschwinden blitzartig, nehmen angeblich und scheinbar rein zufällig Kontakt mit einzelnen Personen oder kleinen Gruppen der Bevölkerung auf, entführen manchmal Menschen und lassen sie manchmal auch wieder frei und das an verschiedenen Stellen der Erde, von denen das Bermuda-Dreieck vielleicht eines ist, das die günstigsten Voraussetzungen bietet.

Dr. Hynek schlägt eine intelligente und recht logische Erklärung dafür vor, weshalb UFOs es zu vermeiden scheinen, direkten Kontakt mit Regierungs- oder Militärbehörden in ihrem Operationsgebiet aufzunehmen. (Es darf nicht unerwähnt bleiben, daß mehrere angebliche »Kollisionen« zwischen UFOs und amerikanischen und russischen Flugzeugen – alle mit verhängisvollem Ausgang für die Erdbewohner – und zwischen einem UFO und einem amerikanischen Schiff im Südatlantik – hier blieben wir Sieger –, zweifellos eine Art des »direkten« Kontaktes war, wenn auch nicht gerade eine sehr diplomatische.) Nach Dr. Hyneks Hypothese haben UFOs sich uns schon seit langem vorsichtig genähert. Dr. Hynek argumentiert folgendermaßen: Angenommen, wir fänden selbst andere Zvilisationen auf anderen Planeten; falls wir uns sofort den Bewohnern zeigen würden, bekämen sie eventuell einen kulturellen Schock, von dem sie sich vielleicht nicht wieder erholten, und würden mit »größter Panik oder unterwürfiger Verehrung reagieren«. Falls wir dagegen den kosmischen »Eingeborenen« viele Jahre lang Zeit ließen, sich allmählich durch vorsichtige Annäherungen an unsere Existenz zu gewöhnen, und in dieser Phase ihre Lebensgewohnheiten in ihrer eigenen kulturellen Umwelt studieren würden, wäre die Verwirrung bei der schließlich erfolgenden direkten Konfrontation mit der höher entwickelten Kultur ein weniger traumatisches Erlebnis.

So einleuchtend diese Erklärung und Theorie auch erscheinen mag, so war die rücksichtsvolle »allmähliche Annäherung« mit dem Ziel, den »entdeckten« Eingeborenen einen kulturellen Schock zu ersparen, ganz gewiß nicht die von den Eroberern und Erforschern der Erde praktizierte Methode, wie die fast erfolgte Vernichtung der Ureinwohner Amerikas, Afrikas und der Südsee beweist. Wir können nur hoffen, daß die Eroberer aus dem Weltall altruistischer sind als wir. Aber es gibt keinerlei Garantie dafür – wie tröstlich der Gedanke auch wäre –, daß Wesen, die großer wissenschaftlicher Leistungen fähig sind, über primitiven Eroberungs- und Zerstörungswahn erhaben sind.

Der springende Punkt in der gesamten UFO-Forschung ist die Tatsache, daß wir absolut kein konkretes Wissen über die UFOs besitzen. Bis zu dem Augenblick, in dem es zu mehr als nur ungenau belegten Zufallskontakten mit ihnen kommt, wissen wir nicht, weshalb sie hier sind oder was ihre angestrebten Beziehungen oder Pläne mit den gegenwärtigen Erdbewohnern sind. Es ist gleichfalls unmöglich zu sagen, ob sie miteinander in Verbindung stehen oder ob sie von verschiedenen Orten kommen; einige vielleicht von der Galaxis, andere aus dem »inneren« Raum – aus Welten innerhalb von Welten – oder von sogar noch ungewöhnlicheren Orten, die unsere Vorstellungskraft fast übersteigen.

Diese letzte Möglichkeit, auf die zum Teil das hartnäckige, aber immer nur flüchtige und ziellos erscheinende Auftauchen der UFOs hinweist, wäre, daß sie nicht aus dem Weltraum kommen, nicht aus Höhlen im Erdinnern noch aus den Tiefen der Meere, sondern aus einem anderen Zeitalter – und so werden sie vielleicht von unseren Nachkommen oder von fernen Vorfahren gesteuert, deren Zivilisationen zwar anders, aber nicht notwendigerweise primitiver als unsere, möglicherweise einst in großen, jetzt vom Meer bedeckten frühen Kulturzentren blühten.

In diesem Fall befänden sie sich, da sie ja aus einem anderen Zeitraum kämen, außerhalb unseres Gesichtskreises, gleichgültig, wie stark auch unsere Teleskope wären. Falls sie andererseits durch einen interdimensionalen »Einschlupf« aus einer anderen, parallel zu unserer Welt existierenden Welt kämen, wären sie auch außerhalb unseres Farbspektrums, unseres Wahrnehmungsbereiches für Geräusche wie auch von Materie, und das zumindest so lange, bis sie plötzlich in unserem Wahrnehmungsspektrum erscheinen.

Eine berechtigte Frage, die oft von Menschen gestellt wird, die sich über die zunehmend häufigeren und genaueren Berichte von UFO-Sichtungen wundern, betrifft ihre Ziele und Absichten im Hinblick auf die gegenwärtig auf unserem Planeten dominierenden Geschöpfe – uns Menschen. Falls die Besatzungen oder Befehlshaber der UFOs im Besitz höherer Macht sind, fragt man sich, weshalb sie nicht ganz offen in einer unserer Großstädte landen, eine »Bringt-uns-zu-eurem-Anführer«-Haltung einnehmen und uns ihre Absichten klar zu verstehen geben. Seit Hunderten, ja Tausenden von Jahren wurden unbekannte Flugobjekte am Himmel gesehen, in Legenden aufgenommen und später in zeitgenössischen Schriften beschrieben, und die gleichen Objekte bilden in unserer heutigen Zeit das Thema Tausender Polizeimeldungen, Presseartikel und Berichte über Flugzeuge und Schiffe aus der ganzen Welt.

Obwohl es Meldungen zufolge zu vielen Kontakten zwischen UFO-Besatzungen und Erdbewohnern und häufigem vorübergehendem »Spacenapping« von Menschen gekommen sein soll, haben die Insassen von UFOs in keinem der uns bekannten Fälle einen direkten Kontakt mit örtlichen Behörden oder auch nur mit einem der führenden UFO-Forscher aufgenommen, von denen die meisten eine solche Geste außerordentlich begrüßt hätten. Die zahlreichen Kontakte und »Interviews« fanden angeblich sogar ganz im Gegenteil mit einsamen Auto- oder Lastwagenfahrern, Farmern, Schäfern oder Menschen statt, die nachts allein in verlassenen Gegenden unterwegs waren. Nach Aussage vieler derjenigen, die behaupten, von UFOs gefangengenommen, interviewt und wieder freigelassen worden zu sein, verfolgen die fremden Wesen ganz konkrete Ziele und drücken in der Mehrzahl der Fälle die Absicht aus (in einer auf der Erde gebräuchlichen Sprache oder durch Gedankenübermittlung), bald offene Kontakte mit der Menschheit aufzunehmen und uns spezielle Medikamente gegen Krankheiten und Universalheilmittel für unsere anderen Leiden zu bringen.

Eine interessante Ergänzung zu diesen möglichen Aspekten der UFO-Besuche liefert ein Bericht über einen Vorfall, der sich in Argentinien ereignete, und zwar im »Südatlantischen Dreieck« vor der Küste Südbrasiliens, Uruguays und Nordargentiniens, das Ivan Sanderson (Autor und Begründer der *Society for the Investigation of the Unexplained*) als ein Gebiet bezeichnete, in dem Anomalien auftreten oder das möglicherweise als Kontaktstelle dient. Es handelt sich bei diesem Fall um eine UFO-Begegnung mit höchst ungewöhnlichen Folgen, die der 73 Jahre alte argentinische Farmer Ventura Maceiras erlebte. Nach Aussagen von Maceiras verstummte am Abend des 30. Dezember 1972 um 22 Uhr 30 plötzlich sein Radio, als er in seinem Häuschen saß und einer Sendung lauschte. Er vernahm ein Brummen in der Luft, ging hinaus und sah ein rötlichorange glühendes UFO von 25 bis 28 Meter Durchmesser, das in derart geringer Höhe – etwa 12 Meter – über einer Gruppe von Eukalyptusbäumen schwebte, daß er seine menschenähnlichen Insassen und sogar Teile der maschinellen Einrichtungen durch große Luken oder Fenster erkennen konnte. Dann richtete das UFO einen grellen Lichtstrahl auf ihn, veränderte die Farbe und verschwand, indem es einen starken Schwefelgeruch in der Luft hinterließ. Wie bei vielen anderen ähnlichen Sichtungen waren die Bäume an der Stelle unter dem UFO durch Hitze versengt. Das Ungewöhnliche an diesem Fall waren jedoch die Auswirkungen auf den Beobachter.

Der Farmer Maceiras berichtete, daß er ein Kribbeln im ganzen Körper fühlte, als er das UFO betrachtete; anschließend traten Schwindelanfälle und heftige Kopfschmerzen auf. Einige Tage später fiel ein Großteil seines Haars aus; außerdem bekam er an mehreren Stellen des Körpers einen Hautausschlag und litt zusätzlich an Sprachschwierigkeiten. Als diese Symptome allmählich verschwanden, stellte er, ebenso wie sein behandelnder Arzt, zu seinem Erstaunen fest, daß sein Gesundheitszustand eine weitere Veränderung erfahren hatte, dieses Mal jedoch zu seinem Vorteil. Sein Haar wuchs nach, und zwar schwarz und nicht mehr, wie vorher, grau, und er bekam mehrere neue Zähne. Seine ganze Erscheinung wirkte jugendlicher, und sein Reaktionsvermögen hatte sich verbessert. Auch seine Sprachbeschwerden verschwanden, und obwohl er nach wie vor Analphabet war, begann er mit ungewohnter Beredsamkeit mit seinen Interviewern über soziologische und philosophische Themen sowie über seine Vorstellung vom Kosmos zu diskutieren.

Ein derartiger Fall eines durch eine UFO-Begegnung ausgelösten Verjüngungs- und Bildungsprozesses ist sehr selten, obwohl Ralph Blum, der eine vergleichende Studie über amerikanische UFO-Beobachter anfertigte, der Meinung ist, daß eine psychische Ähnlichkeit zwischen ihnen besteht und ihr geistiger Horizont sich im allgemeinen nach einer UFO-Sichtung erweiterte.

Weitere bekanntgewordene Heilungen nach UFO-Begegnungen wurden von einigen UFO-Forschern des öfteren denselben Kräften zugeschrieben, die bei einem Menschen Wunderheilungen bewirken, wenn er psychologisch auf ein Wunder vorbereitet und programmiert ist, wobei zu berücksichtigen ist, daß Wunderheilungen an den verschiedensten Orten der Welt geschahen und keineswegs immer nur in Ländern, in denen eine bestimmte Religion vorherrschend war.

Manche Forscher, wie z. B. Keel, Freixedo, Vallée und andere, sind der Meinung, daß die unbekannten Wesen der UFOs seit Jahrtausenden die Ursache vieler berühmter Wunderheilungen sind und die Menschen die reale oder symbolische Erscheinung von Teufeln, Göttern, Göttinnen, Geistern und Hexen sahen, weil die unbekannten Wesen wollten, daß wir das sehen, was wir zu sehen erwarten, anstatt unsere aus dem Weltraum oder einer anderen Dimension kommenden Besucher so zu sehen, wie sie wirklich sind. Durch das gegenwärtige große Interesse an der Weltraumforschung wird unsere Phantasie außerdem dazu angeregt, die Insassen der UFOs für Astronauten zu halten, während gleichzeitig in anderen Teilen der Erde den Besuchern aus dem Weltraum ganz andere Rollen zugeschrieben werden, fast als ob es eine Schachpartie wäre, bei der wir selbstverständlich nicht die Spieler, sondern nur die Bauern sind, die von anderen hin- und hergeschoben werden.

Ein typisches Beispiel für derartige trickreiche Experimente oder »Spielereien« von UFOs erlebte angeblich Carlos Díaz, ein Eisenbahnarbeiter, am 5. Januar 1975 in Bahia Blanca, Argentinien. Díaz ging von einer Bushaltestelle nach Hause, nachdem er sich um 3 Uhr 50 eine frühe Morgenzeitung gekauft hatte, als er durch ein grelles Licht vom Himmel geblendet wurde und sich emporgehoben fühlte. Er verlor während seines »Falles aufwärts« die Besinnung. Als er wieder zu sich kam, befand er sich in einer Kugel, die sehr schnell durch die Luft dahinzufliegen schien. Während dieses ungewöhnlichen Fluges packten ihn mehrere »gesichtslose« menschenähnliche Wesen und versuchten, ihm das Haar abzuschneiden. Díaz wehrte sich und wurde erneut bewußtlos. Er erwachte in einem Feld am Stadtrand von Buenos Aires, ungefähr 300 Kilometer von seiner Bushaltestelle entfernt. Er ließ sich per Anhalter in ein Krankenhaus bringen und versuchte sein Erlebnis zu schildern, das man erst nach Vorlage seiner in Bahia Blanca gekauften Morgenzeitung nicht für kompletten Unsinn hielt, da diese Zeitung erst einige Stunden später in Buenos Aires verkauft wurde. Die Untersuchung im Krankenhaus – man behielt ihn einige Tage zur Beobachtung, und Dutzende von Ärzten befaßten sich mit seinem Fall – ergab keinerlei Hinweise auf gesundheitliche Schäden, die er durch das Erlebnis erlitten hatte, außer dem Verlust einiger Haarbüscheln auf Kopf und Brust. Genau wie Maceiras behauptet er, jetzt klarer und besser denken zu können, obwohl bei ihm, da er noch jung ist, keine Verjüngung bemerkt wurde und auch nicht zu erwarten war.

Auch diese Entführung durch ein UFO – oder Vision einer solchen – ist nur ein Fall von vielen, die sich in der ganzen Welt zugetragen haben. Viele dieser Fälle werden, vor allem während man sie näher überprüft, aus militärischen oder anderen Gründen geheimgehalten. Manchmal werden angeblich Menschen und Tiere »entführt« und später wieder freigelassen. Bei einer Gelegenheit wurden ein Auto und sein Fahrer emporgehoben, durch die Luft transportiert und mehrere hundert Kilometer von Mexiko City entfernt, wo die »Entführung« stattfand, wieder auf den Erdboden heruntergelassen. Dieser Vorfall läßt bei jenen Wesen, deren Fortbewegungsmöglichkeiten viel weiter entwickelt sein müssen als die uns zur Verfügung stehenden, eine ungewöhnliche Vorliebe für Studienobjekte erkennen.

Da wir nicht einmal wissen, ob diese außerirdischen Wesen wirklich existieren oder ob wir nur Visionen oder Projektionen sehen, sind wir noch viel weniger imstande zu erkennen, wonach sie suchen und weshalb sie hier sind.

Am Abend des 15. Januar 1975 wurden mehrere Personen Augenzeugen eines Vorfalls, der sich vor dem Stonehenge-Apartmentgebäude ereignete, von dem aus man von New York City über den Hudson auf den Hudson City Park hinüberblickt. Mehrere Personen, die sich gerade vor dem Gebäude befanden, wie auch erschreckte Bewohner desselben, sahen, wie ein kugelförmiges UFO plötzlich in dem Park landete, eine Luke sich öffnete und kleine menschenähnliche Gestalten auf einer Leiter herauskletterten. Sie schienen nach Aussage der Augenzeugen mit schaufelartigen Werkzeugen im Park in der Erde zu graben, einige Behälter zu füllen, in die Kugel zurückzukehren, mit einem Lichtblitz oder einer Flamme aufzusteigen und zu verschwinden, ganz ähnlich wie unsere Astronauten nach Einsammeln von Gesteinsproben wieder vom Mond starten. Dieser Fall ist von einigen UFO-Forschern als ein weiterer Hinweis dafür gewertet worden, daß es sich um »Sinnestäuschungen« handelt, und zwar erstens, weil es unserer gedanklichen Vorstellung entspricht, daß sich planetarische Wesen Proben von der Erde holen, genau wie unsere Astronauten sie vom Mond holten, und zweitens, weil außerirdische Weltraumreisende zwangsläufig technisch so weit fortgeschritten wären, daß sie nicht mehr Schaufeln benutzen würden (obwohl man als Gegenargument anführen könnte, daß eine Schaufel trotz all unseren Fortschritts immer noch ein höchst zweckmäßiges Werkzeug ist, um Bodenproben in einen Eimer zu füllen).

Als wäre die oben geschilderte Erscheinung noch nicht genug für die Mieter des Stonehenge-Apartmenthauses, berichteten erschreckte Bewohner wie auch Passanten von drei weiteren Besuchen in den Monaten Januar und Februar des folgenden Jahres 1976, so, als würden die Außerirdischen an einem bestimmten Platz nach irgend etwas (oder irgend jemandem) suchen.

Nach wie vor gehen Berichte aus allen möglichen Teilen der Welt über Aktivitäten ein, die UFOs und ihre Insassen auf oder über unserem Planeten ausführen. In Florida wurde gesehen, wie sie Süßwasser aus Seen und Quellen aufnehmen, was wiederum einer logischen Annahme aus unserer Sicht entspricht. UFOs wurden ebenfalls für den großen Stromausfall an der gesamten Ostküste der Vereinigten Staaten im Jahr 1965 verantwortlich gemacht, bei dem leuchtende UFOs über den in totale Dunkelheit getauchten Küstenstädten in Massachusetts, Rhode Island, New York und New Jersey wie auch ein riesiger, leuchtender roter Ball in Syracuse, u. a. von dem Stellvertretenden Vorsitzenden der Federal Aviation Agency, gesehen wurden. Auch dies würde UFO-Forschern als eine erklärliche Folge von UFO-Aktivität erscheinen, da elektrische Störungen fast immer mit dem Auftreten von UFOs verbunden sind.

In der Karibik und in Viehzuchtgebieten der USA wurden UFOs in Gegenden gesichtet, in denen nachts Tiere auf Weiden oder in Gehegen auf mysteriöse Weise getötet und völlig blutentleert gefunden wurden. Auch hierfür machte man UFO-Insassen verantwortlich und schrieb ihnen somit eine makabre, wenn auch verständliche Vorliebe – oder sogar ein lebensnotwendiges Bedürfnis – für frisches Blut zu oder den Wunsch, dieses zu untersuchen. Bei einer anderen ungewöhnlichen Aktivität, die UFOs zugeschrieben wurde, handelt es sich um das Züchten oder Aussetzen von ungewöhnlichen Tieren in verschiedenen Gebieten der Erde, wo man die Tiere oder seltsamen Kreaturen nach dem Erscheinen von UFOs erstmals bemerkte. Hierzu gehören auch Berichte über archaische Formen von Meeresfauna oder -flora und unidentifizierte Arten von Strahlentierchen in den Gewässern des Dreiecks, über menschenähnliche Lebewesen wie »Big Foot« in den Waldgebieten der nordamerikanischen Pazifikküste, Floridas und sogar New Jerseys und Pennsylvanias, über pumaartige Riesenkatzen in England und diverse andere Tierungeheuer, die es logischerweise gar nicht auf unserer Erde geben dürfte.

Das Töten von Farmtieren und Abzapfen ihres Blutes, bei dem häufig auch Teile des Tieres wie die Augen, die Zunge, Schnauze oder Genitalien, wie durch einen geschickten chirurgischen Schnitt abgetrennt, fehlen, kann selbstverständlich auch die Tat irgendwelcher fanatischer Kultanhänger oder Geistesgestörter sein. Das Erscheinen neuer oder unbekannter Tierarten kann natürlich – so reizvoll auch die Vorstellung ist, daß sie möglicherweise von einem anderen Planeten oder aus einer anderen Dimension kommen – erst dann ernsthaft in Betracht gezogen werden, wenn diese Tierarten eindeutig identifiziert worden sind.

Diese und ähnliche Fälle sind nur einige grundlegende Beispiele dafür, wie die allgemeine Meinung UFOs mit ungewöhnlichen Ereignissen in Verbindung bringt, für die es keine einfache Erklärung gibt. Sie spiegeln die Bereitschaft großer Teile der Bevölkerung wider, zu glauben, daß UFOs und die Intelligenzen, die sie steuern, nicht nur unseren Planeten erkunden, sondern auch auf ihm aus einer Vielzahl von Gründen landen, von denen man einige vermuten kann, die meisten jedoch nicht für uns zu erkennen sind.

Ein anderer Faktor, der die Theorie stützt, nach der außerirdische Wesen bereits unter uns weilen, ist die These der »Männer in Schwarz«, die ein allen UFO-Forschern wohlbekanntes Phänomen darstellt und seit vielen Jahren von Theoretikern und Autoren wie John Keel, Albert Bender, Gray Barker und Brad Steiger, um nur einige zu nennen, ausführlich beschrieben wird. Man könnte die »Männer in Schwarz« als eine Art außerirdisches – oder andersartiges – Warnsystem bezeichnen, das sich gegen »Erdmenschen« richtet, die UFOs sahen. Zahlreiche Personen, die UFOs sichteten oder in Kontakt mit ihnen kamen, behaupten, kurze Zeit danach den Besuch von einem Mann oder drei Männern mit olivfarbener Haut und ganz in Schwarz gekleidet erhalten zu haben, die oft in großen schwarzen Wagen (Cadillacs!) ankamen. Bei diesen Besuchen werden die Personen, die vor kurzem ein Erlebnis mit einem UFO – oder mehreren UFOs – hatten, angeblich von den »Männern in Schwarz« gewarnt, nicht über das zu sprechen, was sie sahen. Manchmal erfolgt die Warnung per Telefon, oft auch mehrmals, und manchmal werden sie sogar schon verwarnt, bevor sie überhaupt irgend jemandem von ihrem Erlebnis erzählt haben.

Falls die »Männer in Schwarz« nicht außerirdische Wesen sind, die ihre Besuche geheimzuhalten versuchen, läge die Vermutung nicht fern, daß sie sehr viel irdischerer Herkunft sind, nämlich Abgesandte privater Organisationen oder amtlicher Behörden. Vielleicht ist es ihre Aufgabe, das Bekanntwerden von UFO-Beobachtungen oder öffentliche Aufregung darüber zu verhindern, für die ungestörte Durchführung einer lokalen Untersuchung des Vorfalles oder sogar für den Schutz eines geheimen Experiments zu sorgen. Einige der warnenden Telefonanrufe können auch schlechte Scherze sein, welche die Aufregung zusätzlich anheizen sollen, besonders in jenen Fällen, bei denen in der Lokalpresse über UFO-Sichtungen berichtet wurde. Die »Männer in Schwarz« wurden nicht nur in den Vereinigten Staaten gesehen, sondern scheinen den Berichten zufolge, die durch den Eisernen Vorhang lokaler Zensurmaßnahmen dringen, ein weltweites Phänomen zu sein.

Einige der eigenartigen Selbstmorde oder anscheinenden Ermordungen von aktiven UFO-Forschern, von denen zwei direkt mit dem Bermuda-Dreieck in Zusammenhang stehen, stimmen einen doch recht nachdenklich. Der Astrophysiker Dr. James McDonald, der sich eingehend mit der UFO-Forschung befaßte, erschoß sich scheinbar 1971 nachts in der Wüste von Arizona unter mysteriösen Umständen. Dr. Morris Jessup, ein brillanter Astronom, UFO-Forscher und Verfasser diverser Publikationen über UFOs, beging in seinem Auto in einem Park von Miami Selbstmord, als er eines Abends zu Dr. Manson Valentine unterwegs war, um ihm ein Manuskript zu bringen, an dem er jahrelang gearbeitet hatte. Das Manuskript war ein Bericht über das sogenannte »Philadelphia-Experiment«, bei dem die eventuellen Anwendungsmöglichkeiten eines starken Magnetfeldes zur Erzeugung eines Unsichtbarkeitsfeldes sowie von Teleportations-Phänomenen untersucht wurden, um eine Erklärung für die rätselhaften Vorgänge im Bermuda-Dreieck zu finden. (Mit diesem Experiment werden wir uns im folgenden Kapitel näher befassen.) Chuck Wakely, ein junger Pilot aus Miami, begann, nachdem er beinah mit seinem Flugzeug in einer leuchtenden Wolke im Dreieck ums Leben kam, ernsthaft andere mysteriöse Vorfälle, die sich im Bermuda-Dreieck ereigneten, und die jeweiligen Begleitumstände, zu studieren. Er schrieb darüber, hielt Vorträge und sprach in Radio- und Fernsehsendungen über das Dreieck. Er wurde 1974 durch ein Fenster seiner im Parterre gelegenen Wohnung in Miami erschossen, als er gerade an seinen Unterlagen arbeitete. Bisher wurde weder der Mörder noch ein eventuelles Tatmotiv gefunden.

Das sind vereinzelte Zwischenfälle; die Selbstmorde der UFO-Forscher hingen mit dem Problem der UFOs vielleicht nur durch die Depression zusammen, die so viele Wissenschaftler bekommen, wenn sie auf die hohnvolle Ablehnung des wissenschaftlichen Establishments stoßen, sowie sie sich mit Forschungen befassen, die zu eng mit UFOs in Zusammenhang stehen. Man muß bedenken, daß unsere Astro- und Atomphysiker in den letzten Jahren Theorien aufstellten, die Hypothesen beinhalten, die unser Verstand kaum erfassen kann, wie z. B. den Begriff der Anti-Materie, der im Universum vorhandenen negativ geladenen Materie, die beim Zusammentreffen mit positiv geladener Materie eine beide Materiearten vernichtende Explosion auslösen würde; die Theorie der schwarzen Löcher im Weltraum, die, wie man vermutet, dadurch entstehen, daß große neue Sterne nach innen explodieren und sich eine Kernkonzentration bildet, deren Anziehung andere Materie – Planeten, Sterne oder auch Licht selbst – in sich hereinreißt und diese zu einem so kleinen Volumen komprimiert, daß ein Partikelchen dieser Materie mehr wiegen könnte als unsere gesamte Erde; die Theorie von der Krümmung des Raums, durch welche die Flugbahn zu fernen Sternen möglicherweise schneller zurückzulegen ist, als man bisher annahm; und die Theorie von dem sich ausbreitenden Universum, die sich auf den Doppler-Effekt, ein ursprüngliches Laut-Phänomen, stützt. Wenn man all dies bedenkt, fragt man sich, warum das wissenschaftliche Establishment hartnäckig alle Theorien ablehnt, welche die Existenz einer nicht von dieser Erde stammenden Intelligenz vermuten. Bei jedem Versuch, eine Theorie über die Aktivitäten und Ziele der UFOs sowie über die Kontrolle aufzustellen, die sie von außerirdischen Räumen aus über ihre Operationsfelder auf der Erde ausüben, muß man zwangsläufig derartige außerirdische Gedankenprozesse in Betracht ziehen.

Volkstümliche Überzeugungen und visionäre Voraussicht gehen der Wissenschaft oft voraus, die erst sehr viel später neue Vorstellungen aufgreifen kann oder will. Manche Kreise von Astrophysikern scheinen jedoch jetzt bereit zu sein, unvoreingenommen an die Erforschung der nahen Zukunft heranzugehen, wie der folgende Auszug aus einem Bericht des *Astronomy Survey Committee* (Astronomischer Forschungsausschuß) der Nationalen Akademie der Wissenschaften der Vereinigten Staaten erkennen läßt:

Mit jedem Jahr nahm die Wahrscheinlichkeit von im Weltraum vorhandenen Leben analog zu unseren Möglichkeiten, ein solches zu entdecken, zu. Mehr und mehr Wissenschaftler halten einen Kontakt mit anderen Zivilisationen nicht länger für einen utopischen Traum, sondern für ein ganz natürliches Ereignis im Ablauf der Menschheitsgeschichte, das viele von uns vielleicht noch erleben werden. Die Vorzeichen sind jetzt zu verheißungsvoll, um sich von diesen Möglichkeiten abzuwenden oder noch sehr viel länger damit zu warten, umfangreiche Mittel für die Suche nach anderen intelligenzbegabten Wesen einzusetzen... Auf lange Sicht gesehen mag dies einer der wichtigsten und folgenschwersten Beiträge der Wissenschaft zur Entwicklung der Menschheit und unserer Zivilisation sein.

Einer der Faktoren, die gewöhnlich angeführt werden, um die Wahrscheinlichkeit oder Unmöglichkeit zu illustrieren, einen direkten Kontakt mit anderen entwickelten Formen von Leben im Universum aufzunehmen, ist das Argument, daß es länger als ein Menschenleben dauern würde, ein anderes Planetensystem zu erreichen – vorausgesetzt, es gibt in unserem eigenen keine anderen bewohnten Planeten –, in dem sich möglicherweise Leben entwickelt hat. Falls man jedoch mit Lichtgeschwindigkeit – nach Einstein die höchste mögliche Geschwindigkeit für alle Materie – durch den Weltraum reisen könnte, würden intergalaktische Reisen innerhalb der Zeitdauer des menschlichen Lebens mit gewissen eigenartigen Verschiebungen möglich, die durch die Relation zwischen der Geschwindigkeit von Materie und der Zeit bedingt sind. Falls wir z. B. zu dem uns nächsten Stern, zu Alpha Centauri, mit Lichtgeschwindigkeit reisen könnten, was in einer Raumkapsel $3^1/_2$ Uhrzeit-Jahre dauern würde, und dann auf die Erde zurückkehrten, wären wir sieben Jahre älter, würden aber feststellen, daß inzwischen auf der Erde 20 Jahre vergangen wären. Diese Relativität von Geschwindigkeit und Zeit wird sogar noch verblüffender deutlich, wenn wir uns klarmachen, daß, falls es möglich wäre, eine »Rundreise« zur Andromeda, der uns nächsten Galaxis, zu unternehmen, die Reise mit Lichtgeschwindigkeit 56 Uhrzeit-Jahre in der Raumkapsel dauern würde, die Astronauten bei ihrer Rückkehr jedoch erkennen würden, daß die Erde inzwischen 2 Millionen Jahre älter geworden wäre. Diesen Hypothesen werden durch die für Materie mögliche Geschwindigkeit wie auch durch die Entfernung zu den Sternen Grenzen gesetzt.
Aber wenn nun Einsteins Theorie von der Krümmung des Raums stimmt und aus einer geraden Linie im Weltraum tatsächlich ein Kreis wird? Wenn es nun möglich wäre, Materie durch Dematerialisation aufzulösen, d. h. in Energie umzuwandeln, und dann wieder zu materialisieren? Ob-

gleich derartige Vorstellungen utopisch erscheinen, können wir gegenwärtig nicht wissen, wie weit die wissenschaftliche Entwicklung bei älteren Zivilisationen im Kosmos – wie immer: vorausgesetzt, daß es sie gibt – vielleicht fortgeschritten ist. Durch eine solche Hypothese ließe sich nicht nur das mysteriöse Erscheinen und Verschwinden von UFOs über den Gewässern des Bermuda-Dreiecks wie auch an anderen Orten erklären, sondern auch das Verschwinden und Wiedererscheinen von Luft- und Seefahrzeugen und ihren Besatzungen bzw. Passagieren unter bestimmten Bedingungen in starken Magnetfeldern.

Falls es sich nicht um Phänomene des außerirdischen Raumes handelt, sind unsere eigenen Fahrzeuge vielleicht in eine andere Dimension hinübergewechselt, während die UFOs vorübergehend aus einer anderen Dimension in die unsrige eintreten – aus einer der Welten innerhalb von Welten, die es in unserem eigenen Universum parallel zu unserer Welt geben mag, die sich aber nur gelegentlich berühren, entweder, wenn zufällig günstige Bedingungen entstehen oder wenn sie gezielt in einen, wie man es nennen könnte, »Umsteig-Kontakt« miteinander gebracht werden.

In beiden Fällen ist der Weg in andere Welten vielleicht näher, als wir bisher dachten, *falls* es uns gelingt, ihn zu finden, und wir beschließen, ihn zu beschreiten, obwohl wir 1943 vielleicht schon, ohne es zu wissen, den ersten Schritt getan haben, sozusagen fast als ein Nebenprodukt eines Forschungsversuches, der Berichten zufolge von der U.S.-Marine durchgeführt wurde. Ein Teil dieses Versuches fand in Gewässern statt, die etwas nördlich des Bermuda-Dreiecks liegen.

10

Wege in andere Welten

Die amerikanische Marine führte Mitte Oktober 1943 angeblich eine Reihe von Versuchen im Marinehafen von Philadelphia in Norfolk-Newport News, Virginia, und auf See durch. Obwohl in Büchern, Zeitschriften und sowohl amerikanischen wie ausländischen Zeitungen allerlei über das sogenannte »Philadelphia-Experiment« geschrieben worden ist, bleiben die authentischen Informationsquellen doch im dunkeln. Manche Zeugen sind gestorben, andere Zeugen oder Angehörige der Marine, die über das Experiment unterrichtet sein müssen, lehnen es ab, zitiert zu werden, und zumindest ein Forscher beging Selbstmord. Sogar der von der Marine für dieses Experiment verwendete Code-Name ist anscheinend nicht bekannt; wenn man ihn wüßte, könnten Forscher die Akten darüber einsehen, falls diese noch existieren und nicht der Geheimhaltung unterliegen. Die nicht verstummenden Berichte über das Philadelphia-Experiment behaupten jedoch einstimmig: Der Versuch, ein Marineschiff in einem 1943 durchgeführten Experiment »verschwinden« zu lassen, verlief, abgesehen von den schädlichen Auswirkungen auf die Besatzung, höchst erfolgreich.

Das Philadelphia-Experiment weist insofern eine Beziehung zum Bermuda-Dreieck auf, als man bei ihm ein künstlich hergestelltes Magnetfeld benutzte, um ein Kriegsschiff (einen Zerstörer) und seine Besatzung vorübergehend »verschwinden« zu lassen. Die Vorteile einer solchen Technik für die maritime Kriegführung liegen selbstverständlich in den Tarnungsmöglichkeiten, durch die man Kriegsschiffe unsichtbar machen könnte. Ihre wissenschaftliche Bedeutung ist jedoch unvergleichlich größer: Menschen und Material wurden zeitweilig in eine andere Dimension versetzt.

Dr. Manson Valentine, ein Freund und Kollege von Dr. Morris Jessup, dem berühmten Astronomen und Selenographen (Mondexperten), der nach dem Experiment mit dem *Office of Naval Research* (Forschungsbüro der Marine) in Kontakt kam, hat einige der erstaunlichsten Ergebnisse des Philadelphia-Experimentes, von denen ihm Dr. Jessup sowohl in Gesprächen wie brieflich berichtete, geschildert:

Laut Jessup wollte man [mit dem Philadelphia-Experiment] die Wirkung eines starken Magnetfelds auf ein bemanntes Schiff testen. Dazu wollte man magnetische Generatoren einsetzen. Um ein auf Dock liegendes Schiff wurde also mittels pulsierender und nicht pulsierender Generatoren ein starkes Magnetfeld erzeugt. Die Resultate waren so verblüffend wie bedeutsam, wenn sie auch negative Nachwirkungen auf die Besatzung hatten. Als das Experiment die erste Wirkung zeigte, wurde zunächst ein nebeliges grünes Licht sichtbar. Übrigens sprachen auch die Überlebenden der Unfälle im Dreieck von einem leuchtenden grünlichen Nebel. Bald war das ganze Schiff von diesem grünen Nebel erfüllt, und es begann samt der Besatzung aus der Sicht der Leute am Dock zu verschwinden, bis nur noch seine Wasserlinie sichtbar war. Später wurde berichtet, der Zerstörer sei in Norfolk, Virginia, aufgetaucht und wieder verschwunden, was ein Nebeneffekt eines solchen Versuchs mit dem damit zusammenhängenden Phänomen der Zeitverschiebung gewesen sein kann.

Ein ehemaliges Besatzungsmitglied berichtete, daß der Versuch auf See erfolgreich war, mit einem Unsichtbarkeitsfeld von der Form eines Rotationsellipsoids, das sich hundert Meter von jeder Schiffsseite erstreckte. Man konnte den Eindruck des Schiffs im Wasser sehen, das Schiff selbst jedoch nicht. Als das Magnetfeld zunahm, begannen einige Männer an Bord zu »verschwinden« und mußten mit einer Art Handauflegetechnik sichtbar gemacht werden... Die volle Wiederherstellung konnte ein erstes Problem sein. Es gab Gerüchte, daß Seeleute ins Krankenhaus kamen, starben oder geistige Störungen davontrugen. Die psychischen Fähigkeiten scheinen im allgemeinen gesteigert worden zu sein, aber viele verspürten noch Nachwirkungen der Transmutation während des Experiments. Sie verschwanden nämlich zeitweilig und tauchten irgendwo anders wieder auf, zu Hause, auf der Straße, in Bars oder Restaurants – zur großen Überraschung der Umstehenden. Zweimal brach im Kompaß des Schiffes ein Feuer aus, während es an Land geschleppt wurde, mit verheerenden Folgen für den Schlepper.

Man kann es als einen glücklichen Zufall oder Vorbestimmung bezeichnen, daß Dr. Jessup von dem Philadelphia-Experiment erfuhr und sich mit ihm befaßte. Dr. Jessup, der sich neben seinen astronomischen Forschungen auch intensiv dem Studium der UFOs widmete, veröffentlichte eines der ersten Bücher über dieses Thema unter dem Titel *The Case for the UFOs* (Citadel Press, New York, 1955). Einige Zeit nach Erscheinen des Buches erhielt er, unter den üblichen Leserzuschriften, einen handgeschriebenen Brief – auf den später ein zweiter folgte –, der mit Carl M. Allen unterzeichnet war (während als Absender Carlos Miguel Allende angegeben war). Er enthielt Hinweise auf ein Experiment der Marine, das angeblich im Marinehafen von Philadelphia und auf See durchgeführt wurde, sowie recht ungewöhnliche Details. Wenn man einige Absätze dieses ersten Briefes liest, versteht man, warum Jessup ihn als Wissenschaftler so interessant fand, daß er ihn mit der Bitte um weitere Auskünfte beantwortete. Der Schreiber beginnt seinen ersten Brief mit Ausführungen zu Einsteins einheitlicher Feldtheorie und fährt dann fort:

Das »Resultat« war völlige Unsichtbarkeit eines Schiffes, vom Typ eines Zerstörers, auf See *und* seiner *gesamten* Besatzung (Oktober 1943). Das Magnetfeld wies die Form eines Rotationsellipsoids auf und erstreckte sich 100 Meter (mehr oder weniger, je nach der jeweiligen Position des Mondes und Längengrades) weit nach beiden Seiten des Schiffes. Alle Personen, die sich in diesem Feld befanden, wiesen nur noch verschwommen erkennbare Umrisse auf, nahmen aber all jene wahr, die sich an Bord dieses Schiffes befanden, im offensichtlich selben Zustand und außerdem so, als gingen oder stünden sie in der Luft. Jede Person außerhalb des Magnetfeldes konnte überhaupt nichts sehen, nur den *scharf abgegrenzten Abdruck des Schiffsrumpfes im Wasser*, vorausgesetzt natürlich, daß die betreffende Person sich nahe genug, aber doch knapp außerhalb des Magnetfeldes befand. Warum ich Ihnen das heute erzähle? Ganz einfach: Falls Sie den Verstand verlieren wollen, enthüllen Sie diese Information. Die Hälfte der Offiziere und Besatzungsmitglieder jenes Schiffes ist momentan total verrückt. Einige werden sogar heute noch in gewissen Anstalten festgehalten, wo sie geschulte wissenschaftliche Hilfe erhalten, wenn sie entweder »abschweben«, wie sie es nennen, oder »abschweben und steckenbleiben«. Das »Abschweben«, das eine Nachwirkung bei den Besatzungsmitgliedern ist, die sich zu lange in dem Magnetfeld aufhielten, ist keineswegs ein unangenehmes Erlebnis für Seeleute mit einer gesunden Neugier. Das wird es jedoch, wenn sie dabei »steckenbleiben«; sie bezeichnen es dann als »Hölle KG«. In diesem Zustand kann der davon betroffene Mann sich nicht mehr aus eigener Willenskraft bewegen, wenn ein oder zwei seiner Kameraden, die sich mit ihm in dem Magnetfeld befinden, nicht schnell zu ihm gehen und ihn berühren, da er sonst »einfriert«.

Wenn ein Mann »einfriert«, wird seine Position sorgfältig markiert und dann das Magnetfeld abgeschaltet. Alle außer dem »Eingefrorenen« können sich nun bewegen, sich wieder über ihren *scheinbar* feststofflichen Körper freuen. Dann muß das Besatzungsmitglied mit der kürzesten Zugehörigkeitszeit zu der Stelle gehen, an der er das Gesicht oder eine nackte, nicht vom Uniformstoff bedeckte Hautstelle des »Eingefrorenen« findet. Manchmal dauert es nur eine Stunde oder etwas länger, manchmal eine ganze Nacht und einen ganzen Tag lang,

und einmal dauerte es sogar sechs Monate, um einen Mann »aufzu-
tauen«.

…»Eingefrorene« gleichen Menschen im Dämmerzustand, die zwar
leben, atmen, hören, sehen und fühlen, aber doch so vieles nicht wahrnehmen, daß sie wie in einer Art Unterwelt dahinvegetieren. Ein
Mensch, der auf »normale« Weise erfriert, ist sich der Zeit bewußt,
manchmal sogar qualvoll genau. Diese Männer empfinden die Zeit jedoch nie so wie Sie oder ich. Für die Wiederherstellung des ersten
»Tiefgefrorenen« brauchte man, wie gesagt, sechs Monate lang. Die
dafür benötigten elektronischen Geräte und ein besonderer Liegeplatz
für das Schiff kosteten außerdem über 5 Millionen Dollar. Wenn Sie
in der Nähe oder am Philadelphia-Marinehafen eine Gruppe von Seeleuten sehen, die ihre Hände auf einen Kameraden *oder* auf »Luft«
legen, schauen Sie sich die Finger des armen Mannes an. Falls sie wie
in einer Hitze-Luftspiegelung zu beben scheinen, *gehen Sie schnell hin,*
legen Sie ihm Ihre Hände auf, *denn dieser Mann ist der verzweifeltste
Mensch der Welt. Keiner dieser Männer möchte jemals wieder unsichtbar werden.* Ich glaube, es muß nicht weiter ausgeführt werden,
weshalb der Mensch noch nicht für die Arbeit mit Kraftfeldern reif ist.
Diese Männer benutzen Ausdrücke wie »im Fluß hängenbleiben« (oder
im »Schub«) oder »im Gemüse« oder »im Sirup stecken« oder »ich
schwirrte los«, um einige der noch Jahrzehnte später auftretenden
Nachwirkungen des Kraftfeldexperimentes zu beschreiben. »Im Fluß
hängenbleiben« schildert genau das »Im-Sirup-Stecken«-Gefühl eines
Mannes, der entweder »tieffriert« oder nur »einfriert«. »Im Schub
hängenbleiben« beschreibt, was ein Mann flüchtig empfindet, wenn er
im Begriff ist, entweder ungewollt »abzuschweben« – d. h. unsichtbar
zu werden – *oder* im Zustand des »Tieffrierens« oder »Einfrierens«
»steckenzubleiben«.
Es sind nur noch sehr wenige von der Besatzung übrig, die dieses Experiment mitmachten… Die meisten wurden wahnsinnig, einer verschwand einfach »durch« die Wand seines Quartiers vor den Augen
seiner Frau und seines Kindes, und zwei andere Besatzungsmitglieder
(wurden nie wieder gesehen), zwei »gingen in die Flamme«, d. h. sie
»froren ein« und fingen Feuer, als sie kleine Bootskompasse trugen;
ein Mann trug den Kompaß und fing Feuer, und der andere eilte zu
ihm, da er ihm am nächsten war, um ihm »die Hände aufzulegen«, aber
er fing ebenfalls Feuer… Der Glaube an die Wirksamkeit der Handauflegetechnik wurde durch diesen Unfall zerstört, und die Männer
wurden scharenweise wahnsinnig…
…Das Experiment als solches war ein voller Erfolg. Auf die Besatzung
wirkte es sich verhängnisvoll aus…

Im restlichen Teil des Briefes machte der Schreiber Dr. Jessup Vorschläge, wie er den Bericht überprüfen und andere Zeugen ausfindig machen könnte. Jessups Interesse war geweckt. Er beantwortete den Brief und bat Allende um weitere Angaben und Beweise für seine Behauptungen. Nach mehreren Monaten schrieb »Allen« erneut und bot dieses Mal an, Natriumpentothal einzunehmen und sich in Hypnose versetzen zu lassen, um sich an Namen und Fakten dieses Experimentes zu erinnern, das er, anscheinend als ein ehemaliger Augenzeuge, für so bedeutsam hielt. Allen meinte jedoch, das *Office of Naval Research* (Forschungsbüro der Marine) würde es niemals »bekanntwerden lassen, daß etwas Derartiges je erlaubt worden war«. In seinem zweiten Brief fügte er eine eigene Theorie hinzu:

> Ich glaube, wenn es richtig gehandhabt würde, d. h., den Menschen und der Wissenschaft in der richtigen, psychologisch wirksamen Art geschildert und nahegebracht würde, dann bin ich überzeugt, daß der Mensch an das Ziel seiner Träume gelangt ... zu den Sternen, und zwar durch die Art des Transportes, über welche die Marine zufällig stolperte (zu ihrer nicht geringen Verlegenheit), als ihr Versuchsschiff verschwand und etwa eine Minute später an einem mehrere hundert Seemeilen weit entfernten anderen Liegeplatz in der Chesapeake Bay auftauchte ...

Während Dr. Jessup noch über den Inhalt dieses zweiten Briefes nachdachte, wurde er vom Marineministerium aufgefordert, in das *Office of Naval Research* (ONR) nach Washington, D.C., zu kommen. Als er dort erschien, übergab man ihm zu seinem nicht geringen Erstaunen ein Exemplar seines eigenen Buches zur Überprüfung. Man sagte ihm, daß das Buch im Sommer 1955 angekommen sei, adressiert an den Leiter des ONR, Admiral N. Furth, und daß Offiziere vom Büro für Sonderprojekte des ONR wie auch vom Büro für aeronautische Projekte *(Aeronautics Projects Office)* es sich angesehen hätten. Wie man feststellte, war das Buch mit handschriftlichen Notizen zu Jessups Text versehen, die von drei verschiedenen Personen zu stammen schienen, die sich das Buch geliehen oder zugeschickt und ihre Randbemerkungen jeweils mit einer andersfarbigen Tinte geschrieben hatten. Als Jessup mit der Untersuchung des Buches begann, entdeckte er, daß die Schrift und der Stil eines der Kommentatoren ganz offensichtlich die von Allen, seinem mysteriösen Briefschreiber, waren. Die Randbemerkungen selbst waren aus mehreren Gründen höchst ungewöhnlich. Die Kommentatoren oder kritischen Rezensenten des Textes schienen die Rolle von Vertretern einer geheimen und uralten Kultur anzunehmen und Wissen über uns unbekannte frühere wissenschaftliche Entwicklungen auf der Erde und im Kosmos zu besitzen, über laufende Besuche von interplanetarischen Raumfahrzeugen auf der Erde und ihre Fortbewegungsmittel (ebenso wie über ihre Methode des Vorgehens) und über einen interplanetarischen Krieg, der in grauer Vorzeit die Erde verwüstete. Es wimmelte in den Notizen von Hinweisen auf Kraftfelder, Dematerialisation und die gegenwärtig erfolgende Beobachtung der Erde durch große und kleine Weltraumfahrzeuge. Außer diesen scheinbaren Science-Fiction-Phantastereien enthalten diese Randbemerkungen aber auch spezifische Hinweise auf Geheimversuche der amerikanischen Marine, insbesondere über das 1943 durchgeführte Philadelphia-Experiment.

Jessup sah sich also ein zweites Mal durch sein Buch in diese eigenartige Angelegenheit verwickelt und begann, nach dem, was er einigen seiner Kollegen erzählte, mit Hilfe des nun hergestellten Kontaktes zur Marine mit seinen Nachforschungen, die jedoch durch seinen unerwarteten und ungeklärten Tod im Jahr 1959 ein jähes Ende fanden.

Inzwischen war, anscheinend auf Veranlassung des Marineministeriums oder einiger hoher Offiziere der Marine, eine begrenzte Anzahl exakter Kopien von Dr. Jessups Buch mit den seltsamen Randbemerkungen der unbekannten Kommentatoren von einer Elektronikfirma in Texas, der Varo Corporation of Dallas, angefertigt worden. Diese Firma führte übrigens besondere – oder geheime – Arbeiten für das Marineministerium aus.

Die Vervielfältigung des kommentierten Exemplares und die anschließende Verbreitung in militärischen Kreisen stellt uns vor ein neues Rätsel. Wenn die Randbemerkungen in Dr. Jessups Buch unzutreffend oder sogar Phantastereien waren, warum zirkulierte dann eine beschränkte Sonderausgabe davon im Pentagon? Da das ursprüngliche Buch bei seinem Erscheinen kein besonderes Aufsehen erregt hatte, müssen die handschriftlichen Notizen mit ihren »informierten« Hinweisen auf Geheimversuche der Marine das Interesse der Regierung erweckt haben.

Der Schriftsteller und UFO-Forscher Gray Barker, dem es nach langen Bemühungen gelang, sich eine dieser sehr schwierig zu bekommenden Buch-Kopien mit den Kommentaren zu verschaffen, erfuhr davon auf folgende Weise:

Ich hörte zum erstenmal von der kommentierten Ausgabe durch Mrs. Walton Colcord John, der Direktorin der *Little Listening Post*, einer zukunftsorientierten UFO-Zeitschrift, die in Washington verlegt wird. Mrs. John erzählte mir am Telefon von einem merkwürdigen kursierenden Gerücht, nach dem jemand ein mit Anmerkungen versehenes Exemplar nach Washington geschickt und die Regierung die Kosten

DADE COUNTY

DEPARTMENT OF PUBLIC HEALTH

1350 N W FOURTEENTH STREET

MIAMI 35, FLORIDA

T. E. CATO M D M P H
DIRECTOR

STATE BOARD OF HEALTH
BUREAU OF VITAL STATISTICS

CERTIFICATE OF DEATH
FLORIDA

STATE FILE NO _____

STATE FILE NO _____ 2369

REGISTRAR S NO _____

BIRTH NO

1 PLACE OF DEATH	CODE NO	2 USUAL RESIDENCE	
a COUNTY Dade	23 X X	a STATE Fla.	b COUNTY Dade
b CITY TOWN OR LOCATION Rural	c IS PLACE OF DEATH INSIDE CITY LIMITS? YES ☐ NO ☒	c CITY TOWN OR LOCATION Coral Gables	d IS RESIDENCE INSIDE CITY LIMITS? YES ☐ NO ☐
d NAME OF HOSPITAL OR INSTITUTION Dade County Park	e LENGTH OF STAY IN Minutes	d STREET ADDRESS 1531 Saragossa	ON A FARM? YES ☐ NO ☐

3 NAME OF DECEASED Type or print	MORRIS	K.	JESSUP	4 DATE OF DEATH April 20, 1959

5 SEX Male	6 COLOR OR RACE White	7 MARRIED ☐ NEVER MARRIED ☐ WIDOWED ☐ DIVORCED ☐	8 DATE OF BIRTH March 2, 1900	9 AGE 59	12 UNITS COUNTRY

10a USUAL OCCUPATION Professor of astronomy	10b KIND OF BUSINESS OR INDUSTRY University	11 BIRTHPLACE Indiana	U.S.A.

13 FATHER'S NAME Unobt.   MOTHER'S MAIDEN NAME Unobt.

15 WAS DECEASED EVER IN U.S. ARMED FORCES? Yes WWI	16 SOCIAL SECURITY NO	17 INFORMANT'S SIGNATURE [signature] Jessup Address 1531 Saragossa Coral Gables Fla.

18 CAUSE OF DEATH		INTERVAL BETWEEN ONSET AND DEATH
PART I DEATH WAS CAUSED BY IMMEDIATE CAUSE (a)	Acute carbon monoxide intoxication	
DUE TO (b)		
DUE TO (c)		
PART II OTHER SIGNIFICANT CONDITIONS CONTRIBUTING TO DEATH BUT NOT RELATED TO THE TERMINAL DISEASE CONDITION GIVEN IN PART I(a)		19 WAS AUTOPSY PERFORMED? YES ☐ NO ☒

20a (Probable) ACCIDENT ☐ SUICIDE ☐ HOMICIDE ☐	20d DESCRIBE HOW INJURY OCCURRED Deceased inhaled auto exhaust.	
20b TIME OF INJURY p.m. 4/20/59		973
20c INJURY OCCURRED WHILE AT WORK ☐ NOT WHILE AT WORK ☐	20e PLACE OF INJURY Station wagon - County Park	20f CITY TOWN OR LOCATION Rural COUNTY Dade STATE Florida

21 I HEREBY CERTIFY THAT Death occurred at 6:30 p.m. on the date stated above, and to the best of my knowledge, from the causes stated	22a SIGNATURE [signature] Raymond A. Juste M.D. (Degree or title)	22c NAME OF CEMETERY OR CREMATORY MEDICAL EXAMINER'S OFFICE	22b DATE SIGNED 4/21/59

23a BURIAL CREMATION REMOVAL Burial Apr. 22 1959	23b DATE	23c NAME OF CEMETERY OR CREMATORY U. of Miami Medical School	23d LOCATION (City, town, or county) Coral Gables Fla.
24 FUNERAL DIRECTOR'S SIGNATURE Olen E. Allison	ADDRESS Pond-Coulter	25 DATE RECD BY LOCAL REG APR 22 1959	26 REGISTRAR'S SIGNATURE Ethel Henshaw

THIS IS A TRUE PHOTOSTATIC COPY OF THE LOCAL REGISTRARS RECORD OF DEATH.

SEAL

This record VOID unless the seal of the Deputy-Registrar appears thereon.

[signature] Ethel Henshaw
DIRECTOR AND DEPUTY-REGISTRAR DIST. #23
BUREAU OF VITAL STATISTICS
DADE COUNTY HEALTH DEPARTMENT
MIAMI, FLORIDA

Dr. Jessups Todesurkunde

nicht gescheut hätte, genaue Kopien von dem Buch, so wie es war, mit allen Unterstreichungen und handschriftlichen Zusätzen zu dem ursprünglichen Text, herstellen zu lassen. Und diese Kopien würden, so sagte sie, durch militärische Kanäle in ziemlich weiten Kreisen zirkulieren.

Sie selbst hatte natürlich keine dieser Kopien gesehen und wußte nicht viel über den Inhalt, schien ihn aber irgendwie mit einem angeblichen Versuch der Marine in Verbindung zu bringen, bei dem ein Schiff völlig unsichtbar geworden war. Ich konnte nicht allzuviel damit anfangen, bis ich später von den sonderbaren Allende-Briefen hörte, die ein derartiges Experiment auf die schreckenerregendste Weise beschrieben.

Obwohl es nur noch wenige Exemplare der kommentierten Sonderausgabe gab, da die meisten entweder zufällig oder durch gezielte Maßnahmen verschwanden, konnte Gray Barke eine dieser Kopien retten, die er dann in einer kleinen Auflage für interessierte Forscher neu herausbrachte (*The Case for the UFO – Annotated Edition*, Gray Barker, Clarksburg, West Virginia).

Befassen wir uns jedoch noch etwas ausführlicher mit Dr. Jessups scheinbarem Selbstmord. Von dem Tage an, als das Marineministerium an ihn herantrat, bis zu seinem Tod beschäftigte er sich eingehend mit Forschungen, die mit dem Philadelphia-Experiment in Zusammenhang standen, und vertraute, bei sorgfältiger Beachtung der Sicherheitsvorschriften, Dr. Valentine einiges von seinen allgemeinen Erkenntnissen und Theorien an.

So erzählte Jessup Valentine u. a., daß das Marineministerium vergeblich versucht hatte, Allende (oder Allen) mit Hilfe der Absenderangabe auf seinen Briefen an Jessup zu finden, und daß es auch keinerlei Anhaltspunkte für eine mögliche Identifizierung der beiden anderen Kommentatoren besaß. Jessup war überzeugt, daß dieses Experiment tatsächlich stattgefunden hatte und auch wirklich so, wie geschildert, verlaufen war. Er war der Meinung, daß die negativen Folgen für die Besatzung höchstwahrscheinlich durch ungenügende Vorbereitung oder Schulung entstanden. Anscheinend wurden derartige Experimente durchgeführt, einige von ihnen im Hafen und ein ziemlich aufregendes und vielleicht unbeabsichtigtes auf See, als der Zerstörer, der andere Kriegsschiffe begleitete, plötzlich verschwand und innerhalb weniger Minuten zuerst an seinem Liegeplatz in Norfolk auftauchte und dann auf seinem Dock im Marinehafen von Philadelphia.

Jessup war über diese Versuche beunruhigt, und er erzählte Valentine, daß das Marineministerium ihn aufgefordert hätte, als wissenschaftlicher

Berater an einem weiteren Experiment teilzunehmen, er das aber abgelehnt habe. Er war überzeugt, daß die Marine im Oktober 1943 bei dem Versuch, eine Magnetwolke für militärische Tarnungszwecke zu erzeugen, die latenten Möglichkeiten einer Kraft – der des Magnetfeldes – entdeckte, die zeitweilig, und falls stark genug, vielleicht für immer die Molekularstruktur von Menschen und materiellen Objekten so verändern könnte, daß sie in eine andere Dimension hinüberwechseln und vorhersehbare, aber bisher nicht kontrollierbare Teleportationsphänomene auftreten. Als Valentine, der die rätselhaften Vorgänge im Bermuda-Dreieck seit 1945 verfolgt und erforscht, die Vermutung äußerte, daß es sich bei ihnen um die gleichen Phänomene, nur in einem vergrößerten Maßstab, handle, ließ Jessup das als eine durchaus mögliche Hypothese gelten.

Mitte April 1959 teilte Jessup Valentine mit, er sei jetzt zu einigen seiner Ansicht nach abschließenden Ergebnissen über die durch das Philadelphia-Experiment aufgezeigten Möglichkeiten gelangt und habe einen ersten Manuskriptentwurf ausgearbeitet, über den er mit ihm sprechen wolle. Dr. Valentine lud ihn daraufhin für den 20. April zum Abendessen ein.

Dr. Jessup erschien nie zu diesem Essen. Kurz vor 18 Uhr 30 fuhr Jessup, nach Ermittlung der Polizei, in seinem Auto nach Matheson's Hammock, einem Park in der Umgebung von Miami, und nahm sich das Leben, indem er die Auspuffgase durch einen Schlauch in das Wageninnere leitete und einatmete. Im Polizeibericht wurden keine schriftlichen Aufzeichnungen oder ein Manuskript erwähnt, und wie ein Zeuge später Dr. Valentine mitteilte, wurde auch nichts Derartiges in Dr. Jessups Wagen gefunden.

Dr. Valentine erklärte, daß Dr. Jessup noch lebte, als er gefunden wurde, was ebenfalls nicht in dem Polizeibericht erwähnt wird, und fügte hinzu: »... Vielleicht ließ man ihn sterben. Seine Theorien waren unserer Zeit weit voraus, und es gab vielleicht ... einflußreiche Stellen, die ihre Verbreitung verhindern wollten ...«

Je mehr man sich mit dem angeblich durchgeführten Philadelphia-Experiment befaßt, um so seltsamer wird es. Gewisse Informationen erweisen sich bei einer näheren Überprüfung als zutreffend, doch beziehen sie sich nie direkt auf das Experiment. Eine Reihe ehemaliger sowie aktiver Angehöriger der Marine behauptet, sich an den Versuch zu erinnern und berichtet sogar weitere Einzelheiten darüber, doch keiner will namentlich zitiert werden. Die Begleitumstände werden oft erheblich ausgeschmückt. So geben manche Matrosen, die in Philadelphia stationiert waren, an, sich noch an Erzählungen und sogar kurze Zeitungsartikel über eine Schlägerei zwischen Matrosen in einer Bar von Philadelphia zu erinnern, in der einige der daran Beteiligten zur Bestürzung ihrer Gegner während des Kampfes plötzlich spurlos verschwanden und dann wie aus einem Nebel wieder auftauchten. Das Versuchsdatum wird von allen ungefähr gleich angegeben, und die zu jener Zeit auf den Docks beschäftigten Arbeiter waren einstimmig der Überzeugung, daß damals etwas sehr Merkwürdiges in dem Marinehafen von Philadelphia vorging.

Wie auch immer der wahre Sachverhalt ist, der angeblich bei dem Experiment benutzte Zerstörer, die U.S.S. *Eldridge* D-173, existiert wirklich. Er wurde am 27. August 1943 in Dienst gestellt und als Geleitschiff sowie zu Patrouillenfahrten in der Umgebung der Bermudas, in der Chesapeake Bay und den dazwischenliegenden Gewässern eingesetzt. Anfang 1944 wurde das Schiff nach Europa abkommandiert, was alles durchaus mit dem genannten Versuchsdatum übereinstimmen würde. Im Juni 1946 wurde der Zerstörer außer Dienst gestellt und schließlich im Rahmen des gegenseitigen Verteidigungsabkommens nach Griechenland verlegt, wo er hoffentlich die ihm zugeschriebene Neigung, plötzlich zu verschwinden, ablegte. Das Verkehrsschiff, von dem aus angeblich gesehen wurde, wie die D-173 verschwand – die U.S.S. *Andrew Furuseth* –, war ebenfalls tatsächlich zu jener Zeit in dem Gebiet stationiert, genau wie die S.S. *Malay*, ein Frachter, dessen Besatzungsmitglieder angeblich Augenzeugen desselben oder eines späteren Experiments wurden.

Die Bemühungen, einige der mutmaßlichen Teilnehmer an dem Experiment oder Augenzeugen ausfindig zu machen und zu interviewen, verliefen im allgemeinen erfolglos, da viele verschwunden sind, manche nicht reagieren und andere erklären, sie wollten nichts damit zu tun haben oder aber von Familienmitgliedern abgeschirmt werden und durch sie bestellen lassen, daß sie nicht darüber sprechen möchten.

Falls tatsächlich ein geheimes strenges Redeverbot über die direkt oder indirekt an dem damaligen Experiment beteiligten Schiffe der amerikanischen Kriegs- und Handelsmarine und ihre Besatzungen verhängt wurde, könnte eine gründliche Überprüfung sich als außerordentlich schwierig erweisen, zumal der Vorfall so lange Zeit zurückliegt. Man darf jedoch nicht vergessen, daß die volle Bedeutung eines Experiments oft erst viele Jahre später erkannt oder ersichtlich wird.

Es kann auch möglich sein, daß amrikanische Soldaten, die im Zweiten Weltkrieg mit anderen Experimenten in Berührung kamen, die auf der Suche nach Tarnungsmöglichkeiten durchgeführt wurden, Gerüchte in Umlauf brachten, durch welche die »Legende« vom Philadelphia-Experiment entstand. Der berühmte Hellseher und Telepath Dunninger trat 1942 an die amerikanische Marine mit einer Theorie heran, nach der man angeblich Marineschiffe durch eine Luftspiegelungstechnik unter Ausnutzung des Sonnenlichts unsichtbar machen konnte. (Was auch immer bei den Versuchen herauskam, er mußte eine Erklärung unterschreiben, in der er sich zum absoluten und lebenslänglichen Stillschweigen über die ganze Angelegenheit verpflichtete.) Mehrere andere ungewöhnliche Theorien einschließlich einer, in der die Antischwerkraft zu militärischen Zwecken genutzt werden sollte, wurden ebenfalls experimentell geprüft.

Ein Forscher, der bei der Marine arbeitete und das Ablagesystem der Marinebehörden kannte, aber ungenannt bleiben wollte, vertraute dem Autor an, daß er monatelang im Pentagon und in anderen Archiven vergeblich nach ONR-Berichten über das Philadelphia-Experiment gesucht habe. »Ich fand jedoch etwas höchst Bemerkenswertes heraus«, fügte er hinzu. »Der Rahmen ist abgesteckt, und die Versuche werden fortgesetzt.«

Obwohl wir Jessups abschließende Erkenntnisse vielleicht niemals erfahren werden, sind in den folgenden Antworten, die Dr. Valentine dem Autor auf einige Fragen gab, etliche der Gedanken enthalten, über die Dr. Jessup und Dr. Valentine bei ihren Gesprächen über das Philadelphia-Experiment und seine Bedeutung für das Bermuda-Dreieck diskutierten:

Frage: Sie sagten einmal bei einer anderen Gelegenheit, Dr. Jessup sei der Meinung gewesen, die amerikanische Marine hätte unbeabsichtigt die natürliche oder künstlich erzeugte Kombination von Bedingungen entdeckt, die das Verschwinden von Schiffen, Flugzeugen und Menschen im Dreieck verursacht. Könnten Sie sich etwas ausführlicher dazu äußern?

Ich glaube nicht, daß Dr. Jessup dies für eine »unbeabsichtigte« Entdeckung hielt. Wie man mir sagte, wurden von offizieller Seite seit vielen Jahren Versuche mit hochintensiven Magnetkräften verhindert, genau wie bei den Ionenmotoren, deren Erfindung mindestens auf das Jahr 1918 zurückgeht, die aber vor der Öffentlichkeit geheimgehalten werden und deren Erfinder man irgendwie zum Schweigen brachte. Ich bin deshalb überzeugt, daß führende Physiker – von nur allzu verständlicher Besorgnis erfüllt – um Phänomene wissen, die sich durch die Erzeugung eines hochintensiven Magnetfeldes, und zwar besonders eines pulsierenden oder wirbelnden, hervorrufen lassen.

Frage: Gibt es im Fall des Philadelphia-Experiments eine einigermaßen einfache wissenschaftliche Erklärung für das, was geschah?

Meines Wissens gibt es dafür überhaupt keine Erklärung im Rahmen bekannter oder herkömmlicher Vorstellungen. Viele Wissenschaftler sind heute übereinstimmend der Meinung, daß der Aufbau des Atoms im wesentlichen elektrischer Natur ist und nicht so sehr aus Materiepartikelchen besteht. Es geht dabei um ein höchst kompliziertes Zusammenspiel von wechselseitig aufeinander einwirkenden Energien. Das Universum erhält durch eine derartige Vorstellung eine große Flexibilität. Es wäre höchst erstaunlich, wenn in einem solchen Kosmos *nicht* vielfältige Phasenzustände von Materie existierten.

Der Übergang von einem Phasenzustand zu einem anderen gliche dem Hinüberwechseln von einer Existenzebene zu einer anderen – wäre also eine Art von interdimensionaler Metamorphose. Es könnte folglich, anders ausgedrückt, »Welten innerhalb von Welten« geben. Man hegt schon lange den Verdacht, daß bei derartigen, möglicherweise drastischen Veränderungen die Magnetkraft als eine Art Katalysator fungiert. Zunächst einmal ist es zufällig das einzige physikalische Phänomen, für das wir keine mechanistische Analogie zu finden vermochten. Wir können uns vorstellen, wie Elektronen durch einen Konduktor gleiten und so den elektrischen Strom »erklären«, oder können uns Energiewellen verschiedener Frequenzen im Äther vorstellen und so das Hitze-, Licht- und Radiospektrum »erklären«. Aber ein Magnetfeld widersetzt sich einer mechanistischen Modellvorstellung. Es hat beinah etwas Mystisches. Wann immer wir uns überdies mit einem (für uns!) unglaublichen Materialisations- oder Dematerialisations-Phänomen, wie im Fall der UFOs, konfrontiert sehen, scheinen diese unweigerlich von starken magnetischen Störungen begleitet zu sein. Es ist folglich nur logisch zu vermuten, daß gezielt erzeugte ungewöhnliche Magnetkräfte eine sowohl physikalische wie vitale Veränderung des Phasenzustandes bewirken könnten. Falls dies zutrifft, würde auch die Zeit dadurch beeinflußt, die keineswegs eine unabhängige Einheit ist, sondern ein wesentlicher Bestandteil einer spezifischen Masse-Energie-Zeit-Dimension, wie die Dimension es ist, in der wir leben.

Frage: Wenn dies die Auswirkungen starker Magnetkräfte sind, gibt es dann Ihrer Ansicht nach hochintensive, sporadisch aktiv werdende Magnetfelder im Bermuda-Dreieck?

Ich glaube, dies ist unzweifelhaft der Fall. Entweder sind die Magnetfelder die Folge von sporadisch, vielleicht jahreszeitlich auftretenden Bedingungen geophysikalischen Ursprungs oder die Nebeneffekte von UFO-Aktivitäten. Möglicherweise kann es auch zu einer Kombination von beidem kommen. Ein anderer wichtiger, nicht zu vernachlässigender Aspekt ist die wahrscheinlich durch das eine wie das andere ausgelöste Bildung von magnetischen Wirbelstürmen (Zyklonen). Ein derartiger magnetischer Wirbelsturm würde sich genau wie ein Tornado selbst vergrößern und könnte durchaus einen interdimensionalen Übergang für einen Menschen bewirken, der in ihn hineingerät. Das Erlebnis von Bruce Gernon ist ein anschauliches Beispiel dafür (siehe Kapitel 7).

Frage: Glauben Sie, daß diese Magnetfelder natürlichen Ursprungs sind oder künstlich erzeugt werden?

Ich bin der Meinung, daß die Entstehung von magnetischen Kraftfeldern im Dreieck auf eine Kombination von naturbedingten Gründen und Induktion durch UFO-Aktivität zurückzuführen ist. »Weltraum-Ingenieure« nutzen vielleicht das elektrische Kraftpotential eines ganz besonderen Gebietes der Erde aus, während sie gleichzeitig durch ihre Fortbewegung schwere magnetische Stürme verursachen. Wie ich bereits sagte, können diese interdimensionalen Fahrzeuge für uns völlig unsichtbar sein, während ihre Anwesenheit in unserer Atmosphäre durch magnetische Erscheinungen zu spüren ist. Radar kann sie jedoch vielleicht erfassen, zumindest zeitweilig.

Frage: Glauben Sie als langjähriger Beobachter und Erforscher des Dreiecks, daß man bald eine akzeptable Erklärung für die rätselhaften Fälle von Verschwinden finden wird?

Ich glaube, eine akzeptable Erklärung für interdimensionale Phänomene wird erst dann möglich, wenn die objektive Existenz dieser Phänomene in sehr viel höherem Maße anerkannt wird, als wir das heute offiziell zu tun bereit sind, und vorhandene »erklärende« Theorien den Weg für ein besseres Verständnis der Naturprinzipien und Kräfte freigeben. Wir erreichen das letztere, indem wir unzensierte Daten – und ich meine damit *alle* verfügbaren Daten ohne Rücksicht darauf, ob sie bisher gültige Theorien beweisen oder nicht – unvoreingenommen studieren. Wir müssen unser wissenschaftliches Denken von der alten obstruktiven Deduktionsmethode – bei der die Fakten einer aufgestellten Theorie entsprechen mußten – zu der unvergleichlich intelligenteren Induktionsmethode entwickeln, bei der die Fakten ein Prinzip erkennen lassen. Diese Entwicklung scheint sich jetzt bei einem Teil der jüngeren Wissenschaftler zu vollziehen, und viele von uns werden vielleicht schon sehr bald zu ganz neuen fundamentalen Erkenntnissen gelangen.

Ob das Philadelphia-Experiment nun tatsächlich stattfand oder nicht, ist schwer eindeutig festzustellen. Das ihm zugrunde liegende Konzept ist jedoch durchaus ernst zu nehmen und wurde vielleicht aufgrund Einsteins einheitlicher Feldtheorie entwickelt oder durch diese bestätigt, also durch jene Theorie, die versucht, die Magnet- und Schwerkraftfelder und andere subatomare Phänomene in einen logischen Zusammenhang zu bringen. Sowohl bei dem Philadelphia-Experiment wie den Vorgängen im Bermuda-Dreieck könnte es sich um eine zeitweilige Veränderung der intermolekularen Anziehung durch ein Kraftfeld handeln. Dadurch würde Materie sprunghaft in eine andere Dimension oder, wie man es auch nennen könnte, in die ätherische Welt transferiert. Derartige Kraftfelder beinhalten sowohl die Ursache wie die Wirkung der Transmutation und Transferenz von Materie. Wem dies unmöglich oder unlogisch erscheint, der möge sich daran erinnern, daß eine andere, scheinbar unmögliche Theorie Einsteins und anderer Wissenschaftler seit 1945 unser gesamtes Leben und Weltbild so grundlegend verändert hat, daß diejenigen von uns, die schon vor jenem Zeitpunkt lebten, an uns kaum etwas von unserer früheren Persönlichkeitsstruktur wiedererkennen würden, in der wir uns so sicher und geborgen in der Überzeugung fühlten, die Erde zu beherrschen und unseren Teil des Universums zu kennen und zu verstehen.

Es ist eine allgemein bekannte Tatsache, daß die Menschheit heute an der Schwelle des Vorstoßes in den Kosmos steht und bereits gewisse erste Schritte unternommen hat, dann aber wieder zögerte, weil die Kosten der Weiterentwicklung von Vernichtungswaffen die Budgets der Nationen schwer belasten. Die Erforschung der fernen Sphären dieser Galaxis und anderer Planetensysteme muß vielleicht so lange warten, bis wir neue Vorstellungen über die Möglichkeit, Materie in andere Dimensionen und durch das zwischen den Sternen gähnende Vakuum zu transferieren, entwickelt haben.

Als Kolumbus seine große Seereise von den Docks verschiedener atlantischer Häfen aus plante, sah er sich mit Problemen konfrontiert, die in gewisser Weise ähnlich waren, d. h. mit dem Aufbruch in eine völlig unbekannte Welt und der Schwierigkeit, die finanziellen Mittel dafür zu finden. Andere hatten schon erste Versuche zur Erforschung des Atlantischen Ozeans gemacht und die Kanarischen Inseln, Madeira und die Azoren entdeckt, die bei diesem Vergleich unseren bereits durchgeführten Mondflügen und zu anderen Planeten entsandten Weltraumsonden entsprechen.

Als Kolumbus seine Vorbereitungen in verschiedenen Häfen entlang der europäischen Atlantikküste fortsetzte, hörte er von einem ungewöhnlichen Vorfall, der sich bei Galway in Irland ereignet hatte, wo ein sonderbares Kanu mit zwei Leichen in Lederkleidung an den Strand gespült worden war, welche die irische Bevölkerung, die selbstverständlich nichts von der Existenz von Eskimos oder Indianern wußte, für Chinesen hielt. Es gab ein ziemliches Rätselraten darüber, wie die unheimlich aussehenden Leichen in ihrem seltsamen Boot nach Galway gelangt waren. Kolumbus begriff jedoch instinktiv, daß sie, was immer sie auch waren, von der anderen Seite des Ozeans kamen, und diese merkwürdige Überquerung des Atlantiks von Westen nach Osten bestärkte ihn in seinen Theorien und seinem Entschluß.

Vielleicht ist das Bermuda-Dreieck, jenes andere große Rätsel des Atlantiks, gleichzeitig ein Wegweiser und ein Warnsignal für noch viel eigenartigere und sehr viel weitere Reisen. Vielleicht benutzen andere es schon als eine Straße. Wenn wir die in ihm wirksamen Kräfte zu kontrollieren und zu nutzen lernen, wird es sich für uns vielleicht als der Zugang zu unserer eigenen »Straße« zu den Sternen und den vielfältigen Welten der Galaxis erweisen, die uns umgeben.

Wenn wir uns noch einmal Kolumbus kurz vor dem Aufbruch zur Entdeckung der Neuen Welt vergegenwärtigen, muß man feststellen – wie immer man auch über die moralische Berechtigung der Europäer zu diesem Überfall denken mag –, daß die wißbegierigen, abenteuerlustigen Europäer, wie der Gang der Geschichte bewies, die besseren Überlebenschancen hatten als die passiven Indianer, die in ihrer überwiegenden Mehrzahl dem Untergang geweiht waren. Wahrscheinlich erkunden intelligenzbegabte Wesen schon seit Urzeiten den äußeren und inneren Raum. Und so wird es auch für uns besser sein, unsere Weltraumforschung aktiv fortzusetzen und voranzutreiben – möglichst als ein geeinter Planet mit vereinten Kräften –, anstatt passiv zu warten, bis unsere Welt von anderen Reisenden auf jener »Straße« zu und von den Sternen entdeckt und in Besitz genommen wird.

Danksagung

Der Autor möchte folgenden Personen (oder Organisationen), die zu diesem Buch Ratschläge, Anregungen, Sachgutachten, Informationen, Zeichnungen oder Fotos beigesteuert haben, seinen Dank aussprechen. Ihre Erwähnung besagt jedoch nicht, daß sie von den in diesem Buch aufgestellten Theorien wissen oder sie akzeptieren, es sei denn, es wird ausdrücklich darauf hingewiesen.

Besonderen Dank schuldet der Autor Dr. J. Manson Valentine, Ehrenkurator des Museum of Science in Miami und Forschungsassistent des Bishop Museum in Honolulu, für seine Zeichnungen, Fotos und (im Text) zitierten Interviews.

Die übrigen Namen werden in alphabetischer Reihenfolge genannt:
Isaac Asimow, Wissenschaftler, Autor, Vortragender
Bahama Air Sea Rescue Association
Gray Barker, Autor, Verleger
Lin Berlitz, Taucher, Forscher
Valerie Berlitz, Autorin, Künstlerin
Carolyn Blakemore, Lektorin
Bob Brush, Pilot, Taucher, Fotograf
Hugh Lynn Cayce, Präsident der Association for Research and Enlightenment
Ray Clarke, Ausrüstungsinspektor auf Passagierschiffen
Cynthia Coffey, Schriftstellerin, Forscherin
Gene Condon, Kapitän, privates Unterseeboot *Margenaut*
Hadley Doty, Inspektor bei der Handelsmarine
Julius Egloff, Jr., Ozeanograph
Barry Farber, Radiokommentator
Reverend Salvador Freixedo, Autor, Vortragender
Vincent Gaddis, Autor
Bruce Gernon, Pilot
John Godwin, Autor
Carlos González, UFO-Forscher
Grenada Tourist Office
Don Henry, Kapitän, Taucher, Schiffsberger
Ben Huggard, Langstreckenschwimmer, Polizeioffizier
Dr. J. Allen Hynek, Astronom, Autor, UFO-Forscher

Emily Ingram, Gerichtssaalreporterin
Theodora Kane, Pädagogin, Künstlerin
John Keel, Autor, UFO-Forscher
Robert Kuhne, Ingenieur
Edward E. Kuhnel, Anwalt, Spezialist für Seerecht
The Library of Congress
Lloyd's of London
Flugkapitän Gene Lore, Chefpilot, TWA
Margen International, Unterwasserforschungen
Jacques Mayol, Taucher, Autor
Marvin McCamis, Bootsbauer, Kapitän privater Unterwasserfahrzeuge
Dr. Robert J. Menzies, Ozeanograph, Autor
Professor Wayne Meshejian, Naturwissenschaftler
Howard Metz, UFO-Forscher
William Morris, Lexikograph, Schriftsteller, Journalist
Gordon T. Morris, Schriftsteller, Journalist
Bruce Mounier, Fischer, Taucher
National Aeronautics and Space Administration
Jerry Osborn, ehemaliger U-Boot-Abwehrtechniker der US-Marine
Dimitri Rebikoff, Ozeanograph, Erfinder, Taucher, Autor
Robert P. Reilly, ehemaliger Maat der US-Marine
Jim Richardson, Pilot, Taucher
John Sander, Schriftsteller, Rundfunkkommentator
Seaman's Institute Library
Raymond Shattenkirk, Pilot (in Pension) der PANAM
Society for the Investigation of the Unexplained
Gardner Soule, Ozeanograph, Autor
Gene Steinberg, Schriftsteller, Rundfunkkommentator
Joe Talley, Haifischfänger
Jim Thorne, Ozeanograph, Autor, Verleger, Fotograf, Taucher
United States Air Force
United States Coast Guard
United States Navy
Maxime B. Vollmer, Mythologe, Philologe
Robert Waddington, Schuldirektor
Robert Warth, Chemiker
West of England Shipowners Mutual Protection and Indemnity Association
Richard Winer, Autor, Taucher, Filmemacher
Roy H. Wirshing, Lieutenant Commander der US-Marine im Ruhestand, Autor, Vortragsredner
Dr. David D. Zink, Professor, Archäologe

Bailey, Maurice und Marilyn, *Staying Alive*. New York 1974.

Barker, Ralph, *Great Mysteries of the Air*. London 1966.

Baxter, John und Atkins, Thomas, *The Fire Came By*. New York 1976.

Bender, Albert K., *Flying Saucers and the Three Men*. New York 1962.

Berlitz, Charles, *The Mystery of Atlantis*. New York 1969; dt.:
Das Atlantis-Rätsel. Paul Zsolnay Verlag 1976.

–, *Mysteries From Forgotten Worlds*. New York 1972.

–, *The Bermuda Triangle*. New York 1974; dt.: Das Bermuda-Dreieck.
Paul Zsolnay Verlag 1975.

Blake, George, *Lloyd's Register of Shipping 1760–1960*. Crowley, Sussex 1960.

Busson, Bernard und Leroy, Gerard, *The Last Secrets of Earth*. New York 1956.

Byrd, Richard E., *Alone*. New York 1938.

Cathie, B. L. und Temm, P. N. *Harmonic 695*. Christchurch, New Zealand 1971.

Chatelain, Maurice, *Nos ancêtres venus du cosmos*. Paris 1975.

Chevalier, Raymond, *L'Avion à la découverte du passé*. Paris 1964.

Corliss, William R., *Mysteries Beneath the Sea*. New York 1975.

Ebon, Martin (Hsg.), *The Riddle of the Bermuda Triangle*. New York 1972.

Freixedo, Salvador, *El Diabólico inconsciente*. Mexico 1975.

Gaddis, Vincent, *Invisible Horizons*. Philadelphia 1965.

Godwin, John, *This Baffling World*. New York 1968.

Hoyt, Edwin, *The Last Explorer*. New York 1968.

Hyneck, J. Allen, *The UFO Experience*. Chicago 1972.

Jessup, M. K., *The Case for the UFO*. (Annotated Edition) Clarksburg, West Virginia 1973.

Keel, John A., *The Eighth Tower*. New York 1975.

–, *The Mothman Prophecies*. New York 1975.

Keyhoe, Major Donald E., *Aliens From Space*. Garden City, New York 1973.

Liedke, Klaus und Szwitalski, Horst, *Die Meuterei auf der Mimi*. (Zeitschrift »Stern«) Hamburg 1975.

Muck, Otto H., *Atlantis – gefunden*. Stuttgart 1954.

Robertson, Douglas, *Survive the Savage Sea*. New York 1973.

Sagan, Carl, *Intelligent Life in the Universe*. San Francisco 1966.

Sanderson, Ivan T., *Invisible Residents*. New York 1970.

Soule, Gardner, *Undersea Frontiers*. Chicago 1968.

–, *Under the Sea*. New York 1971.

–, *Men who dared the Sea*. New York 1976.

Spencer, John Wallace, *Limbo of the Lost – Today*. Westfield, Mass. 1975.

Steiger, Brad und White, John, *Other Worlds – Other Universes*. New York 1975.

Sullivan, Walter, *Continents in Motion*. New York 1974.

Taylor, John G., *Black Holes*. New York 1973.

Vallée, Jacques, *Passport to magonia*. Chicago 1969.

Vallée, Jacques und Janine, *Challenge to Science*. Chicago 1966.

Vignati, Alejandro, *El Triángulo Mortal de las Bermudas*. Barcelona 1975.

Villiers, Alan, *Posted Missing*. New York 1956.

Wilkins, Harold T., *Strange Mysteries from Time and Space*. New York 1959.

Winer, Richard, *The Devil's Triangle 2*. New York 1975.

Veröffentlichungen in Zeitschriften:

BASRA's Compass 1975 und 1976.

Miami Herald (seit 1945).

National Enquirer 1975 und 1976.

New York Times 1975 und 1976.

Saga 1975 und 1976.

Außerdem zahlreiche Artikel in Zeitungen der USA und des Britischen Commonwealth über das Verschwinden amerikanischer und britischer Staatsbürger im Dreieck.

Bilderverzeichnis

Charles Berlitz

(77061)

(3955)

(4048)

(4024)

(3957)

Johannes von Buttlar

Johannes v. Buttlar — **Unsichtbare Kräfte**

Was Menschen zueinander führt und was sie trennt

(3828)

JOHANNES v. BUTTLAR — **Adams Planet**

Das Paradies lag auf Phaethon

(77034)

Johannes v. Buttlar — **Sie kommen von fremden Sternen**

Intelligenzen im All

(3889)

Johannes v. Buttlar — **Leben auf dem Mars**

Die Entdeckungen der NASA-Viking-Mission

(3930)

Johannes v. Buttlar — **Super-nova**

Die jüngsten kosmischen Entdeckungen Die Geburt eines neuen Weltbilds

(3984)

JOHANNES v. BUTTLAR — **Drachen wege**

Strategien der Schöpfung

(4847)

Zecharia Sitchin

(3946)

(3947)

(4828)

(4805)

(4827)

Isaac Asimov

Knaur Sachbuch
ISAAC ASIMOV
Die Wunder des Kosmos und der Erde

(77085)

Knaur® Sachbuch
ISAAK ASIMOV
Vom Kosmos zum Chaos
Eine Reise durch die Welt der Elementarteilchen

(77039)

ISAAC ASIMOV
Grenzfälle
Neue Entdeckungen über den Menschen, seinen Planeten und das Universum

(4838)

Knaur®
Asimov
Die exakten Geheimnisse unserer Welt
Kosmos, Erde, Materie, Technik
Naturwissenschaft präzis und verständlich
Über 5 Millionen kenntnisreich informiert

(3921)

Knaur®
Asimov
Die exakten Geheimnisse unserer Welt
Bausteine des Lebens
Naturwissenschaft präzis und verständlich
Über 5 Millionen bis ins Einzelne

(3922)